KNAUR

Im Knaur Taschenbuch Verlag sind bereits
folgende Bücher des Autors erschienen:

Julia-Durant-Krimis:
Jung, blond, tot
Das achte Opfer
Letale Dosis
Der Jäger
Das Syndikat der Spinne
Kaltes Blut
Das Verlies
Tödliches Lachen
Das Todeskreuz
Mörderische Tage
Teuflische Versprechen
Teufelsbande
    (von Andreas Franz und Daniel Holbe)
Todesmelodie
    (von Andreas Franz und Daniel Holbe)
Tödlicher Absturz
    (von Andreas Franz und Daniel Holbe)

Peter-Brandt-Reihe:
Tod eines Lehrers
Mord auf Raten
Teufelsleib
Schrei der Nachtigall

Sören-Henning-Krimis:
Unsichtbare Spuren
Spiel der Teufel
Eisige Nähe

Außerdem von Andreas Franz:
Der Finger Gottes
Die Bankerin

Über den Autor:
Andreas Franz' große Leidenschaft war von jeher das Schreiben. Bereits mit seinem ersten Erfolgsroman »Jung, blond, tot« gelang es ihm, unzählige Krimileser in seinen Bann zu ziehen. Seitdem folgte Bestseller auf Bestseller, die ihn zu Deutschlands erfolgreichstem Krimiautor machten. Seinen ausgezeichneten Kontakten zu Polizei und anderen Dienststellen ist die große Authentizität seiner Kriminalromane zu verdanken. Andreas Franz starb im März 2011. Er war verheiratet und Vater von fünf Kindern.
Mehr über den Autor auch auf seiner Homepage: www.andreas-franz.org

ANDREAS FRANZ

Kaltes Blut

ROMAN

Besuchen Sie uns im Internet:
www.droemer-knaur.de

Originalausgabe 2003
Copyright © 2003 Knaur Taschenbuch.
Ein Imprint der Verlagsgruppe
Droemer Knaur GmbH & Co. KG, München
Alle Rechte vorbehalten. Das Werk darf – auch teilweise –
nur mit Genehmigung des Verlags wiedergegeben werden.
Redaktion: Dr. Gisela Menza
Umschlaggestaltung: ZERO Werbeagentur, München
Umschlagabbildung: Getty Images / Jens Carsten Rosemann
Druck und Bindung: CPI books GmbH, Leck
ISBN 978-3-426-62173-8

*Für meine Frau Inge
und meine Mutter Ingeborg (1919–1973)*

*Es gibt Menschen, die besser mit dem Herzen
als mit den Augen sehen. Sie gehören dazu.
Beide haben mein Leben im positiven Sinne stark beeinflusst
und mich vor allem beeindruckt. Und sie tun es immer noch.
Ihnen gilt mein ganz besonderer Dank.*

*Unerwiderte Liebe führt oft zu Hass –
doch was kommt danach?*

Prolog

Der zurückliegende Tag hatte nasse Kälte gebracht, kein einziger Sonnenstrahl war durch die dunkelgraue Wolkendecke gedrungen. Für die kommenden Tage und Nächte wurden starker Frost und Schneefall angekündigt, und sollten die Meteorologen Recht behalten, so würde es ein sehr schneereicher Jahreswechsel werden.

Er blickte auf die Uhr, zehn nach drei. In dieser Nacht lud er seine Fracht in den Kofferraum, fuhr bis zum Parkplatz in unmittelbarer Nähe des Baggersees, und er war sicher, dass niemand ihn beobachtete, denn es war kalt, die Straßen glatt, dicke Schneeflocken fielen zu Boden. Hinter keinem der Fenster brannte mehr Licht, der Ort schlief, selbst die Straßenlaternen waren an dieser Stelle seit Mitternacht ausgeschaltet. Vor allem im Winter, wenn die Nächte sich unendlich in die Länge zogen, sah man ab spätestens acht Uhr abends kaum noch einen Menschen in den kleinen Straßen und Gassen, außer solche, die mit ihren Hunden noch mal raus mussten, nein, sie verschanzten sich lieber hinter den dicken Mauern ihrer Reihenhäuser, Villen und Bungalows, was ihm jetzt zugute kam.

Kein Geräusch drang an seine Ohren, nicht einmal das Starten eines Flugzeugs. Eine gespenstische Stille hatte alles erfasst, nur der Ostwind jagte heulend über das freie Land. Er schaltete den Motor aus, nahm das Nachtsichtgerät vom Beifahrersitz, setzte es auf und vergewisserte sich, dass er tatsächlich allein war. Er atmete schwer, die letzten Stunden hatten ihm viel abverlangt, sein Körper und seine Nerven waren zum Zerreißen gespannt.

Er schob das Sichtgerät nach oben, denn jeder Lichtstrahl hätte in seinen Augen geschmerzt, als würde er direkt in die Sonne blicken. Er öffnete die Tür und sah noch einmal um sich. Lautlos hob sich die Kofferraumhaube, er nahm das in festes Leinentuch sorgsam verschnürte Bündel heraus und legte es sich über die Schulter. Das Sichtgerät erneut auf den Augen, ließ er seinen Blick von einer Seite zur andern wandern, bis er an der Stelle ankam, wo das große Schlauchboot lag, das sich selbst aufblies und das er nachher zusammengefaltet wieder mit nach Hause nehmen würde. Es war verboten, auf dem Baggersee Boot zu fahren, doch in dieser Winternacht war das Letzte, was jemand vermuten würde, dass ein Verrückter hier ein Boot zu Wasser lassen würde.

Er legte das Bündel hinein, ging zweimal zum Wagen zurück und holte drei je fünfzehn Kilogramm schwere Eisengewichte und eine etwa fünf Meter lange Kette. Trotz des Sichtgeräts musste er aufpassen, dass er nicht stolperte, doch diese Gegend war ihm derart vertraut, dass er fast jeden Stein und jede Unebenheit kannte. Das Boot schaukelte, als er auch noch die Gewichte hineinlegte und damit begann, beinahe mechanisch die Kette um das Stoffbündel zu wickeln und schließlich die Gewichte mit extra starken Sicherheitsschlössern daran zu befestigen.

Seine Hände waren trotz der Handschuhe kalt, sein Gesicht wie erstarrt. Er war sicher, hier würde niemand suchen, und es gab Stellen, an denen der See bis zu dreißig Meter tief war. Er hatte es selbst ausgemessen und kannte die tiefsten Stellen. Und sogar im Sommer war das Wasser so trüb, dass man kaum mehr als zwanzig oder dreißig Zentimeter unter die Oberfläche sehen konnte. Nachdem er seine Arbeit beendet hatte, nahm er die kalten Ruder und fuhr bis zur Seemitte. Er holte die Ruder ein, warf einen letzten Blick auf das Bündel, ging in die Knie und verlagerte sein Gewicht auf die linke Seite, während er unter den Stoff griff und mit verzerrtem Gesicht seine schwere Fracht über den Bootsrand hievte und ins Wasser plumpsen ließ. In diesem Moment fingen ein paar Enten an zu schnattern, verstummten jedoch gleich wieder. Das Boot wackelte, er hatte Mühe, nicht die Balance zu verlieren. Er hörte, wie Blasen aufstiegen, und er meinte auch zu hören, wie das Bündel schließlich nach einigen Sekunden den Grund des kleinen Gewässers erreichte.

Nein, dachte er, hier wird niemand suchen, denn der See war schon vor längerem zum Sperrgebiet für Schwimmer erklärt worden. Sobald die ersten warmen Tage kamen, würden zwar viele Menschen ihre freien Stunden am Ufer verbringen oder an der Grillstelle, aber sie würden bis auf wenige, die die Verbotsschilder missachteten, nicht ins Wasser springen, da auf den Schildern deutlich darauf hingewiesen wurde, dass eine unberechenbare, kalte Unterströmung selbst einen geübten Schwimmer in den Tod reißen konnte, denn die Unterströmung befand sich nie an der gleichen Stelle, sondern veränderte sich nach scheinbar von ihr selbst aufgestellten Regeln.

Er wartete noch zwei Minuten und ruderte zurück ans Ufer, ließ die Luft aus dem Boot, faltete es zusammen und trug es mit den Rudern zum Auto. Noch immer war er allein mit sich und der Nacht. Er verzog den Mund zu einem zynischen Lächeln, schaute ein letztes Mal um sich, nahm das Gerät vom Gesicht und setzte sich ins Wageninnere. Er atmete ein paarmal tief durch, startete den Motor und fuhr los. Er hatte es geschafft, und keiner würde je auf ihn kommen. Es war nur ein Mädchen, man würde es als vermisst melden und irgendwann die Suche aufgeben. Er empfand kein Mitleid für sie, auch nicht für ihre Eltern, für die es der traurigste Heiligabend überhaupt werden würde. Aber was interessierte ihn das Weihnachten anderer, was interessierten ihn die Gefühle irgendwelcher Eltern, die er noch nie zu Gesicht bekommen hatte, von denen er nur wusste, dass die Familie ohnehin bald auseinander brechen würde. Außerdem war das Mädchen selbst schuld an seinem Schicksal, es hatte es doch nicht anders gewollt. Er fühlte sich auf eine seltsame Weise glücklich und erleichtert, und sollten die Prognosen der Wetterfrösche tatsächlich eintreffen, so würde der See in den kommenden Tagen womöglich sogar zufrieren, zum ersten Mal seit zehn Jahren wieder.

Nein, er hatte kein Mitleid, und er schwor sich, nie darüber nachzudenken oder zu bereuen, was er getan hatte. Ruhe in Frieden, dachte er auf dem Weg nach Hause, Ruhe in Frieden, mein Engel. Seine Weihnachtsvorbereitungen waren abgeschlossen, alle Geschenke gekauft, den Tannenbaum würde er morgen Nachmittag schmücken, wie es schon bei seinen Eltern Tradition war, eine Tradition, die er in seiner Familie fortsetzte. Merry Christmas.

Dienstag, 18. Juni, mehrere Jahre später

Es war ein brütend heißer Tag, an dem die Temperatur auf beinahe unerträgliche siebenunddreißig Grad stieg. Um kurz nach neunzehn Uhr betraten die junge Frau und das Mädchen das um diese Zeit kaum besetzte Lokal. An einem der hinteren Tische abseits des Eingangs saß ein Pärchen, das tief in ein Gespräch versunken war und von den Eintretenden keine Notiz nahm. Im Raum war es im Gegensatz zu draußen angenehm kühl, es duftete nach italienischer Küche, südländischen Gewürzen und Wein, im Hintergrund klang leise aus versteckten Lautsprechern Musik. Die Frau und das Mädchen ließen sich an einem Tisch neben dem Fenster auf rustikalen Stühlen nieder, von wo aus sie einen guten Blick auf den Parkplatz und einen Teil des Reithofs und die angrenzenden Stallungen hatten. Alles war in gleißendes Sonnenlicht getaucht, und es würde noch fast zweieinhalb Stunden dauern, bis auch die letzten Strahlen der Sonne hinter den Ausläufern des Taunus verblasst sein würden. Allmählich trocknete der Schweiß unter der Kleidung, ein paar Perlen standen auf der Stirn des Mädchens.

»Was möchtest du trinken?«, fragte die Frau mit angenehm weicher Stimme. Sie trug bis zu den Knien reichende schwarze Lederstiefel, eine khakifarbene, eng anliegende Hose und eine kurzärmlige weiße Bluse. Sie hatte ein markantes Gesicht, mit leicht hervorstehenden Wangenknochen, einer schmalen, geraden Nase und einem dezent geschminkten vollen Mund. Ihre Haut war sehr gepflegt, jede ihrer Bewegungen hatte etwas Graziles. Sie sah das Mädchen aus warmen braunen Augen an. »Oder möchtest du lieber etwas essen? Die machen hier eine tolle Lasagne.«

Das Mädchen schüttelte den Kopf. Sie hatte kurzes rötlich-blondes Haar, grüne Augen, sanft geschwungene Lippen, die sich an den Seiten ein wenig nach unten zogen, und sie hatte bereits eine sehr weibliche Figur, die sie unter einem weit geschnittenen blauen T-Shirt und Jeans versteckte. Insgesamt machte sie einen etwas unsicheren Eindruck. »Nur ein Glas Orangensaft, bitte.« Sie hatte sich zurückgelehnt, die Hände gefaltet, den Blick gesenkt. Ihr schien die Situation unangenehm zu sein.

»Wirklich keine Lasagne? Ich lade dich natürlich ein«, sagte die Frau mit aufmunterndem Lachen, aber dennoch leise, so dass nur das Mädchen die Worte hörte.

»Nein, danke, ich habe keinen Hunger.«

Die Frau gab dem Kellner ein kurzes Zeichen, der daraufhin an den Tisch kam und die Bestellung aufnahm. Sie bestellte Rotwein für sich und Orangensaft für das Mädchen. Der Kellner, ein hoch aufgeschossener junger Mann in weißem Hemd, dunkler Hose und ebenso dunkler Weste, brachte wenig später die Getränke.

»Auf dein Wohl und vor allem auf deine Zukunft«, sagte sie und hob ihr Glas.

Das Mädchen lächelte verlegen und nahm einen Schluck von dem Saft, behielt das Glas aber noch in der Hand.

»Du machst einen sehr verspannten Eindruck, Miriam. Was ist los?«

»Nichts weiter. Es ist nichts.«

Die Frau holte eine Schachtel Zigaretten aus ihrer Tasche, zündete sich eine an, inhalierte und beugte sich nach vorn, die Ellbogen auf den Tisch gestützt.

»Miriam, es gibt einen Grund, weshalb ich mich gerne mit dir unterhalten möchte. Du kommst jetzt schon seit über zwei Monaten regelmäßig zu uns und … Nun, wie soll ich es ausdrücken, ich denke, es wird Zeit, dass wir uns einmal über deine Zukunft unterhalten.« Sie nahm einen weiteren Zug an der Zigarette, den Blick auf das Mädchen gerichtet. »Ich sehe doch, dass das Reiten dir großen Spaß macht. Würdest du nicht gern Mitglied bei uns werden?«

Das Mädchen nickte, verzog aber gleichzeitig den Mund ein wenig. Jede Bewegung, jeder Blick spiegelte Unsicherheit wider.

Die Frau drückte ihre Zigarette nach wenigen Zügen aus, beugte sich noch ein wenig weiter nach vorn und sagte: »Du hast großes Talent, weißt du das? Nein, du weißt es nicht, aber ich kann es sehen und fühlen. Die Art und Weise, wie du mit den Pferden umgehst, zeigt mir, dass du einfach ein Gespür, nein, lass es mich anders ausdrücken, du hast das Gespür für die Tiere. Und glaub mir, die Tiere merken das.« Eine kurze Pause entstand, die Frau nippte an ihrem Wein, stellte das Glas aber gleich wieder auf den Tisch. »Du liebst die Pferde doch, oder? Natürlich, was für eine dumme Frage von mir. Und die Pferde lieben dich. Komm, gib mir deine Hand, ich will dir etwas zeigen.«

Das Mädchen zögerte einen Moment, reichte der Frau aber schließlich die Hand.

»Du hast sehr schöne Hände. Deine Finger sind so zart und zerbrechlich … Du fragst dich bestimmt, weshalb ich dir das sage, und ich will auch nicht lange um den heißen Brei herumreden.« Die Frau hielt noch immer die warme Hand in ihrer und streichelte sanft über den Handrücken. »Weißt du, Pferde sind groß und stark. Ein Tritt von ihnen kann genügen und du bist tot. Aber Pferde sind gleichzeitig sehr empfindsam und zerbrechlich, so wie deine Finger. Und doch bist du in der Lage, mit diesen Fingern ein Pferd zu beherrschen. Aber man beherrscht Pferde nicht, indem man ihnen wehtut, nein, ganz im Gegenteil, sie reagieren schon auf die kleinsten Berührungen, denn Pferde sind die sanftesten Wesen, die ich kenne. Viele meinen, man müsste ihnen die Peitsche geben oder ihnen mit Sporen in die Seite treten, damit sie gehorchen. Doch den Schmerz, den ein derart hochsensibles Wesen dabei empfindet, den erkennen diese Menschen nicht. Man mag es kaum glauben, doch Pferde spüren sogar, wenn eine Fliege über sie drüberkrabbelt. Das aber ist den wenigsten Menschen bekannt. Ein Pferd gehorcht schon, wenn du es mit den Fingern zwischen den Ohren streichelst und es dabei liebevoll anschaust. Komm, schau mich an ...«

Das Mädchen hob den Blick, die Stirn nun ein klein wenig in Falten gezogen, und sah der Frau für einen kurzen Moment in die Augen.

»Mit deinen Augen kannst du alles bewirken. Du bist ein wunderbares Mädchen und ein sehr hübsches dazu. Bestimmt hast du schon einen Freund ...«

»Nein, ich habe keinen Freund«, wurde sie von dem Mädchen unterbrochen, das die Berührung mit einem Mal nicht mehr als unangenehm empfand.

»Noch nie einen gehabt?«

»Nein, bis jetzt noch nicht«, erwiderte das Mädchen scheu lächelnd und sah die Frau diesmal direkt an. »Außerdem bin ich erst vierzehn, Jungs haben noch Zeit.«

»Ich kenne Mädchen, die haben schon mit zwölf oder dreizehn einen festen Freund«, erwiderte die Frau und schüttelte den Kopf. »Aber ich muss ganz ehrlich sagen, es ist besser, ein wenig zu warten, als sich zu früh ... Du weißt schon, was ich meine. Wenn ich eine Tochter in deinem Alter hätte, fände ich es auch nicht gut, wenn ... Aber das geht mich nichts an.«

Sie streichelte noch immer über den Handrücken des Mädchens und fuhr fort, indem sie das Thema wechselte: »Was verspürst du eigentlich, wenn du im Sattel sitzt? Ich meine, du bestimmst, wohin das Pferd geht, wie schnell es geht, wann es anzuhalten hat. Was ist das für ein Gefühl?«

»Ich weiß nicht genau, was Sie meinen«, antwortete das Mädchen, dessen Scheu von Sekunde zu Sekunde schwand, auch wenn die Frage sie ein wenig irritierte.

»Nun, ich empfinde es als eine Art Macht. Es ist die Macht über ein Wesen, das eigentlich viel stärker und scheinbar mächtiger ist als ich. Und doch gehorcht es mir. Und weißt du auch, warum das so ist? Ich habe lange gebraucht, um es herauszubekommen, aber schließlich habe ich eine Antwort darauf gefunden. Es gehorcht, weil es spürt, dass ich ihm nichts Böses will. Mein Pferd und ich haben eine sehr innige Verbindung. Es ist ein seltsames, prickelndes Gefühl, wenn ich auf seinem Rücken sitze. Es ist ein unbeschreiblich schönes Gefühl. Kennst du das auch?«

Sie streichelte etwas fester über die Hand des Mädchens, das den Blick der Frau diesmal länger erwiderte. Sie waren noch immer allein mit dem Pärchen, das am andern Ende des Raumes saß, und dem Kellner, der ab und zu einen Blick auf die Frau und das Mädchen warf, während er ein paar Gläser wienerte für die Gäste, die in spätestens einer halben Stunde wie fast jeden Abend nach und nach einkehren würden. Die meisten von ihnen waren Mitglieder des Reitclubs, die Crème de la Crème nicht nur der Hattersheimer High Society, allerdings zu einem großen Teil Frauen, die nur manchmal ihre Männer mitbrachten, auch wenn einige Männer regelmäßig hier verkehrten.

»Was für ein Gefühl meinen Sie?«, fragte das Mädchen.

»Ach, lassen wir das jetzt, kommen wir zu etwas anderem. Miriam, ich würde dich gerne als Mitglied in unserem Verein begrüßen.«

»Aber ...«

»Kein Aber. Ich kenne dich und deine Mutter schon seit etlichen Jahren, und ich habe mich wirklich gefreut, als du vor ein paar Wochen zum ersten Mal zu uns kamst. Um es kurz zu machen, wir haben einen Fonds extra für junge Leute wie dich. Sagen wir, für einen Monatsbeitrag von sechs Euro kannst du Mitglied werden.«

»Sechs Euro?«, fragte das Mädchen mit ungläubigem Blick ganz aufgeregt.

»Ich sagte doch, wir haben einen speziellen Fonds. Natürlich brauchst du auch das entsprechende Outfit, das ist doch wohl klar …«

»Das Geld dafür hab ich aber nicht«, erklärte das Mädchen mit gedämpfter Stimme.

»Hab ich gesagt, dass du oder deine Mutter die Kleidung bezahlen muss?«, entgegnete die Frau mit einschmeichelnder Stimme und streichelte wieder zärtlich über die Hand des Mädchens. »Natürlich ist auch die Kleidung im Fonds enthalten. Irgendwann, wenn du genug Geld verdienst, kannst du es machen wie schon einige andere vor dir und etwas in den Fondstopf werfen. Was hältst du davon?«

»Aber die Sachen sind sauteuer! … Entschuldigung«, fügte sie verschämt lächelnd hinzu.

»Du brauchst dich nicht zu entschuldigen, ich finde auch, dass die Sachen sauteuer sind«, sagte die Frau und lachte auf.

»Aber allein die Stiefel …«

»Mach dir keine Gedanken mehr wegen des Geldes, okay? Ich kümmere mich drum. Wenn du möchtest, gehen wir noch diese Woche einkaufen. Dann bist du auch gerüstet für Frankreich«, sagte die Frau mit unergründlichem Lächeln.

Das Mädchen schaute die Frau fragend an. »Frankreich? Wieso Frankreich?«

»Hast du mir vorhin nicht gesagt, dass du in den Ferien nichts weiter vorhast? Also, pass auf, einige Mitglieder des Clubs veranstalten vom 27. Juni bis 7. Juli eine Fahrt nach Südfrankreich. Selina und Nathalie sind übrigens auch dabei, ob Katrin mitkommt, weiß ich noch nicht genau, aber es sieht ganz gut aus. Unter anderem bereisen wir die Camargue, wo es mit die schönsten Pferde überhaupt gibt. Wild und ungezügelt und voller Lebensfreude, man muss sie einfach einmal gesehen haben. Es sind auch ganz bestimmt alle einverstanden, dass du mitfährst. Aber natürlich muss ich erst mit dir darüber reden, ob du überhaupt willst. Willst du? Wir werden dort auch sehr viel reiten. Und das Schönste ist, die Landschaft ist noch ziemlich unberührt. Also, was ist, willst du?«

»Natürlich, aber …«

»Du sagst immer aber. Nimm doch einfach mal die Dinge so, wie sie dir gegeben werden. Wer weiß, wann du mal wieder ein solches Angebot bekommst.«

»Ich muss trotzdem mit meiner Mutter sprechen.«

»Sie wird nichts dagegen haben. Und sollte es Probleme geben, sag mir Bescheid, ich rede dann mit ihr. Ich denke dennoch, dass du es allein schaffst, sie zu überzeugen. Es ist eine einmalige Chance.«

»Warum tun Sie das alles?«, fragte das Mädchen.

»Warum tut man überhaupt etwas? Ich mag dich und schätze deine Art. Und jemand, der mit Pferden so gut umgehen kann wie du, ist bei uns jederzeit herzlich willkommen. Du wirst es nicht bereuen.«

»Ich darf wirklich mit nach Frankreich?« Das Mädchen lehnte sich zurück und trank einen Schluck von dem inzwischen leicht erwärmten Orangensaft. Sie zitterte ein wenig, noch erschien ihr das alles wie ein wunderschöner Traum, ein Traum in einer großen rosafarbenen Blase, die gleich zerplatzen würde. »Ich war das letzte Mal vor fünf Jahren in Urlaub, als mein Vater noch bei uns gelebt hat. Seitdem war ich immer nur zu Hause. Ich würde schon gerne mitkommen …«

»Dann tu's einfach. Du bist hiermit ganz offiziell eingeladen. Aber vorher kaufen wir dir noch die entsprechenden Klamotten«, sagte die Frau lachend. »So, und jetzt freu dich einfach und sprich mit deiner Mutter. Und sollte sie wider Erwarten etwas dagegen haben, gib mir Bescheid. Ich regle das dann für dich. Glaub mir, ich bin eine Meisterin im Überreden von sturen Müttern und manchmal auch Vätern. Gebongt?«

»Ich weiß gar nicht, wie ich Ihnen danken soll …«

»Das ganze Leben ist ein Geben und Nehmen, das wirst du auch noch feststellen. Ich habe viel genommen, und jetzt gebe ich. Komm, ich zahl nur schnell und setz dich zu Hause ab. Und sprich am besten gleich heute Abend mit deiner Mutter. Du wirst sehen, es ist einfacher, als du denkst. Vertrau mir.«

»Danke.«

»Wann gehen wir einkaufen? Am besten schieben wir's nicht zu lange auf. Sagen wir, morgen Nachmittag um drei? Da hast du doch keine Schule mehr, oder?«

»Okay, um drei«, erwiderte das Mädchen lächelnd.

Die Frau bezahlte die Getränke, sie erhoben sich und gingen zum Auto, einem metallic blauen Mercedes SLK Cabrio. Der Wind hatte sich gelegt, die Hitze aber blieb, der Wetterbericht versprach jedoch für die kommenden Tage etwas moderatere Temperaturen. Aber Miriam dachte in diesem Augenblick an alles, nur nicht an das Wetter. Sie würde Mitglied in einem exklusiven Reitclub werden, sie würde morgen ein richtiges Reiteroutfit bekommen, und sie würde im Juli für zehn Tage nach Frankreich fahren. Sie hätte schreien können vor Glück, aber sie hatte in den vergangenen Jahren gelernt, vorsichtig mit ihren Emotionen umzugehen. Sie genoss den Fahrtwind auf ihrer Haut, schloss ein paarmal die Augen. Als sie vor dem Hochhaus im Südring hielten und bevor sie ausstieg, streichelte ihr die Frau noch einmal liebevoll lächelnd über die Hände und anschließend übers Gesicht und sagte: »Dann bis morgen um drei. Ich hol dich ab.«

Mittwoch, 10. Juli, 20.30 Uhr

Selina Kautz hatte ihre Voltigierstunde beendet und unterhielt sich noch mit Miriam Tschierke, die erst seit kurzem offizielles Mitglied im Club war, und Katrin Laube, die beide mit einigen anderen ausreiten waren. Nur Nathalie Weishaupt fehlte in der Runde, sie fühlte sich nicht gut, hatte ihre Tage, wie sie sagte, und war deshalb zu Hause geblieben. Sie ließen noch einmal ihre Erlebnisse in Frankreich Revue passieren, die herrliche Landschaft, die traumhafte Pension am Stadtrand von Toulon, die einer Gräfin gehörte, die sich vor vielen Jahren nach Frankreich zurückgezogen hatte und die nicht nur diese Pension führte, sondern auch noch drei weitere exklusive Häuser besaß, alle mit Blick aufs Meer, eine Gräfin, die sich auch wie eine solche benahm, elegant, würdevoll, aber auch distanziert. Obwohl schon weit über siebzig, war sie noch immer ein Energiebündel, und einmal war sie sogar mit ihnen ausgeritten.

Insgesamt hatte die Gruppe aus zehn Personen bestanden, sechs Mädchen und vier Frauen. Es waren wunderbare Tage gewesen, mit ebenso wunderbaren, wenn auch bisweilen etwas verstörenden Erlebnissen, die einige der Mädchen erst noch verarbeiten mussten. Doch keine sprach über die Erfahrungen, die jede Einzelne von ihnen gemacht hatte, zu persönlich waren diese gewesen. Aber es waren keine unangenehmen Dinge, die sie zu verarbeiten hatten, nein, im ersten Augenblick vielleicht fremd, etwas irritierend, aber nach und nach hatte man sich daran gewöhnt und es sogar als schön empfunden. Und sie hatten gemerkt, dass Reiten mehr war, als nur ein Pferd zu beherrschen, nein, Reiten war auch eine körperliche Erfahrung.

Aber darüber sprachen die Mädchen an diesem Abend nicht, als sie am Gatter standen, während sich die Besitzerin des Reitclubs, Emily Gerber, angeregt mit Helena Malkow, der zweiten Vorsitzenden und Voltigiertrainerin, sowie der Tierärztin und Reitlehrerin Sonja Kaufmann und deren Mann Achim unterhielt. Nach einer Weile gesellte sich Werner Malkow, der Ehemann von Helena, zu ihnen, hauchte seiner Frau einen Kuss auf die Wange, auf den sie kaum zu reagieren schien, wechselte ein paar scheinbar belanglose Worte mit ihr und kam dann zu den Mädchen herüber.

»Hallo«, sagte er mit jovialem Lächeln, ein groß gewachsener, schlanker Mann Anfang vierzig, mit noch vollem dunklen Haar und einem solariumgebräunten Gesicht. Er hatte ein grünes Polohemd von Lacoste und eine beige Sommerhose an. Sein Blick wanderte von einem Mädchen zum andern und schien sie dabei, obwohl er immer nur für den Bruchteil einer Sekunde bei einer blieb, sehr eindringlich zu mustern. Er hatte sehr gepflegte Hände mit langen Fingern, am linken Handgelenk blitzte eine schlichte, aber teure Uhr, doch außer dieser Uhr und seinem Ehering trug er keinen Schmuck.

»Na, gut erholt aus Frankreich zurück? Meine Frau erzählte jedenfalls, ihr hättet euch bestens amüsiert. Und das Wetter soll auch vom Feinsten gewesen sein«, sagte er mit sonorer Stimme, die sicher manche Frau verrückt machte.

»Hm.« Miriam Tschierke lächelte zurückhaltend und senkte sofort den Blick, als Werner Malkow sie direkt ansah. Katrin Laube hingegen zog die Mundwinkel ein klein wenig nach unten. Sie konnte ihn nicht sonderlich leiden, ihr kam es jedes Mal so vor, als würde er sie und auch die anderen Mädchen mit den Augen ausziehen, mit seinem stechenden Blick aus den stahlblauen Augen ihr förmlich die Kleider vom Leib reißen. Und es ging sogar das Gerücht, er habe irgendwann einmal ein Verhältnis mit einem Mädchen ihres Alters gehabt, mit welchem, wusste sie jedoch nicht. Es war wie gesagt nur ein Gerücht, doch wenn er wie jetzt vor ihr stand und sie musterte, glaubte sie vorbehaltlos, was die andern hinter vorgehaltener Hand tuschelten. Andererseits sagte sich Katrin, solange er sich nicht an sie heranmachte, konnte es ihr egal sein, ob das Gerücht der Wahrheit entsprach oder nicht.

»Sehr begeistert klingt das aber nicht, oder? Na, ich denke, es war ein Erlebnis für jede von euch. Wann bekommt man schon einmal diese phantastische Landschaft und vor allem diese außergewöhnlichen Pferde zu sehen. Ich war schon ein paarmal dort und … Ach was, Hauptsache, es hat euch gefallen. Einen schönen Abend noch, und passt auf euch auf.«

Miriam, Selina und Katrin sahen sich nur an und warteten, bis Werner Malkow außer Hörweite war, dann sagte Selina mit abfällig heruntergezogenen Mundwinkeln: »Schleimer.«

»Der ist halt so, wir haben doch mit ihm zum Glück nichts zu tun«, entgegnete Katrin gelassen, während Miriam gar nichts sagte, sondern Werner Malkow nur mit seltsamem Blick hinterhersah.

»Trotzdem, wenn ich mir bloß vorstelle, dass er mich anfasst …« Selina schüttelte sich. »Nee, der ist einfach nicht mein Fall. Er stresst nur.«

»Und wer ist dein Fall?«, fragte Katrin spitzbübisch grinsend und lehnte sich ans Gatter. »Thomas vielleicht?«

»Spinnst du? Der holt sich doch jedes Mal einen runter, wenn er mit einer von uns nur gesprochen hat. Der tickt nicht ganz sauber. Aber irgendwie tut er mir auch Leid. Er ist halt total verklemmt …«

»Oder schwul«, bemerkte Miriam trocken, woraufhin die andern beiden lachen mussten. »Aber so übel ist sein Vater nun auch wieder nicht. Er ist halt anders.«

»Ich lass jedem seine Meinung«, sagte Katrin schulterzuckend. »Aber du bist doch hoffentlich nicht verknallt in ihn, oder?«

»Quatsch«, entgegnete Miriam mit hochrotem Kopf.

»Und wieso wirst du dann rot? Du bist doch in ihn verknallt. Wenn ich da was merke!«, sagte sie mit erhobenem Zeigefinger und einem noch breiteren Grinsen.

»Leck mich.«

»Hört jetzt auf«, mischte sich Selina ein und schlug mit einem Mal moderatere Töne an. »Er ist zwar ein Schleimer, aber …«

»Und was ist mit Achim? Ist der vielleicht dein Fall?«, bohrte Katrin weiter.

»Geht so. Aber er sieht heute wieder spitzenmäßig aus«, sagte Selina mit schmachtender Stimme und sah zu ihm hinüber, und als ob er es spürte, wandte er seinen Kopf in die Richtung der Mädchen und nickte ihnen freundlich lächelnd zu.

»Er ist einfach süß«, bestätigte Miriam mit gespielt verträumter Miene. »Warum gibt's solche Männer eigentlich nicht für uns? Ich meine, er sieht überirdisch aus, hat Kohle ohne Ende und …«

»Ja, ja, am liebsten du mit ihm ganz allein, und dann erzählst du ihm all deine schmutzigen Gedanken, und dann treibt ihr's überall«, sagte Katrin dreckig grinsend. »Achtung, er kommt. Übrigens, ich würde auch nicht nein sagen, wenn er mich fragen würde, ob ...«

»Ob was?« Selina tat ahnungslos.

»Später. Hi, Achim«, begrüßte sie ihn mit dem strahlendsten Lächeln. Sie lehnte sich mit dem Rücken an das Gatter, um so ihre Oberweite noch besser zur Geltung zu bringen, und reichte ihm die Hand. »Auch mal wieder hier? Wie geht's denn so?«

»Dasselbe wollte ich euch fragen. Mir geht's blendend. Irgendwie ist mir zu Ohren gekommen, dass der Frankreich-Trip euch allen sehr gut getan hat«, sagte er und sah von einem Mädchen zum andern. Im Gegensatz zu Werner Malkow gab er jedoch keiner das Gefühl, dass er gerne etwas mit ihr angefangen hätte. Er war nett, unaufdringlich und vielleicht gerade deswegen für die Mädchen ein zumindest in Gedanken begehrenswertes Objekt der Begierde, wenn auch unerreichbar, denn er war seit über zwölf Jahren glücklich mit Sonja Kaufmann verheiratet, sie hatten einen sechsjährigen Sohn, und überhaupt waren die Kaufmanns von allen Erwachsenen auf dem Hof die beliebtesten, dicht gefolgt von Emily Gerber und ihrem Mann. Zu Helena Malkow jedoch hatte keines von den Mädchen einen besonderen Draht. Sie war zwar eine hervorragende Voltigiertrainerin, aber sie hatte auch eine recht burschikose Art und ein übersteigert dominantes Auftreten. Über Sonja Kaufmann wurde hinter vorgehaltener Hand sogar getuschelt, sie sei so etwas wie eine Pferdeflüsterin, denn mittlerweile hatte es sich nicht nur in Deutschland herumgesprochen, wie gut sie mit den Tieren umgehen konnte und selbst scheinbar hoffnungslose Fälle erfolgreich behandelte. Manche brachten ihre Pferde über viele hundert Kilometer zu ihr, um sie kurieren zu lassen, und sie zahlten nicht selten freiwillig tausend Euro und mehr für eine Behandlung, die sich aber in den meisten Fällen letztlich lohnte. Sie war ein Naturtalent, es schien, als könnte sie mit den Pferden direkt kommunizieren, als gäbe es eine Sprache, die sowohl Mensch als auch Tier gleichermaßen verstanden, und wenn man sie bei ihrer Arbeit beobachtete, was sie jedoch nicht sonderlich mochte, dann wurde jedem schnell klar, dass sie eine Verständigungsebene gefunden hatte, die nur einigen wenigen Auserwählten vorbehalten war.

Achim Kaufmann arbeitete als Klimaforscher. Er hatte angeblich sogar schon zwei wissenschaftliche Werke über so einen Wetterkram, wie die Mädchen es nannten, veröffentlicht. Er kam mindestens zweimal in der Woche auf den Hof, wenn auch nicht so oft wie Werner Malkow oder Andreas Gerber, die fast jeden Tag für wenigstens ein paar Minuten vorbeischauten. Kaufmann war sechsunddreißig, sah aber immer noch wie ein Student aus. Wann immer man ihm begegnete, war er leger gekleidet, und so auch heute. Er trug ein dunkelblaues Hemd, dessen beide obersten Knöpfe offen standen, eine khakifarbene Hose und ein Paar braune Slipper, um den Hals hatte er eine dünne Goldkette, am linken Handgelenk eine viereckige Designeruhr.

»Warum bist du eigentlich nicht mitgekommen?«, fragte Katrin mit naiv-laszivem Augenaufschlag, eine Waffe, die sie trotz ihrer jungen Jahre bereits sehr gezielt einzusetzen wusste, was sie aber nur machte, wenn ihr Vater nicht in Reichweite war, der dem Hof schon einige finanzielle Zuwendungen hatte zukommen lassen, aber ansonsten zu Hause mit harter Hand regierte.

»Die Zeit«, erwiderte Achim Kaufmann mit jungenhaftem Lachen. »Ich konnte mir leider nicht freinehmen. Und außerdem, was hätte ich als einziger Mann da schon zu suchen gehabt?«

»Oh, da wäre uns schon was eingefallen, nicht wahr?«, sagte Katrin frech und sah Selina und Miriam an, die beide vor Scham am liebsten im Erdboden versunken wären.

»Katrin, Katrin.« Er schüttelte den Kopf, ein mahnender Unterton in der Stimme, doch seine Augen blitzten schelmisch auf. »Lass das mal nicht meine Frau hören. Sie würde sonst noch auf dumme Gedanken kommen.«

»Katrin hat doch nur Spaß gemacht«, mischte sich jetzt Selina ein. »Stimmt doch, Katrin?«

»Weiß ich ja«, sagte Achim Kaufmann mit vergebendem Lächeln, »aber ich geh jetzt besser wieder rüber zu den andern, wir sehen uns vielleicht nachher noch im Restaurant. Bis dann.«

»Wenn ich mir jemals einen Mann wünschen dürfte, dann müsste er wie Achim sein und auch so aussehen«, sagte Katrin, nachdem er weit genug weg war. »Aber leider kann man den nicht kaufen.«

»Klonen, man müsste ihn klonen. Dann könnte jede von uns ein Exemplar von ihm haben.«

»Miriam, du bist und bleibst eine Träumerin! Das machen die vielleicht in fünfzig oder sechzig Jahren, wenn wir alt und grau sind und keinen Mann mehr brauchen«, sagte Selina. Und an Katrin gewandt: »Und du hältst dich in Zukunft bitte ein bisschen mehr zurück, das war eben oberpeinlich.«

»Darf ich keinen Spaß mehr machen? Na ja, was soll's«, seufzte Katrin und grinste schon wieder. »Für uns fällt irgendwann auch noch was Gescheites ab.« Und nach einer kleinen Denkpause: »Hast du eigentlich wieder einen Freund? Ich meine, was macht …?« Sie wechselte urplötzlich das Thema, ließ die Frage aber unvollendet und sah Selina nur prüfend an.

Selina zögerte mit der Antwort, blickte zu Boden und schüttelte den Kopf. »Es ist aus und vorbei. Und außerdem, was soll ich mit einem Freund? Ich hätte gar keine Zeit für einen. Jungs wollen immer nur das eine. Und das ist genau das, was ich nicht will. Zumindest noch nicht. Und du?«

»Ich hatte mal einen«, meinte Katrin, die körperlich reifste der drei. »Aber das war vor einem Jahr und hat bloß einen Monat gedauert. Der Idiot wollte mit mir nur ins Bett. Wenn mein Vater das rausgekriegt hätte, der hätte mich umgebracht …«

»Und, habt ihr's gemacht?«, fragte Miriam neugierig.

»Das würdest du wohl gerne wissen. Wer weiß, vielleicht, vielleicht auch nicht«, erwiderte Katrin mit vielsagendem Lächeln.

»Ich werd's euch jedenfalls nicht auf die Nase binden. Was ist, wollen wir noch ein bisschen rübergehen und was trinken?« Sie deutete mit dem Kopf in Richtung des Restaurants. »Achim ist eben reingegangen.«

»Von mir aus«, sagte Miriam, und Selina stimmte ebenfalls zu.

Es war einundzwanzig Uhr, das Restaurant war wie immer um diese Zeit gut gefüllt, aber sie fanden noch einen freien Tisch und bestellten sich jede eine Cola. Achim Kaufmann und Werner Malkow, die eine enge Freundschaft verband, saßen an der Bar, Andreas Gerber kam kurz darauf herein, klopfte beiden freundschaftlich auf die Schulter und setzte sich zu ihnen. Sie tranken Bier, Achim Kaufmann zündete sich einen Zigarillo an. Das Stimmengewirr war zu laut, als dass die Mädchen verstehen konnten, über was die Männer sich unterhielten. Achim Kaufmann verließ schon nach einer halben Stunde das Restaurant, wenig später gefolgt von Andreas Gerber und Werner Malkow. Dessen Sohn Thomas steckte den Kopf durch die Tür, erblickte seine Mutter und kam zu ihr an den Tisch. Er flüsterte ihr etwas ins Ohr, sie schüttelte den Kopf und warf ihm einen scharfen Blick zu, woraufhin Thomas knallrot wurde und mit gesenkten Schultern mehr hinausschlich als -ging.

Die Mädchen beobachteten die Szene. Sie fragten sich schon lange nicht mehr, weshalb die Männer nur selten mit ihren Frauen an einem Tisch saßen, genauso wenig, warum Thomas so unglaublich verklemmt war und sich trotz seiner neunzehn Jahre in mancher Hinsicht noch wie ein kleiner Junge benahm. Und sie fragten sich auch nicht mehr, warum er so häufig die Mädchen und jungen Frauen lüstern ansah, wenn er sich unbeobachtet wähnte. Aber die meisten wussten mittlerweile, dass er ein verkappter Spanner war, doch er war harmlos, viel zu schüchtern, er traute sich nicht einmal, eine von ihnen anzusprechen, geschweige denn, einer direkt in die Augen zu schauen. Im Prinzip bedauerten sie ihn, gingen ihm aber aus dem Weg, sofern dies auf dem Hof möglich war.

Sie unterhielten sich eine weitere halbe Stunde, bis Selina zur Uhr blickte und meinte: »Sorry, aber ich muss jetzt wirklich los. Ich hab meinen Eltern versprochen, spätestens um zehn zu Hause zu sein. Jetzt wird's doch wieder später. Wir sehen uns dann morgen.«

»Wir können doch mitkommen«, sagte Miriam.

»Ach was, ich muss mich unheimlich beeilen, meine Eltern stehen auf Pünktlichkeit.«

»Na gut, wie du willst. Dann bis morgen. Und pass auf dich auf, würde der alte Malkow jetzt sagen«, meinte Katrin grinsend. »Und wenn er mit dir allein wäre, würde er über dich herfallen und seine glitschigen Hände …«

Selina winkte nur genervt ab und verließ das Restaurant, nicht ohne sich vorher von Helena Malkow, Emily Gerber und Sonja Kaufmann, die gerade aufgegessen hatten, zu verabschieden und ihnen eine gute Nacht zu wünschen. Ein letzter Blick in den Stall, sie ging noch einmal zu ihrem Pferd Chopin, einem Hannoveraner, den sie vor drei Jahren zum Geburtstag geschenkt bekommen hatte. Sie streichelte ihm über die Blesse, flüsterte ein paar Worte, die Ohren des Pferdes spitzten sich, als verstünde es genau, was Selina ihm gerade sagte.

»Sie ist ein echter Schatz.« Sonja Kaufmann sah Selina lächelnd nach. »Ein richtiges Juwel, findet ihr nicht?«

»Ja, sie ist nett, wie alle unsere Mädchen. Frankreich war schon eine Reise wert«, sagte Emily Gerber ungewohnt ernst, ohne von ihrem Glas aufzuschauen.

»Was ist mit dir? Bedrückt dich etwas?«

»Nein, nein, alles bestens.«

»Wir werden noch viel Freude an ihnen haben, denk dran«, meinte Sonja Kaufmann. »Die Einzige, die mir ein bisschen Sorgen bereitet, ist Nathalie. Ich glaube, es war keine so gute Idee, sie mitzunehmen. Ich muss unbedingt mit ihr sprechen und einiges klarstellen.«

»Mach dir keine Gedanken wegen Nathalie«, sagte Helena Malkow beruhigend und legte eine Hand auf die von Sonja Kaufmann. »Ich habe das bereits getan. Es ist alles wieder in Ordnung. Sie war nur ein wenig durcheinander. Den Grund, weshalb sie heute nicht gekommen ist, kennt ihr ja. Hätte sie mich sonst angerufen und die Stunde abgesagt? Sie klang am Telefon völlig normal. Glaubt mir, ich kann mich auf mein Gefühl verlassen. So, und jetzt bestell ich uns noch ein Glas Wein, damit bekommt man nämlich die nötige Bettschwere.«

»Für mich nicht, ich muss gehen«, sagte Emily Gerber und erhob sich. »Tschüs, bis morgen.«

»Tschüs.« Helena Malkow sah Emily Gerber nach und anschließend Sonja Kaufmann ratlos an und zuckte mit den Schultern. Sie bestellte noch eine Flasche Wein, während Sonja Kaufmann sich eine Zigarette anzündete und Helena Malkow durch den ausgeblasenen Rauch hindurch anschaute.

Mittwoch, 22.15 Uhr

Selina Kautz befand sich mit dem Fahrrad auf dem Heimweg nach Okriftel und fuhr entlang des Spielplatzes, von wo es nur noch wenige hundert Meter bis zu ihrem Elternhaus waren. Es war fast dunkel geworden, sie war in Gedanken versunken, als mit einem Mal, ohne dass sie es vorher bemerkt hätte, ein anderes Fahrrad neben ihr war und der Fahrer so dicht vor ihr bremste, dass sie beinahe hinfiel. Sie hob erschrocken den Kopf und war erleichtert, als sie das ihr bekannte Gesicht im letzten Schatten der Dämmerung sah.

»Hi, Selina, können wir kurz reden?«

»Idiot, ich wär beinahe hingeflogen!«, fuhr sie ihn an. »Was ist, ich hab keine Zeit, meine Eltern warten auf mich.«

»Dauert auch nicht lange, ist aber wichtig. Können wir uns fünf Minuten auf die Bank setzen?«

»Fünf Minuten, aber keine Minute länger.«

Sie stellten ihre Räder neben der Bank ab und setzten sich, wobei Selina einen Abstand von etwa fünfzig Zentimetern einhielt.

»Selina, ich hab's nicht mehr ausgehalten. Du kannst dir nicht vorstellen, was ich in den letzten Wochen durchgemacht habe. Warum willst du nichts mehr von mir wissen? Nenn mir doch bitte einen vernünftigen Grund, nur einen. Bitte!«

»Das hab ich doch schon ein paarmal gemacht! Hör zu, zum letzten Mal, es hat nichts mit dir zu tun, glaub mir. Ich fühle mich einfach noch zu jung, um mich festzulegen. Du bist ein netter Typ, ich mag dich, aber ich liebe dich nicht …«

»Netter Typ«, stieß er höhnisch hervor, »wie sich das anhört! Ein Arschloch kann unter Umständen auch ein netter Typ sein. Wir kennen uns jetzt schon seit fast zwei Jahren, und ich habe bis vor kurzem wirklich gedacht, es könnte mal was mit uns werden. Ich liebe dich über alles, und das sag ich nicht nur so dahin. Ich dachte …«

»Das ist es doch«, unterbrach ihn Selina mit einer schnellen Handbewegung. »Du hast gedacht. Du hast immer gedacht, aber nur das, was du denken wolltest. Was ich dachte, hat dich nie wirklich interessiert. Und das ist das Problem. Du bist zwar siebzehn, aber im Kopf kommst du mir manchmal wie ein kleiner Junge vor. Tut mir Leid, wenn ich dir das so sagen muss, aber du hast einfach noch nicht herausgefunden, was Mädchen oder Frauen wollen.«

»Du hast es mir nie gesagt.«

»Doch, das habe ich. Ich habe dir gesagt, du sollst mir nicht immer so große Geschenke machen, auch wenn du es dir leisten kannst. Und du hast immer alles bestimmt, du hast bestimmt, wann wir wohin gehen, aber du hast mich nie gefragt, ob ich das wirklich will. Du hast auch nie akzeptiert, dass ich ab und zu meine Ruhe haben wollte, einfach nur allein sein, Musik hören, Klavier spielen oder etwas lesen. Selbst das Reiten war dir nicht recht. Und ständig hast du angerufen oder hast plötzlich vor der Tür gestanden und meine Eltern …«

»Deine Eltern haben noch vor kurzem gesagt, dass sie es toll finden, was wir für ein super Verhältnis haben. Dein Vater hat sogar gemeint, er könnte sich vorstellen, dass ich eines Tages ...« Er biss sich im letzten Moment auf die Zunge, um nichts Unbedachtes von sich zu geben.

Selina sah ihn mit gekräuselter Stirn an, als wüsste sie genau, was er weiter sagen wollte, und erwiderte nur: »Mein Vater ist aber nicht ich, und damit basta. Ich hasse diese Vergleiche. Und somit sind die fünf Minuten vorbei. Es ist aus, bitte akzeptiere das. Und es war nie wirklich ernst zwischen uns, dazu sind wir einfach zu jung. Und wir sind viel zu verschieden. Ich möchte noch keine feste Beziehung eingehen. Und das meine ich ernst.«

»Aber ...«

»Nein, kein Aber mehr. Lass mich bitte in Ruhe, das ist alles, was ich von dir verlange. Und wenn du mich wirklich liebst, dann geh einfach. Und mach dir bitte keine falschen Hoffnungen mehr.«

»Können wir nicht wenigstens Freunde bleiben?«

»Was für einen Sinn hätte das? Nein, es würde am Ende doch nur wieder darauf hinauslaufen, dass du mir sagst, wie sehr du mich liebst.«

»Eine Frage noch, bevor ich fahre. Hast du schon einen andern?«

»Und wenn?«

»Selina, bitte! Beantworte mir nur diese eine Frage, damit ich endlich weiß, woran ich bin. Ich werde sonst noch wahnsinnig. Wenn du mir sagst, es gibt einen andern, werde ich das Feld räumen und dich nie mehr belästigen. Versprochen.«

Sie schüttelte den Kopf. »Nein, da ist niemand. Zufrieden? Ich hab fürs Erste die Nase voll. Außerdem will ich mich wieder mehr auf die Schule konzentrieren. Und ich brauch die Ferien, um mich zu erholen. Reicht dir das?«

»Es gibt also keinen andern?«, fragte er noch einmal nach.

»Selbst wenn es so wäre, welchen Unterschied würde das machen? Zwischen uns ist alles vorbei, du hast deinen Fußballverein, ich mein Pferd. Mich interessiert Fußball herzlich wenig und du kannst mit Pferden nichts anfangen. Wenn du es so willst, ja, ich habe einen Freund – mein Pferd. Es stellt keine Bedingungen und ist immer für mich da. Und das ist alles, was ich brauche. Und jetzt lass mich bitte allein.«

Als er keine Anstalten machte, aufzustehen, sagte sie: »Fahr schon, ich muss noch einen Augenblick allein sein. Bitte, bitte, bitte!«

»Okay, hab schon verstanden«, erwiderte er mit belegter Stimme. Die Tränen in seinen Augen sah Selina nicht. »Dann mal tschüs, oder besser gesagt, adieu. Ich wünschte mir, ich wäre jetzt ganz weit weg, damit ich dich nicht immer sehen muss. Ich werde dich immer lieben.«

»Vergiss mich einfach«, sagte sie in seltsamem Ton.

Er stand auf, schwang sich auf sein Fahrrad, nicht ohne vorher noch einmal einen Blick auf Selina zu werfen. Sie sah kurz zu ihm auf und schüttelte kaum merklich den Kopf.

Ein älteres Ehepaar mit einem Dackel kam an ihr vorbei. Sie sahen sie an, lächelten und nickten, als sie Selina erkannten, und gingen weiter bis zur Wegbiegung. Nachbarn. Selina blieb noch einige Minuten sitzen, kein Mensch war mehr zu sehen, obwohl es ein warmer Abend war. Nur die Geräusche startender Flugzeuge und Stimmen wie aus weiter Ferne. Ein paar wenige dünne Wolken zogen über den jetzt fast dunklen Himmel, einige funkelnde Sterne, die durch den Neumond noch heller funkelten. Das Ehepaar blieb an der Biegung noch einen Moment stehen, sie machten kehrt und kamen mit langsamen Schritten zurück, nahmen diesmal jedoch vorher eine Abkürzung in die Siedlung.

Es war zehn vor elf, als Selina ihr Fahrrad bestieg und losfuhr. Sie bemerkte nicht den Mann in dem nachtblauen Auto, der den Motor erst startete, als er sie nur noch schemenhaft im Rückspiegel sah. Er wendete und fuhr langsam in großem Abstand hinter ihr her. Selina, dachte er, während er eine CD mit Klavierstücken von Chopin einlegte, du bist ein kleiner Engel und ein kleiner Teufel zugleich. Doch ab sofort wirst du nur noch mein kleiner Engel sein. Mit großen, großen Flügeln. Er lächelte versonnen.

Donnerstag, 12.35 Uhr

Helga Kautz lief seit weit über einer Stunde ruhelos durch die Wohnung. Sie hatte im Reitsportverein angerufen, aber außer dem Stallburschen niemanden angetroffen, bei Miriam und Katrin, die beide sagten, dass Selina um kurz nach zehn gestern Abend das Restaurant verlassen habe, um nach Hause zu fahren. Auch Helena Malkow, Emily Gerber und Sonja Kaufmann konnten das nur bestätigen. Zuletzt wählte Helga Kautz die Nummer von Maren, einer Schulfreundin, bei der Selina in der Vergangenheit des Öfteren übernachtet hatte, in letzter Zeit allerdings kaum noch, da Marens Bekanntschaften und Lebensstil ihr nicht zusagten. Außerdem hatte Selina erzählt, dass Maren zu kiffen angefangen habe, mindestens eine Schachtel Zigaretten am Tag rauche und inzwischen regelmäßig zur Flasche greife. Aber es war ein Strohhalm, an den sie sich jetzt klammerte, auch wenn sie wusste, dass dieser Strohhalm ihr keinen Halt geben würde. Sie hatte Marens Mutter am Apparat. Ob Selina mit Maren zusammen war, konnte sie nicht sagen, nur dass Maren über Nacht bei einer Freundin geschlafen habe und immer noch dort sei. Helga Kautz bedankte sich und legte den Hörer auf.

Maren war die letzte Hoffnung gewesen, eine Hoffnung, die sich jetzt zerschlagen hatte. Wie hätte es auch anders sein sollen, war doch der Kontakt zwischen den beiden in den letzten Monaten immer weniger geworden, was einzig und allein an der oft unberechenbaren Art von Maren lag; mal bekam sie aus heiterem Himmel Wutausbrüche, dann wieder verfiel sie scheinbar grundlos in tiefste Melancholie und weinte stundenlang, sie sagte, Selina sei ihre einzige wahre Freundin, erzählte im nächsten Augenblick aber anderen Mädchen haarsträubende Lügengeschichten über Selina. Vor einem halben Jahr war Maren mit einer Alkoholvergiftung ins Krankenhaus eingeliefert worden, vor drei Monaten folgte ein schwerer Nervenzusammenbruch, sie litt unter Depressionen, und das Letzte, was Helga Kautz erfahren hatte, war, dass die Ursache für Marens Depressionen eben in übermäßigem Alkohol- und Drogenkonsum bestand. Obwohl die Marens Eltern angesehene Bürger im Ort waren, wusste Helga Kautz von Selina, dass sie sich selbst hin und wieder einen Joint drehten, einmal sogar vor den Augen der Mädchen, und es demnach wenig verwunderlich erschien, dass Maren es ihnen nachmachte und dabei eine Grenze überschritt, eine Grenze, die sie nicht kannte.

Doch darüber wollte Helga Kautz jetzt nicht nachdenken, zu sehr beschäftigte sie die Frage, wo Selina war. Sie hatte gestern, bevor sie in den Reitclub fuhr, gesagt, sie übernachte bei einer Freundin, aber nicht, bei welcher. Sie hatte jedoch versprochen, spätestens um neun heute Morgen zu Hause zu sein, weil sie um zehn einen wichtigen Zahnarzttermin hatte. Und jetzt wusste keiner, wo sie war, schien sie wie vom Erdboden verschluckt. Und ihren Freundinnen aus dem Reitclub hatte sie erzählt, sie fahre nach Hause. Das war es, was ihr am meisten Kopfzerbrechen und auch Angst bereitete. Warum hatte Selina gelogen? Und wen hatte sie angelogen? Solange sie zurückdenken konnte, war eine der Tugenden von Selina, immer die Wahrheit zu sagen. Und jetzt? Wo war sie? War ihr etwas zugestoßen? Die furchtbarsten Gedanken schossen Helga Kautz durch den Kopf, Gedanken, die sie nicht denken wollte, die aber immer stärker von ihr Besitz ergriffen.

Höllenqualen.

Helga Kautz hatte ein paarmal versucht, ihren Mann zu erreichen, doch er war auf einer Baustelle und hatte sein Handy wie so oft ausgestellt, nur seine Mailbox war an. Sie rief mehrere Male kurz hintereinander an, hinterließ eine Nachricht nach der andern und bat dringend um Rückruf. Um halb eins meldete er sich schließlich. Und nachdem ihm seine Frau stockend und unter Tränen erzählte, was los sei und welche Sorgen sie sich mache, setzte er sich sofort in sein Auto und raste nach Hause. Um Viertel nach eins fand er eine völlig aufgelöste Frau vor, die immer wieder nur stammelte: »Hoffentlich ist ihr nichts zugestoßen, hoffentlich ist ihr nichts zugestoßen!«

Peter Kautz versuchte, sie zu beruhigen, nahm sie in den Arm, doch sie zitterte trotz der Wärme. Er telefonierte noch einmal mit all jenen, mit denen Selina gestern und in letzter Zeit Kontakt hatte, vergeblich. Er zwang sich, einen kühlen Kopf zu bewahren, fuhr nach den fruchtlosen Telefonaten sämtliche Straßen in Okriftel und Eddersheim ab, ohne eine Spur von der sonst so zuverlässigen Selina zu finden.

Um halb drei ging er die wenigen Meter zum Spielplatz, wo Selina sich schon als kleines Kind vergnügt und sich später oft mit ihrem Freund aufgehalten hatte. Nichts. Um fünf nach drei, nachdem alle Anrufe und alle Suche vergeblich waren, nahm er mit fahrigen Fingern (die Angst kroch wie eine kalte Faust in ihm hoch und presste sich immer fester gegen seinen Magen) den Telefonhörer in die Hand und rief bei der Polizei in Hattersheim an.

»Hier Peter Kautz. Was muss ich tun, um meine Tochter als vermisst zu melden?« Seine Stimme war gefasst, obwohl ihm hundeelend war. Kalter Schweiß stand ihm auf der Stirn.

»Am besten bei uns vorbeikommen. Seit wann vermissen Sie Ihre Tochter?«

»Sie hat uns gesagt, sie würde die Nacht über bei einer Freundin bleiben, und wollte heute Morgen um neun zu Hause sein, weil sie einen Zahnarzttermin hatte. Aber keine der Freundinnen, die wir kennen, wissen etwas von einer Verabredung mit ihr. Selina ist an sich ein sehr zuverlässiges Mädchen.«

»Wie alt ist sie?«

»Fünfzehn.«

»Und wann wurde sie zuletzt gesehen?«

»Sie hat um kurz nach zehn gestern Abend den Reitsportverein in Eddersheim verlassen, um nach Hause zu fahren. Hat sie zumindest ihren Freundinnen dort erzählt. Das ist etwas, das meine Frau und mich stutzig macht. Wir haben ehrlich gesagt schreckliche Angst, dass ihr etwas zugestoßen sein könnte.«

»Gut, dann kommen Sie bitte so schnell wie möglich her, und bringen Sie ein Foto Ihrer Tochter mit.«

»Wir sind in zehn Minuten da.« Peter Kautz gab seiner Frau, die das Gespräch mitgehört hatte, mit der Hand ein Zeichen. Er bat die neunjährige Anna, auf den achtzehn Monate alten Elias aufzupassen, sie seien bestimmt nicht länger als eine Stunde weg.

»Meinst du, dass Selina etwas passiert ist?«, fragte Anna mit ängstlicher Stimme.

»Keine Ahnung«, sagte Peter Kautz und versuchte ein Lächeln, wobei er ihr sanft über das blonde Haar strich. »Nein«, verbesserte er sich schnell und rang sich erneut ein Lächeln ab, »ihr ist bestimmt nichts passiert. Sie hat wahrscheinlich nur die Zeit vergessen. Du kennst das doch von dir selbst. Mach dir keine Sorgen, wir werden sie schon finden. Und sollte sie zwischenzeitlich heimkommen, dann soll sie mich bitte sofort auf dem Handy anrufen. Und pass gut auf Elias auf.«

Das ungute Gefühl wurde immer stärker, die kalte Faust rumorte immer wilder in seinen Eingeweiden, die quälende Ungewissheit zermürbte ihn.

Donnerstag, 15.25 Uhr

Polizeirevier Hattersheim.

Zwei uniformierte Beamte hielten sich in dem Zimmer im ersten Stock des erst wenige Jahre alten Gebäudes auf. Einer der Männer, den Peter Kautz auf Mitte bis Ende fünfzig schätzte, erhob sich und reichte erst Helga Kautz, dann ihrem Mann die Hand und wies auf zwei Stühle.

»Bitte nehmen Sie Platz, ich werde die Anzeige gleich aufnehmen. Haben Sie das Foto Ihrer Tochter dabei?« Nachdem Peter

Kautz es ihm überreicht hatte, setzte er sich an seinen Computer, startete das Programm und begann routinemäßig das Protokoll einzutippen, während der andere Beamte den Raum verließ. Er stellte kurze und knappe Fragen, wann und wo genau Selina geboren war und so weiter, Fragen, die allesamt von Peter Kautz beantwortet wurden.

Als er die Daten gespeichert hatte, drehte er sich um und sagte mit freundlicher Stimme und fast gütigem Blick, als könnte er sich in die Lage der Eltern versetzen: »So, und jetzt erzählen Sie mir etwas mehr über Ihre Tochter. Kam es in der Vergangenheit schon einmal oder sogar öfter vor, dass sie einfach so weggeblieben ist?«

»Nein, sie hat grundsätzlich Bescheid gesagt«, entgegnete Peter Kautz nervös, kaum dass der Beamte es ausgesprochen hatte. Er stand auf und ging ruhelos im Raum umher, den Blick zu Boden gerichtet. »Wir wussten bis jetzt immer, wo sie ist.« Mit einem Mal blieb er stehen, sah den Beamten an und schüttelte den Kopf. »Wissen Sie, Selina ist eine exzellente Schülerin. Sie hat das vergangene Schuljahr als Klassenbeste abgeschlossen. Die Lehrer haben sogar überlegt, sie eine Klasse überspringen zu lassen.«

Der Beamte lehnte sich zurück, schlug die Beine übereinander und sah die verzweifelten Eltern an. »Was ist mit Alkohol, Drogen? Es tut mir Leid, aber ich muss Ihnen diese Frage stellen.«

»Nein, Selina hat nie in ihrem Leben irgendwas davon angerührt. Sie hasste jegliche Form von Drogen, Alkohol eingeschlossen.«

»Aber sie hat Ihnen gestern gesagt, sie würde die Nacht über bei einer Freundin bleiben. Doch keine ihrer Freundinnen weiß irgendetwas davon. Das ist schon seltsam. Könnte es unter Umständen sein, dass sie ... Ich meine, ich will Ihnen nicht zu nahe treten, aber könnte die Möglichkeit bestehen, dass sie ausgerissen ist?«

Peter Kautz stützte sich mit beiden Händen auf den Schreibtisch, sah den Beamten mit glühenden Augen an, schlug mit einer Hand auf den Tisch und entgegnete mit aufgebrachter Stimme: »Nein, sie ist nicht ausgerissen! Wir haben noch zwei weitere Kinder, und Selina liebt ihre Geschwister über alles. Und noch was, wir führen eine harmonische Ehe und ein glückliches Familienleben, falls Sie das interessiert. Ich weiß genau, was Sie denken, nämlich dass das die meisten Ehepaare und Eltern behaupten. Aber ich sage die Wahrheit. Meine Frau und ich sind seit siebzehn Jahren verheiratet. Uns geht es finanziell sehr gut, und Selina hätte nie einen Grund gehabt, einfach abzuhauen. Vor allem hat sie mit uns, das heißt vorwiegend mit meiner Frau, bisher über all ihre Probleme gesprochen.«

»Fehlt irgendetwas aus ihrem Zimmer? Hat sie Geld?«

»Nein«, meldete sich Helga Kautz jetzt zu Wort, die bisher regungslos dagesessen und aufmerksam und doch besorgt das Frage- und Antwortspiel verfolgt hatte. »Selina ist gestern Nachmittag wie üblich in den Reitclub gefahren, ohne irgendetwas sonst mitzunehmen. Und sie bekommt ein ihrem Alter entsprechendes Taschengeld. Außerdem zahlen wir jeden Monat einen bestimmten Betrag auf ein Konto ein, auf das sie allerdings erst ab ihrem achtzehnten Geburtstag Zugriff hat.«

»Und was ist mit einem Freund?«

»Sie hatte einen, bis vor etwa drei Monaten. Sie fühlte sich noch zu jung für eine feste Beziehung.«

»Haben Sie schon mit ihm gesprochen? Ich meine, heute.«

»Nein, wieso?«, fragte Peter Kautz mit gerunzelter Stirn.

»Wie ist sein Name?«

»Dennis Kolb.«

»Wie lange waren er und Selina zusammen?«

»Ein, anderthalb Jahre, genau weiß ich es nicht. Aber sie kennen sich schon viel länger.«

»Wie alt ist er?«

»Siebzehn.«

»Und wie hat er die Trennung verkraftet?«

»Du meine Güte, woher sollen wir das wissen?! Das war eine Sache zwischen Selina und ihm. Wir haben uns da nicht eingemischt. Selina ist psychisch und emotional sehr reif und weiß ziemlich genau, was sie will. Sie ist einfach ein besonderes Mädchen, in jeder Beziehung. Was sie macht, macht sie perfekt. Sie ist vor vier Jahren in den Reitsportclub eingetreten und war schon mit dreizehn hessische Vizemeisterin im Voltigieren. Und sie kann hervorragend Klavier spielen. Und wir haben sie zu nichts von alledem gezwungen, sie hat alles aus freien Stücken gemacht, weil sie es wollte. Sie ist unglaublich ehrgeizig. Deshalb sehen weder ich noch meine Frau auch nur den geringsten Grund, weshalb sie einfach so verschwunden sein sollte. Genügt Ihnen das? Außerdem würde sie nie im Leben ihr Pferd einfach aufgeben. Wir haben es ihr vor drei Jahren zum Geburtstag geschenkt.«

»Haben Sie die Telefonnummer von diesem Dennis Kolb?«, fragte der Beamte, als hätte er die letzten Worte gar nicht mehr mitbekommen.

»Nicht im Kopf. Aber er steht im Telefonbuch. Sein Vater heißt Robert, sie wohnen Im Höhlchen.«

Der Beamte nahm das Telefonbuch, schlug es auf und suchte die Nummer. »Aha, hier haben wir's ja schon. Dann möchte ich Sie doch bitten, mal bei den Kolbs anzurufen.«

Peter Kautz tippte die Nummer ein und meldete sich, als am andern Ende abgenommen wurde. Die Mutter von Dennis war am Apparat. Er war zu Hause und kam kurz darauf ans Telefon.

»Hallo, Dennis, hier Kautz. Ich habe eine Frage: Hast du gestern zufällig Selina gesehen?«

»Warum?«

»Dennis, bitte, sag nur ja oder nein.«

»Ja, gestern Abend. Was ist denn los?«

»Wo habt ihr euch gesehen?«

»Am Spielplatz. Wir haben uns ein paar Minuten unterhalten, dann bin ich nach Hause gefahren.«

»Und um welche Zeit war das?«

»Kurz vor halb elf. Selina hatte nicht viel Zeit, sie hat gesagt, sie müsste nach Hause.«

»Sie hat dir gesagt, sie müsste nach Hause? Hat sie das wirklich gesagt?«, fragte Peter Kautz sichtlich erregt. »Sie hat gesagt, sie müsste nach Hause?«, wiederholte er die Frage noch einmal.

»Ja, ganz bestimmt. Um was geht's denn?«

»Sie ist verschwunden. Angeblich wollte sie bei einer Freundin übernachten. Hat sie dir gegenüber nichts davon erwähnt?«

»Nein, ich schwöre es. Aber sie ist noch einen Moment auf der Bank sitzen geblieben, nachdem ich losgefahren bin. Glauben Sie, dass ihr etwas passiert ist?«, fragte er besorgt.

»Das wissen wir nicht. Wir sind gerade bei der Polizei, um eine Vermisstenanzeige aufzugeben. Es könnte sein, dass die Polizei sich …« Bevor er zu Ende sprechen konnte, nahm ihm der Beamte den Hörer aus der Hand.

»Herr Kolb, ich werde gleich mit einem Kollegen bei Ihnen vorbeikommen und Ihnen ein paar Fragen stellen. Bleiben Sie bitte so lange zu Hause. Wir sind in etwa einer Viertelstunde bei Ihnen.«

»Ist gut.«

Der Beamte legte auf und sah die Eltern von Selina nachdenklich an. Nach einer Weile sagte er: »Tja, ich denke, wir sollten aufgrund der vorliegenden Fakten eine Suchmeldung herausgeben. Ich werde mich gleich mit den Kollegen von der Kripo Hofheim in Verbindung setzen, und die werden ihrerseits alles Notwendige in die Wege leiten. Unter anderem werden sie den Hessischen Rundfunk und FFH informieren, damit noch heute die Vermisstenmeldung im Radio bekannt gegeben wird. Mehr kann ich im Augenblick nicht für Sie tun. Und sollte Ihre Tochter sich bei Ihnen melden, lassen Sie mich das bitte umgehend wissen.«

»Natürlich. Und vielen Dank.«

»Das ist unsere Aufgabe. Hoffen wir nur, dass die Sache ein gutes Ende nimmt«, sagte er, wobei Peter Kautz nicht die besorgte Miene entging.

Er seufzte auf, seine Frau hatte wieder Tränen in den Augen. Sie verließen das Revier und fuhren heim. Um halb fünf hielten sie vor dem Haus, das Peter Kautz selbst entworfen hatte, kurz nachdem er vor acht Jahren sein eigenes Architekturbüro eröffnet hatte.

Ein weißer, hübsch verzierter, kaum mannshoher Eisenzaun, eine Doppelgarage mit reichlich Platz für den Jaguar und das 500er Mercedes Coupé, eine mittelgroße Rasenfläche mit einem Pool. Doch das alles war jetzt nur noch nebensächlich. Alles, was sie wollten, war, ihre Tochter wiederzusehen und in die Arme zu schließen. Die Hoffnung schwand jedoch mit jeder Minute mehr, die verstrich.

Donnerstag, 16.58 Uhr

Julia Durant war heute etwas früher gegangen, weil sie noch einen Friseurtermin hatte und sich danach einen gemütlichen Abend allein machen wollte. Sie setzte sich um zehn vor fünf in ihren Corsa. Der Tag war anstrengend gewesen, nicht weil sie einen besonderen Fall zu bearbeiten hatte – die letzten zwei Wochen waren sogar bis auf einen Mord an einem der Polizei hinlänglich bekannten Junkie und Dealer in der Taunusanlage, um den sich jedoch die Kollegen aus dem Rauschgiftdezernat und der Mordkommission gleichzeitig kümmerten, erstaunlich ruhig gewesen –, sondern weil die Aufarbeitung eines riesigen Stapels liegen gebliebener Akten für sie schlimmer war als jede andere Arbeit. Akten zu wälzen, Berichte zu schreiben hasste sie wie die Pest, und sie wünschte sich an solchen Tagen immer, ein paar Heinzelmännchen würden über Nacht kommen und am nächsten Morgen wäre der Schreibtisch blitzblank aufgeräumt. Das Einzige, was sie tröstete, war, dass es Hellmer und Kullmer nicht anders erging, die die Büroroutine ebenso hassten.

Um halb sechs hatte sie ihren Termin, anschließend würde sie ein langes Bad nehmen, das Buch über übersinnliche Phänomene zu Ende lesen und nebenbei Musik hören und früh zu Bett gehen. Dominik Kuhn, mit dem sie seit etwas über einem Jahr zusammen war, hatte angerufen und gesagt, er habe noch eine Sitzung, was nichts anderes hieß, als dass er mit Sicherheit nicht vor dreiundzwanzig Uhr, vermutlich aber erst gegen Mitternacht nach Hause kommen würde, denn die Sitzungen endeten meist damit, dass in irgendeinem Lokal noch etwas getrunken wurde und er die Zeit darüber vergaß. Aber es machte ihr nicht viel aus, zumindest nicht mehr. In letzter Zeit war ihr Zusammenleben längst nicht mehr das, was sie sich unter einer Partnerschaft vorstellte. Sie merkte, wie ihre Interessen nicht miteinander harmonierten und wie ihre so unterschiedlichen Berufe einfach nicht förderlich für eine Beziehung, ja, eigentlich sogar die reinsten Beziehungskiller waren. Außerdem mochte sie es nicht, wenn er ständig Fragen stellte, die ihre Arbeit betrafen, auch wenn er mittlerweile nicht mehr für die Bild-Zeitung, sondern als Pressesprecher für FFH tätig war, aber dennoch über exzellente Kontakte, vielleicht sogar bessere als zuvor, zu den elektronischen und Printmedien verfügte. Sie war sich im Klaren, dass sein Job all seine Kraft in Anspruch nahm, und sie bewunderte auch seinen Einsatzwillen, auf der Karriereleiter noch weiter nach oben zu klettern, dennoch wünschte sie sich wenigstens ab und zu ein wenig mehr Zuwendung seinerseits.

Und wenn er zu Hause war, war er meist müde und abgespannt, und es war schon eine ganze Weile vergangen, seit sie zuletzt gemeinsam etwas unternommen hatten. In den letzten Wochen ertappte sie sich immer häufiger dabei, wie sie daran dachte, dass es besser wäre, wenn er wieder in seine Wohnung ziehen würde, die er zwar schon vor über einem Jahr aufgeben wollte, aber einer inneren Stimme folgend hatte sie ihm mehrmals gesagt, es nicht zu tun. Und gleichzeitig dachte sie, dass sie wohl doch nicht bindungsfähig war. Dazu kam, dass fast alle Männer, denen sie in den vergangenen Jahren seit ihrer Scheidung näher gekommen war, entweder verheiratet oder verlogen bis ins Mark waren oder beides zusammen. Kuhn gehörte zwar weder zur einen noch zur anderen Sorte (auch wenn dann und wann der Gedanke in ihr hochkam, seine beruflichen Aktivitäten könnten auch eine private Komponente beinhalten), dennoch konnte sie sich immer weniger vorstellen, den Rest ihres Lebens mit ihm zu verbringen.

Sie schüttelte den Kopf, verbannte Kuhn aus ihren Gedanken, schaltete das Radio ein, FFH. Nachrichten. Das übliche Sommerblabla, danach der Verkehrsbericht. Anstatt des unmittelbar folgenden Wetterberichts wurde eine Suchmeldung der Polizei verlesen.

»Und hier noch eine Suchmeldung der Polizei. Vermisst wird seit gestern Abend 22.30 Uhr die fünfzehnjährige Selina Kautz aus Hattersheim-Okriftel. Selina Kautz ist einen Meter fünfundsechzig groß, schlank und hat glattes hellbraunes schulterlanges Haar. Selina ist bekleidet mit einer hellblauen Jeans, einem weißen T-Shirt und weißen Tennisschuhen. Zuletzt war sie mit einem metallic blauen Fahrrad der Marke Herkules von Eddersheim nach Okriftel unterwegs. Sollte jemand Selina Kautz gestern Abend nach 22.30 Uhr gesehen haben oder Angaben über ihren Aufenthaltsort machen können, so wende er sich bitte an die Polizei in Hattersheim oder jede andere Polizeidienststelle.«

Anschließend der Wetterbericht, dem sie aber nicht mehr zuhörte. Julia Durant zündete sich eine Zigarette an, überlegte, ob sie Hellmer anrufen sollte, ließ es aber sein. Der Main-Taunus-Kreis, wozu auch Hattersheim gehörte, zählte seit Anfang 2001 nicht mehr zum Zuständigkeitsbereich der Frankfurter Kripo. Man hatte eine nicht nur in ihren Augen völlig sinnlose Gebietsreform vorgenommen, nach der für sämtliche Kriminaldelikte im Main-Taunus-Kreis jetzt die Kripo Wiesbaden zuständig war. Sie hatte kaum zu Ende gedacht, als ihr Handy klingelte. Frank Hellmer.

»Hi, Julia. Du, ich hab eben einen Anruf von Bergdorf erhalten ...«

»Wer ist Bergdorf?«, unterbrach sie ihn.

»Kripo Hofheim. Du kennst ihn, zumindest vom Sehen. Hör zu, da ist ein Mädchen in Okriftel verschwunden ...«

»Ich hab's gerade in den Nachrichten gehört.«

»Okay, dann weißt du ja schon mal, wie sie heißt. Bergdorf hat mich angerufen und gemeint, da ich ja seit einigen Jahren in Okriftel lebe, ob nicht wir statt der Wiesbadener den Fall übernehmen könnten. Er hat auch schon mit Wiesbaden gesprochen, und die hätten nichts dagegen. Ich kenne zwar die Familie Kautz nur vom Sehen, aber ich wollte dich trotzdem fragen, ob ...«

Julia Durant konnte sich ein Grinsen nicht verkneifen, was Hellmer zum Glück nicht sah. »Heißt das, wir wären erst mal vom Bürokram entbunden?«

»Kommt drauf an, wie schnell sie gefunden wird. Noch ist sie nur vermisst. Trotzdem müssten wir einigen Leuten ein paar Fragen stellen. Hast du Lust?«

»Das fragst du noch? Klar doch. Aber zum Friseur darf ich vorher noch fahren, oder?«

»Wenn's unbedingt sein muss«, erwiderte Hellmer ebenfalls grinsend. »Ich hoffe nur, du siehst hinterher wieder einigermaßen menschlich aus.«

»Haha! Also, sagen wir um sieben bei dir? Ich müsste nämlich nach dem Friseur noch kurz nach Hause, mich umziehen und was essen. Ach ja, hast du schon das Protokoll?«

»Was zu essen kannst du auch bei uns bekommen. Und das Protokoll haben mir die Kollegen aus Hofheim eben rübergeschickt.«

»Bis um sieben dann«, sagte sie und drückte den Aus-Knopf.

Aus dem gemütlichen Abend würde nichts werden, aber das machte ihr im Moment nicht das Geringste aus, im Gegenteil, auch wenn das Verschwinden des Mädchens sie sehr nachdenklich stimmte. In letzter Zeit häuften sich in Deutschland derartige Fälle, und nur ein Bruchteil davon konnte bislang aufgeklärt werden. Sie hoffte, die schlimmsten Befürchtungen würden sich nicht bewahrheiten, dass das Mädchen nur abgehauen war, aus welchen Gründen auch immer, und sie irgendwann und irgendwo heil wieder auftauchte. Manche hauten einfach ab und landeten auf dem Strich. Sie hauten ab, weil sie zu Hause nichts als Demütigungen erlitten, einige, weil sie missbraucht wurden, andere, weil sie auf die falschen Versprechungen von irgendjemandem hereinfielen, der ihnen schöne Augen und Komplimente machte, die junge Mädchen gerne hörten. Sie kannte genügend solcher Fälle aus ihrer Zeit bei der Sitte, und die wenigsten der verschwundenen Mädchen und auch Jungs waren einfach aus einer puren Laune heraus abgehauen. Sie hatte aber auch Fälle miterlebt, wo Kinder und Jugendliche verschwunden waren und man entweder nie wieder ein Lebenszeichen von ihnen erhalten hatte oder sie tot aufgefunden wurden, manchmal auf das Scheußlichste zugerichtet. Und sie war schon zu lange bei der Polizei, um sich Illusionen hinzugeben. Zudem sprach ihr Bauch wieder einmal eine eindeutige Sprache, eine, die sie mittlerweile sehr gut verstand. Aber ein Bild würde sie sich erst nach eingehenden Befragungen machen können. Noch handelte es sich nur um eine Vermisstenmeldung.

Donnerstag, 19.20 Uhr

Julia Durant stellte ihren Wagen vor dem Haus der Hellmers ab. Sie wurde bereits von Frank erwartet. Er bat sie ins Haus, Nadine war mit Stephanie im Garten.

»Sorry, aber ich musste nach dem Friseur erst mal duschen, mein ganzer Kragen war voller Haare und das hätte ich nicht ausgehalten.«

»Hallo, Julia«, wurde sie von Nadine begrüßt, die ins Wohnzimmer kam. »Gut siehst du aus. Frank hat mir schon gesagt, dass du beim Friseur warst. Komm, setz dich. Du hast doch hoffentlich noch nichts gegessen?«

»Nee, keine Zeit gehabt, sonst wär's noch später geworden.«

»Prima, ich hab nämlich für dich mitgedeckt. Was möchtest du trinken?«

»Nur ein Glas Wasser.« Und an Hellmer gewandt: »Hast du das Protokoll griffbereit?«

»Moment, ich hol's schnell.« Er verschwand im Arbeitszimmer

und kehrte wenige Sekunden später zurück. »Hier, steht aber nicht viel drin. Das Foto ist auch dabei.«

Sie überflog die Angaben, die die Eltern von Selina Kautz gemacht hatten, runzelte die Stirn und legte das Blatt auf den Tisch.

»Ganz schöner Mist«, sagte sie. »Einfach so in Luft aufgelöst. Hoffen wir das Beste. Ein hübsches Mädchen.«

»Ich kenne die Mutter«, meinte Nadine Hellmer. »Sie hat einen achtzehn Monate alten Sohn, der mit Stephanie in der Krabbelgruppe ist. Eine sehr nette, wenn auch distanzierte Frau. Ab und zu unterhalten wir uns, aber immer nur über Belanglosigkeiten. Es fällt mir schwer zu glauben, dass Selina wegen irgendwelcher familiärer Differenzen abgehauen ist. Dazu macht mir die Mutter einen zu guten Eindruck.«

»Eindruck! Mein Gott, wenn ich daran denke, wer alles einen guten Eindruck macht.« Julia Durant seufzte auf. »Hinter die Fassade der Leute kannst du nur ganz selten blicken, das weißt du doch selbst. Aber wir werden uns gleich mal mit den Eltern unterhalten und dann weitersehen. Wissen die eigentlich, dass wir kommen?«, fragte sie und sah Hellmer an.

»Nein, ich möchte lieber, dass sie unvorbereitet sind. Du kennst das doch, sobald jemand weiß, dass die Kripo kommt, legt man sich alle möglichen Worte zurecht. Wir können übrigens zu Fuß hingehen, die wohnen nur ein paar Häuser weiter. Und jetzt iss was, sonst fällst du uns noch vom Fleisch«, sagte er grinsend.

»Haha!« Sie nahm eine Scheibe Brot aus dem Korb, bestrich es dünn mit Margarine und legte zwei Scheiben Mortadella darauf. Dazu aß sie eine saure Gurke und ein paar geschnittene Tomaten.

»Was vermutest du?«, fragte Nadine, während sie sich eine Scheibe Brot mit Putenbrust und Tomaten belegte.

»Gar nichts. Ich stelle erst dann Vermutungen an, wenn ich alles weiß.«

»Aber es ist doch seltsam, dass ein fünfzehnjähriges Mädchen einfach so verschwindet. Ich meine, es ist doch so, als hätte sie sich in Luft aufgelöst.«

»Es verschwinden jeden Tag ein paar hundert Jugendliche, und die meisten davon kehren schon nach wenigen Tagen reumütig zurück. Ich gehe erst mal auch in diesem Fall davon aus. Ein Mädchen mitten in der Pubertät, vielleicht gerade in einer persönlichen Krise, wer weiß«, sagte sie, nahm das Glas Wasser und trank einen Schluck.

»Julia, du wirkst heute irgendwie anders als sonst«, meinte Nadine und sah Julia Durant ernst aus den großen braunen Augen an.

»Wie wirke ich denn?«

»Keine Ahnung. Aber in deinem Kopf rotiert's schon wieder, stimmt's? Denkst du an die Fälle der jüngsten Vergangenheit, mit den Kindern meine ich?«

»Die Kinder, die in letzter Zeit verschwunden sind, und ich meine damit die spektakulären Fälle, waren fast alle jünger. Von der kleinen Peggy zum Beispiel fehlt noch immer jede Spur und es wird in alle möglichen Richtungen ermittelt. Aber sollte sie tatsächlich in einem osteuropäischen Bordell gelandet sein, dann besteht für mich keine große Hoffnung, sie jemals lebend zu finden, denn solche Kinder werden in der Regel selten länger als ein paar Tage an einem Platz gehalten. Und oftmals kommen sie nach einiger Zeit wieder in den Westen. Und wenn sie nicht mehr zu gebrauchen sind … Aber das ist etwas anderes. Eine Fünfzehnjährige kannst du nicht einfach in ein Auto zerren und sie irgendwo als Leiche ablegen. Da steckt was anderes dahinter. Und wir werden's schon rauskriegen. Hoffe ich jedenfalls.«

»Trotzdem, Julia, du bist anders …«

»Bist du neuerdings unter die Hellseher gegangen?«, wurde sie von Julia Durant ironisch unterbrochen.

»Nein, ich kenne dich nur schon eine ganze Weile. Du bist nicht so locker wie sonst.«

»Okay, um ehrlich zu sein, anfangs war ich froh, erst mal wieder aus dem Büro rauszukommen. Aber beim Friseur und auch hinterher hat sich bei mir allmählich so'n blödes Gefühl breit gemacht. Was, wenn dem Mädchen tatsächlich etwas zugestoßen ist? Ausschließen kann man das heute nicht mehr. Und ich habe keine Lust, wieder in einem Berg von Dreck zu wühlen, denn ich weiß, dass mich das über kurz oder lang kaputtmacht. Und gerade hier bei euch in der Ecke würde das doch sicherlich für einen gewaltigen Wirbel sorgen.«

»Tut es jetzt schon. Inzwischen weiß jeder in diesem Viertel von Selina. Hier spricht sich so was rum wie ein Lauffeuer. Die Leute stehen draußen auf der Straße, natürlich nicht direkt vor dem Haus, aber es scheint, als würden sie auf die große Sensation warten. Man könnte meinen, wir würden irgendwo in einem kleinen Dorf in einer gottverlassenen Gegend leben, tausend Kilometer weit weg von der nächstgrößeren Stadt. Dabei sind es mit dem Auto gerade mal zwanzig Minuten bis in die Frankfurter Innenstadt. Und trotzdem ist Okriftel eine völlig andere Welt. Hier und in Eddersheim wohnen so viele Reiche, die fast alle außerhalb ihren Geschäften nachgehen. Aber sobald sie hier sind, verkriechen sie sich in ihren Villen und Bungalows wie in Rattenlöchern. So wie Frank und ich«, fügte sie verschmitzt lächelnd hinzu. »Aber wir fühlen uns trotzdem wohl in unserm Nest. Nur der Fluglärm stört ab und zu.«

»Habt ihr denn irgendwelche Bekannte oder Freunde hier?«

»Nein«, antwortete Nadine, »die meisten wohnen schon seit zwanzig oder mehr Jahren hier, wir erst seit knapp drei Jahren. Die Leute sind zwar nicht unfreundlich oder abweisend, jedoch sehr reserviert. Man grüßt sich, mehr aber auch nicht. Ich kenne zwar einige Leute etwas näher, doch so richtig warm bin ich mit noch keinem geworden. Liegt vielleicht auch an mir.«

»Schade«, meinte Julia Durant, »es wäre natürlich hilfreich, wenn ...«

»Ich weiß genau, was du sagen willst. Aber selbst zu Frau Kautz habe ich nie den richtigen Draht gefunden. Vielleicht denken die, wir sind nur so ein paar Neureiche, die den Jackpot im Lotto gewonnen haben und es sich deshalb leisten können, hier zu wohnen. Ich steig jedenfalls nicht dahinter. Und woher das Geld wirklich stammt, werde ich natürlich keinem verraten, denn es geht keinen etwas an.«

Frank Hellmer wischte sich den Mund mit der Serviette ab, trank den Rest von seinem Bier und stand auf. Er küsste erst seine Tochter auf die Wange, dann Nadine auf den Mund und sagte: »So, dann wollen wir mal.« Er schaute auf die Uhr und fuhr fort: »Ich glaube kaum, dass es länger als ein bis anderthalb Stunden dauert. Ich bin spätestens um zehn ...«

»Frank, bitte. Ich hab dir schon zigmal gesagt, ich will keine Uhrzeit mehr von dir hören. Dann brauch ich mich auch nicht darauf einzurichten. Und jetzt haut ab, ich muss mich nämlich um Stephanie kümmern. Und danach setz ich mich vielleicht noch ein bisschen vor die Glotze oder in den Garten. Und viel Erfolg.«

»Tschüs«, sagte Julia Durant, nahm ihre Tasche und verließ zusammen mit ihrem Kollegen das Haus.

Donnerstag, 20.05 Uhr

Peter und Helga Kautz wohnten kaum hundert Meter weiter. Es waren viele Menschen auf der Straße, ungewöhnlich viele Menschen, Kinder, Jugendliche, Erwachsene. Getuschel, leise Unterhaltungen und immer wieder verstohlene, aber auch eindeutige Blicke der Umstehenden in Richtung des Hauses. Die Neugierde hatte sie aus ihren Rattenlöchern, wie Nadine es nannte, kommen lassen.

»Du kennst die Eltern nicht näher?«, fragte Julia Durant, ohne den Menschen Beachtung zu schenken, während ein Streifenwagen langsam die Straße entlangfuhr. Es war noch immer recht warm, und die nächsten Tage würden sicher unerträglich werden, denn mit der Hitze würde auch die Luftfeuchtigkeit zunehmen, wie es in dem Kessel Rhein-Main-Gebiet fast jeden Sommer war. Obgleich sie vor nur etwas über einer Stunde geduscht hatte, war sie durchgeschwitzt und würde vor dem Zubettgehen noch einmal duschen.

»Wie gesagt, nur vom Sehen. Glaub mir, normalerweise siehst du nie so viele Leute auf der Straße. Im Sommer halten sie sich im Garten auf, ein paar, die sich näher kennen, veranstalten dann und wann eine Grillparty, aber ansonsten ist es, wie Nadine gesagt hat – sie verkriechen sich in ihren Rattenlöchern. An die ist kaum ranzukommen. Und wenn die hier alle wüssten, dass ich nur ein lausiger Bulle bin, du meine Güte, die würden sich auch fragen, wie ich es mir leisten kann, in diesem Haus zu wohnen. Egal, ist nicht mein Problem, was die denken. Aber spätestens jetzt wissen sie sowieso, dass ich ein Bulle bin.«

»Na und, hast du vielleicht was an unserem Beruf auszusetzen?«, fragte Julia Durant spöttisch. »Oder ist es dir peinlich, wenn deine Nachbarn das erfahren?«

»Blödsinn!«

»Na also, worüber machst du dir dann Gedanken? Besser ein Bulle als ein Krimineller. Und ihr habt wirklich keinen näheren Kontakt zu euren Nachbarn?«

»Nein. Die leben hier alle irgendwie nur für sich. Oder sie sind miteinander verwandt.«

»Komm, gib doch zu, du hast Hemmungen, dich zu outen.«

»Was soll das denn schon wieder heißen?«, fragte Hellmer pikiert.

»Denk drüber nach«, erwiderte sie nur kurz und drückte auf den Klingelknopf, der sich links vom Eisentor befand. Ein mittelgroßer, schlanker Mann mit einem leichten Bauchansatz und dunklem lichtem Haar kam mit erwartungsvollem Gesichtsausdruck wenig später heraus, als würde er auf ein Wunder hoffen, dass Selina vielleicht nur ihre Schlüssel vergessen hatte und deshalb klingeln musste. Aber das Wunder trat nicht ein, er sah lediglich einen ihm bekannten Mann und eine unbekannte Frau.

»Ja, bitte?«, sagte er mit einer Miene, die deutlich seine Gefühlslage widerspiegelte. Stumpfe Augen, leicht nach vorn ge-

47

beugte Schultern, als trüge er eine schwere Last, unsichtbar und doch sichtbar durch seine Körperhaltung. Er sah erst die Kommissarin, dann Hellmer an, kniff für einen Moment die Augen zusammen, als würde er überlegen, woher er ihn kannte. Es schien ihm jedoch nicht einzufallen.

»Herr Kautz?«

»Ja?«, fragte er mit energieloser Stimme.

Julia Durant hielt ihm ihren Ausweis hin. »Durant, Kripo Frankfurt. Das ist mein Kollege Herr Hellmer, er wohnt dort vorne in dem Eckhaus. Sie sind sich wahrscheinlich schon einmal begegnet. Wir würden uns gerne mit Ihnen und Ihrer Frau unterhalten.«

»Natürlich«, sagte er an Hellmer gewandt, wobei seine Augen kurz aufblitzten. »Ich habe mich schon gefragt, woher mir Ihr Gesicht bekannt vorkommt. Aber Sie müssen entschuldigen, ich bin etwas durcheinander. Kommen Sie doch bitte rein.« Er öffnete das Tor. »Sie haben noch nichts von Selina gehört?« Es war weniger eine Frage als eine Feststellung.

»Nein, leider nicht.«

Sie gingen vom Flur mit dem Marmorboden und den in Grau- und Weißtönen gehaltenen Wänden in einen großen hellen Raum, von dem aus man auf den herrlichen Garten mit dem Pool schauen konnte. Eine sicher über zwei Meter hohe, dichte und wie mit dem Lineal geschnittene Hecke schützte das Anwesen vor unerwünschten Eindringlingen und Blicken. Ein paar Blumen auf dem Steingarten vor der Terrasse. Im rechtwinkligen Wohnzimmer ein Kamin aus Naturstein, der im Winter sicher heimelige Wärme spendete, auch hier der Fußboden aus Marmor, zwei kostbare Läufer und ein Teppich, eine maßgefertigte Bücherwand, die sich über zwei Wände erstreckte, eine hochwertige Musikanlage, aber kein Fernsehapparat. Einige Grünpflanzen auf der Fensterbank, ein undefinierbares exotisches palmenartiges Gewächs und ein Ficus Benjamini auf dem Boden. In die Decke eingelassene Halogenlampen, ein Deckenfluter. Eine dunkelblaue, aufwendig verarbeitete moderne Ledergarnitur, ein heller Marmortisch, überhaupt schien Marmor das bevorzugte Material in diesem Haus zu sein, ein Ohrensessel neben dem Kamin. Im anderen Teil des Wohnzimmers, in den man über zwei Stufen gelangte und den die Kommissare erst einsehen konnten, als sie näher traten, eine gemütliche Sitzecke mit vier Sesseln, ein Teppich und mehrere Bilder von Edward Hopper und James Rizzi, vielleicht echt, vielleicht auch nur besonders gute Replikate. Alles war sehr sauber, doch nicht steril, wie sie es schon oft in anderen derartigen Häusern gesehen hatte. Hier war Leben, hier fühlte sie sich vom ersten Moment an wohl, auch wenn die Umstände ihres Besuchs alles andere als angenehm waren.

Durant und Hellmer nahmen kurz die ersten Eindrücke auf und sahen zu der schlanken Frau, die die Beamten erwartungsvoll anschaute. Sie saß auf der Ledercouch, die Hände gefaltet, das Gesicht regungslos, der gleiche stumpfe Blick wie bei ihrem Mann. Durant schätzte sie auf Mitte dreißig, auf keinen Fall älter, das Gesicht faltenlos, kurze blonde Haare, blaue Augen, wohlgeformte, jetzt blutleere Lippen, leicht hervorstehende Wangenknochen, die ihr etwas Apartes verliehen, eine Frau, der Männer sicher mehr als nur einen Blick hinterherwarfen.

»Helga, das sind zwei Beamte von der Polizei. Sie möchten gerne mit uns sprechen. Herrn Hellmer kennst du ja sicher, und das ist Frau Durant.«

Sie nickte und versuchte zu lächeln, was ihr jedoch nur ansatzweise gelang. Julia Durant vermochte sich einigermaßen in ihre Lage zu versetzen, zu oft schon hatte sie in den vergangenen Jahren mit ähnlichen Fällen zu tun gehabt, wenn die scheinbar so heile Welt mit einem Mal zu einem bösen Albtraum wurde. Und für diese Familie schien die Welt bis vor wenigen Stunden tatsächlich noch heil gewesen zu sein. Sowohl der Mann als auch die Frau waren Durant auf den ersten Blick sympathisch, und obgleich zurzeit eine angespannte, ängstliche Atmosphäre herrschte, strahlte alles in diesem Haus Ruhe und Freundlichkeit aus. Sie fragte sich, was wohl passieren würde, sollte Selina tatsächlich etwas zugestoßen sein. Wie würden die Eltern reagieren? Vermutlich nicht anders als die Eltern anderer verschwundener Kinder, denen mit einem Mal ein wesentlicher Teil ihres Lebens genommen wurde. Weinen, Zusammenbruch, Leere. Sie kannte es, hatte es schon einige Male erleben müssen, und es hatte jedes Mal einen nachhaltigen Eindruck bei ihr hinterlassen. Auch die Haltung der Frau, dieses Verkrampfte, die gefalteten Hände, als würde sie ein Stoßgebet nach dem andern zum Himmel schicken, war ihr vertraut. Es war, als hoffte sie auf etwas, von dem sie ganz tief in ihrem Innern wusste, dass es doch nicht eintreten würde. Die Intuition einer Frau, die ihr sagte, dass irgendwann eine Nachricht kommen würde, die Nachricht, die auch den letzten Funken Hoffnung zunichte machte.

»Bitte«, sagte Peter Kautz und deutete auf zwei Sessel, während er sich zu seiner Frau setzte, um im nächsten Augenblick zu fragen, ob er den Beamten etwas zu trinken anbieten dürfe.

»Nein, danke, machen Sie sich keine Umstände. Wir haben nur ein paar Fragen zu Ihrer Tochter«, sagte Hellmer.

»Ja, natürlich. Meine Frau und ich stehen Ihnen zur Verfügung.«

»Danke.« Julia Durant nahm in einem der Sessel Platz. Sie stellte ihre Tasche neben sich, beugte sich nach vorn, die Ellbogen auf die Oberschenkel gestützt, die Hände aneinander gelegt.

»Wir haben das Protokoll gelesen, müssten aber trotzdem noch etwas mehr über Ihre Tochter wissen. Sie haben angegeben, sie zuletzt gestern Nachmittag gegen siebzehn Uhr gesehen zu haben. Ist das richtig?«

Helga Kautz nickte, sah die Kommissarin an und antwortete: »Ja, es war so gegen fünf. Sie verlässt das Haus immer um fünf, wenn sie in den Reitclub fährt. Es sind knapp zehn Minuten mit dem Fahrrad. Ich weiß noch, wie sie sich von mir verabschiedet und im Hinausgehen gesagt hat, dass sie heute Morgen um neun zu Hause sein wolle, um sich noch für den Zahnarztbesuch zurechtzumachen. Das war das Letzte, was ich von ihr gehört habe.« Bei den letzten Worten stockte ihre Stimme, Tränen traten ihr in die Augen, sie nahm ein Taschentuch vom Tisch und tupfte die Tränen ab. »Was glauben Sie, wo sie sein könnte? Sie haben doch ständig mit solchen Sachen zu tun, oder etwa nicht?«, fuhr sie fort, nachdem sie sich einigermaßen beruhigt hatte.

»Frau Kautz, es gibt so viele Möglichkeiten. Wir können im Augenblick überhaupt nichts sagen.«

»Und welche Möglichkeiten gibt es? Würden Sie mir bitte alle Möglichkeiten nennen?«, fragte sie beharrlich weiter.

»Nun, sie könnte aus einer Laune heraus abgehauen sein, sie könnte etwas ausgefressen und nun Angst haben, nach Hause zu kommen, sie könnte einen Unfall mit dem Fahrrad gehabt haben und vielleicht irgendwo bewusstlos oder unfähig, sich zu rühren, an einer schlecht einsehbaren Stelle liegen …«

»Warum hören Sie auf?«, fragte Helga Kautz, als sie merkte, dass Julia Durant stockte. »Das ist doch noch nicht alles, oder?«

Die Kommissarin seufzte auf und schüttelte den Kopf. »Also gut, Ihre Tochter könnte auch einem Gewalttäter in die Hände gefallen sein, doch diese Möglichkeit wollen wir im Moment noch außer Acht lassen. Es gibt nämlich eine Möglichkeit, die wir auch in Betracht ziehen müssen …«

»Und die wäre?«

»Sie ist entführt worden. Haben Sie im Laufe des Tages vielleicht einen seltsamen Anruf erhalten oder einen, wo gleich wieder aufgelegt wurde, als Sie sich gemeldet haben?«

»Nein, kein Anruf, kein Brief, nichts von alledem. Selina wurde nicht entführt. Und wenn, dann hätten der oder die Entführer sich längst bei uns gemeldet.«

»Manchmal vergehen mehrere Tage, bevor ein Entführer sich meldet. Wir müssen eine Entführung allein schon deshalb in Betracht ziehen, weil Sie offensichtlich nicht unvermögend sind. Dass ein fünfzehnjähriges Mädchen wie Selina arglos in ein fremdes Auto einsteigt, ist eher unwahrscheinlich. Vielleicht hat man sie einfach von der Straße weg entführt.«

»Und das Fahrrad? Wo ist dann ihr Fahrrad? Glauben Sie vielleicht, die Entführer nehmen auch gleich noch das Fahrrad mit? Dann hätten die ja mit einem Kleintransporter kommen müssen! Nein, vergessen Sie das mit der Entführung. Ihr ist bestimmt etwas zugestoßen.«

»Frau Kautz«, versuchte Julia Durant sie zu beruhigen, »jetzt denken Sie bitte nicht gleich das Schlimmste (dabei dachte sie selbst daran). Sagen Sie uns lieber, was für ein Mädchen Selina ist. Ist sie eher still und introvertiert oder …«

»Selina ist ein außergewöhnliches Mädchen«, wurde sie von Peter Kautz unterbrochen, der seiner Frau dabei liebevoll übers Haar streichelte, um sie zu trösten. »Sie ist eine ausgezeichnete Schülerin, hochintelligent. Manchmal kommt sie uns richtig unheimlich vor, weil sie, wie soll ich es ausdrücken, sie kann einfach mehrere Sachen auf einmal machen. Sie spielt Klavier, seit sie sechs ist, sie ist seit vier Jahren im Reitclub, und sie kümmert sich sehr liebevoll um ihre Geschwister. Sie ist keins von den Mädchen, die nichts als Jungs oder Disco oder so was im Kopf haben, nein, sie weiß sehr genau, was sie will. Und das ist es eben, weshalb wir solche Angst haben. Sie würde uns niemals bewusst solche Sorgen bereiten. Das hat sie früher nie gemacht und jetzt erst recht nicht. Sie ist sehr verantwortungsvoll. Und um auf Ihre Frage zurückzukommen, sie ist weder introvertiert noch extrovertiert. Sie hat Zeiten, wo sie am liebsten allein ist, wie jedes junge Mädchen, und dann wieder ist sie voller Unternehmungsgeist.«

»Sie hat Ihnen gestern gesagt, sie würde bei einer Freundin übernachten, aber nicht, bei welcher. So steht es zumindest im Protokoll. Kam es schon einmal oder sogar öfter vor, dass sie Ihnen nicht gesagt hat, bei wem sie übernachtet?«

»Vielleicht, ich kann mich aber nicht erinnern. Nein«, sagte Helga Kautz entschieden, »Selina ist in diesen Dingen äußerst zuverlässig. Wir wissen eigentlich immer, wo sie ist.«

»Eigentlich?«

»Wir wissen immer, wo sie ist«, korrigierte sich Helga Kautz.

»Nur diesmal nicht«, sagte Julia Durant mit leicht gekräuselter

Stirn. »Ich will Ihnen jetzt nicht zu nahe treten, aber kam es Ihnen nicht seltsam vor, dass sie Ihnen ausgerechnet gestern nicht gesagt hat, bei wem sie übernachten würde?«

»Im Nachhinein betrachtet sicherlich schon, aber was bringt es, wenn wir uns darüber den Kopf zerbrechen? Sie ist weg, einfach weg! Auch wenn gerade dieser Umstand, dass sie uns nicht gesagt hat, wo sie die Nacht verbringt oder verbracht hat, ein Hoffnungsschimmer ist.«

»Und genau das ist es, was gegen eine Entführung spricht«, erklärte Helga Kautz. »Es mag sein, dass sie ein Geheimnis hatte«, sie sprach plötzlich in der Vergangenheitsform, ob bewusst oder unbewusst, vermochte Julia Durant nicht zu sagen, es fiel ihr nur auf, »aber was für ein Geheimnis das auch immer war, es wäre nie so schwerwiegend, dass sie einfach so mir nichts, dir nichts verschwindet.«

»Und Sie haben mit sämtlichen Freundinnen oder so genannten Freundinnen von Selina gesprochen?«

»Ja. Aber mit keiner von ihnen war sie verabredet.«

»Und Jungs? Ich meine, Sie haben angegeben, dass sie bis vor kurzem einen Freund hatte, ein gewisser Dennis Kolb. Was können Sie uns über ihn sagen?«

Peter Kautz zuckte mit den Schultern und sah die Kommissarin an. »Dennis ist ein liebenswürdiger junger Mann. Soweit ich weiß, wurde er bereits von der Polizei befragt. Ich würde ihm allerdings nie zutrauen … Du meine Güte, was rede ich da? Das hört sich ja gerade so an, als ob er ihr etwas angetan hätte!«, sagte er und lachte dabei gequält auf. »Nein, nein, Dennis und Selina waren bis vor zwei oder drei Monaten zusammen, aber Sie wissen doch, wie das bei jungen Leuten so ist. In diesem Alter trifft man noch keine Entscheidungen fürs Leben.«

»Dennis wurde von Beamten der Hattersheimer Polizei befragt«, sagte Hellmer zu Julia Durant. »Die haben aber auch nichts Neues rausgefunden. Und sein Alibi scheint zu stimmen, denn seine Eltern sagen beide, dass er zwischen halb elf und elf zu

Hause war.« Und an Selinas Eltern gewandt: »Wir werden uns trotzdem noch einmal mit ihm in Verbindung setzen, vor allem, weil er vermutlich der Letzte war, der Selina gestern Abend ... gesehen hat.« Er wollte schon »lebend« sagen, verkniff es sich aber im letzten Moment. »Wir hätten jetzt gern noch die Adressen der Freundinnen Ihrer Tochter, um auch sie zu befragen. Und außerdem müssten wir wissen, ob Selina ein Handy hat. Wir könnten versuchen es zu orten.«

»Helga, holst du bitte mal die Adressen?« Und dann: »Nein, sie hat kein Handy. Sie wollte keins. Auch das unterscheidet sie von den meisten anderen jungen Leuten.«

Helga Kautz erhob sich, ging um den Tisch herum und in den ersten Stock.

Als seine Frau aus dem Raum war, sagte er leise: »Jetzt seien Sie bitte ganz ehrlich zu mir. Was denken Sie, wo Selina sein oder was ihr zugestoßen sein könnte? Ich kann die Wahrheit vertragen.«

»Herr Kautz«, antwortete Julia Durant ebenfalls leise, »wie schon gesagt, es gibt im Augenblick keinerlei Anhaltspunkte, was mit Selina ist, wo sie sein könnte, ob sie vielleicht einen Unfall hatte oder ...«

»Oder was? Dass sie doch einem Wahnsinnigen in die Hände gefallen ist, der ...« Er raufte sich die Haare und schloss die Augen. »Allein die Vorstellung!«

»Rechnen Sie nicht gleich mit dem Schlimmsten. Wir werden alles in unserer Macht Stehende tun, sie zu finden.«

»Was ist denn das Schlimmste?«, fragte er, wobei er einen leicht zynischen Unterton nicht verbergen konnte. »Dass sie tot ist? Dass ihr irgendjemand etwas Furchtbares angetan hat? Mein Gott, wenn ich nur daran denke! Meine kleine Selina ...«

»Geben Sie die Hoffnung nicht auf«, ließ Durant die Frage unbeantwortet, obwohl eine innere Stimme ihr sagte, dass der Begriff Hoffnung nach dem, was sie bisher über Selina gehört hatte, kaum mehr angebracht war.

Helga Kautz kam wenige Minuten später mit dem privaten Telefonbuch und einem Blatt Papier zurück und schrieb mit fahrigen Bewegungen die Namen, Adressen und Telefonnummern auf.

»Ihre Tochter ist also gestern um fünf mit dem Fahrrad in den Reitclub gefahren. Und sie hat sich da bis um kurz nach zehn aufgehalten, bevor sie sich auf den Weg nach Hause gemacht hat. Zumindest hat sie ihren dortigen Freundinnen gesagt, sie fährt nach Hause. Ihnen aber hat sie gesagt, sie übernachtet bei einer Freundin. Und das ist für uns ein Rätsel, das es zu lösen gilt. Es scheint jemanden zu geben, mit dem sie sich getroffen hat, von dem Sie aber nichts wissen durften.«

Julia Durant machte eine kurze Pause und lehnte sich zurück, die Hände über den Schenkeln gefaltet. »Hat sich Selina in den letzten Tagen oder Wochen Ihnen gegenüber anders als sonst verhalten? War sie vielleicht stiller oder machte sie einen nervösen Eindruck oder war sie öfter weg als normal? Es gibt manchmal kleine Anzeichen, die selbst die besten Eltern nicht zu deuten vermögen, die aber dennoch von großer Wichtigkeit sein können. Ist Ihnen irgendetwas an ihrem Verhalten aufgefallen?«

Helga und Peter Kautz sahen sich kurz an, überlegten und schüttelten die Köpfe. »Nein«, sagte Helga Kautz, die wieder die Hände gefaltet hatte, »Selina war wie immer. Ich hätte sofort gemerkt, wenn etwas nicht stimmt. Vor allem haben wir immer über alles gesprochen. Es gibt in diesem Haus keine Geheimnisse. Als damals die Geschichte mit Dennis zu Ende ging, haben wir darüber geredet. Auch als sie sich von ihrer ehemals besten Freundin Maren immer mehr zurückgezogen hat, hat sie uns ganz klar den Grund genannt. Maren ist in ziemlich schlechte Gesellschaft geraten, wo sehr viel geraucht, getrunken und auch mit Drogen … Na ja, es war nicht mehr Selinas Welt, und sie wollte mit dieser Welt auch gar nicht erst Bekanntschaft machen. Also hat sie die Beziehung zu Maren allmählich einschlafen lassen. Und nach dem, was wir im Nachhinein von Maren gehört haben … Sie ist innerhalb sehr kurzer Zeit so abgesackt, dass sie schließlich in psychiatrische Behandlung musste. Aber das ist nicht unsere Sache.« Und nach einer kurzen Pause, diesmal mit einem kaum merklichen, unergründlichen Lächeln auf den Lippen und auf einmal wieder in der Gegenwartsform: »Selina hat schon seit Jahren konkrete Vorstellungen von ihrer Zukunft. Sie will einmal Ärztin werden, sie möchte Menschen helfen. Und vor ein paar Tagen, ja, es war vorgestern, hat sie in einem Gespräch in der Küche zu mir gesagt, sie will einmal drei oder vier Kinder haben und sie genauso erziehen wie …« Helga Kautz lächelte verklärt, bevor sie weitersprach. »Ja, sie wollte ihre Kinder so erziehen, wie wir es bei unsern Kindern machen. Ich glaube, ein größeres Kompliment können Eltern von einer Tochter nicht bekommen. Ich habe mich sehr gefreut und sie in den Arm genommen, weil ich so gerührt war. Komischerweise hat Selina dabei geweint. Ich habe sie gefragt, ob das so traurig ist, aber sie hat bloß den Kopf geschüttelt und geantwortet, sie sei nur so froh, solche Eltern zu haben. Dabei sind wir gar keine besonderen Eltern, wir sind lediglich für unsere Kinder da, wenn sie uns brauchen.« Und nach einer kurzen Pause sagte sie mit gesenkter Stimme: »Und doch scheinen wir irgendetwas falsch gemacht zu haben.«

»Sie haben noch zwei weitere Kinder. Wie alt sind sie?«

»Elias ist achtzehn Monate und Anna neun.«

»Und was für ein Verhältnis hat Selina zu ihren Geschwistern?«

»Ein ausgezeichnetes. Natürlich gibt es ab und zu auch mal Reibereien, aber die sind sehr, sehr selten. Selina ist sehr ausgeglichen, und das mag zwar etwas pathetisch klingen, aber manchmal glaube ich, sie liebt alle Menschen. Und natürlich auch die Tiere.«

»Um noch einmal auf Dennis Kolb zurückzukommen. Hatte Ihre Tochter nach ihm wieder einen Freund oder …«

»Nein, sie wollte erst mal nichts mit einem Jungen anfangen. Freundschaft ja, aber eine engere Beziehung«, Helga Kautz schüttelte den Kopf, »nein. Dazu müssen Sie wissen, dass Selina und Dennis nie ein sexuelles Verhältnis hatten. Ich meine, sie hatten nie Intimverkehr. Das hat sie vor gar nicht allzu langer Zeit gesagt, als ich sie einmal dezent darauf angesprochen habe. Sie ist also noch Jungfrau. Sie fühlt sich einfach noch nicht reif genug dafür, wenn Sie verstehen. Und außerdem hat sie recht hohe Moralvorstellungen. Wissen Sie, es gibt in diesem Haus nur einen Fernseher, und ab und zu hat sie mittags nach der Schule einen von diesen Sendern angemacht, wo die widerlichen Talkshows laufen und die Menschen sich geradezu prostituieren. Sie schreien und pöbeln sich an und prahlen damit, wie viele Liebhaber oder Liebhaberinnen sie schon hatten, und es werden die ausgelacht, die zwanzig sind und bis zur Hochzeit warten wollen, bis … Ich habe mit Selina darüber gesprochen, und sie kann auch nicht verstehen, was in den Köpfen dieser Menschen vorgeht. Überhaupt scheint jegliches Moralverständnis verloren gegangen zu sein. Aber das tut ja jetzt nichts zur Sache …« Sie wollte noch etwas hinzufügen, als es klingelte. Peter Kautz sprang auf und rannte zur Tür. Ein älteres Ehepaar, das schräg gegenüber in einem kleinen Flachdachbungalow wohnte, stand draußen.

Sein barsches »Ja?« war bis ins Wohnzimmer zu hören.

»Herr Kautz, wir haben vorhin zufällig im Radio gehört, dass Selina verschwunden ist. Wir wollten nur fragen, ob sie schon wieder zu Hause ist«, sagte die mittelgroße grauhaarige Frau schüchtern. Er kannte die beiden Leute, höfliche, aber sehr zurückhaltende Menschen, und wusste bloß, dass der Mann sein Geld durch das Betreiben einer großen Gärtnerei verdient hatte und ihre Ehe wohl kinderlos geblieben war, denn er sah sie immer nur allein.

»Nein, Frau Schreiner, und jetzt entschuldigen Sie mich bitte, die Polizei ist bei uns«, erwiderte er kurz angebunden.

»Wir sind auch nur gekommen, um zu sagen, dass wir Selina gestern Abend gesehen haben, und zwar kurz nach halb elf.«

Peter Kautz warf einen Blick auf die Straße mit den vielen Menschen. In ihm stieg Wut hoch wegen der Sensationsgier. Am liebsten hätte er ihnen ins Gesicht geschrien, sie sollten sich zum Teufel scheren und sich um ihre eigenen Sachen kümmern, wie sie es auch sonst immer taten.

»Das ist natürlich etwas anderes«, sagte er mit einem Mal freundlich, machte das Tor auf und bat sie ins Haus.

»Das sind zwei Beamte von der Kriminalpolizei.« Er deutete auf Durant und Hellmer. »Herrn Hellmer kennen Sie vielleicht, er wohnt hier in der Straße.« Und zu den Kommissaren: »Herr und Frau Schreiner. Sie sagen, sie haben Selina gestern Abend nach halb elf gesehen.«

»Wirklich?«, fragte Helga Kautz erregt und sprang auf. »Wo?«

»Wir waren mit unserem Hund spazieren und …«

»Nehmen Sie doch bitte Platz.«

»Wir wollten doch nur sagen, dass …«

»Setzen Sie sich bitte einen Moment zu uns und erzählen Sie, was Sie gesehen haben«, sagte Julia Durant freundlich, aber bestimmt.

Sie zögerten zunächst, folgten schließlich aber doch der Aufforderung.

»Sie haben Selina also gestern Abend nach halb elf gesehen. Können Sie sich erinnern, wann genau das war?«

»Kurz nach halb elf. Mein Mann und ich haben uns einen Film angeschaut, der bis genau Viertel nach zehn ging. Danach haben wir uns angezogen, den Hund angeleint und sind aus dem Haus gegangen. Und das war mit Sicherheit nicht vor halb elf. Ja, und dann haben wir unsere übliche Runde gedreht und dabei Selina gesehen. Sie hat allein auf einer Bank gesessen«, sagte Frau Schreiner, eine im Gegensatz zu ihrem Mann offene, wenn auch distinguierte Frau etwa Anfang sechzig, wie Julia Durant vermutete, auch wenn ihr sehr gepflegtes Äußeres sie auf den ersten Blick jünger erscheinen ließ. Doch die Falten am Hals und die Altersflecken auf den Händen verrieten, dass sie entweder eine exzellente Kosmetikerin hatte oder das Jugendliche einfach in ihren Genen lag. Frau Schreiner war diejenige, die sprach, während ihr Mann recht unscheinbar neben ihr saß und das Ganze ihm offensichtlich eher unangenehm war.

»Und es war niemand sonst da?«

»Nein, sie war ganz allein. Wir haben uns kurz gegrüßt und sind weitergegangen.«

»Und Sie sind denselben Weg wieder zurückgegangen?«

»Nein, nicht ganz. An der ersten Biegung haben wir wieder kehrtgemacht, aber eine Abkürzung genommen, weil es dort draußen immer um einiges kühler als hier zwischen den Häusern ist, und gestern Abend war es recht kühl.«

»Und Selina? Hat sie da noch auf der Bank gesessen?«

»Ich kann es nicht genau sagen, aber ich meine schon, sie noch gesehen zu haben.«

»Und Sie sind ganz sicher, dass es Selina war?«, fragte Julia Durant vorsichtshalber noch einmal nach.

»Selbstverständlich. Wir kennen Selina, seit sie ein kleines Mädchen war.«

»Aber sonst ist Ihnen nichts an ihr aufgefallen?«

»Nein.« Frau Schreiner machte eine Pause, fuhr sich mit der Zunge kurz über die Unterlippe, dachte nach und sagte dann: »Moment, sie wirkte vielleicht etwas bedrückt, aber ich kann mich da auch täuschen. Ich weiß es nicht.«

»Können Sie das genauer erklären?«

»Nein, ihr Gesichtsausdruck war, wie soll ich es sagen, ein bisschen traurig. Es kann natürlich auch sein, dass sie einfach nur müde war oder das Licht getäuscht hat.«

»Ist Ihnen sonst irgendjemand während Ihres Spaziergangs begegnet? Jemand, der vielleicht auch Selina gesehen haben könnte?«

Frau Schreiner überlegte wieder, blickte ihren Mann an, der wie eine Mumie dasaß und den Kopf schüttelte. »Es war sehr ruhig gestern Abend. Ich meine, wir haben natürlich hier in der Straße und dort, wo noch Häuser sind, den einen oder anderen gesehen, aber als wir auf den Weg am Spielplatz einbogen, da waren wir allein. Dort ist sonst im Sommer abends meistens mehr los. Es war sogar erstaunlich ruhig. Ich kann das sagen, weil wir seit beinahe fünfundzwanzig Jahren hier wohnen.«

»Haben Sie einen jungen Mann auf einem Fahrrad gesehen?«, fragte Julia Durant.

»Kannst du dich an einen jungen Mann auf einem Fahrrad erinnern?« Frau Schreiner blickte erneut ihren Mann an, der wieder nur den Kopf schüttelte und ohne die Beamten anzusehen murmelte: »Nein.«

»Wir können Ihnen leider nichts anderes sagen, wir haben nur Selina gesehen. Wir wünschten, wir könnten Ihnen weiterhelfen. Hoffentlich ist ihr nichts passiert«, meinte sie und stand zusammen mit ihrem Mann auf. Die Besorgnis in ihrem Gesicht war nicht geheuchelt, als sie fortfuhr: »Wir hoffen, dass alles gut wird und Sie Ihre Tochter gesund wiederbekommen. Wir denken an Sie.«

»Danke, vielen Dank«, entgegnete Helga Kautz und reichte den beiden die Hand. Sie hatte Tränen in den Augen. »Es war sehr nett, dass Sie vorbeigekommen sind.«

»Keine Ursache. Ich wünschte nur, dass wir mehr für Sie tun könnten.«

»Die Polizei wird sich jetzt um alles kümmern.«

»Wir werden Sie in unsere Gebete mit einschließen«, sagte Frau Schreiner mit einem freundlichen Lächeln. »Gute Nacht.«

»Gute Nacht und nochmals vielen Dank.«

Sie schloss die Tür hinter sich und ging zurück ins Wohnzimmer, stellte sich ans Fenster und blickte hinaus in den Garten, der in voller Blüte stand. Mit einer Hand wischte sie sich die Tränen aus dem Gesicht.

»Selina wird nicht mehr zurückkommen«, sagte sie unvermittelt in einem Ton, der für einen Moment vollkommene Stille eintreten ließ. »Ich weiß, dass Selina uns entrissen wurde.«

»Helga, bitte, mal jetzt nicht gleich den Teufel an die Wand«, sagte ihr Mann, sprang auf und stellte sich neben sie, fasste sie an der Schulter und drehte sie zu sich. Er sah ihr in die Augen, und sie erwiderte seinen Blick. »Wir wissen doch noch überhaupt nichts! Hörst du, gar nichts wissen wir …!«

Ihre Stimme war fest und bestimmt, als sie entgegnete: »Ich weiß es aber.«

»Und woher, verdammt noch mal, willst du es wissen?!«, schrie er sie mit vor Ohnmacht und Wut rotem Gesicht an und schüttelte sie mit beiden Händen. »Woher willst du das wissen?!«

»Ich weiß es, wie nur eine Mutter etwas wissen kann«, erwiderte sie ruhig und entwand sich seinem Griff. »So etwas wirst du nie verstehen, weil du keine Mutter bist. Selina hätte uns niemals in ihrem ganzen Leben solche Sorgen bereitet. Es ist nicht nur ein Gefühl, Peter. Ich habe es eigentlich schon heute Vormittag gewusst, doch ich habe es unterdrückt, weil ich mir etwas eingeredet habe. Aber mein Bauch hat eine andere Sprache gesprochen, auf die ich nicht hören wollte; ich habe sogar dagegen angekämpft, aber die Stimme hat nicht aufgehört. Selina kommt nicht mehr zurück, wir müssen uns mit diesem Gedanken vertraut machen. Irgendwer hat ihr etwas Schlimmes angetan.«

Julia Durant und Frank Hellmer beobachteten die beiden, das Gesicht der Frau, die mit einem Mal so ruhig und gefasst wirkte, während ihr Mann sie entsetzt anstarrte, als wäre sie ein Gespenst. Er ist völlig überfordert mit der Situation, dachte Durant nur.

»Helga, bitte, sprich nicht so. Die Polizei wird alles nur erdenklich Mögliche tun …«

»Die Polizei kann Selina nicht mehr helfen. Sie können sie nur suchen und vielleicht werden sie sie irgendwann finden. Glaub mir, ich wünsche mir nichts mehr, als Selina lebend wiederzusehen, doch dieser Wunsch wird nicht in Erfüllung gehen.«

»Frau Kautz«, sagte Durant, die aufgestanden war und etwa einen Meter vor ihr stehen blieb, »was macht Sie da so sicher?«

»Ich hatte einen Traum, den ich anfangs nicht ernst nahm. Aber ich habe ihn nicht vergessen, weil er so eindringlich war. Ich habe ihn einfach verdrängt, wie man so vieles verdrängt, was unangenehm ist. Dabei war er eine Warnung. Es war in der Nacht, bevor Selina aus Frankreich zurückkam. Ich bin davon aufgewacht und konnte auch nicht mehr einschlafen. Hätte ich die Warnung ernst

61

genommen … Ach was, ich hätte ja doch nicht verhindern können, was geschehen ist.«

»Möchten Sie uns von dem Traum erzählen?«, fragte Julia Durant, die selbst schon des Öfteren Träume hatte, von denen sie genau wusste, dass sie eine Bedeutung hatten. Keine Träume, die auf den Alltag oder auf Stress zurückzuführen waren, oder schlichte Albträume. Sie kannte diese Art von Träumen und hatte gelernt, zu unterscheiden zwischen wichtig und unwichtig. Und deshalb glaubte sie, was Helga Kautz erzählte.

»Nein, ein andermal vielleicht. Jetzt nicht. Ich muss auch nach oben gehen und schauen, ob Elias schon schläft. Und dann werde ich versuchen, ein wenig zu schlafen, auch wenn ich kaum glaube, dass es mir gelingen wird. Wenn Sie mich jetzt bitte entschuldigen wollen.«

»Was hat Selina in Frankreich gemacht?«

»Sie war mit dem Reitclub dort. Nur für zehn Tage. Dieses Jahr musste der Urlaub bei uns leider ausfallen, da mein Mann ein wichtiges Projekt hat. Da kam Frankreich gerade recht.«

»Hat sie sich vielleicht nach der Frankreichfahrt irgendwie merkwürdig verhalten?«

»Nein, sie war wie immer. Ich möchte jetzt aber wirklich nach oben gehen und mich um die Kinder kümmern und dann schlafen.«

»Moment, bitte. Bevor wir gehen, würden wir gerne noch einen Blick in Selinas Zimmer werfen.«

»Warum?«

»Waren Sie heute schon in ihrem Zimmer?«, wollte Hellmer wissen und ließ die Frage von Helga Kautz unbeantwortet.

»Ja, heute Morgen und heute Nachmittag. Aber wenn Sie etwas Konkretes suchen«, sie schüttelte unmerklich den Kopf, »Sie werden nichts finden.«

»Haben Sie irgendetwas verändert?«

»Nein, ich habe nur die Tür aufgemacht und hineingeschaut. Das war alles.«

»Wir möchten uns trotzdem ein bisschen umsehen.«

»Bitte«, sagte Peter Kautz, »es ist im ersten Stock. Ich begleite Sie hoch.«

Er ging vor ihnen die Treppe hinauf. Die neunjährige Anna sah die Beamten traurig und neugierig zugleich an. Ein hübsches, sehr zartes Mädchen, dachte Durant, die Anna am liebsten in den Arm genommen hätte.

»Das ist unsere Tochter Anna.« Und an Anna gewandt: »Und das sind zwei Polizisten, die Selina suchen helfen.«

Sie erwiderte nichts darauf, machte nur auf dem Absatz kehrt und knallte die Tür hinter sich zu.

»Sie ist im Moment sehr verstört. Selina ist ihr großes Vorbild, in jeder Beziehung. Sie würde nie verkraften, wenn …«

Sie blieben einen Augenblick vor Selinas Tür stehen. Es schien, als würde Peter Kautz sich davor fürchten, die Klinke hinunterzudrücken, bis er sich schließlich überwand und die Tür aufmachte. »Gehen Sie ruhig rein, ich mag jetzt nicht. Außerdem sollte ich mich vielleicht besser um meine Frau kümmern. Sie gibt sich zwar im Moment sehr stark, in Wirklichkeit aber ist sie kurz vor einem Nervenzusammenbruch. Ich habe große Angst, dass hier jetzt alles auseinander bricht, wenn Sie verstehen.«

»Wir kommen alleine zurecht«, sagte Julia Durant. »Es wird auch nicht lange dauern.«

»Sie werden schon wissen, wonach Sie suchen. Ich bin im Wohnzimmer, falls Sie mich brauchen.«

Julia Durant und Frank Hellmer betraten das Zimmer. An den Wänden zwei große Bilder, die Selina mit ihrem Pferd zeigten, ein Kalender mit Motiven von Monet, ein großes Poster mit einem Alleenweg und dem Spruch »Der Weg ist das Ziel«; Kiefernmöbel, ein Schrank, ein kleiner Sekretär mit vielen Schubladen, ein aufgeräumter Schreibtisch, ein Bett, ein Sessel, drei Kakteen auf der Fensterbank, das breite, nach Westen zeigende Fenster gekippt. Eine kleine Stereoanlage, ein paar CDs, Bücher auf einem Regal über dem Schreibtisch, ein Computer. Ein Halogenfluter und ein vierstrahliges Deckenrondell. Eine Jeans auf dem gemachten Bett, eine Bluse über dem Stuhl. Das große, helle, aufgeräumte Zimmer eines jungen Mädchens.

»Und wonach suchen wir?«, fragte Hellmer, der zum Fenster ging und einen Blick auf die Straße warf.

»Keine Ahnung. Ich wollte einfach mal das Zimmer sehen. Manchmal gibt die Art, wie jemand sein Zimmer gestaltet, Aufschluss über die Persönlichkeit.«

»Und was für eine Persönlichkeit ist Selina deiner Meinung nach?«

»Sauber, ordentlich, pünktlich, ziemlich reif, eigentlich so, wie ihre Eltern sie geschildert haben. Und wie Eltern sich eine Tochter wünschen.«

»Wie kommst du auf pünktlich?«

»Der Tischkalender. Sie hat gestern Morgen das Blatt abgerissen. 10. Juli. Andere Mädchen in ihrem Alter haben nicht mal so'n Kalender, weil es zu anstrengend ist, jeden Tag ein Blatt abzureißen. Und die wenigsten halten eine solche Ordnung in ihrem Zimmer. Die Bücher in Reih und Glied, die CDs geordnet, kaum Staub, das Bett gemacht ...«

»Das kann auch die Mutter oder eine Putzfrau gewesen sein«, wurde sie von Hellmer unterbrochen.

»Wir können sie ja fragen«, erwiderte Durant lakonisch, während sie eine Schreibtischschublade herauszog. Stifte, ein Tesa-Roller, ein paar leere Notizzettel. In der mittleren Schublade ein Stapel Schulhefte unterschiedlicher Farbe, auf denen jeweils das Fach und der Name stand. In der unteren Schublade wieder nur Hefte. »Guck mal im Sekretär nach. Mich würde interessieren, ob Selina Tagebuch führt.«

Nach einer halben Stunde, nachdem sie das gesamte Zimmer inspiziert hatten, ohne etwas zu finden, das ihnen hätte weiterhelfen können, gingen sie wieder nach unten. Peter Kautz hatte sich in den Garten gesetzt, von seiner Frau war nichts zu sehen.

»Herr Kautz«, sagte Julia Durant, »eine Frage: Wer räumt Selinas Zimmer auf? Macht sie das selbst oder Ihre Frau?«

»Selina macht das selbst. Wie schon gesagt, sie ist ein sehr ordentliches Mädchen. Sie hasst Unordnung. Alles muss seinen Platz haben.«

»Führt sie Tagebuch?«

Peter Kautz sah sie ratlos an. »Keine Ahnung. Aber meine Frau müsste das wissen. Warten Sie, ich hole sie. Nehmen Sie doch solange Platz.« Er deutete auf die Gartenstühle.

Durant und Hellmer schwiegen. Der am Tag noch recht heftige Wind hatte nachgelassen. Julia Durant hing ihren Gedanken nach, ging alle Möglichkeiten durch, was wohl mit Selina passiert sein könnte. Und je mehr sie darüber nachdachte, desto stärker wurde das Gefühl, es hier mit einem Fall zu tun zu haben, der ihr noch lange Kopfzerbrechen bereiten würde.

»Sie wollten mich noch einmal sprechen«, sagte Helga Kautz, die wie aus dem Nichts plötzlich neben ihnen stand.

»Ja. Uns interessiert nur, ob Selina Tagebuch führt«, erwiderte Durant.

»Da fragen Sie mich zu viel. Gesehen habe ich noch keines bei ihr. Und wenn Sie nichts gefunden haben, dann kann ich Ihnen leider auch nicht weiterhelfen.«

»Ihr Mann sagt, dass Selina ihr Zimmer selbst aufräumt. Stimmt das?«

»Ja. Ich brauche sie allerdings nicht dazu zu zwingen, sie macht es freiwillig. Sie hasst Unordnung. Bei ihr muss alles seinen Platz haben.« Sie benutzte fast die gleichen Worte, wie eben schon ihr Mann. Ein eingespieltes Team, dachte Julia Durant.

»Haben Sie heute irgendetwas in dem Zimmer verändert?«

»Das haben Sie mich doch vorhin schon gefragt. Nein, es ist alles noch so wie gestern«, sagte Helga Kautz mit schwerer Stimme und glanzlosen Augen. »Entschuldigen Sie, aber ich habe eine Schlaftablette genommen, und sie fängt allmählich an zu wirken. Ich möchte mich hinlegen.«

»Wir sind auch schon weg. Und wenn es etwas Neues gibt, dann melden Sie sich bitte bei uns. Hier ist meine Karte, und Herr Hellmer wohnt ja nur ein paar Meter weiter. Auf Wiedersehen.«

»Selina wird nicht wiederkommen«, betonte Helga Kautz noch einmal mit traurigem Blick.

»Warten wir's doch einfach ab. Manchmal gibt es ganz simple Erklärungen für so etwas«, entgegnete Julia Durant mit aufmunterndem Lächeln (auch wenn ihr gar nicht danach zumute war und sie sich elend fühlte, wenn sie lügen musste, denn eigentlich dachte sie wie Helga Kautz) und ging mit Hellmer nach draußen. Peter Kautz begleitete sie bis zum Tor.

»Sie geben uns doch sofort Bescheid, wenn Sie etwas hören?«, fragte er.

»Selbstverständlich. Das Gleiche erwarten wir allerdings auch von Ihnen. Ach ja, wir brauchen noch die Adresse von dem Reitclub.«

Peter Kautz diktierte, während Hellmer mitschrieb.

»Danke und auf Wiedersehen.« Eine gute Nacht wollte sie ihm nicht wünschen, denn sie wusste, es würde eine grausame, schlaflose Nacht werden, mit das Gehirn zermarternden Gedanken, mit ruhelosem Auf- und Abtigern in der Wohnung, vielleicht mit Alkohol, um die Gedanken zu verscheuchen, doch auch der Alkohol würde seine Wirkung verfehlen wie bei fast allen, die es in derartigen Situationen damit schon versucht hatten. Selbst die schwersten vom Arzt gespritzten Beruhigungsmittel erzielten meist nur eine oberflächliche Wirkung, weil der Geist sich weigerte, den Körper einschlafen zu lassen, weil sich in solchen Momenten zeigte, wie stark der menschliche Geist sein konnte. Solange die Gewissheit fehlte, was mit Selina passiert war, würde die Familie Kautz keine Ruhe finden. Und sollte das Mädchen tatsächlich tot sein und irgendwann gefunden werden, würde es noch Tage, vielleicht auch Wochen dauern, bis sie sich von dem ersten großen Schock erholt hatten, doch dann würde allmählich nach Wochen, Monaten oder erst Jahren der Alltag wieder einkehren, auch wenn dieser Alltag anders aussehen würde als gestern noch. Aber ein Vergessen würde es in dieser Familie nie geben. Verdrängen ja, vergessen unmöglich.

Es war einer dieser Tage, an denen Julia Durant nicht bedauerte, keine Kinder bekommen zu haben, und ihre biologische Uhr tickte unaufhaltsam weiter. Sie hatte sich schon seit längerem damit abgefunden, nie eigene Kinder zu haben, auch wenn sie Kinder liebte, sie gerne um sich hatte, so wie Hellmers Tochter Stephanie oder Susanne Tomlins Kinder, wenn sie den Urlaub in Südfrankreich bei ihrer Freundin verbrachte. Aber irgendetwas hatte sie in den Jahren bei der Polizei hart werden lassen. Sie hatte lange Zeit keine feste Beziehung eingehen wollen und es darauf zurückgeführt, von ihrem Mann betrogen worden zu sein, doch mittlerweile gelangte sie immer mehr zu der Überzeugung, dass der Grund dafür in ihr selbst zu suchen war. Etwas in ihr sträubte sich gegen eine Bindung, was es war, vermochte sie nicht genau zu definieren, aber auch die jetzige Beziehung zu Kuhn war ihrer Meinung nach nicht für die Dauer bestimmt, nein, der Zeitpunkt, an dem sich ihre Wege trennen würden, war vorprogrammiert. Anfangs hatten sie sich ganz gut verstanden, doch dieses Anfangs lag mittlerweile mehr als zwei Jahre zurück, und sie bemerkte immer häufiger, wie sie Fehler bei Kuhn suchte und dabei tief in sich wusste, dass die eigentliche Ursache ihre Bindungsunfähigkeit war. Sie hatte gerade in den letzten relativ ruhigen Wochen des Öfteren über sich nachgedacht, sie hatte lange Telefonate mit ihrem Vater geführt und war erst vor kurzem für ein verlängertes Wochenende zu ihm gefahren, um mit ihm zu sprechen und ihm einmal mehr ihre Gefühle und Probleme anzuvertrauen, auch wenn ihr klar war, dass er sie besser kannte als sie sich selbst, denn er durchschaute Menschen wie kaum ein anderer. Er war ein sehr intuitiver Mann, einer, der sein Leben der Liebe zu Gott und den Menschen verschrieben hatte, und die Intuition, das Bauchgefühl, das ihr so oft schon in kniffligen Fällen geholfen hatte, war ihr, so ihre Überzeugung, von ihrem Vater vererbt worden. Dinge zu spüren und zu sehen, die andere gar nicht wahrnahmen, einen Menschen im Bruchteil einer Sekunde einzuschätzen, zu wissen, wie sie mit einer ihr fremden Person umzugehen hatte. Ihr Vater hatte ihr gesagt, dass dies eine Gabe sei, die nur wenige zu nutzen wüssten, dass die meisten heutzutage alles nur noch mit dem Kopf analysieren wollten. Und sie solle bloß nie aufhören, auf ihren Bauch, ihre innere Stimme zu hören. Und als sie ihm von ihren Problemen mit Kuhn erzählte und das Gespräch letztlich auf ihre scheinbare Bindungsunfähigkeit hinauslief, sagte er ein paar weise Worte. Er sagte, es gebe keine Menschen, die bindungsunfähig seien, es gebe nur Menschen, die Angst vor einer Bindung hätten. Aber sie solle selbst herausfinden, weshalb und wovor sie Angst habe. Ehe sie wieder nach Frankfurt zurückfuhr, versprach sie ihm, darüber nachzudenken. Sie hatte es versucht, es war bei einigen kläglichen Versuchen geblieben. Aber sie hatte einen Entschluss gefasst, nämlich sich allmählich von Kuhn zu lösen. Und vielleicht traf sie ja doch irgendwann einen Mann, bei dem sie sich einfach fallen lassen konnte, der es in Kauf nahm, wenn sie Bereitschaft hatte oder durch die vielen Überstunden einfach müde war und nichts wollte, als nur in seinem Arm einzuschlafen. Er musste kein Beau sein, auch nicht vermögend, sie hatte gelernt, ihre Ansprüche zu reduzieren, aber es sollte jemand sein, mit dem sie sich auch ohne viele Worte einfach gut verstand. Ein Mann zum Anlehnen, zum Lachen und zum Weinen, wenn ihr danach zumute war, und ein Mann, der akzeptierte, dass sie ihren Beruf bewusst gewählt hatte und ihn auch nie aufgeben würde.

Durant und Hellmer blieben einen Moment auf dem Bürgersteig vor dem Haus stehen. Hellmer zündete sich eine Zigarette an. Die meisten Personen, die noch vor anderthalb Stunden die Straße bevölkert hatten, waren wieder in ihren Rattenlöchern verschwunden. Die Sonne sandte die letzten nun roten Strahlen aus, noch wenige Minuten bis zum Einsetzen der Dämmerung, aber noch mindestens eine Stunde, bis Dunkelheit sich über den Ort gelegt haben würde.

»Und jetzt?«, fragte Hellmer.

»Zeig mir doch mal den Spielplatz, oder musst du dringend nach Hause?«

»Quatsch. Ist ja nur zwei Minuten von hier.«

Einen Moment lang liefen sie schweigend nebeneinander her, bis Hellmer fragte: »Und, was hältst du von den Eltern?«

»Was soll ich von ihnen halten?«, fragte Durant schulterzuckend zurück. »Sie sind relativ normal, ich meine, sie wirken nicht abgehoben. Zurückhaltend, liberal eingestellt, offen. Was willst du von mir hören?«

»Einfach deinen Eindruck. Du hast also nicht das Gefühl, dass sie uns irgendwas verheimlichen?«

»Nee. Und wenn, dann unbewusst. In einer Situation wie dieser fällt einem nicht gleich alles ein. Aber sie haben doch sehr deutliche Aussagen gemacht, was ihre Tochter angeht. Und das Zimmer von Selina unterstreicht das eigentlich nur.«

»Und was denkst du, was mit dem Mädchen passiert ist?«

»Bin ich eine Hellseherin? Mein Gott, wie gesagt, es könnte alles Mögliche passiert sein …«

»Ach komm, du weißt doch genau, dass dieses alles Mögliche nicht in Frage kommt. Also, was ist deine Vermutung?«

»Frank, ich habe keine Vermutung. Du vielleicht?«

»Sie wurde umgebracht«, antwortete er kurz und knapp.

»Etwas sagt mir, dass du Recht hast«, entgegnete sie trocken. »Zufrieden? Aber wann wurde sie umgebracht, weshalb, und wo ist die Leiche? Und solange wir nicht wissen, was genau geschehen ist, wird es ein ungeklärter Fall bleiben. Keine Leiche, kein Mord. Okay?«

Hellmer schnippte seine Zigarette auf den Gehweg. Sie gelangten an eine lange Garagenfront, zwischen der ein kaum sichtbarer schmaler Weg direkt zum Spielplatz führte, wo Selina Kautz am vergangenen Abend zuletzt gesehen worden war.

»Das ist also der Ort«, sagte Julia Durant und ließ ihren Blick über das weitläufige Gelände schweifen. Der Spielplatz bestand

aus einem kleinen Fußballfeld, einer Rutsche, einem langen Stahl-
seil, an dem ein Griff an einer Rolle angebracht war, wo Kinder
sich festhalten und sich von einem kleinen aufgeworfenen Erdhü-
gel bis zum andern Ende tragen lassen konnten; ein Reifen zum
Schaukeln und eine Art Gummitrampolin, das seine Funktion aber
nur erfüllte, wenn man zu zweit war, wenn einer darauf saß oder
lag und einer hüpfte und dabei der andere in die Höhe geschleudert
wurde. Dazu viel Wiese, ein Getreidefeld, das bald reif zur Ernte
war, Apfelbäume und dichte Büsche und etwa vier- oder fünfhundert Meter weiter ein kleines Waldstück, das jetzt, im Licht der an-
brechenden Dämmerung, schwarz und finster wirkte. Über ihnen
Hochspannungsmasten und -leitungen, auf denen Vögel saßen.

»Lass uns noch ein Stück gehen«, bat ihn Durant.

»Wenn du willst.«

Zwei Radfahrer kamen ihnen entgegen, ein junges Pärchen saß
auf einer Bank, weiter hinten lief ein einsamer Jogger auf den
Wald zu.

»Wir gehen hier oft spazieren«, sagte Hellmer. »Hier ist Frankfurt weit weg.«

»Hm.«

Sie gelangten an die Biegung, von der Frau Schreiner gesprochen hatte. Julia Durant blieb stehen. »Setzen wir uns einen Moment?«

Hellmer inspizierte die Bank, ob sie auch sauber war, und nickte. »Hier kacken andauernd Vögel drauf.«

Julia Durant ging nicht darauf ein. »Lass uns doch mal kurz die
ganze Sache durchgehen. Eddersheim ist ein Stadtteil von Hattersheim. Wie weit ist es von hier nach Eddersheim?«

»Meinst du zum Reitclub? Na ja, so zweieinhalb bis drei Kilometer, über den Daumen gepeilt.«

»Also sagen wir, von der Wohnung des Mädchens bis zum Reitclub ungefähr drei Kilometer.«

»Ja.«

»Mit einem guten Fahrrad braucht man dafür etwa zehn Minuten. Angenommen, du bist ein fünfzehnjähriges Mädchen und fährst abends von Eddersheim mit dem Fahrrad nach Okriftel, welche Route würdest du nehmen? Ich meine, welche wäre die sicherste und schnellste? Oder gibt es nur eine?«

Hellmer überlegte, streckte die Beine aus und steckte die Hände in die Taschen seiner Jeans. »Es gibt mehrere. Die schnellste und zugleich auch sicherste wäre die Hauptstraße, also die Straße, die Okriftel mit Eddersheim verbindet, dann kommt man automatisch an eine Wiese, durch die ein Rad- und Wanderweg führt, und von dort aus fährt man direkt bei uns in die Siedlung.«

»Und dabei fährt man auch hier entlang?«

Hellmer sah sie von der Seite an, runzelte die Stirn und dachte kurz nach. »Nein«, sagte er kopfschüttelnd, »man fährt um den Baggersee herum und kommt automatisch in den Sterntalerweg. Aber es gibt noch einen Weg hinten an den Bahngleisen, doch der ist ein ganzes Stück länger und den würde eine Fünfzehnjährige bestimmt nicht mit oder nach Einbruch der Dunkelheit wählen. Vorausgesetzt, sie ist vorsichtig. Natürlich gibt es immer wieder welche, die … Nein, nein, ich habe Selina sogar schon selbst gesehen, wenn sie mit dem Rad vom Baggersee kam.«

»Aber dann hätte sie doch gestern Abend Gefahr laufen können, ihren Eltern oder zumindest einem von ihnen zu begegnen, wenn sie durch den Sterntalerweg fährt, oder?«

»Sie muss einen Umweg gemacht haben. Es gibt eine Menge Möglichkeiten, zum Beispiel sie fährt durch den Rapunzel- oder Schneewittchenweg und läuft damit eben nicht Gefahr, von den Eltern gesehen zu werden.«

»Aber was hat sie hier am Spielplatz gesucht, wo sie doch angeblich bei einer Freundin übernachten wollte? Und keine ihrer Freundinnen weiß etwas von einer Verabredung.«

Hellmer überlegte, kam jedoch zu keinem Ergebnis. »Du hast Recht, das macht keinen Sinn, denn hier gibt es keine Häuser. Warte mal, wir haben doch die Adressen aller in Frage kommenden Freundinnen.« Er nahm den Zettel aus seiner Hemdtasche und ging die Liste durch. »Eine wohnt im Rapunzelweg, eine im Hauptmannweg und eine im Südring. Zwei Adressen sind hier in der Ecke, Südring ist Hattersheim Richtung Sindlingen. Die andern beiden wohnen in Eddersheim. Und Selinas Eltern haben ja schon mit ihnen gesprochen. Also, was hat sie hier gemacht? Oder anders gefragt, warum ist sie zum Spielplatz gefahren?«

»Genau das gilt es herauszufinden«, sagte Julia Durant und steckte sich eine Zigarette an, die fünfte an diesem Tag, und sie hoffte, sie würde es schaffen, endlich von dieser Sucht loszukommen, denn sie wollte nicht so enden wie ihre Mutter, erst Husten, der schließlich nicht mehr aufhört, das Entdecken des Karzinoms, das gleichzeitig das Todesurteil war, das Dahinsiechen. Nein, sie hatte es einmal miterlebt und würde eines Tages ganz normal und friedlich einschlafen. Sie musste nur mit dieser verdammten Qualmerei aufhören. »Warum ist sie hierher gefahren?«

»Sie hat sich mit ihrem Exfreund getroffen«, bemerkte Hellmer, doch sein Gesicht drückte Unsicherheit aus.

»Quatsch, das war Zufall. Es muss einen anderen Grund geben. Sie verlässt den Reitclub um kurz nach zehn. Gegen halb elf trifft sie hier ein, wahrscheinlich hat sie sich Zeit gelassen. Ihr Freund oder besser gesagt Exfreund kommt vorbei, sie unterhalten sich einen Augenblick, er fährt weiter. Sie wird um kurz nach halb elf von dem Ehepaar Schreiner gesehen, da ist sie aber schon wieder allein. Und ab da verliert sich ihre Spur. Wo ist sie hingefahren? Und welches Geheimnis hat sie mit sich rumgetragen, von dem sie nicht einmal ihrer Mutter etwas erzählt hat? Vielleicht sogar ein Geheimnis, das ihr zum Verhängnis wurde. Was meinst du dazu?«

»Dieser Dennis Kolb muss auf jeden Fall noch einmal befragt werden. Womöglich ist sein Alibi doch nicht so wasserdicht. Was, wenn er sich von ihr verabschiedet und ihr dann irgendwo aufgelauert hat, als sie …«

»Als sie auf dem Weg zu jener ominösen Freundin war, deren Namen wir nicht einmal kennen?«, fragte Julia Durant zweifelnd.

»Ist das so abwegig? Ich meine, was, wenn sie eine Freundin hatte, von der ihre Eltern nichts wussten oder nichts wissen durften? Was, wenn es sich gar nicht um eine Freundin, sondern einen Freund handelt oder handelte?«

»Möglich ist alles. Aber es sprechen auch etliche Fakten dagegen.«

»Und welche?«

»Die Aussagen ihrer Eltern, die sehr glaubwürdig klingen. Ihr Zimmer, ihre bisherige Vita …«

»Julia, jede Vita verändert sich, und das manchmal innerhalb weniger Stunden oder Tage. Gerade junge Leute treffen oft blitzschnelle Entscheidungen ohne nachzudenken. Das reicht mir nicht.«

»Mir schon. Vorläufig zumindest. Ich lasse mich aber gerne vom Gegenteil überzeugen.«

»Okay, dann sag mir doch mal, was für ein Geheimnis sie gehabt haben könnte?«

»Gut, greifen wir deinen Gedankengang auf. Wir können es nicht ausschließen, dass es sich bei ihrer so genannten Freundin nicht um eine weibliche, sondern eine männliche Person handelt, wie du schon gesagt hast. Mit fünfzehn steckst du noch mitten in der Pubertät, und lass mal einen kommen, der vielleicht ein tolles Auto fährt, dir schöne Augen macht und … Nichts ist unmöglich. Außerdem hat sie vor nicht allzu langer Zeit mit ihrem Freund Schluss gemacht, und wer weiß, ob der Grund dafür nicht ein anderer Kerl gewesen ist.«

»Du denkst also, sie könnte aus Liebe abgehauen sein?«

»Es sind nur Gedankenspielereien, aber wir müssen alles in Erwägung ziehen. Denn Fakt ist auch, dass sie nichts von zu Hause mitgenommen hat. Nicht einmal Geld. Sie hatte nur ihr Taschengeld, das laut ihrer Eltern recht eng bemessen ist, und ein Sparkonto, an das sie frühestens an ihrem achtzehnten Geburtstag rankommt. Ihre Klamotten sind alle da et cetera pp. Und die Ordnung, die sie gestern noch an den Tag gelegt hat, widerspricht dem plötz-

lichen Entschluss, mit einem Mal alle Zelte hinter sich abzubrechen. Womit wir wieder beim Ausgangspunkt wären, nämlich
dass wir es aller Wahrscheinlichkeit mit einem Verbrechen zu tun
haben. Was fehlt, ist die Leiche.«

»Und das Fahrrad.«

Julia Durant erhob sich und warf einen Blick auf die Uhr.
»Komm, gehen wir. Lass uns morgen im Präsidium einen Plan
machen. Heute können wir eh nichts mehr tun. Sollte sie bis morgen nicht wieder aufgetaucht sein, werden wir das Gelände hier
von einer Hundertschaft durchkämmen lassen, und dann sehen wir
weiter.«

Sie gingen zu Hellmers Haus. Er fragte: »Möchtest du noch auf
ein Bier mit reinkommen?«

»Nur, wenn Nadine noch nicht schläft.«

»Sie geht selten vor Mitternacht ins Bett.«

»Also gut, auf ein Bier.«

Es war fast Viertel vor elf, der Himmel war sternenklar, kein
Mondlicht, das den Blick in die Weiten des Universums trübte, die
Luft hatte sich merklich abgekühlt, was sich jedoch den Prognosen
der Meteorologen zufolge in den nächsten Tagen ändern würde.
Heiße Tage und warme Nächte, in denen sich vermutlich kein
Windhauch regte. Julia Durant graute schon vor den Nächten, in
denen sie vor Hitze kaum ein Auge zumachen würde.

Nadine Hellmer hatte es sich auf der Couch gemütlich gemacht,
der Fernseher lief, doch sie schaute nicht hin, sondern las in einem
Buch, das sie auf den Schoß legte, sobald Hellmer und Durant das
Zimmer betraten.

»Und wie war's?«, fragte sie.

Hellmer zuckte mit den Schultern und sagte: »Tja, viel ist nicht
rausgekommen. Wir müssen erst noch einige andere befragen,
aber ich glaube nicht, dass wir von denen mehr Informationen bekommen. Das Mädchen ist wie vom Erdboden verschluckt ...
Willst du auch ein Bier?«

»Ja, bitte.«

Er holte drei Flaschen Bier und Gläser und stellte alles auf den Tisch. Julia Durant blieb noch eine halbe Stunde, in der sie es vermieden, noch weiter über Selina Kautz zu sprechen, dann verabschiedete sie sich, um nach Hause zu fahren. Sie war müde, der Abend unerquicklich gewesen. Sie wollte nur noch ins Bett und schlafen, und sie hoffte, Kuhn würde noch nicht da sein, denn sie hatte keine Lust auf ein Gespräch mit ihm. Wie war dein Tag? Was hast du gemacht? Sorry, dass ich so spät komme, aber die Sitzung … Es waren die Pauschalsätze, die sie jetzt schon seit längerem immer wieder und immer öfter hörte und die sie inzwischen misstrauisch werden ließen. Aber es war nur eine Ahnung, nicht mehr. Vielleicht hatte er ja eine andere, eine dieser hübschen Redakteurinnen oder Sprecherinnen, von denen er täglich umgeben war. Sie vermutete es, beweisen konnte sie es nicht. Das Seltsame war nur, es würde ihr nichts ausmachen, wenn er eine andere hätte, im Gegenteil, es würde ihren ohnehin immer fester werdenden Entschluss, sich von ihm zu trennen, nur einfacher machen.

Die Wohnung war noch leer, als sie um halb zwölf die Tür aufschloss. Sie drückte den Lichtschalter, warf ihre Tasche auf den Sessel, überlegte, ob sie den Tisch abräumen sollte, aber warum immer ich, dachte sie, er könnte ja auch einmal Hand anlegen. Sie war nicht nur müde, sondern auch erschöpft, und das, obgleich der Tag nicht einmal sonderlich anstrengend, dafür aber lang gewesen war. Und die kommenden Tage, vielleicht sogar Wochen würden wieder einmal alles von ihr fordern. Sie zog sich aus, ging ins Bad, wusch sich die Hände und das Gesicht und putzte die Zähne. Ein letzter Blick in den Spiegel, sie lächelte sich kurz an und zog die Stirn in Falten. Dann löschte sie das Licht, legte sich ins Bett, das Fenster war gekippt, leise Stimmen drangen von draußen in das Zimmer. Sie rollte sich auf die Seite und schloss die Augen. Sie spürte ihr Herz pochen, Unruhe. Kurz darauf hörte sie, wie der Schlüssel ins Schloss gesteckt und die Tür Sekunden später zugemacht wurde. Kuhn. Sie tat, als ob sie schliefe.

Donnerstag, 22.25 Uhr

Er war seit zwei Stunden ziellos durch die Gegend gefahren, nach Eppstein, weiter nach Kelkheim, nach Königstein und über Kronberg und Bad Soden am Main-Taunus-Zentrum vorbei über die A 66 zurück nach Hattersheim. Einmal an diesem Abend war er an der Stelle vorbeigefahren, beinahe jeder kannte ihn hier und wusste, dass er des Öfteren seinen Wagen für kurze Zeit auf dem Parkplatz am Main abstellte, um sich für ein paar Minuten auf einer Bank auszuruhen oder die Enten und Schwäne zu füttern. Er verspürte den ganzen Tag über eine Unruhe in sich, die er zu bekämpfen versuchte, doch was immer er auch dachte, welche Musik auch immer er hörte, die Unruhe wollte nicht schwinden. Für einen kurzen Moment ging sein Blick verstohlen zu einem bestimmten Punkt, und er war sicher, es würde nicht lange dauern, bis man sie fand. Doch erst einmal musste sie dort sein. Mein kleiner Engel, mein süßer kleiner Engel. Wo wirst du nur hinfliegen? Wirst du mich auch sehen? Aber du wirst ja nicht allein sein, du wirst noch Gesellschaft bekommen. Ich weiß auch schon, wer dich bald besuchen wird. Er schaute auf die Uhr und dachte, ich komme bald, Engel. Und du kannst ja auch niemandem verraten, wer dir deine Flügel gegeben hat. Und keiner wird je herausfinden, dass ich der Engelmacher bin.

Jetzt, mit Einbruch der Dunkelheit, schwand die Unruhe allmählich, und wie immer bei Neumond – er liebte die düstere Energie der schwarzen Nacht – fühlte er eine unbändige Kraft in sich aufsteigen, eine Kraft, die ihn glauben ließ, dass er zu Großem berufen war. War ihm nicht erst kürzlich wieder einmal gesagt worden, er sei ein großartiger Mensch, mit besonderen Fähigkeiten und Gaben? Ja, natürlich, das war er. Er war etwas Besonderes. Nein, nicht etwas, sondern jemand. Er war ein Mensch, ein großer Mensch. Chopin klingt herrlich, dachte er still in sich hineinlächelnd und schloss für Sekunden die Augen, als er sein

Auto vor der Garage stoppte, auf die Fernbedienung drückte und sich das Tor wie von Geisterhand lautlos hob. Er fuhr hinein, das Tor senkte sich genauso leise wieder. Er nahm die CD aus dem Spieler, steckte sie in die Hülle, sah auf seine Schuhe und ging direkt von der Garage ins Haus. Im Wohnzimmer brannte Licht, er hörte Stimmen aus dem Fernseher.

»Hallo, Liebling«, sagte er und hauchte ihr einen Kuss auf die Wange. »Tut mir Leid, dass es später geworden ist, aber ich war noch auf ein Bier weg.«

»Du brauchst dich doch nicht zu entschuldigen«, erwiderte sie nur. »Hast du eigentlich dein Handy nicht eingeschaltet? Ich habe ein paarmal probiert, dich zu erreichen. Dein Vater hat angerufen.«

»Was will er denn jetzt schon wieder?«

»Das hat er nicht gesagt. Es scheint aber wichtig zu sein, du sollst ihn auf jeden Fall zurückrufen.«

»Das hat Zeit bis morgen. Was läuft im Fernsehen?«

»Die Wache. Aber ich geh gleich ins Bett. Du bist sicherlich auch sehr müde.«

»Eigentlich nicht. Du weißt doch, im Sommer komme ich mit sehr wenig Schlaf aus.«

»Und ich brauche meine acht Stunden Schlaf. Hast du das von Selina gehört?«

»Welche Selina?«, fragte er mit gespielter Ahnungslosigkeit und tat, als würde er überlegen, woher ihm der Name bekannt war.

»Welche Selina?! Selina Kautz natürlich. Sie ist verschwunden. Seit gestern Abend. Sie haben es ein paarmal im Radio durchgegeben.«

»Selina?!«, sagte er scheinbar bestürzt. »Das gibt's doch nicht! So ein nettes Mädchen. Aber ich hatte heute so viel zu tun, ich kam gar nicht dazu, Radio zu hören. Weiß man denn schon Näheres?«

»Nein, natürlich nicht. Nehme ich zumindest an. Ich möchte Helga im Moment auch nicht anrufen. Aber vielleicht besuche ich sie morgen.«

»Das würde ich nicht tun, gib ihr noch ein paar Tage. Sie wird jetzt bestimmt von allen Seiten bestürmt. Sie braucht Ruhe.«

»Wenn du meinst.«

»Glaub mir, es ist besser so. Ich geh duschen und les noch etwas. Vielleicht höre ich auch noch ein bisschen Musik. Gute Nacht, Liebling.«

»Gute Nacht. Und vergiss nicht, morgen deinen Vater anzurufen.«

»Ja, ich ruf ihn an.« Er beugte sich zu ihr hinunter und gab ihr einen Kuss auf die Wange. Sie lächelte ihn an, bevor sie ihren Blick wieder auf den Fernseher richtete.

Er ging nach oben, schloss die Badezimmertür hinter sich, zog sich aus und stellte sich unter die Dusche. Danach wickelte er ein Handtuch um seine Hüften und betrachtete seinen fast makellosen Körper im Spiegel. Ja, ich bin stark, und ich werde noch viel stärker werden. Er bleckte die strahlend weißen Zähne und fuhr sich mit einer Hand durch das nasse Haar. Viele sagten, er sehe viel jünger aus, als er tatsächlich war, und manche erschraken sogar, wenn sie sein Alter erfuhren. Es stimmt wohl, dachte er, ich bin ein altersloser Mensch. Er trocknete sich ab, rasierte sich, wie er das jeden Abend tat, und putzte die Zähne. In seinem Zimmer zog er sich eine schwarze Jeans, ein schwarzes Hemd und schwarze Turnschuhe an.

Bis auf das Licht im Flur war alles dunkel, sie war in ihrem Zimmer. Er legte sein Ohr an die Tür, hörte, wie sie sich auszog, die Kleider wie immer sorgfältig auf den Bügel und anschließend an den Paravent hängte und ins Bett ging. Sie löschte das Licht der Nachttischlampe, er hörte noch einmal das Rascheln der Bettdecke. In spätestens fünf Minuten würde sie schlafen, und nicht einmal ein Donnerschlag konnte sie dann mehr wecken.

Seit fast sechs Jahren schlief sie in diesem Zimmer. Sechs Jahre, in denen sie sich ihm verweigerte. Aber trotzdem liebte er sie, denn er konnte sie verstehen, ja, er verstand alles, selbst das, worüber andere nur den Kopf schüttelten. Sie hatte ihre Vorstellung von

Liebe und er seine. Und deshalb hatten sie vor sechs Jahren beschlossen, in getrennten Zimmern zu schlafen. Nein, eigentlich stimmte das nicht, sie hatte es beschlossen, er nur eingewilligt. Das Haus war schließlich groß genug, acht Zimmer, drei Bäder, ein ausgebauter Dachboden, ein ausgebauter Keller, in dem sich sein kleines Reich befand, sein Raum, zu dem niemand Zutritt hatte, der immer verschlossen war und zu dem nur er den Schlüssel besaß. Sein Refugium, seine Werkstatt.

Er begab sich nach unten ins Wohnzimmer, schaltete die Stehlampe neben seinem Ledersessel ein, ging zum Bücherregal, ließ seine Hand über die Buchrücken gleiten und las die Titel, von denen ihm jetzt keiner zusagte, und wandte sich um. Lesen wollte er jetzt doch nicht mehr, stattdessen lieber nur Musik hören. Er betrachtete die CD mit den Stücken von Chopin, interpretiert von Horowitz. Er legte sie ein, setzte sich und wartete noch, denn manchmal, wenn auch sehr selten, kam sie noch mal die Treppe herunter, um ein Glas Milch zu trinken.

Nach einer Viertelstunde stand er auf und nahm die CD aus dem Spieler. Es war ruhig im Haus. Er ging in den Keller, genau sechs Meter zweiundvierzig von der untersten Stufe bis zur Tür, das hatte er ausgemessen, holte den Schlüssel aus der linken Jeanstasche, steckte ihn in das Sicherheitsschloss und drehte ihn zweimal. Nachdem er eingetreten war, machte er die Tür hinter sich zu und schloss wieder ab. Er betätigte den Lichtschalter, die beiden Neonröhren flackerten auf und tauchten den Raum in ein unnatürlich bläuliches Licht. An der linken Wand ein Bücherschrank, eine Glasvitrine mit festgepinnten exotischen Schmetterlingen, eine Weltkarte, auf der er markiert hatte, wo er schon überall gewesen war. Das breite Kellerfenster war verdunkelt, nicht einmal tagsüber fiel auch nur ein Lichtschein hindurch. Er hatte nichts gegen Tageslicht, nur in diesem Raum hatte es nichts zu suchen. Unter dem Fenster eine breite schwarze Ledercouch, rechts daneben ein Tisch mit einer Bibel darauf, der Goldschnitt kaum noch zu erkennen, zu oft schon hatte er darin gelesen und seine Finger die Seiten berührt. Links neben der Couch eine sündhaft teure Hi-Fi-Anlage. An der anderen Wand, schräg in der Ecke, ein zwei Meter breites Aquarium mit Fischen aus dem Indischen Ozean und der Südsee, etwa fünfzig Zentimeter entfernt ein alter, wuchtiger Schrank, dessen Innenleben nur er kannte – kleine und größere Flaschen und Behälter, medizinisches Besteck, eine Sammlung von Arzneimitteln aus aller Herren Länder. Direkt neben der Tür ein großes Waschbecken und ein Kühlschrank mit einem Vier-Sterne-Eisfach. Die Decke schalldicht verkleidet mit dicken Styroporplatten und eichefarbenen Paneelen. Sein Schmuckstück stand jedoch genau in der Mitte des vierzig Quadratmeter großen Raums, ein zwei Meter langer und einen Meter breiter Metalltisch, dessen Füße im Boden verschraubt waren. Er warf einen Blick dorthin, ging zur Stereoanlage und legte die CD ein. Leise klang die Klaviermusik aus den großen Lautsprechern. Er drehte sich um, blieb stehen, ein weiterer langer Blick zum Tisch hin.

Sie lag darauf, die Arme und Beine mit Ledermanschetten fixiert, ein breiter Ledergurt um die Stirn, um zu verhindern, dass sie ihren Kopf bewegte. Die Augen mit einem Tuch verbunden, über dem Mund ein graues Klebeband. Nur die Nasenöffnungen waren frei, sie sollte ja noch atmen. Sie versuchte ihren Kopf zu bewegen, was ihr jedoch nicht gelang, nur ihre Finger und die Füße zuckten in unregelmäßigen Abständen. Ihr Brustkorb hob und senkte sich angstvoll, er meinte das Herz unter der nackten Brust schlagen zu sehen.

Er ging zum Tisch, beugte sich über sie und sagte im Flüsterton: »Ich möchte mich dafür entschuldigen, dass ich dich so lange allein gelassen habe, aber ich hatte noch andere Sachen zu tun, du weißt ja, wie das ist. Na ja, du verstehst mich schon …« Er sah die Lache, die sich zwischen ihren Beinen auf dem Tisch gebildet hatte, und fuhr mit väterlich vergebender Stimme fort: »Du musstest mal, das hätte ich mir denken können. Das ist aber nicht schlimm, ich mach's gleich sauber.« Er riss zehn Blätter von einer Küchenrolle ab und wischte den Urin weg. Danach setzte er sich auf den Hocker, nahm zärtlich ihre Hand und sagte: »Hörst du die wunderschöne Musik? Ist sie nicht himmlisch, geradezu göttlich? Die größten Männer und Frauen waren und sind vom ewigen Geist des Universums inspiriert, das musst du wissen. In ihnen fließt das Blut unseres Schöpfers, genau wie in dir. Gefällt dir die Musik? Wenn du eine Faust machst, dann heißt das ja, wenn nicht, schade, dann habe ich wohl die falsche Musik ausgewählt.«

Sie machte eine Faust, ihr Gesicht verzog sich unter Schmerzen.

»Gut«, sagte er mit sanfter Stimme, »sie gefällt dir also. Man muss auch schon sehr dumm und ignorant sein, wenn einem diese Musik nicht gefällt. Doch leider gibt es so viele dumme und ignorante Menschen auf dieser Welt. Ich weiß, du gehörst nicht zu denen. Aber warum hast du das gemacht? Warum hast du den großen Geist, der dir innewohnt, auf eine solche Weise weggeworfen? Du hast ihn mit Füßen getreten. Warum? Nur wegen der Fleischeslust? Ja, natürlich, nur deshalb. Doch das wahrhaft Große in dieser Welt darf man nicht mit Füßen treten, niemals. Deshalb musst du bestraft werden für die Schuld, die du auf dich geladen hast. Du weißt doch, wovon ich spreche, oder?«

Sie ballte ihre Fäuste, er lächelte verzeihend, was sie aber nicht sehen konnte.

»Wie gut, dass du es einsiehst. Doch leider kommt diese Einsicht zu spät.« Er ging an den Kühlschrank, öffnete die Tür und holte eine Spritze heraus, in der sich bereits eine wässrige Flüssigkeit befand. »Ich werde dir jetzt etwas geben, das dich von deiner Schuld befreit. Du brauchst auch keine Angst zu haben, es wird nicht wehtun. Ich tue keinem Menschen weh, nicht einmal einem Tier. Ich könnte es gar nicht.« Und nach einem Moment des Innehaltens: »Ich würde dir so gerne die Binde abnehmen, um dir in die Augen zu sehen. Soll ich es tun?«

Sie ballte die Fäuste.

»Gut, ich werde deinem Wunsch entsprechen.« Er löste den Knoten und sah ihr in die Augen, die ihn voller Furcht und flehend anblickten. Alle Angst dieser Welt lag in ihnen, auf ihrem Gesicht hatten sich dicke Schweißperlen gebildet, ihre Nasenflügel bebten, gleichzeitig zitterte sie, eine Gänsehaut überzog ihren ganzen Körper. Sie würgte, versuchte trotz des Klebebands zu schreien, doch es kamen nur erstickte Laute heraus, die niemand außer ihm hörte. Sie riss an den Ledermanschetten, er lächelte nur mitleidig und tätschelte ihre Hand.

»Du hast wunderschöne Augen, weißt du das? Natürlich weißt du das, du kannst ja jeden damit verrückt machen, wahrhaft jeden. Und dieser Körper, fast himmlisch … Du schwitzt ja so«, sagte er erneut mit dieser väterlichen Stimme. »Dabei ist es doch gar nicht sonderlich warm hier drin. So, und jetzt entspanne dich, es wird alles gut. Du wirst gar nichts weiter merken.«

Sie spürte den Einstich in der Vene im linken Arm, ihre Augen waren vor Entsetzen geweitet. Sie spürte, wie die Flüssigkeit langsam in sie hineinströmte und ihr schon nach wenigen Sekunden die Sinne schwanden. Sie wollte aber nicht schlafen, sie wollte wach bleiben, nicht einschlafen, doch so sehr ihr Inneres sich auch dagegen aufbäumte, sie schaffte es nicht. Ihr Atem wurde ruhig und gleichmäßig, die Augen fielen zu. Er tat die Spritze zurück in den Schrank und nahm ein Messer mit einer sehr dünnen und sehr scharfen Klinge in die Hand. Er legte das Messer neben sie und schaute sie mitleidig an. Dann fühlte er ihren Puls, der sehr langsam war, strich mit einer Hand über ihr Gesicht, ihre Brüste, den Bauch und zwischen die gespreizten Beine, wo er eine Weile verharrte und sie einfach nur streichelte. Er genoss den Augenblick, die Macht, die er hatte.

Schließlich, nach exakt zehn Minuten, hörte er auf, sie zu streicheln, nahm das Messer und setzte seine Arbeit fort. Nach weiteren zwanzig Minuten hatte er sein Werk vollendet. Er nahm ein Tuch und einen Eimer und ließ Wasser hineinlaufen. Warmes Wasser. Er löste die Fesseln, die Arme fielen schlaff und leblos hinunter. Er tauchte das Tuch in das Wasser, wrang es aus und begann sie abzuwaschen. Er musste das Wasser fünfmal wechseln, bevor sie so aussah, wie er sich das vorstellte, auch wenn hier und da noch etwas Blut aus den Wunden trat. Zuletzt reinigte er den Körper mit einem Desinfektionsmittel.

Die Musik hatte längst aufgehört zu spielen, doch in seinem Kopf war noch immer die Melodie einer bestimmten Passage. Er kämmte ihr Haar sorgfältig und kreuzte ihre Arme über der Brust. Ein letzter, wehmütiger Blick auf sein Werk. Er holte eine Abdeckplane, faltete sie auseinander und breitete sie auf dem Boden aus. Vorsichtig hob er sie wie ein kostbares Stück Porzellan vom Tisch und legte sie auf die Plane, die Arme fielen wieder auseinander. »Du bist so schön«, sagte er leise und kreuzte ihre Arme erneut. Er wickelte die Plane um sie und verschnürte sie. Dann nahm er ein beigefarbenes Leinentuch, das er ebenfalls um sie wickelte und verschnürte. Es war ein Uhr zweiundvierzig. Er beschloss, noch eine halbe Stunde zu warten, dann würde kein Mensch mehr auf der Straße sein, außer vielleicht einem Betrunkenen. Niemand, der ihn beobachten würde. Er räumte auf, säuberte den Tisch und legte eine große Decke darüber, die auf allen vier Seiten bis zum Boden reichte. Danach legte er das sorgfältig verschnürte Paket über seine Schultern und ging in die Garage, wo er es in den Kofferraum verfrachtete. Er startete den Motor, fuhr rückwärts aus der Ausfahrt, alles war dunkel, kein Fenster, hinter dem mehr Licht brannte. Er brauchte nur wenige Minuten, bis er an der Stelle angekommen war. Er setzte sein Nachtsichtgerät auf, um sich zu vergewissern, dass er auch wirklich allein war, und entriegelte die Kofferraumklappe durch einen Knopfdruck unter dem Armaturenbrett. Es dauerte nur noch weitere fünf Minuten, bis er sagte: »Es ist vollbracht. Jetzt kannst du fliegen.«

Um kurz nach halb drei an diesem Morgen kehrte er zurück, begab sich noch einmal in den Keller, holte die CD aus dem Spieler und ging nach oben ins Wohnzimmer. Er war nicht müde, nur selten brauchte er mehr als vier Stunden Schlaf. Er setzte sich in seinen Sessel, betrachtete die CD und verzog verächtlich den Mund. »Vorhin, mein Engel«, sagte er leise zu sich selbst, »habe ich definitiv zum letzten Mal Chopin gehört. Er ist tot, er ist doch schon so lange tot. Ach, ich habe es dir ja schon letzte Nacht erzählt, ich war schon einmal auf Mallorca, wo Chopin mit George Sand für eine kurze Zeit gelebt hat. Ich habe das Haus gesehen, ein schönes Haus. Es ist schon bemerkenswert, welche Erinnerungen ein solches Haus in sich birgt. Und welche Geheimnisse. Was es wohl alles schon erlebt und gesehen hat? Auf jeden Fall den guten Chopin und seine Freundin und Geliebte.« Er lachte glucksend auf, um gleich wieder ernst zu werden, sein Blick verdüsterte sich. »Ja, er war ein begnadeter Künstler, aber irgendwie kaputt, wie alle von ihnen. Na ja, vielleicht nicht wirklich kaputt, eher krank. Man sagt, er habe Tuberkulose gehabt. Mag sein, ich kann es leider nicht beurteilen. Er hatte sicherlich Freunde, aber selbst seine Geliebte George Sand hat ihn verlassen, nein, sie hat ihn im Stich gelassen, weil sie wohl nicht mehr mit einem Krüppel zusammenleben wollte. Tja, so geht es den Männern, wenn sie den Frauen zu lästig werden, sie werden fallen gelassen. Aber dich, mein Engel, dich habe ich davor bewahrt, jemals so zu werden. Vielleicht triffst du ja deinen geliebten Chopin, dann könnt ihr euch über die Musik unterhalten, ihr könnt zusammen Klavier spielen, und vielleicht werdet ihr sogar richtig gute Freunde. Aber ich muss dir sagen, mit dir ist auch Chopin für mich gestorben. Obwohl, er ist ja schon lange tot, viel länger als du. Aber was rede ich da, das weißt du ja alles selbst, wahrscheinlich weißt du viel mehr über ihn als ich. Mach's gut und schau nicht zurück, Engel, sondern nur noch vorwärts. Mach's gut.«

Er steckte die CD in den Ständer und legte stattdessen eine CD von Shania Twain in den Spieler. Anschließend nahm er wieder im Sessel Platz, setzte die Kopfhörer auf, machte die Augen zu und lauschte der Musik, die so anders war und doch prickelnd. Mit einem Mal sprang er auf, drückte auf Stopp und kniff die Augen zusammen. Seine Kiefer mahlten aufeinander, er ballte die Fäuste, sein Gesicht war zu einer Fratze verzerrt. Er hasste dieses

Lied, dieses eine ganz spezielle Lied. »That don't impress me much.«

»Warum maßt du Miststück dir an, so über Männer zu singen?! Glaubst du vielleicht, du bist etwas Besseres?! O nein, das bist du nicht, du bist nur ein Teufel in Frauenkleidern! Ich muss allerdings zugeben, du bist ein sehr schöner Teufel, doch einer, der es wahrscheinlich mit jedem und jeder treibt. Hure, gottverdammte Hure! Aber weißt du was, du bist schuld, wenn ich die Kleine wegschicke. Noch ist sie ein Engel mit einem Körper, doch wenn sie länger deine verdammte Musik hört, wird sie zum Teufel, genau wie du. Aber ich werde es verhindern, denn ich weiß, was gut für sie ist. Ich weiß es sogar besser als ihre Eltern, die nie Zeit haben, sich um sie zu kümmern. Und sie ist doch noch so jung, viel zu jung, um den Satan zu erkennen. Aber ich habe ihn schon lange erkannt. Er kann sich vor mir nicht verstecken. Deshalb werde ich sie vor dir schützen. Ja, ich werde sie vor dir beschützen.« Er streckte sich, stellte sich an das breite Fenster und schaute hinaus in den großen Garten, in dem der kleine Goldfischteich von zwei Lampen angestrahlt wurde. Seine Gedanken waren mit einem Mal weit weg. Aber die Unruhe hatte wieder Besitz von ihm ergriffen. Es war beinahe halb vier, als er auf sein Zimmer ging und sich ins Bett legte. Er schlief auf dem Rücken, die Hände über dem Bauch gefaltet. Die Königsstellung, wie behauptet wurde. Er schlief immer so, und wenn er morgens aufwachte, hatte sich seine Lage kaum verändert. Er war eben doch etwas Besonderes.

Donnerstag, 21.50 Uhr

Emily Gerber kam aus dem Reitclub, ihr Mann war im Sessel bei laufendem Fernseher eingeschlafen. Sie hatte seit dem späten Nachmittag mit Helena Malkow zusammengesessen. Hauptgesprächsthema war das Verschwinden von Selina Kautz. Sonja Kaufmann war gegen sechzehn Uhr zu einem Gestüt in der Nähe von Königstein gerufen worden, um einen besonders wertvollen Zuchthengst zu behandeln, der von einer Sekunde zur andern zu lahmen angefangen hatte. Emily Gerber und Helena Malkow hatten im Clubrestaurant eine Flasche Rotwein geleert, Helena Malkow fast zwei Schachteln Zigaretten geraucht. Später stießen noch ein paar andere Bekannte zu ihnen. Die Nachricht hatte wie ein Blitz eingeschlagen, und jeder befürchtete natürlich gleich das Schlimmste.

Eigentlich wollte sie abends noch ausreiten, aber irgendwie fehlte ihr, nachdem sich die Meldung wie ein Lauffeuer verbreitet hatte, jeglicher Elan. Sie warf einen Blick auf ihren Mann. Die Hände hatte er über dem Bauch gefaltet, der Kopf hing leicht zur Seite, der Mund war einen Spalt geöffnet, er schnarchte leise. Sie streifte die Schuhe ab, rüttelte ihren Mann leicht an der Schulter, der erschrocken hochschoss.

»Warum gehst du nicht ins Bett, wenn du müde bist?«, fragte sie ihn kühl, trat zur Bar und schenkte sich einen Kirschlikör ein.

»Weil ich hier eingeschlafen bin, meine Liebe. Ich hatte letzte Nacht Notdienst, falls du das vergessen hast, und ich war den ganzen Tag auf den Beinen, während du dich auf dem Hof amüsiert hast. Aber keine Sorge, ich werde sofort ins Bett gehen, um dich mit meiner Gegenwart nicht weiter zu belästigen«, erwiderte er ironisch.

»Ich habe mich nicht amüsiert. Mir scheint, du hast noch keine Nachrichten gehört, sonst würdest du nicht schlafen. Ein Mädchen ist verschwunden, eine unserer Reitschülerinnen. Sie haben es ein paarmal im Radio durchgegeben«, sagte sie und leerte ihr Glas in einem Zug.

»Ich hatte bisher keine Zeit, die Nachrichten zu hören. Um halb acht hat mein letzter Patient die Praxis verlassen und danach musste ich noch einige Formalitäten erledigen. Um wen handelt es sich, wenn ich fragen darf? Oder bleibt das ein Geheimnis?«

»Selina«, sagte sie nur und schenkte sich nach.

»Bitte was?!« Er stand abrupt auf und sah sie ungläubig mit hochgezogenen Brauen an. »Selina wird vermisst? Seit wann?«

»Seit gestern Abend halb elf. Es interessiert dich also doch, wie ich sehe.«

»Emily, bitte, warum darf ich nicht einmal eine ganz normale Frage stellen? Wie schon gesagt, ich weiß von nichts, und wenn so was hier passiert, dann ist das doch gleich Ortsgespräch. Entschuldigung, wenn ich dir auf die Nerven gehe, aber ich bin vermutlich der Einzige in diesem verdammten Kaff, der es noch nicht weiß.«

»Hat man nicht mal in deiner Praxis darüber gesprochen? Keine von den Tratschtanten?«, fragte sie spöttisch, hielt das Glas in der Hand, kam auf ihn zu und blieb direkt vor ihm stehen. Eine leichte Alkoholfahne wehte ihm entgegen.

»Was willst du denn damit schon wieder sagen? Ich tue meine Arbeit und du deine. Unsere Wege haben sich doch getrennt. Warum zerfleischen wir uns eigentlich so?«

Ohne darauf einzugehen, sagte sie: »Selina, mein lieber Schatz, war doch auch deine Patientin, und nicht nur das …«

»Was heißt hier war?«, fuhr er sie an. »Du sprichst von ihr, als wäre sie bereits tot. Ist sie denn tot? Hat man ihre Leiche gefunden? Außerdem habe ich ungefähr vierhundert Patienten und Patientinnen. Und was soll dieses ›und nicht nur das‹?«

»Du bist ihr Patenonkel und uns verbindet mit Peter und Helga eine enge Freundschaft«, entgegnete sie mit süffisantem Lächeln.

»Das ist es ja, was mich so erschüttert. Ich glaub, ich geh jetzt besser ins Bett. Gute Nacht.«

»Gute Nacht, und träum was Süßes«, sagte sie und schickte ihm einen seltsam melancholischen Blick hinterher. Als er bereits an seinem Zimmer angelangt war, rief sie ihm zu: »Wann hast du Selina eigentlich das letzte Mal gesehen?«

»Was soll diese Frage?«

»Jeder, der mit ihr in letzter Zeit zu tun hatte, wird in den nächsten Tagen vernommen werden, da bin ich ganz sicher. Auch du als der Leibarzt unserer besten Freunde.«

»Ja und, weiter? Wenn du damit auf etwas Bestimmtes hinauswillst, dann sag's doch einfach.« Er ließ die Klinke wieder los. »Aber gut, wenn du's genau wissen willst, ich habe sie zuletzt gestern Abend auf dem Hof gesehen. Zufrieden?«

»Entschuldige bitte, ich bin nur ein wenig durcheinander, wie alle, die mit Selina zu tun haben oder hatten. Wir haben vorhin sogar schon Mutmaßungen angestellt, wer alles für ihr Verschwinden in Frage kommen könnte. Sei mir nicht böse, ich bin einfach nur durch den Wind. Ich hoffe ja auch, dass alles gut wird und sie wieder auftaucht. Ich hoffe es inständig. Aber wenn sie nicht auftaucht, wird die Polizei Fragen stellen.«

Andreas Gerber kam zurück, ging auf seine Frau zu und blieb etwa einen Meter vor ihr stehen. »Sollen sie doch fragen. Aber ich möchte jetzt nicht darüber diskutieren, ich bin einfach nur müde. Kannst du das nicht verstehen?«

»Doch, schon. Also, schlaf schön«, sagte sie mit auf einmal sanfter Stimme, die er so schon lange nicht mehr gehört hatte. Eine Stimme, die für ihn noch immer wie eine wohlklingende Melodie war.

»Was soll das?«, fragte er mit misstrauischem Blick.

»Was soll was?«, fragte sie scheinbar naiv zurück.

»Diese Freundlichkeit. Es ist lange her …«

»Alles eine Frage des Wandels. Menschen ändern sich, das müsstest du doch am besten wissen. Schau mir doch mal in die Hände, ob sich meine Linien verändert haben.« Sie stellte das Glas auf den Tisch und streckte ihm die Handflächen entgegen. »Also, was siehst du?«

Er warf nur einen kurzen Blick auf die Handinnenflächen und die darin eingezeichneten Linien und sagte: »Weichheit, Sensibilität, Umstellung.«

»Und was heißt das konkret?«

»Finde es heraus. Ich kann dir nur so viel sagen, deine Schale ist nicht so hart, wie du mir immer vorspielst. In deinem tiefsten Innern bist du noch immer das Mädchen, in das ich mich vor sechzehn Jahren unsterblich verliebt habe. Der Zynismus, den du mir gegenüber so oft an den Tag legst, ist nicht deine wahre Natur. Ich sage dir noch einmal, in deiner Hand steht, dass du dich umstellst. Deine Linien haben sich übrigens tatsächlich verändert. Und jetzt gehe ich endgültig ins Bett, um sechs klingelt mein Wecker.«

»Kann ich mitkommen?«, fragte sie kaum hörbar, die Augen zu Boden gerichtet, als würde sie sich schämen. Sie stand mitten im Raum wie ein unschuldiges kleines Kind. Er meinte zu sehen, wie sie zitterte, als hätte es sie eine beinahe unmenschliche Überwindung gekostet, diese Frage auszusprechen.

»Auf einmal?«

»Ich fühle mich unendlich beschissen, ehrlich. Ich möchte gerne mit dir in einem Bett schlafen … Wie früher.«

»Ich habe nie gesagt, dass ich allein schlafen möchte. Ich muss jetzt aber ins Bad, es ist schon nach elf.«

»Danke«, sagte sie leise. Er hörte es nicht mehr.

Sie nahm das noch volle Glas, ging damit in die Küche und schüttete den Inhalt in den Ausguss. Dann holte sie tief Luft, ein paar Tränen lösten sich und liefen über ihre Wangen. Es gab Tage, da hasste sie sich und das Leben. Heute ganz besonders.

Sie hörte das Wasser im Bad rauschen, warf einen Blick in die Zimmer von Celeste und Pauline, die beide schliefen, und nahm sich vor, in Zukunft mehr Zeit mit ihnen zu verbringen. Es war kein Zustand, dass sich dreimal in der Woche die Großmutter um sie kümmerte, ihnen das Abendessen bereitete, sie schlafen legte, während sie ihre Nachmittage und Abende auf dem Hof verbrachte, auch wenn die fünfjährige Pauline und ihre zwei Jahre ältere Schwester Celeste inzwischen des Öfteren mit zum Reiten kamen. Nein, sie hatten es nicht verdient, so von ihr vernachlässigt zu werden.

Sie ging, nachdem sie die Türen angelehnt hatte, in das andere Bad, entkleidete sich und stellte sich kurz unter die Dusche. Anschließend fönte sie ihr Haar und wickelte sich ein Handtuch um den Körper, der nichts von seiner Anziehungskraft verloren hatte, im Gegenteil, sie war trotz der beiden Schwangerschaften noch attraktiver geworden. Ihr Mann lag bereits im Bett, die Arme hinter dem Kopf verschränkt, den Blick zur Decke gerichtet, nur die Nachttischlampe brannte. Sie ließ das Handtuch fallen und legte sich nackt zu ihm.

»Ich weiß nicht, was mit mir los ist«, sagte sie und schmiegte sich an ihn wie ein Schutz suchendes Kätzchen. »Was ist bloß schief gelaufen?«

Er antwortete nichts darauf, seine Gedanken waren weit weg. Seit fast einem Jahr hatte sie nicht mehr in seinem Bett geschlafen, seit fast einem Jahr herrschte eisige Kälte zwischen ihnen, gingen sie sich aus dem Weg, als wären sie Fremde, die sich zufällig einmal gesehen und dann wieder aus den Augen verloren hatten. Und er hatte sich nicht nur einmal gefragt, ob und inwieweit die Kinder etwas davon mitbekamen. Aber er hatte die Hoffnung nie aufgegeben, dass der Tag kommen würde, an dem sie wieder wie früher miteinander verkehrten, liebevoll und zärtlich und immer füreinander da.

»Warum antwortest du nicht?«, fragte sie, legte ihre Hand auf seine Brust und spürte seinen gleichmäßigen Herzschlag.

»Ich denke nur nach«, sagte er.

»Und worüber?«

»Alles Mögliche.«

»Soll ich wieder gehen?«

»Nein, so war das nicht gemeint. Lass uns einfach schlafen. Möchtest du in meinen Arm kommen?«

»Du glaubst gar nicht, wie sehr ich mich danach gesehnt habe, ich konnte es nur nicht sagen.«

Er wollte etwas erwidern, doch sie legte einen Finger auf seine Lippen. Ihre Haut fühlte sich so warm und geschmeidig an wie eh und je. Ihr braunes Haar duftete, wie nur ihr Haar duften konnte, und er erinnerte sich daran, wie er früher immer seine Nase ganz dicht an ihr Haar gehalten hatte, um diesen Duft einzusaugen. In all den Jahren hatte sie sich äußerlich nur wenig verändert. Sie war eine ausgesprochen hübsche Frau mit einem beinahe makellosen Gesicht, in dem die blauen Augen und die nicht zu vollen, edel geformten Lippen das Markanteste waren. Sie war zweiunddreißig, sah aber aus wie fünfundzwanzig. Er hätte ihr gerne ein paar Fragen gestellt, doch das hatte Zeit. Außerdem drehten sich seine Gedanken jetzt um Selina Kautz, die er seit ihrer Geburt kannte. Ihn und Emily verband eine enge Freundschaft mit Helga und Peter Kautz, sie hatten schon viel miteinander unternommen, zweimal waren sie sogar gemeinsam in Urlaub gefahren.

Obwohl er müde war, konnte er nicht schlafen, während sie in seinem Arm liegend gleichmäßig atmete. Die Gedanken an Selina ließen ihn nicht mehr los. Irgendwann fiel er doch in einen Dämmerschlaf, aus dem er um halb drei wieder erwachte. Er zog vorsichtig den Arm unter ihrem Kopf hervor, stand auf, ging in die Küche, trank ein Glas Milch und setzte sich an den Tisch. Er stützte den Kopf in die Hände, die Augen geschlossen, in ihm eine Leere wie vor ziemlich genau einem Jahr, als sie ihm sagte, sie liebe ihn nicht mehr. Sein Herz pochte, das Ticken der Uhr an der Wand war das einzige Geräusch.

Er hörte sie nicht kommen, spürte nur mit einem Mal ihre Hand auf seiner Schulter. Ihr Atem streichelte sein Gesicht, als sie sich von hinten über ihn beugte und ihren Kopf an seinen legte.

»Was hast du?«, fragte sie sanft.

»Ich kann nicht schlafen.«

»Und warum nicht?«

»In letzter Zeit leide ich häufig unter Schlafstörungen. Ich habe mich daran gewöhnt. Du hast es nur nie mitbekommen.« Er log, aber er konnte ihr unmöglich den wahren Grund für seine heutige Schlaflosigkeit nennen, da sie diesen Grund nie verstanden hätte.

»Hör zu«, sie setzte sich neben ihn und legte ihren Kopf an seine Schulter, »ich weiß, dass ich viele Fehler gemacht habe, und ich möchte mich dafür entschuldigen. Mehr kann ich im Augenblick nicht tun. Ich weiß aber auch, dass es lange dauern wird, bis wir alles aufgearbeitet haben, sofern du mir überhaupt verzeihst. Aber glaube mir, ich habe nie aufgehört, dich zu lieben, auch wenn ich einmal etwas anderes behauptet habe. Und das ist die Wahrheit. Und die Wahrheit ist auch, dass ich mich für mein Verhalten schäme. Ich möchte am liebsten im Erdboden versinken, so sehr schäme ich mich.«

»Schon gut«, sagte er und nahm ihre Hand. »Vielleicht ist es einfach der Altersunterschied. Du hast nie die Gelegenheit gehabt ...«

Sein Blick war traurig und mitfühlend, und als er nicht weitersprach, sagte sie: »Was für eine Gelegenheit habe ich nie gehabt?«

»Als wir uns zum ersten Mal begegneten, warst du sechzehn und ich schon neunundzwanzig. Dazwischen liegt eine halbe Ewigkeit. Du konntest dich nie, wie soll ich es sagen, austoben. Und ich hatte bereits eine gescheiterte Beziehung hinter mir und eine bittere Lektion gelernt ...«

»Na und? Wo ist das Problem?«, unterbrach sie ihn. »Vielleicht war es ja gerade das, was mich so an dir fasziniert hat. Du warst damals so einsam, und ich werde nie vergessen, wie du mich immer wieder angeschaut hast. Und in diesen Mann mit den traurigen Augen habe ich mich wahnsinnig verliebt. Mich hat jedenfalls die Sache mit Selina zum Nachdenken gebracht. Ich habe mich vorhin gefragt, welchen Wert das Leben hat. Und ich bin zu dem Entschluss gekommen, etwas zu ändern. Ich wünsche mir nichts sehnlicher, als dass alles wieder so wird wie früher.«

»Emily, es kann nicht mehr so werden wie früher. Die Zeit lässt sich nicht zurückdrehen. Doch wir können noch einmal versuchen, füreinander und miteinander zu leben. Du bist die Frau, die ich immer wollte, und du wirst es auch immer bleiben, ganz gleich, was kommt. Aber das letzte Jahr war die Hölle für mich, jeder Tag war Hölle pur. Ich hatte das Gefühl, nicht mehr ich selber zu sein, ich habe mir den Kopf zermartert und mich ein ums andere Mal gefragt, was ich falsch gemacht habe, und du glaubst gar nicht, wie viel einem da plötzlich einfällt. Trotzdem, ich hätte diesen Zustand nicht mehr viel länger ertragen. Ich will dir nicht wehtun, ich möchte aber auch nicht, dass man mir noch mehr wehtut. Ich möchte endlich Ruhe in meinem Leben haben. Und ich denke dabei auch an Pauline und Celeste. Emily, sie brauchen einen Vater und eine Mutter. Außerdem fühle ich mich im Moment unendlich alt.«

»Alt!« Sie lachte auf. Er liebte dieses warme, weiche Lachen, bei dem sich feine Grübchen an den Mundwinkeln bildeten. »Du bist nicht alt. Die dreizehn Jahre Altersunterschied sieht man uns doch nicht an.«

Er lächelte versonnen. »Meine Haare werden allmählich grau, meine Augen schlechter, der Zahn der Zeit nagt unaufhörlich an mir. Die Zeit bleibt auch für mich nicht stehen.«

»Das bleibt sie für keinen. Irgendwann bin auch ich fünfundvierzig, und dann? Ich kann es nur noch einmal betonen, ich bereue zutiefst, was ich dir angetan habe. Lass uns einfach die letzten Monate streichen. Bitte. Tun wir so, als hätte es dieses Jahr nie gegeben. Ich will wieder mehr für dich und die Kinder da sein. Bitte gib mir eine Chance.«

»Wir haben beide Fehler gemacht«, sagte er milde lächelnd, »und wir werden nie aufhören, welche zu machen. Aber wir können daraus lernen.« Er schaute zur Küchenuhr, fast halb vier. »Komm, ich will versuchen, noch wenigstens zwei Stunden Schlaf zu kriegen.«

Sie standen auf, Emily legte ihre Arme um seinen Hals und küsste ihn so leidenschaftlich wie seit Ewigkeiten nicht mehr. Vielleicht, dachte er, ist es wahr, was sie gesagt hat. Vielleicht. Aber es gab noch viele Fragen zu klären, bevor dieses Kapitel geschlossen werden konnte.

Freitag, 7.25 Uhr

Julia Durant wachte nach einem tiefen Schlaf um halb sieben von dem nervtötenden Geräusch des Weckers auf. Dominik Kuhn knurrte nur und drehte sich auf die andere Seite. Sie setzte sich auf, nahm die Wasserflasche, die neben ihrem Bett stand, schraubte den Verschluss ab und trank einen Schluck. Dann ging sie leise ins Bad, erledigte ihre Morgentoilette, wusch sich, putzte die Zähne, legte etwas Make-up auf und zog sich an. Sie aß eine Schüssel Cornflakes mit Milch und Zucker und trank eine Tasse Kaffee. Ein Blick aufs Handy, keine neue Nachricht. Als sie um halb acht das Haus verließ, blies ihr ein angenehm kühler Wind entgegen. Sie nahm die Zeitung aus dem Briefkasten, überquerte die Straße und stieg in ihren Corsa. Sie fühlte sich gut, auch wenn sie wusste, dass ein anstrengender und vermutlich sehr langer Arbeitstag vor ihr lag. Noch war der Verkehr in die Innenstadt fließend, sie brauchte kaum eine Viertelstunde bis zum Präsidium.

Berger war wie immer der Erste im Büro gewesen, alle anderen Schreibtische waren noch verwaist. Christine Güttler war vor einer Woche von einem Jungen entbunden worden und würde mindestens für die nächsten zwei Jahre ausfallen, vermutlich sogar länger, Wilhelm hatte noch drei Wochen Urlaub, Hellmer und Kullmer kamen in der Regel gegen acht ins Büro, genau wie Doris Seidel, seit drei Monaten das neue Gesicht bei der Mordkommission und seit dem 1. Juli Bergers Abteilung zugeteilt. Eine hochintelligente, analytisch denkende junge Frau, kaum einsfünfundsechzig groß, sehr schlank, doch durchtrainiert und überaus durchsetzungsfähig. Kurze blonde Haare, feine Gesichtszüge, zierliche Hände und keiner, der sie nicht kannte, hätte je vermutet, dass sie eine perfekte Nahkämpferin war und den schwarzen Gürtel in Karate besaß. Sie war im Mai achtundzwanzig geworden, hatte die Polizeischule als Jahrgangsbeste abgeschlossen und während der vergangenen vier Jahre in Köln bei der Sitte, der Drogenfahndung und schließlich der Mordkommission ihren Dienst versehen, bis es sie nach Frankfurt verschlug, aus fast den gleichen Gründen wie vor einigen Jahren Julia Durant. Ihr Lebensgefährte hatte sie immer wieder mit anderen Frauen betrogen, und als sie dahinter kam, bewarb sie sich einfach für die frei gewordene Stelle und zog in einer Nacht- und Nebelaktion nach Frankfurt, ohne ihren Freund davon in Kenntnis zu setzen. Julia Durant verstand sich blendend mit ihr, auch wenn Doris Seidel eher der rationale denn der intuitive Typ war, aber zwischen Kullmer und ihr stimmte die Chemie von Beginn an perfekt, und er war es schließlich auch, der darauf bestanden hatte, mit ihr zusammenzuarbeiten. Und seitdem war in ihm eine Wandlung vorgegangen, er war weniger impulsiv als früher, manchmal sogar richtig arbeitswütig, und keinem in der Abteilung entging, dass er mehr als nur ein Auge auf die Neue geworfen hatte und sie ihn ebenfalls gut leiden mochte.

Berger schaute auf, als sich die Tür öffnete und Julia Durant hereinkam. Er hatte in den letzten zwölf Monaten noch einmal wenigstens fünfzehn Kilo abgespeckt, sein vor einem Jahr noch gewaltiger Bauch war merklich geschrumpft, genau wie sein Dreifachkinn, die fetten Oberschenkel und Arme. Sein jahrelang aufgedunsenes Gesicht hatte wieder eine normale Farbe angenommen. Aus den einst hundertdreißig oder hundertvierzig Kilo waren mittlerweile etwa neunzig geworden, die Cognacflasche war aus seiner Schreibtischschublade verschwunden, er rauchte nicht mehr (wofür Durant ihn fast am meisten bewunderte) und schien endlich Frieden mit sich und der Welt geschlossen zu haben. Der große Schmerz über den Verlust seiner Frau und seines Sohnes, der ihn so lange gefangen gehalten hatte, war verflogen. Hinter vorgehaltener Hand wurde sogar gemunkelt, er habe eine neue Liebe gefunden, was allerdings nur ein Gerücht war, wenn auch ein hartnäckiges, denn gesehen hatte man Berger bislang noch nicht in Begleitung einer Frau. Doch welchen anderen Grund hätte es sonst für seine Wandlung geben können?

»Guten Morgen, Frau Durant«, sagte er und warf einen Blick auf die Uhr. »So früh?«

»Carpe diem, wie es so schön heißt«, erwiderte sie nur und hängte ihre Tasche über die Lehne. »Und da wir heute eine Menge zu tun haben, dachte ich mir, je früher ich anfange, desto mehr schaffe ich.« Sie setzte sich, verschränkte die Beine und holte eine Zigarette aus der Schachtel. »Stört es Sie, wenn ich rauche?«

Berger schüttelte den Kopf. »Ach was. Aber hatten Sie mir nicht erst kürzlich gesagt, Sie würden damit aufhören?«, fragte er grinsend. »All die guten Vorsätze dahin, was?«

»Ich höre langsam auf. Gestern habe ich zum Beispiel nur sechs Stück geraucht. Im Gegensatz zu meinen dreißig bis vierzig früher ist das doch eine Leistung, oder etwa nicht?«

»Und was ist, wenn der Stress wieder anfängt?«

»Ich werde mich bemühen.«

»Nun gut. Solange wir noch alleine sind, erzählen Sie mir doch einfach ein paar Neuigkeiten, zum Beispiel, was gestern Abend war.«

»Gestern Abend.« Sie zuckte mit den Schultern. »Das Mädchen ist wie vom Erdboden verschwunden.«

»Und was sagt Ihr Bauch?«

»Um ehrlich zu sein, ich weiß es nicht.«

»Ach, kommen Sie, das können Sie jedem erzählen, aber mir nicht. Dazu kenne ich Sie inzwischen zu gut. Also?«

»Wenn Sie's unbedingt wissen wollen, ich glaube nicht an ein Happy End. Allein die Schilderungen der Eltern, was die Zuverlässigkeit ihrer Tochter angeht, dazu das penibel aufgeräumte Zimmer … Sie ist nicht einfach abgehauen, da steckt mehr dahinter.«

»Ein Gewaltverbrechen?«

»Schon möglich. Es passt einfach zu viel zusammen. Eins ist sicher, sie hat vor ihren Eltern und ihren Freundinnen Geheimnisse gehabt. Zumindest eines. Und dieses eine könnte ihr zum Verhängnis geworden sein. Deswegen hätte ich gerne eine Hundertschaft zusammen mit einer Hundestaffel, die das Gelände um den Spielplatz absucht. Meinen Sie, Sie können das heute Vormittag noch hinkriegen?«

Berger sah sie mit aufgewölbten Lippen an, beugte sich nach vorn und griff wortlos zum Telefon.

»Hallo, Berger hier. Ich brauche bis spätestens elf Uhr hundert

Mann und die Hundestaffel. Es geht um das verschwundene Mädchen in Hattersheim-Okriftel. Lässt sich das einrichten? … Moment, ich frage nach.« Er hielt die Sprechmuschel zu und fragte: »Wie groß ist das Gelände?«

»So groß, dass wir hundert Mann plus Hunde benötigen«, erwiderte sie lakonisch.

»Groß genug. Wann könnt ihr vor Ort sein? … Halb elf ist okay. Frau Durant und Herr Hellmer werden schon vor euch dort sein und euch einweisen.«

Nachdem er aufgelegt hatte, erhob er sich und stellte sich ans Fenster. »Sie vermuten also, dass sie tot ist und irgendwo in unmittelbarer Nähe ihres Elternhauses liegt …«

Durant hob die Hand und winkte ab. »Moment, ich vermute noch überhaupt nichts. Ich denke, es könnte so sein, aber es ist eine reine Hypothese. Wobei ich hoffe, Unrecht zu behalten.«

Berger wollte gerade etwas entgegnen, als nacheinander Hellmer, Kullmer und Doris Seidel ins Büro kamen.

»Morgen Chef, Morgen Julia«, sagte Hellmer, der sich einen Stuhl aus seinem Büro holte, ihn umdrehte und sich mit beiden Armen auf die Lehne stützte. »Schon lange da?«

»Halbe Stunde. Wir sollten uns am besten bald auf den Weg nach Okriftel machen, eine Hundertschaft und die Hundestaffel treffen um halb elf dort ein.«

»Das ist gut, das ist sogar sehr gut. Den gleichen Vorschlag wollte ich nämlich auch machen …«

»Gib mir doch mal den Zettel mit den Adressen der Freundinnen von Selina«, unterbrach sie seinen Redefluss.

»Hier«, er holte den Zettel aus der Brusttasche seines Hemdes und reichte ihn Julia Durant.

»So, für euch beide habe ich auch einen Auftrag«, sagte sie an Kullmer und Seidel gewandt. »Ihr fahrt zu diesen Adressen in Eddersheim und befragt diese Mädchen. Anschließend zum Reitclub, wo ihr euch mal ganz unverbindlich umschaut. Ach ja, und diesen Dennis Kolb, den Exfreund von Selina, könnt ihr auch gleich noch mitmachen. Wenn ihr fertig seid, ruft mal kurz durch, vielleicht brauchen wir euch dann noch in Okriftel.« Sie schrieb die drei Adressen auf einen anderen Zettel und gab ihn Kullmer. »Ich will von den Mädchen genau wissen, wie gut die Freundschaft zu Selina ist. Und bitte, ganz wichtig, sprecht in der Gegenwartsform, gebt ihnen nicht das Gefühl, als ob sie schon tot wäre, offiziell lebt sie noch, und findet heraus, wie oft Selina und diese Mädchen sich gesehen haben, was sie in letzter Zeit unternommen haben, na ja, ihr wisst schon, was ihr fragen müsst. Und sollte sich eines der Mädchen irgendwie auffällig benehmen, lasst es euch nicht anmerken, schreibt es aber auf, und geht bitte ganz, ganz behutsam vor. Und für den Fall, dass sich bestimmte Aussagen widersprechen, einfach notieren. Das Gleiche gilt übrigens für den Reitclub und selbstverständlich auch für diesen Dennis. Frank und ich halten uns in der Zeit, in der das Gelände abgesucht wird, in Okriftel auf und werden die andern Mädchen befragen. Später vergleichen wir dann die Aussagen. Alles klar?«

»Sicher. Wann soll's losgehen?«

»Sagen wir in einer halben Stunde. Frank und ich schauen noch mal kurz bei den Eltern von Selina vorbei ...« Sie zog die Augenbrauen hoch und sah Berger an. »Hat sich eigentlich auf den Aufruf im Radio gestern irgendjemand gemeldet?«

»Nein. Nur ein paar Pressefritzen, die nähere Informationen wollten, die wir ihnen aber nicht geben konnten.«

»Komisch. Normalerweise rufen doch wenigstens ein paar Durchgeknallte an oder solche, die angeblich etwas gesehen haben. Aber es hat wirklich keiner angerufen?«

»Wenn ich's doch sage«, antwortete Berger.

»Das ist schlecht. Schreiben die Zeitungen schon irgendwas?«

»Nichts Weltbewegendes. Nur im Höchster Kreisblatt steht ein etwas ausführlicherer Bericht im Lokalteil, aber das ist normal.«

Julia Durant erhob sich und nahm ihre Tasche. »Wenn's hier nichts weiter zu tun gibt, hauen wir ab.«

»Viel Glück«, sagte Berger.

»Was meinen Sie mit Glück?«, fragte Durant ironisch zurück. »Dass wir die Kleine tot finden? Oder gar nicht? Oder«, sie schnippte mit den Fingern, »dass sie einfach so wieder auftaucht?«

»Glück kann manchmal auch sein, einfach nur Gewissheit zu haben. Ungewissheit kann einen Menschen zerstören. Und Glück kann auch sein, dass es einem die andern nicht zu schwer machen, wenn Sie verstehen, was ich meine.«

»Nicht ganz, aber wenn ich so alt bin wie Sie, vielleicht dann.«

»Frau Durant, ich bewundere jeden Tag aufs Neue Ihren unwiderstehlichen Charme. Ich kenne jedenfalls keine Frau, die Charme und Sarkasmus so blendend miteinander zu kombinieren versteht.«

»Danke für das Kompliment«, erwiderte sie grinsend, »und übrigens, das mit dem Alter war nicht despektierlich gemeint. Die Weisheit kommt eben erst mit den Jahren, und da sind Sie mir um Längen voraus. Aber ich bin lernfähig. Also, hoffen wir aufs Glück. Schönen Tag noch.«

Kullmer schloss die Tür, und Doris Seidel sagte: »Du meine Güte, ihr habt ja echt ein tolles Verhältnis.«

»Wer, Berger und ich?«

»Wenn ich in Köln so mit meinem Chef gesprochen hätte, ich wäre hochkant aus dem Büro geflogen. Das ist ein echter Kotzbrocken.«

»Wir arbeiten jetzt seit sechs Jahren zusammen, und wir respektieren uns. Du warst noch nicht dabei, wenn wir uns bekriegt haben. Manchmal fliegen auch die Fetzen.«

»Das möchte ich zu gerne erleben. Und die Versöhnung, wie ist die?«, fragte sie spitzbübisch grinsend.

»Ich kann dir sagen«, mischte sich jetzt Kullmer ein, »vom Allerfeinsten. Wenn die sich versöhnen, mein lieber Scholli …«

»Ist gut jetzt. Macht euch ab nach Eddersheim und keinen Stopp in einem einsamen Waldstück so zwischendurch.«

»Liebste Julia«, erwiderte Kullmer, »selbst wenn, wir würden dir das nie verraten.«

»Haut ab. Und ich will nachher einen detaillierten Bericht. Lückenlos, versteht sich.«

»Wie befohlen.«

Hellmer hatte das Geplänkel sichtlich amüsiert mit angehört und stand am Lancia.

»Du bist heute so richtig gut drauf«, sagte er. »Möchte wissen, ob das so weitergeht.«

»Du wirst es herausfinden«, entgegnete sie nur. »Und jetzt los.«

Freitag, 9.15 Uhr

Als Hellmer den Dienstwagen in der Linsenberger Straße abstellte, fragte Julia Durant: »Wie heißt die Freundin, die wir jetzt besuchen?«

»Nathalie Weishaupt. Hauptmannweg. Sind nur ein paar Schritte.«

»Wir waren doch schon mal in dieser Ecke. Hat hier nicht Staatsanwalt, Moment, ich hab gerade einen Blackout...«

»Anders. Tucholskyweg. Böse Geschichte damals...«

»Okay, gehen wir.«

Sie stiegen aus, Hellmer verriegelte die Türen mit der Fernbedienung. Sie kamen an eine hellgrün gestrichene Doppelhaushälfte, der winzige Vorgarten mit den Fleißigen Lieschen und Tränenden Herzen von einem niedrigen Holzzaun umgeben, die graue und die grüne Mülltonne standen wie mit dem Lineal gezogen nebeneinander. Vor der Garage ein anthrazitfarbener 5er BMW neueren Baujahrs, auf dem Dach wie bei fast allen Häusern die obligatorische Satellitenschüssel. In dem gegenüberliegenden Garten ein groß gewachsener älterer Mann, der mit Spezialschuhen seinen Rasen entlüftete, während seine Frau die Fenster im ersten Stock wienerte. Er sah kurz auf, widmete sich aber gleich wieder seiner wichtigen Arbeit. Sie gingen die drei Stufen hoch, Hellmer drückte den Klingelknopf.

»Ja, bitte?«, fragte eine herbe weibliche Stimme durch die Sprechanlage.

»Kriminalpolizei. Wir möchten zu Nathalie Weishaupt.«

»Moment, bitte.«

Eine sehr dünne, fast magersüchtig wirkende Frau mit eingefallenen Wangenknochen und tief in den Höhlen liegenden Augen öffnete ihnen. Obgleich sie höchstens Mitte dreißig war, sah ihre Haut unnatürlich weiß aus, die Adern an ihren Händen und Armen traten blau hervor, die Fingernägel waren kurz und brüchig. Sie trug ein hellblaues T-Shirt und eine eng geschnittene Jeans, die dennoch an ihren Beinen flatterte, ihre nackten Füße steckten in Sandalen.

»Frau Weishaupt?«, fragte Durant.

»Nein, Frau Weishaupt ist nicht zu Hause. Ich mache hier nur sauber. Zu wem, sagten Sie, möchten Sie?«, erwiderte sie mit einer tiefen Stimme, die in krassem Gegensatz zu ihrem Äußeren stand.

»Zu Nathalie.«

»Nathalie schläft noch.«

»Dann wecken Sie sie bitte. Es ist wichtig.«

»Ja, natürlich. Ihr Zimmer ist ganz oben, ich wecke sie. Sie können ruhig so lange ins Wohnzimmer gehen. Es wird aber einen Augenblick dauern.«

»Das macht nichts.«

Das Wohnzimmer war nicht einmal halb so groß wie das der Hellmers, aber geschmackvoll eingerichtet. Die Terrassentür stand offen, frische Luft von draußen erfüllte den ganzen Raum.

»Was ist denn mit der los? Die brauchst du doch nur mal anzuhauchen, schon fällt sie um«, sagte Hellmer im Flüsterton. »Ist sie krank oder ...«

»Keine Ahnung. Frag sie doch, wenn du dich traust. Vielleicht ist sie krank, oder sie hat einfach nur Probleme.«

Nachdem sie sich kurz umgeschaut hatten, setzten sie sich auf die rote Stoffcouch. Nach etwa fünf Minuten hörten sie Schritte auf der Treppe. Nathalie hatte sich schnell eine Jeans und ein bis über den Po reichendes graues Sweatshirt übergezogen. Sie war schlank, hatte jedoch bereits eine sehr frauliche Figur, wie die meisten Mädchen ihres Alters heutzutage. Auffällig waren ihr langes dunkles Haar und die großen dunklen Augen, aus denen sie die Kommissare leicht verstört ansah.

»Hallo, Nathalie«, sagte Durant, die aufgestanden war und ihr die Hand reichte. »Wir sind von der Polizei und möchten dir gerne ein paar Fragen stellen. Wir machen am besten die Tür zu. Ich darf dich doch duzen?«

Sie nickte und wirkte schüchtern, beinahe verängstigt, als sie auf dem Zweisitzer genau gegenüber von den Beamten Platz nahm, als würde sie sich vor ihnen fürchten. Sie legte die nackten Füße hoch, ihr ganzer Körper war angespannt.

»Du weißt sicher, weswegen wir mit dir sprechen wollen?«, fragte Durant behutsam.

»Denke schon. Selina ist noch immer weg?«

»Ja, leider. Es heißt, du und Selina, ihr seid eng befreundet. Stimmt das?«

»Ja.«

»Wann hast du sie denn das letzte Mal gesehen?«

»Am Dienstag.«

»Am Dienstag. Und am Mittwoch nicht?«

Nathalie schüttelte nur den Kopf.

»Gab es einen Grund, weshalb ihr euch am Mittwoch nicht gesehen habt?«

»Wir waren ja nicht jeden Tag zusammen. Am Mittwoch habe ich mich nicht gut gefühlt.«

»Habt ihr am Mittwoch telefoniert?«

»Sie hat mich am Nachmittag angerufen und gefragt, ob ich mit zum Reiten komme, aber es ging wirklich nicht.«

»Verstehe«, sagte Durant, die sich den Grund denken konnte. »Über was habt ihr am Mittwoch am Telefon gesprochen?«

»Alles Mögliche. Über Frankreich hauptsächlich.«

»Ihr seid beide im Reitclub in Eddersheim. Und ihr wart zusammen mit ein paar anderen aus dem Club in Frankreich. War es schön?«

»Schon. Wir haben eine Menge gesehen, wir waren auch in der Camargue …«

»Dort war ich auch schon mal. Die Pferde sind wirklich prächtig, aber da erzähl ich dir ja nichts Neues. Ist denn in Frankreich irgendetwas Außergewöhnliches vorgefallen?«

Nathalie zuckte für den Bruchteil einer Sekunde zusammen, senkte den Blick und antwortete: »Nein, es war einfach nur schön. Was glauben Sie, was mit Selina ist?«

»Das wissen wir nicht, deswegen sind wir ja hier. Wir befragen alle ihre Freundinnen und all jene, die mit ihr zu tun haben. Wie oft seht ihr euch denn so in der Regel?«

»In der Schule jeden Tag. Ansonsten mindestens dreimal in der Woche, wenn wir Volti machen.«

»Und du schläfst manchmal bei ihr und sie bei dir?«

»Ja.«

»Wann habt ihr das zuletzt gemacht?«

»Zwei Tage bevor wir nach Frankreich gefahren sind. Ich habe bei ihr übernachtet.«

»Und danach habt ihr euch nur noch einmal am Dienstag gesehen. Habt ihr etwas unternommen?«

»Nein, sie war hier, und wir haben draußen auf der Terrasse gesessen, uns unterhalten und später ein bisschen Musik gehört.«

»War es ein normales Gespräch? Ich meine, ein Gespräch so von Frau zu Frau, oder war es eher belanglos?«

»Ganz normal.«

»Hat Selina auf dich an diesem Tag anders gewirkt als sonst? Wirkte sie vielleicht traurig oder bedrückt?«

Nathalie überlegte und schüttelte den Kopf. »Nein, es war eigentlich so wie immer. Selina war gut drauf.«

»Und ihr habt nicht für Mittwochabend verabredet, dass Selina hier übernachten sollte?«

»Nein, aber das habe ich schon ihren Eltern gesagt. Wir waren nicht verabredet.«

»Hat sie einen Freund?«

»Sie hatte einen, Dennis, aber mit dem hat sie schon vor einiger Zeit Schluss gemacht.«

»Und danach hatte sie keinen mehr?«

»Nein, sie wollte vorläufig keinen Freund haben. Dennis hat sie zu sehr eingeengt, hat sie mir jedenfalls gesagt. Sie brauchte mehr Freiraum, sie hatte ja nicht nur ihr Pferd, sondern sie hat auch Klavierunterricht genommen und dies und jenes gemacht.« Erstmals sprach Nathalie in der Vergangenheit. Julia Durant ging aber nicht darauf ein und stellte ihre nächste Frage.

»Hat Selina in letzter Zeit vielleicht irgendwelche Probleme zu Hause gehabt, die sie veranlasst haben könnten, von dort wegzulaufen?«

»Was meinen Sie damit?«

»Nun, es gibt viele Mädchen in eurem Alter, die mit der häuslichen Umgebung nicht zurechtkommen. Streit mit den Eltern, oder die Geschwister nerven, es gibt tausend Gründe, weshalb jemand plötzlich das Weite sucht.«

»Selina ist nicht abgehauen, dazu kenne ich sie viel zu gut. Außerdem ist sie die Letzte, die zu Hause Probleme hat. Sie hat tolle Eltern, ich glaube, solche Eltern wünscht sich so ziemlich jeder.« Julia Durant registrierte den leicht bitteren Unterton, ging aber auch darauf nicht weiter ein.

»Hat sie oft von zu Hause erzählt?«

»Ja, und immer nur das Beste. Wenn ich da war, dann«, sie zuckte ein paarmal mit den Schultern, »na ja, dann habe ich mich einfach wohl gefühlt. Ich glaube, ihr ist irgendwas ganz Schlimmes zugestoßen. Selina würde nicht einfach so abhauen. Sie hätte nie einen Grund gehabt.«

»Es gab also keine Hinweise oder Andeutungen, dass sie vorhatte, wegzugehen?«

»Nein, überhaupt keine, ehrlich.«

»Sag mal, wenn du in den Reitclub fährst, nimmst du dann auch das Fahrrad?«

»Wenn das Wetter einigermaßen ist, klar. Selina, Miriam, Katrin und ich sind oft zusammen gefahren.«

»Und welchen Weg nehmt ihr normalerweise?«

»Hinten durch die Märchensiedlung, am Baggersee entlang direkt nach Eddersheim.«

»Und zurück auch immer denselben Weg?«

»Ja.«

»Macht ihr auch manchmal einen Umweg über den Spielplatz?«

»Meinen Sie den hier vorne, wo Selina wohnt?«

»Ich denke, wir sprechen vom selben Spielplatz.«

»Nee. Außerdem, warum sollte Selina nach dem Reiten noch mal am Spielplatz vorbeifahren, sie wohnt doch viel weiter vorne. Warum wollen Sie das wissen?«

»Weil Selina zuletzt dort gesehen wurde, und zwar allein.«

»Was?«, fragte Nathalie erstaunt und veränderte ihre Haltung, indem sie sich aufrecht hinsetzte, den Blick auf ihre Finger gerichtet und kaum merklich den Kopf bewegte. »Das verstehe ich nicht. Das hat sie sonst doch auch nicht gemacht. Also, ich versteh's wirklich nicht.«

»Wir auch nicht. Noch nicht. Ihr habt also nie diesen Umweg gemacht?«

»Nein.«

»Und ihr seid normalerweise auch immer zusammen wieder nach Hause gefahren, Selina, du, Miriam und Katrin?«

»Genau. Na ja, nicht immer, wir waren ja auch nicht immer gleichzeitig zum Reiten. Aber wenn wir zusammen gefahren sind ...«

»Gut, dann halten wir also fest: Selina hat keinen Freund, zu Hause gab es keine Probleme, und sie ist vom Reiten auch immer direkt nach Hause gefahren, aber nie allein. Das ist doch richtig so?«

»Ja ...«, sie zögerte, verengte die Augen und fuhr fort: »Moment, sie ist doch schon zwei- oder dreimal allein gefahren, und zwar direkt nach dem Reiten, weil sie angeblich dringend nach Hause musste, um noch was für Mathe zu lernen oder irgendwas anderes zu machen. Das eine Mal mit dem Mathelernen war auch irgendwie logisch, denn wir hatten am nächsten Tag unsere letzte Mathearbeit vor den Ferien. Wir haben noch gesagt, wir würden mitkommen, aber sie wollte unbedingt allein fahren. Ja, es war noch zweimal, da hat sie auch allein fahren wollen. Aber ich hab mir keine Gedanken darüber gemacht.«

»Und es gab wirklich keine Anzeichen für irgendwelche Probleme?«

»Keine, ich schwöre es. Und ich kenne Selina jetzt schon, seit wir zusammen auf die Heinrich-Böll-Schule gehen. Wir haben uns immer alles erzählt.«

»Was ist mit Drogen, Alkohol und so weiter?«

»Selina?!«, fragte sie, und es klang, als hätte man sie gefragt, ob Selina auf den Strich gehe. »Im Leben nicht! Wir hatten mal eine gemeinsame Freundin, die mit so'm Scheiß angefangen hat und nicht mehr davon losgekommen ist. Selina hat das eine kurze Zeit mitgemacht, ich meine, sie hat zugeschaut, sie hat Maren aber auch vor den Folgen gewarnt, doch Maren wollte nicht auf sie hören. Dann hat sie den Kontakt abgebrochen.«

»Und du?«

»Ich nehm so was auch nicht«, sagte sie ernst.

»Wirklich nicht?«, hakte Durant nach.

»Ich schwöre es. Ich hab's zwar mal probiert, aber Selina hat nur gemeint, ich soll gar nicht erst damit anfangen, sonst wäre sie nicht mehr meine Freundin. Ich hab's dann sein lassen.«

»Gibt es irgendjemanden, der etwas gegen Selina hat? Irgendein Typ vielleicht?«

»Keine Ahnung. Mir fällt keiner ein. Es gibt zwar immer welche, die hinter ihr her sind, aber die kenne ich alle und ... Nee, die sind alle okay, auch wenn sie ab und zu tierisch stressen. Wie Jungs halt so sind.«

Julia Durant musste unwillkürlich grinsen. »Kannst du uns ein paar Namen von Jungs oder auch Männern nennen, zu denen Selina dann und wann Kontakt hat?«

»Zu Männern hat sie überhaupt keinen Kontakt, höchstens zu Jungs aus der Schule. Ich schreib Ihnen die Telefonnummern und Adressen auf. Aber die werden Ihnen auch nicht mehr sagen können als ich.«

»Wir müssen ihnen trotzdem ein paar Fragen stellen.«

Nathalie holte einen Block und einen Stift vom Sideboard und schrieb aus dem Gedächtnis die Telefonnummern und Adressen auf.

»Die hast du alle im Kopf?«, sagte Julia Durant anerkennend. »Ich kann mir kaum meine eigene Telefonnummer merken«, log sie, denn von den meisten Kollegen wurde sie um ihr geradezu phänomenales Gedächtnis beneidet.

Nathalie fühlte sich geschmeichelt und lächelte verlegen. »Ist gar nicht so schwer. Hier, das sind vier Jungs, zwei von denen gehen in unsere Klasse, zwei sind in der Oberstufe.«

Julia Durant nahm das Blatt, warf einen Blick darauf und reichte es Hellmer.

»Einer wohnt in Hattersheim, die andern drei in Okriftel. Peter und Doris sollen sich drum kümmern«, sagte Hellmer.

»Nathalie, können wir beide einen Moment allein sprechen? Vielleicht draußen auf der Terrasse, oder hören die Nachbarn mit?«

»Nee, die nebenan sind verreist, und die auf der andern Seite gehen nie raus.«

Durant nickte Hellmer zu und ging mit Nathalie in den Garten. Die Sonne stand schon jetzt hoch, allerdings war der Himmel von vielen Wolken bedeckt, und nur hier und da gab es eine Lücke. Dennoch schien sich die Wettervorhersage zu bestätigen, nach der die Hitze mit Macht kommen würde, denn trotz der Wolken war es ziemlich warm.

»Ich habe einen Grund, weshalb ich mit dir allein sprechen

möchte«, sagte sie. »Jetzt mal unter uns – gibt es irgendein Geheimnis, das du mit Selina teilst? Oder hat Selina dir gegenüber etwas erwähnt, was du unter gar keinen Umständen jemand anderem erzählen darfst? Mädchen und Frauen sind anders als Männer. Mädchenfreundschaften sind wesentlich intensiver, Mädchen führen Tagebuch, Jungs hocken eher vor dem Computer oder dem Fernsehapparat oder gehen in die Kneipe. Jetzt sag mir einfach, ob es ein solches Geheimnis gibt, bei dem ihr euch geschworen habt, es niemals, komme was wolle, zu verraten?«

Nathalie schüttelte zaghaft den Kopf. »Sorry, aber wenn Sie irgendwas Sensationelles hören wollen, damit kann ich nicht dienen. Klar gibt es Geheimnisse, jeder hat welche, aber das ist Kinderkram.«

»Ganz ehrlich?«

»Ganz ehrlich.«

»Und was ist mit einem Tagebuch? Selina führt doch sicher eins, oder?«

»Wir haben uns zwar mal drüber unterhalten, aber nee, ich weiß nicht, ob sie eins hat.«

»Und du?«

»Ab und zu schreib ich mal was auf, wenn irgendwas Besonderes war, aber so richtig Tagebuch … Nee.«

»Wenn du was aufschreibst, benutzt du dafür ein richtiges Tagebuch?«

»Nee, ich hab kein Tagebuch. Ich nehme ein Schulheft. Da guckt keiner nach.«

»Weiß Selina davon?«

»Wir haben uns mal drüber unterhalten. Sie hat das auch so gemacht. Aber das ist schon eine ganze Weile her.«

»Es könnte sein, dass du uns sehr geholfen hast. Danke. Trotzdem noch eine Frage: Würdest du dich als die beste Freundin von Selina bezeichnen?«

»Ich denk schon, aber da sind auch noch Katrin und Miriam, und dann noch Linda und Sabine in Eddersheim. Beste Freundin«, sie zuckte mit den Schultern, schien mit einem Mal unsicher zu sein, »wir verstehen uns gut, können über alles reden, aber ... Fragen Sie die andern. Obwohl, Katrin scheidet aus, sie darf keine Freunde haben. Ihr Vater ist ein echtes Arschloch. Mich wundert sowieso, dass sie zum Reiten gehen darf. Aber ansonsten verstehen wir uns eigentlich alle gut, weil wir dasselbe Hobby haben.«

»Inwiefern ist er ein ... Arschloch?«

»Der tickt nicht ganz sauber. Schreit die ganze Zeit rum und verprügelt Katrin und auch ihre Mutter und ... Ach, sie tut mir einfach Leid. Sie würde wirklich am liebsten abhauen, und ich könnt's ihr nicht mal verdenken, aber wohin soll sie gehen? Sie hat ja niemanden außer ihre Eltern.«

Julia Durant würde sich mit Katrin unterhalten und bei der Gelegenheit vielleicht auch ihren Vater kennen lernen und sich ein Bild von ihm machen. Sie gingen zurück ins Haus, Hellmer erhob sich.

»Dann noch mal vielen Dank für deine Hilfe. Und hoffen wir, dass alles ein gutes Ende nimmt. Tschüs.«

»Und was machen Sie jetzt?«, fragte Nathalie.

»Suchen. Es bleibt uns ja nichts anderes übrig. Ach ja, sollte dir noch was einfallen, hier ist meine Karte. Ich bin jederzeit zu erreichen. Und mein Kollege, Herr Hellmer, wohnt im Sterntalerweg, das Eckhaus mit der Glaskuppel. Tschüs dann.«

»Hm.«

Sie sah den Kommissaren nach, bis sie die Tür geschlossen hatten. Ein paar Tränen lösten sich aus ihren Augen und flossen über ihre Wangen. Sie rannte nach oben in ihr Zimmer, knallte die Tür hinter sich zu, warf sich aufs Bett und heulte Rotz und Wasser.

Freitag, 10.10 Uhr

»Wir müssen unbedingt noch mal in Selinas Zimmer«, sagte Julia Durant auf dem Weg zum Auto. »Nathalie hat mir eben erzählt, dass sie zwar kein Tagebuch führt, aber hin und wieder besondere Vorkommnisse oder Erlebnisse aufschreibt, und jetzt halt dich fest – sie schreibt diese Dinge in ein stinknormales Schulheft. Auf die Idee wäre ich nie gekommen. Andererseits, welche Eltern schauen sich schon die Schulhefte ihrer Kinder an? Irgendwie logisch, was?«

»Könnte zumindest eine Spur sein. Aber vorher warten wir auf die Kollegen des Suchtrupps. Während ihr draußen wart, hab ich kurz bei Berger angerufen und gesagt, dass sie die Rossertstraße bis zum Ende durchfahren sollen. Sie sind schon auf dem Weg und müssten jeden Moment kommen.«

Keine fünf Minuten später trafen die Wagen ein. Überall gingen Fenster auf, Neugierde und Sensationslust.

»Ich wette mit dir, die meisten von denen warten nur darauf, dass Selina gefunden wird – und zwar tot. Die Sensation schlechthin in diesem Kaff. Damit wäre dann wieder für mindestens vier Wochen für Gesprächsstoff gesorgt«, sagte Durant zynisch.

»Du kennst das doch. Man gibt sich entsetzt, in Wirklichkeit ist es eine willkommene Abwechslung vom drögen Alltag.«

»Scheiß drauf. Was interessieren mich die Leute hier. Sag du Köhler, wo sie überall suchen sollen, ich geh rüber zu Selinas Eltern und bereite sie auf die Aktion vor, wenn sie's nicht schon längst wissen.«

»Die wissen's! Aber die Suche kann dauern, hier gibt's unheimlich viele Büsche und Sträucher und verwinkelte Stellen.«

»Dafür sind sie schließlich auch ausgebildet«, entgegnete Durant lakonisch und machte sich auf den Weg.

»Hi«, sagte Hellmer und reichte Köhler die Hand. »Ich zeig euch gleich mal, welches Gebiet zuerst abgesucht werden muss.« Sie stellten sich an den Rand des Spielplatzes, Hellmer deutete mit der Hand nach Osten zur Mainstraße hin, dann nach Norden, wo sich das kleine Waldstück entlang der Wasserwerkchaussee befand, und schließlich nach Westen, wo sich Getreidefelder, Wiesen und Äcker abwechselten. »Und dort hinten im Südwesten ist der Baggersee, recht hohes Gras und unebenes Gelände, auch mit sehr vielen Büschen und kleinen Wegen, die eher selten benutzt werden. Alles weitere überlass ich dir. Ist so weit alles klar?«

»Alles klar. Dann fangen wir am besten oben bei der Straße an und arbeiten uns langsam nach unten vor. Wir haben auch zwanzig Fährtenhunde dabei, aber du weißt ja selbst, wie das bei solchen Aktionen meistens ist. Und Leichenhunde haben wir keine, die müssten wir erst anfordern. Es ist echt zum Kotzen, aber eine Weltstadt wie Frankfurt und nicht ein Leichenhund ...« Er sah Hellmer vielsagend an.

»Ja, Mann, ich weiß, Peggy, Adelina und all die andern wurden entweder gar nicht oder eher zufällig durch Spaziergänger gefunden. Gebt trotzdem euer Bestes, bitte.«

»Das tun wir immer, aber das Beste reicht oftmals nicht. Leider. Bis dann, ich melde mich bei dir.«

Hellmer stieg in den Lancia und parkte vor seiner Garage. Er ging die wenigen Schritte bis zur Familie Kautz zu Fuß.

Freitag, 10.25 Uhr

Peter Kautz sah genauso aus, wie Julia Durant es erwartet hatte, übernächtigt, dunkle Ringe unter den Augen, unrasiert, die Bewegungen fahrig und nervös.

»Bitte schön«, sagte er mit schleppender Stimme und machte die Tür frei, »das Haus ist voll. Und wie ich gehört habe, ist sogar schon eine ganze Armee eingetroffen, um nach Selina zu suchen. Damit ist ja wohl klar, dass selbst Sie nicht mehr daran glauben, meine Tochter könnte noch am Leben sein. Wie war das doch gleich noch, was haben Sie gestern gesagt: Geben Sie die Hoffnung nicht auf! Und kaum zwölf Stunden später rücken Sie hier ...«

»Ich möchte mich dafür entschuldigen«, unterbrach sie ihn und fühlte sich mies dabei, »aber ich hatte gehofft, ich könnte es Ihnen sagen, bevor ...«

»Bevor was? Bevor ich's von den andern hier höre? Wo ist der Unterschied?« Und als Durant nicht antwortete, fuhr er fort: »Sehen Sie, es gibt keinen. Ist im Prinzip doch auch egal, ob Sie's mir sagen oder irgendein dahergelaufener Penner. Jetzt gehen Sie schon rein, mich brauchen Sie doch sicherlich nicht dabei.«

»Wer ist alles da?«

»Drei Bekannte von meiner Frau. Die werten Damen des Reitclubs! Gesellen Sie sich dazu, ich geh nach oben, denn ich halte das dumme Geschwätz nicht mehr aus.«

»Kann ich Ihnen irgendwie helfen?«

Er hielt inne und sah Durant aus kurz aufflackernden Augen an. »Ja, finden Sie meine Tochter, und zwar lebendig. Das ist das Einzige, womit Sie mir helfen können. Auf alles andere pfeif ich.« Er ging nach oben, nahm seine Tochter Anna bei der Hand und mit ins Kinderzimmer, ein verzweifelter, gebrochener Mann, dessen letzter Funke Hoffnung von dem gerade beginnenden Einsatz zerstört worden war.

»Guten Tag«, sagte Julia Durant, bemüht, sich so unbefangen wie möglich zu geben. »Frau Kautz, Sie haben, wie ich vermute, auch schon mitbekommen …«

»Meinem Mann geht es sehr schlecht, Sie dürfen ihm nicht übel nehmen, was er gesagt hat. Er ist längst nicht so stark, wie es den Anschein hat, und er hat die ganze Nacht kein Auge zugemacht. Ich habe ja gestern schon gewusst, dass Selina tot ist. Und ich hatte einen wunderbaren Traum letzte Nacht.«

»Helga, bitte …«

»Emily, ich will nichts weiter dazu von dir hören. Ich will auch nicht, dass ihr mir Mut zusprecht. Ich werde darüber hinwegkommen, glaubt mir. Aber Selina wird nicht mehr zurückkehren. Sie wird nie mehr klingeln, weil sie ihren Schlüssel vergessen hat, sie wird nie mehr anrufen und mich bitten, sie von der Schule abzuholen. Sie wird nie mehr in ihr Zimmer gehen und die Musik laut stellen. Denn es gibt keine Selina mehr.« Sie machte eine Pause, sah Durant an und lächelte verklärt. »Sie denken jetzt vielleicht, ich hätte irgendwelche Tabletten genommen oder mich betrunken.« Sie schüttelte den Kopf. »Nein, weder das eine noch das andere. Ich hatte nur einen wunderbaren Traum, und ich weiß, dass es Selina gut geht. Und das ist meine Hoffnung. Es gibt ein Leben nach dem Tod, und wenn es ein Leben nach dem Tod gibt, dann sehe ich Selina wieder, irgendwann und irgendwo. Sie wird mich erwarten …«

»Frau Kautz …«

Sie winkte ab. »Lassen wir das für jetzt. Darf ich vorstellen, zu meiner Linken, das ist Frau Gerber, die Eigentümerin und Vorsitzende des Reiterhofs. Neben ihr Frau Kaufmann, Tierärztin, und zu meiner Rechten Frau Malkow, zweite Vorsitzende und Voltigiertrainerin und, ja, Helena, man kann doch sagen, dass dir ein Großteil von Okriftel gehört, ich meine damit Häuser und Grundstücke. Oder habe ich jetzt ein Geheimnis verraten? Nun, sei's drum, Frau Malkow und Frau Kaufmann haben Selina jedenfalls gezeigt, wie man richtig mit Pferden umgeht. Stimmt doch, oder? Nun gut, und diese Dame ist Hauptkommissarin Durant von der Kripo Frankfurt. Damit wäre das Kaffeekränzchen eröffnet.«

Julia Durant ging nicht näher auf den Zynismus ein, der Helga Kautz half, diese für sie so qualvollen und nervenaufreibenden Stunden der Ungewissheit zu überstehen, und sagte: »Frau Kautz, dürfte ich Sie bitte einen Augenblick unter vier Augen sprechen?«

»Aber natürlich, gehen wir einfach nach hinten in die Bibliothek, dort sind wir ungestört.«

»Nein«, entgegnete Emily Gerber schnell, »wir sollten gehen. Wäre es nicht vielleicht doch besser, wenn Andreas mal nach dir sehen würde? Ich brauche bloß anzurufen, und er kommt sofort.«

»Ich brauche keinen Arzt«, erwiderte sie nur. »Sonja und Helena, seid mir nicht böse, aber ich wäre euch dankbar, wenn ihr mich mit Emily und Frau Durant allein lassen würdet.«

»Kein Problem«, sagte Sonja Kaufmann und gab Helena Mal-

113

kow ein Zeichen. Emily Gerber begleitete beide zur Tür und sagte leise: »Nehmt's ihr nicht übel, aber sie meint es nicht so. Wir sehen uns später.«

»Wir nehmen überhaupt nichts übel«, erwiderte Helena Malkow verständnisvoll. »Aber sollte Selina tatsächlich … Du weißt schon, was ich meine, dann möchte ich als Erste diesen Dreckskerl in die Finger kriegen. Ich reiß ihm persönlich die Eier raus und stopf sie ihm ins Maul, das schwöre ich dir.« Ihr Gesichtsausdruck wirkte überaus entschlossen, in ihren Augen war wieder dieses Glühen, das Emily Gerber schon des Öfteren bei ihr gesehen hatte, ihre Nasenflügel bebten wie die Nüstern eines aufgeregten Pferdes.

»Schon gut, bis nachher. Ich habe allerdings nicht viel Zeit, ich muss mal ein bisschen kürzer treten.«

»Kürzer treten?«, fragte Sonja Kaufmann neugierig. »Was ist passiert?«

»Das ist eine rein persönliche Entscheidung«, erwiderte Emily Gerber in einem Ton, der keine weiteren Fragen zuließ.

»Wir sind schon weg. Tschüüüis.«

Emily Gerber wollte gerade die Tür schließen, als Hellmer sich mit schnellen Schritten dem Haus näherte.

»Moment, Moment, ich möchte bitte auch rein.«

»Wenn Sie von der Presse sind, können Sie gleich wieder verschwinden«, sagte sie kühl und abweisend.

»Ich bin nicht von der Presse …«

»Und wer sind Sie dann, wenn ich fragen darf?«

»Sie dürfen. Hellmer, Kripo Frankfurt. Meine Kollegin ist glaub ich schon drin«, sagte er und hielt ihr seinen Ausweis hin. »Ich wohne übrigens gleich dort vorne.«

»Interessant«, erwiderte sie mit neckischem Augenaufschlag. »Sind wir uns schon mal begegnet?«

»Keine Ahnung, höchstens beim Penny oder HL, vielleicht auch beim Aldi. Und mit wem habe ich das Vergnügen?«

»Gerber, Emily Gerber.«

»Gerber? Sind Sie etwa mit Dr. Gerber verwandt?«

»Verwandt nicht unbedingt, ich bin seine Frau.«

»Angenehm«, sagte Hellmer und reichte ihr die Hand. »Ihr Mann ist unser Hausarzt. Es freut mich, auch mal seine bessere Hälfte kennen zu lernen.«

»Und Frau Durant ist also Ihre Kollegin. Sie unterhält sich gerade mit Frau Kautz.«

Sie gingen ins Haus, vernahmen die leisen Stimmen von Helga Kautz und Julia Durant, verstanden aber nicht, was gesprochen wurde.

»Darf ich Ihnen etwas zu trinken anbieten?«, fragte Emily Gerber.

»Ist das hier Ihr zweites Zuhause?«

»Nicht ganz. Helga, ich meine Frau Kautz, ist meine beste Freundin.«

»Wenn das so ist, nehme ich gerne ein Glas Wasser.«

Sie holte eine Flasche und zwei Gläser aus der Küche, stellte eines vor Hellmer, schenkte die Gläser voll, setzte sich ihm gegenüber auf die Couch und lehnte sich zurück. Hellmer betrachtete sie einen Moment. Er konnte sich nicht erinnern, sie je zuvor gesehen zu haben, sie wäre ihm mit Sicherheit aufgefallen. Eine sehr attraktive Frau, der eine gewisse Laszivität nicht abzusprechen war, ganz gleich, ob sie etwas sagte oder sich bewegte oder ihn anschaute. Sie sah wesentlich jünger aus als ihr Mann. Hellmer schätzte sie auf höchstens dreißig, und Gerber war bestimmt Mitte vierzig. Ein eher ungleiches Paar, wovon es jedoch mittlerweile immer mehr gab.

Emily Gerber trug eine hellblaue, kurzärmlige, leicht ausgeschnittene Bluse auf der nackten Haut, eine ebenfalls hellblaue, verwaschene Jeans und Leinenturnschuhe an ihren Füßen. Eine dünne Goldkette um den Hals, dezente Ohrringe, ein Armband, ein Fußkettchen, einen Ehering und einen ebenfalls dezenten Brillantring an der linken Hand. Ihre Haut war leicht gebräunt, bis auf die Lippen war sie ungeschminkt, aber ein Gesicht wie das ihre brauchte kein Make-up. Und sie duftete verführerisch nach einem Sommerparfüm, leicht und wie geschaffen für sie.

»Wie ist denn der Stand der Ermittlungen?«, fragte sie neugierig nach einer Pause, nachdem Hellmer einen Schluck getrunken hatte, sichtlich amüsiert über Hellmers eindeutige Blicke.

»Es gibt keinen Ermittlungsstand, wir befinden uns noch ganz am Anfang. Aber wenn Sie die Frau von Dr. Gerber sind, dann gehört Ihnen doch einer der Reiterhöfe in Eddersheim, wenn ich recht informiert bin.«

»Richtig. Mein Vater hat ihn mir zur Geburt unseres zweiten Kindes vermacht. Und Selina ist Mitglied bei uns. Ich hoffe, ich muss nicht sagen, sie war Mitglied, auch wenn jeder in diesem Haus inzwischen davon ausgeht, dass sie nicht mehr lebt. Ich spreche aber erst dann in der Vergangenheit, wenn man ihre Leiche gefunden hat. Ich denke positiv und sage immer, das Glas ist halb voll, obwohl das manchmal sicher töricht ist«, meinte sie lächelnd, wobei Hellmer die beiden Grübchen auffielen, die sich neben den Mundwinkeln bildeten.

»Nicht unbedingt. Nur sprechen leider die Fakten im Moment eine andere Sprache.«

»Sie sind also auch überzeugt, dass Selina tot ist«, sagte sie, mit einem Mal ernst geworden. »Liegt dieser Pessimismus an Ihrem Beruf, oder sind die Fakten tatsächlich so eindeutig?«

»Darüber darf ich Ihnen leider keine Auskunft geben. Momentan durchkämmt eine Hundertschaft das gesamte umliegende Gelände.«

»Ich weiß. So was spricht sich hier mit Lichtgeschwindigkeit rum. Ich glaube, die meisten hier wussten das schon, bevor die ersten Polizisten eingetroffen sind. Und die Leute reden ja schon von gar nichts anderem mehr. Es dreht sich nur noch um Selina. Ich möchte aber nicht wissen, was in ihren Köpfen wirklich vorgeht.«

»Ich schon. Dürfte ich Ihnen ein paar Fragen stellen, bis meine Kollegin wiederkommt?«

Sie warf ihm erneut einen dieser leicht spöttischen Blicke zu und neigte den Kopf ein wenig zur Seite. »Fragen Sie.«

»Sie waren sicher eine der letzten Personen, die Selina am Mittwoch gesehen hat, nehme ich zumindest an. Erzählen Sie mir etwas über sie.«

»Was soll ich Ihnen erzählen, was Sie nicht schon längst wissen? Wenn Sie vielleicht etwas konkreter werden könnten.«

»Seit wann kennen Sie Selina?«

»Seit sie geboren wurde, mein Mann ist ihr Taufpate.«

»Entschuldigen Sie, wenn ich jetzt etwas persönlicher werde, aber wie lange sind Sie verheiratet?«

Wieder dieses spöttische Aufblitzen in ihren Augen, das sie unnahbar und gleichzeitig anziehend machte. »Seit vierzehn Jahren. Ich war achtzehn, als wir geheiratet haben. Und wir sind noch immer zusammen, eigentlich eine Sensation in unserer heutigen schnelllebigen Zeit, finden Sie nicht?«

»Da mögen Sie Recht haben. Und Sie haben es nie bereut?«

»Ist das wichtig für Ihre Ermittlungen?«

»Nein, natürlich nicht. Entschuldigen Sie, ich wollte nicht indiskret erscheinen. Kommen wir auf Selina zurück. Wir haben die Aussage ihrer Eltern, aber mich würde auch interessieren, was für ein Mädchen sie in Ihren Augen ist.«

»Hochintelligent, sehr sensibel in allen Bereichen, sehr musisch, feinfühlig, sie hat ein hohes moralisches Empfinden, sie ist eher etwas zurückhaltend, das heißt, es dauert eine Weile, bevor sie jemanden an sich heranlässt. Es gibt etliche in unserem Reitclub, zu denen Selina nie einen engeren Kontakt aufnehmen würde.« Sie überlegte, schürzte dann die Lippen, bevor sie weitersprach: »Na ja, insgesamt gesehen ist Selina eine junge Dame, die sehr genau weiß, was sie will. Und um es auf den Punkt zu bringen, sie unterscheidet sich sehr von andern Mädchen ihres Alters. Sollte sie tatsächlich tot sein, so wäre das für viele, die sie kannten, ein herber Verlust und sicher auch ein großer Schock. Deshalb hoffe ich inständig, dass sie noch lebt.« Sie hielt inne und blickte zu Boden, während Hellmer sie betrachtete. »Mein Mann und Peter waren schon als junge Männer im selben Sportverein, mein Mann als Trainer und Spieler, Peter hat nur gespielt. Tischtennis, falls es Sie interessiert. Und mein Mann war Trauzeuge bei ihrer Hochzeit, Peter bei unserer.«

»Und wie kam Selina zum Reiten?«

»Wie oder wann?«

»Wie.«

»Ich habe sie ein paarmal mit auf den Hof genommen. Anfangs hatte sie Angst vor den großen Tieren, aber sie hat diese Angst sehr rasch abgelegt. Pferde sind gar nicht so problematisch, wie viele meinen. Sie sind im Grunde sehr liebenswürdig, vorausgesetzt, sie werden entsprechend behandelt. Nachdem sie Vertrauen gefasst hatte, ging es bei Selina ganz schnell. Sie war gar nicht mehr vom Pferd runterzukriegen. Und vor drei Jahren hat sie dann ein eigenes bekommen, einen Hannoveraner. Ein ausgesprochen schönes Pferd, allerdings auch ausgesprochen teuer. Aber Sie sehen ja selbst«, sie deutete um sich, »Geld spielt hier keine Rolle. Sie hat es Chopin genannt, weil sie gerne Klavier spielt, vor allem Stücke von Chopin. Sie kümmert sich wirklich aufopferungsvoll um ihr Pferd, was längst nicht bei allen unseren Mitgliedern der Fall ist. Sie hat, bis auf wenige Ausnahmen, die komplette Pflege selbst übernommen, was viele Mitglieder lieber unserm Stallburschen überlassen. Einige sehen in einem Pferd einen Freund, andere lediglich einen Gebrauchsgegenstand, den sie aus dem Stall holen, wenn sie mal wieder Lust zum Reiten haben. Es ist sehr unterschiedlich. Man kann im Übrigen sehr viel über die Menschen lernen, wenn man beobachtet, wie sie mit den Tieren umgehen. Bei einigen würde ich manchmal am liebsten dazwischenhauen, wenn ich sehe, wie sie ihre Pferde behandeln. Doch es sind leider fast immer diejenigen, die dem Hof das meiste Geld bringen. Und einen solchen Hof zu unterhalten, ist sehr aufwendig. Ich meine, es geht uns nicht schlecht, ganz im Gegenteil, aber manche dieser Kotzbrocken gehen mir einfach auf den Geist. Entschuldigen Sie meine Ausdrucksweise, doch so fühle ich nun mal.«

»Und es sind alles Leute von hier?«

»Wenn Sie Frankfurt, Königstein, Glashütten, Hofheim und natürlich auch Flörsheim und Hattersheim mit hier meinen, dann ja. Wir haben ein sehr großes Einzugsgebiet. Kommen Sie doch einfach mal vorbei und schauen Sie sich um. Vielleicht kriegen Sie ja Lust auf mehr.«

»Mal sehen. Aber meine Frau könnte es interessieren.«

Julia Durant und Helga Kautz kamen aus der Bibliothek. Die Kommissarin sagte: »Ich geh nach oben, in Selinas Zimmer.«

»Brauchst du meine Hilfe?«, fragte Hellmer.

»Das schaff ich schon alleine.«

»Sie haben eine sehr attraktive Kollegin«, meinte Emily Gerber mit einem anzüglichen Lächeln. »Wird Ihre Frau da nicht eifersüchtig?«

»Sie sind beste Freundinnen«, antwortete Hellmer grinsend.

»Ich kenne einige Fälle, wo der Mann die Frau mit der besten Freundin betrogen hat ...«

»Oder die Frau den Mann mit dessen bestem Freund«, konterte Hellmer.

»Auch wahr. Wo waren wir gleich stehen geblieben?«

»Dass ich vielleicht mal auf den Hof komme. Aber noch einmal zurück zu Selina. Haben Sie bei ihr in letzter Zeit eine Veränderung festgestellt?«

»Nein, sie war wie immer.«

»Und vorgestern ist auch nichts Außergewöhnliches auf dem Hof vorgefallen?«

»Du meine Güte, nein. Die Mädchen und wir, ich meine Frau Kaufmann und Frau Malkow, wir haben uns noch einmal über die Frankreichfahrt unterhalten, was für alle ein unvergessliches Erlebnis war, auch wenn ich schon zehnmal dort war, aber ich kann davon einfach nicht genug bekommen. Es ist eine einzigartige Landschaft.«

»Danke, Frau Gerber, das war's schon. Meine Kollegin und ich werden ganz sicher in den nächsten Tagen bei Ihnen vorbeischauen. Rein dienstlich, versteht sich.«

»Sie sind herzlich eingeladen.«

Julia Durant saß auf dem Fußboden und hatte etwa die Hälfte der Schulhefte durchgeblättert, doch in keinem von ihnen fand sich bis jetzt auch nur eine Zeile, die nichts mit der Schule zu tun hatte. Hellmer kam ins Zimmer und sagte: »Noch keinen Erfolg gehabt?«

»Siehst du doch«, antwortete sie kurz angebunden. »Du kannst mir übrigens doch ein bisschen zur Hand gehen. Ich hätte nie für möglich gehalten, dass man heute so viele Schulhefte braucht. Hier, nimm die«, sagte sie und reichte ihm fünf Hefte. »Vielleicht hast du ja mehr Glück.« Und nach einer kurzen Pause: »Und was hat die junge Dame so gesagt?«

»Nichts, was wir nicht schon wüssten.«

»Sie ist verdammt hübsch«, meinte sie ohne aufzublicken, während sie ein Erdkundeheft in der Hand hielt.

»Stimmt. Nicht gerade die Frau, die man von der Bettkante stößt.«

»Ich sag nur Nadine …«

»Du kennst das doch, Männer sind seit jeher Jäger und Sammler. Aber um dich zu beruhigen, sie ist die Frau unseres Hausarztes. Und mit dem will ich's mir nun wirklich nicht verderben. Er ist nämlich ein ausgesprochen fähiger Arzt mit sehr ungewöhnlichen Behandlungsmethoden. Außerdem findet sie dich auch sehr attraktiv.«

»Und wenn sie irgendeine Unbekannte wäre?«

»Keine Ahnung«, antwortete er mit undefinierbarem Grinsen und setzte sich neben sie auf den Boden.

»Arschloch. Warum müsst ihr Männer eigentlich immer nach fremden Röcken schauen? Kannst du mir das mal verraten?«, fragte sie und nahm ein anderes Heft vom Boden auf.

»Hab ich doch schon gesagt, es ist der Jagdtrieb«, antwortete Hellmer immer noch grinsend. »Der pure Jagdtrieb, dieses animalische Verhalten, grrrrrrrr…«

»Ja, ja, du Tier. Jetzt mach schon, ich will, dass wir hier bald fertig werden.«

»Du bist doch nicht etwa eingeschnappt?«

»Nein, verdammt noch mal, ich will wirklich nur endlich wenigstens einen Anhaltspunkt finden. Was in deinem verrückten Schädel vorgeht, interessiert mich nicht.«

»Schon gut, schon gut, ich sag ja nichts mehr.«

Er schlug ein Physikheft aus dem zweiten Halbjahr auf, blätterte die erste Seite um, kniff, nachdem er ein paar Seiten gelesen hatte, die Augen zusammen und sagte in seiner typisch trockenen Art: »Hier, vielleicht suchst du ja das.«

Julia Durant beugte sich zu Hellmer hinüber und las. »Hab Schluss gemacht. Aus und vorbei. Fini. Keine Lust mehr auf kleine Jungs, die noch nichts von Liebe wissen. Sorry, Dennis, but that's life and love. Farewell oder wie die Franzosen sagen adieu und nicht au revoir.«

»Das ist es«, sagte Julia Durant und riss ihm das Heft aus der Hand. »Du hast es gefunden, gratuliere … Du meine Güte, da steht ja alles Mögliche drin, nur nichts über Physik. Der erste Eintrag ist vom 7. Mai. Schauen wir doch mal, was das liebe Mädchen noch so alles geschrieben hat. Belanglos … Belanglos … Belanglos … Aber hier, 15. Mai: »He knows what love is, better than anyone else in the world. Ich hätte nicht gedacht, mich jemals so gut zu fühlen. Aber leider darf niemand etwas davon erfahren. If my parents knew, they would … The bad thing however is that he's married, aber ich weiß natürlich auch, that a man like him won't leave such a beautiful woman, dazu habe ich schon zu viele Filme gesehen. Und selbst wenn er es mir versprechen würde, I would not believe him. Trotzdem ist es ein herrliches Gefühl. Love is a beautiful thing. Oh yes, it is. It's wonderful, it's great, it's marvellous. The greatest thing on earth and in the whole universe. I love you, my dear, I love you. God bless you! J'aime l'amour. Je t'aime, mon cher!«

Sie blätterte hektisch weiter, doch die Einträge ähnelten sich. Es war fast immer nur von der großen Liebe die Rede. Dann hörten die Eintragungen mit dem Datum vom Dienstag auf. Und jeder Eintrag war dreisprachig verfasst.

»Du meine Güte«, stieß Durant hervor und sah Hellmer entgeistert an, »sie hatte oder hat immer noch eine Affäre mit einem verheirateten Mann.« Sie fuhr mit einer Hand über die Stirn und schloss für einen Moment die Augen. »Das müssen wir geheim halten, unter allen Umständen. Könnte es sein, dass sie mit diesem Mann ...« Sie stockte und schüttelte den Kopf. »Das wäre nicht auszudenken. Frank, stell dir vor, sie und dieser Typ sind durchgebrannt. Wir setzen hier Himmel und Hölle in Bewegung, und in Wirklichkeit vergnügt sie sich irgendwo mit einem verheirateten Kerl ...« Sie fasste sich mit zwei Fingern an die Nasenwurzel und überlegte.

»Julia, wir müssen es den Eltern mitteilen. Sie denken, Selina ist tot, dabei ist sie höchstwahrscheinlich abgehauen. Wir dürfen es nicht geheim halten, hörst du, wir dürfen es nicht.«

»Du magst ja Recht haben. Ich stelle mir nur vor, wir berichten ihnen von unserem Fund, und dann kommt plötzlich doch jemand mit der bösen Nachricht ...«

»Es kommt niemand mit einer bösen Nachricht, glaub mir«, versuchte Hellmer sie zu beruhigen. »Hier, dieses Tagebuch ist ein Beweisstück. Sie hat alles dokumentiert ...«

»Nur den Namen hat sie nicht genannt. Logisch«, stieß sie ironisch hervor, »es hätte ja immerhin sein können, dass doch mal einer zufällig in diesem Wust von Heften stöbert. Wer ist dieser große Unbekannte, der eine tolle Frau hat, von der er sich, wie Selina genau weiß, nie scheiden lassen wird? Und wohin sind sie abgetaucht?«

»Das werden wir über kurz oder lang herausfinden.«

»Und wenn sie Selbstmord begangen haben? Wenn sie gemeinsam Hand in Hand in den Tod gegangen sind?«, fragte Durant nachdenklich. »So was hat es nicht nur einmal in der Vergangenheit gegeben.«

»Du vermutest immer gleich das Schlimmste. Denk positiv ...«

»Ich scheiß auf dieses Positiv-Denken-Gequatsche! Ich versuche, alle Möglichkeiten durchzuspielen, nicht mehr und nicht weniger. Möglichkeit eins: Sie sind einfach abgehauen und tauchen irgendwann und irgendwo wieder auf. Das wäre für mich die erfreulichste Lösung. Möglichkeit zwei: Sie sind abgehauen, und man erhält nie wieder ein Lebenszeichen von ihnen. Könnte ich auch noch akzeptieren. Möglichkeit drei: Abgehauen und gemeinsam in den Tod gegangen, weil sie wie Romeo und Julia keinen anderen Ausweg sahen. Und dann bleibt noch Möglichkeit Nummer vier: Selina ist einem Mörder in die Hände gefallen. Jemand, der ihr die große Liebe vorgegaukelt hat, jemand, dem sie blind vertraut hat, aber auch jemand, dem das alles mit der Zeit viel zu lästig wurde und er deshalb nur einen Ausweg aus seinem Dilemma sah – er musste sie loswerden. Vielleicht hat Selina angefangen, zu große Ansprüche zu stellen, vielleicht hat sie, allen Eintragungen zum Trotz, etwas von ihm gefordert, das er unmöglich erfüllen konnte. Und dann ist bei ihm eine Sicherung durchgeknallt. Sie ist ein junges Mädchen, und wenn es auch so aussieht, dass sie zumindest geistig und emotional reifer ist als die meisten andern Mädchen in ihrem Alter, so scheint sie ihm doch verfallen zu sein. Oder anders ausgedrückt, sie ist ihm hörig. Der erste Mann in ihrem Leben, der erste, der ihr gezeigt hat, wie schön Sex sein kann, und der für sie wie ein Gott ist. Sie war oder ist einfach zu verliebt und war oder ist ihm offenbar bedingungslos ergeben. Er sagt, spring, und sie springt. Wahrscheinlich braucht er sie nur zum Bumsen, ein älterer Mann, der gerne ein junges, hübsches, knackiges Mädchen besteigt. Und wenn sie ihm zu viel wird – Feierabend.«

»Und wenn er sie doch liebt? Ich spreche jetzt mal als Mann und stelle mir vor, ich lebe in einer unglücklichen Beziehung ...«

»Er lebt aber nicht in einer unglücklichen Beziehung, zumindest steht nichts davon in dem Heft ...«

»Lass mich doch einfach mal ausreden, bitte. Er lebt in einer für ihn unbefriedigenden Beziehung, er hat eine hübsche Frau, die aber vielleicht nicht seine Bedürfnisse oder seine Triebe befriedigt oder befriedigen kann, aus welchen Gründen auch immer. Mit einem Mal kommt ein junges Mädchen daher, hübsch und knackig dazu, um deine Worte zu gebrauchen, und zwischen den beiden macht es peng. Sie landen im Bett, und er merkt, wie schön es ist, Sex mit jemandem zu haben, der vorbehaltlos alles mitmacht. Er zeigt ihr, wie es geht, und sie macht mit. Und dann wird Liebe daraus. Ich weiß, es hört sich pervers an, aber ich als Mann kann mich in eine solche Situation hineinversetzen.«

Julia Durant schüttelte verständnislos den Kopf. »Sag mal, seid ihr Männer eigentlich alle schwanzgesteuert? Oder was geht da in euch vor?«

»Julia, ich spreche doch nicht von mir. Ich, Frank Hellmer, könnte und würde niemals mit einer Fünfzehnjährigen etwas anfangen. Selbst wenn ich allein leben würde, sie wäre mir zu jung. Ich brauche jemanden mit einer gewissen Lebenserfahrung und nicht nur fürs Bett ... O Scheiße, Mann, warum muss ich mich eigentlich vor dir rechtfertigen?!«

»Tschuldigung, war nicht gegen dich gerichtet.«

»Trotzdem kann ich mich in ihn hineinversetzen, weil ich ein Mann bin. Kannst du nicht wenigstens versuchen, das zu verstehen?«

»Ich versuche es ja, aber es ist schwer, verdammt schwer sogar. Ein erwachsener, verheirateter Mann und ein halbes Kind ...«

»Sie ist kein halbes Kind mehr, das sagen sogar ihre Eltern und Frau Gerber. Und das ist wahrscheinlich genau das, was ihn so an ihr gereizt hat und sicher immer noch reizt. Dass sie eben ihrer Zeit ein ganzes Stück voraus ist. Dass sie keins von diesen jungen Dingern ist, die noch ziellos durchs Leben irren, sich auf Partys rumtreiben, alle paar Wochen einen neuen Freund haben und alles

Mögliche ausprobieren, bis sie endlich merken, was sie eigentlich wollen. Ich schließe deshalb völlig aus, dass unser Unbekannter irgendwelche pädophilen Neigungen hat. Schau dir das Foto von Selina an, sie hat allein schon vom Äußeren her alles, was eine Frau ausmacht. Und wenn sie wirklich so intelligent ist, wie alle behaupten, dann hat er in ihr sogar auch noch eine gute Gesprächspartnerin. Nimm einfach nur mal an, seine Frau ist zwar hübsch, aber strunzdumm. Damit hätten wir sogar schon zwei Gründe, weshalb er etwas mit Selina angefangen hat.«

Julia Durant überlegte, fuhr sich mit der Zunge über die Unterlippe und sah Hellmer an. »Okay, großer Meister, alles schön und gut und auch nachvollziehbar. Aber jetzt will ich dir mal sagen, was mir gerade eben eingefallen ist. Selina wurde als vermisst gemeldet. Richtig?«

»Und?«

»Na ja, sollte Selina tatsächlich mit einem verheirateten Mann durchgebrannt sein, weshalb haben wir dann bis jetzt keine zweite Vermisstenmeldung? In seiner Ehe scheint doch so weit alles in Ordnung gewesen zu sein, bis auf ein paar Punkte, die ihn möglicherweise gestört haben. Aber warum hat seine Frau sich bis jetzt nicht bei der Polizei gemeldet? Immerhin müsste er ja auch seit Mittwochabend verschwunden sein.«

»Vielleicht ist seine Frau verreist, und er hat die Gelegenheit genutzt, sich klammheimlich mit Selina aus dem Staub zu machen.«

»Zu weit hergeholt. Außerdem müsste er über einen Batzen Geld verfügen, sollte er wirklich vorhaben, mit Selina ein neues Leben zu beginnen.«

»Leute mit Geld gibt es in dieser Gegend mehr als genug«, konterte Hellmer gelassen.

Julia Durant sah ihn ernst an, kramte in ihrer Tasche und wollte sich eine Zigarette herausholen, als ihr einfiel, dass sie sich in einem rauchfreien Haus befand. Sie war nervös, etwas sagte ihr, dass Hellmers Ausführungen zwar Hand und Fuß hatten, er aber dennoch Unrecht hatte. »Diese Zufälligkeiten sind mir einfach zu viele. Zugegeben, Selina hütete ein großes Geheimnis. Kein Wunder. Sie hat zwar mit ihrer Mutter über alles gesprochen, aber das wäre doch des Guten zu viel gewesen. Aber sollte sie mit diesem Typ durchgebrannt sein, dann hätten sie sich ins Ausland absetzen müssen. Sie hätte einen richtigen Ausweis oder sogar Pass gebraucht, auf dem steht, dass sie mindestens sechzehn ist, also ein gefälschtes Papier. Aber mit fünfzehn hast du noch einen Kinderausweis und keinen Reisepass. Das würde bedeuten, die ganze Planung hat schon vor Wochen, wenn nicht sogar Monaten begonnen. Und mit was sind sie unterwegs? Mit einem Auto, mit dem Flugzeug, mit der Bahn? Was tun sie im Ausland, oder besser gesagt, was tut er im Ausland? Arbeiten? Als was kann man im Ausland Geld verdienen? Welches Land ist sicher genug, dass man nicht gefunden wird? Ich glaube, ein Mann, der viel Geld hat, eine gewisse Lebenserfahrung dazu, ist zu clever, um das alles nicht bedacht zu haben. Er weiß genau, dass man ihn und Selina früher oder später finden wird … Frank, ich kann mich auch täuschen, und du kannst mich jetzt steinigen, aber ich glaube nicht, dass Selina noch am Leben ist. Frag mich nicht, warum ich das glaube, es ist einfach nur ein Gefühl. Und ganz gleich, wie verliebt sie ist oder war, sie wäre nicht abgehauen, das hätte bei ihr gegen alle Regeln der Vernunft verstoßen, vor allem, weil sie eine solch starke Bindung zu ihren Eltern und Geschwistern hat. Ich halte es zwar durchaus für möglich, dass die beiden gemeinsam in den Tod gegangen sind, andererseits warte ich noch darauf, dass ein Mann als vermisst gemeldet wird. Außerdem, warum erwähnt sie in ihrem Tagebuch mit keinem Wort, dass sie vorhat, mit ihrem Geliebten durchzubrennen? Frank, das ergibt einfach keinen Sinn. Trotzdem werden wir jetzt die Eltern informieren, aber ich möchte nicht wissen, wie groß der Schock ist, wenn Selina tatsächlich tot ist. Erst machen wir ihnen Hoffnung und dann … Nicht auszudenken!«

Hellmer fuhr sich durchs Haar, sein Blick drückte Ratlosigkeit aus. »Okay, ich gebe mich fürs Erste geschlagen. Bringen wir's hinter uns. Es ist und bleibt ein Scheißspiel. Ich weiß inzwischen auch nicht mehr, was ich denken soll. Ich halte meine Vermutungen für logisch, deine aber auch.«

»Ich hoffe, du hast Recht«, sagte Julia Durant und legte eine Hand auf Hellmers Schulter. »Ich hoffe es wirklich. Ich möchte nicht Recht behalten.«

»Gehen wir nach unten. Wir nehmen alle Hefte mit ins Präsidium, vielleicht finden wir noch mehr, vielleicht sogar einen Namen.«

Es war mittlerweile halb eins, als sie zurück ins Wohnzimmer kamen. Helga Kautz und Emily Gerber saßen auf der Terrasse und drehten sich gleichzeitig um, als sie Durant und Hellmer kommen hörten.

»Sie waren aber lange in Selinas Zimmer«, sagte Helga Kautz, die immer noch erstaunlich gefasst wirkte. »Haben Sie gefunden, wonach Sie gesucht haben?«

»Würden Sie bitte ins Haus kommen? Es muss nicht gleich die ganze Nachbarschaft mithören.«

»Natürlich.«

»Wir würden gerne unter acht Augen mit Ihnen sprechen, es sei denn, Sie möchten, dass Frau Gerber bei dem Gespräch anwesend ist. Ihr Mann sollte allerdings dabei sein. Können Sie ihn bitte holen.«

»Frau Gerber kann von mir aus bleiben«, sagte Helga Kautz.

»Schon gut, ich wollte sowieso gehen«, erwiderte Emily Gerber und erhob sich. »Wenn irgendwas ist, ruf mich an.« Sie sah den Stoß Hefte und die Ringordner, die Hellmer unter dem Arm hielt, gab jedoch keinen Kommentar ab, obgleich ihr die Neugierde deutlich ins Gesicht geschrieben stand.

»Mach ich. Und danke für alles. Würdest du vorher bitte Peter Bescheid sagen, dass er runterkommen soll?«

»Klar. Und Kopf hoch.«

»Was wollen Sie mit den Schulheften von Selina?«, fragte Helga Kautz stirnrunzelnd.

»Das besprechen wir gleich, sobald Ihr Mann bei uns ist.«

Peter Kautz kam ins Wohnzimmer und setzte sich wortlos neben seine Frau.

»Um es kurz zu machen, wir haben unter den Schulheften eins gefunden, das sie mehr oder weniger als Tagebuch benutzt hat.« Julia Durant zögerte, bevor sie weitersprach, sie musste sich die Worte erst zurechtlegen. »Hatten Sie irgendwann in den vergangenen zwei bis drei Monaten das Gefühl, dass ein Mann im Leben Ihrer Tochter eine besondere Rolle spielte oder immer noch spielt?«

Helga Kautz schüttelte angesichts dieser Frage ratlos den Kopf. »Bitte was? Wie kommen Sie denn darauf? Steht das etwa da drin?«

Durant nickte. »Ja. Wir müssen in Betracht ziehen, dass Selina mit diesem Mann, wie es so schön heißt, durchgebrannt ist …«

»Selina und ein Mann? Schreibt sie, wer der Mann ist?«, fragte Helga Kautz sichtlich erregt.

»Nein, sie nennt den Namen nicht. Wir wissen nur, dass es sich um einen verheirateten Mann handelt.«

Helga Kautz wurde mit einem Mal kalkweiß, während ihr Mann fassungslos erst Hellmer und dann Durant ansah. »Sagen Sie das noch einmal. Selina hat etwas mit einem verheirateten Mann? Das kann nicht sein, das hätte ich doch gemerkt.« Sie sprang auf, entfernte sich ein paar Meter und stellte sich mit dem Rücken zu den Beamten, die Arme vor der Brust verschränkt. Sie zitterte.

»Darf ich die Notizen sehen?«, fragte Peter Kautz mit belegter Stimme.

»Selbstverständlich.« Julia Durant gab ihm das Heft.

Er las, sein Gesichtsausdruck versteinerte sich von Seite zu Seite mehr. Er schluckte schwer und reichte Durant das Heft zurück.

»Mein Gott, warum hat sie nie darüber gesprochen? Mit uns kann man doch über alles reden, wir haben unsere Kinder nie geschlagen, wir haben sie nicht einmal verbal misshandelt oder unter Druck gesetzt. Sie hat doch alles, was sie braucht. Ich verstehe es nicht, ich kann es einfach nicht verstehen.«

Helga Kautz drehte sich um, Tränen in den Augen. Sie nahm ein Taschentuch vom Tisch, schnäuzte sich und sagte: »Mein Kind lebt also doch noch. Aber wo ist sie?«

»Frau Kautz, hier drin steht nur, dass sie ein Verhältnis mit einem verheirateten Mann hat. Hier drin ist aber nichts vermerkt, dass sie mit ihm weggehen wollte. Und das gibt uns zu denken.«

»Was meinen Sie damit?«

»Bitte, ich möchte jetzt keine Vermutungen anstellen, es ist einfach alles möglich.«

»Wer ist das verfluchte Dreckschwein?«, stieß Peter Kautz hervor und sprang auf. »Welches verfluchte Dreckschwein hat meine Tochter verführt? Ich bring diesen Schweinehund um, ich bring ihn um!«

»Herr Kautz, ich kann Ihre Erregung verstehen, doch ganz gleich, wer es ist, wir werden uns um ihn kümmern.«

»Aber sollte ich ihn vor Ihnen in die Finger kriegen, dann garantiere ich für nichts! Und wenn ich das ganze Zimmer auf den Kopf stelle, ich finde einen Hinweis auf ihn …«

»Herr Kautz, ich muss Ihnen leider sagen, dass Sie das Zimmer Ihrer Tochter vorläufig nicht betreten dürfen. Wir werden ein Polizeisiegel anbringen und es von unseren Spezialisten untersuchen lassen. Und sollten Sie dennoch das Zimmer betreten, machen Sie sich strafbar. Die Ermittlungen führen wir«, sagte Julia Durant mit unnachgiebiger Stimme.

»Sie wollen mir verbieten, das Zimmer meiner Tochter zu betreten?!«, schrie er sie an. »Für was halten Sie sich eigentlich?! Ist das mein Haus oder Ihres?«

»Ich weiß, wie Ihnen zumute ist, glauben Sie mir«, entgegnete Durant ruhig, »aber es ist besser, wenn Sie alles weitere uns überlassen.«

»Sie wissen, wie mir zumute ist?«, sagte er mit gefährlich leiser Stimme und stützte sich mit beiden Händen auf den Tisch. »Sie wissen das wirklich? Haben Sie eigentlich eine Tochter? Haben Sie überhaupt Kinder?«

»Herr Kautz, ich arbeite seit über zehn Jahren bei der Kripo und habe es nicht zum ersten Mal mit einem solchen Fall zu tun. Wir werden versuchen, Ihre Tochter zu finden, aber das geht nur, wenn Sie sich kooperativ verhalten. Wenn Sie jetzt anfangen, diese Nachricht für Ihren persönlichen Rachefeldzug zu benutzen, und vielleicht sogar anfangen, Personen zu verdächtigen, die mit dem Verschwinden von Selina rein gar nichts zu tun haben, richten Sie mehr Schaden an, als Sie sich im Moment vorstellen können. Außerdem würde es unsere Ermittlungen nur unnötig behindern. Es gibt noch keinen Verdächtigen, sollten Sie jedoch einen begründeten Verdacht haben, so teilen Sie uns den bitte mit, damit wir dem nachgehen können. Haben Sie einen Verdacht?«

Peter Kautz fasste sich ans unrasierte Kinn, sein Blick ging ins Leere. Er schüttelte den Kopf, setzte sich wieder und stützte ihn in die Hände. Seine Frau kam zu ihm und nahm ihn in den Arm.

»Ist gut«, sagte sie besänftigend und streichelte ihm über den Kopf. »Diese Ungewissheit ist furchtbar, ich weiß. Aber wir können doch nichts daran ändern.«

»Das ist ja das Schlimme«, schluchzte er, »dass wir so überhaupt nichts ändern können. Mit wem hat sie sich da bloß eingelassen? Mit wem bloß?«

»Ich weiß es doch auch nicht.«

»Sie kommt doch wieder, oder?« Er sah erst seine Frau, dann Durant hilfeflehend an. »Sagen Sie einfach, dass sie wiederkommt. Bitte, sagen Sie es!«

»Peter, keiner von uns kann es sagen. Wir müssen abwarten. Du bist doch sonst immer derjenige, der davon spricht, wie wichtig es ist, in jeder noch so kniffligen Situation gelassen zu bleiben.«

»Sagen Sie einfach, dass Sie glauben, dass Selina zurückkommt. Mehr will ich nicht hören. Bitte, bitte, bitte!!« Er schlug ein paarmal mit der Faust auf den Tisch, sprang erneut auf und tigerte ruhelos im Zimmer auf und ab, raufte sich die Haare und warf immer wieder einen Blick nach oben, als würde er Hilfe von dort erwarten. »Ich kann nicht mehr«, sagte er plötzlich, »ich glaube, ich verkrafte diese Ungewissheit nicht. Selina war doch …«

Julia Durant bewunderte die Ruhe, welche Helga Kautz bewahrte, die ihren Mann eine Weile beobachtete, wie er hinaus und über den Rasen lief, ein paar Blätter von einem Strauch abzupfte und dabei Unverständliches murmelte. Sie stand wortlos auf, ging zum Telefon und wählte eine Nummer. Sie sprach sehr leise und als sie wieder zurückkam, sagte sie zu Durant und Hellmer: »Ich habe Dr. Gerber angerufen. Ich kenne meinen Mann und habe Angst, dass er etwas Unbedachtes tut. Er kann manchmal sehr impulsiv sein.«

»Wie soll ich das verstehen?«, fragte Julia Durant.

»Nein, nicht was Sie jetzt denken. Seine Impulsivität spielt sich eher im beruflichen Bereich ab, wenn zum Beispiel etwas nicht gleich so klappt, wie er sich das vorstellt. Manche Dinge können ihm einfach nicht schnell genug gehen. Hier zu Hause ist er lammfromm und die Geduld in Person. Nur jetzt wird er mit einem Mal mit etwas konfrontiert, das er nicht kontrollieren kann. Und das macht ihn wahnsinnig. Deshalb habe ich Dr. Gerber gebeten, vorbeizuschauen.«

»Wie kommt es eigentlich, dass Sie so ruhig sind?«

Helga Kautz lachte leise auf. »Das ist nur äußerlich, Frau Durant. Hier drin«, sie klopfte sich auf den Brustkorb, »hier drin ist das reinste Chaos. Aber einer muss doch die Ruhe bewahren, zumindest nach außen hin. Außerdem hilft mir mein Glaube.«

»Sie sind religiös?«

»Wenn Sie das so bezeichnen möchten. Wir besuchen zumindest regelmäßig die Kirche.«

»Mein Vater ist beziehungsweise war Pastor in der Nähe von München.«

»Sie glauben also auch an Gott?«

»Ich glaube zumindest, dass es mehr gibt zwischen Himmel und Erde, als wir mit unserem kleinen Verstand erfassen können. Ist Selina eigentlich auch immer mit zur Kirche gegangen?«

»Ja, bis vor kurzem. Dann hat sie gesagt, sie müsse das alles überdenken, und ist zu Hause geblieben.«

»Ab wann ging sie nicht mehr mit?«

»Seit Mai etwa.«

»In welche Kirche gehen Sie denn, und wie lange sind Sie jedes Mal weg?«

»Wir sind vor vier Jahren zum Mormonismus übergetreten und sind sonntags immer drei Stunden in der Gemeinde, die Fahrtzeit eingerechnet sind wir etwa vier Stunden weg. Warum?«

»Was hat denn Selina gemacht, während Sie in der Kirche waren?«

»Sie war bei Freundinnen oder bei ihrem Pferd«, antwortete Helga Kautz langsam, die allmählich zu begreifen schien, weshalb Selina plötzlich nicht mehr mit in die Kirche kommen wollte. »Angeblich war sie dort.«

»Ihre Eintragungen fangen am 7. Mai an. Das war ein Dienstag.«

»Sie meinen, sie ist nicht mehr mitgekommen, weil sie diesen Mann kennen gelernt hat?«

»Gut möglich. Was machen eigentlich Ihre andern beiden Kinder?«

»Meine Mutter kommt heute Nachmittag und wird sich um sie kümmern. Vielleicht nimmt sie sie auch mit nach Königstein. Anna geht das alles natürlich gewaltig an die Nieren, Elias ist zum Glück noch zu klein, um zu begreifen. Ich muss ihnen auch gleich etwas zu essen machen. Wenn Sie noch warten, lernen Sie Dr. Gerber kennen, er wird in ein paar Minuten hier sein.«

Helga Kautz hatte es kaum ausgesprochen, als das Handy von Julia Durant klingelte. Sie nahm es aus ihrer Tasche und meldete sich.

»Hier Preibel, Polizei Hattersheim. Frau Durant?«

»Ja.«

»Ich habe eben mit Ihrem Vorgesetzten gesprochen, der mir Ihre Nummer gegeben hat. Wo sind Sie gerade?«, fragte er.

»Moment.« Sie stand auf und begab sich in den hinteren Teil des Wohnzimmers, wo sie ungestört reden konnte. »Was gibt's?«

»Ein paar Kinder haben etwas gefunden – am Main. Ich habe bereits vier Kollegen hingeschickt, möchte Sie aber bitten, sich das mal anzuschauen.«

»Was haben die Kinder gefunden?«, fragte sie und merkte, wie ihre Kehle trocken wurde und ihr Herzschlag sich beschleunigte.

»Ein großes verschnürtes Stoffbündel. Ich habe den Kollegen gesagt, dass sie nichts anrühren sollen, bis Sie da sind. Es ist auf dem Gelände der alten Zellulosefabrik.«

»Wir sind gleich da.« Sie drückte die Aus-Taste und befahl sich, ruhig zu bleiben, während sie wieder nach draußen ging, auch wenn sie am liebsten geheult oder geschrien hätte, denn sie wusste, ihre schlimmste Ahnung hatte sich bewahrheitet.

»Frank, wir müssen los, Anruf vom Chef. Frau Kautz, Sie haben es gehört, die Pflicht ruft.«

»Etwas Unangenehmes?«, fragte sie und sah Julia Durant direkt in die Augen, und diese hatte das Gefühl, als könnte Helga Kautz ihre Gedanken lesen.

»Unser Beruf gehört nicht gerade zu den angenehmen. Wir sehen uns später. Ach ja, ich verzichte darauf, ein Polizeisiegel an Selinas Tür anzubringen, sofern Sie mir garantieren, das Zimmer nicht zu betreten.«

»Ich schließe ab und verstecke den Schlüssel. Dr. Gerber wird meinen Mann schon beruhigen, wenn nicht anders, soll er ihm eine Spritze geben.«

Sie traten auf die Straße, Helga Kautz blieb in der Tür stehen. Ein blauer BMW hielt vor dem Haus, und ein dunkelhaariger, groß gewachsener Mann stieg aus, einen Arztkoffer in der Hand.

»Hallo, Andreas«, begrüßte ihn Helga Kautz. »Das sind die Kommissare.«

»Herr Hellmer!«, sagte Gerber mit dem ihm eigenen Lächeln. Hellmer hatte ihn nie anders erlebt, immer ein Lächeln auf den

Lippen, stets freundlich. Insgeheim bewunderte Hellmer ihn. »Sie bearbeiten den Fall?«

»Zusammen mit meiner Kollegin, Frau Durant.«

Gerber nickte ihr zu. »Angenehm. Ich geh dann mal rein, wir sehen uns sicher noch.«

»Das war unser Hausarzt. Du solltest ihn konsultieren, wenn du Beschwerden hast. Er ist wirklich ein außergewöhnlicher Arzt.«

»Frank, hör zu«, sagte Julia Durant, als sie außer Hörweite waren. »Der Anruf eben kam vom Hattersheimer Revier. Weißt du, wo die alte Zellulosefabrik ist?«

»Natürlich. Was ist los?«

»Kinder haben dort etwas gefunden. Wo ist der Wagen?«

»Vor meiner Garage.«

Freitag, 13.35 Uhr

Die Polizeiautos standen vor der unteren der beiden Einfahrten zur Zellulosefabrik, die selbst jetzt, im gleißenden Licht des Tages, etwas Düsteres und Bedrohliches hatte. Das Mauerwerk war alt und an vielen Stellen gebrochen und verrottet, die meisten Fenster eingeschlagen und blind, dennoch befand sich gleich neben der Einfahrt ein Wohnhaus, vor dem ein grüner Polo parkte. Bevor sie das Gelände betraten, ging Julia Durants Blick an der Vorderfront entlang hinunter zum Main, und sie stellte sich vor, wie es hier nachts aussah. Vielleicht würde sie heute Abend nach Einbruch der Dunkelheit herkommen, um die Atmosphäre auf sich wirken zu lassen. Vielleicht.

»Komm jetzt, angucken kannst du dir das alles auch noch ein andermal.«

Das große Tor war einen Spaltbreit geöffnet, und ein Beamter wies ihnen gleich den Weg.

»Gehen Sie bitte da runter und durch das kleine Tor. Meine Kollegen erwarten Sie bereits. Sie können es nicht verfehlen.«

»Ist sie's oder ist sie's nicht?«, fragte Hellmer, während sie mit schnellen Schritten über den Bürgersteig gingen.

»Sie ist es.«

»Kannst du nicht einmal etwas Positives sagen?«

»Ein andermal.«

Die drei Polizisten standen um das Bündel herum, als würden sie den Heiligen Gral bewachen. Der älteste von ihnen reichte erst Durant, dann Hellmer mit ernster Miene die Hand und deutete auf das gut anderthalb Meter lange Bündel.

»Haben Sie etwas angerührt?«, fragte Durant mechanisch, als sie näher trat.

»Nein.«

»Und die Kinder?«

»Einer der Jungs hat seine Mutter informiert, und die hat bei uns angerufen. Mehr kann ich nicht sagen.«

»Sind die Kinder oder die Mutter irgendwo hier?«

»Sie stehen draußen. Soll ich sie holen?«

»Nein, aber fragen Sie doch bitte nach der Adresse, damit einer meiner Kollegen später mit ihnen sprechen kann.«

»Alles schon geschehen. Die Kinder haben übrigens bei den Wohnwagen gespielt und sind dann hier hochgekommen und haben das hier gefunden.«

Das Bündel lag in einem Gebüsch, das sich unmittelbar vor einer dunklen Mauer nach oben reckte. Wenn man durch das Tor schritt, betrat man eine verwilderte Landschaft mit viel Gestrüpp und einem ausgetrampelten Weg, hier und da leere Bierdosen und Schnapsflaschen, aber auch Kondome und Taschentücher. Das Tor war jedoch noch relativ neu, eines jener Tore, wie man sie zuhauf in Reihenhaussiedlungen und Kleingärten vorfand.

»Die KTU wird es nicht einfach haben, denn viele Spuren sind mit Sicherheit schon vernichtet worden, allein durch die Kinder«, sagte sie zu Hellmer.

Sie beugte sich nach unten und betrachtete das verschnürte Objekt eingehend. Ein seltsamer Geruch stieg ihr in die Nase, ein Geruch, den sie nicht zum ersten Mal roch, im Moment aber noch nicht einzuordnen wusste. »Braunes Sackleinen, eine handelsübliche Paketschnur. Und es riecht so merkwürdig. Frank, wonach riecht das?«

Hellmer, der näher gekommen war, schüttelte den Kopf. »Keine Ahnung. Vielleicht wie in der Pathologie, oder?«

»Könnte hinkommen. Aber warum riecht es so?« Sie tastete vorsichtig die Oberfläche ab, unter der es knisterte. »Da drunter ist Plastik, vielleicht ein Müllsack.« Sie drückte etwas fester und meinte einen Kloß im Hals zu haben. Was sie ertastete, fühlte sich weich an. Sie ließ ihre Hand weiter nach rechts gleiten, mit einem Mal glaubte sie etwas Hartes zu spüren. Sie stellte sich aufrecht hin. Ihr Blick sagte mehr, als eine Million Worte es gekonnt hätten.

»Frank, Spurensicherung, Fotograf et cetera pp., vorher mach ich hier nicht weiter. Sie ist da drin.« Tausend Gedanken schossen auf einmal durch ihren Kopf, die meisten davon betrafen die Eltern von Selina.

»Sicher?«

»99,9 Prozent. Verschnürt wie ein Paket. Fehlt nur noch der Aufkleber mit Absender und Adresse«, sagte sie zynisch. Sie holte eine Zigarette aus ihrer Tasche, Hellmer gab ihr Feuer und rief anschließend Berger an.

»Wir haben sie wahrscheinlich gefunden«, sagte er. »Lassen Sie unsere Spezialisten antanzen. Kirchgrabenstraße, Okriftel.«

»Sind in spätestens einer halben Stunde da.«

»Alles klar.« Hellmer zündete sich ebenfalls eine Zigarette an und setzte sich auf eine alte Treppe.

»Können wir irgendwas tun?«, fragte einer der uniformierten Beamten.

»Nein. Aber warten Sie noch, bis unsere Kollegen hier sind. Und absolute Informationssperre. Sollte die Kleine da drin sein, übernehmen wir das. Eine Frage, dieses Gelände hier, ich meine, wird hier noch gearbeitet?«

»Ja, aber nur in einem kleinen Teil. Bisschen weiter oben ist eine Autowerkstatt, es gibt noch mehrere andere kleinere Firmen auf dem Gelände, die Aleviten haben ihr Gemeindezentrum auf der gegenüberliegenden Seite, aber Zellulose oder Papier wird hier schon lange nicht mehr hergestellt.«

»Kommt man nachts einfach so auf das Gelände?«

»Natürlich …«

»Und wie?«

»Durch das große Tor oben zum Beispiel.«

»Unbemerkt?«, fragte sie zweifelnd. »Würde man da nicht Gefahr laufen, gesehen zu werden?«

»Die Gefahr besteht immer«, erwiderte der Beamte lakonisch. »Aber nachts ist es hier still wie auf einem Friedhof. Ein paar Katzen, ein paar Mäuse und unzählige Ratten.«

»Ist das Gartentor eigentlich immer offen oder abgeschlossen?«

»Es ist normalerweise abgeschlossen …« Er kratzte sich am Kopf, überlegte und sagte: »Seltsam, es war offen, als wir kamen, aber jetzt, wo Sie mich so fragen … Ich kann ja mal nachschauen, ob da jemand vielleicht gewaltsam eingedrungen ist.« Er ging hin, suchte nach Einbruchspuren, nichts. Er drückte die Klinke hinunter, das Tor ließ sich leicht öffnen.

»Es ist offen. Dass mir das vorhin nicht gleich aufgefallen ist, denn ich habe hier schon des Öfteren kontrolliert, und da war es immer verschlossen.«

»Also scheint jemand einen Schlüssel zu besitzen und ist unbemerkt reingekommen«, sagte Durant. »Wie sieht es denn nachts hier aus? Ich meine, so um zwei oder drei, wenn alles schläft?«

»Finster, sehr finster.«

»So finster, dass man hier eine Leiche ungehindert und ungestört entsorgen kann?«

»Wenn nicht zufällig jemand auf der Straße ist oder am Fenster steht. Aber selbst dann würde es wohl kaum auffallen.«

»Befragen Sie doch bitte nachher trotzdem einmal die Bewohner der umliegenden Häuser und die Leute, die sich sonst hier auf dem Gelände aufhalten. Vielleicht hat ja doch jemand etwas bemerkt.«

»Wird gemacht.«

»Danke.«

Julia Durant ging hinunter zum Main und schnippte die Zigarettenkippe ins Wasser. Hellmer folgte ihr.

»Der Vater flippt völlig aus, wenn wir es ihm sagen.«

»Und die Mutter?«

»Ich hab selten jemanden erlebt, der so stark ist. Auch wenn sie behauptet, das sei alles nur Fassade. Nee, das ist nicht nur Fassade.«

»Der Zusammenbruch kommt bei ihr später. Im Moment verschließt sie wahrscheinlich nur die Augen vor der Wahrheit.«

»Glaub ich nicht. Aber das soll uns jetzt egal sein. Ich hoffe, unsere Leute beeilen sich, ich will endlich Gewissheit haben.«

Sie zündete sich eine weitere Zigarette an, noch mehr Kinder und auch Erwachsene hatten sich am Zaun eingefunden und versuchten, einen Blick auf den geheimnisvollen Gegenstand zu werfen.

»Sagen Sie mal den Leuten, dass es hier nichts zu glotzen gibt«, bat Hellmer den ältesten Beamten. »Noch besser wäre, wenn Sie sich mit Ihren Kollegen da draußen postieren könnten, das würde unsere Arbeit sehr erleichtern.«

Sekunden später waren er und Durant allein. Sie schwiegen. Die Spurensicherung, der Fotograf und Bock von der Rechtsmedizin trafen nach fünfunddreißig Minuten ein. Sie verständigten sich ohne Worte, der Fotograf schoss die Bilder und machte anschließend eine Videographie, die drei Männer und die Frau der Spurensicherung in ihren weißen Tyvek-Anzügen steckten den Fundort mit kleinen nummerierten Fähnchen ab. Danach begann Bock, vorsichtig die Schnur zu durchtrennen.

»Wir müssen es oder sie umdrehen«, sagte er. Ein junger Mann von der Spurensicherung half ihm, das Leinentuch fiel auseinander und gab den Blick frei auf eine in jedem Baumarkt erhältliche transparente Abdeckplane, wie man sie zum Tapezieren oder Streichen verwendet. Die Plane war ebenfalls zusammengebunden. Während Bock auch diese Schnüre durchschnitt, sagte er leise: »Das ist wie in einem Horrorfilm.«

Er faltete die Plane auseinander, kurz darauf hatte er den Körper freigelegt. Der strenge Geruch eines Desinfektionsmittels stieg den Beamten in die Nase. Julia Durant hatte schon einige Mordopfer gesehen, doch dieser Anblick prägte sich ihr ganz besonders ein. Sie war nackt, der Brustkorb voller Einstiche, um die herum das wenige jetzt schwarze Blut geronnen und verkrustet war. Der Kopf hingegen war vollkommen blutfrei, als wären nicht nur der Torso, sondern auch das Gesicht und die Haare vor dem Verpacken gewaschen worden. Die Arme und Beine waren ebenfalls sauber, die Arme lagen auf dem Bauch, die Hände gefaltet. Sie war sehr schlank, mit kleinen, festen Brüsten, einer bemerkenswert schmalen Taille, festen Oberschenkeln und langen, geraden Beinen. Lange, fragile Finger, perfekt geeignet, um Klavier zu spielen, die Nägel kurz geschnitten. Die Augen geschlossen, als schliefe sie nur, die Haut jedoch so wächsern, wie sie es bisher nur bei den Leichen in der Rechtsmedizin gesehen hatte, wenn sie auf dem Tisch lagen, bereit zur Obduktion. Nein, sie hatte es auch schon bei anderen Leichen gesehen, es war aber jedes Mal wieder ein erschreckender Anblick. Es schien, als hätte der Täter das schulterlange mittelbraune Haar vor dem Einwickeln frisch gekämmt.

»Wie lange ist sie schon tot?«, fragte Durant, unfähig, ihren Blick von dem toten Körper abzuwenden.

»Frau Durant, ich kann nicht hexen. Ein klein wenig Geduld bitte.« Nach einer weiteren Begutachtung und ohne aufzublicken: »Zwölf bis vierzehn Stunden, auf keinen Fall länger.«

»Bitte was?«, fragte Durant mit ungläubigem Blick. »Zwölf bis vierzehn Stunden? Das würde ja heißen, sie wurde erst letzte Nacht …«

»Seit wann wird sie vermisst?«, fragte Bock.

»Seit Mittwochabend.«

»Schauen Sie«, sagte Bock, wies auf die Leiche und drückte ein paarmal fest mit zwei Fingern auf den Körper, »die Leichenflecken sind nicht mehr wegdrückbar, die Totenstarre ist hingegen noch vollständig ausgeprägt. Selbst wenn ich wie jetzt versuche, die Starre gewaltsam zu lösen, tritt sie gleich wieder ein. Wäre sie seit sagen wir sechsunddreißig Stunden tot, könnte ich unter den gegebenen Bedingungen die Starre lösen beziehungsweise sie würde sogar anfangen sich von selbst zu lösen.« Er schüttelte den Kopf: »Nein, auf keinen Fall länger als zwölf bis vierzehn, maximal sechzehn Stunden. Außerdem würde bei den derzeitigen Wetterbedingungen nach sechsunddreißig Stunden bereits ein bestimmter Prozess einsetzen.« Er blickte auf, und als sowohl Durant als auch Hellmer ihn nur fragend anschauten, fuhr er fort: »Sehen Sie, gestern und auch heute war es nicht sonderlich heiß, und die beiden letzten Nächte waren eher angenehm kühl, na ja, da kann es natürlich vorkommen, dass der so genannte Fäulnisprozess erst in sechs bis zehn Stunden einsetzen würde. Hätten wir gestern und heute um die dreißig Grad gehabt und dazu eine sehr warme Nacht um die zwanzig Grad, dann würde es nach sechsunddreißig Stunden schon bis zum Main runter stinken und die Fliegen und Würmer aus ihren Körperöffnungen kriechen, vorausgesetzt, sie wäre seit anderthalb Tagen tot, was sie aber nicht ist. Na ja, vielleicht ein bisschen übertrieben. Aber sie hat eine Menge Blut verloren, ihr Körper weist Dutzende von Messerstichen auf, wie viele genau, kann ich erst nachher sagen. Da ist jedenfalls nicht mehr viel drin.« Er hielt inne. Es schien, als unterzöge er ihren Körper einer eingehenden Betrachtung, dann sagte er: »Verdammt jung und verdammt hübsch. Die Jungs waren bestimmt ganz verrückt nach ihr.« Und ohne den Blick von der Toten zu nehmen: »Aber wenn Sie jetzt mehr hören wollen, muss ich Sie leider enttäuschen. Genaues kann ich erst nach der Sektion sagen. Todeszeitpunkt und so weiter.«

»Das heißt, Fundort ist nicht gleich Tatort.«

»Logisch«, bemerkte Hellmer trocken. »Glaubst du vielleicht, der Typ schleppt sie her, bringt sie langsam um, wickelt sie hier sorgfältig ein und hat keine Angst, dabei erwischt zu werden? Nee, er hat sie hier nur entsorgt, und zwar so, dass man sie zwangsläufig finden musste.«

»Das heißt aber auch, dass er sie etwa vierundzwanzig Stunden gefangen gehalten hat. Was hat er mit ihr in der Zeit gemacht? Gequält? Missbraucht? Was geht in ihm vor?«

Hellmer zuckte nur mit den Schultern.

»Okay, das reicht fürs Erste. Wir fahren zu den Eltern«, erklärte Durant entschlossen und gab Hellmer ein Zeichen.

»Wissen Sie was«, sagte Bock, der aus der Hocke hochgekommen war und Durant und Hellmer beinahe mitleidig anschaute, was bei ihm nur sehr selten vorkam, »ich möchte jetzt nicht mit Ihnen tauschen. Ich beneide Sie wahrlich nicht um Ihren Job. Bei mir kommen die Leichen auf den Tisch, ich schneide sie auf, wiege die Organe, erkunde die Todesursache und nähe sie wieder zu. Keiner, mit dem ich darüber sprechen muss. Bringen Sie's hinter sich, und dann holen Sie sich diesen Bastard und sorgen Sie dafür, dass er nie wieder frische Luft atmen kann.«

»Das sagen Sie so leicht. Sie kennen doch unsere Gerichte und unsere so genannte Rechtsprechung«, erwiderte Durant resignierend. »Wann kriegen wir das Ergebnis?«

Bock grinste, wie nur er es konnte, spitzbübisch und selbst angesichts einer solchen Situation gewürzt mit einer Prise Humor, so, wie er beim Anblick einer völlig verwesten Leiche an Essen denken konnte oder unmittelbar nach einer Obduktion sich die Hände wusch und noch im Sezierraum ein Wurstbrot aß, wenn andere längst auf dem Klo waren und sich die Seele aus dem Leib kotzten. Aber er war Pathologe, und alle Pathologen, deren Bekanntschaft Durant bisher gemacht hatte, waren auf die eine oder andere Weise ein bisschen verrückt oder hatten zumindest skurrile Angewohnheiten oder Macken. So wie Bock, der jetzt so wirkte, als wollte er Durant und Hellmer völlig überraschend für den

Abend ins Kino einladen und anschließend mit ihnen noch in eine Bar gehen. »Ich will Sie ja nicht zu lange auf die Folter spannen; sagen wir so gegen sieben? Reicht Ihnen das? Es ist aber nur das vorläufige Ergebnis, die komplette Auswertung aller Untersuchungen dauert bis mindestens morgen Abend. Aber das machen dann meine Kollegen.«

»Schon klar. Und schauen Sie mal nach den obligatorischen Sperma- und Speichelspuren, vielleicht findet sich ja eine Fremd-DNA. Und wenn, dann lass ich hier einen groß angelegten Speicheltest durchführen.«

»Ich werde mir die größte Mühe geben, aber ... Sehen Sie doch mal, er hat sie gewaschen, und zwar von Kopf bis Fuß und anschließend auch noch mit einem Desinfektionsmittel gereinigt. Ich glaube nicht einmal, dass er in sie eingedrungen ist, und wenn, hat er sie womöglich sogar ausgespült, aber das ist nur eine Vermutung. Ich schau sicherheitshalber trotzdem nach. Bis später.«

Hellmer und Durant begaben sich zum Auto. Hellmer fuhr an dem kleinen Spielplatz und dem Park vorbei und eine schmale Gasse hoch zur Hauptstraße. Von unterwegs rief Durant Berger an und teilte ihm das Ergebnis ihres Fundes mit. Sie bat ihn, die Suchmannschaft zu informieren und zurück nach Frankfurt zu schicken. Er wollte noch etwas sagen, doch Durant trennte einfach die Verbindung.

»Wer sagt's ihnen?«, fragte Hellmer.

»Weißt du was, diesmal überlass ich es dir. Du bist schließlich ihr Nachbar.«

»Okay, irgendwann musste ich ja mal dran sein. Wo stecken eigentlich Peter und Doris? Die sollten doch anrufen, wenn sie mit den Befragungen fertig sind.«

»Wahrscheinlich irgendwo im Wald«, antwortete Durant nur.

»Sag ihnen Bescheid, die sollen ins Präsidium fahren, wir treffen uns dort um fünf. Und jetzt können wir nur hoffen, dass noch niemand es den Eltern erzählt hat.«

»Hoffen wir's.« Julia Durant tippte Kullmers Nummer ein. Nach nicht einmal einer Minute war das Gespräch beendet.

Freitag, 14.15 Uhr

Er war an den Main gefahren, hatte die Polizeiwagen gesehen und die Menschen, die sich auf der Straße und der Wiese vor der alten Fabrik versammelt hatten. Er setzte sich auf eine Bank und schaute auf das Wasser. Ein Lastkahn tuckerte in Richtung Rhein. Er nahm das Handy aus der Brusttasche seines Hemdes und tippte die Nummer seines Vaters ein.

»Ich soll dich anrufen«, sagte er.

»Das wurde aber auch Zeit«, kam die schroffe Antwort. »Hör zu, Junge, ich habe eine Arbeit für dich ...«

»Vater, ich habe einen Job, und zwar einen guten. Ich brauche deine Hilfe nicht, ich bin erwachsen, falls du das vergessen haben solltest.«

»Nein, das habe ich nicht vergessen, auch wenn du dich manchmal wie ein kleiner Junge benimmst. Dennoch solltest du dir anhören, was ich dir mitzuteilen habe. Hans sucht dringend einen Geschäftsführer, und ich habe mich für dich bei ihm stark gemacht. Er hat zwar anfangs gezögert, aber ich weiß doch, dass du vorne und hinten nicht klarkommst. Wenn du nicht eine solch bezaubernde Frau hättest, die etwas aus ihrem Leben gemacht hat.«

»Lass sie aus dem Spiel, bitte! So schlecht verdiene ich nun auch wieder nicht. Und ...«

»Junge, komm auf den Boden und sieh endlich den Tatsachen ins Gesicht. Da, wo du jetzt bist, wirst du es nie zu etwas bringen, niemals, hörst du! Wenn du bei Hans gut arbeitest, stehen dir in Zukunft alle Türen offen. Denk drüber nach, es ist das letzte Mal, dass ich dir unter die Arme greife ...«

»Ich habe dir schon oft genug gesagt, ich brauche deine Hilfe nicht!«

»So, das ist ja was ganz Neues. Wer hat dich denn unterstützt, als du studiert hast und auch in den ersten Jahren, als es mit deiner Arbeit nicht so recht geklappt hat? Du bist undankbar und aufsässig wie eh und je …«

»Vater, es tut mir Leid, ich habe es nicht so gemeint. Aber bitte versteh mich doch, ich …«

»Er zahlt zehntausend im Monat, vierzehn Monatsgehälter, macht summa summarum einhundertvierzigtausend per annum. Ist zwar auch nicht die Welt, aber bei weitem besser als das, was du jetzt hast. Ich habe ihm versprochen, dass du dir das Angebot wenigstens überlegst. Du hast zwei Wochen Zeit, ihm deine Entscheidung mitzuteilen. Er würde dich nehmen, ohne groß zu fragen. Mein Wort allein genügt schon.«

»Ich werde es mir überlegen …«

»Ach ja, noch was – solltest du ablehnen, frag mich bitte nie wieder, ob ich dir helfe. Das war definitiv das letzte Mal. Haben wir uns verstanden?«

»Ja, ich habe dich sogar sehr gut verstanden.«

»Dann ist ja gut. Wie gesagt, du hast zwei Wochen Zeit. Und solltest du Fragen haben, dann frag mich, Hans hat mir den Aufgabenbereich en détail beschrieben. Du hast das Zeug dazu, ich weiß es, denn du bist mein Sohn. Also mach mir keine Schande, denn Hans wäre sicher alles andere als erfreut, solltest du ablehnen. Es geht auch um meinen Ruf.«

»Ich hab doch gesagt, ich werde es mir überlegen.«

»Er erwartet deine Antwort – und ich auch. Klar?«

»Ja, Vater.«

»Dann mach's gut.« Sein Vater legte einfach auf, ohne eine Erwiderung abzuwarten.

Er steckte das Handy wieder in die Hemdtasche, seine Kiefer mahlten vor Zorn aufeinander. Du Arschloch, du gottverdammtes Arschloch! Warum kannst du mich nicht endlich in Ruhe lassen?! Ja, ich bin dein Sohn, aber in Wirklichkeit bin ich nur dein Sklave. Nichts kann ich dir recht machen, aber auch gar nichts. Doch du wirst schon noch merken, was du davon hast. Schmier dir doch deinen Scheißjob wer weiß wohin! Ich bin anders, als du denkst, ganz anders. Und ich werde es dir beweisen! Alle Welt wird darüber schreiben, im Fernsehen werden sie darüber berichten, aber leider wirst du nie erfahren, dass ich es bin, dein verhasster Sohn!

Ein Spaziergänger kam zu ihm und fragte ihn, ob er wisse, was bei der alten Fabrik los sei. Er schreckte aus seinen Gedanken auf und antwortete, er wisse es nicht genau, aber es könne sein, dass es mit dem verschwundenen Mädchen zusammenhänge. Der Fremde begnügte sich mit der Antwort und setzte seinen Weg fort. Er stand auf, lächelte, und obgleich in ihm der Wunsch brannte, sich zu der Menge zu gesellen, ließ er es bleiben und tat, als würde ihn all dies nicht interessieren. Und eigentlich tat es das auch nicht, schließlich wusste er, was man dort hinter dem Zaun gefunden hatte. Aber es war ja nur die Hülle, das, was das Auge wahrnahm, den Engel, der sie jetzt war, den konnte nur er sehen. Er fuhr weiter, wohin, das würden die nächsten Stunden zeigen. Vielleicht wieder nach Königstein, vielleicht auch irgendwo anders hin. Er wusste jedoch, dass es nur noch eine Frage der Zeit war, bis er auch den nächsten Engel geschaffen haben würde. Die Flügel waren schon bereit, der Engel musste nur noch fliegen lernen. Er würde es ihm schon beibringen.

Freitag, 14.45 Uhr

Helga Kautz stand am Fenster und schaute gedankenverloren auf die Straße, als hoffte sie, Selina würde plötzlich mit dem Fahrrad um die Ecke kommen, als wäre nichts geschehen, es in die Garage stellen, ihr ein kurzes »Hallo« zurufen, wie immer, wenn sie nach Hause kam, fragen, was es zu essen gab, und sich erst einmal auf ihr Zimmer verziehen. Doch Selina kam nicht um die Ecke gefahren, kein Fahrrad, das sie in die Garage stellte, kein »Hallo«. Kein Klavierspiel, kein Griff zum Telefon, weil sie erst noch schnell Nathalie oder irgendeine andere Freundin anrufen musste, obwohl sie sich gerade erst gesehen hatten. Nur die Kommissare, die vor dem Haus hielten und ausstiegen. Sie ging zur Tür, um ihnen aufzumachen.

»Ich hatte nicht damit gerechnet, Sie schon wieder zu sehen.« Helga Kautz bat die Beamten ins Haus.

»Frau Kautz«, sagte Hellmer, »setzen wir uns doch bitte. Ist Ihr Mann auch zu sprechen?«

»Sicher. Er sitzt zwar grübelnd in seinem Arbeitszimmer, wie fast den ganzen Tag schon, und schaut sich immer wieder Fotos von Selina an, aber … Er hat sich geweigert, sich von Dr. Gerber etwas geben zu lassen. Warten Sie einen Moment, ich hole ihn.«

Sie fragte nicht, weshalb Hellmer und Durant gekommen waren, doch die Kommissarin hatte das Gefühl, als ahnte sie, welche Nachricht sie ihr überbringen würden. Dennoch wirkte sie auch jetzt überaus gefasst.

»Frank«, sagte sie im Flüsterton, »das wird jetzt hart. Wer von den beiden verkraftet es am ehesten?«

»Willst du mich verarschen?! Wir sollten Gerber am besten gleich noch mal herbestellen …«

Er sprach nicht weiter, als er Helga und Peter Kautz die Treppe herunterkommen hörte.

»Bitte, nehmen Sie doch Platz«, sagte Helga Kautz und deutete auf die Sessel, während sie und ihr Mann sich auf die Couch setzten. »Haben Sie noch Fragen?« Allein ihre Augen verrieten ihre Gedanken, sie wusste, was gleich kommen würde.

»Nein, keine Fragen. Wir sind hier, um Ihnen mitzuteilen, dass man Ihre Tochter gefunden hat. Sie ist tot.« Er sagte es kurz und bündig, als wollte er es so schnell wie möglich hinter sich bringen.

Für einige Sekunden herrschte lähmendes Schweigen. Frau Kautz verzog kaum eine Miene, ihr Mann hatte die Hände gefaltet und presste sie so fest aneinander, dass die Knöchel weiß hervortraten. Seine Mundwinkel zuckten verdächtig, seine Augen wurden glasig.

»Wo?«

»Bei der alten Zellulosefabrik«, antwortete Hellmer. »Der Arzt sagt ...«

»Mir ist es scheißegal, was Ihr verdammter Arzt sagt!«, schrie Peter Kautz und sprang auf, stellte sich an die Wand und hämmerte mit beiden Fäusten dagegen. »Mir ist es scheißegal!!« Er sank auf die Knie, sein ganzer Körper bebte. Er weinte hemmungslos wie ein kleines Kind, dem das liebste Spielzeug gestohlen wurde, doch der Schmerz, der ihn jetzt durchfuhr, war ungleich größer, denn er hatte etwas verloren, das nicht ersetzt werden konnte. »Ich halt das nicht mehr aus, ich halt das nicht mehr aus!«

Helga Kautz nahm ihn in den Arm. »Wein dich ruhig aus«, sagte sie mit besänftigender Stimme, »wein dich ruhig aus.«

»Selina, meine kleine Selina! Warum, warum, warum?!«

»Wir wissen es doch nicht, keiner weiß es, außer derjenige, der ihr das angetan hat. Aber die Polizei wird ihn finden, und dann wird er seine gerechte Strafe bekommen«, sagte sie und streichelte über sein Haar.

Er schien die Worte seiner Frau nicht zu hören, er schrie nur immer wieder den Namen seiner Tochter.

Die neunjährige Anna kam herunter, blieb auf halber Strecke stehen, kniff die Augen zusammen und rannte sofort wieder auf ihr Zimmer und knallte die Tür hinter sich zu.

»Soll ich mal hochgehen und nach Ihrer Tochter schauen?«, fragte Durant.

»Nein, lassen Sie nur, das mach ich schon selbst. Anna ist einfach völlig durcheinander.«

»Können wir noch etwas für Sie tun?«, fragte Hellmer. »Ich denke, es wäre besser, wenn Dr. Gerber noch einmal kommen würde. Ich kann ihn gerne für Sie anrufen.«

»Ja, das wäre vielleicht wirklich besser«, sagte sie und wandte ihren Kopf. Dicke Tränen rannen in breiten Bächen jetzt auch über ihr Gesicht.

Hellmer ging zum Telefon und tippte die Nummer von Gerbers Praxis ein. Gerber war selbst am Apparat, er hatte seine Sprechstunde vor über einer Stunde beendet, der letzte Patient war gerade gegangen. Er versprach, sich sofort auf den Weg zu machen.

Julia Durant saß auf dem Sessel und beobachtete die Eltern von Selina, die sich wie Ertrinkende aneinander klammerten. Sie hätte ihnen gerne geholfen, aber sie wusste, in Momenten wie diesen gab es niemanden, der helfen konnte. Sie fühlte sich unendlich hilflos, spürte, wie die beklemmende Atmosphäre und die Trauer sich auch auf sie übertrug, und sie wollte eigentlich nichts mehr als ins Auto zu steigen, um weit, weit wegzufahren.

»Dr. Gerber wird gleich hier sein«, meinte Hellmer, woraufhin Helga Kautz nur nickte, zu mehr war sie nicht fähig. »Wir warten noch so lange.«

Er setzte sich neben Julia Durant und warf ihr einen kurzen, aber vielsagenden Blick zu. Peter Kautz erhob sich, lehnte sich mit dem Rücken gegen die Wand, die Augen geschlossen. Nur Sekunden später wankte er zur Terrasse und ließ sich auf einen der Stühle fallen. Seine Frau blieb auf dem Boden sitzen, die Augen stumpf und leer.

»Warum Selina? Was hat sie getan?«, fragte sie stockend, der Kollaps war nur eine Frage von Minuten. »Vorgestern um diese Zeit war sie doch noch hier. Und jetzt? Was soll jetzt bloß werden?«

»Frau Kautz, wir wünschten auch, wir hätten Ihnen niemals diese Nachricht überbringen müssen«, sagte Durant, doch Helga Kautz schien die Worte gar nicht wahrzunehmen.

Wie in Trance fragte sie: »Wie hat sie ausgesehen? Sie haben sie doch gesehen, oder? Wie hat sie ausgesehen?«

»Sie wurde erstochen.«

»Erstochen? Jemand hat also meine kleine Selina erstochen«, sagte sie mit tonloser Stimme. »Ich würde sie gerne sehen. Geht das?«

Julia Durant ging zu ihr und setzte sich neben sie auf den Boden.

Sie nahm Frau Kautz in den Arm und sagte: »Nein, Sie würden sich damit keinen Gefallen tun.«

»Ich will sie aber sehen. Ich will nur noch einmal zu ihr. Bitte«, flehte sie.

»Frau Kautz, Selina wurde in die Rechtsmedizin gebracht. Sie können dort nicht hin«, log sie.

»Was macht man dort mit ihr? Schneidet man sie auf?«

»Sie wird obduziert, das muss leider sein …«

»Man schneidet sie also auf wie ein Stück Vieh.« Sie lachte auf, unwirklich und makaber.

»Nein, nicht wie ein Stück Vieh, sondern wie einen Menschen, dem etwas Furchtbares angetan wurde. Wir müssen herausfinden, was genau vor ihrem Tod geschehen ist. Sie können sie aber vor der Beerdigung noch einmal sehen, das verspreche ich Ihnen.«

Es klingelte, Hellmer ging zur Tür. Dr. Gerber. Er trat wortlos ein, sein Gesichtsausdruck sprach Bände. Er sah die auf dem Boden sitzenden Frauen und sagte zu Hellmer in einem Ton, den er von Gerber nicht kannte: »Sagen Sie, dass das nicht wahr ist. Ich habe gehofft und gebetet, dass …«

»Doch, leider.«

Ohne etwas zu erwidern, stellte er seinen Arztkoffer ab und begab sich in die Hocke.

»Helga, komm, leg dich auf die Couch. Ich gebe dir etwas zur Beruhigung.«

»Ich will nichts!«

»Es ist besser für dich …«

»Was gut oder besser für mich ist, weiß ich selber. Ich will keins von deinen Mitteln!«

»Helga, vertrau mir einfach. Anna und Elias brauchen dich noch. Ich will doch nur verhindern, dass du mir zusammenbrichst und wir dich ins Krankenhaus bringen müssen. Mach's mir nicht so schwer, wir sind doch schließlich Freunde.«

»Kümmere dich erst um Peter, er hat es dringender nötig.«

»Nein, erst du. Frau Kommissarin, bitte sagen Sie ihr, dass ich es nur gut meine.«

»Kannst du mir auch hier eine Spritze geben?«, fragte Helga Kautz mit bitterer Ironie. »Hier, mein Arm. Gib mir, was du für richtig hältst. Am besten eine Überdosis Morphium.«

Er öffnete wortlos seinen Koffer, holte eine Spritze und eine Ampulle heraus, brach den Kopf der Ampulle ab und zog die klare Flüssigkeit auf. Die Vene war gut sichtbar, er stach die Nadel vorsichtig hinein. Nach etwa einer Minute sagte er: »So, das müsste erst mal reichen. Du solltest dich aber hinlegen, denn du wirst gleich sehr müde werden.«

Hellmer und Durant fassten sie unter den Armen, halfen ihr hoch und führten sie zur Couch. Die Kommissarin legte ein Kissen unter ihren Kopf, Helga Kautz schloss die Augen.

»Was haben Sie ihr gegeben?«

»Zehn Milligramm Valium. Es wird allerdings in diesem Extremfall nicht lange vorhalten, höchstens bis Mitternacht. Ich werde meine Frau bitten, gleich herzukommen und vielleicht heute Nacht hier zu bleiben, sofern Helgas Mutter nicht bleibt.«

Peter Kautz sagte nichts, als Andreas Gerber vor ihm stand und ihn bat, den Arm frei zu machen. Er ließ sich die Spritze widerstandslos geben und nickte Gerber zu. »Danke, du bist ein echter Freund.« Er fasste ihn am Handgelenk und sah ihn an: »Andreas, was haben wir falsch gemacht? Du bist doch der Experte! Was?«

»Ihr habt gar nichts falsch gemacht, ihr seid die besten Eltern, die Selina sich wünschen konnte. Und jetzt leg dich bitte auch hin.«

»Ich bleib hier draußen.«

»Komm ins Haus, das bitte ich dich als Freund. Und beeil dich, bevor das Mittel richtig wirkt.«

Er erhob sich, sein Gang war wacklig, die Spritze zeigte bereits Wirkung. Er setzte sich in einen Sessel, den Kopf nach hinten geneigt. »Warum, warum, warum?«, murmelte er ein paarmal, bevor seine Augen wie in Zeitlupe zufielen und er einschlief.

»Ich habe viel erlebt in meinen fünfundvierzig Jahren, aber so etwas noch nie. Ich habe Leute an Krebs oder anderen Krankheiten sterben sehen, aber ...«, sagte Gerber traurig. »Ausgerechnet meinen besten Freunden musste das passieren. Man ist heutzutage eben nirgends mehr sicher, nicht einmal in diesem bigotten Ort. Gibt es schon Hinweise auf den Täter?«

»Nein, noch nicht.«

»Sollten Sie Fragen haben, ich stehe Ihnen jederzeit gerne zur Verfügung.« Gerber packte seine Tasche zusammen, rief anschließend seine Frau an und bat sie, so schnell wie möglich zu kommen. Er legte auf und wollte schon gehen, als er innehielt und sich noch einmal umdrehte. »Haben Sie eigentlich Selinas Zimmer durchsucht? Ich meine, das macht man doch immer, wenn jemand verschwindet oder ermordet wurde.«

»Wir haben uns in ihrem Zimmer umgeschaut. Warum wollen Sie das wissen?«, fragte Durant.

»Nur so. Es heißt doch immer, die Kriminalfilme würden nicht mit der Realität übereinstimmen. Tun sie anscheinend manchmal doch. Wiedersehen.«

»Wiedersehen«, sagte Durant und sah Gerber nach, der von Hellmer zur Tür begleitet wurde.

»He, was sollte das denn eben?«, fragte sie.

»Was sollte was?«

»Na, die Frage nach ihrem Zimmer.«

»Das ist Gerber. Du kennst ihn nicht. Für manche ist er ein Gott, andere halten ihn für ein bisschen spinnert. Aber er ist ein phantastischer Arzt.«

»Inwiefern halten ihn einige für spinnert?«

»Lass dir bei ihm einen Termin geben, und finde es heraus. Du musst allerdings damit rechnen, zwei oder drei Stunden zu warten, bevor du drankommst. Er ist ein wenig unorganisiert, um es gelinde auszudrücken. Aber was er macht, hat Hand und Fuß.«

»Fahren wir?«

»Wir warten noch auf die Gerber, sie muss ja irgendwie reinkommen«, sagte Hellmer. »Es ist jedenfalls gut, dass die beiden schlafen. Ich würde mich jetzt am liebsten auch hinlegen. Ich weiß nicht, warum, aber ich bin ganz schön geschlaucht.«

»Das ist nur, weil du die Leute kennst. Die Sache wird noch für viel Aufruhr sorgen.«

Emily Gerber kam, nur zehn Minuten nachdem ihr Mann das Haus verlassen hatte. Auch bei ihr Tränen. Gequält lächelnd sagte sie zu Hellmer: »Tja, jetzt ist das Glas wohl doch halb leer, oder sollte ich sagen, ganz leer? Schöner Mist. Aber gut, ich werde mich um die Kinder kümmern. Sie können ruhig gehen, ich schaff das schon. Außerdem kommt Helgas Mutter bald.«

»Wir müssen sowieso zurück ins Präsidium. Machen Sie's gut. Ach ja, bitte betreten Sie nicht das Zimmer von Selina. Sagen Sie das auch der Mutter von Frau Kautz.«

Sie hatte sich wieder gefangen, ihre Stimme war fester als eben noch: »Ich verspreche, keinen Fuß in das Zimmer zu setzen.«

Freitag, 16.40 Uhr

Ich werde mich von Dominik trennen«, sagte Julia Durant nach langem Schweigen, als sie gerade das Main-Taunus-Zentrum, das links von der A 66 lag, passierten.

»Bitte was? Ist das ernst gemeint oder …«

»Bitterernst.«

»Und was sagt Dominik dazu? Das muss doch ein Schock für ihn sein.«

»Er weiß noch nichts davon. Ich habe es beschlossen.«

»Du spinnst doch, oder?«

»Möglich, aber ich habe es mir sehr reiflich überlegt. Es geht nicht mehr. Wir sehen uns kaum noch, ich kann schon froh sein, wenn er am Wochenende mal Zeit für mich hat, wir gehen nicht mehr ins Kino oder essen, es ist alles nur noch grauer Alltag. Und davon hab ich in meinem Beruf schon genug.«

»Ist es sein neuer Job?«

»Glaub schon. Er will unbedingt die große Karriere machen, und ich weiß gar nicht mal, wofür er mich überhaupt noch braucht. Und da ich sehr gut alleine leben kann, fällt mir dieser Schritt nicht schwer.«

»Liebst du ihn denn noch?«

»Keine Ahnung. Er ist nett, aber das reicht nicht, um jemanden zu lieben. Anfangs hat er mich noch des Öfteren über Handy angerufen, einfach so, weißt du, aber das macht er schon seit mindestens einem halben Jahr nicht mehr. Dafür wasche ich seine Wäsche, putze und spiel auch ab und zu seine Geliebte … Und das reicht mir einfach nicht.«

»Du musst wissen, was du tust. Du willst doch jetzt hoffentlich keinen Rat von mir?«

»Nein, mir war nur danach, es dir zu sagen. Du bist der Erste.«

»Kann ich mit Nadine darüber sprechen?«

»Ob du's kannst, weiß ich nicht, aber du darfst«, antwortete sie grinsend.

»Sie wird ziemlich geschockt sein.«

»So geschockt wie die Eltern von Selina, als sie vom Tod ihrer Tochter erfahren haben?«, fragte sie sarkastisch.

»Mann o Mann, du hast manchmal eine Art drauf«, sagte er kopfschüttelnd. »Warum erzählst du's mir eigentlich ausgerechnet jetzt?«

»Wie gesagt, mir war einfach danach. Der Tag war schon beschissen genug, und ich dachte mir, ich lass dich ein bisschen an meinem Scheißleben teilhaben.«

»Oh, wie gnädig! Und wann wirst du es ihm sagen?«

»Heute, vorausgesetzt, ich bekomme ihn überhaupt zu Gesicht.«

Sie langten am Präsidium an, fuhren auf den Hof und fanden noch einen freien Parkplatz. Hellmer nahm die in Selinas Zimmer gefundenen Hefte und Ringordner mit und schloss den Wagen ab. Kullmer und Seidel waren auch erst vor kurzem eingetroffen. Sie unterhielten sich mit Berger, als die Kommissare das Büro betraten.

»Hi, da sind wir. Einsatz vorläufig beendet.« Julia Durant hängte ihre Tasche über den Stuhl und zündete sich eine Zigarette an.

»Auch hi«, sagte Kullmer und sah Durant forschend an. »Schlechte Laune?«

»Nee, ist bloß der Mond. Der hat heute so 'ne seltsame Energie«, entgegnete sie bissig.

Berger sagte erst mal nichts, Hellmer stand an den Türrahmen gelehnt und rauchte schweigend eine Zigarette, Doris Seidel enthielt sich ebenfalls eines Kommentars. Als die Stille zu still wurde, fragte Berger mit einem Augenzwinkern: »Bekomme ich wenigstens einen klitzekleinen Bericht?«

Hellmer grinste, genau wie Kullmer und Seidel, nur Durant blieb ernst, auch wenn es ihr schwer fiel, sich das Grinsen zu verkneifen. Aber sie hatte einen schlechten Tag und wollte, dass jeder das auch mitbekam. Ihre Art von Selbstmitleid, das sie gerne zur Schau stellte, schon seit sie ein junges Mädchen war.

»Sicher«, begann Hellmer. »Selina Kautz wurde tot aufgefunden, Todeszeitpunkt ungefähr zwischen Mitternacht und den frühen Morgenstunden, mehr erfahren wir gegen sieben. Zahlreiche Messerstiche in den Oberkörper, sie war ziemlich ausgeblutet. Außerdem hat der- oder diejenige sich große Mühe gegeben, sie ordentlich zu verpacken, nicht ohne sie vorher gründlich zu waschen und zu desinfizieren, doch die Fotos haben Sie ja schon, wie ich sehe. Kein schöner Anblick, vor allem in natura. Wir haben aber aus ihrem Zimmer alle auffindbaren Schulhefte mitgebracht, von denen sie wenigstens eines als Tagebuch benutzt hat. Selina hatte offensichtlich seit knapp drei Monaten ein Verhältnis mit einem verheirateten Mann. Der Name des unbekannten Liebhabers taucht jedoch nicht auf. Das Seltsame ist aber, dass weder ihre Eltern noch eine ihrer besten Freundinnen, eine gewisse Nathalie Weishaupt, anscheinend auch nur das Geringste bemerkt haben, ich meine, keiner scheint gewusst zu haben, dass Selina einen Liebhaber hatte. Wir kamen leider nicht mehr dazu, auch noch die beiden andern Freundinnen in Okriftel zu befragen, allerdings werden die uns mit größter Wahrscheinlichkeit auch nichts anderes sagen können. Wir sollten trotzdem sämtliche Hefte durchgehen, vielleicht findet sich ja doch ein Name, den wir mit einem verheirateten Mann in Verbindung bringen können. Wobei natürlich noch längst nicht gesagt ist, dass dieser Liebhaber auch der Mörder ist. Doch zuallererst sollten wir diese Spur verfolgen. So weit der Kurzbericht. Hab ich was vergessen?« Er schaute Julia Durant an, die mit den Gedanken weit weg zu sein schien, vielleicht bei Kuhn, dachte Hellmer.

»Wie viele Hefte sind es denn?«, fragte Berger.

»Etwa dreißig, dazu ein paar Ringordner, Notizhefte, eine ganze Menge auf jeden Fall. Wir haben zwar über die Hälfte schon überflogen, aber nicht Seite für Seite gelesen, das hätte viel zu lange gedauert. Deshalb werden wir uns jetzt alle gemeinsam über diese Hefte hermachen und sie sehr genau durchgehen. Sie machen doch auch mit, Chef, oder?«

Berger stand auf, holte sich einen Kaffee und stellte die Tasse rechts neben sich. »Dann mal her damit. Wir suchen also ganz konkret nach Einträgen, die nichts mit der Schule zu tun haben, und nach einem Namen?«

»Genau.«

»Wie haben's eigentlich die Eltern aufgenommen?«

»Wie schon«, antwortete Hellmer. »Sie müssten doch am besten wissen, wie Eltern reagieren, wenn sie erfahren, dass ihr Kind ermordet wurde. Die Mutter wollte sie sehen, wir konnten es ihr zum Glück ausreden. Ich muss übrigens noch schnell Bock anrufen, er soll die Kleine so herrichten, dass die Eltern sie wenigstens vor der Beerdigung noch einmal sehen können. Ihr Gesicht ist Gott sei Dank völlig unversehrt, er soll aber auch versuchen, sie ein bisschen ordentlicher zuzunähen als üblich.«

»Sie meinen, statt mit sechs oder sieben Stichen mit neun oder zehn?«, erwiderte Berger mit dem ihm eigenen Humor. »Sagen Sie ihm, er soll sich vorstellen, er würde eine geplatzte Hosennaht nähen. Er wird's schon verstehen.«

Hellmer griff zum Telefon und rief bei Bock an. Er zeigte sich verständnisvoll und meinte, er gebe das vorläufige Ergebnis in etwa einer Stunde durch. Er sagte noch etwas, Hellmer stellte ihm eine Frage dazu, doch Bock gab nur eine knappe Antwort und legte auf.

»Komisch.« Hellmer hielt den Hörer noch einen Moment in der Hand. »Bock meint, wir sollen uns auf eine Überraschung gefasst machen. Er wollte aber nicht verraten, was er herausgefunden hat.«

»Das ist typisch für ihn«, sagte Berger, »unser lieber Bock. Und jetzt an die Arbeit.«

Freitag, 18.45 Uhr

Sie hatten wie so oft den Pizzaservice kommen lassen und aßen, während sie die Hefte studierten. Das Telefon klingelte, Berger sah Hellmer an und gab ihm ein Zeichen, dass er drangehen sollte. Er hob ab und stellte den Lautsprecher an, damit alle mithören konnten.

»Hellmer.«

»Bock hier. Also, die wesentlichen Untersuchungen sind abgeschlossen, ein paar muss ich aber noch durchführen. Selina Kautz, wohnhaft in Hattersheim, fünfzehn Jahre alt ...«

»Diese Angaben haben wir doch bereits«, sagte Hellmer leicht ungehalten. »Wenn Sie vielleicht zum Wesentlichen kommen könnten.«

»Nicht so ungeduldig, ich bin doch schon dabei. Todeszeitpunkt zwischen Mitternacht und ein Uhr. Sie war zum Zeitpunkt ihres Ablebens kerngesund, keinerlei Anzeichen für Medikamenten- oder Drogenmissbrauch, ebenfalls kein Alkohol feststellbar. Sehr gute körperliche Konstitution. Sie wurde jedoch vor ihrem Tod betäubt, ich habe einen entsprechenden Einstich am linken Arm festgestellt, außerdem gibt es leichte Druckstellen an ihren Hand- und

Fußgelenken, aber auch auf der Stirn und an den Schläfen, es scheint, als hätte man sie fixiert, und sie hat versucht sich loszureißen. Da die Druckstellen aber ziemlich breit sind, gehe ich davon aus, dass es sich um Leder- oder Stoffgurte handelte. Außerdem habe ich insgesamt siebenundsiebzig Einstiche gezählt, davon allein sieben direkt ins Herz. Sämtliche Einstiche erfolgten im Brust- und oberen Bauchbereich.« Er hielt inne, Hellmer wurde immer ungeduldiger.

»Und weiter, das war doch nicht alles, oder?«

»Na ja, sie hatte offensichtlich auch eine Binde über den Augen, ich konnte ein paar Faserspuren ausmachen, obwohl der Täter versucht hat, sie so gründlich wie möglich zu waschen. Und über dem Mund hatte sie ein Klebeband. In ihrem Körper habe ich eine sehr hohe Konzentration eines Beruhigungsmittels gefunden, das zwar normalerweise nur beruhigt, in der verabreichten Dosierung aber schon zur Bewusstlosigkeit führen kann. Das heißt, sie hat aller Wahrscheinlichkeit nach die meiste Zeit zumindest in einem Dämmerzustand, wenn nicht gar in einer Bewusstlosigkeit verbracht. Daher scheint sie nichts oder zumindest nicht viel mitbekommen zu haben.«

»Wurde sie sexuell missbraucht?«

»Es gibt keine eindeutigen Hinweise dafür. Sie hatte zwar Geschlechtsverkehr, doch der hat etwa einen Tag vor ihrem Tod stattgefunden. Sexuellen Missbrauch in Form von gewaltsamem Eindringen in den Vaginal- oder Analbereich konnte ich nicht feststellen, was aber nicht zwangsläufig heißt, dass sich der Täter nicht an ihr vergangen hat. Auf jeden Fall habe ich nur eine Spermasorte gefunden, aber keine Wunden wie Risse oder geplatzte Äderchen im Intimbereich.«

»Noch was?«

»Na ja, nur eine Kleinigkeit noch …« Er machte eine bedeutungsvolle Pause, bevor er sagte: »Sie war schwanger.«

»Bitte was?«, entfuhr es Hellmer. »Schwanger? Im wievielten Monat?«

»Etwa sechste bis siebte Woche.«

»Also noch am Anfang. Haben Sie vielleicht noch eine Überraschung für uns?«

»Reicht Ihnen das etwa nicht?«

»Doch, doch. Und vielen Dank.«

»Den ausführlichen Bericht bekommen Sie am Montag. Schönen Abend noch.«

Hellmer legte auf und sah in die Runde. »Ihr habt's vernommen«, sagte er und setzte sich auf die Schreibtischkante. »Die liebe, unschuldige Selina, das nette Mädchen von nebenan, die Selina, die angeblich noch nie Geschlechtsverkehr hatte, war schwanger! Und es war bestimmt keine jungfräuliche Empfängnis. Was für ein Mist!«

»Das wäre natürlich ein Motiv«, meinte Durant, die sich zurückgelehnt hatte und einen Becher Kaffee in der Hand hielt. »Selina ist schwanger, erzählt ihrem Geliebten davon, und der, angeblich glücklich verheiratet, beschließt, sie aus dem Weg zu räumen.«

»Und quält sie über einen Zeitraum von vierundzwanzig Stunden?«, fragte Hellmer zweifelnd.

»Moment«, sagte Doris Seidel und hob die Hand, »ihr könnt gleich weiterdiskutieren, aber hier, ich hab was in einem Französischheft gefunden. Ein Gedicht oder ein Spruch: ›Man entdeckt keine neuen Weltteile, ohne den Mut zu haben, alle Küsten aus den Augen zu verlieren. André Gide.‹«

»Ja, und?«, fragte Durant verständnislos. »Wer ist André Gide?«

»Keine Ahnung, ist mir einfach nur aufgefallen, während ihr geredet habt. Es passt nicht zum üblichen Kontext. In diesem Heft stehen nur französische Sätze, bloß dieser Spruch ist auf Deutsch. Und sie hat André rot eingekreist.«

»Zeig mal«, sagte Hellmer und schaute ihr über die Schulter. »Man entdeckt keine neuen Weltteile, ohne den Mut zu haben, alle Küsten aus den Augen zu verlieren. Was hat das zu bedeuten?«

»Sie wollte ihr altes Leben hinter sich lassen und ein neues beginnen«, bemerkte Kullmer trocken. »Soll selbst bei einer wohlbehüteten Fünfzehnjährigen vorkommen. Vor allem, wenn so ein alter Knacker auftaucht und ihr das Blaue vom Himmel verspricht. Tja, und wenn sie auch noch schwanger war ...«

»Das ergibt keinen Sinn«, mischte sich jetzt Berger ein. »Das ...«

»Augenblick, Augenblick«, wurde er von Durant unterbrochen, die aufgestanden war und sich mit dem Rücken an die Fensterbank lehnte. Ihre linke Wange juckte, sie strich sich mit der Hand kurz darüber. »Es könnte doch immerhin sein, dass sie tatsächlich vorhatte, alle Zelte abzubrechen. Ich meine, weshalb schreibt sie sonst einen solchen Spruch in ihr Heft? Alle Küsten aus den Augen verlieren, das würde bedeuten, dass sie zum Beispiel vorhatte, sich vom Elternhaus zu trennen ... Doch das würde wiederum allem widersprechen, was wir bisher über sie erfahren haben und was auch in dem Heft steht, das sie als Tagebuch benutzt hat. Sie hatte ein ausgezeichnetes Verhältnis zu ihren Eltern und ihren Geschwistern, sie hatte ihre Freundinnen, und sie hatte ihr Pferd, das sie angeblich so sehr liebte. Gibt man das alles für einen Mann auf?« Sie presste die Lippen aufeinander und schüttelte den Kopf. »Nein, nicht Selina. Sie hätte niemals eine solche Entscheidung getroffen. Frank, du erinnerst dich doch an gestern Abend, als wir in ihrem Zimmer waren. Es war alles aufgeräumt, nichts fehlte, sie hatte sogar noch das Kalenderblatt abgerissen. Sie ist ganz normal zum Reiten gefahren ...«

»Und sie hat ihren Eltern erzählt, sie würde bei einer Freundin übernachten, ihren Freundinnen im Reitclub aber gesagt, sie müsste dringend nach Hause. Ein ganz eindeutiger Widerspruch ...«

»Widerspruch hin, Widerspruch her«, setzte Durant ihre Überlegungen unbeirrt fort, »was immer sie auch ihrer Umgebung verheimlichte, sie hatte meiner Meinung nach nicht vor, wegzugehen. Der Spruch mag zwar darauf hindeuten, für mich ist er aber nur symbolisch gemeint. Zeig doch noch mal her«, bat sie Doris Seidel, die das Heft über den Tisch schob. Julia Durant las und sagte: »Okay, wir machen für heute Feierabend und sehen uns morgen früh in alter Frische. Wir müssen eine Soko bilden. Das Heft behalte ich erst mal.«

»Ich könnte noch ein paar von den Heften und Ordnern mitnehmen«, meinte Doris Seidel. »Ich habe heute Abend eh nichts weiter vor und ...«

»Prima, nimm von mir aus alles mit«, sagte Durant schnell, bevor Seidel es sich noch anders überlegte. »Ich reiß mich da nicht drum. Also, gehen wir heim.«

Sie nahm ihre Tasche vom Stuhl, warf Berger noch einen Blick zu, und bevor sie als Letzte nach Hellmer das Büro verließ, sagte er: »Frau Durant, ich wünsche Ihnen einen schönen Abend. Und lassen Sie mich wissen, wenn Sie eine Vermutung haben.« Bei den letzten Worten lächelte er vieldeutig.

»Aber natürlich doch. Und machen Sie nicht mehr so lange. Die nächsten Tage werden hart.«

»Das werde ich ganz sicher. Ach ja, falls es Sie interessiert, und ich weiß, das Gerücht macht schon lange die Runde, ich werde nächsten Monat heiraten. Sie werden alle noch rechtzeitig eine Einladung von mir bekommen.«

Hellmer und Durant kehrten zurück, Hellmer reichte ihm die Hand und klopfte ihm auf die Schulter. »Gratuliere. Wir wollten ehrlich gesagt schon Wetten abschließen, ob Sie jemanden haben oder nicht. Ich hab's die ganze Zeit gewusst. Aber jetzt mal ganz ehrlich, ich freu mich für Sie.«

»Ich auch«, fügte Durant hinzu und dachte gleichzeitig: Warum haben immer die andern so viel Glück und ich nicht?

»Ja, ja, schon gut. Und jetzt hauen Sie ab, meine Zukünftige wartet nämlich mit dem Essen auf mich.«

»Ach ja, sie wartet mit dem Essen.« Doris Seidel grinste Berger an. »Das fängt ja gut an.«

»Wie sich das gehört. Sie wartet übrigens in einem netten Restaurant in Höchst auf mich. Und jetzt raus hier.«

Durant und Hellmer gingen zu ihren Autos. Auf dem Weg dorthin unterhielten sie sich kurz über Berger und dessen wundersame Wandlung, bis Durant das Thema wechselte.

»Frank, ich wollte das nicht vor allen sagen, aber wie genau erinnerst du dich an Selinas Zimmer?«

»Wahrscheinlich nicht so genau wie du. Ich hab nun mal nicht dein Supermegahirn.«

Ohne darauf einzugehen, fuhr sie fort: »An ihrer Pinnwand hängen einige Zettel, und ich meine, da sind zwei mit diesen typischen Kalendersprüchen dabei. Ich muss mir die unbedingt noch mal ansehen.«

»Doch nicht heute Abend, oder?« Hellmers eben noch gute Laune war schlagartig dahin, er wusste genau, dass Durant nicht gerne etwas auf die lange Bank schob. Missmutig schaute er auf die Uhr.

»Warum eigentlich nicht? Ich muss mir Klarheit über eine ganz bestimmte Sache verschaffen, sonst zermartere ich mir die ganze Nacht den Kopf. Und das kannst du doch unmöglich wollen«, sagte sie mit treuherzigem Blick.

»Wir können doch nicht schon wieder da auftauchen! Die drehen allmählich durch.«

»Frank, wir müssen einen Mord aufklären. Die werden's verstehen. Die wollen doch auch wissen, wer Selina das angetan hat.«

»Du machst das doch nicht aus purer Langeweile, du hast doch schon eine bestimmte Ahnung, oder?«

»Ich will es erst sehen, dann sag ich's dir, okay?«

»Bitte, du sturer Esel.«

Freitag, 20.10 Uhr

Der Abend war klar und kühl, Emily Gerbers Auto stand vor dem Haus, im Gegensatz zu gestern waren nur wenige Menschen auf der Straße zu sehen, die große Sensation war eingetreten, der Alltag hielt wieder Einzug. Sie klingelten, Helga Kautz kam, noch benommen von dem Mittel, das ihr gespritzt worden war, an die Tür, unmittelbar gefolgt von Emily Gerber, murmelte ein paar unverständliche Worte, machte gleich wieder kehrt und ließ sich auf die Couch fallen, während ihre Freundin die Kommissare hereinbat.

»Hallo«, sagte Emily Gerber, »es ist ganz gut, dass Sie vorbeikommen. Peter, ich meine Herr Kautz, hat sich ins Bett gelegt, ihm geht es überhaupt nicht gut. Und Helga, Sie sehen ja selbst. Sie ist völlig mit den Nerven am Ende. Ihre Mutter hat vorhin die Kinder abgeholt, sie meint, es wäre besser, wenn sie die nächsten Tage bei ihr blieben. Ich bin übrigens der gleichen Meinung.«

»Wir müssen noch mal in Selinas Zimmer«, sagte Hellmer. »Dauert nur einen Moment.«

»Lassen Sie sich Zeit. Ich bleibe übrigens heute Nacht hier. Man kann ja nie wissen.« Sie hielt inne und schüttelte den Kopf. »Wer tut so was bloß? Wenn ich mir vorstelle, es ist jemand, den ich vielleicht kenne. Nicht auszudenken. Irgendjemand hier aus diesem verdammten Kaff. Aber wie es scheint, ist man nirgendwo mehr sicher. Finden Sie den Mistkerl bloß schnell, damit er nicht noch mehr Unheil anrichten kann.«

»Frau Gerber, wir tun unser Möglichstes. Aber wir gehen erst mal nicht davon aus, dass er noch ein zweites Mal zuschlägt.«

Red nicht so einen Mist, dachte Durant, weil ihr Bauch etwas anderes sagte.

»Ihr Wort in Gottes Ohr.«

Selinas Zimmer. Nichts war seit dem Mittag verändert worden, so weit Durant feststellen konnte. Sie ging schnurstracks zur Pinnwand, die über dem Schreibtisch hing, und sah auf die beiden Kalenderblätter. Auf einem ein Spruch von Albert Einstein, »Phantasie ist wichtiger als Wissen«, auf dem andern der von André Gide.

»Hier«, stieß Durant leise, aber triumphierend hervor, »ich hab's doch gewusst! Und sie hat den Vornamen rot eingekreist, wie in dem Heft.« Sie überlegte, fuhr sich mit der Zunge über die Lippen und sah Hellmer an, ohne ihn direkt wahrzunehmen. Ihm kam es vor, als würde sie durch ihn hindurchschauen. »André. Könnte ein André unser Mann sein? Aber wer heißt hier so? Wir sind in Deutschland und nicht in Frankreich.«

»Hattersheim war lange Zeit unter französischer Besatzung, und eine der Partnerstädte ist Sarcelles ...«

»Wie lange ist das her, ich meine, das mit der Besatzung? Nach dem Krieg?«

»Nee. Nadine interessiert sich für Geschichte und wollte gleich nachdem wir hergezogen sind alles über Hattersheim und Okriftel wissen und hat sich eine Menge Material aus dem Archiv besorgt und mir die Ohren vollgelabert. Die Besatzung war im 19. Jahrhundert.«

»Scherzkeks! Heute heißt man Alexander, Thomas, Julian, Richard ...«

»Oder Andreas?«, wurde sie von Hellmer unterbrochen. »André ist doch die französische Form von Andreas.«

»Wie viele mit Namen Andreas kennst du? Oder genauer gesagt, wie viele verheiratete Männer namens Andreas kennst du hier in Okriftel?«

Hellmer schluckte schwer und sah Julia Durant entgeistert an. »Nur einen, aber ...« Er schüttelte energisch den Kopf. »Nein, komm, der fällt aus! Jeder, aber nicht der.«

»Wen meinst du denn? Jetzt spuck's schon aus, ich bin nämlich fremd hier.«

Hellmer druckste herum, bis er schließlich leise sagte: »Gerber. Er heißt mit Vornamen Andreas.«

»Uups! Was hat sie gleich noch geschrieben – er ist mit einer wunderschönen Frau verheiratet, und sie weiß genau, er würde sich nie von ihr scheiden lassen. Aber das würde ihr nichts ausmachen ... Sie war einfach nur in den Mann verliebt. Gerber, ein erfolgreicher Arzt, gut aussehend, vermögend, eine bildhübsche Frau. Er passt genau in das Bild, das Selina von ihm gezeichnet hat. Klingt doch irgendwie logisch, oder?« Durant sah Hellmer herausfordernd an.

»Ob logisch oder nicht, er ist nicht der Typ dafür …«

»Nicht der Typ? Wie sieht denn so ein Typ aus? Fragen wir ihn doch einfach. André oder besser Andreas Gerber. Der Patenonkel der süßen kleinen Selina. Sollte ich falsch liegen, entschuldige ich mich in aller Form dafür und lade dich und Nadine ins Kino ein. Sollte ich jedoch Recht behalten, schuldest du mir ein Essen in einem Restaurant meiner Wahl.«

»Gerber würde niemals einen Menschen umbringen. Schon gar nicht auf so bestialische Weise. He, Julia, ich kenne ihn. Und er ist bestimmt einer der beliebtesten Männer hier im Ort. Nicht bei jedem, aber bei den meisten. Er hat einen gewaltigen Ruf zu verlieren …«

»Und genau das ist es doch«, sagte sie und tippte ihm mit dem Zeigefinger auf die Brust. »In dem Augenblick, wo du einen Ruf zu verlieren hast, verlierst du auch deinen Verstand. Wie oft haben wir das schon in der Vergangenheit erlebt? Sag's mir, zehnmal, zwanzigmal, hundertmal? Ich pfeif auf den guten Ruf, den jemand genießt. Wir fahren jetzt sofort zu ihm und werden ihm ein paar sehr unangenehme Fragen stellen. Und sollte er auch nur eine nicht zu meiner Zufriedenheit beantworten können, oder ich merke, dass er lügt oder uns etwas verheimlicht, werde ich ihn auf der Stelle mit aufs Präsidium nehmen und einen Gentest veranlassen, um zumindest herauszukriegen, ob er Selina geschwängert hat. Und dann gnade ihm Gott.«

»Julia, du verrennst dich da in etwas. Aber gut, du bist der Boss.«

»Hast du etwa Angst?«

»Ich kann mich auf jeden Fall nicht mehr bei ihm blicken lassen, wenn wir ihn fälschlicherweise verdächtigen.«

»Es gibt genug andere Ärzte. Du wirst schon einen finden. Weißt du denn, wo er wohnt?«

»Nein, aber frag doch seine Frau, die ist unten.«

»Du fragst sie, ihr habt euch doch heute schon bestens unterhalten.«

»Leck mich!«

Sie verabschiedeten sich von Helga Kautz, die die Beamten wie durch einen Schleier wahrnahm, und von Emily Gerber. Im Hinausgehen sagte Hellmer: »Frau Gerber, mal eine Frage: Wo wohnen Sie eigentlich?«

Sie sah Hellmer überrascht an und antwortete spöttisch lächelnd: »Warum wollen Sie das wissen? Möchten Sie mit Ihrer Gattin mal zum Essen kommen?«

»Nein, Fragen gehören bei uns zur Routine.«

»Na, wenn das so ist. Wir wohnen im Grimmweg. Kennen Sie ja sicherlich.«

»Natürlich. Auf Wiedersehen.«

»Gute Nacht.«

Freitag, 20.40 Uhr

Er saß in einer kleinen Kneipe allein an der Bar, als sein Handy klingelte. Er nahm es aus der Hemdtasche und meldete sich.

»Ich muss dringend mit Ihnen sprechen«, sagte der Anrufer.

»Um was geht's?«

»Nicht am Telefon. Wir müssen uns treffen.«

»Von wo rufst du an?«

»Von einer Telefonzelle, wie vereinbart.«

»Und wo bist du gerade?«

»In der Nähe meiner Wohnung.«

»Kannst du einen Augenblick dranbleiben? Ich zahl nur schnell und geh raus, der Empfang ist nicht besonders gut.«

Er zahlte, trank sein Bier aus und ging auf die Straße zu seinem Wagen. »Also, wann und wo?«

»Können Sie zu mir kommen?«

»Kein Problem. Sagen wir so in zehn Minuten?«

»Ich warte unten vor der Tür. Wir können ja ein bisschen in der Gegend rumfahren oder 'n Bier trinken gehen.«

»Ja, ja, bis gleich.«

Er entriegelte von innen die Kofferraumklappe, holte etwas heraus und steckte es in die Innentasche seiner Sommerjacke. Dann setzte er sich auf den weichen Ledersitz, startete den Motor und fuhr los. Schon von weitem sah er die unscheinbaren Kästen zu beiden Seiten der Straße, einen vor der Einfahrt zum Aventis-Gelände und einen gegenüber an der Wasserwerkchaussee. Er reduzierte die Geschwindigkeit auf die zugelassenen fünfzig Stundenkilometer und grinste. Die beiden Polizisten in ihrem weinroten Opel Omega machten einen gelangweilten Eindruck. Er betätigte einige Male die Lichthupe, um entgegenkommende Fahrer vor der Radarfalle zu warnen, und beschleunigte gleich wieder. Idioten, dachte er, ihr stellt euch auch immer an die gleichen Plätze! Selbst schuld, wenn ihr nichts kassiert.

Nach zwölf Minuten hielt er vor dem fünfstöckigen Haus, der Mann schälte sich aus der Eingangstür, kam auf ihn zu und stieg auf der Beifahrerseite ein.

»Also, was gibt es so Wichtiges?«

»He, Mann, ich denke, das wissen Sie besser als ich. Und …«

»Und was?«

»Gehen wir irgendwohin und essen was. Ich kenn da 'nen super Italiener …«

»Und wo ist dieser super Italiener?«

»Nächste Straße rechts, dann wieder rechts, und schon sind wir da.«

Das Restaurant war um diese Zeit fast bis auf den letzten Platz gefüllt. Die Bedienungen huschten durch die schmalen Gänge, Musik klang aus kleinen Lautsprechern, es roch nach Essen und Rauch, nach Gewürzen und irgendwie auch nach vielen Menschen. Sie fanden noch einen Platz im ersten Stock.

»Was willst du essen?«

»Mal sehen.« Der andere blätterte in der Karte. »Und was ist mit Ihnen?«

»Keine Ahnung. Was kannst du denn empfehlen? Machen die hier gute Spaghetti? Wenn ja, dann Spaghetti.«

»Dann nehm ich auch Spaghetti. Und ein großes Pils.«

»Pils? Ich bestell uns eine Flasche Rotwein, was hältst du davon?«

»Auch nicht schlecht. Stört es Sie, wenn ich rauche?«

»Nein, wieso? Wie geht's dir denn?«

»Es geht. Ich hab das von der Kleinen in Hattersheim gehört. Hat das was mit vorgestern Nacht zu tun?«

»Wie kommst du denn darauf? Aber lass uns nicht hier darüber reden. Wir genießen erst mal das Essen und den Wein, und nachher können wir uns im Auto unterhalten. Einverstanden?«

»Klaro, schon kapiert«, sagte der andere grinsend.

Sie gaben die Bestellung auf, er trank einen Schluck Wein, sein Gegenüber leerte das Glas in einem Zug. Er schenkte ihm gleich nach, drehte den Kopf ein wenig zur Seite und beobachtete ihn aus dem Augenwinkel. Die Spaghetti wurden nach nicht einmal zehn Minuten serviert, sie aßen, und während er sich mit kleinen Schlucken begnügte, trank der andere vier Gläser. Er bestellte eine weitere Flasche und merkte bereits nach gut einer halben Stunde, wie der Blick seines Gegenübers allmählich immer glasiger wurde und die wenigen Worte, die er sprach, schwer über seine Lippen kamen.

Um genau zehn Uhr beglich er die Rechnung, sie verließen das Restaurant. Die Sonne hatte sich dezent zurückgezogen, Dämmerung hatte sich übers Land gelegt. Sie fuhren durch ein paar enge Gassen zurück zu dem Haus.

»Können wir zu dir nach oben gehen? Ich muss nämlich mal ziemlich dringend aufs Klo. Dann sind wir auch wirklich ungestört.«

»Meinetwegen. Ist aber eigentlich gar nicht so wichtig. Ich wollt nur wissen, ob ...«

»Ich bin die nächsten Tage verreist, wenn du also mit mir sprechen möchtest, dann am besten heute noch. Wer weiß, wann ich wieder Zeit habe.«

»Okay, okay, okay. Gehen wir hoch.«

Der andere wohnte im vierten Stock in einem alten, unansehnlichen Haus, in dem vermutlich keiner seinen Nachbarn kannte. An den Türschildern entweder keine oder ausländische Namen. Anonymität. Er hatte ihm diese Wohnung besorgt, sie kostete nur dreihundert Euro warm, ein großes Zimmer, eine Dusche und eine vergleichsweise geräumige Koch- und Essecke. Die Einrichtung bestand aus einfachen, aber neuen Möbeln, einem Schlafsofa, zwei Sesseln und einem runden Glastisch, einem neuen Fernseher plus Videorekorder und einer kleinen Stereoanlage. Die Wände waren bis auf ein Poster einer Heavy-Metal-Band kahl und versifft, eine schlichte Vierzig-Watt-Birne baumelte von der Decke und spendete diffuses Licht. Die Fenster waren geschlossen, die Vorhänge zugezogen, es stank nach abgestandenem Rauch, Schweiß und Alkohol, der Aschenbecher quoll über, der Teppichboden, der unmittelbar vor dem Einzug gelegt worden war, war seither nicht gesaugt worden, an einigen Stellen wies er dunkle Flecken und Brandlöcher auf. Er blieb stehen, während der andere sich auf das ungemachte Bett fallen ließ.

»Schon mal was von Aufräumen gehört?«, sagte er vorwurfsvoll und schüttelte den Kopf. »Als ich dir die Wohnung besorgt habe, war alles tipptopp in Ordnung. Und jetzt sieht's hier aus wie in einem Saustall. Wenn du mal 'ne gescheite Frau triffst und sie mit hernimmst, die rennt doch gleich schreiend wieder raus.«

»Was geht Sie das an? Ich kann machen, was ich will. Außerdem wohn ich hier und nicht Sie.«

»Auch wahr. Ist schließlich dein Problem. Also, was hast du auf dem Herzen? Und mach's kurz, ich hab nicht mehr viel Zeit.«

Der andere setzte sich wieder auf, fuhr sich durch das blonde, fettige Haar und schien zu überlegen. Schließlich sagte er geradeheraus: »Die Kleine, ich meine Selina, hat das jetzt was mit der Aktion vorgestern Nacht zu tun oder nicht?«

»Wie kommst du denn darauf?«, fragte er, setzte sich nun doch in einen der beiden Sessel und lehnte sich zurück. Er schlug die Beine übereinander und sah sein Gegenüber durchdringend an.

»Tja, wie komm ich wohl bloß darauf?«, fragte der andere grinsend. »Die Scheißbullen werden doch gleich denken, ich hätte was damit zu tun. Die brauchen doch nur meine Akte rauszuholen, und zack, ham sie mich am Schlawittchen. Schließlich hab ich die Kleine gekannt. Sie war schon damals echt süß.«

»Und was willst du jetzt von mir?«

»Mann, ich hab keinen Bock, hier lange rumzulabern. Ich will einfach nur wissen, ob Sie das Mädchen umgelegt haben. Aber ich halte diesmal meinen Kopf nicht wieder für etwas hin, was ich nicht gemacht habe. Einmal Knast reicht mir.«

»Ich habe niemanden umgebracht. Was redest du für einen Unsinn. Du hast wohl wieder mal zu viel getrunken, was?«

»Ach ja? Und wieso dann diese Telefonaktion? He, Mann, so blöd bin ich auch wieder nicht!« Der andere schien von einem Moment zum nächsten nüchtern geworden zu sein. »Im Prinzip ist es mir scheißegal, ob Sie die Kleine gekillt haben oder nicht, ich weiß nur, dass ich verschwinden muss, und zwar schnell. Möglichst bevor die Bullen hier auftauchen. Das Problem ist nur, ich hab keine Kohle.«

»Kann ich was dafür, wenn du dein ganzes Geld versäufst oder in Huren steckst? Schau dich doch bloß mal an, wie du aussiehst. Wie ein Penner.«

»Hey, nicht so, okay?!«, zischte der andere und deutete drohend mit dem Finger auf ihn. »Sollten bei mir wirklich die Bullen auftauchen, werd ich die ganze Geschichte von damals erzählen. Jede Einzelheit. Überlegen Sie sich's also. Ich mach keinen Spaß.«

»Jetzt komm wieder runter und beruhig dich. Lass uns in aller Ruhe reden. Sag mir, wie viel du brauchst, und ich werde versuchen, das Geld zu beschaffen. Wir sind doch Freunde, oder etwa nicht?«, bemühte er sich ihn zu beschwichtigen. »Hab ich nicht alles für dich getan, so wie Freunde es in der Regel machen? He, schau mich an, ich hab dich bisher nicht im Stich gelassen, warum sollte ich es also jetzt tun? Du hast mir geholfen und ich dir. Eine Hand wäscht die andere. Und wahre Freunde sind nur die, die sich in der größten Not beistehen.«

»He, Mann, is ja okay, aber … Mann, ich will ja auch nicht undankbar erscheinen, aber ich muss die Fliege machen. Wenn die Bullen kommen und mich ausquetschen, was mach ich dann? Und in den Knast geh ich nie mehr zurück, die zwei Jahre haben mir gelangt. Haben Sie die Kleine nun gekillt oder nicht?«

»Nein, natürlich nicht, das muss ein dummer Zufall gewesen sein. Trotzdem will ich nicht unfair sein und dir entgegenkommen. Wie viel brauchst du?«

Der andere fuhr sich über den Dreitagebart und wiegte den Kopf hin und her. »Fünfundzwanzigtausend morgen früh und fünfundzwanzigtausend, wenn ich morgen Abend am Flughafen bin. Dann bin ich endgültig aus Ihrem Leben verschwunden. Vielleicht schreib ich mal 'ne Karte aus Brasilien«, fügte er schmierig grinsend hinzu. »Brasilien, da wollt ich nämlich schon immer mal hin.«

»Fünfzigtausend?«, fragte er mit zusammengekniffenen Augen. »Wie stellst du dir das vor? So viel kann ich bis morgen früh nicht auftreiben. Zehntausend morgen, zehntausend am Flughafen, das muss reichen. Alles andere würde auffallen. Den Rest kann ich dir nach und nach überweisen. Du hast mich ja in der Hand und weißt etwas, was keiner außer uns beiden weiß.«

»Scheiße, Mann, ich hab keinen Bock auf Handeln! Okay, zwanzigtausend mal zwei macht vierzigtausend und keinen Euro weniger. Ich will schließlich auch mal was vom Leben haben.«

»Wann morgen früh?«

»Um zehn hier. Und keine fiesen Tricks, ich kann nämlich sehr böse werden, das hab ich im Knast gelernt.«

»Hab ich dich vielleicht bisher im Stich gelassen? He, wir sind Freunde, kapiert?!

Wenn du überhaupt jemandem vertrauen kannst, dann mir. Und damit du mir vertraust, könnte ich auch jetzt gleich an den Geldau-

tomaten gehen und eintausend abheben, den Rest bekommst du
dann morgen. Aber eine Bedingung habe ich: Ich will sämtliche
Unterlagen haben, auf denen mein Name steht. Sonst gibt's kein
Geld.«

»Schlechtes Gewissen, was?«, sagte der andere immer noch
grinsend. »Aber um Sie zu beruhigen, ich brauch mir nichts aufzu-
schreiben, ist alles hier oben gespeichert, jede einzelne Sekunde
und jedes Wort.« Er tippte sich an die Stirn, erhob sich, gähnte und
meinte: »Tschuldigung, aber ich muss mal meinen Python wür-
gen. Bin gleich wieder da. Haben Sie nicht gesagt, dass Sie auch
mal müssen?«

»Ist schon wieder vorbei«, antwortete er nur. Er wartete, bis er
das Hinunterziehen des Reißverschlusses hörte, wie der andere
pinkelte, holte die Drahtschlinge mit den zwei dünnen Holzgriffen
aus der Innentasche seiner Jacke, ging auf Zehenspitzen zum Klo,
die Tür war nur angelehnt. Der andere stand mit dem Rücken zu
ihm, zog die Kette des Spülkastens und merkte nicht, wie die
Schlinge blitzschnell von hinten um seinen Hals gelegt und zugezogen wurde. Er griff verzweifelt danach, schlug mit seinen Händen um sich, doch es dauerte nur eine Minute, bis seine Kräfte
schwanden, eine weitere, bis er bewusstlos war und den ungleichen Kampf verloren hatte. Ein letztes Zucken einem Aufbäumen
gleich raste durch seinen Körper, der Tod kam schnell.

Schweiß hatte sich auf seiner Stirn und unter den Achseln gebildet. Er sah mit abfällig heruntergezogenen Mundwinkeln auf den
reglosen Körper, die weit aufgerissenen, aus den Höhlen getrete-
nen Augen, in denen sich das blanke Entsetzen festgebrannt hatte.
»Du hast tatsächlich geglaubt, ich wäre dein Freund. Aber einen
wie dich würde ich mir nie als Freund aussuchen, dazu bist du mir
einfach zu blöd, du jämmerliches Stück Scheiße! Schau dich doch
nur mal an, wie du jetzt aussiehst! Ach nein, kannst du ja gar
nicht, höchstens von oben, aber ehrlich, du siehst echt beschissen
aus. Aber dein ganzes Leben war ja ein großer Haufen nutzloser
Scheiße«, murmelte er kaum hörbar und lachte dabei kurz auf.

Nach einer Weile ging er seelenruhig zurück ins Wohnzimmer, blickte um sich, entdeckte neben der Spüle den Wäscheständer mit den Nylonschnüren, schnitt diese ab und verknotete sie geschickt, bis sie ein zusammenhängendes Band bildeten. Ein Blick nach oben, das Heizungsrohr in der Dusche verlief wie in vielen dieser Altbauten etwa einen Meter lang fast in Deckenhöhe. Er stieg auf einen Stuhl und wickelte das verknotete Plastikseil darum. Dann hievte er den Körper hoch, stellte ihn auf den Stuhl und lehnte ihn an die Wand, legte ihm die Schlinge um den Hals und zog den Stuhl mit einem kräftigen Ruck weg. Er wusste, niemand im Haus hatte etwas gehört, und wenn doch, so würde es denjenigen nicht interessieren. Ein letzter Blick auf den Toten, dessen Füße etwa vierzig Zentimeter über dem Boden baumelten und dessen Augen glanzlos auf die Fliesen starrten.

Er zischte: »Ruhe in Frieden, Arschloch. Du hast wirklich gemeint, du könntest mich erpressen, was? Da müssen schon andere kommen. Aber von einem wie dir lass ich mir nichts sagen. Ich lass mir von keinem mehr etwas sagen, kapiert, du mieses Stück Scheiße? Mal sehen, wann man dich hier finden wird. Vielleicht in einer Woche, vielleicht aber auch erst in einem Jahr, wenn von dir nur noch die Knochen übrig sind.«

Er blieb noch eine Stunde, wühlte alle Papiere durch, die er finden konnte, doch er entdeckte tatsächlich nichts, das auf ihn hinwies oder worin sein Name erwähnt wurde. Er löschte das Licht, vergewisserte sich, dass niemand ihn sah, ging so leise es möglich war nach unten zu seinem Wagen und fuhr nach Hause.

Freitag, 20.45

Linsenberger Straße, vor der Zufahrt zum Grimmweg.
»Julia, überleg es dir noch einmal. Du kannst eine Menge Porzellan zerschlagen, wenn du Gerber jetzt verdächtigst. Es gibt in Okriftel bestimmt ein Dutzend Männer zwischen fünfundzwanzig

und fünfzig, die Andreas heißen und eine nette, hübsche Frau haben. Und außerdem, wer sagt uns denn, dass unser Mann aus Okriftel kommt?«

»Ich verspreche dir, deinen lieben Doktor mit Samthandschuhen anzufassen. Wir gehen jetzt hin, ich werde so tun, als wäre ich krank, und dann stelle ich ihm erst mal ein paar ganz unverfängliche Fragen. Und allmählich steigere ich das Ganze. Bist du jetzt beruhigt?«

»Nee, denn bei dir weiß man nie«, brummte er mürrisch. »Und jetzt komm, sonst wird es immer später, und ich will irgendwann auch mal Feierabend machen.«

Sie liefen etwa vierzig Meter, bis sie vor dem Haus standen. Ein kurzes Drücken der Klingel, sie hörten Schritte näher kommen.

»Guten Abend«, sagte Gerber überrascht, »was verschafft mir die Ehre?«

»Meiner Kollegin …«

»Mir geht es nicht so gut«, fiel Durant Hellmer ins Wort, »und ich dachte, da wir sowieso in der Gegend zu tun haben, schau ich mal bei Ihnen vorbei. Ihre Frau war so freundlich, uns die Adresse zu geben.«

»Ich habe zwar keinen Notdienst, aber bitte, kommen Sie rein. Wo fehlt's denn?«

»Müde, schlapp, Kopfschmerzen«, sagte Durant, was nicht einmal gelogen war. Sie hatte seit dem Nachmittag mal mehr, mal weniger heftige Stiche in der linken Schläfe, deren Ursache sie jedoch kannte. Stress, Übermüdung, Selinas Verschwinden und Tod, die immer wieder um Kuhn kreisenden Gedanken.

»Gehen wir ins Wohnzimmer. Hat Herr Hellmer Ihnen erzählt, wie ich behandle?«

»Nein.«

»Wenn es Ihnen nichts ausmacht, geh ich ein bisschen raus auf die Terrasse«, sagte Hellmer.

»Du kannst ruhig hier bleiben, ich habe keine Geheimnisse.«

»Ich möchte trotzdem lieber rausgehen.« Durant sah ihm nach, grinste in sich hinein, ließ es Gerber aber nicht merken. Sie fühlte sich auf Anhieb wohl in dem Haus, es war eine sehr ruhige, friedliche Atmosphäre. Sie hörte die Stimmen der beiden Töchter, aber auch Stimmen und Musik aus der Nachbarschaft, selbst das durch die offene Terrassentür dröhnende Geräusch startender Flugzeuge störte nicht die starke Ruhe, die sie in diesem Zimmer empfand.

Gerber stellte zwei Stühle der Essgruppe in einem Abstand von etwa fünfzig Zentimetern vor den Tisch.

»Nehmen Sie bitte hier Platz«, forderte er Durant auf. Er selbst setzte sich ihr direkt gegenüber und bat sie, die Beine eng geschlossen zu halten. »Dürfte ich bitte einen Blick in Ihre Hände werfen?«

»Meine Hände?«, fragte sie erstaunt, hielt sie ihm aber hin.

Er lächelte nur, fasste sie vorsichtig an den Fingerspitzen, betrachtete einen Moment die Finger, anschließend drehte er die Hände und warf einen Blick in die Handinnenflächen. »Veränderung und innere Zerrissenheit. Sie möchten aus Ihrer Haut und stehen kurz vor einer Explosion. Wie ein Vulkan, der schläft, unter dessen scheinbar ruhiger Oberfläche es aber brodelt. Sie wollen jedoch unbedingt etwas in Ihrem Leben verändern. Wie es aussieht, hat es mit einem Mann zu tun, von dem Sie sich lösen möchten, Sie haben aber noch keine endgültige Entscheidung getroffen. Und Sie stecken voller Selbstzweifel. Sie haben oft Kopfschmerzen, aber auch Unterleibsbeschwerden. Ansonsten sind Sie gesund. Ihre Beschwerden sind rein psychosomatischer Natur. Sie müssen nur endlich eine Entscheidung für sich treffen, um frei zu werden. Und denken Sie nicht immer, sie seien gefühllos oder bindungsunfähig. Das sind Sie nicht, Sie lassen sich nur zu leicht ausnutzen, und das wissen Sie. Das hat bei Ihnen zu einer inneren Verhärtung geführt, die aber zu beheben ist. Sie sollten jedoch auf Ihre Lunge und Ihren Magen achten. Rauchen Sie?«

Julia Durant starrte Gerber an, als säße ihr ein Gespenst gegenüber. Sie begriff nicht, wie er allein durch einen Blick in ihre Hände all dies über sie wissen konnte.

»Wie haben Sie das gemacht?«, fragte sie mit tonloser Stimme.

Er lächelte und antwortete: »Sie könnten es auch, denn Sie sind eine sehr intuitive Frau. Aber bei Ihnen funktioniert die Kombination Intuition und Ratio nicht richtig. Bei Ihnen gibt es nur das eine oder das andere. Doch auch dafür gibt es Lösungen. Sie müssen nur bereit sein, die Vergangenheit hinter sich zu lassen, und vor allem, Sie müssen lernen, loszulassen. Sie denken zu viel über Dinge nach, die gewesen sind und nicht mehr rückgängig gemacht werden können. Ich werde Ihnen etwas gegen Ihre Kopfschmerzen aufschreiben und etwas, das Ihnen hilft, Ihre innere Mitte zu finden.«

Er holte einen Zettel und einen Stift und schrieb es auf. »Silicea gegen die Kopfschmerzen, bei akuten Beschwerden alle zwanzig Minuten zwei Globuli. Acidum phosphoricum und Nux vomica gegen Erschöpfung und Unruhe. Davon vorerst täglich alle halbe Stunde je zwei Globuli.«

»Globuli?«

»Das sind kleine Kugeln. Außerdem sollten Sie sich mehr Ruhe und Schlaf gönnen und Ihr Privatleben besser organisieren. Mehr kann ich im Augenblick nicht sagen. Besorgen Sie sich das in der Apotheke. Es kann allerdings sein, dass man es nicht vorrätig hat und bestellen muss.«

»Und was ist mit meinen Kopfschmerzen jetzt?«

Gerber zuckte mit den Schultern und sagte: »Heute müssten Sie sich noch einmal mit einer ganz herkömmlichen Schmerztablette begnügen. Am besten Paracetamol. Aspirin ist nicht gut für den Magen …«

»Sie sind doch aber Schulmediziner, oder nicht?«, unterbrach sie ihn.

»Ich bin Schulmediziner, aber auch Naturheilkundler und Homöopath. Ich lehne chemische Arzneimittel in der Regel ab, nur in Ausnahmefällen verordne ich sie.«

»Und heute Nachmittag bei Herrn und Frau Kautz, das war eine Ausnahme?«

»Natürlich. Hier musste sehr schnell geholfen werden. Und Valium, auch wenn es von vielen noch so verdammt wird, ist immer noch eines der am besten verträglichen Beruhigungsmittel. Es hat kaum Nebenwirkungen, der einzige Nachteil ist, dass es bei längerem Gebrauch abhängig macht. Das kann einem bei den Globulis nicht passieren.«

»Vielen Dank, ich werde mir morgen die Sachen besorgen.«

»Kann ich noch etwas für Sie tun?«

»Ja, unter Umständen, Dr. Gerber. Wenn ich schon mal hier bin, was können Sie mir als ihr Patenonkel über Selina sagen? Was war sie für ein Mädchen?«

»Was könnte ich Ihnen sagen, was Sie nicht bereits wüssten?«, erwiderte er schulterzuckend. »Intelligent, aufgeschlossen allem Neuen gegenüber, neugierig, weltoffen und ihrer Zeit weit voraus.«

»Hm, hm. Kennen Sie den Spruch ›Man entdeckt keine neuen Weltteile, ohne den Mut zu haben, alle Küsten aus den Augen zu verlieren‹?«

War er eben noch völlig entspannt, so zuckte Gerber bei der Frage kurz zusammen, hatte sich jedoch schnell wieder im Griff. »Kann sein, dass ich ihn schon einmal gehört habe. Warum fragen Sie?«

»Der Spruch stammt von einem gewissen André Gide. Sagt Ihnen der Name etwas?«

»Natürlich. Er war ein französischer Schriftsteller und Humanist. Er hat in den Vierzigern den Nobelpreis für Literatur erhalten. Ich habe sogar zwei Bücher von ihm. Worauf wollen Sie hinaus?«

Hellmer war wieder ins Haus gekommen. Er ließ seinen Blick durch das großzügig geschnittene und elegant eingerichtete Zimmer schweifen.

»Das werde ich Ihnen gleich sagen. Aber vorab noch eine Frage: Wie war denn Ihr persönliches Verhältnis zu Selina?«

Gerber erhob sich, kleine Schweißperlen hatten sich nach dieser

Frage auf seiner Stirn gebildet. »Von was für einem persönlichen Verhältnis sprechen Sie?«

»Ich will es Ihnen sagen; wir haben bei Selina so etwas wie ein Tagebuch gefunden. Eigentlich kein Tagebuch im herkömmlichen Sinn, sie hat ein Schulheft dafür benutzt. Darin haben wir unter anderem den eben genannten Spruch gefunden, den Namen André hat sie rot eingekreist. Denselben Spruch hat sie übrigens auch an ihrer Pinnwand hängen, der Name ebenfalls rot eingekreist. Wir fragen uns jetzt, warum sie ausgerechnet den Vornamen rot markiert hat. André ist die französische Form von Andreas.« Sie hielt kurz inne, bevor sie ihre nächste Frage abschoss, diesmal eine Spur schärfer. »Dr. Gerber, waren Sie mehr als nur der Patenonkel von Selina?«

Gerber hatte die Hände in den Hosentaschen. Er versuchte ruhig zu bleiben, auch wenn ihm die Nervosität wie mit großen Lettern ins Gesicht geschrieben stand. Im nächsten Moment war sein Blick jedoch wieder freundlich und offen wie zuvor.

»Nein, ich war nicht mehr als der Patenonkel von Selina. Ist das ein Verhör?«, fragte er vorsichtig.

»Es könnte möglicherweise eines werden. Selina wurde heute Nachmittag obduziert. Unser Gerichtsmediziner hat dabei festgestellt, dass Selina schwanger war. Er sagt, sie war in der sechsten bis siebten Woche. Wussten Sie davon?«

Gerber schluckte schwer, noch mehr Schweißperlen auf der Stirn. Er wandte sich ab, kaute auf der Unterlippe. Es entstand eine Pause.

»Nein, ich wusste nichts davon. Sie war schon seit längerer Zeit nicht mehr in meiner Praxis. Außerdem konsultierte sie bei Frauenbeschwerden eine Gynäkologin in Hofheim.«

»Gut, wir werden in den nächsten Tagen Speichelproben aller Männer aus Okriftel im Alter zwischen fünfundzwanzig und fünfzig nehmen, um so den Vater des Kindes zu ermitteln. Sie fallen natürlich auch darunter.«

Gerber drehte sich um, die Ruhe war endgültig verflogen. Er fuhr sich nervös über den Mund.

»Frau Durant, Selinas Schwangerschaft war mir nicht bekannt. Sie hat nicht mit mir darüber gesprochen. Aber den Speicheltest können Sie sich sparen.«

»Und warum?«

»Mein Gott, wie soll ich es Ihnen erklären, damit Sie es nicht falsch verstehen. Selina und ich ... Ich meine ... O verdammt, ich habe es nicht gewusst, das schwöre ich!«

»Was haben Sie nicht gewusst?«, hakte sie nach, die Stirn in Falten gelegt.

»Das mit der Schwangerschaft.« Seine Nervosität steigerte sich noch weiter, er war nicht mehr in der Lage, dem prüfenden Blick der Kommissarin standzuhalten.

»Sie geben also zu, ein Verhältnis mit ihr gehabt zu haben? Sie sagen ja selbst, dass wir uns den Speicheltest sparen können.«

Gerber atmete ein paarmal tief ein und kräftig wieder aus, als versuchte er sich einer Last zu entledigen. Er stellte sich ans Fenster und schaute hinaus.

»Es ist eine lange Geschichte, die sich nicht einfach mit ein paar Worten erklären lässt. Meine Frau und ich, wir haben ein schweres Jahr hinter uns. Ich dachte sogar, es würde auf eine endgültige Trennung hinauslaufen.« Er sah Durant kurz an, wandte den Blick jedoch gleich wieder ab. »Wissen Sie, wie das ist, eine Frau zu haben, die man liebt, die man geradezu vergöttert und die nichts mehr von einem wissen will, ohne dass man selbst weiß, warum sie einen nicht mehr liebt? Nein, das können Sie nicht, denn Sie sind eine Frau, aber Herr Hellmer kann es vielleicht nachvollziehen. Wir haben dieses Haus, wir haben zwei prächtige Töchter, und doch hat sich Emily von mir zurückgezogen. Ich habe mich gefragt, ob sie einen andern hat, aber ich habe diesen Gedanken wieder verworfen, denn sie war ja jede Nacht zu Hause. Sie hat immer hier geschlafen, sie im Schlafzimmer, ich in meinem Zimmer. Es fand nur noch eine verbale Kommunikation statt, Berührungen waren tabu.« Er stockte, drehte sich um und lehnte sich an die Fensterbank. Sein Blick hatte etwas Melancholisches, seine Mundwinkel zuckten verdächtig. »Bis gestern Nacht waren Berührungen tabu, bis gestern, als wir das von Selinas Verschwinden gehört haben. Allein die Nachricht hatte etwas verändert, als wäre ein Schalter umgelegt und das Licht angemacht worden. Wo vorher Dunkelheit war, war mit einem Mal Licht. Wir haben beschlossen, neu anzufangen, es noch einmal zu versuchen, denn ich weiß jetzt, dass sie mich noch liebt und sich nur eine Auszeit gegönnt hat. Sie ist schließlich noch so jung, und ich kann verstehen, wenn sie eine Krise durchgemacht hat. Und ich bin der Letzte, der so etwas nicht verstehen würde. Das ist die Wahrheit.«

»Schön und gut. Sie haben uns aber noch nicht gesagt, was zwischen Ihnen und Selina war.«

»Sie kam im Mai zu mir in die Praxis, sie war die letzte Patientin. Sie hatte einen Termin. Wir waren allein, und sie saß vor mir und hat mich so merkwürdig angeschaut. Sie war traurig, und doch war da etwas in ihren Augen, dem ich mich nicht entziehen konnte. Sie hatte gerade mit ihrem Freund Schluss gemacht und hat mir die ganze Geschichte erzählt. Wir haben zwei Stunden zusammengesessen ... Fragen Sie mich nicht, wie es passiert ist, aber sie kam ab da jeden Tag zu mir, zumindest fast jeden Tag. Sie war so unglaublich reif, sie war eigentlich erwachsen. Körperlich sowieso. Und ich hatte seit Monaten mit keiner Frau ...«

»Sie wollen jetzt Selina die Schuld in die Schuhe schieben ...«

»Moment«, wurde Durant von Hellmer unterbrochen, »kannst du mal kurz kommen?«

Durant ging mit Hellmer auf die Terrasse, wo dieser ihr zuflüsterte: »So geht das nicht, hörst du. Lass mich mit ihm allein sprechen. Bitte.«

»Wie du meinst«, sagte sie pikiert und setzte sich auf einen Gartenstuhl. Sie zündete sich eine Zigarette an, in ihrem Kopf drehte sich ein immer schneller werdendes Karussell. Dies war einfach nicht ihr Tag. Sie sah keinen Aschenbecher, stand auf und stellte sich auf den Rasen, um in aller Ruhe zu rauchen. Gerber sah es, kam mit einem kleinen Aschenbecher und stellte ihn wortlos auf den Tisch.

»Danke«, sagte Durant nur und nahm erneut Platz.

Als Gerber wieder im Zimmer war, sagte Hellmer: »Dr. Gerber, kommen Sie, setzen wir uns und unterhalten uns in aller Ruhe. Meine Kollegin ist manchmal etwas sehr direkt, das dürfen Sie ihr nicht übel nehmen. Erzählen Sie mir einfach, wie es passiert ist.«

Gerber schien erleichtert, mit jemandem sprechen zu können, den er schon länger kannte, wenn auch nur als Patienten. »Möchten Sie etwas trinken? Das gilt natürlich auch für Ihre Kollegin?«

»Zu einem Glas Wasser sage ich nicht nein. Und für Frau Durant bitte auch.«

Er holte eine Flasche und Gläser und schenkte ein. Dann setzte er sich Hellmer gegenüber, trank einen Schluck, behielt das Glas aber in der Hand, als wollte er sich daran festhalten. Hellmer brachte Durant ihr Glas und grinste sie an, ohne etwas zu sagen. Ihr Blick war eisig.

Nachdem er sich wieder gesetzt hatte, begann Gerber: »Meine innere Stimme hat mich von Anfang an gewarnt, mich auf dieses waghalsige Abenteuer einzulassen. Aber Selina, Sie haben sie ja nicht oder kaum gekannt. Sie hat nicht lockergelassen. Sie konnte so unglaublich kokett sein, sie hatte eine Art, die mich im wahrsten Sinn des Wortes um den Verstand brachte. Dazu kam natürlich ihre Intelligenz. Wir haben schon einige Male zuvor tiefschürfende Gespräche geführt, die man normalerweise mit einer jungen Dame ihres Alters nicht führen kann, weil einfach das Verständnis fehlt. Jedenfalls, sie hat vor mir gesessen, in ihrer engen Reithose, unter der sich jede Sehne und jeder Muskel abzeichnete ... Entschuldigen Sie, aber das ist unwichtig«, sagte er mit einer wegwerfenden Handbewegung. »Ich habe das erste Mal mit ihr an diesem Abend geschlafen. Es ist einfach passiert. Aber sie hat die Pille genommen, von daher war ich sicher, sie würde nicht schwanger werden. Und ich habe es bis eben nicht gewusst, das schwöre ich. Ich habe Selina jedoch von Anfang an klar gemacht, dass ich mich nie von meiner Frau trennen würde, ich habe ihr auch nie irgendetwas versprochen oder Andeutungen gemacht. Sie wusste auch nichts von den Differenzen zwischen Emily und mir. Sie hat mich zwar einmal gefragt, ob ich mir vorstellen könnte, sie zu heiraten, wenn ich nicht verheiratet wäre, aber ich habe ihr keine Antwort darauf gegeben, denn ich wollte ihr keine unnötigen Hoffnungen machen.«

»Warum haben Sie dann überhaupt eine Beziehung mit ihr angefangen?«, fragte Hellmer behutsam weiter.

»Es hat sich einfach ergeben. Selina und schließlich auch ich wollten es so … Ja, wir haben miteinander geschlafen, und ich war der erste Mann in ihrem Leben. Und ich bereue es zutiefst, mich so gehen gelassen zu haben, glauben Sie mir. Vor allem jetzt, wo das mit ihr passiert ist. Aber ich kam einfach nicht mehr los von ihr. Und das Schlimme ist, es lässt sich nicht mehr rückgängig machen.« Er war sichtlich bestürzt, Hellmer merkte es ihm an. Das ist keine Schauspielerei, dachte er nur.

»Wo waren Sie am Mittwochabend zwischen zweiundzwanzig Uhr dreißig und vier Uhr morgens? Ich muss Sie das fragen.«

»Ich hatte Notdienst.«

»Hatten Sie auch Patienten in dieser Nacht?«

»Ja, um halb elf kam eine Frau mit einer schweren Schnittwunde, die ich versorgt habe. Ansonsten war die Nacht ruhig, bis auf eine kleine Ausnahme.«

»Wann haben Sie Selina zuletzt gesehen?«

»Sie kam um kurz nach elf bei mir an. Sie ist wie immer durch die Hintertür gekommen, weil sie nicht gesehen werden wollte, was ja wohl verständlich ist.«

»Selina war vorgestern Nacht bei Ihnen?«

»Ja, sie war bei mir. Das heißt, sie war in der Wohnung über der Praxis. Ich habe alle zwölf bis vierzehn Tage Notdienst, und diese Zeiten haben wir in den letzten zweieinhalb Monaten regelmäßig genutzt. Sie hat ihren Eltern gesagt, sie würde bei einer Freundin übernachten, in Wirklichkeit war sie bei mir. Und ich brauchte auch nicht zu befürchten, dass meine Frau auftaucht. Das wäre das Letzte gewesen, was sie getan hätte. Bis gestern zumindest.«

»Haben Sie etwas mit Selinas Tod zu tun?«

»Nein, nein, nein! Herr Hellmer, es hört sich für Sie wahrscheinlich abstrus an, nein, es hört sich abstrus an, aber ich hatte in jener Nacht einen Anruf von einem Mann, der mich bat, in die Goethestraße zu kommen, angeblich wegen einer Gallenkolik. Ich habe ihn gefragt, ob er nicht in die Praxis kommen könne, aber er hat gemeint, er habe kein Auto und solche Schmerzen, dass er das Haus nicht verlassen könne. Also bin ich zu der angegebenen Adresse gefahren. Es ist eines dieser Hochhäuser beim real-Markt. Ich bin fast eine Viertelstunde lang sämtliche Klingelschilder aller Hauseingänge durchgegangen, aber der angegebene Name stand auf keinem.«

»Passiert so etwas öfters? Ich meine, dass Sie …«

»Nein, ich habe es bisher noch nicht erlebt. Ich bin unverrichteter Dinge wieder zurückgefahren, aber Selina war nicht mehr da. Auch ihr Fahrrad war weg. Ich habe gedacht, sie wäre vielleicht nach Hause gefahren, und dann hat mir meine Frau gestern mitgeteilt, dass sie vermisst wird. Sie können sich nicht vorstellen, wie ich mich gefühlt habe und immer noch fühle.«

»Mit welchem Namen hat sich der Anrufer denn gemeldet?«

»Koslowski, Werner Koslowski, Goethestraße 10. Ich habe zuerst gedacht, ich hätte mich in der Hausnummer geirrt, deshalb habe ich alle andern Häuser auch noch abgesucht, aber Fehlanzeige.«

»Wie lange waren Sie weg?«

»Etwa vierzig Minuten. Der Anruf kam ziemlich genau um halb zwei. Ich bin fünf Minuten später losgefahren. Selina hat noch gesagt, ich solle mich beeilen. Zurückgekommen bin ich gegen Viertel nach zwei …«

»Und da haben Sie festgestellt, dass Selina nicht mehr in der Wohnung war?«

»Ja.«

»War in Ihrer Wohnung oder in der Praxis irgendetwas verändert? Fehlen Unterlagen, Medikamente oder sonst etwas? Oder gibt es Einbruchspuren?«

»Weder noch. Der Medikamentenschrank war abgeschlossen, und auch sonst fehlt nichts.«

»Und Sie haben keinen Verdacht geschöpft? Ich meine, erst sagt sie, Sie sollen sich beeilen, doch als Sie zurückkommen, ist sie plötzlich nicht mehr da.«

»Verdacht!« Er lachte kehlig auf. »Es sah doch alles so aus, als ob Selina gegangen wäre. Das Licht in der Wohnung war aus, die Tür war zu, ihr Fahrrad war weg. Glauben Sie vielleicht, ich denke da gleich an ein Verbrechen?«

»Ihnen ist aber klar, dass Sie unter Mordverdacht stehen?«

»Ich habe sie nicht umgebracht!«, beteuerte er. »Mein Gott, Selina war ein Engel. Herr Hellmer, Sie und ich, wir kennen uns jetzt seit fast drei Jahren.«

»Dr. Gerber, ich bin Ihr Patient, aber ich weiß so gut wie nichts über Sie.«

»Entschuldigen Sie, Sie haben natürlich Recht. Aber trauen Sie mir wirklich zu, so etwas Schreckliches getan zu haben? Trauen Sie mir das wirklich zu?«

»Ich kann Ihnen darauf keine Antwort geben. Ich weiß nur, dass es Fakten gibt, die im Moment fast alle gegen Sie sprechen.«

»Aber da war doch dieser Anruf, der muss sich doch irgendwie nachvollziehen lassen!«, entgegnete Gerber verzweifelt. »Hören Sie, ich habe große Schuld auf mich geladen, und ich hätte auf meine innere Stimme hören sollen, die mir gesagt hat, ich solle die Finger von Selina lassen. Aber wie heißt es doch so schön, der Geist ist willig, aber das Fleisch ist schwach. Wie schwach habe ich erst gemerkt, als das mit Selina passierte.«

»Wir werden diesen Anruf nachprüfen. Sollte er allerdings von einer Telefonzelle aus geführt worden sein, lässt sich der Teilnehmer natürlich nicht ermitteln.«

Gerber schloss die Augen. Tränen. Er nahm ein Taschentuch,

putzte sich die Nase und sah Hellmer entschuldigend an. »Man hat mich aus dem Haus gelockt«, sagte er mit einem Mal. »Gestern Abend, als meine Frau mir erzählte, dass Selina vermisst wird, habe ich gespürt, dass etwas Schreckliches mit ihr geschehen ist. Ich wusste im ersten Moment gar nicht, was ich denken sollte, es war einfach eine unglaubliche Leere in mir. Und dann kam mir dieser Anruf in den Kopf. Irgendwer hat mich aus dem Haus gelockt, weil derjenige von mir und Selina wusste. Dann hat er ... Nein, Moment ... Selina muss ihren Mörder gekannt haben. Wahrscheinlich hat er geklingelt und sich auch gemeldet, und sie hat ihm arglos die Tür geöffnet. Und das war ihr Todesurteil. Das ist es, ich habe keine andere Erklärung. Es muss jemand sein, der so eifersüchtig war, dass er Selina lieber tot sehen wollte als mit mir zusammen.«

»Haben Sie denn jemals mit einer anderen Person über Ihre Beziehung zu Selina gesprochen?«

»Um Himmels willen, nein! Auch Selina hat mit niemandem darüber gesprochen, das hat sie mir nicht nur einmal versichert. Und auf Selinas Wort war Verlass. Sie war die personifizierte Ehrlichkeit.«

»Aber ihren Eltern gegenüber hat sie gelogen.«

»Das ist doch etwas anderes! Hätte sie ihnen vielleicht sagen sollen, dass sie ein Verhältnis mit ihrem Patenonkel hat? Mit einem verheirateten Mann, der ihr Vater hätte sein können, der eine scheinbar mustergültige Ehe führt, der eine traumhaft schöne Frau hat und trotzdem den Hals nicht voll genug kriegen kann? Hätte sie ihnen das sagen sollen? Nein«, stieß er kehlig auflachend hervor, »das hätte sie nie getan. Und soll ich Ihnen noch etwas sagen. Sie hat mir noch am Dienstag erzählt, dass sie einmal Kinder haben möchte, am liebsten drei. Ich habe nur gelacht und gesagt, ich hoffe nicht von mir. Daraufhin hat sie auch nur gelacht und gemeint, natürlich nicht von mir, sondern von einem Mann, der jünger ist als ich. Sie hat es mir offen ins Gesicht gesagt, ohne dabei jedoch verletzend zu sein. Ich sage Ihnen ja, sie war etwas ganz

Besonderes. Ich kenne nur noch eine Frau, die so besonders ist – Emily.«

»Ich will Ihnen jetzt nicht zu nahe treten, aber hatten Sie eigentlich schon immer einen Hang zu jüngeren Frauen? Ich meine, zu viel jüngeren Frauen?«

Gerber lachte kurz auf und schüttelte den Kopf. »Nein, es hat sich einfach so ergeben. Meine erste Ehe war eine einzige Katastrophe. Wir waren beide gleich alt, aber wir haben in verschiedenen Welten gelebt. Dann bin ich Emily begegnet, ich war neunundzwanzig und sie sechzehn. Wir haben geheiratet, als sie achtzehn war. Ich war vom ersten Moment an, als ich sie gesehen habe, fasziniert von ihr. Sie war so unbekümmert und unbeschwert und für ihr Alter erstaunlich reif, ähnlich wie Selina. Selina kam zur Welt, als Emily und ich gerade mal ein Jahr zusammen waren, aber noch nicht verheiratet. Und da ich mit Peter seit meiner Jugend befreundet bin, hat er mich natürlich gefragt, ob ich nicht Selinas Patenonkel werden möchte. Ich habe sie heranwachsen sehen, und wir wohnen ja im Prinzip nur wenige Meter auseinander, da läuft man sich unwillkürlich des Öfteren über den Weg. Dass es aber einmal so weit kommen würde, dass ich mit ihr ... Nein, daran hätte ich bis vor wenigen Monaten nicht einmal im Traum gedacht. Und es hätte nie passieren dürfen. Jetzt ist alles ruiniert ... Wenn die Leute das erfahren, dann ...«

»Jetzt mal ganz ruhig«, sagte Hellmer, wurde aber von Gerber gleich wieder unterbrochen.

»Emily wird es erfahren, Peter und Helga, es ist alles vorbei. Ich kann meine Sachen packen und irgendwo anders hingehen, hier werden sie mir den Boden unter den Füßen wegreißen. Ich weiß ja nicht, inwieweit Sie die Menschen hier kennen, Sie wohnen ja erst relativ kurz in Okriftel, aber ich lebe seit über zwanzig Jahren hier. Das hier ist tiefste Provinz, das kann ich Ihnen versichern.« Er stand auf, die Unruhe hatte ihn wieder gepackt. Immer und immer wieder fuhr er sich mit den Händen übers Gesicht. »Mein Gott, was habe ich bloß angerichtet?!«

»Ja, Sie haben etwas angerichtet, was nicht rückgängig gemacht werden kann«, sagte Julia Durant, die das meiste von der Terrassentür aus verfolgt hatte und nun wieder ins Zimmer kam. »Wir müssen Sie leider bitten, uns aufs Präsidium zu begleiten. Sie stehen unter dringendem Mordverdacht.«

»Weshalb?!«, schrie er verzweifelt. »Nur weil ich ein Verhältnis mit Selina hatte? Welchen Grund hätte ich haben sollen, sie zu töten?«

»Dr. Gerber, ich bitte Sie«, sagte Durant hart, »der Grund liegt doch auf der Hand. Selina war schwanger und hat Sie unter Druck gesetzt. Was glauben Sie, wie oft ich schon mit ähnlich gelagerten Fällen konfrontiert wurde. Und jetzt spielen Sie hier die Mitleidstour. Sorry, aber damit kommen Sie bei mir nicht an.«

»Nein, verdammt noch mal, sie hat mich nicht unter Druck gesetzt! Wie oft soll ich es denn noch sagen, ich wusste nichts von ihrer Schwangerschaft! Und wahrscheinlich wusste sie es selbst nicht einmal. Wenn sie in der sechsten oder siebten Woche war, dann ist es durchaus möglich, dass sie es nicht wusste. Sie litt offensichtlich auch nicht unter den Beschwerden, die häufig in der Anfangsphase einer Schwangerschaft auftreten, Übelkeit, Erbrechen, Kreislaufstörungen, Heißhunger auf alles Mögliche. Bei diesen Anzeichen hätte ich es sofort gemerkt, das kann ich Ihnen versichern. Aber sie hatte seit dem Einsetzen ihrer Periode immer Probleme damit. Vor einem Jahr hat sie sich von ihrer Frauenärztin die Pille verschreiben lassen, weil sie während ihrer Periode unter starken Krämpfen litt. Sie konnte manchmal sogar einige Tage lang deswegen nicht zur Schule gehen. Außerdem hatte sie ihre Periode in sehr unregelmäßigen Abständen. Die körperlichen Beschwerden wurden zwar durch die Pille gelindert, aber die Unregelmäßigkeit blieb trotzdem, und es wurde nicht herausgefunden, woran das lag. Als sie mir am Dienstag sagte, dass ihre Regel seit zehn Tagen überfällig sei, habe ich ihr noch einmal dringend geraten, sich mit einem Spezialisten in Verbindung zu setzen. Ich dachte aber nicht im Traum daran, dass sie schwanger sein könnte, denn ich kann es nur noch einmal betonen, sie hat keinerlei Anzeichen für eine Schwangerschaft gezeigt. Entweder hat sie die Pille einmal vergessen, oder sie wurde trotz Pille schwanger, was es ja auch gibt. Und jetzt glauben Sie es mir oder ...«

»Oder was?«

»Nehmen Sie mich doch mit, es ist sowieso alles egal«, sagte er mit Resignation in der Stimme. »Ich rufe meine Frau an. Sie soll herkommen, ich kann die Mädchen nicht allein lassen.«

»Nicht so schnell«, mischte sich Hellmer ein. »Dr. Gerber, ich mache Ihnen ein Angebot. Sie rufen Ihre Frau an und bitten sie, herzukommen. Sie sprechen mit ihr in unserm Beisein und erklären ihr die Situation ...«

»Nein«, sagte Durant mit energischer Stimme, »so läuft das nicht. Wir machen es anders. Ich spreche mit Frau Gerber. Ich weiß nicht, warum, aber ich werde Sie noch nicht festnehmen, was Sie allein Herrn Hellmer zu verdanken haben. Sollten sich allerdings Ihre Angaben die Mittwochnacht betreffend als falsch erweisen, werde ich nicht mehr umhinkommen, Sie zu verhaften, denn ich bin meinem Vorgesetzten Rechenschaft schuldig. Wenn es diesen ominösen Anruf gegeben hat, sind Sie fürs Erste entlastet. Wie Sie mit Ihrer Frau und auch den Eltern von Selina klarkommen, ist Ihre Sache. Ich möchte Sie aber bitten, Ihre Frau anzurufen, damit sie herkommt. Und dann möchte mit ihr allein sprechen.«

»Einverstanden«, sagte Gerber und wollte bereits zum Telefon greifen, doch Durant hielt ihn davon ab. »Warten Sie noch. Ich gehe jetzt einmal davon aus, es gab diesen Anruf, durch den Sie weggelockt wurden. Haben Sie Feinde?«

Gerber überlegte, dann schüttelte er den Kopf. »Feinde habe ich direkt keine. Es gibt natürlich den einen oder andern, der mich nicht sonderlich leiden kann, aber Feinde, nein.«

»Überlegen Sie genau. Manchmal sind es Kleinigkeiten, durch die man sich einen Feind schafft. Hat Selina zum Beispiel in letzter Zeit erwähnt, dass sie von einem Mann beobachtet, verfolgt oder gar belästigt wurde?«

»Nein.«

»Noch etwas: Sie sind in der Nacht, wie Sie sagen, aus dem Haus gelockt worden. Doch angeblich wusste niemand etwas von Ihrer Beziehung zu Selina. Irgendwer muss aber davon gewusst haben. Nun begreife ich eins nicht – warum hat Selina überhaupt die Tür aufgemacht? Ist es üblich, dass Patienten nachts bei Ihnen klingeln, ohne vorher anzurufen?«

»Das ist natürlich nicht üblich, außer es handelt sich um einen wirklich akuten Notfall und der Patient weiß, dass ich Notdienst habe, was nicht schwer rauszukriegen ist. Man braucht nur bei dem jeweiligen Hausarzt anzurufen und erhält dort über den Anrufbeantworter die Nachricht, wer Dienst hat. Aber eigentlich hätte Selina die Tür nicht aufmachen sollen.«

»Sie hat es aber getan, was, wenn Sie als Täter ausscheiden, bedeutet, dass sie, wie Sie bereits sagten, denjenigen sehr gut kannte. Wer kommt Ihrer Meinung nach da in Frage?«

»Selina kannte eine Menge Leute sehr gut. Vielleicht hat sie ihrem Mörder ja gesagt, sie sei selbst Patientin und würde auf mich warten, weil ich zu einem Notfall gerufen wurde. Was immer sich auch abgespielt hat, der Mörder muss ohne große Mühe ins Haus gelangt sein.«

»Also eine Vertrauensperson«, murmelte Hellmer nachdenklich. »War Selina ein eher vertrauensseliger Mensch?«

»Nein, eigentlich nicht. Allein auf dem Reiterhof gibt es etliche, mit denen sie überhaupt nicht klarkam und von denen sie sich distanzierte. Aber wir können doch eh nur spekulieren, was in der Nacht abgelaufen ist.«

»Da stimme ich Ihnen allerdings zu«, sagte Durant. »Es gibt aber noch eine Möglichkeit, wie der Täter in die Praxis gelangt sein könnte. Er hatte einen Schlüssel. Wer alles außer Ihnen besitzt einen Schlüssel zur Praxis?«

»Ich habe neben meinem eigentlichen einen Zweitschlüssel in meinem Arbeitszimmer, meine Sprechstundenhilfe hat einen, sonst keiner. Es gibt nur drei Schlüssel.«

»Können wir mal den sehen, den Sie hier haben?«

»Wenn Sie bitte mitkommen wollen.«

Sie folgten Gerber ins Arbeitszimmer, er zog eine Schreibtischschublade heraus, hob ein paar Papiere an und nahm einen Schlüssel in die Hand. Er steckte ihn in die oberste Schublade, drehte ihn, die sich daraufhin öffnen ließ. Neben einigen Stiften befanden sich auch drei Schlüssel darunter.

»Hier«, sagte er, »der ist für die Praxis, der für den Medikamentenschrank und dieser hier für den Karteischrank. Die andern drei habe ich an meinem Schlüsselbund.«

»Halten Sie es für möglich, dass sich jemand einen Nachschlüssel gemacht hat?«

Gerber schüttelte den Kopf. »Ausgeschlossen.«

»Und Ihre Sprechstundenhilfe?«

»Sie meinen Frau Baum? Um Himmels willen, für sie würde ich beide Hände ins Feuer legen. Sie arbeitet seit über zehn Jahren für mich und hat sich nie auch nur das Geringste zuschulden kommen lassen. Und wozu sollte sie jemandem gestatten, einen Schlüssel nachmachen zu lassen? Es gibt keinen Grund dafür. Wir haben ein ausgezeichnetes Arbeitsverhältnis.«

»Geben Sie uns bitte trotzdem ihre Adresse. Wir werden sehen, was sie uns zu sagen hat. Wie alt ist Frau Baum?«

»Ende vierzig.«

»Verheiratet?«

»Verheiratet, drei Kinder. Ihr Mann betreibt eine kleine Autowerkstatt in Hofheim. Hier ist die Adresse ...«

Gerber diktierte, Hellmer schrieb mit.

»Dr. Gerber«, sagte Durant, nachdem er geendet hatte, »jetzt habe ich aber doch noch ein paar Fragen. Wo waren Sie gestern tagsüber und am Abend zwischen zwanzig Uhr und heute morgen um zwei?«

»Ich verstehe nicht ganz ...«

»Beantworten Sie einfach nur meine Frage. Wo waren Sie gestern bis heute Morgen um zwei?«

»Ich bin morgens um acht in die Praxis gefahren, mein letzter Patient ging gegen halb zwei, danach habe ich mit Frau Baum noch einige Dinge besprochen, habe etwas gegessen und anschließend noch mit zwei Kollegen telefoniert. Es ging um Patienten, die ich an sie überwiesen hatte. Ab fünfzehn Uhr war die Praxis wieder geöffnet, allerdings ausschließlich für Privatpatienten, die sich bei mir einer Psychotherapie unterziehen. Um acht, Viertel nach acht habe ich die Praxis verlassen und bin nach Hause gefahren. Ich habe meine Schwiegermutter abgelöst, die auf unsere Töchter aufgepasst hat, und wollte noch etwas fernsehen, bin aber im Sessel eingeschlafen. Ich weiß nicht mehr genau, wie spät es war, doch meine Frau hat mich geweckt und mir das von Selina erzählt. Danach sind wir zum ersten Mal seit langer, langer Zeit wieder gemeinsam ins Bett gegangen.«

»Und Ihre Frau kann das bestätigen?«

»Natürlich kann sie das. Aber wieso brauche ich für gestern ein Alibi?«

»Weil Selina erst vergangene Nacht getötet wurde. Deshalb.«

»Was sagen Sie da«, entfuhr es ihm, und seine Augen wurden groß, »Selina wurde erst letzte Nacht umgebracht? Heißt das, wer immer sie entführt hat, hat sie fast einen Tag in seiner Gewalt gehabt und somit alles Mögliche mit ihr angestellt?«

»Wir gehen davon aus. Wir wissen jedenfalls, dass der Todeszeitpunkt etwa um Mitternacht liegt.«

»Es ist unbegreiflich. Wer hat ihr das nur angetan?!«

»Dr. Gerber«, sagte Durant und deutete auf das Telefon, »Sie können jetzt Ihre Frau anrufen.«

Freitag, 21.50 Uhr

Was ist los?«, fragte Emily Gerber und ließ ihre Tasche auf den Stuhl fallen. »Wieso sollte ich herkommen? Ich kann Helga und Peter jetzt nicht allein lassen.«

»Frau Gerber, die beiden werden schon klarkommen. Ich möchte mich mit Ihnen unter vier Augen unterhalten«, sagte Durant. »Wo können wir das am besten tun? Ich werde es auch so kurz wie möglich machen.«

»Mit mir unter vier Augen? Scheint ja sehr geheimnisvoll zu sein, aber bitte, gehen wir nach nebenan, in mein kleines Reich.«

Es war ein mittelgroßes, geschmackvoll eingerichtetes Zimmer mit einer gemütlichen, in pastellfarbenem Rosé gehaltenen Couch, einem dazugehörigen Sessel, einem kleinen Glastisch und einer Bücherwand. Auf der Fensterbank Grünpflanzen, eine antike Stehlampe zwischen Couch und Sessel. Emily Gerber stellte sich ans Fenster, die Arme vor der Brust verschränkt, die dunklen Augen glühende Kohlen.

»Also, ich warte«, sagte sie kühl.

»Gut, ich will auch gleich auf den Punkt kommen. Ihr Mann hat uns erzählt, zwischen Ihnen beiden hätte es in den letzten Monaten gekriselt. Stimmt das?«

»Wenn er es sagt, wird es wohl stimmen. Doch wie Sie sicherlich wissen, kommt so was bekanntlich selbst in der besten Ehe einmal vor. Wir sind aber dabei, die Krise zu beenden. Zufrieden? Außerdem, was geht Sie das an?«

»Eine ganze Menge. Was haben Sie in der Nacht von Mittwoch auf Donnerstag gemacht?«

Emily Gerber lachte spöttisch auf und neigte den Kopf ein Stück zur Seite. »Augenblick, bin ich hier im falschen Film? Verdächtigen Sie mich etwa …«

»Beantworten Sie bitte nur meine Frage.«

»Mein Gott, das ist ja ungeheuerlich! Aber gut, soll ich es Ihnen detailliert beschreiben? Ich war am Mittwoch bis dreiundzwanzig Uhr im Club, besser gesagt im Restaurant. Anschließend bin ich nach Hause gefahren, habe meine Mutter abgelöst, die nur ein paar Straßen weiter wohnt und dreimal in der Woche die Kinder betreut, habe ein Bad genommen und bin ins Bett gegangen. Ich habe noch eine halbe Stunde gelesen und um etwa Viertel vor eins das

Licht gelöscht. Ich bin wie immer morgens um halb acht aufgestanden, habe mich fertig gemacht und mich um die Kinder gekümmert. Reicht Ihnen diese Information oder soll ich es Ihnen auch noch aufschreiben?«, fragte sie mit abfällig hinuntergezogenen Mundwinkeln.

»Sie haben das Haus also nicht verlassen?«

»Nein, weshalb auch?«

»Und wo war Ihr Mann?«

»Er hatte Notdienst. An diesen Tagen pflegt er in der Wohnung über seiner Praxis zu schlafen.«

»Und Sie waren in jener Nacht nicht in seiner Praxis?«

»Was soll diese Fragerei? Ich denke, Sie jagen den Mörder von Selina, und jetzt auf einmal wollen Sie wissen, was ich Mittwochnacht gemacht habe. Nein, ich war nicht in der Praxis.«

»Sie haben dort auch nicht angerufen?«

»Nein, habe ich nicht, es gab keinen Grund dafür. Würden Sie mir bitte einmal verraten, was Sie mit diesen Fragen bezwecken?«

»Hat oder hatte Ihr Mann Feinde?«, fuhr Durant unbeirrt fort.

»Nicht dass ich wüsste, aber fragen Sie ihn doch selber«, entgegnete sie schnippisch.

»Das haben wir bereits. Ich wollte es von Ihnen hören.«

»Nein, er hat keine.«

»War Ihnen bekannt, dass Ihr Mann ein Verhältnis mit Selina hatte?«

Emily Gerber sah die Kommissarin ungläubig an, löste sich vom Fenster und stellte sich unmittelbar vor Durant. Sekundenlanges Schweigen.

»Habe ich das richtig verstanden? Wiederholen Sie das noch einmal?«

»Ihr Mann hatte ein Verhältnis mit Selina. Es war Ihnen also nicht bekannt?«

»Nein, das höre ich zum ersten Mal. Hat er es Ihnen gesagt?« Ihre Stimme wurde urplötzlich leise und sanft. Sie drehte sich um, ließ sich in den Sessel fallen, den Kopf nach hinten gelegt, den Blick zur Decke gerichtet.

»Ja.«

»Andreas und Selina. Das ist ein Ding. Ich hätte alles für möglich gehalten, nur das nicht. Das muss ich erst einmal verdauen. Dann war Selina doch nicht das Unschuldslamm, als das wir sie alle gesehen haben. Seit wann ging das zwischen den beiden?«

»Seit Mai.«

»Und Sie verdächtigen jetzt meinen Mann, sie umgebracht zu haben?«

»Wir müssen es zumindest in Erwägung ziehen. Außerdem sprechen momentan die Indizien gegen ihn.«

»Vergessen Sie's! Sollte es wirklich stimmen, dass er was mit Selina hatte, dann war das nicht allein seine Schuld, sondern auch meine. Entschuldigen Sie, wenn ich eben so schroff war, aber meine Nerven liegen im Moment blank.«

»Inwiefern war es auch Ihre Schuld?«

»Das will ich Ihnen ja gerade erklären. Ich habe mich in den letzten Monaten sehr zurückgezogen und ihn auch sehr verletzt. Ich habe ihn mehr verletzt, als ein Mann wie er normalerweise aushalten kann.« Sie schluckte und hatte Mühe, die Tränen zu unterdrücken (Julia Durant hatte selten einen Tag erlebt, an dem so viele Menschen auf einmal weinten). Sie atmete schnell, ihre Augen gingen unruhig im Zimmer umher. »Ich habe schon lange gespürt, wie verzweifelt er war, aber er hat eine so perfekte Fassade aufgebaut, dass keiner merkte, wie es in ihm ausgesehen hat. Ich weiß nicht, wie das zwischen ihm und Selina passiert ist, und ich will es im Moment auch gar nicht wissen, aber es muss wohl die pure Verzweiflung gewesen sein, denn mein Mann kann ohne Wärme nicht leben. Und ich habe ihm diese Wärme entzogen, also hat er sie sich woanders geholt. Aber Andreas würde nicht einmal einer Fliege etwas zuleide tun, glauben Sie mir. Er ist der gutmütigste und großherzigste Mann, den ich kenne. Und ich werde zu ihm stehen, ganz gleich, was immer auch kommt … Was habe ich ihm bloß angetan?« Und nach einer kurzen Pause: »Jetzt verstehe ich auch, weshalb er gestern Abend so verstört war und nicht schlafen konnte. Er hatte einfach Angst, dass Selina etwas passiert sein könnte …«

»Inwiefern war Ihr Mann gestern Abend verstört?«

»Als ich nach Hause gekommen bin, habe ich ihn auf Selina angesprochen. Aber er hatte es bis zu diesem Zeitpunkt noch gar nicht gewusst. Mich hat das auch alles ziemlich mitgenommen, und ich habe ihn gefragt, ob ich bei ihm schlafen dürfe. Irgendwann mitten in der Nacht ist er aufgestanden, in die Küche gegangen und hat völlig gedankenverloren dagesessen. Zu mir hat er gesagt, er leide des Öfteren unter Schlafstörungen, aber jetzt weiß ich, es war wegen Selina. Das war wohl alles zu viel für ihn, erst Selina und dann komm ich auch noch und …«

»Frau Gerber, es gibt noch eine Information, die ich Ihnen nicht vorenthalten will – Selina war schwanger.«

Wieder Schweigen und Emily Gerbers große Augen. Dann lachte sie auf und sagte: »Na großartig. Im wievielten Monat?«

»Anfang zweiter Monat.«

»Also wäre das Kind von Andreas gewesen. Ist auch egal. Unsere süße kleine Selina, unser kleiner Engel, wie wir sie früher immer genannt haben. Dass sie sehr reif war, wusste ich ja, aber so reif …«

»Und Sie trauen Ihrem Mann nicht zu, Selina getötet zu haben?«

»Wie oft soll ich es noch sagen, nein! Ich kenne ihn jetzt seit sechzehn Jahren, und ich glaube, nein, ich bin überzeugt, es gäbe für ihn nur einen einzigen Grund, einen Menschen zu töten, wenn nämlich mein Leben oder das unserer Kinder bedroht wäre. Wusste er denn überhaupt von der Schwangerschaft?«

»Er behauptet nein.«

Sie überlegte. »Das ist auch gut möglich. Als wir in Frankreich waren, hat Selina am vorletzten Tag zu mir gesagt, dass ihre Periode mal wieder seit einigen Tagen überfällig sei. Das war bei ihr aber fast normal.«

194

»Wann haben Sie Ihren Mann gestern gesehen?«

Sie schien mit der Frage nichts anfangen zu können. »Bitte?«

»Sie haben schon richtig gehört. Wann haben Sie Ihren Mann gestern gesehen?«

»Ich kann Ihnen zwar nicht ganz folgen, aber ich habe ihn gestern Morgen kurz gesehen, bevor er das Haus verlassen hat, und dann erst wieder am Abend, als ich vom Hof gekommen bin.«

»Wann war das?«

»So gegen zehn, auf keinen Fall später. Frau Kaufmann war gestern nur kurz auf dem Hof, weil sie zu einem Gestüt bei Königstein fahren musste, um dort ein Pferd zu behandeln. Frau Malkow und ich haben uns eine Weile über Selina unterhalten, dann stießen auch noch einige andere dazu, und deshalb war ich gestern länger auf dem Hof als geplant, denn donnerstags komme ich in der Regel selten später als um acht nach Hause.«

»Und was haben Sie dann gemacht?«

»Wie gesagt, ich kam nach Hause, mein Mann war im Sessel eingenickt, ich habe ihm das von Selina erzählt und … Ich muss jetzt nicht zu sehr ins Detail gehen, oder? Jedenfalls sind wir zu Bett gegangen. Gemeinsam, um genau zu sein.«

»Frau Gerber, ich danke Ihnen. Sie haben mir sehr geholfen.«

»Dürfte ich erfahren, warum Sie mich nach gestern gefragt haben?«

»Ja, sicher. Selina wurde erst gestern Nacht getötet.«

»Das verstehe ich nicht. Und was war vorher?«

»Keine Ahnung. Wir kennen lediglich den ungefähren Todeszeitpunkt und die Todesart, mehr nicht. Nochmals danke.«

»Wofür?«

»Einfach so«, erwiderte Durant lächelnd. »Nichts für ungut, aber ich musste mit Ihnen sprechen, auch wenn ich dabei etwas hart war. Wie fühlen Sie sich jetzt?«

»Wenn ich sagen würde, beschissen, wäre das die Untertreibung des Jahres. Ich will zu meinem Mann, er braucht mich jetzt. Werden Sie es den Eltern …«

»Vielleicht, vielleicht auch nicht. Wir müssen abwarten, was die weiteren Ermittlungen ergeben. Sie werden sicherlich erfahren, dass Selina schwanger war, aber der Mann dahinter muss nicht unbedingt genannt werden. Es sei denn, Ihr Mann hat doch etwas mit ihrem Tod zu tun.«

»Das hat er nicht, dafür verbürge ich mich.« Sie stand auf, ging an Julia Durant vorbei und zu ihrem Mann. Sie legte ihre Arme um seinen Hals und gab ihm einen schnellen Kuss, ohne ein Wort zu sagen.

Hellmer gab Durant ein Zeichen. »Wir melden uns wieder. Und bitte halten Sie sich zu unserer Verfügung.«

»Selbstverständlich«, sagte Gerber. »Eine Frage noch: Wie wurde Selina eigentlich umgebracht?«

»Was denken Sie denn?«, fragte Durant zurück.

»Erwürgt?«

»Nein.«

»Wurde sie vor ihrem Tod vergewaltigt?«

»Ich darf Ihnen leider keine Auskunft dazu geben. Komm, Frank, es ist spät.«

Und als die Kommissare bereits an der Tür waren, sagte Gerber: »Ich danke Ihnen.«

»Danken Sie uns nicht zu früh. Gute Nacht.«

Freitag, 22.40 Uhr

Und, zufrieden?«, fragte Hellmer auf dem Weg zum Auto.

»Nee, aber irgendwie erleichtert. Du wirst wohl Recht haben, er war's nicht.«

»Sag ich doch. Und warum wolltest du mit ihr allein sprechen?«

Sie stiegen ein, Hellmer wendete und fuhr zu seinem Haus, wo Durants Corsa stand.

»Ich hab sie nach ihrem Alibi gefragt. Es deckt sich ziemlich genau mit den Angaben ihres Mannes. Und es ist die Art und Weise, wie sie meine Fragen beantwortet hat, dass ich ihr einfach glauben muss. Aber ich frage mich, wie kann ein Mann in seinem Alter etwas mit einer Fünfzehnjährigen anfangen? Das werde ich wohl nie begreifen. Egal, was auch immer in seiner Ehe schief gelaufen ist, ein Mann wie er kann doch nicht …«

»Du zerbrichst dir schon wieder den Kopf über Sachen, die dich eigentlich nichts angehen. Die beiden hatten was miteinander, und damit hat sich's. Aber weißt du, was mir nicht aus dem Kopf geht? Die siebenundsiebzig Messerstiche, die Bock gezählt hat. Sieben davon ins Herz. Ich frage mich, ob das was zu bedeuten hat oder nur Zufall ist. Ich meine, wenn ich jemanden umbringe und dabei wie wild auf ihn einsteche, dann tue ich das unkontrolliert. Mir scheint aber, der Mörder hat eher kontrolliert zugestochen. Er hat praktisch mitgezählt. Lass uns doch morgen mal in die Rechtsmedizin fahren und die Leiche begutachten.«

»Du wirst nicht mehr viel erkennen, Bock hat sie aufgeschnitten. Außerdem ist morgen Samstag, da wirst du ihn kaum antreffen.«

»Na und? Der soll gefälligst seinen Arsch bewegen. Außerdem hat er Fotos gemacht, vorher und nachher, das macht er doch immer für sein persönliches Archiv.«

»Suchst du nach etwas Bestimmtem?«

»Ja, zum Beispiel, ob der Täter die Stiche in einer bestimmten Anordnung gesetzt hat. Ein Muster vielleicht.«

»Gar nicht so schlecht, deine Überlegung. Dann komm ich mit. Aber jetzt fahr ich endgültig heim. Bis morgen.«

»Moment, nicht so schnell. Wer hat denn nun die Wette gewonnen?«, fragte Hellmer mit breitem Grinsen. Und bevor Durant antworten konnte: »Ich, soweit ich weiß.«

»Es ist wohl eher unentschieden ausgegangen. Er hatte was mit Selina und hat sie geschwängert. Ob er sie umgebracht hat oder nicht, wird sich noch erweisen.«

»Er hat sie nicht umgebracht. Du willst dich nur drücken.«

»Gib doch zu, wir hatten beide Recht. Ich mit meiner Vermutung, dass er und Selina mehr als nur Patenkind und Patenonkel waren, und du, dass er als Täter mit großer Wahrscheinlichkeit ausscheidet.«

»Gut, machen wir einen Kompromiss. Du lädst Nadine und mich ins Kino ein, und wir dich zum Essen. Natürlich erst, wenn alles vorüber ist.«

»Abgemacht. Und jetzt tschüs.«

Freitag, 23.25 Uhr

Sag mal, wo kommst du denn jetzt her?«, fragte Kuhn lachend und zugleich vorwurfsvoll. Gespielt vorwurfsvoll. Allein wie er dalag, auf dem Sofa, eine Zigarette in der Hand, eine Dose Bier auf dem Tisch, machte sie wütend. »Ich dachte ...«

»Was dachtest du?«, fauchte Durant ihn an. »Ich bin im Dienst, falls du das vergessen haben solltest. Außerdem bin ich dir keine Rechenschaft schuldig.«

»Schlecht gelaunt, was?« Er schaltete mit der Fernbedienung den Ton des Fernsehers aus.

»Dominik, ich hab keine Lust, mich mitten in der Nacht mit dir zu streiten. Verschieben wir's auf morgen. Ich will unter die Dusche und ins Bett, ich hatte einen verdammt anstrengenden Tag, und morgen wird's nicht viel anders sein.« Sie streifte ihre Schuhe ab und stellte die Tasche auf den Stuhl. Die Küche war unaufgeräumt, das Geschirr seit zwei Tagen nicht gespült. Der Wäschekorb quoll über, die Bügelwäsche stapelte sich im Schlafzimmer. Noch mehr Zorn überkam sie, ob auf Kuhn oder sich selbst, konnte sie nicht einmal genau sagen.

»Welche Laus ist dir denn über die Leber gelaufen? Komm, spuck's aus.«

Julia Durant drehte sich um, zog die Mundwinkel nach unten

und sagte: »Okay, machen wir's kurz. Ich will, dass du deine Sachen packst und ausziehst …«

Kuhn setzte sich auf und sah sie entgeistert an. »Was? Sag mal, spinnst du? Was hab ich dir denn getan?«

»Eigentlich nichts«, entgegnete sie kühl, setzte sich verkehrt herum auf einen Stuhl am Esstisch und stützte sich mit beiden Armen auf die Lehne. Ebenso kühl, doch ruhig sprach sie weiter: »Du hast mir nichts getan, außer, dass wir uns kaum noch sehen, dass es in der Wohnung ausschaut wie in einem Saustall und dass wir uns eigentlich nichts mehr zu sagen haben. Das sollte doch reichen, oder soll ich noch mehr aufzählen, was mir stinkt?«

»He, Julia«, sagte er, kam auf sie zu und wollte sie umarmen, doch sie entzog sich ihm, indem sie schnell aufstand und sich an die Wand lehnte, die Arme über der Brust verschränkt.

»Fass mich jetzt bitte nicht an«, zischte sie. »Ich habe es mir reiflich überlegt. Als wir zum ersten Mal aus waren und hinterher bei mir, da dachte ich wirklich, es könnte was zwischen uns werden, aber ich habe mich leider getäuscht. Ich gebe dir auch nicht die Alleinschuld, du hast deine Arbeit, die dich voll und ganz in Anspruch nimmt, und ich habe meine. Sorry, aber jemand hat mal zu mir gesagt, Bulle und Journalist kann nicht gut gehen. Und er hat leider Recht behalten.«

»Hast du einen andern?«

»Du bist so bescheuert! Ich habe keinen andern, und wenn, dann ginge dich das auch nichts an. Wir sind schließlich nicht verheiratet. Ich habe eine Entscheidung getroffen, und ich werde sie nicht mehr rückgängig machen.«

»Aber ich liebe dich doch …«

»Schöne Liebe!«, spie sie ihm entgegen und löste sich von der Wand, um sich eine Zigarette anzuzünden. Nach dem ersten Zug sagte sie: »Wann hast du das letzte Mal etwas in der Wohnung gemacht? Wann sind wir das letzte Mal ausgegangen? Wir sind seit zwei Jahren zusammen, und bis vor einem halben Jahr dachte ich, es wäre alles in Ordnung. Aber seit du deinen neuen Job hast …

Nee, ich will das einfach nicht länger mitmachen. Außerdem, wer sagt mir denn, dass du nicht eine andere hast? Du kommst doch selten vor elf oder zwölf nach Hause, manchmal übernachtest du angeblich sogar in deiner Wohnung, aber wenn ich versuche, dich dort zu erreichen, meldet sich immer nur dein Anrufbeantworter. Oder die Mailbox deines Handys. Ist doch merkwürdig, oder? Und erzähl mir nicht, das wären alles Überstunden. Aber ich will jetzt auch keine Rechenschaft von dir und auch keine Erklärungen, dazu bin ich heute Abend nicht in der Stimmung …«

»Du unterstellst mir also, ich hätte eine andere …«

»Ich unterstelle überhaupt nichts, solange keine eindeutigen Beweise vorliegen, das bringt nun mal mein Beruf mit sich. Und jetzt noch mal zum Mitschreiben – ich bitte dich, auszuziehen. Noch Fragen?«

»Nein, liebe Julia, das war deutlich genug. Das war's dann also. Ich werde mir eine Tasche packen und in meine Wohnung fahren. Es macht dir doch hoffentlich nichts aus, wenn ich meine restlichen Sachen noch für ein paar Tage hier lasse?«, fragte er höhnisch.

»Ich werde sie für dich zurechtlegen, so dass du sie nur abzuholen brauchst.«

»Julia«, er unternahm einen letzten Versuch und stellte sich so dicht vor sie, dass sie seinen Atem spürte, den sie auf einmal als unangenehm empfand, »ist das wirklich dein Ernst?«

»Es war mir selten etwas so ernst. Dominik, ich habe nichts gegen dich, aber ich liebe dich nicht mehr, und wenn du ehrlich bist, dann gesteh dir einfach ein, dass auch deine Gefühle längst nicht mehr die sind, die sie einmal waren. Und Liebe kann man nicht erzwingen, ich schon gar nicht.«

»Okay«, sagte er und verschwand im Schlafzimmer. Sie setzte sich in den Sessel, steckte sich aus Nervosität eine weitere Zigarette an und hörte, wie er die Reisetasche packte. Er warf ihr nicht einmal einen Blick zu, als er ins Bad ging, um Zahnbürste, Rasierzeug und Duschgel zu holen. Er brauchte keine zehn Minuten, bis er fertig war. Die Tasche in der Hand, stand er vor ihr und sagte: »Solltest du es dir doch noch anders überlegen, gib mir Bescheid. Ich bin immer für dich da.«

Sie antwortete nichts darauf. Er blieb noch einen Moment stehen, als würde er einen plötzlichen Meinungsumschwung von ihr erwarten, und als dieser nicht eintrat, ging er schließlich zur Tür und zog sie leise hinter sich zu.

Julia Durant atmete ein paarmal tief durch, holte sich eine Dose Bier aus dem Kühlschrank und trank sie in einem Zug leer. In ihr war nicht einmal Trauer, keine Wut, keine Freude, keine Erleichterung, nichts. Sie fühlte sich nur ausgebrannt und leer. Sie musste ihren Akku aufladen, zu sich kommen und finden und ein neues Leben beginnen. Und wenn es bedeutete, für den Rest ihres Lebens allein zu sein. Aber was hatte Gerber vorhin doch gesagt – Veränderung. Den ersten Schritt hatte sie soeben getan. Und sie nahm sich vor, dass dem weitere folgen würden.

Sie ließ sich ein Bad ein, blieb länger als gewohnt im Wasser, das Wohlgefühl trat allmählich ein. Pläne, sie würde Pläne schmieden. Für die Zukunft. Und sie hatte noch die Worte ihres Vaters in den Ohren – Julia, du bist der wichtigste Mensch in deinem Leben. Ja, dachte sie, ich bin der wichtigste Mensch in meinem Leben.

Sie zog die Betten ab, verstaute das von Kuhn im Schrank und bezog ihres neu. Sie legte sich ins Bett, ließ aber die Nachttischlampe brennen, etwas, das sie schon lange nicht mehr gemacht hatte. Sie tat es nicht, weil sie Angst hatte, nein, sondern weil es sie auf eigentümliche Weise an ihre Kindheit erinnerte. Gerber hatte aber auch gesagt, sie lebe zu sehr in der Vergangenheit. Egal, dachte sie, heute leb ich eben noch mal in der Vergangenheit. Schön. Sie hatte die Augen gerade geschlossen, als das Telefon klingelte. Halb zwei. Sie nahm den Hörer ab – Kuhn.

»Julia, ich wollte nur sagen, wenn ich dir wehgetan habe, dann möchte ich mich bei dir in aller Form entschuldigen. Gib mir noch eine Chance, bitte. Ich bin …«

»Nein«, unterbrach sie ihn und legte einfach auf. Keine Kompromisse mehr, dachte sie, drehte sich auf die Seite und schlief kurz darauf ein.

Samstag, 0.55 Uhr

Er fuhr den Wagen in die Garage und ging ins Haus. Alles war ruhig, sie war noch nicht in ihrem Zimmer, sie war noch nicht einmal zu Hause. Er war vorhin kurz auf dem Hof gewesen, nur für eine halbe Stunde, und hatte sie beobachtet. Sie waren gegen Mitternacht aus dem Restaurant gekommen, in dem es heute sehr ruhig zuging, keine Musik gespielt wurde und die Unterhaltungen in einem gemäßigten Ton geführt wurden. Die Trauer schien alle erfasst zu haben, aber ist es wirklich Trauer?, dachte er. Hand in Hand waren sie erst zu den Pferden gegangen, scheinbar unbemerkt von den andern. Und danach in die Sattelkammer, wo dieser eigenartige Geruch herrschte. Die Stelle, von der aus er sie beobachten konnte, war nahezu perfekt, er sah sie, sie konnten ihn aber nicht sehen. Doch was er sah, erregte ihn und stieß ihn gleichzeitig ab – ein Widerspruch, aber diese Welt bestand doch ohnehin aus nichts als Widersprüchen. O Gott, wie verkommen das doch alles ist! Nicht einmal die Nachricht vom Tod eines der Mädchen hält sie von ihrem Treiben ab!

Er hatte es gewusst, ja, er hatte es gewusst. Sie waren skrupellos, verdorben, schlecht bis ins Mark. Und schon die Kleinen fingen damit an. Es war das Ende der Welt, natürlich war es das. Eine degenerierte Gesellschaft, deren einziges Streben die Befriedigung und das Ausleben körperlicher Triebe war. Und deshalb war diese Gesellschaft zum Untergang verdammt. Er verzog verächtlich den Mund, während seine Erregung sich beinahe ins Unermessliche steigerte. Ich schaue ja nur zu, ich mache ja nicht mit, deshalb gibt es einen Unterschied zwischen euch und mir. Warum könnt ihr nicht wirklich trauern?, dachte er voller Zorn. Am liebsten wäre er zu ihnen gerannt, um ihnen ins Gesicht zu schreien, dass Selina tot ist und sie gefälligst für diesen Tag ihr sündhaftes Tun einstellen sollen. Aber er tat es nicht, denn wenn sie es jetzt nicht begriffen hatten, dann vielleicht beim nächsten Mal. Irgendwann würden sie begreifen und einsehen, wie schlecht ihr Handeln war.

Er dachte nicht mehr an das, was vor noch nicht einmal einer Stunde gewesen war, er dachte nur an den Moment. Die Vergangenheit war passé, was zählte, war allein die Gegenwart. Er würde nie verstehen, warum sie es ausgerechnet an diesem Ort trieben, inmitten dieses Geruchs aus Heu, Dung und den Ausdünstungen der Pferde. Sie stöhnten kaum hörbar, nur einmal ein kurzer Lustschrei. Und Flüstern. Dazwischen immer wieder das verhaltene Schnauben der Pferde, als bekämen sie mit, was in der kleinen Abseite geschah. Natürlich bekamen sie es mit, Pferde konnten sehr leicht erregt werden. Und wenn es Menschen waren, die sie kannten, dann konnte diese Erregung sogar sehr stark werden. Als sie fertig waren, kamen sie aus der Abseite, als wäre nichts gewesen, streichelten die Pferde und strichen ihnen beruhigend über den Kopf und gingen nach draußen. Zwanzig Minuten, manchmal auch eine halbe Stunde, jedoch selten länger.

Er hasste sie, er hasste sie alle. Er wartete, bis sie am Auto waren und einstiegen, der Motor gestartet wurde und sie losfuhren, wohin, auch das wusste er. Erst als sie weg waren, schlich auch er vom Hof, so unbemerkt, wie er gekommen war.

Er war anschließend noch in der Birkenklause gewesen, einer kleinen Kneipe im Herzen von Okriftel. Er hatte zwei Bier und zwei Klare getrunken. Er hatte es nicht weit bis nach Hause, keine zehn Minuten. Hattersheim war klein, ganz gleich, in welchem Ortsteil man wohnte, man brauchte nie länger als zehn Minuten.

Er ging ins Bad, wusch sich und putzte sich die Zähne. Er würde morgen ausschlafen und einen geruhsamen Tag verbringen. Ihm ging noch einmal das gestrige Telefonat mit seinem Vater durch den Kopf. Unbändiger Hass stieg in ihm hoch. Lass mich zufrieden, alter Hurenbock. Ja, du bist ein Hurenbock, einer dieser verdammten Heuchler, die nach außen vorgeben, ehrenwert zu sein, aber innen drin bist du wie verfaultes Aas. Aber wie hat Mutti immer so schön gesagt, bevor du sie in den seelischen Tod getrieben hast, sei nicht böse auf ihn und rede nicht so gehässig, er ist schließlich dein Vater. Ja, du bist mein Vater, aber nur biologisch, ansonsten trennen uns Welten! Und glaub bloß nicht, ich würde diesen verfluchten Job annehmen!

Er zog sich einen Pyjama an, legte sich ins Bett, auf den Rücken, die Arme über dem Bauch gekreuzt. Die Königsstellung. Ich bin anders als ihr, ich bin etwas Besonderes. Ich werde es euch allen zeigen. Er hörte sie die Treppe heraufkommen und in ihr Zimmer gehen. Er registrierte es nur nebenbei. Und, Vater, bitte, verzeih mir, ich habe es eben nicht so gemeint. Ich weiß ja, du kannst nichts dafür, keiner kann etwas dafür, wie er ist. Wir machen doch alle Fehler.

Samstag, 7.55 Uhr

Julia Durant wachte auf, als die Sonne mit Wucht ins Zimmer schien und sie blendete, weil sie wieder einmal die Vorhänge nicht zugezogen hatte. Doch sie blieb liegen und drehte sich auf die andere Seite. Sie hatte geträumt, konnte sich aber nicht an den Traum erinnern. Nur Fragmente waren hängen geblieben, die jedoch kein Bild ergaben. Sie fühlte sich ausgeruht, schaute zum Wecker, sie hatte kaum sechs Stunden geschlafen. Hellmer war sicher noch nicht im Präsidium, Berger vielleicht. Nachdem sie einen Schluck Wasser aus der Flasche neben ihrem Bett getrunken hatte, setzte sie sich auf. Ein Blick zur Seite, dorthin, wo Kuhn bis gestern noch geschlafen hatte. Sie würde in Ruhe frühstücken, die Küche aufräumen und anschließend ins

Büro fahren und Bock anrufen und bitten, in das Institut für Rechtsmedizin zu kommen. Sie wollte gerade ins Bad gehen, als das Telefon klingelte.

Berger.

»Was gibt's?«, fragte Durant und gähnte.

»Sie hören sich verschlafen an. Ich hoffe, ich habe Sie nicht geweckt?«

»Nein, nein, ich bin schon eine Weile wach.«

»Ich wollte nur fragen, wann Sie ins Büro kommen? Ihre Kollegen sind schon da. Wir hätten Sie aber gerne bei der Besprechung dabei. Wann können Sie hier sein?«

»Geben Sie mir eine Stunde. Ach ja, Hellmer soll mal bei Bock durchklingeln und ihn fragen, wann er in der Rechts…«

»Alles schon geschehen, Frau Kollegin. Prof. Bock erwartet Sie und Herrn Hellmer um elf Uhr. Deshalb sollten Sie sich beeilen, denn wir haben vorher noch einiges zu besprechen.«

»Wenn das so ist, mach ich mich schnell fertig.«

Was zum Teufel macht Frank so früh im Büro?, dachte sie und wusch sich das Gesicht, aß eine Schale Cornflakes und trank eine Tasse Kaffee, verzichtete aber auf die früher übliche Zigarette nach dem Frühstück. Sie war stolz auf sich, und wenn sie es jetzt schon seit einigen Tagen morgens schaffte, warum dann nicht irgendwann für immer? Sie war gut gelaunt, als sie in ihr Auto stieg, die Lautstärke des Radios hochdrehte und in weniger als einer Viertelstunde auf dem Präsidiumshof anlangte.

»Herr Hellmer hat mir bereits ausführlich von gestern Abend berichtet. Sie sind also auch der Überzeugung, dass dieser Gerber nichts mit dem Tod des Mädchens zu tun hat?«, sagte Berger nach einer kurzen Begrüßung und nachdem sie sich gesetzt hatte.

»Überzeugt bin ich erst, wenn auch die letzten Zweifel ausgeräumt sind«, erwiderte sie gelassen. »Allerdings klingt seine Geschichte sehr glaubhaft. Und nach dem Gespräch mit seiner Frau …« Sie schüttelte den Kopf. »Wir können uns natürlich täuschen, aber er ist kein Mörder. Ist eigentlich der angebliche Anruf, den er in der Nacht erhalten haben will, schon gecheckt worden?«

»Wir sind dran«, sagte Berger.

»Gut. Aber eigentlich interessiert mich viel mehr, was es mit diesen siebenundsiebzig Einstichen auf sich hat.«

»Herr Hellmer hat das auch schon erwähnt. Schauen Sie sich die Kleine in aller Ruhe an. Bock kann Ihnen möglicherweise auch einiges dazu sagen, er hat große Erfahrung. Und noch was: Wollen Sie den Eltern auf die Nase binden, dass ihre Tochter schwanger war?«

Julia Durant schüttelte den Kopf. »Nein, ich denke, es gibt Dinge, die man nicht unbedingt erwähnen muss. Das bringt ihnen zum einen die Tochter nicht zurück, und zum andern stiftet es nur noch mehr Verwirrung und vor allem Unfrieden. Wer hat etwas davon? Niemand. Sie sollen ihre Tochter so in Erinnerung behalten, wie sie war. Sie war zwar nicht der Engel, als den sie alle hinstellen, aber sie war auch kein schlechtes Mädchen. Und wenn die Eltern erfahren, mit wem sie ein Verhältnis hatte, dann wird nur unnötig Porzellan zerschlagen. Ich würde sagen, wir unternehmen nichts in dieser Richtung. Außerdem kenne ich keinen Paragraphen, nach dem wir verpflichtet sind ...«

»Schon gut, schon gut«, wurde sie von Berger unterbrochen, »ich wollte jetzt keinen Vortrag von Ihnen hören. Ich bin ja ganz Ihrer Meinung, es wäre nämlich auch mein Vorschlag gewesen. Aber zu etwas anderem: Haben Sie eine Vermutung, wo das Mädchen fast einen Tag gewesen sein könnte? Was sagt Ihr Bauch?«

»Ph, wenn ich das wüsste! Es gibt für mich im Moment drei Möglichkeiten, wie sich alles abgespielt haben könnte. Erstens, der Mörder ist gewaltsam in die Praxis eingedrungen, hat Selina betäubt und entführt. Zweitens, er hatte einen Schlüssel zur Praxis, wobei Gerber jedoch sagt, es gebe insgesamt nur drei Schlüssel, von denen er zwei besitzt, einen hat die Sprechstundenhilfe, die noch befragt werden muss. Und drittens, der Mörder hat geklingelt, Selina kannte ihn und hat ihm entgegen aller Abmachungen geöffnet. Wohin sie verbracht wurde und was er mit ihr angestellt hat, keine Ahnung. Es ist ein riesengroßes Rätsel.«

Das Telefon klingelte, Hellmer saß am nächsten und nahm ab. Emily Gerber.

»Herr Hellmer, ich habe es schon bei Ihnen zu Hause probiert, aber Ihre Frau sagte mir, dass Sie im Büro sind. Mein Mann und ich haben uns die halbe Nacht wegen Selina den Kopf zerbrochen und natürlich auch alle möglichen Vermutungen angestellt, wer sie auf dem Gewissen haben könnte.«

Als sie nicht weitersprach, meinte Hellmer: »Wenn Sie einen Verdacht haben, dann sagen Sie es bitte.«

»Nun, wir hatten einen Stallburschen, der im November 98 eine unserer Reitschülerinnen vergewaltigt und misshandelt hat. Er wurde damals zu vier Jahren Gefängnis verurteilt. Eigentlich müsste er noch im Gefängnis sein, aber vielleicht ist er ja auch schon wieder draußen. Ich weiß nur, dass er sich zu der Zeit auch meistens dort aufgehalten hat, wo Selina war. Es ist nur ein Verdacht, aber ...«

»Wie heißt der Mann?«

»Gerhard Mischner.«

»Mischner? M-i-s-c-h-n-e-r?«

»Ja, so schreibt er sich.«

»Danke, Frau Gerber, wir werden uns drum kümmern. Wir brauchen aber noch ein paar Angaben zu Herrn Mischner. Können wir im Laufe des frühen Nachmittags bei Ihnen vorbeischauen?«

»Im Augenblick bin ich auf dem Reithof, aber ich bin spätestens um eins zu Hause.«

Hellmer legte auf und sah in die Runde. »Ihr habt's mitbekommen. Peter, forsch doch mal nach, ob dieser Mischner vorzeitig entlassen wurde, und falls ja, wo er wohnt. Julia und ich machen uns jetzt rüber zu Bock, du kannst ja anrufen, sobald du Näheres weißt.«

»Nicht so hektisch, die paar Minuten werdet ihr doch mal warten können«, sagte Kullmer, setzte sich an den PC und gab den Namen ein. Er druckte drei Seiten aus und reichte sie Hellmer. »Interessant, nicht?«

»Schau an, schau an, der Junge hat ja mächtig was auf dem Kerbholz. Seine erste Jugendstrafe mit fünfzehn wegen Vergewaltigung einer Siebzehnjährigen, allerdings zur Bewährung, weil die Vergewaltigung nicht eindeutig nachgewiesen werden konnte und die Aussage des Mädchens widersprüchlich war. Ein Jahr später Anklage wegen Besitz und Handel mit weichen Drogen und Ecstacy, aber wieder nur Bewährung, weil die Psychologin ihm ein positives Gutachten ausgestellt hat. Danach ist er eine Weile von der Bildfläche verschwunden, dann ist er auf dem Reiterhof in Eddersheim gelandet, wo er als Stallbursche angestellt wurde. November 98 schließlich die Vergewaltigung einer gewissen Silvia Maurer. Es war aber wieder nur ein Indizienprozess, da sie ihn nicht erkannt hat, weil er sie von hinten angefallen, niedergeschlagen und gewürgt hat. Es wurden jedoch eindeutig seine Spermaspuren an ihren Kleidern nachgewiesen. Diesmal Verurteilung zu vier Jahren ohne Bewährung. Und dann im Januar dieses Jahres vorzeitig entlassen wegen guter Führung und weil ihm erneut ein positives Persönlichkeitsprofil bescheinigt wurde. Er hat im Knast eine Therapie gemacht und gilt als resozialisierbar. Seit seiner Entlassung wohnhaft in Hofheim, arbeitslos …«

»Wie alt?«, fragte Durant.

»Siebenundzwanzig, sieht aber viel jünger aus, wie ein Milchbubi. Er ist also in der Zeit zwischen seinem sechzehnten und vierundzwanzigsten Lebensjahr nicht straffällig geworden. Zumindest gibt es keine Einträge darüber. Dann aber richtig. Die Gerber kann uns sicher mehr über ihn erzählen. Das hier reicht mir nicht. Fahren wir rüber in die Uni und anschließend nach Hattersheim. Sollte irgendwas sein«, Hellmer deutete auf sein Handy.

Samstag, 10.50 Uhr

Emily Gerber, Sonja Kaufmann und Helena Malkow standen zusammen mit ihren Männern beim Reitstall und unterhielten sich. Ausschließliches Thema war der Tod von Selina Kautz. Das Volitigiertraining war abgesagt worden, Emily Gerber hätte es als pietätlos empfunden, wenn man nur einen Tag nach dem Auffinden von Selinas Leiche wieder zur Tagesordnung übergegangen wäre. Nur wer ausreiten wollte, konnte dies tun. Etwas später stieß auch noch Thomas Malkow zu der kleinen Gruppe, beteiligte sich jedoch nicht an der Diskussion, sondern hörte nur aufmerksam zu.

»Weiß einer von euch, wie sie gestorben ist?«, fragte Helena Malkow und sah in die Runde.

»Gestern Abend war die Polizei bei uns und hat uns Fragen über Selina gestellt«, sagte Andreas Gerber. »Aber sie wollten uns nicht verraten, wie sie getötet wurde.«

»Wahrscheinlich so bestialisch, dass sie es lieber für sich behalten.« Achim Kaufmann zündete sich einen Zigarillo an und steckte die linke Hand wieder in die Hosentasche. »Wenn ich diesen Typ in die Pfoten kriegen würde, ich … In mir kommt die blanke Wut hoch.« Er schüttelte den Kopf und verbesserte sich: »Nee, das ist keine Wut mehr, das ist nur noch Hass auf dieses verdammte Dreckschwein. Da hat ein junges Mädchen noch das ganze Leben vor sich, und dann kommt so einer daher und …«

»Wem sagst du das.« Werner Malkow sah seine Frau dabei an, die seinen Blick nur kurz erwiderte. »Wir leben halt in einer dekadenten Welt, damit müssen wir uns abfinden. Oder hast du etwa geglaubt, diese ganze Scheiße, von der man immer wieder hört, würde vor unserem Ort Halt machen? Vergiss es! Aber mal was anderes, gibt es denn jemanden, dem ihr das zutrauen würdet?«

»Mir fällt nur einer ein«, antwortete Emily Gerber, »Mischner. Ich habe eben schon die Polizei angerufen und ihnen die Geschichte von damals erzählt.«

»Aber der ist doch im Knast, oder ist er etwa schon wieder draußen?«

»Das soll die Polizei rausfinden. Wenn du heute zu vier Jahren verurteilt wirst, heißt das noch längst nicht, dass du auch vier Jahre drin bleibst. Die meisten kommen doch schon früher wieder raus.«

»Trotzdem«, sagte Achim Kaufmann zweifelnd, »ich kann mir nicht vorstellen, dass er Selina umgebracht hat. Erstens müsste er wieder frei sein, und zweitens, welches Motiv hätte er haben sollen? Selina hat ihm doch nie was getan.«

»Irrtum«, mischte sich Helena Malkow ein, »sie hat ihm zwar nichts getan, aber wir alle wissen, dass er immer ein Auge auf sie hatte. Wer das nicht gemerkt hat, muss blind gewesen sein. Außerdem, muss man heutzutage jemandem etwas tun, um umgebracht zu werden? Man liest doch immer wieder, dass irgendwer von irgendwem aus einer Laune heraus wegen ein paar Euro ermordet wurde. Ich würde diesem Mischner jedenfalls alles zutrauen, vor allem nach dem, was er mit Silvia gemacht hat.«

»Helena, er hat Selina zuletzt vor zweieinhalb oder drei Jahren gesehen. Das ist eine halbe Ewigkeit her, und Selina war damals zwölf oder dreizehn«, meinte Werner Malkow beschwichtigend, schaute seiner Frau über die Schulter und fuhr fort: »Da kommt Christian. Mal sehen, was mein Bruderherz dazu zu sagen hat.«

»Hi. Dachte ich mir doch, dass ich euch hier finden würde.« Christian Malkow war ein groß gewachsener, hagerer Mann mit leicht nach vorne hängenden Schultern, lichtem, grauem Haar und freundlich und neugierig dreinblickenden blauen Augen. Er trug eine Jeans, ein T-Shirt und Turnschuhe, und nichts an seinem Äußeren ließ darauf schließen, dass er Pastor war. Er war neun Jahre älter als sein Bruder und bemühte sich redlich, die einst am Sonntag leere Kirche wieder mit Gläubigen zu füllen, was nicht zuletzt an seiner bisweilen unkonventionellen Art lag, das Evangelium zu interpretieren. Und allmählich schienen seine Bemühungen Früchte zu tragen. Die Alteingesessenen hatten anfangs Schwierigkeiten mit seiner lässigen Art gehabt, zu der Jugend und den Junggebliebenen jedoch bestand von Beginn an ein besonderer Draht. Er sprach in seinen Predigten über die Probleme der Welt, hielt sich häufig nicht so sehr an das geschriebene Wort der Bibel, sondern versuchte, auch zwischen den Zeilen zu lesen, und war bisweilen etwas zynisch. Er engagierte sich für die sozial Schwachen und von der Gesellschaft Ausgestoßenen und wies auch jene nicht ab, von denen jeder wusste, dass sie Alkoholiker oder drogenabhängig waren, gab ihnen Beistand und, wenn nötig, auch etwas zu essen und zu trinken. Christian Malkow war verheiratet, hatte drei Kinder, von denen die beiden ältesten das Haus bereits verlassen hatten, nur die sechzehnjährige Tochter Annette wohnte noch bei den Eltern. Sie ging noch zur Schule und würde ab dem kommenden Schuljahr die Oberstufe des Gymnasiums besuchen. Er stand jetzt neben Andreas Gerber, mit dem ihn eine enge Freundschaft verband, die Hände in den Hosentaschen, und schaute in die Runde.

Einen kurzen Moment musterte er seinen Neffen Thomas, der scheinbar gedankenverloren dastand, die Hände ebenfalls in den Hosentaschen vergraben, ein gut aussehender junger Mann, der aber weder mit sich noch der Welt im Reinen schien. Immer öfter hatte Christian Malkow das Gefühl, als wäre in ihm ein großer Zorn gegen alles und jeden, auch gegen sich selbst, wenn er mit gesenktem Kopf und schnellen Schritten an anderen vorbeiging, ohne sie zu beachten, oder besser, um sie bewusst zu ignorieren. Er war oft, zu oft mit sich allein beschäftigt, erging sich in Grübeleien und Gedankenspielereien, die er nie oder nur selten nach außen ließ.

Christian Malkow hatte Angst um ihn, wobei die Angst nicht definierbar war. Aber er hatte noch nie einen derart intelligenten und zugleich so zornigen jungen Mann erlebt. Thomas war neunzehn, hatte bisher noch keine feste Freundin gehabt, war stets Außenseiter, eine Rolle, die ihm offensichtlich immer mehr gefiel oder in die er sich zunehmend hineinsteigerte, aber hinter die Stirn von Thomas zu blicken gelang auch ihm nicht, obgleich ihn schon interessiert hätte, was dort vorging. Doch trotz all seines in ihm aufgestauten Zorns kam Thomas jeden Sonntag mit seinen Eltern, manchmal auch nur mit seinem Vater in die Kirche. Er war bibelfest, und wenn er einen guten Moment hatte, konnte man sich mit ihm sogar in richtig guten Diskussionen aufreiben. Doch diese Momente waren selten, und eigentlich wusste Christian Malkow nichts über Thomas, außer dass seine persönlichen Konflikte mit dem Elternhaus zu tun hatten.

»Lasst mich raten, worüber ihr euch unterhaltet – Selina Kautz.«

»Jawohl, Herr Pastor«, erwiderte Achim Kaufmann mit gespielt devoter Verbeugung, »worüber auch sonst. Wie ist denn deine werte Meinung dazu?«

»Muss ich eine haben? Der Herr hat's gegeben, der Herr hat's genommen«, antwortete er lapidar mit hochgezogenen Brauen.

»Du bist ein Zyniker«, sagte Helena Malkow verständnislos. »Lass das mal lieber nicht Selinas Eltern hören.«

»Ach kommt, was hat das mit Zynismus zu tun?! Gar nichts. Ich bin zwar kein Heiliger, aber ich bin Realist. Wir leben in einer verkommenen, heuchlerischen Welt. Klar, wenn hier bei uns jemand umgebracht wird, schreien wir. Aber wenn in Afrika, Südamerika oder Asien jeden Tag Tausende von Kindern verhungern oder durch Krieg umkommen, interessiert das einen von uns?! Wir wissen doch gar nicht, was Elend wirklich ist. Ich hab's auf meinen Reisen nach Asien und Südamerika ein paarmal gesehen, das Elend, und alle, die das zulassen, sind in meinen Augen genauso Mörder wie derjenige, der Selina auf dem Gewissen hat. Diese Welt steht am Abgrund, aber keiner scheint's zu merken. Und diejenigen, die es merken, werden verlacht oder nicht gehört.«

»Du kannst doch das eine nicht mit dem andern vergleichen!«, entgegnete Achim Kaufmann aufgebracht. »Wir sind nicht in Afrika oder Bangladesh oder … sondern in einem zivilisierten Land …«

»Ach ja, sind wir das? Was ist denn Zivilisation? Nur weil wir ein hochtechnisiertes Volk sind, weil wir uns allen möglichen Luxus leisten können, weil wir zwei, drei oder mehr Autos fahren, sind wir deswegen zivilisiert? Für mich ist jemand dann zivilisiert, wenn er das Herz auf dem rechten Fleck hat. Wir sind nicht mehr oder weniger zivilisiert als der ärmste Bettler in den Straßen von Kalkutta oder Rio. Nur mit dem Unterschied, dass er jeden Tag ums Überleben kämpfen muss, während wir uns überhaupt keine Gedanken darüber machen müssen, weil wir ja alles haben. Wir alle hier können unsere Kinder auf teure Schulen schicken, wir verdienen an einem Tag mehr als Hunderte von Millionen Menschen in einem Monat oder gar in einem Jahr. Bei uns kommt Wasser aus der Leitung, das man unbedenklich trinken kann, während man sich woanders oftmals das Wasser aus verseuchten Brunnen holt. Und wisst ihr was, das für mich so Perfide ist, dass ausgerechnet diese Menschen dort ein Herz haben, wo bei den meisten von uns längst ein Stein ist. Ich hab Menschen unter den unwürdigsten Bedingungen krepieren sehen, und ich habe mir gewünscht, ich hätte nur ein kleines bisschen dazu beitragen dürfen, dieses Elend zu lindern. Wir sehen mit den Augen, aber nicht mit dem Herzen. Das ist eine Tatsache, die wir aber nur zu gerne ignorieren.«

»Blödsinn, Mann, keiner ignoriert das«, fuhr ihn Achim Kaufmann an. »Wenn ich den Fernseher anmache, dann sehe ich jeden Tag diese Bilder. Aber was kann ich dagegen tun? Sag's mir, du Schlaumeier! Außerdem, was hat das mit Selina zu tun? Jeder von uns hat sie gekannt und gemocht. Und ich mag auch ihre Eltern. Ich bin gerne bereit, mit dir ein andermal über die Probleme in der Dritten Welt zu diskutieren, aber ganz bestimmt nicht heute.«

»Sorry, ist wohl nicht mein Tag, wollt sowieso nur mal vorbeischauen. Macht's gut.«

»Sei doch nicht gleich eingeschnappt«, sagte Helena Malkow mit versöhnlicher Stimme. »Ich weiß ja, dass du anders denkst, aber Selina war schließlich eine von uns.«

»Eine von euch?«, erwiderte er mit vieldeutigem Blick. »Sie war eine eurer Schülerinnen, nicht mehr und nicht weniger. Sie wäre vielleicht irgendwann eine von euch geworden …«

»Was soll das denn jetzt schon wieder heißen? Natürlich war sie eine von uns, alleine schon deshalb, weil ihre Eltern unsere Freunde sind.«

»Schon gut. Es tut mir ja auch in der Seele weh, dass sie so scheinbar sinnlos gestorben ist. Möge derjenige zur Rechenschaft gezogen werden, der ihr das angetan hat, und ich hoffe und bete, dass man ihn bald findet, denn ich habe Selina auch sehr gemocht. Ich wollte eigentlich bloß sagen, das wir nur dann schreien, wenn in unserer direkten Umgebung ein solches Unglück passiert. Warum schreien wir nicht, wenn in dem Moment, wo Selina gestorben ist, gleichzeitig zehn oder zwanzig andere Kinder verreckt sind, weil sie nichts zu essen hatten?« Er hob die rechte Hand zur Beschwichtigung und fuhr fort: »Wisst ihr was, kommt morgen in die Kirche, auch wenn einige von euch den Sonntag lieber zum Ausschlafen nutzen. Meine Predigt steht übrigens schon.«

»Du machst mich richtig neugierig«, sagte Werner Malkow grinsend. »Wenn mein Bruder diesen Ton draufhat, dann hat er immer was vor. Ich werde da sein.«

»Du kommst ja sowieso jeden Sonntag. Euch beide hab ich lange nicht gesehen«, sagte er und schaute Achim und Sonja Kaufmann herausfordernd an. »Ist der Tod von einem eurer Mädchen nicht Grund genug, wenigstens einmal in die Kirche zu kommen? Ihr seid jedenfalls herzlich eingeladen.«

Achim Kaufmann verdrehte die Augen und sagte: »Schon gut, wir kommen. Um zehn?«

»Ich sehe, die Zeit hast du behalten. Am besten ein bisschen früher, ich gehe nämlich davon aus, dass wir morgen ein volles Haus haben werden. Es ist wie immer, wenn ein Unglück einen Ort trifft – erst dann suchen die Leute die Nähe zu Gott. Warum eigentlich nicht früher, das frage ich mich immer wieder. Na ja, sei's drum, wen habt ihr denn in Verdacht? Oder seid ihr noch nicht so weit, jemanden zu verdächtigen?«

»Mischner«, sagte Emily Gerber leise.

»Mischner?« Er schüttelte den Kopf. »Glaub ich nicht, dazu

muss man ein anderes Kaliber sein. Vergewaltigen ja, jemanden umbringen, nein. Mischner ist kein Killer. Außerdem sitzt er doch im Gefängnis.«

»Und wenn er schon wieder frei ist?«

»Ja, was dann? Was würdet ihr denn machen, wenn ihr Mischner auf offener Straße treffen würdet? Würdet ihr ihn auf den bloßen Verdacht hin, er könnte Selina umgebracht haben, lynchen?«

»Du meine Güte«, stieß Achim Kaufmann wütend hervor und zertrat seinen Zigarillo. »Was ist eigentlich heute los mit dir? Bist du gekommen, um uns an den Pranger zu stellen, als wären wir alle potenzielle Mörder?! Keiner von uns würde Selbstjustiz üben, das ist ganz sicher nicht unser Stil und das solltest du eigentlich wissen. Außerdem wissen wir doch gar nicht mal, ob er überhaupt schon aus dem Knast raus ist, und wenn, ob er Selina ...«

»Du hast Recht. Ich hab anscheinend wirklich einen schlechten Tag erwischt. Ich muss sowieso weiter. Und wenn ihr wollt, meine Tür steht euch jederzeit offen.«

Sie sahen ihm nach, wie er zu seinem Auto ging und vom Hof fuhr.

»Da geht er hin, mein Brüderlein«, sagte Werner Malkow, woraufhin ihm seine Frau einen giftigen Blick zuwarf, den er mit einem entschuldigenden Lächeln kommentierte.

»Ich muss mich noch um Pallas kümmern und dann nach Hause fahren«, erklärte Emily Gerber. »Die beiden Polizisten kommen um eins.«

»Und warum? Wegen Mischner etwa?« Sonja Kaufmanns Augen blitzten neugierig auf.

»Woher soll ich das wissen«, entgegnete sie kurz angebunden.

»Aber du hast sie doch erst auf Mischner aufmerksam gemacht ...«

»Wahrscheinlich wollen sie ein paar Informationen von mir. Mein Gott, wir waren so ziemlich die letzten, die Selina lebend gesehen haben! Wir alle übrigens. Ist das nicht Grund genug? Sie werden sicher auch noch euch befragen.«

»Ist ja gut! Aber mal was anderes. Dieser Hellmer wohnt doch im Sterntalerweg in dem Eckhaus. Wie kann sich ein einfacher Polizist dieses Haus leisten? Das ist mindestens eine Dreiviertelmillion wert.«

»Frag ihn doch, wenn du dich traust, liebste Schwägerin«, erwiderte Emily Gerber schnippisch. »Er ist jedenfalls sehr nett und sehr kompetent, genau wie seine Kollegin, Frau Durant. Nicht wahr, Schatz?« Sie schaute ihren Mann an, der zustimmend nickte.

»Sie sind beide sehr bemüht, den Täter so schnell wie möglich zu finden. Wir hatten gestern ein sehr langes Gespräch mit ihnen.«

»Ach ja«, sagte Achim Kaufmann. »Um was ging's denn, wenn ich fragen darf?«

»Du darfst fragen. Aber wie schon gesagt, sie werden euch auch noch beehren.«

Die Stimmung war auf dem Nullpunkt angelangt. Emily Gerber verließ die Gruppe und ging in den Stall zu ihrem Pferd, einem prächtigen Wallach, der seinen Kopf in ihre Richtung drehte und mit dem rechten Huf aufgeregt über den Boden schabte, sobald sie den Stall betrat. Sie stellte sich vor ihn, streichelte ihm über den Kopf und legte ihren an seinen Hals. Sie war müde und fühlte sich ausgebrannt, dazu kam das in ihren Augen dumme Gerede der anderen. Und Christian Malkow hatte vermutlich sogar Recht, wenn er sagte, dass es, sollte einer von ihnen Mischner auf der Straße treffen, wohl um ihn geschehen wäre.

»Weißt du, wer Selina das angetan hat?«, fragte sie leise Pallas, der auf das Flüstern hin die Ohren spitzte und scheinbar nickte. Emily Gerber klopfte ihm sachte auf den Rücken. »Du weißt es, stimmt's? Du weißt sicher mehr als wir alle. Es wäre schön, wenn du sprechen könntest. Aber so …« Sie zuckte mit den Schultern, gab Pallas ein Stück Zucker, sah ihn an und meinte einen traurigen Blick in seinen Augen zu erkennen. »Ich geh dann mal wieder. Heute Nachmittag komm ich dich aber noch einmal besuchen. Bis dann, mein Alter.«

»Meine kleine Schwester ist ziemlich gereizt, was?«, sagte Achim Kaufmann.

»Achim, bitte, wir sind alle gereizt«, erwiderte Andreas Gerber und legte einen Arm um ihn, »du doch auch, wenn du ehrlich bist. Und Emily geht die Sache eben besonders an die Nieren.«

»Na ja, nichts für ungut. Bis morgen, oder kommt ihr nicht in die Kirche?«

»Ich denke, wir sollten Christian den Gefallen tun.«

»Eben. Kommst du auch mit nach Hause, Sonja?«

»Nein, fahr schon vor, ich hab noch was mit Helena zu bereden.«

»He, warte«, rief Malkow und rannte hinter ihm her. »Lass uns noch ein Bier trinken gehen.«

»Von mir aus«, sagte Kaufmann sichtlich genervt, »diese Labertaschen gehen mir heute ziemlich auf den Sack.«

»Meinst du mir nicht?«, entgegnete Malkow lachend und ging mit Kaufmann in eine um diese Zeit kaum besuchte Kneipe unweit des Reiterhofs.

Andreas Gerber wartete, bis seine Frau aus dem Stall kam. Es war kurz nach zwölf. Die beiden Mädchen spielten bei den Ponys und schienen viel Spaß dabei zu haben. Sie waren glücklicherweise in einem Alter, in dem sie mit der ganzen Situation noch nichts anfangen konnten. Aber irgendwann würden sie begreifen, was in diesen Tagen in Okriftel geschehen war.

Auf dem Weg nach Hause wurde kaum gesprochen, die Fahrt dauerte nur sieben Minuten. Zu Hause zog sich Emily Gerber um und machte den Kindern etwas zu essen, sie selbst hatte keinen Hunger. Andreas Gerber begab sich kurz in sein Arbeitszimmer. Als er gerade wieder herunterkam, klingelte das Telefon. Helga Kautz. Ihre Stimme klang heute etwas gefestigter. Sie bat ihn vorbeizukommen, es sei sehr dringend, ihrem Mann gehe es sehr schlecht und sie habe Angst um ihn. Gerber verabschiedete sich von seiner Frau mit einem Kuss. Da war wieder dieser traurige und verlorene Blick. Er nahm sie wortlos in den Arm und streichelte ihr eine Weile übers Haar und über den Rücken, küsste sie auf den Hals, in sich ein Gefühl von Wärme und Geborgenheit, wie er es lange nicht verspürt hatte. Auch Selina hatte ihm dieses Gefühl nicht geben können. Es war doch ein Unterschied, ob man eine Fünfzehnjährige im Arm hielt oder eine Frau, die man schon seit über sechzehn Jahren kannte.

»Ich liebe dich«, flüsterte er ihr leise ins Ohr. »Ich liebe dich mehr als irgendjemanden sonst auf der Welt.«

Sie erwiderte nichts darauf, hatte nur Tränen in den Augen, und er meinte zu wissen, was diese Tränen bedeuteten. Selina.

Samstag, 11.00 Uhr

Institut für Rechtsmedizin der Universität Frankfurt. Die Leiche war noch zugedeckt, der unverwechselbare Geruch der Pathologie aus Desinfektionsmitteln, Laugen und vor allem Tausenden von aufgeschnittenen Körpern hatte sich in jeder Ritze des kalten Raums mit dem kalten Licht festgesetzt.

»Wollen Sie erst die Fotos sehen oder erst die Leiche?«, fragte Bock mürrisch, dem es sichtlich missfiel, an seinem heiligen Wochenende arbeiten zu müssen.

»Erst die Leiche«, sagte Durant.

Bock zog das grüne Tuch weg, Durant und Hellmer starrten auf den toten Körper. Bock hatte sie nach der Obduktion gewaschen und tatsächlich so zugenäht, wie Hellmer ihn gebeten hatte.

»Und Sie sind ganz sicher, dass es siebenundsiebzig Einstiche sind?«, fragte Hellmer.

»Sie können ja nachzählen«, antwortete Bock trocken.

»Ich vertraue Ihnen«, entgegnete Hellmer ebenso trocken. »Wurde der Fötus getroffen?«

»Nein. Ich habe ihn dort drüben in dem Glas aufbewahrt. Aber es ist noch kein Fötus, sondern ein Embryo. Von Fötus spricht man erst ab dem dritten Schwangerschaftsmonat. Ich hab's mir noch mal genau angeguckt, der Embryo ist circa sechs Wochen alt.«

Durant und Hellmer wandten ihre Köpfe und sahen ein kaum fingernagelgroßes Stück Fleisch, das einmal ein Mensch werden sollte. Eingelegt wie saure Gurken oder Soleier und erst bei genauem Hinsehen als werdender Mensch zu erkennen.

»Spermaspuren von einer Person oder mehreren?«

»Ich habe nur eine Spermasorte identifizieren können.«

Hellmer beugte sich weiter nach unten, betrachtete die Einstichstellen und sagte: »Der Täter hat eine relativ schmale Klinge verwendet. Auf was tippen Sie?«

Bock zuckte mit den Schultern. »Entweder ein Stilett oder ein Messer mit einer dünnen zweischneidigen Klinge von zwölf bis fünfzehn Zentimetern. Die Einstiche sind auch nicht sonderlich tief, die meisten nur etwa ein bis zwei Zentimeter. Das heißt, die meisten Stiche wären nicht tödlich gewesen, aber die ins Herz waren es leider, denn die waren auch entsprechend tiefer, um genau zu sein, zwölf Zentimeter, wobei der Stichkanal oben etwas breiter ist. Hier, schauen Sie, sechs Stiche rund ums Herz, einer genau in die Mitte, wobei er sehr gezielt getroffen hat.«

»Heißt das, er könnte über anatomische Kenntnisse verfügen?«

»Du meine Güte, heutzutage kann fast jeder über anatomische Kenntnisse verfügen. Sie brauchen sich nur ein entsprechendes medizinisches Fachbuch zu besorgen. Oder besuchen Sie die Ausstellung Körperwelten, dort kann jeder sehen, wo sich welches Organ im Körper befindet. Diese Kenntnisse kann sich mittlerweile wirklich jeder aneignen.«

»Also braucht man kein Arzt zu sein?«

»Wie oft soll ich es noch sagen, nein!«, antwortete Bock unwirsch.

»Können Sie ein Muster erkennen? Ich meine, hat der Täter wahllos zugestochen, oder hat er vielleicht … Gott, wie sich das anhört. Hat er vielleicht ein Bild gemalt?«

»Bild? Was für ein Bild?«

Hellmer atmete tief durch und sagte: »Siebenundsiebzig Einstiche, sieben ins Herz. Wir haben es schon mit ausgerasteten Killern zu tun gehabt, die wie wild auf ihr Opfer eingestochen haben. Aber hier wurde offensichtlich mitgezählt. Und wenn Sie sagen, dass die meisten Stiche nur oberflächlich waren und nicht zum Tod geführt hätten ...«

»Kann Zufall sein. Suchen Sie doch nach einem Bild, wenn Sie meinen, eins finden zu müssen. Ich kann nichts erkennen. Das Einzige, was ich sagen kann, ist, dass es auf jeder Brustseite fünfunddreißig Stiche sind, die sieben ins Herz ausgenommen.«

»Dann zeigen Sie uns mal die Fotos, die Sie gemacht haben.«

Bock reichte Hellmer einen Umschlag, und er holte die Fotos heraus. Geschossen vor und nach dem Waschen, vor und nach der Obduktion.

»Hier, wie sieht das aus?«, sagte Durant und zeichnete eine Linie nach. »Das ist tatsächlich ein Bild. Schau mal hier«, fuhr sie fort, »hier schräg hoch, oben über der Brust ein Bogen, dann geht es wieder leicht schräg nach unten und endet mit dem vermutlich ersten Stich. Und das Gleiche auf der andern Seite, nur dass er hier noch sieben Stiche ins Herz gesetzt hat. Was denkst du, was das ist?«

Hellmer schüttelte den Kopf. »Keine Ahnung.«

»Prof. Bock, schauen Sie sich das doch bitte mal an. Oder nein, können wir das Foto kopieren?«

»Das ist ein Polaroid. Aber ich habe die gleichen Aufnahmen auch auf Negativfilm. Wollen Sie's behalten?«

»Haben Sie vielleicht einen dünnen schwarzen Filzstift?«, fragte Durant, die allmählich nervös wurde und endlich Gewissheit haben wollte, ob das, was sie vage zu erkennen meinte, auch stimmte.

»Hier«, sagte Bock, der einen Stift aus der Schublade seines Tisches holte.

»Danke. Ich möchte das mal ganz leicht nachzeichnen.« Und nach einer Minute: »Voilà! Wie sieht es jetzt aus?«, fragte sie mit stolzgeschwellter Brust, als würde sie auf Anerkennung warten.

»Flügel! Der Schweinehund hat Flügel gemalt. Selina hat von unserem Mörder Flügel bekommen. Warum Flügel?«

»Red Bull verleiht Flügel!«, sang Bock nur.

Hellmer sah Bock irritiert an, musste dennoch grinsen, wandte sich aber gleich wieder Durant zu. »Gratuliere, darauf wäre ich nie gekommen. Unser Mann ist ein Psychopath ersten Grades. Mischner?«

»Im Knast lernt man einiges«, sagte Durant. »Man lernt, die Psychologen auszutricksen, und man lernt von anderen Gefangenen, wenn sie mit ihren Taten prahlen. Und vor allem hat man Zeit, über vieles nachzudenken. Wir sollten uns den Jungen mal vornehmen.«

»Rache?«

»Könnte sein. Wenn es stimmt, dass er es schon damals auf Selina abgesehen hatte ... Prof. Bock, Sie haben gestern gesagt, sie sei betäubt worden. Glauben Sie, sie hat gar nicht mitbekommen, wie sie umgebracht wurde?«

»Schwer zu beurteilen«, antwortete Bock schulterzuckend, »aber ich habe circa sechzehn Stunden nach Todeseintritt noch eine beträchtliche Menge eines Beruhigungsmittels aus der Reihe der Benzodiazepine in ihrem Gehirn, in der Leber und im Blut festgestellt. Außerdem im Nasen- und Rachenbereich Spuren eines Betäubungsmittels, vermutlich Chloroform. Sagen wir es so, die Wahrscheinlichkeit, dass sie bei vollem Bewusstsein war, ist zu über neunzig Prozent auszuschließen. Aber ob sie etwas mitbekommen hat und was, diese Frage kann ich Ihnen leider nicht beantworten.«

»Das heißt, er wollte ihr nicht bewusst wehtun beziehungsweise sie leiden sehen ...«

»Was ein riesengroßer Unterschied ist«, bemerkte Hellmer. »Wenn er ihr nicht bewusst wehtun wollte ...«

»Ich will ja Ihre philosophischen Ergüsse nicht unterbrechen, aber würde es Ihnen etwas ausmachen, diese woanders fortzusetzen?«, fragte Bock, diesmal mit einem breiten Grinsen. »Ich würde nämlich gerne wieder nach Hause fahren. Ich habe meine Arbeit getan, jetzt sind Sie dran.«

»Tschuldigung«, sagte Hellmer und hob die Hände, »wir sind schon weg. Und vielen Dank. Das Foto dürfen wir doch behalten?«

»In Gottes Namen, ja, aber verschwinden Sie bitte, und melden Sie sich frühestens am Montag wieder. Morbs hat am Wochenende Bereitschaft, ich bin nur hier, weil ich das Mädel seziert habe.«

»Schönes Wochenende.« Auf dem Weg zum Auto sagte Hellmer: »Also, wenn er ihr nicht bewusst wehtun wollte … Ja, was wollte er dann?«

»Keine Ahnung. Es könnte aber auch sein, dass er sie einfach nicht leiden sehen wollte oder es nicht erträgt, wenn jemand leidet. Deshalb auch die Binde über den Augen. Und über den Mund hat er ihr ein Klebeband geklebt, damit sie nicht schreit.«

»Und was bedeutet das? Ich meine, das mit den Augen.«

»Vielleicht hatte er Angst, dass sie ihn dabei ansieht, ein Zustand, den er nicht ertragen hätte.«

»Warum nicht?«

»Verklemmt?«

»Könnte sein. Komplexe?«

»Auch möglich.«

»Dazu kommt, dass er sich nicht sexuell an ihr vergangen hat. Gerber hat zugegeben, mit ihr in jener Nacht geschlafen zu haben, und Bock hat auch nur Sperma von einer Person festgestellt. Und unser Mann hat den ganzen Körper gewaschen. Aber er hat sie fast vierundzwanzig Stunden gefangen gehalten. Wo? Wo kann man jemanden über einen so langen Zeitraum gefangen halten, ohne dass es bemerkt wird? Es muss ein Raum sein, wo er ziemlich ungestört seinem Tun nachgehen konnte …«

»Aber nicht ungestört genug, denn sonst hätte er ihr nicht den Mund zu verkleben brauchen.«

»Also, mit was für einer Persönlichkeit haben wir es zu tun?«

»Frank, wir könnten jetzt stundenlang darüber diskutieren, wie der Typ beschaffen ist. Aber wir sind keine Psychologen. Wir brauchen ein Täterprofil. Und wer kommt dafür in Frage?«

»Richter?«

»Der Kandidat hat neunundneunzig Punkte. Dass jemand seinem Opfer mit einem Messer oder Stilett Flügel auf den Oberkörper zeichnet, könnte auf einen religiösen Fanatiker hindeuten. Oder einen, der völlig durchgeknallt ist und meint, der Welt eine Botschaft übermitteln zu müssen. Weiter komme ich aber nicht. Auf, fahr los, soll die Gerber uns mal was über Mischner erzählen. Außerdem brauchen wir Einsicht in das komplette psychologische Gutachten. Das müsste doch heute noch irgendwie aufzutreiben sein. Ich frag mal im Büro nach, ob in der Richtung schon was unternommen wurde.«

Sie fuhren am Schwanheimer Ufer entlang, die Seitenfenster geöffnet. Die Sonne stand im Zenit, der Wetterbericht kündigte für die kommenden Tage Temperaturen von über dreißig Grad an. Durant und Hellmer hingen ihren Gedanken nach, bis Hellmer fragte: »Was ist eigentlich mit Dominik? Hast du das gestern wirklich ernst gemeint?«

»Er ist ausgezogen«, kam es wie selbstverständlich über ihre Lippen.

»Was, so schnell? Wie kommt's?«

»Besser schnell als langsam und mit viel Tränen. Ich hab ihn vor die Tür gesetzt. Er ist jetzt wieder in seiner Wohnung.«

»Du musst wissen, was du tust. Ich finde, ihr habt ein tolles Paar abgegeben.«

»So toll wie die Gerbers?«, fragte sie spöttisch zurück. »Die haben nach außen hin auch die heile Welt gespielt und dann … Nee, das ist nicht mein Ding. Dominik ist nett, er kann charmant sein, aber nur, wenn er will. In den letzten Monaten haben wir uns doch kaum noch gesehen. Selbst wenn ich normal Dienst geschoben habe und er mir gesagt hat, er würde um acht zu Hause sein, kam er meistens erst um zehn oder elf oder gar nicht. Und irgendwann resignierst du und hast die Schnauze voll. Bei mir passiert so was halt schneller, ich bin eben ein gebranntes Kind.«

»Und wie fühlst du dich jetzt?«

»Frag mich das in einer Woche. Ich will im Augenblick auch nicht darüber reden. Außerdem gibt es im Moment Wichtigeres als mein beschissenes Privatleben.«

»Jetzt stürzt du dich wieder in die Arbeit, aber was ist, wenn der Fall abgeschlossen ist?«

»Was soll dann sein? Ich komme klar. Im Moment fühl ich mich frei, ob das in einer Woche noch so ist, weiß der Himmel. Und jetzt lass uns zu den Gerbers gehen, oder willst du noch lange hier parken?«

»Bleiben wir hier im Wohnzimmer, Celeste und Pauline spielen draußen und müssen nicht unbedingt alles mithören«, sagte Emily Gerber, die eine Jeans, eine grüne Bluse und weiße Leinenschuhe anhatte. »Mein Mann ist bei Selinas Eltern, Peter geht es überhaupt nicht gut.«

»Kommen wir gleich zur Sache. Dieser Mischner, von wann bis wann hat er für Sie gearbeitet?«

»Ich habe die Unterlagen rausgesucht, um nichts Falsches zu sagen. Ich habe ihn am 1.8.97 eingestellt. Er konnte recht gut mit Pferden umgehen, war zuverlässig, fleißig und hilfsbereit, im Prinzip der ideale Stallbursche. Allerdings war er still und introvertiert und hat wohl auch des Öfteren einen über den Durst getrunken, zumindest hatte er ab und zu eine Fahne. Und er war nicht unbedingt eine Intelligenzbestie. Wir hatten allerdings auch hin und wieder das Gefühl, dass er hinter einigen der Mädchen her war ...«

»War das vor der Vergewaltigung, oder kam Ihnen dieser Gedanke erst später?«, wurde sie von Durant unterbrochen.

»Vorher. Das war im Winter 97/98, an das genaue Datum kann ich mich nicht mehr erinnern, da kam eine unserer Schülerinnen zu uns und hat sich über ihn beschwert. Angeblich habe er sie belästigt, woraufhin ich ihn zur Rede gestellt habe, aber er hat alles vehement abgestritten. Ich wusste nicht, wem ich glauben sollte, ob das Mädchen vielleicht übertrieben oder sich etwas eingebildet hat, jedenfalls habe ich ihm noch eine Chance gegeben.«

Sie machte eine Pause und sah nach draußen, wo ihre Töchter zusammen mit zwei Freundinnen auf dem Rasen spielten.

»Entschuldigung, ich war eben mit den Gedanken etwas abwesend. Nun, es ging alles gut, bis das am 20.11.98 passierte. Silvia Maurer war wie Selina fünfzehn und seit einem guten Jahr bei uns. Sie war jedoch nicht sonderlich begabt, hatte nicht das Händchen oder das Gespür fürs Pferd, wenn Sie verstehen, was ich meine. Sie war einfach etwas linkisch. Aber ihre Eltern wollten unbedingt, dass sie reiten lernt, weil sie selber passionierte Reiter sind.« Sie seufzte auf und konnte sich ein kurzes Auflachen dennoch nicht verkneifen. »Ja, und da sie äußerst wohlhabend und einflussreich sind beziehungsweise Letzteres waren, konnte ich das nicht abschlagen.

Jedenfalls hat sie den Vorfall so geschildert, dass sie nach Einbruch der Dunkelheit und als wohl nur noch Mischner auf dem Hof war, noch einmal zu ihrem Pferd gegangen ist. Und ab da hat sie eine Erinnerungslücke. Sie hat nämlich von hinten einen Schlag auf den Kopf bekommen. Natürlich hat sie nicht gesehen, wer ihr den Schlag verpasst hat, allerdings wurden auch leichte Würgemale an ihrem Hals festgestellt. Sie wurde vergewaltigt und im Stall in einem selten genutzten Raum liegen gelassen. Irgendwann ist sie dann aufgewacht und hat sich rüber ins Lokal geschleppt. Ich war damals nicht dabei, aber Frau Malkow könnte Ihnen sicher mehr dazu sagen.

Es wurde die Polizei eingeschaltet. Die haben natürlich als Erstes Mischner verhört, und dabei kam heraus, dass er bereits vorbestraft war, was keiner von uns wusste. Ich habe kein polizeiliches Führungszeugnis verlangt, ich habe jemanden gesucht, der sich mit Pferden auskannte. Und er kannte sich aus, das habe ich sofort gesehen. Es gab nicht ein einziges Pferd, mit dem er nicht zurechtkam. Na ja, und da Mischner der Einzige war, der sich zum Zeitpunkt der Vergewaltigung auf dem Hof aufgehalten hat, war er logischerweise für die Polizei von vornherein der einzig in Frage kommende Täter. Was sich letztlich auch als wahr herausstellte, denn es wurden Spermaspuren auf der Kleidung des Mädchens nachgewiesen. Er hat gestanden, kam vor Gericht und wurde zu vier Jahren ohne Bewährung verurteilt. Mehr kann ich nicht sagen. Ich weiß nicht, ob er schon wieder frei ist, und wenn, wo er sich aufhält.«

»Er wurde vorzeitig aus der Haft entlassen«, meinte Hellmer ernst, »wir kennen auch seinen Aufenthaltsort. Sie sagen, diese Silvia Maurer ist nach Einbruch der Dunkelheit noch einmal in den Stall gegangen. Um welche Zeit war das denn?«

»Das wusste sie nicht mehr, das habe ich ja schon gesagt.«

»Sie haben doch aber auch gesagt, sie hätte diese Erinnerungslücke nach dem Schlag gehabt.«

»Ich weiß es doch selbst nicht genau. Vielleicht war es zwanzig Uhr, vielleicht auch später. Sie kam jedenfalls erst um kurz nach elf in das Lokal.«

»Okay. Würden Sie Mischner einen Mord zutrauen?«

Emily Gerber zögerte mit der Antwort, lehnte sich zurück und schlug die Beine übereinander. »Ich habe mich mit meinem Mann darüber unterhalten. Er sagt, er glaubt nicht, dass Mischner zu einem Mord fähig wäre. Ich enthalte mich da lieber der Stimme. Fakt ist aber, dass er, seit Selina bei uns war, sich immer irgendwie in ihrer Nähe aufgehalten hat. Er hat ihr allerdings nie etwas getan oder sie in irgendeiner Weise belästigt.«

»Hm. Aber Sie würden ihn nicht als Täter ausschließen?«

»Wie gesagt, ich enthalte mich der Stimme. Ich wollte Ihnen nur mitteilen, was damals bei uns geschehen ist. Und wenn er aus dem Gefängnis entlassen wurde …«

»Diese Silvia Maurer, wo können wir sie finden?«

»Sie ist kurz nach dem Prozess mit ihren Eltern weggezogen. Soweit ich weiß, ins Ausland. Fragen Sie mich aber nicht, wohin, ich habe nie wieder etwas von ihnen gehört.«

»Wir werden der Sache nachgehen. Danke für die Informationen.«

»Und was werden Sie wegen Mischner unternehmen?«

»Wir werden ihn fragen, ob er ein Alibi für die Tatzeit hat.«

»Steht mein Mann eigentlich noch unter Verdacht?«

»Machen Sie sich keine Gedanken. Wir sehen uns, irgendwann vielleicht sogar einmal unter angenehmeren Bedingungen«, antwortete Hellmer mit aufmunterndem Lächeln.

»Das wäre schön. Ich danke Ihnen sehr, dass Sie das alles nicht an die große Glocke hängen. Die Zeitungen sind natürlich voll von dem Mord an Selina.«

»Ich hab heute noch keine gelesen. Was schreiben sie denn?«

»Nichts Konkretes. Es sind im Prinzip nur Spekulationen, um die Stimmung hier ein bisschen anzuheizen. Aber Sie kennen das ja sicherlich zur Genüge.«

Sie hatte den letzten Satz kaum zu Ende gebracht, als ihr Mann ins Zimmer kam.

»Guten Tag«, sagte er und stellte seinen Koffer ab. Er wischte sich den Schweiß von der Stirn, große Flecken hatten sich unter den Achseln gebildet.

»Wir wollten gerade gehen«, sagte Durant und stand auf.

»Ich hoffe nicht, wegen mir.«

Sie schüttelte nur den Kopf.

»Dann ist's ja gut. Sie sehen übrigens heute verändert aus. Ich nehme an, Sie haben vergangene Nacht eine Entscheidung getroffen. Eine sehr wichtige Entscheidung. Sie werden sie nicht bereuen.«

Ohne darauf einzugehen, gab sie Hellmer mit dem Kopf das Zeichen zum Aufbruch. Gerber begleitete sie zur Tür, wo sie dann doch sagte: »Ja, ich habe eine Entscheidung getroffen. Schönen Tag noch.«

Samstag, 14.10 Uhr

»Glaubst du, dass Mischner was damit zu tun hat?«, fragte Hellmer zweifelnd, als sie sich auf den Weg nach Hofheim machten.

»Er scheint der typische Einzelgänger zu sein, und mit solchen Typen haben wir doch schon so unsere Erfahrungen gemacht. Andererseits haben die Resozialisierungsmaßnahmen bei ihm angeschlagen, wie der Gutachter ihm bescheinigt hat ...«

»Ich pfeif auf diese ganzen Gutachter«, stieß Hellmer hervor. »Die meisten von denen wollen sich doch nur wichtig machen oder sind korrupt.«

»Warten wir einfach ab, was er uns zu sagen hat.«

»Wenn er denn zu Hause ist. Kann doch auch sein, dass er gar nicht mehr in Hofheim wohnt.«

»Dann hat er gegen seine Bewährungsauflagen verstoßen.«

»Meinst du, das macht ihm was aus? Wenn einer untertauchen will, dann schafft er das auch. Und lass ihn mal im Knast an ein paar Kerle geraten sein, die zum Beispiel mit Drogen zu tun haben und einen Kurier immer gebrauchen können, schwupps, schon ist er weg. Und mit seinen einschlägigen Erfahrungen in dem Geschäft ...«

»Kann auch sein. Weißt du überhaupt, wo du hinfährst?«

»Ich werd's schon finden.«

Mischner wohnte in einem alten Haus, das in einer engen Straße in einem Vorort von Hofheim stand. Ideal für jemanden, der allein gelassen werden wollte. Und auch ideal für Geschäfte aller Art. Hier lebte man unauffällig, unbeobachtet, anonym. Hellmer lenkte den Wagen in eine Parklücke, die er gegenüber vom Haus fand. Zwei schrottreife Karren rosteten langsam vor sich hin, auf einer klebte ein roter Zettel vom Ordnungsamt mit dem Vermerk, den Wagen innerhalb der nächsten vier Wochen von der Straße zu entfernen. Er überprüfte noch einmal die Adresse, nickte Durant zu, und sie stiegen aus.

»In so'nem Schuppen hab ich auch mal gewohnt«, sagte er, »und wär beinahe verreckt.«

»Ich weiß. Bis eine gute Fee namens Nadine kam und dich davor bewahrt hat. Du kannst von Glück reden, dass sie dich gefunden hat.«

»Reine Fügung. Wir gehören eben zusammen.«

»Hier, G. Mischner.« Durant drückte auf den Klingelknopf, wartete, nichts geschah. Sie drückte noch einmal, wieder nichts.

»Und jetzt?«, fragte sie ratlos.

»Wir gehen nach oben, ganz einfach. Irgendwer in dieser Bruchbude wird ja wohl zu Hause sein.«

Nachdem er bei drei verschiedenen Namen geklingelt hatte, wurde ihnen schließlich geöffnet. Ein etwa vierzigjähriger Türke in einem Rippenunterhemd und Jogginghose stand in der Tür und musterte die Beamten misstrauisch. Aus dem Hintergrund plärrten Kinder, eine Frauenstimme befahl ihnen auf Türkisch, ruhig zu sein. Hellmer hielt ihm seinen Ausweis hin und fragte ihn nach Mischner. Er konnte mit dem Namen offensichtlich nichts anfangen, und so zeigte ihm Hellmer ein Bild von Mischner.

»Kennen Sie ihn?«

Das Misstrauen schwand aus seinem Blick, er betrachtete das Bild eingehend, schließlich hellte sich sein Gesicht auf. »Heute nix gesehen. Ob zu Hause, weiß nix. Wohnt in vierter Stock. Ich viel arbeiten«, fügte er hinzu, als müsste er sich dafür entschuldigen, Mischner nur selten zu sehen oder ein Ausländer zu sein.

»Danke. Gibt es hier einen Hausmeister?«

»Hausmeister unten, gleich bei Eingang. Aber nicht oft da.«

»Nochmals danke und auf Wiedersehen.«

Sie gingen in den vierten Stock, die Treppenstufen des mindestens achtzig Jahre alten Hauses knarrten unter jedem ihrer Schritte. Spinnweben an der Decke und in den Ecken der Flurfenster, die Scheiben entweder blind oder seit Ewigkeiten nicht geputzt, einige der Holzstäbe des Geländers gesplittert.

Mischners Wohnung lag auf der linken Seite, an der rechten Tür war kein Namensschild angebracht. Hellmer klopfte, wartete, keine Antwort, keine Schritte, keine Geräusche von drinnen.

»Und was machen wir jetzt?«, fragte er.

»Ich ruf mal im Büro an und frag, wie das mit seinen Bewährungsauflagen ist. Vielleicht kriegen wir ja grünes Licht und dürfen die Tür vom Hausmeister aufmachen lassen.«

Sie nahm ihr Handy aus der Tasche, drückte zwei Knöpfe, Berger, der noch immer im Büro war, obgleich er keine Bereitschaft hatte und eine Frau auf ihn wartete.

»Chef, wir stehen gerade vor Mischners Wohnung. Er scheint aber nicht zu Hause zu sein. Wie sieht's aus, sollen, können, dürfen wir uns Zutritt verschaffen?«

»Besteht denn dringender Tatverdacht?«

»Gegenfrage: Mischner hat doch sicher Bewährungsauflagen bekommen. Hält er die ein?«

»Moment, ich schau schnell in den Akten nach, Kullmer hat sich den kompletten Vorgang geholt … Hier hab ich's. Er muss sich zweimal in der Woche bei seinem Bewährungshelfer melden, was er bisher wohl auch immer getan hat. Er darf allerdings bis Januar 2003 den Main-Taunus-Kreis nicht verlassen. Er ist also nicht zu Hause?«

»Zumindest macht er nicht auf.«

»Tun Sie, was Sie für richtig erachten. Sie haben mein Okay.«

»Danke.« Sie steckte das Handy zurück in die Tasche und sagte zu Hellmer: »Geh doch mal runter und schau nach, ob der Hausmeister da ist.«

»Bin schon unterwegs.«

Durant berührte die uralten Tapeten, doch es war kein Dreck, nur Gilb. Sie lehnte sich dagegen und wartete. Hellmer kam nach etwa fünf Minuten mit einem älteren Mann wieder, der, wie sie fand, gar nicht in dieses Haus passte. Sie schätzte ihn auf Mitte fünfzig, er war drahtig, sehr gepflegt, sein Blick jedoch eher ernst, aber nicht unfreundlich. Sie wunderte sich, dass er vorhin nicht aufgemacht hatte.

»Tag«, sagte er und nickte Durant zu. »Sie wollen also zu Herrn Mischner. Liegt etwas gegen ihn vor?«

»Das wissen wir noch nicht«, antwortete sie diplomatisch. »Wann haben Sie ihn denn zuletzt gesehen?«

»Da fragen Sie mich zu viel. Sie haben sowieso Glück, dass Sie mich heute antreffen, ich wohne nämlich ein paar Straßen weiter. Hier unten ist nur mein Büro.«

»Und was machen Sie dann heute hier? Wir haben doch auch bei Ihnen geklingelt.«

»Bürokram. Außerdem mache ich nicht jedem auf«, sagte er mit gesenktem Blick und fummelte am Schlüsselbund herum. Nachdem er den passenden Schlüssel gefunden hatte, steckte er ihn ins Schloss. Die Tür war nicht abgeschlossen, sondern nur zugezogen.

»Wie lange sind Sie noch hier?«, wollte Durant wissen.

»Ein bis zwei Stunden etwa, warum?«

»Falls wir Fragen haben. Im Moment brauchen wir Sie nicht.«

Sie traten in die Wohnung und machten die Tür hinter sich zu.

»Bäh, was stinkt das hier!«, sagte Durant und verzog angewidert das Gesicht. »Dazu diese Hitze! Ob der schon jemals gelüftet hat? Die Vorhänge zu, und der Fußboden erst. Wie kann man bloß in einem solchen Saustall hausen?«

»Du hast doch schon ganz andere Sachen gesehen«, bemerkte Hellmer trocken. »Weißt du noch, die werte Dame, die so perfekt gestylt war, als sie bei uns auf dem Präsidium erschien? Aber ihre Wohnung … Dagegen ist das hier klinisch rein.«

»Trotzdem, ich könnte so nicht leben.«

Flaschen und billige Sexmagazine auf dem Boden und dem Tisch, das Bett ungemacht und seit Monaten nicht bezogen, die Kochecke verdreckt, das Geschirr ungespült. Es war sehr warm, eine typische Dachwohnung, nicht isoliert, die Sonne konnte ungehindert durch die Scheiben brennen und den Raum erhitzen.

»Na ja, der Ordentlichste ist er nicht gerade, aber die Möbel und auch alles andere sieht ziemlich neu aus.«

Durant wollte gerade zum Fenster gehen, als sie ihren Kopf zur Seite drehte und ins Bad schaute.

»He, Julia, sieh mal ...«, sagte Hellmer, doch er konnte nicht weitersprechen, denn Durant unterbrach ihn.

»Frank, schau dir lieber mal das hier an.«

»Oh, shit. Was ist das denn? Ein Geständnis?«

»Kann sein. Hat sich selbst am Heizungsrohr aufgeknüpft. Einen Grund dafür wird er wohl gehabt haben«, sagte sie leise.

»Und er hängt nicht erst seit heute Mittag hier. Damit wäre der Fall wohl geklärt ...«

»Stopp, stopp, das ist mir einen Tick zu simpel. Wir kommen in seine Wohnung, wollen ihn befragen, und er ist tot. Woher hätte er wissen sollen, dass wir kommen? Außerdem mag er zwar keine Leuchte gewesen sein, aber so blöd nun auch wieder nicht, dass er ein Mädchen umbringt und anschließend sich selbst. Außer er war potenziell suizidgefährdet. Und außer er hat noch eine Rechnung offen gehabt. Aber mit Selina?« Sie sah Hellmer zweifelnd an. »Das ist mir zu simpel«, wiederholte sie mit Nachdruck. »Viel zu simpel. Ich glaub erst, dass er es war, wenn ich das psychologische Gutachten gelesen und mit seinem Bewährungshelfer gesprochen habe. Aber erst einmal will ich alles hier haben, Spurensicherung, Arzt und so weiter. Der Fotograf ist ganz wichtig. Ich will ganz, ganz viele Fotos von Mischner haben. Irgendwas stinkt hier gewaltig zum Himmel.«

»Was meinst du damit?«

»Erst bringt er die Kleine um und danach sich selber? Wenn das bei Selina ein Ritualmord war, wovon wir doch ausgehen, dann ...«

»Was dann? Meinst du etwa, hier wurde nachgeholfen?«

»Keine Ahnung, aber da Morbs Bereitschaft hat, wird er's uns sagen. Und zwar heute noch.«

»Also gut, ich geb Berger Bescheid.«

»Und finde mal raus, welcher Arzt Notdienst hat. Er soll sich beeilen.«

Julia Durant zog sich Plastikhandschuhe über und trat näher an den Toten heran, bemüht, keine Spuren zu verwischen, während Hellmer mit Berger telefonierte.

»Saubere Arbeit«, erklärte sie mit Blick auf die Schlinge. »Aber er hat seinen Tod nicht geplant.«

»Wie kommst du darauf?«, wollte Hellmer wissen.

»Schau dir mal das Seil an. Ich zähle mindestens fünf Knoten.«

Hellmer ging zurück ins Wohnzimmer, sah den Wäscheständer, an dem vier Schnüre fehlten. »Wäscheleinen«, sagte er nur. »Hat er vom Ständer abgeschnitten.«

»Mal was Neues. Nehmen wir an, er hat Selina umgebracht, kurz darauf hat ihn die große Reue gepackt, und dann hat er einfach beschlossen, seinem Leben ein Ende zu setzen. Also hockt er hier rum, qualmt wie ein Schlot, besäuft sich vielleicht auch noch und kommt schließlich auf die aberwitzige Idee mit der Wäscheleine. Einfach so. Exzellent, kann ich da nur sagen«, erwiderte sie bissig.

»Julia, jetzt komm. Er war's, und damit basta.«

»Gibt's einen Abschiedsbrief, in dem er ein Geständnis abgelegt hat?«

»Hab keinen entdeckt. Wahrscheinlich eine Affekthandlung, weil er keinen anderen Ausweg sah. Du weißt doch, dass Betrunkene meist völlig irrational handeln. Aber ihm war klar, dass wir ihm über kurz oder lang auf die Schliche kommen würden.«

»Blödsinn! Hier hat jemand nachgeholfen. Die Frage ist, wer und warum. Und jetzt gehen wir raus und warten, bis die andern kommen, mir wird sonst noch schlecht von diesem bestialischen Gestank.«

Sie stellten sich ins Treppenhaus, rauchten und schwiegen. In einer der Wohnungen unter ihnen stritten sich lautstark ein Mann und eine Frau, aus einer anderen Wohnung dröhnte Musik, was ihnen vorher nicht aufgefallen war.

»Nettes Haus, nicht?«, durchbrach Durant das Schweigen. »So richtig kuschelig.«

Hellmer reagierte nicht darauf.

Der Arzt kam zwanzig Minuten nach dem Anruf, musste sich jedoch gedulden, bis der Fotograf eingetroffen und die Bilder gemacht hatte. Er setzte sich auf die Treppe, ihm schien die Situation unangenehm. Durant schätzte ihn auf höchstens Anfang dreißig, eine Nickelbrille auf der Nase, schüchterner Blick. Sie warteten beinahe eine Dreiviertelstunde, bis die Kollegen endlich eintrafen und der Fotograf seine Arbeit beginnen konnte.

»So, fertig«, sagte er nach zehn Minuten und packte seine Ausrüstung zusammen. »Die Bilder gibt's in zwei Stunden.«

Mischner wurde abgehängt und auf den Boden gelegt. Der Arzt beugte sich über ihn und sagte nach kurzer Begutachtung: »Eindeutig Suizid. Ich stelle Ihnen den Totenschein aus. Wie heißt der Mann genau?«

Hellmer nannte ihm die Daten, der Arzt schrieb sie auf den Schein und reichte ihn Hellmer.

»Und Sie sind sicher, dass es ein Selbstmord war?«, fragte Durant.

»Ich bin kein Fachmann für so was, aber es deutet alles darauf hin.«

»Und wie lange ist er schon tot?«

»Kann ich nicht sagen. Die Leichenstarre scheint jedenfalls vollständig ausgebildet. Aber ich bin nur Allgemeinmediziner und kein Pathologe.«

»Und was ist mit den Leichenflecken? Sind sie wegdrückbar oder …«

»Ich kenne mich damit wirklich nicht aus, glauben Sie mir.«

»Warten Sie, ich zeig's Ihnen mal.« Sie kniete sich vor Mischner und drückte mit zwei Fingern auf die Leichenflecken. »Hier, sehen Sie, nicht mehr wegdrückbar. Also ist der Mann seit mindestens zwölf Stunden tot. Nur falls Sie mal wieder mit so was zu tun haben. Trotzdem vielen Dank.«

Der Arzt war vor Verlegenheit rot geworden, seine Ohren glühten, er murmelte ein »Wiedersehen« und verließ den Raum.

Julia Durant besah sich noch einmal den Toten, warf einen langen Blick auf seinen Hals und sagte: »Frank, komm mal her.«

»Muss das sein?«

»Was siehst du?«

»Das, was ich schon einige Male bei Selbstmördern gesehen habe, die sich aufgehängt haben.«

»Irgendwie schaut das komisch aus. Diese Hautunterblutungen ...«

»Julia, jetzt hör doch mal auf damit. Lass ihn in die Rechtsmedizin bringen, und dort wird man dir sagen, dass es Suizid war. Und damit schließen wir die Akte.«

»Welche Akte?«, fragte sie und erhob sich wieder.

»Für mich ist der Fall ziemlich eindeutig.«

»Aber für mich nicht, kapiert?! Erst wenn Mord völlig ausgeschlossen werden kann.«

»Wenn du meinst.«

Inzwischen waren auch die Männer vom Bestattungsinstitut eingetroffen. Durant wies sie an, Mischner in die Rechtsmedizin nach Frankfurt zu bringen. Er wurde in einen schwarzen Plastiksack gelegt, der Reißverschluss zugezogen.

»Um was wetten wir, dass es kein Suizid war?«, fragte Durant.

»Schon wieder?« Hellmer grinste sie an. »Diesmal verlierst du haushoch. Ich schlag ein.«

»Keine Chance. Mischner wurde ermordet. Und diesmal schulde ich dir und Nadine ein opulentes Essen, sollte ich Unrecht haben. Andernfalls erledigst du die Hälfte meiner liegen gebliebenen Akten.«

»Nee, nee, um deine Akten kümmerst du dich schön selbst, ich hab genug mit meinen zu tun. Aber ich würde mich dazu herablassen, deine Fenster zu putzen.«

»Woher weißt du, dass sie das dringend nötig haben?«, fragte sie grinsend.

»Bis eben wusste ich es nicht. Du hast dich verraten. Aber ich mach's, sollte ich verlieren.«

»Ich nehm dich beim Wort.«

Als sie unten ankamen, stand der Hausmeister in der Tür und sah sie neugierig an. »Was ist denn los?«, fragte er.

»Herr Mischner ist tot.«

»Mein Gott, er wurde doch hoffentlich nicht umgebracht?«, fragte er mit gespieltem Entsetzen.

»Er hat es selber getan. Sie haben jetzt aber die einmalige Chance, zum Telefon zu rennen und die Bild-Zeitung anzurufen. Das gibt ein paar Euro«, sagte sie trocken. »Na machen Sie schon, die sind immer heiß auf 'ne gute Story.«

Samstag, 16.50 Uhr

Polizeipräsidium. Berger machte sich gerade zum Aufbruch bereit, als Durant und Hellmer das Büro betraten.

»Morbs ist bereits informiert«, sagte er, während er seinen Schreibtisch aufräumte. Er hasste es, morgens in sein Büro zu kommen und einen unordentlichen Tisch vorzufinden. Vor kurzem allerdings noch, als die Flasche sein ständiger Begleiter war, hatte ihn die Unordnung auf seinem Schreibtisch recht wenig gekümmert, jetzt war alles wieder so wie früher. »Sie sollen ihn anrufen. Wir sehen uns am Montag, es sei denn, es gibt etwas außergewöhnlich Wichtiges. Und mit außergewöhnlich wichtig meine ich auch außergewöhnlich wichtig, damit wir uns recht verstehen. Das psychologische Gutachten liegt auf Ihrem Schreibtisch. Und das mit dem Anruf bei Gerber hat sich auch geklärt. Er wurde am Donnerstagmorgen um ein Uhr dreiunddreißig von einer Telefonzelle in Hofheim aus angerufen. Das Gespräch dauerte zwei Minuten. Damit hat er wohl ein ziemlich gutes Alibi.«

»Der Sonntag sei Ihnen und Ihrer Zukünftigen gegönnt«, sagte Durant nur.

»Wir werden uns sicherlich einen schönen Abend und morgen

einen noch viel schöneren Tag machen. Das Wetter soll ja entsprechend sein. Und jetzt tschüs.«

Nachdem Berger die Tür hinter sich geschlossen hatte, meinte Hellmer, der sich hinter seinen Schreibtisch setzte und das psychologische Gutachten in die Hand nahm: »Wer ruft Morbs an?«

»Ich.« Sie tippte die Nummer ein und drückte einen Knopf, damit Hellmer mithören konnte. »Hier Durant, Sie haben was für mich?«

»Ich habe Ihren Patienten vor einer halben Stunde auf den Tisch bekommen. Um es kurz zu machen, der junge Mann ist mit fast hundertprozentiger Sicherheit eines gewaltsamen Todes gestorben.«

»Suizid ist auch gewaltsam. Was heißt das konkret?«

»Er wurde umgebracht.«

Durant grinste Hellmer an und zeigte mit der rechten Hand zum Fenster und machte eine eindeutige Putzbewegung.

»Und wie?«

»Erdrosselt. Wie es aussieht, mit einer Drahtschlinge. Anschließend wurde er aufgehängt, um es wie Selbstmord aussehen zu lassen.«

»Wie haben Sie das festgestellt?«

»Ganz einfach, es gibt zwei unterschiedlich tiefe Hautunterblutungen, von denen die eine allerdings mit dem bloßen Auge und vor allem für den Laien kaum sichtbar ist, da der junge Mann schon ein bisschen länger dort gehangen hat. Ich habe auch eine Lupe zur Hand nehmen müssen. So viel dazu.«

»Und wie lange ist er schon tot?«

»Kann ich noch nicht genau sagen, die Untersuchungen werden noch eine Weile dauern. Aber nicht länger als vierundzwanzig Stunden. Eher weniger. Die ersten Ergebnisse kann ich Ihnen so gegen sieben oder acht liefern.«

»Prima, bis später.« Durant hielt den Hörer noch eine Weile in der Hand. »Ich wette, wir haben es mit ein und demselben Mörder zu tun.«

»Nicht schon wieder«, sagte Hellmer und rollte mit den Augen.

»Ich wette in Zukunft nicht mehr. Zumindest nicht mit dir. Wie viele Fenster hast du eigentlich in deiner Bude?«

Sie zählte im Kopf durch und antwortete grinsend: »Leider nur vier.«

»Das geht ja noch. Du hast zum Glück kein Haus.«

»Und wann machst du's?«

»Wenn wir mit allem durch sind. Ich werf jetzt mal einen Blick in das Gutachten.«

Julia Durant lehnte sich zurück, zündete sich eine Zigarette an und dachte nach. Ihr Bauch hatte sie wieder einmal nicht im Stich gelassen. Wie hatte Gerber doch gleich gesagt – ›Sie haben eine stark ausgeprägte Intuition‹. Wie wahr, dachte sie im Stillen.

Hellmer überflog die Seiten und sagte schließlich: »Steht nichts Besonderes drin. Mischner hat sich einer Therapie unterzogen, unter anderem hat er eine Familienaufstellung nach Hellinger gemacht, was immer das auch ist. Starke Minderwertigkeitskomplexe, sein Vater war Alkoholiker, hat ständig die Mutter verprügelt und zahlreiche Affären gehabt. Mischner hat trotzdem immer die Nähe zu ihm gesucht, sein Vater hat sie ihm aber verwehrt. Irgendwann hat er sich der Mutter zugewandt, doch die hat ihm auch keinen richtigen Halt geben können, dazu war sie zu sehr mit sich selbst beschäftigt. Er hat das Elternhaus verlassen, als er vierzehn war, hat ein paar Monate im Bahnhofsviertel als Stricher angeschafft ... Das mit dem Drogenkonsum und dem Dealen wissen wir schon ... Das von der Vergewaltigung ist uns auch bekannt ... Starke sexuelle Probleme, hat seinen eigenen Schilderungen zufolge nie eine richtige Freundin gehabt. Das erklärt auch die Pornohefte in seiner Wohnung. Einzelgänger, IQ 85, also leicht unter der Norm, aber noch im grünen Bereich. Handwerklich sehr geschickt, sehr tierlieb ... Hat auch hin und wieder religiöse Sachen von sich gegeben ... Abwechselnd introvertiert und extrovertiert, wobei das Introvertierte überwogen hat ... Interessant ist aber, dass ihm ein geringes Gewaltpotenzial bescheinigt wird. Seine Aggressionen waren eher nach innen gerichtet, das heißt gegen sich selbst. Aber keine Suizidgefährdung. Bisweilen übersteigertes Geltungsbedürfnis, also ein Aufschneider. Die soziale Integrationstherapie nach anderthalb Jahren erfolgreich beendet … Viel mehr steht hier nicht.«

Julia Durant hatte aufmerksam zugehört. Sie wirkte nachdenklich, steckte sich eine weitere Zigarette an. Hellmer beobachtete sie dabei, sagte aber nichts. Er wusste, sie war nervös und merkte gar nicht, wie sie ihre guten Vorsätze wieder einmal brach.

»Im Prinzip interessiert mich das Gutachten gar nicht mehr. Noch mal – Mischner hat knapp die Hälfte seiner Strafe abgesessen und ist dann nach Hofheim gezogen. Wer hat ihm die Wohnung besorgt und eingerichtet? Er hat weiter kein Geld gehabt, woher auch, aber die Möbel waren, so weit ich das in dem Dreck erkennen konnte, fast alle neuwertig, genau wie der Fernseher und der ganze Rest. Jemand hat ihm das finanziert. Wer? Und was hat er im letzten halben Jahr getrieben? Wenn wir diese Nuss knacken, haben wir auch seinen Mörder. Möglicherweise.«

»Vielleicht war er der Anrufer bei Gerber«, sagte Hellmer wie selbstverständlich. »Berger hat doch eben gesagt, der Anruf kam von einer Telefonzelle in Hofheim. Ich meine, das kann doch kein Zufall sein. Nehmen wir mal an, Mischner hatte einen Gönner. Vielleicht jemanden, der bei ihm in der Schuld stand …«

»Weshalb könnte jemand bei ihm in der Schuld gestanden haben?«, unterbrach ihn Durant.

»Schwer zu sagen. Vielleicht hat Mischner ihm einen großen Gefallen getan und …«

»Was für einen Gefallen? Wie groß muss ein Gefallen sein, dass derjenige sich so rührend um Mischner gekümmert hat? Was hat Mischner für ihn getan?«

»Keine Ahnung, es muss sich aber um eine größere Sache gehandelt haben, so viel steht fest.«

»Was ist mit Verwandten? Hat er noch welche?«

»Moment, gleich hab ich's. Vater vor drei Jahren gestorben, die Mutter hat einen andern Mann und lebt jetzt in Norddeutschland. Keine Geschwister ... Den Rest kriegen wir auch noch zusammen.«

»Okay, zurück zum Gönner. In welchem Umfeld müssen wir ihn suchen? In Okriftel? Im Reitclub? Oder ganz woanders?«

»Du stellst vielleicht Fragen. Sicher ist jedenfalls, derjenige hat ihm die Wohnung beschafft, hat ihm finanziell unter die Arme gegriffen und wohl auch hin und wieder seine Dienste in Anspruch genommen. Und er hat Mischner beauftragt, Gerber anzurufen und von zu Hause wegzulocken. Klingt doch logisch, oder?«

»Ja. Und weiter?«

»Nehmen wir weiter an, Mischner hatte keine Ahnung, welchen Grund dieser Anruf hatte. Dass nämlich ein Mädchen, das er selbst von früher kannte, umgebracht werden würde. Aber Mischner war doch nicht so doof, wie viele meinten, er hat von dem Mord gehört, zwei und zwei zusammengezählt und seinen Gönner unter Druck gesetzt. Ich vermute mal, er wollte jetzt richtig abkassieren und dann die Fliege machen. Das aber konnte der andere Typ unmöglich zulassen, also hat er Mischner beseitigt, denn dieser wusste ja viel zu viel von ihm. Und beinahe wäre es ihm gelungen, uns auf eine falsche Fährte zu locken. Aber weil wir ja im Gegensatz zu Mischner einen sensationell hohen IQ haben ...«

Julia Durant ging auf den letzten Satz nicht ein und fuhr fort: »Aber was wusste Mischner, und für welche Zwecke wurde er eingespannt? Ich frag mich die ganze Zeit, was wirklich dahinter steckt. Vor allem, seit wann kannten die beiden sich? Kannten sie sich schon, bevor Mischner das Mädchen vergewaltigt hat, oder sind sie sich erst später über den Weg gelaufen, vielleicht sogar zufällig? Oder gar erst im Knast?«

»Im Knast halte ich für ausgeschlossen. Dann müsste ja irgendeiner aus Hattersheim zur gleichen Zeit eingesessen haben. Nee, die beiden kannten sich vermutlich schon länger. Vielleicht sogar Jugendfreunde.«

»Glaub ich nicht. Mischner hatte keine Freunde, das geht sogar aus dem Gutachten hervor. Er hatte nur den einen, und der hat ihm vorgegaukelt, sein Freund zu sein. Was Mischner aber nicht merkte, im Gegenteil, er war sogar mehr als froh, einen Freund gefunden zu haben, denn endlich hatte er jemanden, auf den er sich bedingungslos verlassen konnte. Und einer wie Mischner, der zeitlebens nach einem Halt gesucht hat, tut für einen Freund so ziemlich alles ... Frank, das ist es«, sagte Durant und schoss nach vorn, die Arme auf den Schreibtisch gestützt. »Unser Mörder muss jemand sein, der sehr intelligent ist, sich mit Menschen auskennt und sehr schnell herausfindet, wo ihre Stärken und Schwächen liegen, und mit ihnen spielt. Einer, dem man nie zutrauen würde, einen Mord zu begehen. Freundlich, loyal, gebildet und mit allen Wassern gewaschen. Mischner hat wahrscheinlich erst nachdem er von Selinas Tod gehört hat geschnallt, dass sein angeblicher Freund gar keiner ist. Und dann hat er einen riesengroßen Fehler begangen, indem er ihn nämlich erpresst hat ... Es könnte sich so abgespielt haben. Wo hat er eingesessen?«

»Weiterstadt.«

»Es müsste doch dort einige Gefangene geben, die immer noch einsitzen und Mischner kannten. Vielleicht hat er einem von ihnen mal was erzählt, was eigentlich keiner wissen durfte. Der Gutachter schreibt doch, dass Mischner bisweilen zur Selbstdarstellung geneigt hat. Und im Knast, wenn dir die Decke auf den Kopf fällt, lässt du schon mal den einen oder andern Spruch los, nur um dich wichtig zu machen.«

»Schaden kann's nicht, wenn wir uns dort mal umhören«, meinte Hellmer.

Julia Durant kaute auf der Unterlippe, drehte sich mit dem Stuhl und sah aus dem Fenster auf das gegenüberliegende Haus.

»Mischner. Zu wem hatte Mischner Kontakt vor seiner Strafe, währenddessen und vor allem danach? Es muss jemand sein, der genau wusste, dass Mischner ein ideales Werkzeug ist. Sozusagen ein treu ergebener Lakai ...«

»Wobei der Lakai am Ende doch nicht so treu ergeben war, denn mit einem Mord wollte er denn doch nichts zu tun haben. Was wiederum das Gutachten bestätigt, in dem Mischner ein eher geringes Gewalt- und Aggressionspotenzial bescheinigt wird. Bei Mord hörte bei ihm auch die beste Freundschaft auf. Und das hat er seinen so genannten Freund wissen lassen.«

»Aber der andere hat damit gerechnet und ihn rechtzeitig beseitigt. Das macht den Unterschied zwischen einem Herrn und einem Diener.«

»Oder den Unterschied zwischen einem IQ von 120 und einem von 85. Also noch mal: Wann, wo und wie haben sie sich kennen gelernt, und vor allem, was hat Mischner für seinen Freund getan, dass dieser ihm so dankbar war? Natürlich nur bis zu dem Moment, wo Mischner ihm quasi die Freundschaft gekündigt oder versucht hat, ihn zu erpressen.«

Julia Durant sagte nichts darauf, sie überlegte. Sie stand auf, fragte, ob Hellmer auch eine Cola wolle, er nickte, sie ging zum Automaten auf dem Flur und zog zwei Dosen. Sie reichte eine Hellmer, stellte sich ans Fenster und beobachtete den mäßigen Verkehr auf der Mainzer Landstraße und am Platz der Republik, wo schon seit längerer Zeit nicht mehr gebaut wurde.

»Frank, ich vermute einfach mal, Mischner und sein Mörder haben sich in Hattersheim kennen gelernt. Wo hat Mischner gewohnt, bevor er nach Eddersheim kam?«

»In Frankfurt.«

»Okay. Dann kam er nach Eddersheim in den Reitclub. Er hat dort über ein Jahr lang unauffällig und zur vollen Zufriedenheit von Frau Gerber seine Arbeit erledigt, bis zum soundsovielten im November 98, als das mit der Vergewaltigung passierte. Irgendwann in dieser Zeit muss er seinen Freund getroffen haben. Eine andere Erklärung habe ich nicht.«

»Dann sollten wir noch einmal die Gerber, aber auch die andern aus dem Reitclub über Mischner befragen. Ob jemand weiß, was er so in seiner Freizeit getrieben hat, mit wem er des Öfteren zusammen war und so weiter. Und vielleicht kann uns ja einer sagen, ob er eine engere freundschaftliche Beziehung zu einem Mann hatte.«

»Muss es unbedingt ein Mann gewesen sein?«, fragte Durant.

»Ja, es muss«, erwiderte Hellmer energisch nickend. »Und diesmal würde ich wetten. Mischner war etwa einsachtzig groß, ich schätze mal, er wog so um die achtzig Kilo. Wie hätte eine Frau ihn denn auf diese Weise umbringen können? Selbst wenn du eine Drahtschlinge hast und sie jemandem von hinten um den Hals legst, brauchst du eine ziemliche Kraft, um denjenigen vom Leben zum Tod zu befördern, wie es so schön heißt. Es kann sich nur um einen Mann handeln. Oder wir haben es mit einer Frau zu tun, die eine spezielle Ausbildung diesbezüglich genossen hat. Aber das schließe ich in diesem Fall völlig aus.«

»Das heißt, wir haben es mit einem großen, kräftigen Mann zu tun.«

»Er muss nicht unbedingt groß und kräftig sein, Julia. Eins von beidem reicht schon. Aber er muss zumindest so kräftig sein, dass er lange genug die Schlinge zuziehen und auch festhalten kann, und er muss vor allem in der Lage sein, einen Mann wie Mischner auf einen Stuhl zu heben und ihm im toten Zustand die andere Schlinge um den Hals zu legen. Die Frauen, die ich kenne, wären dazu nicht in der Lage, nicht einmal du.«

»Also gut, ein Mann. Meinst du, wir hatten schon das Vergnügen mit ihm?«

»Wenn du auf Gerber ansprichst, der würde so was wie mit Mischner nie tun.«

»An den hab ich auch ehrlich gesagt gar nicht gedacht. Aber es gibt doch sicher auch noch andere Männer auf dem Hof, oder?«

»Sicher gibt's die«, antwortete Hellmer und streckte sich und gähnte dabei laut. Er sah auf die Uhr und meinte: »Soll ich dir was sagen; ich bin müde und will heim. Morbs meldet sich eh nachher bei dir. Gib mir Bescheid, wenn er was rausgefunden hat. Ich mach mich jetzt vom Acker.«

»Okay, unsere Gedankenspielereien führen heute zu nichts

mehr. Aber wir könnten morgen mal nach Weiterstadt fahren und ...«

»Nee, nee, schlag dir das mal schön aus deinem hübschen Kopf«, wurde sie von Hellmer unterbrochen, der abwehrend die Hände hob, »nicht morgen! Wenn ich morgen überhaupt etwas mache, dann nur in Okriftel und nirgendwo sonst. Und auch das nur unter größtem Protest. Montag stehe ich wieder zur Verfügung.«

»Schon gut, schon gut! Verschwinden wir. Und schönen Gruß zu Hause.« Durant nahm ihre Tasche, gemeinsam verließen sie das Büro, und Hellmer schloss hinter sich ab. Sie gingen zu ihren Autos und fuhren vom Präsidiumshof. Es war fünf nach sieben.

Samstag, 19.30 Uhr

Julia Durant hatte an diesem Wochenende nichts eingekauft, ihr Kühlschrank und der Vorratsschrank waren fast leer. Sie hielt an einer Tankstelle, kaufte sechs Dosen Bier, eine Schachtel Gauloises, etwas Wurst und Butter und eine Kleinigkeit zu naschen und zahlte mit der Scheckkarte. Es war noch immer sehr warm, sie hatte beide Seitenfenster heruntergekurbelt und ließ sich den Fahrtwind um die Ohren wehen. Sie freute sich auf zu Hause, auf das Alleinsein und darauf, tun und lassen zu können, was sie seit langem nicht mehr gemacht hatte. Gestern Abend, das war ein Befreiungsschlag gewesen. Sie hatte losgelassen, denn irgendwann wäre sie explodiert. Sie fand eine Parklücke unmittelbar vor ihrem Haus, was selten genug vorkam, nahm die Taschen vom Beifahrersitz und ging zur Tür. Im Briefkasten ein Brief von Susanne Tomlin, mit der sie schon seit über zwei Wochen nicht mehr telefoniert hatte, die neueste HÖRZU und eine Rechnung.

Sie schloss die Wohnungstür auf und kickte sie mit dem Absatz zu. Die Luft in der Wohnung war stickig. Sie stellte die Taschen ab und öffnete sämtliche Fenster, dann ließ sie sich auf die Couch fallen. Die noch halb volle Dose Bier, die Kuhn getrunken hatte, war noch auf dem Tisch, ebenso die Schachtel Zigaretten und das Feuerzeug, das sie ihm zum Geburtstag geschenkt hatte. Sie nahm eine Dose aus der Tasche, riss den Verschluss auf und trank in langen Schlucken. Sie merkte, wie der Alkohol ihr zu Kopf stieg, sie hatte seit dem Frühstück nichts gegessen. Als sie gerade auf dem Weg ins Bad war, um sich Wasser einlaufen zu lassen, klingelte das Telefon. Morbs.

»Frau Durant, nur ganz kurz. Todeszeitpunkt zwischen zweiundzwanzig Uhr und Mitternacht. Tod durch Fremdeinwirkung. Mischner muss aber vor seinem Tod reichlich Alkohol, vor allem Rotwein, konsumiert haben, denn ich habe noch einen Restwert von 1,5 Promille in seinem Blut festgestellt. Außerdem hat er vor seinem Ableben ausgiebig Spaghetti Bolognese gespeist, das meiste davon befand sich noch im Magen. Ansonsten gibt es nichts Außergewöhnliches zu vermelden. Einen schönen Abend noch.«

»Ebenfalls.« Julia Durant legte auf, stand einen Moment neben dem Telefon, ging ins Bad, drehte den Wasserhahn auf, fühlte die Temperatur, gab etwas Badeschaum dazu und besah sich im Spiegel. »Du siehst furchtbar aus«, sagte sie zu sich selbst. »Julia, du musst endlich etwas für dich tun. Wann fangen wir damit an? Heute? Okay, dann heute. Sag mal, wieso fühlst du dich eigentlich nicht beschissen? Wieso wirfst du dich nicht aufs Bett und heulst Rotz und Wasser? Wieso fühlst du dich so saugut?« Sie grinste sich an und begab sich in die Küche, wo sich das schmutzige Geschirr türmte, beschloss, es noch vor dem Baden zu spülen und anzufangen aufzuräumen, die Sachen von Kuhn zusammenzupacken, nur das Putzen der Fenster würde sie Hellmer überlassen. Ach ja, dachte sie, ich wollte ja auch noch Susanne anrufen. Ein Blick auf die Uhr, halb acht. Sie würde sie anrufen, während sie in der Badewanne lag, würde ihr erzählen, dass sie mit Kuhn

Schluss gemacht hatte. Mal sehen, wie sie drauf reagiert, dachte sie.

Sie nahm zwei Scheiben Brot aus der Tüte, legte sie auf einen Teller, beschmierte sie dünn mit Margarine und tat jeweils drei Scheiben Salami darauf. Dazu eine Tomate und eine saure Gurke und noch ein Bier. Sie stellte den Fernseher an und blieb bei einem Dokumentarfilm über Sümpfe und Savannen in Südamerika hängen. Bevor sie das zweite Brot aß, ging sie ins Bad und drehte den Wasserhahn zu. Nach dem Essen spülte sie das Geschirr, stellte es in den Abtropfkorb und wischte mit dem nassen Lappen über Herd und Spüle. Na also, dachte sie zufrieden, sieht doch schon wieder ganz ordentlich aus. Sie entkleidete sich, stieg in die Badewanne, die Dose Bier stellte sie auf den Wannenrand. Dann tippte sie die Nummer von Susanne Tomlin ein. Sie telefonierten über eine Stunde, Susanne stellte keine großen Fragen und enthielt sich auch jeglicher wohlgemeinter Kommentare, sie war eben eine echte Freundin, die zuhören konnte. Und vielleicht kam der Tag, an dem Julia Durant für immer nach Frankreich zog, wie es ihr von Susanne Tomlin schon einige Male angeboten wurde. Besseres Wetter, das Meer direkt vor der Tür, die Luft zu keiner Zeit so stickig wie in Frankfurt.

Nach dem Telefonat trocknete sie sich ab, fönte die Haare, zog eine Shorts und ein T-Shirt über und dachte nach. Sollte sie heute noch etwas tun, bügeln vielleicht? Nein, heute nicht, morgen. Nur einmal mit dem Staubsauger über den Boden fahren, den Aschenbecher leeren, den Tisch abwischen, die halb volle Dose Bier in die Spüle kippen. Und an nichts denken. Doch so sehr sie sich auch bemühte, die Morde an Selina Kautz und Gerhard Mischner gingen ihr nicht aus dem Kopf. Nachdem sie eine Stunde lang auf den Fernsehapparat gestiert hatte und die Gedanken sie nicht in Ruhe ließen, stand sie auf, ging ins Schlafzimmer und packte zwei Koffer, von denen einer ihr gehörte, und eine Reisetasche von Dominik Kuhn. Sie rief ihn an und bat ihn, er möge doch bitte so bald wie möglich seine Sachen abholen. Er versprach, innerhalb der nächsten Stunde vorbeizuschauen, ein Blick auf die Uhr, fast zehn. Sie sagte ihm, er könne bis Mitternacht kommen, sonst erst wieder am Montag, weil sie morgen ausspannen und niemanden sehen wolle.

Samstag, 19.15 Uhr

Hellmer hatte auf dem Heimweg kurz entschlossen bei Gerber Halt gemacht, um ihn zu informieren, dass sein Alibi überprüft und er vorerst nicht länger zum Kreis der Verdächtigen gezählt wurde. Die Erleichterung war Gerber deutlich anzumerken.

»Wenn Sie von einem Kreis von Verdächtigen sprechen, kann ich dann davon ausgehen, dass Sie bereits eine heiße Spur haben?«

»Nein, ich habe mich wohl falsch ausgedrückt. Wir haben eigentlich noch überhaupt keine Spur. Wir haben aber einen zweiten Toten«, sagte er und forschte in Gerbers Gesicht nach einer Reaktion.

»Einen zweiten Toten? Wer?«

»Gerhard Mischner. Meine Kollegin und ich wollten ihm vorhin einen Besuch abstatten, kamen aber leider einen Tag zu spät.«

»Heißt das, er wurde auch umgebracht?«

»Es sieht ganz nach Selbstmord aus, er hat sich erhängt«, log Hellmer.

»Das ergibt keinen Sinn«, sagte Gerber. »Ich kannte Mischner zwar kaum, aber für mich ist das ein bisschen Zufall zu viel. Außerdem sagen Sie, es sieht nach Selbstmord aus. Es könnte aber auch anders gewesen sein, oder?«

»Dr. Gerber, wir stecken mitten in unseren Ermittlungen …«

»Entschuldigen Sie, wenn ich Sie unterbreche, aber ich glaube nicht an Selbstmord. Und Sie doch auch nicht, wenn Sie ehrlich sind.«

»Also gut, unter uns, wenn unser Rechtsmediziner nicht gerade einen totalen Blackout hatte, ja, Mischner wurde aller Wahrscheinlichkeit nach umgebracht, und wir gehen davon aus, dass wir es mit demselben Täter zu tun haben, der auch Selina getötet hat.«

Gerber fuhr sich übers Kinn. Seine Frau kam zu ihnen.

»Habe ich das eben richtig gehört?«, sagte sie mit ungespieltem Entsetzen. »Und ich hätte es wirklich für möglich gehalten, dass er … Was geht hier bloß vor?«

»Das würden wir auch zu gerne wissen. Ich bitte Sie aber inständig, vorerst Stillschweigen darüber zu bewahren, denn in der Zeitung wird von Selbstmord die Rede sein, da der Täter uns das glauben machen wollte.«

»Und wie, ich meine, wie wurde er umgebracht?«

»Dazu darf ich Ihnen leider keine Auskunft geben. Einen schönen Abend noch.«

»Den wünsche ich Ihnen auch«, sagte Gerber und begleitete Hellmer zur Tür. »Und wenn wir irgendetwas für Sie tun können, lassen Sie es uns wissen. Wir stehen Ihnen jederzeit zur Verfügung.«

»Ich werde gegebenenfalls auf Ihr Angebot zurückkommen.«

Nachdem Hellmer das Haus verlassen hatte, ging Gerber zu seiner Frau und setzte sich zu ihr. »Emily, kannst du dir erklären, warum man Mischner ermordet hat? Erst Selina, dann er. Ich kann mir keinen Reim darauf machen.«

»Denkst du vielleicht, ich?«

»Ich sehe nur einen Zusammenhang. Es muss irgendetwas mit dem Hof zu tun haben.«

»Wie kommst du denn darauf? Das würde ja bedeuten, dass es jemanden unter unseren Mitgliedern gibt, der … Nein, das ist geradezu absurd! Hast du vielleicht auch schon einen Namen parat?«, fragte sie scharf.

»Emily, denk doch mal nach. Selina war seit einigen Jahren Mitglied bei dir. Mischner war ein Angestellter. Da muss doch was faul sein. Aber was?«

»Ich bitte dich, das ist reiner Zufall. Keiner, den ich kenne, wäre zu einem Mord fähig. Da müsste ja jetzt jeder im Club Angst haben, von einem Wahnsinnigen ... Nein, nein, nein, das sind Gedankenspielereien, die ich nicht mitmache! Und ich möchte unter gar keinen Umständen, dass durch dumme Verdächtigungen Angst und Panik verbreitet werden. Es kann sich nur um einen Zufall handeln.«

»Ich glaube nicht an Zufälle, das weißt du. Nichts im Leben ist Zufall. Aber um dich zu beruhigen, ich hatte nicht vor, Angst und Panik zu verbreiten. Außerdem habe ich Herrn Hellmer versprochen, meinen Mund zu halten. Zufrieden?«

»Schon gut. Das macht mich nur alles völlig fertig. Wenn ich mir vorstelle, hier bei uns treibt sich ein Serienmörder herum ...«

»Hier treibt sich kein Serienmörder herum. Und die Polizei wird ihn schnappen. Komm, mach dir keine unnötigen Sorgen, das sieht man dir nämlich sofort an der Nasenspitze an. Und jetzt möchte ich dich in den Arm nehmen.«

Samstag, 22.50 Uhr

Julia Durant war auf der Couch eingenickt, als es klingelte. Sie schreckte hoch, wischte sich über die Augen, stand auf, drückte den Türöffner und machte die Tür einen Spalt auf. Sie hörte ihn die Stufen heraufkommen, zündete sich eine Zigarette an.

»Hi«, sagte er und kam auf sie zu. »Du meinst es also wirklich ernst.«

»Dominik, bitte, spar dir diesen Blick und ...«

»Und was? He, wir sind seit über zwei Jahren zusammen ...«

»Wir waren zusammen.«

»Schon gut, wir waren über zwei Jahre zusammen. Ich hatte es mir auch anders vorgestellt. Der Job beim Sender kam für mich genauso überraschend, und dass damit so viel Arbeit verbunden sein würde, damit hab ich einfach nicht gerechnet.«

»Ich mach dir doch auch keinen Vorwurf deswegen. Unsere Berufe vertragen sich einfach nicht. Journalist und Bulle, wir hätten's wissen müssen! Nimm die Koffer und geh … Nein, warte, ich helfe dir, dann brauchst du nicht zweimal hoch- und runterzulaufen.«

»Das macht doch nichts«, sagte er schnell und wurde mit einem Mal rot, was Durant trotz des Kunstlichts nicht entging.

»Nimm du die Koffer, ich nehme die Reisetasche. Aber der blaue Koffer gehört mir, den will ich wiederhaben.«

»Julia, du brauchst mir wirklich nicht zu helfen, ich schaff das schon allein.«

»Ich wollte sowieso eine Runde drehen«, sagte sie und hatte die Reisetasche bereits in der Hand. »Wo stehst du?«

»Es reicht, wenn du die Tasche an die Haustür stellst«, antwortete er und wich ihrem forschenden Blick aus.

»Okay«, sagte sie nur. Sie steckte den Schlüssel in die Hosentasche, wartete, bis Kuhn draußen war, und machte die Tür hinter sich zu. Er rannte die Treppe hinunter, blieb mit einem Koffer am Geländer hängen und wäre beinahe gestürzt.

»Danke, ich hol die Tasche gleich«, sagte Kuhn hektisch, als sie unten angekommen waren, Schweißperlen auf der Stirn. Er blieb stehen, wollte Julia Durant umarmen, doch sie entzog sich seinem Griff.

»Komm, ich will ein letztes Mal dein Auto sehen …«

»Julia, ich steh da hinten um die Ecke, ich hab keinen Parkplatz vor …« Er wurde immer unruhiger.

»Ich hab doch gesagt, ich wollte eine Runde drehen. Wo ich langgehe, ist doch egal.«

»Julia …«

»Jetzt mach schon, dass du rauskommst«, sagte sie lachend und hielt die Reisetasche fest in der Hand. Die Ahnung, die sie bereits in der Wohnung befallen hatte, wurde mehr und mehr zur Gewissheit. Als er merkte, dass Durant sich nicht abwimmeln ließ, gab er zähneknirschend nach und lief vor ihr zu seinem erst zwei Wochen alten 3er BMW. Er parkte gut hundert Meter entfernt in einer Seitenstraße, eine junge Frau stand an das Fahrzeug gelehnt, eine Zigarette in der Hand. Sie ließ sie auf den Boden fallen, als sie die Kommissarin zusammen mit Kuhn erblickte, und stieg schnell ein.

»Die Tasche muss wohl auf den Rücksitz«, sagte Durant spöttisch, »dein Kofferraum ist zu klein.«

»Julia, es ist nicht, wie du vielleicht …«

»Dominik, du bist ein verlogenes Arschloch!«, quetschte sie kaum hörbar, aber lächelnd durch die Zähne. »Wer ist denn die Kleine? Ach was, ich frag sie selber, während du einlädst.« Sie ließ die Tasche einfach fallen, etwas zerbrach, vermutlich sein mundgeblasenes Lieblingsbierglas aus Murano, das er vor drei Jahren von seinen Kollegen bei der Zeitung zum Geburtstag geschenkt bekommen hatte. Ihr war es egal. Sie machte einfach die Beifahrertür auf – die Frau war blond und höchstens fünfundzwanzig.

»Hi, ich bin Julia. Und du? He, wir können uns ruhig duzen, wir haben schließlich einen gemeinsamen Freund. Das heißt, er war mein Freund. Wie heißt du denn?«, fragte sie frech.

»Annette.«

»Freut mich, Annette.« Durant reichte ihr die Hand, die Annette nur zögernd nahm. »Steig doch aus, ich würde mich gerne einen Moment mit dir unterhalten. Nur eine Sekunde, unter Frauen. Und keine Angst, ich beiß nicht, auch wenn ich ein weiblicher Bulle bin.«

»Ich weiß nicht«, sagte sie verschüchtert und mit hochrotem Kopf, gab aber schließlich nach. Sie war eine Idee größer als die Kommissarin, hatte glattes, langes Haar und eine Topfigur, um die Durant sie beneidete. Aber sie war schließlich auch mindestens zehn, wahrscheinlich sogar mehr Jahre jünger.

»Arbeitet ihr zusammen?«

»Ja.«

»Dann weiß ich wenigstens, wo er die ganzen Überstunden verbracht hat. Weißt du, mir hat er immer erzählt, der Job würde ihn so aufreiben. Anfangs hab ich's ihm abgekauft, aber irgendwann ist da doch ein kleiner Verdacht in mir hochgekommen, na ja, wie schon gesagt, ich bin bei der Polizei ...«

»Julia, es reicht. Mach's gut, Annette und ich fahren jetzt. Es ist nicht so, wie du denkst«, sagte er und nahm Annette bei der Hand und wollte sie zum Auto ziehen.

»Dominik, Schatz, jetzt bin erst mal ich dran. Husch, husch, ins Auto und warte, bis wir fertig sind. Ich habe mit Annette etwas zu besprechen. Und wenn du nicht tust, was ich sage, wird Mutti richtig sauer«, erklärte sie mit drohender Stimme und Respekt einflößendem Blick, dem Kuhn nicht gewachsen war.

Kuhn zögerte zunächst, trottete sich dann aber doch murrend, zündete sich eine Zigarette an, setzte sich hinters Lenkrad und stellte das Radio auf volle Lautstärke, dass man die Musik in einem Umkreis von mindestens hundert Metern hören konnte.

»Wie lange geht das schon zwischen euch? Sei ehrlich, ich mach dir auch keine Vorwürfe. Ein halbes Jahr oder länger?«

»Seit Weihnachten«, antwortete Annette leise. »Aber ich wusste wirklich nicht ...«

»Hat er dir von mir erzählt?«

»Schon. Aber er hat gesagt, ihr beide wärt nur gute Freunde und er hätte ein paar Sachen bei dir deponiert ...«

»So, nur gute Freunde? Weißt du was, Annette«, Durant legte einen Arm um ihre Schulter und zog sie einfach mit sich, »Dominik ist nicht mein erster Reinfall. Weißt du, was er gestern Nacht noch zu mir gesagt hat? Er hat gesagt, er würde mich über alles lieben und ich sollte mir das alles doch noch mal reiflich überlegen. Warum hat er das wohl gesagt? Hast du eine eigene Wohnung?«

»Nein, ich wohn noch bei meinen Eltern, aber wir wollten zusammenziehen.«

»An deiner Stelle würde ich nicht vorschnell handeln. Und beruflich? Was hat er dir versprochen? Die große Karriere, oder gar die große Liebe?«

Annette zuckte nur mit den Schultern.

»Also beides. Typisch. Und du glaubst es ihm, nur weil er älter ist und ein richtig toller Hengst dazu, mehr im Beruf als privat, wenn ich das so sagen darf.« Sie blieben stehen, Julia Durant sah Annette an, die ihr sogar ein bisschen Leid tat und sichtlich überfordert schien mit der Situation. »Aber so ein toller Hengst ist er nun auch wieder nicht. Was er mit mir gemacht hat, macht er vielleicht auch schon bald mit dir. Ist die ganze Sache dir das wert? Denk drüber nach, Männer wie er ändern sich nie. Sie versprechen dir das Blaue vom Himmel herunter, und wenn sie genug von dir haben, lassen sie dich wie eine heiße Kartoffel fallen. Ich bin ehrlich gesagt froh, dass du mitgekommen bist, es macht mir die Entscheidung noch viel, viel leichter. Und noch was: Ich habe nichts gegen dich, ehrlich. Du bist vermutlich auch auf seinen Dackelblick hereingefallen, genau wie ich. Und bis gestern hat er beides gehabt, dich und mich. Wenn's bei mir nicht ging, standst du zur Verfügung und umgekehrt. Aber ich hab ihm einen Strich durch die Rechnung gemacht. Jetzt hat er nur noch dich. Deshalb pass gut auf dich auf.« Und nach einer kurzen Pause: »Wie alt bist du, wenn ich fragen darf?«

»Einundzwanzig.«

»Hm, er wird älter und seine Liebschaften jünger. Kommt mir alles irgendwie bekannt vor. Ich wusste bis eben nichts von dir, ich hatte nur eine vage Vermutung, dass da eventuell eine andere im Spiel sein könnte. Jetzt weiß ich's wenigstens. Nichts für ungut und viel Glück.«

Julia Durant begleitete Annette zurück zu Kuhns BMW und sagte zu ihr: »Ich möchte ihm nur noch kurz etwas mit auf den Weg geben.« Sie machte die Beifahrertür auf und stellte einfach das Radio aus. »Ciao, mein Lieber. Und vielen Dank für einige heiße Nächte. Aber sie waren nicht so toll, dass ich diesen Nächten nachtrauern müsste. Tja, das war's dann – Schatz! Übrigens, du könntest ein richtig netter Typ sein – wenn du nicht so'n Arschloch wärst. Behandle Annette gut, sie ist noch sehr jung und wahrscheinlich sehr verliebt und hat eigentlich einen verlogenen Kerl wie dich gar nicht verdient. Und bitte, ruf nie mehr an und lass dich nie mehr bei mir blicken.«

Kuhn schaute sie aus großen Augen an, unfähig, etwas zu erwidern.

»Tschüs, Annette«, sagte sie noch zu ihr, die alles mitgehört hatte und wortlos einstieg.

Durant blieb noch stehen, die Hände in den Taschen ihrer Shorts vergraben, Kuhn versuchte aus der engen Parklücke, in die er offenbar so mühelos hineingekommen war, herauszufahren. Er schaltete den Rückwärtsgang ein, rutschte von der Kupplung ab (die reine Nervosität, dazu eine Frau neben ihm, die ihn schon jetzt mit Fragen löcherte) und fuhr auf einen hinter ihm stehenden Landrover auf. Das Glas seines linken Rücklichts zersplitterte. Kuhn schimpfte, stieg aus, schaute, ob auch an dem andern Auto etwas kaputtgegangen war, besah sich kurz den eigenen Schaden, schüttelte den Kopf und warf Durant, die grinsend dastand, einen verächtlichen Blick zu. Nach zwei Minuten hatte er es schließlich geschafft, aus der Parklücke, die ihm in den letzten Minuten wie ein Gefängnis erschienen sein musste, herauszukommen, und gab Gas. Sie sah die Bremslichter aufleuchten, bevor er rechts um die Ecke fuhr. Dann schlenderte sie gemächlichen Schrittes nach Hause, warf den Schlüssel aufs Sideboard, holte sich eine Dose Bier aus dem Kühlschrank und stellte sich ans offene Fenster. Ihre Gedanken waren weit weg. Sie trank die Dose zur Hälfte leer, ging ins Bad und wusch sich die Hände. Warum sie es tat, wusste sie nicht, vielleicht, weil sie die Reisetasche angefasst hatte, die Kuhn gehörte. Ein Blick in den Spiegel – sie kam sich nach dem Zusammentreffen mit Annette unendlich alt vor. Ich bin doch eine blöde Kuh, dachte sie kopfschüttelnd, da kommt dieser Arsch mit seiner Neuen an, und ich geb ihr auch noch Ratschläge! Julia, du wirst es nie lernen. Sie rauchte noch eine Zigarette, drückte sie aber nach der Hälfte aus. Allmählich begriff sie, welch perfides Spiel wieder einmal mit ihr getrieben worden war.

Sonntag, 2.45 Uhr

Sie hatte bis um zwei Uhr mal vor sich hin gedämmert und mal geheult wie ein kleines Kind, die vergangenen zwei Jahre liefen wie ein endloser Film an ihrem inneren Auge vorbei. Sie war wirklich so naiv gewesen zu glauben, in Kuhn einen Mann gefunden zu haben, mit dem sie alt werden könnte. Und wieder einmal hatte sie einen Tritt bekommen. Sie stand dreimal auf, um zur Toilette zu gehen, rauchte eine Zigarette nach der andern, stellte sich ans offene Fenster; die Nachtluft war kühl, sie spürte sie aber nicht. Warum besteht mein Leben immer nur aus Enttäuschungen?, fragte sie sich in Gedanken. Warum kann ich nicht einmal wirklich glücklich sein? Liegt es an mir? Natürlich, an wem denn sonst. Aber warum immer ich? Sie fand keine Antworten auf ihre Fragen und würde vermutlich auch nie welche erhalten. Sie war zwar eine gute Polizistin, das wurde ihr zumindest immer wieder attestiert, doch was nützte ihr die Anerkennung im Beruf, wenn sie privat nichts auf die Reihe brachte? Sie hätte schreien können vor Wut und Enttäuschung, den ganzen Frust einfach hinausschreien, aber sie brachte es nicht fertig, es war nicht ihr Stil. Außerdem war es mitten in der Nacht, und die Nachbarn wären sicher alles andere als erfreut gewesen über diese Ruhestörung. Irgendwann hielt sie es nicht mehr aus, griff zum Telefon und tippte die Nummer ihres Vaters ein. Sie wollte nach dem zehnten oder zwölften oder fünfzehnten Klingeln (sie hatte nicht mitgezählt) schon auflegen, als am andern Ende abgenommen wurde.

»Ja, bitte?«, fragte die verschlafene Stimme.

»Paps, ich bin's. Entschuldige, wenn ich dich aus dem Bett geholt habe, aber mir geht's nicht gut.«

»Bist du krank?«

»Nein, ich bin nicht krank. Oder vielleicht doch, ich weiß es nicht. Dominik ist ausgezogen.«

»So plötzlich? Was ist passiert?«

»Ich hab ihn vor die Tür gesetzt, weil die letzte Zeit nicht mehr so toll war und ich einfach ein bisschen Abstand brauchte.«

Sie hielt inne, und als sie nicht weitersprach, fragte ihr Vater: »Aber das ist doch nicht alles, oder?«

»Nein. Er hat schon seit Weihnachten eine andere, ich hab sie sogar vorhin kennen gelernt. Und dieser Idiot bringt sie auch noch mit!«

»Wieso bringt er sie mit?«

»Ach, ich hab ihm seine Sachen gepackt und ihn gebeten, das Zeug gleich abzuholen, und weil es zu viel auf einmal war, hab ich ihm angeboten, eine Tasche mit runterzutragen. Der hat sich auf einmal gewunden wie ein Aal, und da hat's bei mir klick gemacht. Sie saß im Auto, jung, knackig, eine Praktikantin aus dem Sender.«

»Und was hast du dann gemacht? Doch hoffentlich nichts Unüberlegtes.«

»Nein, ich hab mit ihr gesprochen. Die merkt glaub ich noch gar nicht, auf was sie sich da eingelassen hat. Ich hab halt ein paar zynische Kommentare abgegeben, nicht ihr gegenüber, sie kann ja nichts dafür, er hat ihr vorgelogen, ich wäre nur eine gute Freundin und so …«

»Julia, bevor du weitersprichst, lass mich dir eins sagen: Du hast eine gute Entscheidung getroffen. Was immer dich dazu veranlasst hat, es war gut.«

»Es war gut! Wie toll! Warum klappt es zwischen mir und den Männern nicht? Warum? Du und Mutti, ihr beide wart doch so lange glücklich miteinander. Warum geht das bei mir nicht?«

»Deine Mutter und ich, wir hatten auch unsere Höhen und Tiefen …«

»Doch ihr wart trotzdem glücklich.«

»Ja, schon. Aber du kannst nicht ein Leben mit einem andern vergleichen. Ich bin ganz sicher, du wirst noch jemanden finden, der es wirklich ernst mit dir meint.«

»Das hast du mir schon einige Male gesagt, und was ist bis jetzt daraus geworden?! Ich falle immer und immer wieder auf irgendwelche Typen herein. Liegt es an mir?«

»Nein, höchstens ein bisschen. Horch mal in dich hinein und frage dich, welche Fehler du machst. Ich bin sicher, du wirst eine Antwort darauf erhalten.«

»Sag du mir doch, was du denkst«, bat sie. »Ich kann Kritik vertragen.«

»Also gut. Du gehst meiner Meinung nach zu verbissen an die Sache ran. Aber ich kenne dich nicht anders. Du willst immer alles ganz oder gar nicht. Denk mal drüber nach.«

»Was heißt, ich will immer alles ganz oder gar nicht?«

»Das ist in deinem Beruf so, aber auch sonst. Es gibt Menschen, die lieben mit Haut und Haaren und lassen dem andern kaum noch die Luft zum Atmen …«

»Das stimmt nicht, ich habe bis jetzt noch keinen eingeschnürt, im Gegenteil. Ich lasse jedem seinen Freiraum, und trotzdem funktioniert es nicht. Die Ursache muss woanders liegen.«

»Julia, du bist im Augenblick sehr traurig und verletzt, was ich verstehen kann. Aber du solltest nie vergessen, dass du einzigartig im Universum bist und dass du für Gott und für mich sehr, sehr viel bedeutest, auch wenn du mit Gott nicht viel am Hut hast. Ich jedenfalls hätte mir keine bessere Tochter wünschen können.«

»Aber ich gehe auf die vierzig zu …«

»Jetzt mach mal langsam, du wirst im November achtunddreißig und hast noch mindestens ein halbes Leben vor dir. Und was du bis jetzt geleistet hast, ist aller Ehren wert.«

»Paps, noch mal, ich gehe auf die vierzig zu und …«

»Julia, du warst vor drei Wochen hier, und wir haben uns lang und breit darüber unterhalten. Hast du im Moment viel zu tun?«

»Ja, schon.«

»Dann stürz dich in die Arbeit, das lenkt ab. Und irgendwo wartet jemand auf dich, da bin ich ganz sicher. Du musst nur daran glauben und es dir ganz fest wünschen. Dass deine erste Ehe so schlecht war, daran warst nicht du schuld. Ich hab dich sehr lieb, aber ich kann dir leider keine Ratschläge geben oder dir einen Mann herbeizaubern, ich kann dir nur zuhören.«

»Ach, Mensch, es ist alles Scheiße! Ich wollte mit dem Rauchen aufhören, und jetzt hab ich seit vorhin fast eine ganze Schachtel leer gequalmt.«

»Denk an deine Mutter«, sagte ihr Vater mahnend, und sie meinte seinen erhobenen Zeigefinger zu sehen, auch wenn er vierhundert Kilometer von ihr weg war. »Das Schlimmste für mich wäre, wenn du dasselbe Schicksal erleiden müsstest wie sie. Hör auf mit der Qualmerei, sie bringt dich noch ins Grab. Geh stattdessen spazieren oder renn dir die Seele aus dem Leib oder mach irgendwas anderes, aber lass die Zigaretten sein. Sie sind nicht gut für dich.«

»Das heute war ein Ausrutscher, ich bin ja schon dabei, aufzuhören. Aber dass Dominik so ein Schwein ist, hätte ich nicht für möglich gehalten.«

»Denk nicht mehr an ihn, er ist es nicht wert. Seine Entscheidungen sind nicht deine. Also, Kopf hoch, auch wenn's abgedroschen klingt, und du weißt, du kannst mich jederzeit besuchen. Und jetzt versuch, ein wenig zu schlafen, und nimm dir etwas für morgen vor. Blödsinn, wir haben ja schon heute. Also, nimm dir was für heute vor. Einverstanden?«

»Einverstanden. Und danke.«

»Wofür? Dass du mich mitten in der Nacht anrufst? Ich bin immer für dich da, und das weißt du auch. Und daran wird sich auch nichts ändern. Und jetzt schlaf gut.«

Sie legte auf, Tränen liefen über ihr Gesicht, sie wischte sie mit beiden Händen ab. Auf einmal musste sie lachen. Sie legte sich auf die Couch, einen Arm hinter dem Kopf, machte die Augen zu und befahl sich, einfach an nichts zu denken. Sie schlief vier Stunden.

Sonntag, 7.30 Uhr

Als sie aufwachte, fühlte sie sich wie gerädert. Ihr linker Arm war taub von der unnatürlichen Stellung, es dauerte mehrere Minuten, bis die Blutzirkulation auch in den Fingerspitzen funktionierte, was sich anfangs wie Millionen kleiner Nadelstiche anfühlte. Sie setzte sich auf, schüttelte ein paarmal kräftig den Arm und sah zum Fenster. Der Himmel war wolkenlos, die Sonne hatte bereits jetzt eine enorme Kraft, es würde ein heißer Tag werden. Sie hatte Hunger, aber keinen Appetit. Sie erledigte ihre Morgentoilette und zwang sich, wenigstens ein Schälchen Cornflakes zu essen und eine Tasse Kaffee zu trinken. Der automatische Griff zu den Zigaretten – sie dachte an das, was ihr Vater vor wenigen Stunden gesagt hatte, und legte die Schachtel wieder zurück.

Julia, sagte sie zu sich selbst, egal, was passiert ist, du wirst diesen Tag gut werden lassen. Sie beschloss, nach Hattersheim zu fahren, Fragen stellen. Es gab noch zwei Adressen von Mädchen, mit denen Selina befreundet war, und sie wollte den Gerbers noch einen kurzen Besuch abstatten, wegen Mischner.

Sie zog sich an, Bluse, Jeans und Turnschuhe, legte einen Hauch Make-up auf, vornehmlich um die Ränder unter den Augen zu kaschieren, damit nicht gleich jeder sah, wie schrecklich ihre Nacht gewesen war. Da sie nicht zu früh dort auftauchen wollte, räumte sie das trockene Geschirr in den Schrank und das Besteck in die Schublade, stellte das Radio an und schaltete um auf HR 3, nach FFH stand ihr vorläufig nicht der Sinn. Sie spielten die aktuellen Hits, dazwischen Berichte zu einem Thema, das sie nicht interessierte. Mit ihren Gedanken war sie ohnehin weit weg.

Mit den Zehn-Uhr-Nachrichten machte sie die Fenster zu und kippte sie, zog den Vorhang vor, nahm das Handy von der Ladestation, steckte es in die Tasche, ein letzter Blick zurück, bevor sie zum Wagen ging. Auch hier schaltete sie auf Kanal 89.3, HR 3. FFH war gestorben, genau wie Dominik Kuhn. Bevor sie startete, sah sie noch einmal auf den Zettel mit den Adressen, Miriam Tschierke, Südring, und Katrin Laube, Erlesring. Als Erstes jedoch würde sie einen Abstecher zu den Gerbers machen.

Sie öffnete beide Seitenfenster und das Schiebedach und genoss die noch angenehme Luft. Unterwegs überlegte sie, bei Hellmer anzurufen, entschloss sich aber, es sein zu lassen, sie wollte ihm den Sonntag mit seiner Familie nicht verderben. Es reichte schon, wenn sie nicht so gut drauf war. Sie hielt an einem Kiosk, holte sich die Frankfurter Allgemeine Sonntagszeitung, einen Schokoriegel, eine Dose Cola und eine Schachtel Zigaretten, wobei sie hoffte, sie nicht anrühren zu müssen. Sie wünschte sich die Kraft, diesem Verlangen zu widerstehen.

Um halb elf stellte sie ihren Corsa in der Linsenberger Straße ab. Sie sah keinen Menschen auf der Straße, keine Spaziergänger, nicht einmal Kinder. Der Ort lag wie ausgestorben. Und das bei diesem Traumwetter, dachte sie kopfschüttelnd und ging die wenigen Meter zu Gerbers Haus. Er schien nicht einmal sonderlich überrascht, sie zu sehen.

»Hallo, Frau Durant. Kommen Sie rein. Meine Frau ist nicht da, sie ist in der Kirche. Und da einer von uns auf die Kinder aufpassen muss, habe ich mich dazu bereit erklärt.«

»Ich hoffe, ich störe nicht«, sagte Durant.

»Nein, nein, ich habe nur ein wenig an meinem neuen Buch gefeilt.«

»Was für Bücher schreiben Sie?«

»Gehen wir doch raus auf die Terrasse, meine Töchter und Tobias, der Sohn der Kaufmanns, sind auch im Garten. Was zu trinken?«

»Nein, danke, jetzt nicht.« Sie setzte sich. Auf dem Tisch lag ein Stapel beschriebener Blätter. »Wie geht es Ihnen?«

»Wie soll es mir gehen nach den Ereignissen der letzten Tage. Ich versuche im Moment, das Beste aus der Situation zu machen, auch wenn es mir schwer fällt. Es mag nach außen den Anschein haben, als würde mich das Geschehene kalt lassen, aber das trügt.

Deswegen habe ich mich entschlossen, jetzt endlich das Buch zu Ende zu redigieren und an den Verlag zu schicken. Dadurch komme ich wenigstens auf andere Gedanken. Und ich habe erkannt, dass man noch so schlau und gelehrt sein kann, man wird immer Fehler machen, solange man lebt. Und ich habe einen riesengroßen Fehler begangen, den ich zutiefst bereue und der mich beinahe alles gekostet hätte, was mir lieb und teuer ist.«

Ohne darauf einzugehen, sagte Durant: »Sie haben meine Frage nicht beantwortet: Was für Bücher schreiben Sie? Es interessiert mich wirklich.«

»Es sind lebensbejahende Bücher, aber nicht der übliche ›Mit-positiv-Denken-kommst-du-über-den-Tag‹-Quatsch, nein, ich versuche, den Menschen Wege aufzuzeigen, wie sie ihre innere Mitte beziehungsweise ihren inneren Frieden finden können. Dabei verwende ich einige Lehren aus dem Buddhismus, aber auch aus dem Islam oder dem Christentum. Jede Lehre hat etwas Gutes, aber keine ist die allein selig machende. Etwas kompliziert, nicht?«, sagte er, als er das scheinbar kritische Aufblitzen in Durants Augen bemerkte.

»Nein, überhaupt nicht. Ich könnte im Moment ein solches Buch gut gebrauchen.«

»Nichts einfacher als das. Warten Sie«, sagte er, erhob sich und ging in sein Arbeitszimmer. Er kam mit drei Büchern zurück und legte sie auf den Tisch. »Für Sie. In Ihrer derzeitigen Lage würde ich mit dem obersten beginnen. Es hilft, den Trennungsschmerz und die Verletzungen zu überwinden.« Dabei lächelte er vielsagend.

»Woher wissen Sie …«

»Ich sagte Ihnen doch, Veränderung. Wie diese Veränderung allerdings aussieht, liegt allein bei Ihnen. Aber Sie sind eine starke Frau und eine noch stärkere Persönlichkeit. Deshalb lesen Sie bitte dieses Buch, ich habe es zusammen mit einem Kollegen aus Indien verfasst.«

»Danke.« Sie hatte Mühe, nicht gleich wieder in Tränen auszubrechen, weil sie sich so hilflos und von Gerber so durchschaut fühlte und gleichzeitig Bewunderung für seine Gabe empfand.

»Frau Durant, was kann ich für Sie tun? Sie sind doch nicht ohne Grund gekommen.« Er lehnte sich zurück, die Beine übereinander geschlagen, die Hände aneinander gelegt. Ihr fiel erst jetzt auf, dass er immer sehr helle Farben trug, ein weißes Hemd und eine helle Jeans.

»Ich bin eigentlich nur gekommen, um etwas mehr über Herrn Mischner zu erfahren.«

»Dachte ich mir. Herr Hellmer hat uns gestern Abend schon mitgeteilt, was geschehen ist. Schrecklich.«

»Wie gut kannten Sie ihn?«

»Es geht, er war schließlich knapp anderthalb Jahre auf dem Hof angestellt, und da ich etwa jeden zweiten Tag hinfahre, habe ich ihn natürlich häufig gesehen. Aber was konkret möchten Sie wissen?«

»Was für ein Mensch war er?«

»Still, zurückgezogen, unaufdringlich. Aber ich habe selten jemanden gesehen, der so gut mit Pferden oder Tieren überhaupt umgehen konnte wie er. Und als das mit der Vergewaltigung passierte, war ich wie vor den Kopf gestoßen, weil ich das nie von ihm gedacht hätte.«

»Dr. Gerber, Sie haben mich durchschaut, als ob ich ein gläserner Mensch wäre. Sie haben sich doch sicher auch über Herrn Mischner Gedanken gemacht.«

»Ich habe mir im Nachhinein Gedanken gemacht, das stimmt. Aber wenn ich jeden Menschen, den ich sehe, durchschauen könnte, wäre ich schon längst in der Psychiatrie gelandet. Das hält keiner durch. Deshalb gehe ich selektiv vor. Das heißt, ich schalte den Knopf nur ein, wenn ich es will. Und ich muss die Hände der betreffenden Person wenigstens einmal gesehen haben, um etwas über deren Zustand aussagen zu können.«

»Trotzdem, was sind Ihre Gedanken im Nachhinein? Hätten Sie ihm vorher so etwas zugetraut? Ich meine, die Vergewaltigung.«

»Ehrlich gesagt, nein. Es kam für die meisten überraschend, auch wenn der oder die eine oder andere das Gegenteil behauptet. Gerechnet hat damit keiner. Aber Sie kennen ja dieses ›Ich-hab's-ja-immer-schon-gesagt‹-Geschwafel. Alles pure Verlogenheit. Ich halte mich da raus. Ich habe es ihm nicht zugetraut, und dazu stehe ich auch heute noch.«

»Und warum nicht?«

»Ich habe nicht oft mit ihm gesprochen, er hat sehr zurückgezogen gearbeitet und auch gelebt, aber die wenigen Male, die ich mit ihm sprach, war er jedes Mal sehr freundlich und hilfsbereit. Und sollten Sie Geschichten hören von wegen, er hätte damals ständig um Selina herumscharwenzelt, dann ist das dummes Gerede.«

»Aber das hat Ihre Frau gesagt.«

»Meine Frau ist noch jung und lässt sich leicht beeinflussen von der Meinung anderer. Und es waren andere, die das damals behauptet haben, Emily hat sich dieser Meinung einfach angeschlossen.«

»Hatte er Freunde?«

»Keine Ahnung, da müssten Sie schon warten, bis meine Frau kommt, sie kann Ihnen mehr über ihn sagen.«

»Herr Hellmer und ich ziehen in Betracht, dass der Täter im Dunstkreis des Reitclubs zu suchen ist. Gibt es dort jemanden, zu dem Mischner engeren Kontakt hatte oder gehabt haben könnte?«

Gerber überlegte, trank einen Schluck von seinem Wasser und behielt das Glas in der Hand. »Nein, spontan fällt mir niemand ein. Auszuschließen ist es aber nicht. Wie gesagt, er war sehr introvertiert.«

»Wären Sie so freundlich, mir etwas über den Reiterhof zu erzählen? Über die Menschen dort und …«

»Was genau interessiert Sie? Um was für eine Spezies von Menschen es sich handelt, die einen Großteil ihres Lebens mit Pferden verbringt?« Gerber hatte ein leicht ironisches Lächeln auf den Lippen.

»Das weniger. Sie haben doch Freunde oder Bekannte dort …«

»Klar. Soll ich sie Ihnen alle aufzählen?«

»Nein, nur die, von denen Sie denken, dass ich vielleicht etwas über sie wissen sollte.«

»Ich verstehe. Also, da wären Werner und Helena Malkow. Sie ist Voltigiertrainerin und verbringt in der Tat einen sehr großen Teil ihres Lebens mit Pferden, er ist Chemiker bei Aventis, aber fragen Sie mich nicht, was er dort genau macht. Wir sind seit sechzehn Jahren befreundet, im Prinzip seit ich mit Emily zusammen bin. Sie haben einen Sohn, Thomas, der allerdings große Probleme hat. Hochintelligent, doch voller aufgestauter Aggressionen ...«

»Inwiefern aufgestaute Aggressionen?« Julia Durant wurde hellhörig und beugte sich nach vorn.

Gerber schüttelte nur den Kopf. »Kombinieren Sie nicht gleich in diese Richtung. Thomas ist ein Sonderling, er vergöttert seine Mutter und hegt eine tiefe Abneigung, wenn nicht sogar Hass gegen seinen Vater. Ich weiß es aus den Erzählungen seines Vaters, der sehr unglücklich darüber ist, vor allem, weil er ständig um die Liebe seines Sohnes buhlt. Aber Thomas schottet sich völlig von ihm ab. Das Problem ist, dass Helena die Liebe, die Thomas für sie empfindet, nicht erwidert. Und das bringt den Jungen natürlich in eine gewaltige emotionale Zwickmühle. Da ist einer, Werner, der seinem Sohn alles gibt und alles geben würde, aber der Sohn will es nicht, und da ist die Mutter, von der Thomas alles will, die ihm aber nichts gibt. So hart es klingt, für sie ist ein Pferd mehr wert als der eigene Sohn. Eine sehr unglückliche Konstellation, die letztendlich nur einem schadet, Thomas. Deshalb wohnt er auch nicht mehr zu Hause, sondern hat eine eigene Wohnung, ist aber trotzdem sehr oft bei seinen Eltern, im Prinzip schläft er nur nicht mehr dort.«

»Wie alt ist Thomas?«

»Neunzehn. Er hat gerade sein Abitur gemacht.«

»Ich werde mich mit ihm unterhalten ...«

»Frau Durant, ganz ehrlich, Thomas mag zwar emotional völlig zerrissen sein, aber für einen Mord kommt er nicht in Frage.«

»Kennen Sie ihn denn so gut?«

Gerber seufzte auf. »Wie gut kennt man jemanden, der einem permanent aus dem Weg geht?! Als ob er wüsste, dass ich ihn längst durchschaut habe, macht er einen großen Bogen um mich. Sprechen Sie mit ihm, ich bin gespannt, was dabei herauskommt.«

»Und wen hätten Sie mir noch zu bieten?«

»Achim und Sonja Kaufmann. Achim ist Klimaforscher an einem internationalen Institut, und Sonja ist Tierärztin. Sie genießt in Reiterkreisen eine enorme Reputation, zu ihr kommen die Halter mit ihren kranken Pferden zum Teil sogar aus dem Ausland. Man nennt sie auch die Pferdeflüsterin, nach dem berühmten Buch. Achim ist manchmal etwas impulsiv, aber ansonsten die Hilfsbereitschaft und Gutmütigkeit in Person. Sonja ist eher still und zurückhaltend. Falls Sie's noch nicht wissen, Achim ist der Bruder meiner Frau.«

»Nein, das ist mir neu. Aber Ihrer Frau gehört der Reiterhof?«

»Achim hätte damit überhaupt nichts anfangen können. Tja, und dann hätte ich noch Christian Malkow zu bieten, Pastor, verheiratet, drei Kinder, von denen zwei studieren und eins noch zu Hause lebt. Christian ist der Querdenker schlechthin, aber trotz allem sehr beliebt, oder vielleicht sogar gerade deswegen. Christian ist der ältere Bruder von Werner.«

»Wie alt sind die Herren?«

»Achim wird im Dezember siebenunddreißig, Werner ist zwei- oder dreiundvierzig und Christian um die fünfzig. Genau kann ich es nicht sagen, ich müsste in meiner Kartei nachschauen.«

»Sie sind alle Patienten von Ihnen?«

»Ja.«

»Und sie sind auch häufig auf dem Hof anzutreffen?«

»Werner macht sogar die Buchhaltung in ehrenamtlicher Funktion, und Thomas erledigt nebenbei ein paar administrative Arbeiten. Achim schaut so zweimal in der Woche vorbei, wenn es seine Zeit erlaubt, denn neben seiner Arbeit als Klimaforscher ist er auch noch Hobbyastronom. Und Christian lässt sich ein- oder zweimal im Monat blicken. Die Personen, die ich eben genannt habe, würde ich zu meinem engeren Freundes- oder Bekanntenkreis zählen, wobei Achim und Sonja zwangsläufig zur Verwandtschaft gehören. Aber unsere besten Freunde sind natürlich Peter und Helga, doch nur Selina ist geritten.«

Julia Durant ging auf den letzten Satz nicht ein, obgleich ihr eine spöttische Bemerkung auf der Zunge lag. »Und Sie würden keinem von ihnen einen Mord zutrauen?«

Gerber dachte nach, sah die Kommissarin an und stützte seinen Kopf auf den linken Arm, den kleinen und den Ringfinger unter den Mund gelegt.

»Ich habe mit Emily gestern Abend darüber gesprochen. Ich hoffe, ich verbrenne mir jetzt nicht den Mund, aber ich habe ihr gegenüber die Vermutung geäußert, dass der Mörder auf dem Hof zu suchen ist. Sie lehnt diesen Gedanken natürlich vehement ab, sie sieht alles, was ihr Großvater und Vater aufgebaut haben, in Gefahr, was ich auch verstehen kann. Dennoch bin ich Ihrer Meinung …«

»Aber Sie haben keinen speziellen Verdacht?«

»Nein, und ich will auch keinen verdächtigen, weil ich viele dort zu gut kenne. Es könnte im Prinzip jeder sein. Ich habe mir den Kopf darüber zermartert und gemerkt, es führt zu nichts. Ich bin kein Polizist, dieses logisch-analytische Denken und Kombinieren liegt mir nicht. Es gibt sicherlich welche, denen ich es eher zutrauen würde als anderen, aber ich würde zum jetzigen Zeitpunkt keine Namen nennen, denn wie heißt es doch so schön, in jedem von uns steckt ein Mörder.«

»Ihre Freunde wohnen alle hier in der Ecke?«

»Bis auf die Malkows sind alle Okrifteler oder zugezogene Okrifteler. Sie müssen dazu allerdings die Geschichte des Ortes kennen. Es gibt zwei Okriftel, um es genau zu nehmen. Das eine liegt jenseits der Buchenstraße, das andere ist hier, wo wir wohnen, das Dichterviertel, und die Märchensiedlung, wo Herr Hellmer wohnt. Das alte Okriftel hat sich nur unwesentlich verändert, der Ortskern wurde saniert, hier und da kamen ein paar Häuser dazu.

Unsere Siedlungen sind Anfang der Siebziger nach und nach entstanden, und ich kann Ihnen eines sagen, hier hat man unglaubliche Schwierigkeiten als Fremder. Es ist eine verschlossene Gesellschaft, eine sehr verschlossene Gesellschaft. Diejenigen, die innerhalb der ersten zehn Jahre gebaut haben, also die mittlerweile Alteingesessenen, kennen in der Regel ihre Nachbarn, wer aber neu herkommt, hat kaum eine Chance, Kontakte zu schließen, es sei denn, man ist sehr erfolgreich oder tritt einem Verein bei. Ansonsten ist man Fremden gegenüber sehr misstrauisch oder gar ablehnend.

Und es ist eine ziemlich skurrile Gesellschaft, von Ausnahmen abgesehen, von denen viele recht wohlhabend, wenn nicht gar reich sind. Architekten wie Peter Kautz, Ingenieure, Unternehmer, Richter, Staatsanwälte, Ärzte, vom gehobenen Mittelstand bis zur Upperclass ist hier alles vertreten. Sie kamen nach der Gebietsreform 1972 in Strömen her. Das Bauland war damals noch sehr erschwinglich, heute müssen Sie schon eine gewaltige Summe hinblättern, um überhaupt ein Grundstück zu bekommen. Unter siebenhundertfünfzig Euro pro Quadratmeter ist nichts drin. Gestern Vormittag hatten wir ein Gespräch auf dem Hof, und da wurde tatsächlich gerätselt, wie sich Ihr Kollege sein Haus im Sterntalerweg leisten kann.«

»Seine Frau hat sehr viel Geld geerbt …«

»Das war mir bis eben nicht bekannt«, sagte Gerber, »aber ich werde mich trotzdem hüten, das den andern auf die Nase zu binden. Schauen Sie, wenn ich von skurril spreche, dann meine ich damit Leute, die zum Beispiel jeden Tag, wirklich jeden Tag, die Fenster putzen, die nach dem Mähen ihren Rasen saugen, und der Tagesablauf ist beinahe generalstabsmäßig durchorganisiert. Oder als gegenüber eine Familie mit einem behinderten Kind vor einigen Jahren eingezogen ist, wollte man sogar eine Unterschriftenaktion machen, um zu verhindern, dass diese Familie in diese ehrenwerte Gegend zieht. Ich musste den Leuten klar machen, dass ein behindertes Kind nicht die Seuche hat. Direkt gegenüber gibt es einen wunderschönen Silberahorn, ich kann Ihnen den Baum zeigen, aber fast alle in der unmittelbaren Umgebung regen sich fürchterlich darüber auf, wenn der Herbst kommt und er die Blätter fallen lässt. Er würde die Gegend verschandeln, sagen sie und meinen damit, man sollte ihn am besten fällen. Dabei gibt es in dieser Gegend kaum etwas Schöneres als diesen Baum. Man gibt sich weltoffen und meint, diese Weltoffenheit mit einem dicken Bankkonto demonstrieren zu müssen. Aber von Weltoffenheit ist hier kaum etwas zu spüren. Hier verbarrikadiert man sich lieber hinter übermannshohen Hecken und Zäunen, na ja … Ich kann Ihnen aber auch sagen, dass Okriftel eine sehr hohe Zahl an Alkoholabhängigen hat, nur, es wird totgeschwiegen. Es kann nicht sein, was nicht sein darf. Manche von ihnen fahren schon morgens um halb sechs oder sechs, wenn die ersten Trinkhallen aufmachen, mit ihren dicken Schlitten vor und decken sich erst mal mit Schnaps ein. Stellen Sie sich das mal vor, es gibt wirklich einige, darunter auch Patienten von mir, die sich in einer Art Dauersuff befinden und trotzdem mit dem Auto fahren. Die meisten Ehefrauen kennen das Problem ihrer Männer, aber man schweigt und nimmt in Kauf, dass eventuell eines Tages ein Kind von einem dieser Besoffenen totgefahren wird. Ich weiß nicht, ob eine schützende Hand über Okriftel liegt, doch wir hatten bisher das unverschämte Glück, dass so etwas noch nicht passiert ist. Aber über solche Dinge wird nicht gesprochen, zumindest nicht offiziell. Hinter vorgehaltener Hand wird natürlich wie in der tiefsten Provinz getratscht.

Doch ich will jetzt nicht alles niedermachen, das wäre unfair. Ich habe viele Patienten, die sehr nett und liebenswürdig sind. Aber sie sind es mir gegenüber und auch denen gegenüber, die sie gut kennen, einem Fremden gehen sie erst mal aus dem Weg.

Um es auf den Punkt zu bringen, beide Siedlungen sind sehr gepflegt, aber hinter den vier Wänden spielt sich so manches Drama ab. Ich weiß von Misshandlungen, wo reiche Männer ihre Frauen regelmäßig verprügeln, ich weiß auch von mehreren Fällen von Kindesmissbrauch, das Problem ist nur, ich weiß es vom Hörensagen. Eine Frau kam zum Beispiel kürzlich zu mir und hat mir erzählt, dass sie das Gefühl hat, ihre Nichte würde missbraucht, aber ich solle um Himmels willen nichts unternehmen. Was soll ich also tun? Ich kann mir ja kein persönliches Bild davon machen, ich kann nicht zu den Eltern gehen und sagen, mir ist zu Ohren gekommen, Ihre Tochter wird missbraucht. Mir tun nur die Kinder so unendlich Leid. Ein anderes Beispiel: Ein junger Mann, der mit seiner Mutter und deren Schwester in einem Haus lebt und sehr kontaktscheu ist, fährt regelmäßig dreimal in der Woche nach Frankfurt ins Bordell, weil er keinen Anschluss findet und seine Mutter keine Freundin duldet. Dieser Mann wurde vor einigen Jahren wegen sexueller Belästigung Minderjähriger angeklagt und zu einer Bewährungsstrafe verurteilt.«

»Wie heißt der Mann?«

»Gebauer, Rainer. Er zählt auch zu meinen Patienten.«

»Würden Sie ihm zutrauen …«

Gerber winkte gleich ab. »Sie stellen immer wieder dieselbe Frage. Nein. Keinem hier, so seltsam sich manche auch benehmen mögen, traue ich einen Mord zu. Und das mit der sexuellen Belästigung war für meine Begriffe eine abgekartete Sache. Gebauer hat immer bestritten, jemanden sexuell belästigt zu haben. Er hat sogar vor Gericht zugegeben, regelmäßig ins Bordell zu gehen, aber nehmen Sie die Aussagen von drei elf- und zwölfjährigen Mädchen, dazu kommen die Eltern, die einen enormen Druck ausüben, und schon ist der Mann fällig. Und das nur, weil er ein Außenseiter ist, ein einfacher Arbeiter, wie sein Vater es war. Hätte er wenigstens eine eigene Werkstatt, er wäre akzeptiert und dieses Verfahren hätte niemals stattgefunden.«

»Wohnt er noch hier?«

»Ja, still und zurückgezogen wie eh und je. Ich möchte wetten, dass viele ihn insgeheim mit dem Mord an Selina in Verbindung bringen oder ihn sogar schon im Visier haben.«

»Wie kommen Sie denn mit den Leuten klar?«

»Mit wem? Den Gebauers oder allgemein?«

»Allgemein.«

»Wie gesagt, ich bin Arzt. Die Leute kommen, weil sie etwas von mir wollen. Sie brauchen Hilfe, und von daher nehmen ich und meine Kollegen eine Sonderstellung ein. Als Arzt sind Sie immer und überall angesehen. Und die Reputation meiner Frau steht natürlich allein schon wegen des Reiterhofs völlig außer Frage, auch wenn der Hof nicht in Okriftel, sondern in Eddersheim ist.« Er lächelte versonnen.

Durant fragte neugierig: »Gibt es da einen Unterschied? Es ist doch alles Hattersheim.«

»Sicher, es ist alles Hattersheim, aber nur auf dem Papier. Bis vor dreißig Jahren waren Okriftel und Eddersheim eigenständige Gemeinden. Früher waren Hattersheim und Eddersheim erzkatholisch, dazwischen als Puffer das protestantische Okriftel, und Sie können sich vielleicht vorstellen, welche Konflikte dadurch entstanden sind, vor allem, weil Hattersheim selbst keinen direkten Zugang zum Main hatte. Und es ist noch gar nicht so lange her, dass beispielsweise ein Hattersheimer oder Eddersheimer keine Frau aus Okriftel heiraten durfte und umgekehrt, allein schon wegen der Religionszugehörigkeit. Und eine gewisse Rivalität herrscht unter den Alten auch heute noch. Das Leben hier ist noch immer stark von der Geschichte geprägt. Und 2003 feiert Okriftel sein neunhundertjähriges Bestehen, es ist also der älteste der drei Stadtteile. Und wenn man sich die Geschichte betrachtet, versteht man zumindest ein klein wenig, warum die Menschen hier so verschlossen sind. Verschlossen, oft wohlhabend, aber spießbürgerlich bis ins Mark.«

Julia Durant musste grinsen. »Das ist schon recht interessant. Könnte ich jetzt vielleicht doch etwas zu trinken haben?«

»Ich hole Ihnen ein Glas, Moment.«

Er schenkte ein, Julia Durant nippte daran, ihre Lippen und ihr Mund waren trocken, auch wenn bisher fast nur Gerber geredet hatte.

»Es gibt doch auf dem Hof wieder einen Stallburschen. Was ist das für ein Mann?«

»Frau Durant, ich mag den Begriff Stallbursche nicht. Ich betrachte ihn eher als Pferdepfleger. Er ist Russe und wurde unmittelbar nach Mischners Verhaftung eingestellt. Ein sehr zuverlässiger Mann, sagt meine Frau jedenfalls.«

»Ist er allein stehend?«

Gerber lachte auf. »Seltsam, aber mir fällt auf, dass ich noch keinen Pferdepfleger kennen gelernt habe, der verheiratet gewesen wäre. Er lebt allein, genau wie Mischner und die drei anderen vor ihm. Er wohnt übrigens auf dem Hof, über dem Stall. Die Wohnung ist kostenlos, er bekommt ein angemessenes Gehalt, muss dafür natürlich ständig präsent sein.«

»Wie alt ist er?«

»Ende zwanzig, Anfang dreißig, da müssen Sie meine Frau fragen.«

»Wann kommt Ihre Frau denn wieder?«

Gerber sah Durant an und deutete auf seinen Arm; er trug keine Uhr. »Wie spät ist es?«

»Gleich halb zwölf.«

»Dann müsste sie jeden Augenblick da sein. Ich bitte Sie aber sehr, meiner Frau nichts von unserem Gespräch zu berichten, vor allem nichts von meinem Verdacht, dass der Täter auf dem Hof zu suchen ist. Sie ist gestern schon ziemlich wütend geworden, als ich das Thema nur anschnitt.«

»Meine Lippen sind versiegelt«, erwiderte Durant lächelnd. »Sagen Sie, sind Ihre Töchter eigentlich immer so ruhig?«

»Nicht immer, aber meistens. Das liegt wohl in der Familie. Vielleicht aber auch daran, dass wir unser Haus sozusagen gereinigt haben. Sie müssen wissen, der Boden, auf dem die Häuser stehen, war früher alles Sumpfland, und unter den meisten Häusern kreuzen sich zahlreiche Wasseradern, die eine sehr negative Energie haben. Ein Bekannter von mir hat aber ein Gerät entwickelt, das die Negativenergien umwandelt. Und seitdem wir dieses Gerät haben, geht es uns hervorragend.«

»Kann man das kaufen?«

»Natürlich. Ich kann Ihnen gerne eine Broschüre mitgeben, in der alles drinsteht, von der Anwendungsweise bis zum Preis.«

»Das würde mich sehr interessieren. Wie alt sind Ihre Töchter?«

»Fünf und sieben. Sie haben keine Kinder, nicht?«

Julia Durant schüttelte den Kopf. »Nein.«

»Ich will nicht indiskret erscheinen, aber wollten Sie keine oder ...«

»Sagen wir es so, ich hatte nie den passenden Mann dafür. Und vorgestern habe ich meinen Freund rausgeschmissen, und gestern habe ich erfahren, dass er seit über einem halben Jahr schon eine andere hat. Das bringt wohl mein Beruf mit sich.«

»Nein«, sagte Gerber energisch und mit ernstem Blick, »das hat mit Ihrem Beruf überhaupt nichts zu tun, Frau Durant. Es ist eine Frage der inneren Einstellung. Sie sind eine sehr attraktive Frau, wenn ich das sagen darf, und die Männer müssten Ihnen eigentlich zu Füßen liegen, nein, falsch, die Männer liegen Ihnen zu Füßen. Aber Sie lassen es nicht zu oder sehen es nicht, und zwar aus Angst, wieder enttäuscht zu werden. Jede Beziehung, die sie in den letzten zehn Jahren aufbauen wollten oder aufgebaut haben, stand auf tönernen Füßen. Solange Sie nicht Ihre Einstellung ändern, solange werden Sie nicht den Partner fürs Leben finden.«

»Woher wissen Sie das mit den letzten zehn Jahren?«, fragte sie verwundert.

»Sie haben mir Ihre Hände gezeigt. Die Hände sind wie ein Buch des Lebens, in ihnen steht alles geschrieben, was gewesen ist, man muss es nur lesen können. Aber es steht nicht drin, was in Zukunft sein wird, denn die Zukunft schreiben Sie erst noch.«

»Und wie soll ich wissen, was ich ändern muss?«, fragte sie

seufzend. »Mein Vater sagt, ich müsse meine Einstellung ändern, Sie sagen es, aber keiner sagt mir, wie. Du meine Güte, bin ich jetzt die Patientin? Das wollte ich nicht ...« Sie sprang auf und war im Begriff, ihre Tasche zu nehmen, doch Gerber hob beschwichtigend die Hand.

»Frau Durant, bitte setzen Sie sich wieder. Ein Vorschlag – erstellen Sie eine Liste. In der linken Spalte führen Sie alle Ihre positiven Eigenschaften auf, in der rechten die negativen. Und anschließend gehen Sie Punkt für Punkt durch und fragen sich, wie Sie die negativen Eigenschaften in positive umwandeln können. Und lesen Sie das Buch, jeweils ein Kapitel jeden Abend vor dem Zubettgehen. Die Kapitel sind maximal fünf Seiten lang, also auch nach einem anstrengenden Tag noch zu meistern. Und sollten Sie trotz allem nicht weiterkommen, ich biete Ihnen gerne meine Hilfe an, kostenlos, versteht sich.«

Er hatte kaum zu Ende gesprochen, als Emily Gerber auf die Terrasse kam. Sie hatte ein hellbeiges, figurbetontes Sommerkleid und hellbraune Pumps an.

»Frau Durant«, sagte sie und reichte ihr die Hand, »was führt Sie zu uns? Sind Sie schon lange hier?«

»Nein. Ich habe mich nur kurz mit Ihrem Mann unterhalten. Eigentlich wollte ich zu Ihnen. Aber ich nehme an, Sie werden jetzt zu Mittag essen wollen. Ich komme wohl besser ...«

»Bleiben Sie ruhig«, sagte Emily Gerber freundlich, »wir haben keine festen Essenszeiten. Möchten Sie mit mir allein sprechen, oder kann mein Mann dabei sein?«

»Ich habe nichts dagegen, wenn er dabei ist.«

»Ach was«, sagte er und stand auf, »ich wollte sowieso in mein Arbeitszimmer gehen, mir wird's allmählich zu heiß hier draußen. Wie war der Gottesdienst?«

»Ich fand's nicht schlecht«, meinte sie lachend. »Aber ich glaube, einigen hat es gar nicht gefallen, doch Christian ist ja immer für eine Überraschung gut.«

»Erzähl mir später davon. Ich lass euch jetzt allein.«

»Bevor du gehst, Sonja hat mich gefragt, ob Tobias heute bei uns essen darf. Du hast doch nichts dagegen?«

»Wieso sollte ich?«

Emily Gerber wartete, bis ihr Mann sein Manuskript vom Tisch genommen hatte und ins Haus gegangen war, bevor sie sich auf seinen Stuhl setzte, ihr Haar schüttelte und einmal mit beiden Händen durchfuhr. »Bitte, ich stehe Ihnen zur Verfügung.«

»Sie haben ja erfahren, was mit Herrn Mischner passiert ist. Gestern hatten Sie die Vermutung, er könnte Selinas Mörder sein, und jetzt ist er plötzlich selbst zum Opfer geworden. Bedauern Sie es?«

»Ich gebe zu, ich hatte ihn in Verdacht. Und ob ich es bedauere, dass er umgebracht wurde … Keine Ahnung, wirklich.«

»Sie kannten Mischner vom Zeitpunkt seiner Einstellung bis zu dem Vorfall, der ihn letztlich ins Gefängnis gebracht hat. Hatte er damals Freunde?«

»Ich verstehe nicht ganz.«

»Hatte Herr Mischner in der Zeit, wo er bei Ihnen als Pferdepfleger gearbeitet hat, einen oder mehrere Freunde?«

»Nein. Er war ein Einzelgänger. Ab und zu ging er in die Kneipe, mal fuhr er auch am Abend weg, wohin, kann ich nicht sagen, aber Freunde hatte er bei uns keine. Das ist auch kein Wunder, denn so albern es klingt, aber ein Stallbursche steht in der Hierarchie ziemlich weit unten, auch wenn er eine große Verantwortung trägt. Das ist nicht anders als vor hundert oder zweihundert Jahren.«

»Wir gehen aber davon aus, dass er zumindest einen Freund hatte«, sagte Julia Durant, die genau registrierte, dass Emily Gerber nicht wie ihr Mann von einem Pferdepfleger, sondern von einem Stallburschen sprach. »Einen Freund, für den er alles getan hätte. Nur eines nicht, einen Mord begehen.« Mit einem Mal kam ihr ein geradezu absurder Gedanke, so absurd, dass er schon wieder wahr sein könnte. Sie würde noch heute mit Hellmer darüber sprechen, am besten gleich, auch wenn sie dadurch seine Sonntagsruhe stören würde.

»Was wollen Sie damit sagen?«

»Was denken Sie denn, was ich damit sagen will?«

»Heißt das, Sie vermuten, Mischner hatte zu jemandem aus dem Club engeren Kontakt?« Emily Gerber lachte auf. »Das kann ich mir nun beim besten Willen nicht vorstellen. Nicht Mischner. Unser jetziger Bursche hat auch zu niemandem engeren Kontakt. Manchmal wird er etwas gefragt, aber im Prinzip wird erwartet, dass er seine Arbeit erledigt und den Mund hält.«

»Eine etwas sehr verstaubte Einstellung, wenn ich mir erlauben darf, das zu sagen.«

»Verstaubt oder nicht, es ist nun mal ein ungeschriebenes Gesetz. Er wird gut bezahlt«, erwiderte sie kurz angebunden.

»Zurück zu Mischner. Es muss nicht unbedingt jemand aus dem Club sein, aber zumindest jemand aus dem Raum Hattersheim, der regelmäßigen Zutritt zum Hof hatte oder immer noch hat. Gibt es eine Person, bei der Sie sich vorstellen könnten, dass sie mehr als nur oberflächlichen Kontakt zu Mischner hatte?«

»Nein.«

»Wie viele Männer gibt es bei Ihnen? Mitglieder und Ehemänner von Reiterinnen, die des Öfteren vorbeischauen. Nur so ungefähr.«

Emily Gerber überlegte und sagte nach einer Weile: »Zwanzig, maximal fünfundzwanzig. Auf keinen Fall mehr.«

»Könnte ich die Namen von allen haben?«

»Was glauben Sie, was Sie damit anfangen können?«, fragte Emily Gerber mit hochgezogenen Brauen. »Wollen Sie sie alle fragen, ob sie mit Mischner befreundet waren?«

»Warum nicht? Wir sind ein großes Team und müssen in alle Richtungen ermitteln. Tatsache ist, wer immer Selina ermordet hat, hat auch Mischner auf dem Gewissen. Und es muss einen Zusammenhang geben.«

»Frau Durant, entschuldigen Sie, aber ich würde für alle meine Mitglieder die Hand ins Feuer legen …«

»Frau Gerber, lassen Sie das lieber sein. Sie könnten sich die Finger gewaltig verbrennen.«

Emily Gerber sah die Kommissarin sichtlich verärgert an. »Bitte, dann ermitteln Sie, ich kann Sie eh nicht daran hindern. Aber tun Sie es um Himmels willen mit der nötigen Diskretion. Ich habe einen Ruf zu verlieren.«

»Nein, Frau Gerber, Sie haben keinen Ruf zu verlieren. Was glauben Sie, wie froh Ihre Mitglieder sein werden, wenn wir den Mörder schnappen. Es geht doch nicht um Ihre Existenz. Wir werden natürlich Diskretion wahren, aber im Moment führen nun mal alle Spuren zu Ihrem Hof.«

»Und wie wollen Sie vorgehen?«

»Wir werden Fragen stellen, das ist alles. Überlassen Sie das einfach uns, und haben Sie ein wenig Vertrauen. Und das sollten Sie eigentlich haben, denken Sie mal drüber nach.« Sie stand auf und machte sich zum Gehen bereit, als sie noch sagte: »Ach ja, ich wäre Ihnen äußerst verbunden, wenn Sie mit keinem über meinen Besuch bei Ihnen sprechen würden. Auch nicht mit Ihren besten Freunden. Es geht darum, dass die betreffenden Personen unvorbereitet sind, wenn wir kommen.«

»Sie haben mein Ehrenwort. Ich will ja auch, dass dieses Schwein gefasst wird.«

»Und sollte Ihnen doch noch etwas einfallen, Sie wissen, wie Sie mich erreichen können. Tschüs und vielen Dank für Ihre Hilfe. Wir werden kein Porzellan zerschlagen, das verspreche ich Ihnen.« Julia Durant nahm die Bücher, die Gerber ihr geschenkt hatte, und wandte sich zum Gehen. »Ich finde allein hinaus. Und denken Sie bitte an die Namensliste.«

Sonntag, 12.45 Uhr

Bei Hellmers. Julia Durant parkte direkt hinter Hellmers BMW, stieg aus und klingelte. Nadine kam an die Tür und strahlte sie an. »Hi, was für eine Überraschung. Komm rein.«

»Stör ich auch nicht beim Essen?«, fragte sie vorsichtig.

»Wir haben um elf einen Brunch gemacht und sind gerade fertig. Du hättest nur was zu sagen brauchen, und ich hätte für dich mitgedeckt.«

»Ich hab sowieso keinen Hunger. Aber trotzdem danke.«

»Mir ist da was zu Ohren gekommen«, sagte Nadine neugierig, während sie mit Durant ins Haus ging. »Stimmt das, du hast mit Dominik Schluss gemacht?«

»Ja, und zwar endgültig. Und bevor du lange fragst, es ist gut so. Der Mistkerl hat schon seit Weihnachten eine andere. Und die hat er gestern sogar mitgebracht, als er seine Sachen abgeholt hat. Aber das erzähl ich dir ein andermal in Ruhe.«

»Der hat Nerven! Männer! … Stephanie hab ich gerade ins Bett gebracht, und Frank ist draußen auf der Liege.«

»Schläft er?«

»Ach was, der tut nur so. Frank, Besuch für dich.«

Hellmer öffnete die Augen einen Spalt und wandte seinen Kopf in Richtung der Frauen. »Wenn du dienstlich hier bist, ich bin nicht zu sprechen. Morgen, liebe Kollegin, morgen.«

»Komm, setz dich«, sagte Nadine, »mein Schatz ist mal wieder unausstehlich. Warte, ich hol dir noch ein Glas.« Als sie zurückkam, fragte sie: »O-Saft, Cola oder Wasser?«

»Cola.«

Hellmer hatte die Augen wieder geschlossen. »Ich war eben ziemlich lange bei den Gerbers und hab sie wegen Mischner befragt«, berichtete Julia Durant. »Gerber hat mir einiges über Okriftel und die Leute hier erzählt. Aber über Mischner konnte er mir nicht viel sagen. Er steht der ganzen Sache eher neutral gegenüber. Als ich seine Frau nach Mischner gefragt habe, war die Reaktion eine ganz andere. Sie weiß nicht einmal, ob sie seinen Tod bedauern soll. Aber weshalb ich hier bin – mir ist vorhin ein geradezu absurder Gedanke gekommen. Hörst du mir zu?«

»Ungern«, brummte er.

»Also, pass auf. Wir haben uns doch gestern lange über Mischner und seinen unbekannten Freund und Gönner unterhalten. Und wir haben uns gefragt, was Mischner wohl gemacht haben könnte, dass sein so genannter Freund ihm zum Beispiel die Wohnung samt Einrichtung beschafft hat. Mir schwirrt da was im Kopf rum, das ist einfach verrückt ...«

»Ja, du bist verrückt, am Sonntagnachmittag mit so was zu kommen.«

»Frank, bitte«, mischte sich Nadine ein, »jetzt hör doch mal zu und sei ein bisschen gastfreundlicher.«

»Ja, ja«, maulte er. »Also sag schon, was für eine Idee in deinem Hirn rumspukt.«

»Mischner wurde doch wegen Vergewaltigung und Körperverletzung verurteilt. Aber es war ein Indizienprozess, das Mädchen hat ihn nicht gesehen. Das Einzige, das ihn belastet hat, war sein Sperma auf der Kleidung des Opfers ...«

»Das reicht ja wohl auch. Außerdem hat er ein Geständnis abgelegt.«

»Genau das ist es. Frank, wir wissen, dass Mischner nicht der Hellste war und kaum Anschluss hatte. Was, wenn er das Mädchen weder niedergeschlagen noch vergewaltigt hat?«

Hellmer runzelte die Stirn, drehte sich langsam auf die Seite und sah Durant irritiert an. »Worauf willst du hinaus?«

»Nehmen wir an, rein hypothetisch, irgendwer hat das Mädchen, es war ja schon dunkel, im Stall niedergeschlagen und gewürgt. Mischner ist per Zufall dazugekommen und hat den Täter erkannt. Der, überrascht von Mischners unerwartetem Auftauchen, lässt von seinem Opfer ab und täuscht Mischner den Freund vor. Was immer sich dann abgespielt hat, weiß ich nicht, weil ich noch nicht so weit bin, aber wer sagt uns denn, dass das Mädchen überhaupt vergewaltigt wurde? Hat man sie untersucht und Sperma in ihrer Vagina gefunden?«

»Woher soll ich das wissen, ich habe doch die Prozessakte noch gar nicht gelesen.«

»Wir kennen aber einen Ausschnitt davon und die Aussagen der Gerbers. Und sowohl die Akte als auch die Gerbers sagen, man hat damals nur Sperma auf der Kleidung gefunden, eine weitergehende Untersuchung hat es möglicherweise gar nicht gegeben. Aber das lässt sich rauskriegen.«

»Ich kann dir immer noch nicht ganz folgen.«

»Nehmen wir einfach weiter an, dieser Mann, den Mischner überrascht hat, als er das Mädchen vielleicht vergewaltigen oder sogar umbringen wollte, hat Mischner um den kleinen Finger gewickelt. Er hat ihm gesagt ... Nee, ich komm nicht weiter.«

»Das ist ein Hirngespinst. Dann ...«

»Stopp«, wurden sie von Nadine unterbrochen, die den Ausführungen aufmerksam gefolgt war, »ich könnte mir vorstellen, was abgelaufen ist. Der Unbekannte hat Mischner gesagt, er dürfe mit dem Mädchen machen, was er will. Sie war ja offensichtlich bewusstlos. Vielleicht war Mischner durch den Anblick derart erregt, dass er sich selbst befriedigt hat, und dabei ist sein Sperma auf die Kleidung gekommen. Der eine hat sie niedergeschlagen, und Mischner hat lediglich seinem Sexualtrieb nachgegeben, ohne in das Mädchen einzudringen. Und dieser Freund hat ihm dann gesagt, dass jetzt alle Beweise gegen ihn sprechen würden. Ich frage mich nur, warum er nicht in sie eingedrungen ist ... Nein, das wird nichts, ich komm auch nicht weiter.«

»Aber ich«, sagte Julia Durant. »Ob er in sie eingedrungen ist oder nicht, spielt im Moment keine Rolle, das wird aus den Akten ersichtlich sein oder auch nicht. Ich denke aber, wir sind auf der richtigen Spur. Der Freund hat Mischner freundlich, aber unverblümt gesagt, dass er so oder so fällig ist, das Sperma auf der Kleidung allein genügt, um ihn zu verurteilen. Aber er hat ihm einen Deal angeboten, denn er musste fürchten, dass Mischner bei der Polizei doch quatscht. Also hat er ihm gesagt, du gestehst die Tat, gehst für zwei oder drei Jahre ins Gefängnis, und ich zahle. Und vermutlich hat er Mischner auch im Gefängnis nicht allein gelassen und ihm das eine oder andere Geschenk gemacht. Und Mischner, beschränkt oder gutgläubig, wie er war, und in dem Glauben, endlich einen wahren Freund gefunden zu haben, willigt ein. Er denkt sich, die zwei, drei Jahre sitz ich auf einer Arschbacke ab, und danach lass ich's mir so richtig gut gehen. Und das stimmte ja auch, er wurde vorzeitig entlassen, er zog in eine für seine Verhältnisse recht hübsche Wohnung, bekam eine Einrichtung mit allem drum und dran, und alles lief gut bis zu dem Tag, an dem sein Freund ihn bat, einen kleinen Anruf zu tätigen. Mischner, der einem solchen Freund natürlich nichts abschlagen wollte, hat genau das getan, worum er gebeten wurde, nämlich bei Gerber nachts um halb zwei anzurufen und ihn von der Praxis wegzulocken. Was Mischner nicht wusste, war, dass er damit Selinas Todesurteil mit unterschrieben hat. Er hat aber von ihrem Tod gehört und sich sofort mit seinem Freund in Verbindung gesetzt, denn ganz so blöd war Mischner nun auch wieder nicht, um nicht zu wissen, dass sein Anruf und Selinas Tod irgendwie zusammenhingen. Er setzte ihn unter Druck, wie wir schon gestern vermutet haben, et cetera pp. Klingt das plausibel?«

Hellmer machte ein nachdenkliches Gesicht und warf seiner Frau einen Blick zu, die nur mit den Schultern zuckte.

»Weiß nicht«, antwortete er. »Möglich wär's. Wir müssten mal die Prozessakten und die Verhörprotokolle genau studieren, wobei mich vor allem das ärztliche Gutachten interessiert. Wenn die Kleine tatsächlich nicht vergewaltigt wurde, könntest du Recht haben. Aber vielleicht ist sie gar nicht auf Sperma untersucht worden, nachdem Mischner schon als Täter feststand.«

»Und wenn schon, das ist eigentlich egal«, erwiderte Durant triumphierend. »Es kann im Prinzip gar nicht anders gewesen sein. Irgendjemand hat Mischner die große Freundschaft vorgespielt. Und Mischner ist für diesen ›Freund‹ in den Bau gewandert. Und er würde heute noch leben, hätte er sich nicht mit dem Freund angelegt, der ihm zumindest geistig haushoch überlegen ist.«

»Wir müssen seine Knastkumpane befragen. Vielleicht hat Mischner doch mal was fallen lassen, einen Namen, oder dass er einfach nur gesagt hat, ich war's gar nicht, ich bin für einen andern in den Knast gegangen. Und ich gehe mal davon aus, dass sich unsere Kollegen nicht sonderlich viel Mühe bei der Befragung gemacht haben, weil die Beweislast ja sooo erdrückend war und Mischner vor allem schon Vorstrafen hatte, was die Sache noch klarer machte. Mischner brauchte ja anstelle seines Freundes nur zuzugeben, das Mädchen niedergeschlagen und vergewaltigt zu haben. Das würde sogar mit dem Gutachten hinhauen, wo ihm ein Hang zur Selbstdarstellung attestiert wird. Er hat sich als großer Mann gefühlt, als Held. Er stand auf einmal im Mittelpunkt, wo ihn doch sonst nie jemand beachtet hat. Beschissene Kindheit, noch beschissenere Jugend, was konnte es da schon Größeres für ihn geben, als endlich einmal so richtig beachtet zu werden. Seine Vorstrafen waren im Prinzip nur Kinkerlitzchen, aber das hier war 'ne andere Dimension. Er hat nicht nur aus Loyalität eine Tat zugegeben, die er nie begangen hat, er stand nicht nur im Mittelpunkt des Interesses, nee, er hatte endlich einen Freund gefunden, für den er alles getan hätte. Wie gesagt, eine beschissene Kindheit und eine noch beschissenere Jugend, und schon bist du für ein bisschen Zuneigung dankbar wie ein zugelaufener Straßenköter.«

»Und ein beschissener Tod. Der Junge hat nichts gemacht, außer für einen andern seinen Kopf hinzuhalten. Wenn wir Recht haben, dann wird es verdammt schwer für uns. Denn angeblich hatte Mischner keine Freunde im Reitclub, behaupten zumindest die Gerbers. Und Gerber sagt außerdem, dass die Leute hier sehr verschlossen sind. An die ranzukommen wird nicht einfach sein. Wir müssen jemanden in den Club einschleusen. Aber wen?«

»Doris?«, fragte Hellmer.

»Die war doch schon mit Peter dort, das ist mir zu riskant. Vielleicht die Neue von der Sitte, wie heißt sie gleich noch mal ...«

»Maite ... Maite ...«

»Maite Sörensen. Bei dem Namen kommt keiner auf die Idee, dass sie für uns arbeitet. Und sie ist noch jung, sieht ganz passabel aus und hat das gewisse Etwas. So was kommt in den Kreisen immer an, vor allem bei den Männern.«

»Sie braucht aber auch ein entsprechendes Outfit. Wer soll das finanzieren? Und ein passender Wagen wär auch nicht schlecht und eine richtig schöne Vita, die Eindruck schindet. Das Beste wäre, wenn sie reiten könnte.«

»Und wenn nicht, dann meldet sie sich eben neu an oder bekommt einen Crashkurs bei der Reiterstaffel. Ich werde Berger meinen Vorschlag schon schmackhaft machen, der wird einen Weg finden. Und wenn alle Stricke reißen, holen wir uns eine Kollegin von der Reiterstaffel ... So, ich zieh dann mal weiter.«

»Bleib doch noch hier«, bat Nadine. »Ich seh dich in letzter Zeit fast überhaupt nicht mehr. Wo willst du denn jetzt hin? Es ist Sonntagnachmittag!«

»Ich will noch zwei Freundinnen von Selina befragen.«

»Wen denn?«, wollte Hellmer wissen.

»Moment.« Sie holte den Zettel heraus. »Miriam Tschierke und Katrin Laube.«

»Das kannst du auch nachher noch machen«, sagte Nadine. »Oder du erledigst es jetzt und verbringst den Abend mit uns. Frank wollte sowieso einen Film gucken, ich hab aber absolut keine Lust auf Fernsehen. Während er vor der Glotze hockt, machen wir uns einen gemütlichen Abend. Sag ja.«

Durant lächelte. »Also gut, ich komme, sobald ich fertig bin. Kann aber durchaus sechs werden.«

»Lass dir ruhig Zeit, ich brauch jetzt unbedingt meinen heiligen Mittagsschlaf«, sagte Hellmer grinsend.

»Bis nachher.«

Julia Durant freute sich. Worüber, wusste sie nicht einmal genau, vielleicht über ihre plötzlich Eingebung, vielleicht auf den Abend, vielleicht auch über beides.

Sonntag, 14.10 Uhr

Hattersheim-Okriftel, Erlesring. Es waren nur zwei Minuten von den Hellmers zu Katrin Laube. Ein schmuckes Haus inmitten vieler anderer schmucker Häuser, die sich auf den ersten Blick irgendwie in nichts voneinander unterschieden. Gleichförmigkeit. Die Vorgärten ähnelten sich, die Form der Häuser, selbst die Autos, die davor standen, wenn sie nicht gerade in der Garage parkten oder die Besitzer mit ihnen unterwegs waren, glichen sich. Die Sonne brannte von einem wolkenlosen Himmel, die Temperatur betrug an die dreißig Grad. Es gab keinen schattigen Parkplatz, die Sonne stand im Zenit. Julia Durant drückte auf den eisernen Klingelknopf, ein groß gewachsener, bulliger Mann kam an die Tür und musterte die fremde Frau aus eisblauen Augen.

»Ja, bitte?«, fragte er unfreundlich, und schon ihr erster Eindruck deckte sich mit der Aussage von Nathalie Weishaupt, nach der Laube ein Arschloch war.

Sie hielt ihm ihren Ausweis hin und sagte kühl: »Durant, Kripo Frankfurt. Ich würde gerne mit Katrin Laube sprechen. Ist sie da?«

»Was wollen Sie von meiner Tochter?«

»Sie war eine Freundin von Selina Kautz. Aus diesem Grund möchte ich mich mit ihr unterhalten. Aber nicht hier draußen«, sagte sie und sah Katrins Vater herausfordernd an. Er war ihr vom ersten Moment an unsympathisch, was nicht zuletzt an dem stechenden Blick und dem barschen Ton lag, und diese Antipathie steigerte sich von Sekunde zu Sekunde.

»Kommen Sie rein. Katrin!! Besuch für dich!«, brüllte er durchs Haus. »Die Polizei!«

Katrin trat aus ihrem Zimmer und stand einen Augenblick unschlüssig am oberen Treppenabsatz.

»Ich komm hoch«, sagte Durant und ging an Katrins Vater vorbei die Treppe nach oben.

»Moment«, rief er ihr hinterher, »wieso wollen Sie mit ihr allein sprechen?«

»Weil das bei der Polizei so üblich ist. Aber keine Sorge, es handelt sich um eine reine Routinebefragung. Sollten Sie dennoch Bedenken haben, so steht es Ihnen selbstverständlich frei, einen Anwalt einzuschalten«, antwortete sie, ohne sich umzudrehen.

»Machen Sie doch, was Sie wollen!«

»Hallo, Katrin«, sagte Julia Durant und reichte ihr die Hand, die sich kalt anfühlte. Erst jetzt bemerkte sie das verheulte Gesicht des Mädchens, das sie scheu ansah. Sie war schlank, durchtrainiert und hatte eine beachtliche Oberweite. Braune Haare und blaue Augen, genau wie ihr Vater. Einen vollen Mund, ein schmales Gesicht, zarte Hände, was sie wohl eher von ihrer Mutter geerbt hatte.

»Können wir in dein Zimmer gehen?«

»Ja, hier«, sagte sie mit schwächlicher Stimme, als wäre sie krank.

Sie machte die Tür hinter sich zu. Julia Durant ließ ihren Blick durch das große Zimmer schweifen, das unaufgeräumt, aber nicht schmutzig war. An der Wand mehrere Bilder und Poster von Matt Damon, auf dem Schreibtisch eine Flasche Cola, daneben ein Glas, mehrere beschriebene Blätter Papier, ein aufgeschlagenes Buch. Das Bett ungemacht, das zur Nordseite gerichtete Fenster gekippt. Sie hatte einen eigenen Fernseher, einen Videorekorder und eine Stereoanlage, ein PC in der Ecke neben dem Fenster. Katrin Laube blieb mit dem Rücken an der Tür stehen.

»Ich darf dich doch duzen, oder?«

Katrin nickte nur.

»Gut. Katrin, ich möchte von dir nur etwas über Selina wissen. Wie gut wart ihr befreundet?«

»Es geht.«

»Was heißt das genau? Wart ihr beste Freundinnen, habt ihr euch öfter gesehen, ich meine außerhalb des Reitclubs?«

»Nein, Selina war nicht meine beste Freundin. Wir konnten uns ganz gut leiden, aber sie hat ihr eigenes Ding gemacht.«

»Ihr eigenes Ding?«, fragte Durant und lehnte sich an den Schreibtisch.

»Na ja, sie war nicht so der Cliquentyp. Sie wollte mehr allein sein. Vor allem in letzter Zeit.« Sie holte ein Taschentuch aus ihrer Jeanstasche und schnäuzte sich die Nase. Sie fing plötzlich wieder

an zu weinen und setzte sich aufs Bett, den Kopf in die Hände gestützt.

»Was hast du?«, fragte Julia Durant und setzte sich neben sie.
»Ist es wegen Selina?«

Katrin zuckte mit den Schultern, was die Kommissarin nachdenklich werden ließ.

»Du weißt es nicht? Oder willst du es mir nicht sagen?«, fragte
sie behutsam weiter.

»Es ist alles Scheiße!«, kam die leise Antwort.

Durant sah Katrin aufmerksam von der Seite an und bemerkte die blauen Flecken an ihrem rechten Oberam. Sie fragte sich,
ob sie auch noch an anderen Stellen ihres Körpers Hämatome
hatte.

»Was ist Scheiße?«

»Alles. Das mit Selina, das …«

»Das?«

»Nichts.«

»Wo hast du denn die blauen Flecken her? Bist du gefallen?«

Katrin sah die Kommissarin erschrocken an, sprang auf und zog
sich einen dünnen Pulli über, obgleich es in dem Zimmer warm
war.

»Keine Antwort?«

»Das geht Sie nichts an! Außerdem, was hat das mit Selina zu
tun? Sie sind doch wegen Selina gekommen und nicht wegen
mir.«

Julia Durant hörte den Hilferuf, wusste aber im Moment nicht,
wie sie darauf reagieren sollte. Die Aussage von Nathalie Weishaupt schien sich immer mehr zu bewahrheiten, und Durant meinte noch die Worte von Gerber in den Ohren zu haben, der gesagt
hatte, dass sich hinter den Fassaden der Wohlanständigkeit so
manches Drama abspiele. Dies war ein Drama, hoffentlich nur ein
kleines.

»Stimmt, ich bin wegen Selina hier. Du warst also nicht ihre beste Freundin, richtig?«

»Nein. Aber wir haben uns trotzdem gut verstanden.«

»Wer war denn Selinas beste Freundin?«

»Nathalie, glaub ich.«

»Nathalie Weishaupt?«

»Hm.«

»Du warst eine der letzten, die Selina am Mittwochabend gesehen hat. Ist dir da irgendwas an ihr aufgefallen?«

»Nee, gar nichts. Sie wollte nur schnell heim. Dabei haben wir doch Ferien.«

»Hatte sie außer Nathalie noch andere Freundinnen?«

»Nicht, dass ich wüsste.«

»Komm, setz dich wieder zu mir«, bat Durant. Katrin Laube folgte der Bitte nur zögernd.

»Warum weinst du wirklich? Und woher kommen die blauen Flecken? Du kannst mir vertrauen, ich werde mit niemandem darüber sprechen. Großes Ehrenwort.«

»Das ist doch egal, interessiert doch eh keinen.«

»Doch, mich. Wer hat dich geschlagen?«

Sie schüttelte nur den Kopf.

»Dein Vater?«

Katrin schluckte schwer, keine Antwort.

»Warum hat er's getan? Kommt so was öfter vor?«

Nicken.

»Und weshalb?«

Schulterzucken.

»Es muss doch einen Grund geben. Ist es wegen Jungs?«

Schulterzucken.

»Hast du einen Freund, den er nicht mag?«

»Er mag überhaupt nichts von dem, was ich mag«, war die leise Antwort, als würde sie befürchten, er könnte vor der Tür stehen und lauschen. Hart und bitter. Zu hart und zu bitter für ein Mädchen ihres Alters, dachte Durant.

»Was magst du denn?«

»Was mag denn jemand wie ich? Das Einzige, was er mir erlaubt, ist das Reiten. Ich muss aber immer zu einer bestimmten Uhrzeit zu Hause sein. Wenn ich Ferien habe, um halb elf, und ich muss vorher anrufen, dass ich mich auf den Weg mache. Wenn ich Schule habe, muss ich um acht zu Hause sein. Wenn ich nur fünf Minuten zu spät komme, rastet er gleich aus. Wir sind jedes Mal froh, wenn er unterwegs ist.«

»Und wann hat er dich das letzte Mal geschlagen?«

»Am Mittwoch. Ich hab gedacht, er wäre gar nicht zu Hause. Er hat nämlich gesagt, er würde mit einem Transport nach Belgien oder Frankreich fahren und erst am Freitag zurückkommen. Und als ich um halb zwölf nach Hause gekommen bin, war er da. Das war's dann. Ich habe die ganzen Ferien Hausarrest. Nur zum Reiten darf ich.«

»Hast du noch Geschwister?«

»Einen Bruder.«

»Ist er älter oder jünger?«

»Zwei Jahre älter.«

»Und wie kommst du mit ihm aus?«

»Ganz gut. Aber er hat gegen meinen Vater auch keine Chance. Genauso wenig wie meine Mutter. Er hat alles unter Kontrolle, dieses Arschloch! Sonst fühlt er sich nicht wohl.«

»Hat Selina mal bei dir übernachtet?«

»Nee, hier darf keiner übernachten.«

»Keine Freundin?«, fragte Durant erstaunt.

»Nee, er hat's verboten. Aber ich bin nicht die Einzige. Miriam darf auch niemanden mit nach Hause bringen. Ihre Mutter möchte das nicht.«

»Miriam Tschierke? Bist du mit ihr gut befreundet?«

»Hm.«

»Geht so.«

»Hast du überhaupt richtige Freunde oder zumindest eine richtige Freundin?«

Keine Antwort, nicht einmal ein Schulterzucken.

»Keine Freundin?«

»Nee.« Und nach einer kurzen Pause: »Irgendwann hau ich ab. Einfach so. Wie damals Kerstin. Die hat's auch nicht mehr ausgehalten.«

»Kerstin?«

»Ich weiß das nur von den andern, als die das mal erzählt haben.« Mit einem Mal huschte ein Lächeln über Katrins Gesicht, als sie fortfuhr: »Sie ist vor ein paar Jahren kurz vor Weihnachten einfach abgehauen. Da war wohl auch ständig Stress in der Familie.«

»Und ist sie wieder aufgetaucht?«

»Keine Ahnung, glaub nicht. Die hat wohl 'nen Freund gehabt, und der hat sie wohl mitgenommen.«

»Aber dein Vater hat nichts dagegen, dass du in den Reitclub gehst?«

»Nee, ist doch logisch. Das ist doch gut für sein Ansehen. Er hat dem Club sogar schon zwei Pferde … spendiert! So ist er nun mal. Er lässt sich halt gern feiern.«

»Ist er auch Mitglied?«

»Na klar. Er muss doch jedem zeigen, wie viel Kohle er hat!«

»Katrin, ich lass dir jetzt mal meine Karte hier. Sollte irgendwas sein oder sollte dir irgendwas einfallen oder … Ruf mich an … Ach ja, bald hätte ich's vergessen, wie oft gehst du denn in den Reitclub?«

»Zwei-, dreimal die Woche.«

»Und kennst du dort jemanden, dem du zutrauen würdest, mit Selinas Tod etwas zu tun zu haben?«

Kopfschütteln.

»Okay, ich geh dann mal. Und wie gesagt, du kannst mich anrufen. Und Kopf hoch.« Am liebsten hätte sie Katrin in den Arm genommen, doch sie ließ es lieber bleiben, denn Katrin wollte nur noch allein sein. Leise machte sie die Tür hinter sich zu und ging nach unten. Sie hielt nach Katrins Vater Ausschau, der im Garten war und die Blumen goss. Ein Garten wie aus dem Bilderbuch, adrett angelegt, der Rasen millimetergenau geschnitten, ebenso die Hecke. Ein sauberes Haus, ein sauberer Garten. Was sich hinter den vier Wänden abspielte, ging keinen etwas an. Von ihrer Mutter und dem Bruder keine Spur, vielleicht waren sie nicht zu Hause, vielleicht hatten sie sich auch nur irgendwo im Haus verkrochen.

»Herr Laube?« Durant ging zu ihm. Er warf ihr einen kurzen Blick zu, ohne jedoch das Wasser abzudrehen.

»Was ist?«

»Ich habe gehört, Sie sind ein angesehenes Mitglied im Reitclub …«

»Hat meine Tochter das gesagt?«

»Nein, so was spricht sich herum«, log Durant. »Sie haben doch sicherlich auch Selina gekannt.«

»Natürlich.« Er stellte den Wasserhahn ab und wickelte den Schlauch um die Aufhängung. »Das mit ihrem Tod ist uns allen sehr nahe gegangen. Ich kann nur hoffen, dass Sie Ihre Arbeit gut machen, sonst ist hier bald der Teufel los.«

»Was meinen Sie damit?«

»Warten Sie's ab«, sagte er kalt lächelnd. »Wenn Sie den Dreckskerl nicht kriegen, werden wir das für Sie übernehmen. Und dann gnade ihm Gott.«

»Was wollen Sie tun, sollten Sie ihn vor uns finden? Ihn auch umbringen?«

»Ich werde jedenfalls keinen daran hindern. Noch Fragen?«

»Nein, fürs Erste nicht. Danke schön. Übrigens, auf Selbstjustiz steht eine hohe Strafe. Mord bleibt Mord, ganz gleich, an wem er begangen wird.«

»Das ist ja das Problem mit unserem Rechtsstaat«, sagte er höhnisch. »Ein unschuldiges Mädchen darf einfach so gekillt werden, ein Mörder ist immer besser dran. Es wird Zeit, dass sich da etwas ändert, finden Sie nicht auch? Wir sollten mal amerikanische Gesetze einführen, dann würde so was hier nicht passieren …«

»Ich kenne die amerikanische Rechtsprechung, Herr Laube, und diese Rechtsprechung würde Ihnen ganz sicher nicht gefallen, glauben Sie es mir. Die haben dort für so ziemlich alles ein Gesetz. Sie sollten sich besser informieren.«

»Das habe ich«, entgegnete er herablassend. »Und jetzt entschuldigen Sie mich bitte, ich habe noch zu tun.«

»Stehen Sie eigentlich auf Gewalt?«, konnte sie sich nicht verkneifen zu sagen.

»Was soll diese Frage? Aber gut, wenn Sie's genau wissen wollen, Gewalt gehört zum Leben. Nur der Stärkere überlebt. Zufrieden?«

Sie sah ihn nur an und ging nicht auf seine zynischen Ausführungen ein. »Auf Wiedersehen, Herr Laube.«

»Wiedersehen.«

Sie verließ das Haus mit einem ungleichen Gefühl. Und sie konnte sich sogar vorstellen, dass Laube seine unverhohlene Drohung wahr machte. Und sie fragte sich, was er wohl mit Katrin tun würde, ob er sie mit Fragen traktieren würde, auf die sie keine zufrieden stellenden Antworten hatte. Und dann? Nein, lieber nicht drüber nachdenken. Schöne heile Welt! Ihr nächster Weg führte sie zu Miriam Tschierke.

Sonntag, 15.15 Uhr

Miriam Tschierke wohnte in einem Hochhaus im Südring, das wie ein Fremdkörper am Ende einer langen Straße mit lauter Einfamilienhäusern und Bungalows wirkte. Durant ging an einem Kiosk vorbei auf den Eingang zu, suchte nach dem Klingelschild, fand es schließlich und drückte den Knopf. Auf dem Parkplatz ein paar spielende Kinder, auf einigen Balkonen des gewaltigen Baus Sonnenschirme, Stimmen, Lachen. Sie wartete, und als sich niemand meldete, versuchte sie es ein weiteres Mal. Diesmal knackte es im Lautsprecher, eine weibliche Stimme.

»Hier Durant, Kriminalpolizei. Ich würde gerne mit Miriam Tschierke sprechen.«

»Miriam ist nicht zu Hause.«

»Sind Sie die Mutter?«

»Ja.«

»Wo kann ich Miriam finden?«

»Ich weiß es nicht. Aber Sie können hochkommen, wenn Sie möchten. Elfter Stock, rechts vom Aufzug, letzte Tür links.«

»Ja, gut.«

Was soll's, dachte Durant, der Türsummer ertönte, sie drückte die Tür auf. An der Decke gut sichtbar eine Überwachungskamera. Einer der beiden Aufzüge stand unten, sie betrat ihn und fuhr nach oben. Er ratterte und gab seltsame Geräusche von sich. Sie erinnerte sich an früher, als sie vor kaum etwas mehr Respekt als vor Aufzügen hatte. Allein der Gedanke, in einen einzusteigen, hatte bei ihr Panikattacken ausgelöst. Inzwischen war die Angst verflogen, sie wusste, Aufzüge waren nicht gefährlich, es gab immer einen Weg raus.

Der elfte Stock. Ein dunkler Flur, geschlossene Türen, sie ging nach rechts bis zur letzten Tür, klingelte noch einmal, eine Frau undefinierbaren Alters machte ihr auf.

»Bitte, kommen Sie rein«, sagte Frau Tschierke und wartete, bis sie eingetreten war. »Geht es um Selina?«

»Ja.«

Frau Tschierke war ein Stück kleiner als Durant, hatte mittelbraunes, kurz geschnittenes, sehr volles Haar und war ungeschminkt. Auffällig waren die tiefen Falten, die sich um die Nase und die Mundwinkel gebildet hatten. Ein Blick auf die schmalen, grazilen Hände, kein Ehering. Gut geschminkt und zurechtgemacht, war sie sicher eine sehr ansehnliche Frau. Der Fernsehapparat lief, ein Glas Rotwein stand auf dem Tisch, die fast leere Flasche darunter. Das Wohnzimmer aufgeräumt, beinahe keimfrei, die Balkontür war offen. Die Einrichtung antik, an der Wand seltsame Masken, die eine düstere Atmosphäre verbreiteten. Es roch leicht nach Gebratenem, Zwiebeln, Fleisch, womöglich Pommes frites. Miriams Mutter trug ein graues Sweatshirt und dunkelblaue Leggings, ihre Füße waren nackt, die Zehennägel unlackiert. Sie hat sehr schöne Beine und eine gute Figur, dachte Durant.

»Darf ich Ihnen ein Glas Wein anbieten?«

»Nein, danke. Ich wollte wirklich nur kurz mit Ihrer Tochter über Selina sprechen. Können Sie mir sagen, wann sie in etwa wiederkommt?«

»Nehmen Sie doch Platz, Frau ... Ich habe vorhin Ihren Namen nicht verstanden.«

»Durant.« Sie wollte nicht unhöflich sein und gleich wieder gehen, hatte sie es doch offensichtlich mit einer einsamen Frau zu tun. Sie setzte sich auf das Sofa, Frau Tschierke stellte den Ton des Fernsehers leiser.

»Ja, das mit Selina hat wohl alle sehr getroffen. In Hattersheim passiert so was normalerweise nicht. Und ich wohne immerhin schon seit über zwanzig Jahren hier. Ich kann mich jedenfalls nicht erinnern, dass es hier schon mal einen Mord gegeben hat.«

»Das kann ich nicht sagen, ich bin eigentlich für Frankfurt zuständig, aber mein Kollege wohnt in Okriftel und ...« Ich rede wie ein Wasserfall, dabei geht sie das gar nichts an, dachte Durant. »Kannten Sie Selina?«

»Weniger. Miriam ist meist außer Haus und bringt auch keine Freunde mit. So ist das, wenn man allein lebt«, sagte Frau Tschierke mit einem merkwürdigen Unterton, trank ihr Glas leer, füllte den Rest aus der Flasche nach und zündete sich eine Zigarette an. Sie hustete nach dem ersten tiefen Zug. »Und die Kinder gehen ihre eigenen Wege, kaum dass sie flügge geworden sind.«

Julia Durant erwiderte nichts, sie hörte nur noch Katrin Laubes Worte, die gesagt hatte, Miriam dürfe genauso wenig wie sie Freunde oder Freundinnen mit nach Hause bringen. Und jetzt diese Version. Die Version einer verhärmten Frau, die sich am Rotweinglas und Zigaretten festhielt. Dennoch zweifelte sie daran, es mit einer typischen Alkoholikerin zu tun zu haben, dazu wirkte sie zu gepflegt. Sie hatte es schon mit anderen Frauen zu tun gehabt, die an der Flasche hingen und deren Wohnung und auch Äußeres entsprechend aussahen. Meist ungepflegte, fettige, manchmal sogar verfilzte Haare, starker Körpergeruch, kein ästhetisches Empfinden mehr. Nein, dachte sie, die Frau ist nur bitter. Aber möglicherweise ist es bloß noch ein kleiner Schritt bis zum Absturz.

»Wie alt ist Miriam?«, fragte Durant.

»Vierzehn. Sie wird in zwei Wochen fünfzehn. Mein Gott, wenn ich daran denke, als ich fünfzehn war … 1977 war das. Das war noch eine Zeit, nicht zu vergleichen mit heute. Miriam ist ständig unterwegs, ich kann schon froh sein, wenn ich sie mal morgens zu Gesicht bekomme, bevor sie zur Schule geht. In den Ferien kommt sie selten vor elf nach Hause, und ich habe auch keine Lust mehr, mir den Mund fusselig zu reden, dass sie noch zu jung ist, um so lange draußen rumzustreunern. Und jetzt auch noch das mit der Reiterei. Ich weiß bis heute nicht, wie sie auf diese Schnapsidee gekommen ist …«

»Welche Schnapsidee?«

»Na, das mit dem Reiten. Sie hat sich nie für Pferde interessiert, aber irgendwer hat sie mal mitgenommen, und sie muss wohl einen Narren an den Viechern gefressen haben.«

»Sie leben allein mit Miriam?«

Frau Tschierke lachte trocken und gallig auf. »Allerdings. Seit ziemlich genau fünf Jahren lebe ich allein mit ihr.« Sie hob kurz die Hände und verzog den Mund. »Er hat mich einfach sitzen lassen, das heißt, er hat sich eine Jüngere genommen. Und das zu einem Zeitpunkt, als ich gerade zum zweiten Mal schwanger war. Na ja, zum Glück ist die Schwangerschaft schief gelaufen.«

»Sie sind doch selbst noch nicht alt«, bemerkte Durant, ohne weiter auf das Letzte einzugehen. Sie hatte nicht den Nerv, mit einem Ehedrama voll gequatscht zu werden, im Moment hatte sie genug mit sich selbst zu tun.

»Was spielt das für einen Mann schon für eine Rolle?! Je älter sie werden, desto jünger müssen die Frauen sein, das ist doch heutzutage so üblich. Wenn man nur eine Falte hat, wird man doch schon nicht mehr angeguckt. Schauen Sie sich doch nur mal die

Reklame an, jung, jünger, kein Gramm Fett, nur dann ist man ›in‹, wie es so schön heißt. Und die Zeit bleibt nicht stehen ... Aber das ist mir auch egal. Miriam wird schneller erwachsen, als ich gucken kann.«

Julia Durant hätte ihr zumindest bedingt zustimmen können, sie hatte die Erfahrung ja gerade taufrisch gemacht, doch sie hatte keine Lust auf eine Diskussion über Männer. Außerdem fühlte sie sich nicht sonderlich wohl in der Gegenwart von Miriams Mutter und konnte auch nachvollziehen, wenn Miriam bereits jetzt eigene Wege ging und sich so wenig wie möglich zu Hause aufhielt. Eine verbitterte Mutter, die Trostlosigkeit eines kalten Heims, das Jammern mitanhören zu müssen ...

»Frau Tschierke, es tut mir Leid, aber ich muss weiter. Wann denken Sie könnte ich Miriam am ehesten antreffen?«

»Morgen Vormittag. Sie schläft in den Ferien immer bis in die Puppen, vor eins ist sie selten ansprechbar. Ich habe zwar Urlaub, aber sollte ich wider Erwarten nicht da sein, klingeln Sie einfach Sturm. Sie müssen nur ein bisschen Geduld haben, sie wird schon aufmachen.«

»Mal sehen, ob ich das einrichten kann, ansonsten schicke ich einen Kollegen vorbei. Es sind wirklich nur ein paar Fragen. Einen schönen Tag noch.«

»Auf Wiedersehen. Und wie gesagt, morgen Vormittag ist sie garantiert da.«

Julia Durant war froh, wieder im Aufzug zu sein, Klaustrophobie konnte in der Kabine nicht so schlimm sein wie in der Wohnung von Frau Tschierke. Unten zündete sie sich eine Zigarette an und ging zu ihrem Wagen, der im Schatten stand. Ihr Handy piepte, sie nahm es aus der Tasche und meldete sich. Kuhn. Er wollte sich entschuldigen und bat um eine Aussprache. Sie konnte sich in den farbigsten Bildern vorstellen, was passiert war, doch sie hatte das Kapitel endgültig beendet, und wenn er noch so sehr winselte.

»Hör zu, Dominik, es ist aus und vorbei. Und dabei bleibt's.

Nimm deine süße Annette und verbring mit ihr ein paar schöne Tage weit weg von Frankfurt. Und ruf mich bitte nie mehr an.« Sie drückte auf Aus und steckte das Handy zurück in die Tasche. Es war noch nicht einmal sechzehn Uhr. Sie beschloss, nach Hause zu fahren, zu duschen und noch etwas in der Wohnung zu machen, um dann so gegen sechs oder halb sieben bei den Hellmers zu sein.

Zwei Besuche hatte sie in den letzten anderthalb Stunden gemacht, und beide waren auf ihre Art deprimierend gewesen. Nach zwanzig Minuten erreichte sie ihr Zuhause, duschte, zog sich um und räumte das Wohnzimmer auf. Sie trank ein Glas Wasser und aß eine Banane, weil ihr Magen knurrte, griff automatisch nach der Schachtel mit den Zigaretten, betrachtete sie und steckte sie wieder in die Tasche. Nein, sagte sie sich, ich will jetzt nicht. Vielleicht später. Sie sah den Haufen schmutziger Wäsche, überlegte, welche am ehesten fällig war, entschied sich für die weiße und packte sie in die Maschine. Halb sechs. Sie kramte in ihrer Tasche, holte das Notizbuch heraus und suchte unter dem Buchstaben »R«. Sie tippte die Nummer von Prof. Richter ein. Er meldete sich mit einem knappen »Hallo«.

»Hier Durant. Prof. Richter?«

»Frau Durant, schön, mal wieder Ihre Stimme zu hören. Wie geht's Ihnen?«

»Es geht«, sagte sie und fuhr fort: »Professor, ich rufe dienstlich an. Könnten Herr Hellmer und ich morgen kurz bei Ihnen vorbeischauen? Wir brauchen Ihre Hilfe.«

»Um was geht's, wenn ich fragen darf?«

»Ein Täterprofil. Wir bringen auch alle bisher verfügbaren Akten mit. Es ist sehr dringend.«

»Wann möchten Sie denn kommen?«

»Wann es Ihnen am besten passt.«

»Neun Uhr? Ich habe um zehn eine Patientin und dann erst wieder am Nachmittag Zeit. Reicht eine Stunde?«

»Natürlich. Wir sind um neun bei Ihnen. Und schon mal vielen Dank für Ihre Hilfe.«

»Gern geschehen. Bis morgen dann.«

Sie legte auf und schaltete den Anrufbeantworter ein. Um Viertel vor sechs fuhr sie zurück nach Okriftel.

Sonntag, 18.30 Uhr

Nadine hatte gerade damit begonnen den Tisch zu decken, als Julia Durant kam. Frank Hellmer war mit seiner Tochter im Untergeschoss, wo sich auch der Swimmingpool befand. Sie hörte nur ihre Stimmen, das Lachen von Stephanie.

»Ich hab schon gedacht, du kommst gar nicht mehr«, sagte Nadine. »Warst du die ganze Zeit dienstlich unterwegs?«

»Ich war auch noch zu Hause, eine Maschine Wäsche waschen, ein bisschen aufräumen und so weiter. Eines der Mädchen habe ich angetroffen, beim andern war nur die Mutter da. Beides war eher deprimierend.«

»So schlimm?«

»Nein, nur die kleinen Dramen und Abgründe, mit denen wir andauernd konfrontiert werden. Kann ich dir was helfen, ich brauch ein bisschen Ablenkung.«

»Wenn du möchtest, dann schneid die Tomaten, Gurken und Zwiebeln. Und, neue Erkenntnisse gewonnen?«

Julia Durant nahm ein Messer und ein Brett und schnitt als Erstes die Tomaten. »Nein. Außer dass es hier einen gibt, der wohl am liebsten eine Bürgerwehr aufstellen würde, um der Polizei die Arbeit abzunehmen. Ich hab selten einen so ›sympathischen‹ Zeitgenossen kennen gelernt.«

»Und wer ist das?«

»Laube ...«

»Der von der Spedition?«

»Ja, ja. Wohnt im Erlesring. Der regiert seine Familie mit eiserner Hand ... Tomaten, Gurken und Zwiebeln auf separate Teller?«

»Ja, hier«, antwortete Nadine Hellmer und stellte drei Teller hin. »Und wie soll's jetzt weitergehen?«

»Wie schon gesagt, wir müssen jemanden in den Reitclub einschleusen, die Knastbrüder von Mischner befragen und uns mit den Leuten vom Reiterhof unterhalten, wobei mich vor allem die Männer interessieren. Ich bin überzeugt, dass wir dort fündig werden, und wenn es nur ein Hinweis ist, der uns auf die richtige Spur lenkt.«

»Du wirst auf Granit beißen, das garantiere ich dir«, bemerkte Nadine, während sie einen Teller mit verschiedenen Sorten Wurst belegte. »Ich hab dir schon mal gesagt, wie die Leute hier sind. Da tut keiner dem andern weh.«

»Da hat schon jemand zwei Menschen mehr als nur wehgetan. Ich knack die schon irgendwie.«

Die Geräusche aus dem Keller hatten aufgehört, Frank und Stephanie kamen in die Küche, Hellmer rubbelte die nassen Haare mit einem Handtuch ab. »Na, auch schon da? Wie wär's mit einem Sprung ins Becken? Macht sofort putzmunter.«

Durant überlegte nicht lange. »Nadine, würdest du mir einen Badeanzug leihen?«

»Wieso fragst du noch? Du weißt doch, wo meine Badeanzüge sind. Bedien dich, ich komm hier schon allein zurecht.«

»Steffi und ich, wir ziehen uns jetzt erst mal um. Bis gleich«, sagte Hellmer.

Julia Durant begab sich in den Keller, nahm aus dem Kiefernschrank einen passenden Badeanzug und zog sich um. Sie sprang ins Wasser, das eine angenehme Temperatur hatte, schwamm eine Viertelstunde mit aller Kraft, als wollte sie sich den ganzen Frust der letzten Tage wegschwimmen, bis sie ausgepumpt, aber irgendwie auch zufrieden war. Als sie aus dem Becken stieg, merkte sie erst, wie untrainiert sie war, wie jeder Muskel und jede Sehne schmerzte, aber es war kein unangenehmer Schmerz, mehr ein Ziehen in den Beinen, den Armen und dem Oberkörper, das ihr signalisierte, in Zukunft doch gefälligst mehr für ihre körperliche

Fitness zu tun. Sie zog den Badeanzug aus und legte ihn über einen Plastikstuhl, trocknete sich ab und kleidete sich wieder an. Sie föhnte ihre Haare, bürstete sie und warf einen abschließenden Blick in den Spiegel.

Nadine Hellmer hatte gerade die Vorbereitungen für das Abendessen beendet, als Durant ins Zimmer kam, wo Hellmer und Stephanie bereits am Tisch saßen und herumalberten.

Während des Essens unterhielten sie sich über Belanglosigkeiten, später räumte Hellmer zusammen mit Durant den Tisch ab, Nadine brachte Stephanie zu Bett.

»Wie war dein Nachmittag?«, fragte er, als sie allein waren.

»Lausig. Das einzig Positive ist, dass ich Richter überreden konnte …«

»Du hast mit Richter gesprochen?«

»Ich wollt's nicht auf die lange Bank schieben. Er will uns helfen. Morgen früh um neun sollen wir bei ihm sein und alles mitbringen wie gehabt.«

»Sauber. Und weiter?«

»Danach befragen wir diese Miriam Tschierke, ich hab vorhin nur ihre Mutter angetroffen. Aber ich glaub nicht, dass wir von ihr mehr erfahren, als wir ohnehin schon wissen. Peter und Doris schick ich nach Weiterstadt. Und dann wäre noch Maite Sörensen. Und den Rest kennst du, Fragen, Fragen, Fragen.«

»Das wird ein hartes Stück Arbeit«, konstatierte Hellmer und verstaute das Geschirr in der Spülmaschine.

»Sicher. Aber wir dürfen keine Zeit verlieren, denn ich habe ein verdammt ungutes Gefühl.«

»Was für ein Gefühl?«, fragte Hellmer und hielt in der Bewegung inne, denn er kannte diesen Ton von Durant zur Genüge.

»Wie soll ich es ausdrücken … Ich glaube, Selina und Mischner bleiben nicht seine einzigen Opfer.«

»Du spinnst. Wie kommst du denn darauf?«

»Die Vorgehensweise. Vor allem bei Selina. Jemand, der einen Menschen auf diese Weise tötet, hat Lust am Töten. Und wenn er erst jetzt angefangen hat, wird er weitermachen. Ich könnte mir vorstellen, dass er sich schon neue Opfer ausgesucht hat, und das meine ich ernst.«

»Ich weiß, dass du es ernst meinst, aber ich halte das für eine reine Hypothese.«

»Hör zu, das Ganze erinnert mich an Fälle aus der Vergangenheit. Überleg doch mal, wir hatten es schon zweimal mit Mördern zu tun, die sich in einen wahren Blutrausch gesteigert haben. Und wenn Selina der Anfang war, wovon ich ganz stark ausgehe, hat er sein nächstes Opfer schon im Visier. Der, mit dem wir's hier zu tun haben, ist brandgefährlich. Er hat auch nicht im Affekt gehandelt, sondern alles genauestens durchgeplant. Hätte er lediglich einen Hass auf Selina gehabt oder auf Gerber, aus Eifersucht zum Beispiel, dann hätte er sich Selina am Mittwochabend einfach geschnappt, sie vergewaltigt, misshandelt und getötet und irgendwo liegen lassen. Das wäre ein ganz normaler Tathergang gewesen, wie wir ihn schon oft erlebt haben. Und den Täter würden wir vermutlich sehr schnell ausfindig machen.« Sie hielt inne, zündete sich eine Zigarette an, die dritte an diesem Tag, und fuhr fort: »Ein Motiv aus Eifersucht scheidet für mich aber aus, denn ein solcher Mord wird in der Regel im Affekt begangen. Unser Mann muss für meine Begriffe über jeden Schritt von Selina bestens informiert gewesen sein, er muss gewusst haben, wo sie am Mittwochabend hingehen würde, denn er hat sie mit Sicherheit schon über einen längeren Zeitraum hinweg beobachtet. Er weiß zwar von dem Verhältnis zwischen Gerber und Selina, er wird sich aber hüten, den Eltern etwas davon zu sagen, denn damit hätten wir ihn.«

Hellmer holte tief Luft, fuhr sich übers Kinn und sah Durant nachdenklich an. »Angenommen, du hast Recht. Wer muss denn jetzt um sein Leben fürchten? Alle Mädchen in Selinas Alter? Oder nur welche aus dem Reitclub?«

»Frank, ich weiß es nicht. Ich weiß nur, dass wir es mit einem überaus intelligenten, kaltblütigen Killer zu tun haben. Was immer seine Beweggründe auch sein mögen, ich kenne sie noch nicht.

Fakt ist aber, er hat zwei Menschen auf dem Gewissen, davon einen erwachsenen Mann. Wen er sich als nächstes Opfer auserwählt hat ...« Sie zuckte mit den Schultern und sah Hellmer ratlos an.

»Komm, gehen wir nach draußen, ich brauch jetzt ein Bier.« Er holte drei Flaschen und Gläser und stellte alles auf den Tisch. Sie setzten sich, Hellmer öffnete die Flaschen und schenkte ein. Er leerte sein Glas in einem Zug, während Durant vorerst ihres nur in der Hand hielt. »Julia, du machst mir Angst. Wenn ich mir vorstelle, hier läuft ein Monster rum ...«

»Was hör ich da?«, sagte Nadine mit etwas gekräuselter Stirn. »Monster?«

»Nichts weiter«, meinte Hellmer nur und lehnte sich zurück.

»Julia?« Nadine sah sie fragend an.

»Wir haben nur über ein paar Hypothesen gesprochen ...«

»Hypothesen nennst du das?«, sagte Hellmer aufgebracht. »Du hast davon gesprochen, als wenn's Fakten wären. Du hast es echt drauf, Optimismus zu verbreiten, weißt du das?«

»Tschuldigung, aber soll ich damit hinterm Berg halten, wenn ich nun mal dieser Meinung bin? Sag mir, dass ich Unrecht habe, und begründe es plausibel, dann bin ich sofort ruhig.«

Hellmer entgegnete nichts darauf, er überlegte nur. Nadine wartete gespannt, ob man sie endlich einweihen würde.

Durant trank ihr Glas leer und sah ihren Kollegen an. »Ich warte.«

»Wir haben es mit einem Ritualmord zu tun«, sagte Hellmer nachdenklich, und sein Gesichtsausdruck verriet, dass er sich allmählich den Gedankengängen von Durant anschloss.

»Richtig, an Selina. Mischner hätte nicht dran glauben müssen, hätte er den Täter nicht unter Druck gesetzt, wovon ich ausgehe. Aber vielleicht hätte er ihn sowieso beseitigt, denn Mischner wusste zu viel. Aber Mischner ist eigentlich unwichtig. Die Frage ist doch, warum hat der Täter Selina so zugerichtet? Warum hat er sie einen Tag lang gefangen gehalten, bevor er sie getötet hat? Warum hat er sie nicht missbraucht? Warum diese seltsame Anordnung der Einstiche? Warum hat er sie so gründlich gewaschen und desinfiziert? Fragen über Fragen und keine Antworten. Und deshalb brauchen wir unbedingt von Richter ein Persönlichkeitsprofil.«

»Und wie können wir einen weiteren Mord verhindern, falls einer geplant ist?«, fragte Hellmer.

»Überhaupt nicht, es sei denn, wir kriegen ihn ganz schnell. Aber er hat keinerlei Spuren hinterlassen, niemand hat ihn gesehen, er ist wie ein Phantom auf- und wieder abgetaucht. Und nachdem ich heute noch mal mit Gerber gesprochen habe, scheidet er für mich als Täter endgültig aus. Unser großer Unbekannter hat meiner Meinung nach auch keinen Hass auf Gerber, er hatte für meine Begriffe auch keinen Hass auf Selina, sie war nur Mittel zum Zweck. Aber zu welchem?«

»Vielleicht will er uns etwas sagen. Aber was? Oder er ist ein durchgeknallter Psychopath mit einem religiösen Tick. Ich meine, die Flügel deuten doch in diese Richtung.«

»Kann sein, muss aber nicht. Auf jeden Fall ist er sehr intelligent. Und er scheint über genügend finanzielle Mittel zu verfügen, um zum Beispiel über einen längeren Zeitraum eine andere Person, also Mischner, zu unterhalten, ihm eine Wohnung komplett einzurichten und die Miete zu bezahlen. Womit wir eigentlich wieder hier bei den Reichen und den Schönen wären. Und womit ich wieder beim Reitclub wäre. Mich würde brennend interessieren, ob Mischner seinem Bewährungshelfer jemals erzählt hat, woher er das Geld für die Miete und die Einrichtung hatte, denn er war doch arbeitslos, seit er aus dem Knast kam.«

»Und unser Mann scheint auch Gerber ganz gut zu kennen.«

»Nicht unbedingt. Es kann doch auch sein, dass er Selina einfach nur über einen längeren Zeitraum beobachtet hat und sie allein das Objekt seiner Begierde war.«

»Aber wenn er, wie du behauptest, aus Okriftel oder der Umgebung des Reitclubs kommt, muss er Gerber kennen. Jeder kennt ihn. Du schließt also Hass aus?«

»Ausschließen, mein Gott, ausschließen kann ich gar nichts. Deswegen will ich ja, dass Richter so schnell wie möglich das Profil erstellt. Damit wir in etwa wissen, mit wem wir es zu tun haben.«

Hellmer fasste sich an die Nasenwurzel, schloss die Augen und fragte: »Wie sieht unser Tagesablauf morgen genau aus?«

»Um halb acht Lagebesprechung im Büro. Wir sollten am besten jetzt schon mal vorab Berger, Peter und Doris informieren und uns vom KDD die Nummer dieser Maite geben lassen. Sie muss auch gleich morgen früh dabei sein. Um neun dann bei Richter, wo wir nur eine Stunde bleiben können, weil er um zehn eine Patientin hat. Anschließend hierher, kurz mit Miriam Tschierke sprechen und uns nach und nach die Mitglieder des Reiterhofs vornehmen.«

»Scheiße, Mann!«, stieß Hellmer aus und holte noch mehr Bier.

»Du meinst wirklich, dass Selina nur der Anfang einer Mordserie sein könnte?«, fragte Nadine sichtlich erschüttert. »Das darf und will ich mir nicht vorstellen. Da denkst du, auf dem Land bist du sicher, und dann …«

»Nadine, dir passiert überhaupt nichts …«

»Das weiß ich selbst. Trotzdem ist es unheimlich. Vielleicht kenne ich den Typ sogar, bin ihm womöglich schon mal beim Einkaufen begegnet.«

»Kann gut sein.«

Hellmer kam zurück, er hatte die Flaschen bereits in der Küche geöffnet und stellte sie auf den Tisch. Nadine schob das Glas beiseite und trank aus der Flasche.

»Kann ich mal kurz die Anrufe tätigen?«, fragte Durant.

»Du weißt ja, wo's Telefon steht«, meinte Hellmer missmutig, der genau wusste, wie viel Arbeit in den nächsten Tagen, Wochen, vielleicht sogar Monaten auf ihn zukam und dass seine Familie wieder einmal darunter zu leiden hatte.

Durant hatte die Telefonate nach kaum zehn Minuten beendet. »Berger ist einverstanden. Und Maite wird morgen um halb acht bei uns auf der Matte stehen. Ich hab ihr aber noch nicht gesagt, um was es geht.«

Und nach einer Pause, während der kein Wort fiel, meinte Nadine: »Und jetzt? Frank, wolltest du nicht einen Film sehen? Es ist gleich Viertel nach acht.«

»Verstehe, ihr wollt mich los sein«, erwiderte er grinsend, seine Laune schien sich schlagartig gebessert zu haben. »Dann will ich euch mal allein lassen.« Er stand auf, nahm seine Flasche mit und legte sich im Wohnzimmer auf die Couch und schaltete den Fernseher ein.

Julia Durant und Nadine Hellmer unterhielten sich über alles Mögliche, nur die Geschehnisse der vergangenen Tage waren tabu. Das Hauptgesprächsthema war die Trennung von Dominik Kuhn. Um halb elf, als der Film zu Ende war, verabschiedete Julia sich. Zu Hause angekommen, putzte sie sich nur noch die Zähne und ging zu Bett. Sie war so müde, dass sie sofort einschlief.

Sonntag, 19.45 Uhr

Er hatte sie beobachtet, fast eine Stunde lang, wie sie sich mit einigen Freundinnen und auch ein paar Jungs angeregt unterhielt. Er selbst war nur ein unscheinbarer Spaziergänger etwa fünfhundert Meter entfernt, ein Spaziergänger mit einem Fernglas in der Hand. Um Viertel vor acht begab er sich zurück zu seinem Wagen, stieg ein und fuhr los. Sie war allein, fast immer. Allein und mit sich und der Welt im Unreinen. Sie kannten sich seit mehr als sechs Jahren, ihre Tochter hatte er erst richtig kennen gelernt, seit sie vor knapp drei Monaten zum ersten Mal in den Reitclub gekommen war. Er parkte in einer Seitenstraße und ging die wenigen Meter zu Fuß. Er hatte alles bedacht, wusste, dass Miriam nie Freunde mit nach Hause brachte, weil ihre Mutter das nicht wollte. Er hatte die Sonnenbrille aufge-

setzt, mit seinem linken Zeigefinger drückte er den Klingelknopf.

»Ja, bitte?«, kam die krächzende Stimme nach einer Weile aus
dem Lautsprecher.

»Polizei. Es geht um Selina Kautz. Ich würde gerne mit Ihnen
sprechen.«

»Schon wieder? Es war doch vorhin erst jemand da.«

»Wir hätten doch noch ein paar Fragen. Dauert auch nicht
lange.«

»Moment.« Ein Surren, er drückte die Tür auf, warf einen Blick
auf die Überwachungskamera, grinste maliziös, fuhr mit dem Aufzug in den elften Stock. Er schaute nach links und nach rechts, vergewisserte sich, dass er allein war und niemand ihn sehen konnte.
Er kannte sich aus, er war schon einige Male hier gewesen, ging
den rechten Gang bis zur letzten Tür und klopfte.

Sie öffnete, zog die Stirn in Falten und sagte mit einem erstaun-
ten Lächeln: »Seit wann bist du von der Polizei?«

Er grinste jungenhaft und antwortete: »Nicht böse sein, es geht
aber wirklich um Selina, und zwar um ihre Beerdigung. Wir würden uns wünschen, dass jeder, der sie kannte, einen kleinen Obolus
dazu beiträgt. Darf ich reinkommen?«

»Natürlich«, sagte sie und machte die Tür frei. »Du kennst
dich ja aus.« Ihr Atem roch nach Alkohol, wie meist, wenn sie allein war. Eine leere Flasche Rotwein stand unter dem Tisch, eine
noch halb volle daneben, das Glas war zur Hälfte gefüllt. Ihre
Stimme war herb, so wie ihr Aussehen, obgleich sie auf eine gewisse Weise sehr anziehend wirkte. Sie war gerade vierzig geworden, um die Nasenflügel zwei tiefe Falten. Sie war sehr schlank,
hatte eine attraktive Figur, die sie jedoch niemandem mehr zeigte,
außer sich selber, wenn sie abends im Bad war oder sich umzog,
zumindest machte sie das jeden glauben, doch er wusste es besser.
Das Gesicht ungeschminkt, die Lippen blass, die einst funkelnd-
grünen Augen hatten ihren jugendlichen Glanz längst verloren.
Trotz allem konnte man nicht sagen, sie würde sich gehen lassen,

im Gegenteil, sie war eine gepflegte Erscheinung, und bisweilen kam es sogar vor, dass ihre Augen ein wenig aufblitzten und dabei glänzten. Sie hatte drei Arbeitsstellen, auch das erzählte sie jedem, der es wissen wollte, eine als Sprechstundenhilfe vormittags bei einem Arzt in Frankfurt-Sindlingen, nachmittags bei einer Frauenärztin in Hofheim und schließlich zweimal in der Woche für je zwei Stunden beim Gesundheitsamt in Höchst, ein ruhiger Job, der ihr nicht viel abverlangte, außer ans Telefon zu gehen und zwei oder drei Gespräche entgegenzunehmen und ein wenig am Computer zu sitzen. Die Arbeit war offensichtlich das Einzige in ihrem Leben, das ihr noch ein klein wenig Freude bereitete, aber bei weitem nicht genug, um die privaten Probleme damit kompensieren zu können.

Eine Zigarette glimmte im Aschenbecher vor sich hin, ein Buch auf dem Tisch, das sie schnell zuklappte und ins Regal stellte. An der Wand seltsame Masken, die ihn jedes Mal aufs Neue faszinierten und die er sogar schon an ihrem Ursprungsort gesehen hatte, als er auf einer seiner Reisen einen Abstecher nach Haiti machte. Voodoo-Masken. Das Zimmer war schlicht, aber geschmackvoll mit dunklen antiken Möbeln eingerichtet, dennoch war die Atmosphäre kühl und wenig einladend, was angesichts der persönlichen Situation und ihrer Lebensgeschichte nicht verwunderte. Die Balkontür war geschlossen, wenn man jedoch stand, hatte man auch vom Zimmer aus einen phantastischen Blick auf die imposante Skyline von Frankfurt.

»Nimm doch Platz«, sagte sie und deutete auf die aus massiver Eiche bestehende und mit grünem Samt bezogene Sitzgarnitur. Er setzte sich in den Sessel, mit dem Rücken zum Fenster. »Möchtest du was trinken? Wasser, Bier oder ein Glas Wein?«

»Zu einem Bier sag ich nicht nein.«

Sie ging in die Küche, kam mit einer Flasche und einem Glas wieder, schenkte ein, reichte es ihm und setzte sich in den anderen Sessel, lehnte sich zurück und schlug die Beine übereinander.

»Was wollt ihr denn für Selina machen?«

»Wir möchten einen besonders schönen Kranz für sie bestellen, und ich weiß ja nicht, inwieweit du in der Lage bist, etwas dazu beizusteuern.«

»Natürlich gebe ich etwas dazu, so arm bin ich nun auch wieder nicht«, sagte sie kühl. »An wie viel hast du denn gedacht?«

»Wären zehn Euro okay?«

»Du meine Güte, wie schnell gibt man heutzutage zehn Euro aus! Es ist doch wohl selbstverständlich, vor allem kannte ich Selina ja auch.«

»Das ist schön. Wie hast du das denn empfunden, als du davon gehört hast?«, fragte er.

Sie sah aus dem Fenster, schien mit ihren Gedanken weit weg zu sein. »Wie soll ich es schon empfunden haben?! Ich habe mich gefragt, warum ein so junges Mädchen so sinnlos sterben musste. Es sind in letzter Zeit so viele Kinder und Jugendliche, von denen man hört und liest, die einfach umgebracht werden. Was geht bloß in den Menschen vor, die so etwas tun?«

»Keine Ahnung. Du hast gesagt, die Polizei war schon bei dir. Was haben die denn gewollt?«

»Es war nur eine Kommissarin, die mit Miriam sprechen wollte. Ich hab ihr gesagt, sie soll morgen wiederkommen.«

»Ich habe mich noch gar nicht mit Miriam unterhalten können. Wie hat sie es denn aufgenommen?«

»Miriam!«, seufzte sie auf und verdrehte die Augen. »Miriam redet doch kaum noch mit mir. Sie lebt so sehr in ihrer eigenen Welt ...«

»Marianne, bitte«, unterbrach er sie, »das ist doch wohl nachvollziehbar. Erstens steckt sie mitten in der Pubertät, und zweitens ...«

»Was und zweitens?«

»Entschuldige bitte, aber du lebst auch in deiner Welt.«

»Na und?! Was hat mir dieses Leben schon gebracht? Ich schufte mich seit fünf Jahren ab, damit ich Miriam wenigstens einigermaßen etwas bieten kann, aber trotzdem ist es kein Leben. Sie fährt nach Frankreich und bekommt alles bezahlt, weil ich das Geld nicht habe. Ich …«

Du schuftest dich also ab, dachte er. Und wovon hast du dir diese sündhaft teure Einrichtung leisten können? Wer hat sie dir geschenkt?

Als sie nicht weitersprach, sagte er: »Ich kann mir vorstellen, wie du dich fühlst. Wahrscheinlich erniedrigt, beleidigt, gedemütigt, und vermutlich bist du auch wütend. Aber das alles bringt dir nichts. Du solltest mehr aus dir rausgehen. Warum suchst du dir nicht jemanden …«

»Damit ich wieder eins auf die Nase kriege, wie damals von Richard?! Nein, danke, ich komme ganz gut allein zurecht. Und Miriam hat ihre Freundinnen, sie ist im Reitclub, was will sie mehr?«

»Ich will dir jetzt nicht zu nahe treten, aber nicht jeder Mann ist schlecht. Es wird immer wieder nach dir gefragt, und so wie du aussiehst, könntest du ganz leicht einen Mann finden.«

Sie lachte nur auf und nahm einen Schluck von ihrem Wein. »Was glaubst du, wie viele Männer mir in den letzten Jahren schon Angebote gemacht haben! Ich kann sie kaum zählen. Aber entweder waren sie verheiratet oder nur auf ein schnelles Abenteuer aus. Nein, ich mag einfach nicht mehr … Möchtest du jetzt auch einen Cognac, ich brauch nämlich einen. Und dann will ich bitte nicht mehr über dieses leidige Thema reden.«

Sie stand auf, holte zwei Gläser und den billigen Weinbrand aus dem Schrank und goss sie halb voll. Dabei hatte sie richtigen Cognac, doch den trank sie mit anderen, besonderen Leuten. Sie schüttete die braune Flüssigkeit in einem Zug hinunter und schenkte sich gleich nach. Er ließ sein Glas stehen, beobachtete sie, die herabgezogenen Mundwinkel, die Hände mit den langen, schmalen Fingern, den unlackierten Nägeln.

»Entschuldige mich, aber ich muss mal kurz für kleine Mädchen.«

Er sah ihr nach, hörte, wie der Schlüssel gedreht wurde, stand leise auf und zog vorsichtig den Telefonstecker aus der Buchse. Er wollte in den nächsten Minuten nicht gestört werden. Sie hatte ihr zweites Glas Weinbrand noch nicht angerührt. Er nahm das Fläschchen aus seiner Hosentasche, schraubte den Verschluss ab und gab ein paar Tropfen des Inhalts in das Glas, dann hörte er die Spülung, das Rauschen des Wassers. Sie blieb länger als erwartet auf der Toilette, und als sie zurückkam, hatte sie sich gekämmt, etwas Lippenstift und ein wenig Rouge aufgelegt, den Lidstrich nachgezogen, wodurch ihre Augen größer und mit einem Mal feuriger wirkten. Sie sah völlig verändert aus. Das Einzige, was störte, war ihr seltsamer Blick, der ihn zu durchdringen schien.

»Hast du dich schon mal mit Voodoo beschäftigt?« Sie sah kurz zu den Masken an der Wand. »Weiße und schwarze Magie? Weißt du, dass man einem andern seinen Willen aufzwingen kann, auch wenn derjenige Hunderte oder Tausende Kilometer von dir entfernt ist?«, fragte sie in einem Ton, der ihn aufhorchen ließ. Sie sah ihn an, ihre Augen waren jetzt nicht mehr matt und leer, in ihnen war ein Lodern, als wollte sie ihn hypnotisieren. »Was ist, warum antwortest du nicht?«

»Ich kenne Voodoo nur vom Hörensagen, und mit Magie habe ich mich noch nie beschäftigt. Du etwa?«

»Hin und wieder«, antwortete sie mit vielsagendem Lächeln. »Aber keine Angst, ich will dir nichts Böses. Ich will damit nur ausdrücken, dass es Dinge zwischen Himmel und Erde gibt, die den meisten Menschen verborgen bleiben, weil sie sie einfach nicht sehen wollen. Möchtest du etwas sehen?«

»Um ganz ehrlich zu sein, lieber nicht. Das ist nicht gegen dich gerichtet, es ist nur so, dass ich …«

»Du hast doch Angst, das sehe ich dir an. Aber gut, ich respektiere das. Doch ich könnte dir helfen, etwas lockerer zu werden.«

»Ich soll lockerer werden«, sagte er mit hochgezogenen Brauen. »Das ist nicht dein Ernst, vor allem, dass ausgerechnet du das sagst …«

»O ja, ausgerechnet ich! Natürlich, ich bin wieder die Böse, die zu nichts zu gebrauchen ist. Warte, ich hole die zehn Euro und dann möchte ich bitte wieder allein sein… Und um dich zu beruhigen, ich kenne mich mit Voodoo und schwarzer Magie nicht aus. Aber manchmal wünschte ich es.«

»Marianne, so hab ich das nicht gemeint. Aber jetzt mal im Ernst – seit Richard dich verlassen hat, hast du dich total verändert. Warum?«

»Willst du mir jetzt eine Predigt halten?! Nun gut, Richard hat mich wegen so einer gottverdammten Schlampe mit riesigen Titten verlassen. Riesige Titten und kein Hirn, du kennst sie auch. Aber das ist doch genau das, worauf ihr Männer steht! Ihr wollt keine Frauen, die eine eigene Meinung haben, ihr wollt, dass wir immer noch am Herd stehen, die Beine breit machen, wenn euch danach ist, und die Klappe halten. Stimmt's oder hab ich Recht?« Sie lachte wieder auf, trank von ihrem Rotwein und kippte den Rest aus der Flasche ins Glas.

»Meinst du nicht, du übertreibst ein wenig? Was Richard gemacht hat, heiße ich nicht gut, vor allem war der Zeitpunkt sehr ungünstig gewählt …«

»So, was wäre denn deiner Meinung nach der richtige Zeitpunkt gewesen? Nachdem das Kind zur Welt gekommen wäre? Toll, dann hätte ich jetzt zwei Bälger am Hals. Aber zum Glück ist es von alleine abgegangen, nachdem dieser Schweinehund mir das von der Neuen um die Ohren gehauen hat!« Sie griff nach dem Glas mit dem Weinbrand, hielt es in der Hand und sah ihr Gegenüber an. Die Selbstsicherheit, die sie für einen kurzen Moment zu haben schien, war verflogen. Er registrierte ab jetzt jede Regung in ihrem Gesicht. Er fragte sich, wann sie wohl trinken würde und wie schnell das Mittel Wirkung zeigte. Mit einem Mal fing sie an zu schluchzen und stellte das Glas zurück.

Er schob das Glas in die Mitte des Tisches, stand auf, kniete sich neben sie, legte einen Arm um ihre Schulter und sagte: »Es ist doch gut, es ist doch alles gut. Weinen hilft immer. Und wenn ich dir helfen kann …«

»Warum ist das Leben bloß so ungerecht? Warum? Und warum musstest ausgerechnet du heute kommen?«

»Was meinst du damit?«

Sie wischte sich die Tränen ab, sah ihn an und legte ihre Arme um seinen Hals. »Ich fühle mich so beschissen, und da kommst du und … Verdammt noch mal!« Sie presste die Lippen aufeinander, ließ ihn los, sprang auf und rannte erneut ins Bad. Sie knallte die Tür hinter sich zu und schloss ab.

Er meinte zu wissen, was in ihr vorging, aber das würde ihn nicht von seinem Vorhaben abhalten, dazu hatte er es zu akribisch geplant. Ein Blick auf die Uhr, gleich halb neun. Es war sicher nur eine Frage der Zeit, bis Miriam nach Hause kam. Der Zeitplan musste jedoch eingehalten werden. Als sie auch nach zehn Minuten noch nicht wieder aus dem Bad zurück war, klopfte er leise an die Tür. Er vernahm nur ein leises Rascheln.

»Marianne, bitte, komm wieder raus. Sonst hole ich die Polizei, weil ich Angst habe, dass du dir etwas antust. Das kannst du doch nicht wollen, oder?«

Keine Antwort.

»Also gut, dann rufe ich an.«

Er wartete noch einen Moment, hörte, wie sie sich schnäuzte, der Wasserhahn aufgedreht wurde. Als sie herauskam, trug sie ein kurzes schwarzes Kleid, schwarze Strümpfe, Highheels und war geschminkt wie ein Vamp.

»Da bin ich wieder«, sagte sie mit einem unergründlichen Lächeln. »Tut mir Leid, was ich gesagt und getan habe. War nicht so gemeint. Verzeih mir.«

»Es gibt nichts zu verzeihen. Komm, setz dich und trink noch etwas. Du siehst übrigens großartig aus. Wieso hast du dich umgezogen?«

»Einfach so«, entgegnete sie mit Unschuldsmiene und wieder diesem eigenartigen Lächeln. »Weißt du, ich habe keine Freundin und keinen Freund, zumindest keine richtige Freundin und keinen richtigen Freund. Aber manchmal wünsche ich mir schon, jemanden zu haben, mit dem ich über alles sprechen kann. Doch da ist niemand, nicht einmal Miriam. Und dann heul ich dir die Ohren voll, und es interessiert dich gar nicht.«

»Das stimmt nicht. Mich interessiert immer, was in andern Menschen vorgeht und was sie bewegt. Du unterschätzt mich.«

»So, was geht denn in mir vor?«

»Du hast dich in mich verliebt«, erwiderte er ruhig.

Das Glasige in ihren Augen war endgültig verschwunden, sie zündete sich eine Zigarette an, ihre Stimme wurde mit einem Mal wieder hart.

»Sehe ich etwa so aus?« Sie schüttelte den Kopf. »Nein, bilde dir bloß nichts ein, ich habe mich nicht in dich verliebt, denn du bist verheiratet. Aber es stimmt schon, ich könnte mal wieder einen Mann gebrauchen. Ich habe mich zwar daran gewöhnt, allein zu leben …«

»Was meinst du damit, du könntest mal wieder einen Mann gebrauchen?«

»Du bist doch nicht etwa begriffsstutzig, oder?«, sagte sie und sah ihn wieder mit diesem herausfordernden Blick an. »Das Schlafzimmer ist nebenan. Miriam kommt nicht vor elf nach Hause. Und bis dahin bist du auch wieder verschwunden. Nur das eine Mal. Ich verspreche dir auch, es bleibt unser kleines süßes Geheimnis.«

»Und ich dachte, du würdest dich nicht mit verheirateten Männern einlassen.«

»Es gibt immer Ausnahmen. Das wäre eine. Oder anders ausgedrückt, mir ist heute danach, eine der von mir selbst aufgestellten Regeln zu brechen. Sag einfach ja. Und solltest du gedacht haben, ich sei betrunken, dann muss ich dich leider enttäuschen, ich habe den ganzen Tag über nur drei Gläser Rotwein und einen Cognac getrunken. Die beiden Flaschen sind von gestern und heute.«

»Also gut. Aber nur, weil du eine so hinreißende Frau bist und ich mir schon immer gewünscht habe, einmal mit dir zu schlafen. Aber wirklich nur einmal.«

»Ich habe es doch die ganze Zeit über gewusst«, sagte sie mit spöttisch-laszivem Lächeln. »Gehen wir rüber.«

Sie ging vor ihm ins Schlafzimmer, zog die Vorhänge zu, die keinen Lichtstrahl durchließen und machte die Nachttischlampe an. Es war ein Doppelbett, in dem sie seit fünf Jahren allein schlief. Angeblich.

»Warte«, sagte er, holte die Gläser aus dem Wohnzimmer und stellte sie auf den Nachtschrank. »Wir wollen doch vorher noch einen kleinen Schluck nehmen.«

»Das hat noch einen Moment Zeit«, hauchte sie und zog das Kleid aus. Er beobachtete sie dabei, schließlich stand sie nur mit einem durchsichtigen BH, der ihre vollen Brüste kaum verhüllte, einem Stringtanga und halterlosen Strümpfen sowie den Highheels vor ihm. Schwarz wie die Nacht und verführerisch wie die personifizierte Sünde. Er hätte nie für möglich gehalten, dass sie eine solch vollendete Figur hatte, und die fünf langen Jahre sexueller Abstinenz waren eine glatte Lüge. Nein, dachte er, du bist eine Schauspielerin, eine verdammt gute Schauspielerin sogar. Und es stimmt doch, was ich über dich gehört habe.

»Was ist mit dir? Angezogen kann man nicht ficken, oder gefällt dir der Ausdruck nicht? Die meisten stehen drauf. Ehrlich.«

»Was meinst du mit die meisten?«

»Nichts weiter, war nur so dahingesagt.«

»Ich habe selten eine schönere Frau gesehen.«

Sie verzog den Mund zu einem Lächeln, hob die Augenbrauen und fuhr sich mit der Zunge über die Lippen. Laszivität pur. Er schluckte bei ihrem Anblick schwer, fürchtete, die Situation könnte außer Kontrolle geraten und sein Plan damit zunichte gemacht werden.

»Das war ein schönes Kompliment«, sagte sie, trat dicht vor ihn, sah ihn von unten an und legte ihre Hand auf seinen Schritt. »Aber du brauchst nicht aufgeregt zu sein, ich bin es doch auch nicht. Und außerdem, wenn du es genau wissen willst, ich bin nicht die Keusche oder Enthaltsame, für die mich viele halten. Überrascht, was? Aber keine Angst, ich bin vorbereitet, denn ich sehe dir an, dass du Angst hast, du könntest dir bei mir etwas holen, und um ehrlich zu sein, ich stehe auch auf Vorsicht. Deshalb nur mit Kondom. Gib Aids keine Chance, heißt es doch so schön. Und ich verrate dir sogar noch ein Geheimnis«, sagte sie und tippte ihm dabei auf die Lippen. »Weißt du eigentlich, dass ich manchmal mein Gehalt ein klein wenig aufbessere? Es gibt da einige Herren, die zahlen recht gut dafür, dass ich die Beine breit mache. Aber bei dir mache ich eine Ausnahme, denn dich wollte ich immer schon mal haben. Und deshalb brauchst du nicht einmal einen Cent zu bezahlen. Doch ich bin keine Hure, falls du das denkst, denn ich sehe dir an, du denkst genau das. Nein, nein, keine Hure. Und trotzdem brauche ich es, ich meine, welche Frau will nicht wenigstens ab und zu mal so richtig durchgefickt werden. Aber du wirst keinem davon erzählen, es bleibt unser kleines Geheimnis.«

»Darauf muss ich noch einen trinken«, sagte er. »Cheers.« Er hob sein Glas, sie zögerte, lächelte süffisant, nahm ihres, sie stießen an, wobei sie ihm tief in die Augen blickte, während er trank.

»Ach ja, noch was. Miriam weiß nichts davon, und sie darf es auch nie erfahren. Falls doch, dann kann sie es nur von dir wissen. Und dann bring ich dich um. Kapiert?!« Die Drohung in ihrer Stimme war nicht zu überhören. Sie setzte sich auf die Bettkante, schlug die Beine übereinander, stellte das Glas wieder auf den Nachtschrank und zündete sich eine Zigarette an. Sie inhalierte in tiefen Zügen und blies den Rauch durch Mund und Nase wieder aus.

Er wurde immer nervöser und versuchte diese Nervosität zu unterdrücken. Denn dies sollte ein perfekter Mord werden. Einer jener Sorte, die niemals aufgeklärt werden würden. Aber sie war dabei, alles kaputtzumachen. Trink doch endlich, du verdammte Hure! Trink, trink, trink!

Sie drückte ihre Zigarette aus und steckte sich gleich eine weitere an. »Diese Scheißqualmerei ist mein größtes Laster. Irgendwann muss ich wohl damit aufhören. Aber jetzt will ich dich nicht länger auf die Folter spannen, ich merk doch, wie geil du bist. Komm, zeig ihn mir, deinen kleinen starken Mann.«

Als er keine Anstalten machte, zog sie den Reißverschluss auf, legte die Zigarette in den Aschenbecher, griff in den Hosenschlitz und massierte seine Hoden. Dabei sah sie ihn von unten an. »Gefällt es dir? Hm, da wird ja einer richtig schön groß. Sehr groß sogar. Wie magst du es denn am liebsten? Komm, erzähl mir deine versautesten Gedanken.«

»Ich mag alles«, stöhnte er und befahl sich gleichzeitig, nicht die Kontrolle zu verlieren, sie durfte nicht siegen. Doch im Moment fühlte er sich wehrlos, während eine Hand seine Hoden mit leichtem Druck zusammenpressten und sie mit der andern Hand sein erigiertes Glied herausnahm und es lächelnd betrachtete. »Das ist ein echtes Prachtexemplar, wie ich ihn mir immer vorgestellt habe.« Sie führte ihren Mund näher heran, er hielt ihren Kopf zurück.

»Warte«, sagte er, »um richtig in Fahrt zu kommen, muss ich noch etwas trinken. Du willst doch nicht, dass ich zu schnell komme?«

»Du kannst von mir aus auch zwei- oder dreimal kommen.«

Er holte die Flasche aus dem Wohnzimmer, schenkte sich nach und hob das Glas. Sie registrierte sichtlich vergnügt, wie sein Glied noch immer steif war und vor Erregung zuckte.

»Dann trinken wir. Auf unser Wohl«, sagte sie und griff nach ihrem Glas, setzte es an und kippte den Inhalt hinunter. Sie stellte das Glas zurück und wollte einen Zug von ihrer Zigarette nehmen, als sie sich mit einem Mal an den Hals fasste, die Augen sich unnatürlich weiteten und sie keine Luft mehr bekam. Sie fiel auf den Rücken, ihr ganzer Körper verkrampfte sich, sie sah ihn für einen kurzen Moment Hilfe suchend an, als würde sie ahnen, was mit ihr geschah. Sie wollte etwas sagen, ihr Mund war grässlich geformt, wie zu einem Schrei, doch kein Laut kam aus ihrer Kehle. Nur feiner Schaum bildete sich um die Mundwinkel, der Geruch von Bittermandeln zog sich wie ein Schleier durch den Raum. Ihre Finger krampften sich in das Laken, mehrere Male bäumte sich ihr Körper auf, schließlich ein letztes kurzes Zucken. Nach zwei Minuten hörte sie auf zu atmen.

Er streifte sich Plastikhandschuhe über und betrachtete sie noch einen Moment. Du bist tatsächlich eine sehr schöne Frau, eine stille, schöne Frau, und so tief und unergründlich wie der Ozean. Ja, ich hätte dich gerne gefickt, aber leider gibt es Wichtigeres im Leben. Er fühlte ihren Puls, nichts.

»Tja, jetzt hast du auch Flügel«, sagte er leise. »Aber du hast sie dir selber gegeben. Was hatte diese Welt dir schon noch zu bieten? Sie war wirklich ungerecht zu dir. Sehr, sehr ungerecht. Schließlich hat sie dich auch noch zu einer Hure gemacht, und du hast deinen wunderschönen Körper verkaufen müssen. Nun gut, c'est la vie. Aber gib doch zu, dass es so besser für dich ist. Du bist jetzt alle Sorgen los, ein für allemal. Was willst du eigentlich mehr? Selina wird dich bestimmt in Empfang nehmen. Und Miriam … Schön siehst du aus, wirklich schön. Ich werde immer perfekter.«

Er entfernte seine Fingerabdrücke von dem Fläschchen, drückte es ihr einmal kräftig in die Hand, wischte auch ihr Glas, das er angefasst hatte, ab, verteilte ihre Fingerabdrücke darauf und stellte beides auf den Nachtschrank. Anschließend beseitigte er sämtliche Spuren, die auf ihn hinwiesen, wusch ihre Hände, mit denen sie seine Hose und seinen Penis berührt hatte, spülte das Glas, aus dem er getrunken hatte, trocknete es ab und stellte es zurück in den Schrank. Er wischte über den Tisch und den Sessel, auf dem er gesessen hatte, ging noch einmal ins Schlafzimmer und warf einen letzten Blick auf Marianne Tschierke, löschte die Nachttischlampe, bevor er die Schlafzimmertür anlehnte. Er durchsuchte zwanzig Minuten lang Miriams Zimmer, fand ein Tagebuch, in dem auch sein Name stand, sonst aber keinen Hinweis auf seine Identität.

Es war einundzwanzig Uhr fünfunddreißig. Er machte vorsichtig die Tür auf, schaute hinaus in den Flur, er war allein. Im letzten Moment fiel ihm ein, dass er vergessen hatte, den Telefonstecker wieder in die Buchse zu stecken. Er atmete zweimal tief durch, erleichtert, diesen Fehler nicht begangen zu haben.

Nur aus einer Wohnung dröhnte ein Fernseher. Entweder waren die Bewohner halb taub oder einfach nur rücksichtslos. Eher rücksichtslos, dachte er, die Rücksichtslosen beherrschen die Welt. Leise zog er die Tür zu und huschte zum Treppenhaus. Auf zwei Stockwerken war das Licht ausgefallen. Er benötigte keine zwei Minuten, bis er im Erdgeschoss angelangt war. Er begab sich nach draußen, wissend, aus welcher Richtung Miriam kommen würde, sie kam immer aus derselben Richtung. Er hatte Zeit.

Sonntag, 22.45 Uhr

Er sah sie schon von weitem kommen, sie war allein. Er tränkte das Tuch schnell mit reichlich Chloroform, steckte es in ein Holzkästchen, schraubte die Flasche wieder zu, stieg aus und tat, als käme er gerade vom Haus. Sie erkannte ihn, ihr Gesicht hellte sich auf.

»Hi«, sagte sie und strahlte ihn an, doch bevor sie weitersprechen konnte, erwiderte er mit ernster Miene: »Ich war gerade bei deiner Mutter, es geht um Selinas Beerdigung. Deine Mutter hat gemeint, du müsstest jeden Augenblick kommen. Hast du einen Moment Zeit?«

»Ja, klar«, entgegnete Miriam und stellte ihr Fahrrad an der Treppe ab, die zum Eingang führte.

»Setzen wir uns ins Auto, ich steh gleich dort vorne. Ich habe aber nur ein paar Minuten, weil ich noch einiges zu erledigen habe, und du musst ja auch um elf zu Hause sein.«

»Ach, meine Mutter pennt sowieso gleich«, sagte Miriam und folgte ihm zum Auto. Sie stiegen ein, Miriam rümpfte die Nase und sagte: »Was riecht denn hier so komisch?«

»Ich hab den Wagen gestern gründlich reinigen lassen und dabei ist dem Idioten eine Flasche ausgekippt. Ich frag mich auch schon, wie lange ich diesen Gestank noch ertragen muss.« Bei diesen Worten lächelte er verklärt, ohne dass es Miriam sehen konnte.

Miriam schaute ihn an, wäre ihm am liebsten gleich um den Hals gefallen, um ihn zu küssen, sie wäre sogar zu mehr bereit gewesen, eigentlich zu allem, denn sie hatte sich schon seit ihrer ersten Begegnung in ihn verguckt, und nachts, wenn sie allein im Bett lag, träumte sie sogar des Öfteren davon, wie es wohl wäre, wenn sie und er es miteinander trieben. Sie hatte schon sexuelle Erfahrungen gesammelt, doch die unterschieden sich weit von dem, was sie sich unter wahrer Liebe und intimem Zusammensein vorstellte. Mit ihm wäre es sicherlich der Himmel auf Erden, er in ihr, sie beide auf einer Woge des Glücks. Seine Augen hatten etwas Magisches, seine Hände auf ihrem Körper zu spüren hätte sie als das Größte empfunden. Mit ihm zu verschmelzen, nur einmal, denn sie wusste, eine Zukunft mit ihm war ausgeschlossen, er hatte ja eine Frau, die er nie aufgeben würde. Aber sie würde diesen Moment mit ihm allein in seinem Auto genießen, nachher ins Bett gehen und wieder von ihm träumen.

Er blickte ihr in die Augen, legte eine Hand auf ihre, die andere hatte er auf dem Lenkrad. Sie erwiderte seinen Blick, rückte noch etwas näher und fragte: »Können wir ein bisschen fahren? Ich hab noch keine Lust, nach oben zu gehen. Sind doch eh Ferien.«

Er neigte den Kopf ein wenig zur Seite, lächelte vieldeutig und sagte: »Na ja, eigentlich hab ich nur sehr wenig Zeit. Aber gut, wenn du möchtest. Wo soll's denn hingehen?«

Sie war erleichtert. »Irgendwohin. Egal.« Nein, egal war es ihr nicht. Sie wünschte sich in diesem Augenblick nichts sehnlicher, als mit ihm an einen einsamen Ort zu fahren, wo sie ganz allein waren und er vielleicht doch das tat, was sie bis eben nie für möglich gehalten hätte. Und so, wie er sie anschaute, hatte sie das Gefühl, er wollte dasselbe. Wieso sonst war er auf ihren Wunsch eingegangen? Und wieso hatte er ihre Hand berührt und ihr so tief in die Augen geschaut? Ja, er wollte es, da war sie sich jetzt sicher.

Er blickte noch einmal um sich, die CD von Shania Twain lag im Spieler, er startete den Motor und fuhr los, den Südring hinauf bis zur Ampel, bog links ab und nahm den direkten Weg nach Okriftel. Er stellte die Anlage an, die Musik klang voluminös aus den versteckt platzierten Lautsprechern.

»Shania Twain! He, das ist meine absolute Lieblings-CD. Ich hab sie bestimmt schon tausendmal gehört.«

»Das ist aber ein Zufall«, sagte er lächelnd. »Wenn ich unterwegs bin, höre ich sie auch am liebsten. Die Frau hat einfach was. Welches Lied gefällt dir denn am besten?«

Miriam überlegte. »Eigentlich alle, aber ›You're still the one‹, ›When‹ und natürlich ›That don't impress me much‹ sind die besten. Vor allem, wenn sie über Brad Pitt herzieht. Doch der Rest ist auch nicht schlecht.«

»Verstehst du denn die Texte?«

»Nicht alles, aber im Booklet kann ich ja nachlesen, wenn ich was nicht verstehe.«

Sie passierten das Ortsschild, kamen an der Tankstelle vorbei, die um diese Zeit geschlossen war, nur wenige Autos begegneten ihnen und noch weniger Spaziergänger, die die abendliche Kühle nutzten, um noch ein bisschen frische Luft zu schnappen, bevor sie zu Bett gingen. Ein sternenklarer Himmel wölbte sich über ihnen, fast zum Greifen nah ein nach oben steigendes Flugzeug.

Er lenkte den Wagen vor die Garage, das Tor hob sich automatisch, und er fuhr hinein.

»Wieso sind wir bei dir?«, fragte Miriam überrascht und mit neckischem Augenaufschlag. »Ist deine Frau nicht zu Hause?«

»Nein, sie kommt erst morgen früh, sie übernachtet heute bei ihrer Mutter, ihr geht es seit ein paar Tagen sehr schlecht«, log er, während sich das Tor wieder senkte. Sie war woanders, würde irgendwann um drei oder vier Uhr morgens wiederkommen, auf keinen Fall früher. Es war jeden Sonntag das Gleiche. Aber das musste Miriam nicht unbedingt wissen. »Komm mit rein, ich zeig dir das Haus.« Dabei lächelte er aufmunternd. Er hatte es sich schwerer vorgestellt, doch Miriam hatte es ihm erstaunlich leicht gemacht.

Ja, sie würde mit reinkommen, schließlich waren sie allein. Alles in ihr vibrierte, wenn sie an die nächsten Minuten, vielleicht sogar Stunden dachte. Kein Gedanke mehr an ihre Mutter, die wahrscheinlich schon schlief, nachdem sie wieder einmal zu viel Wein getrunken hatte. Nein, an zu Hause wollte Miriam jetzt nicht denken, dazu war sie zu aufgeregt, denn sie wusste genau, dass schon in wenigen Augenblicken ihr größter Wunsch in Erfüllung gehen würde. Und sie hatte auch keine Bedenken, etwas Unrechtes zu tun, auch wenn sie seine Frau gut leiden mochte, aber solange sie es nicht erfuhr … Und wenn er es wollte, dann wollte sie es erst recht.

Sie betraten den langen Flur mit dem weichen dezent-roten Teppichboden und gelangten direkt in das geräumige Wohnzimmer mit dem Kamin aus Naturstein, dem fast eine ganze Wandbreite einnehmenden Fenster, den erlesenen Möbeln. Sie saugte die Eindrücke in sich auf, wünschte sich, später auch einmal so zu leben.

»Setz dich ruhig«, sagte er und stellte die Stereoanlage an. »Möchtest du etwas trinken?«

»Nein, danke.«

»Eine Cola oder ein Glas Orangensaft, ich habe natürlich auch Wein da oder einen exzellenten Cognac«, sagte er mit aufmunterndem Lächeln. »Du meine Güte, jetzt hab ich doch glatt vergessen, dass du noch keinen Alkohol trinken darfst. Aber probiert hast du doch sicherlich schon, oder?«

Miriam merkte, wie sie immer nervöser wurde, wie doch ein wenig Angst und Unruhe sie beschlichen.

»Was trinkst du denn?«, fragte sie zaghaft.

»Einen Cognac.«

»Dann nehm ich auch einen«, sagte sie mit einem Mal selbstbewusst. Sie hatte die Arme auf der weichen Lehne des Ledersessels liegen, die Beine eng geschlossen. Er reichte ihr den Cognacschwenker, hob das Glas und sagte: »Auf dein Wohl.«

Er trank die braune Flüssigkeit in einem Zug, Miriam beobachtete ihn dabei, setzte das Glas an und tat es ihm gleich. Sie hatte nur einmal zuvor Cognac getrunken, und wieder stiegen ihr Tränen in die Augen, und sie musste husten. Es brannte in ihrem Magen, alles in ihr wurde heiß. Doch schon nach wenigen Momenten verwandelte sich die Hitze in ein angenehmes Gefühl, eine Art Schweben, eine unbeschreibliche Leichtigkeit.

Er stellte sein Glas auf den Tisch und reichte ihr die Hand. »Komm, ich zeig dir was.«

»Was denn?«, fragte sie, obgleich sie sich vorstellen konnte, was er ihr gleich zeigen würde. Zumindest wünschte sie sich, er würde es ihr zeigen.

»Ich habe einen Raum, den nur ganz, ganz wenige Menschen bisher sehen durften. Dorthin ziehe ich mich immer zurück, wenn ich allein sein will.«

Er nahm sie bei der Hand, sie folgte ihm einfach. Sie gingen in das Untergeschoss, er holte einen Schlüssel aus der Tasche, schloss auf, drückte auf den Lichtschalter und machte die Tür gleich wieder hinter sich zu.

Miriam blickte sich um, ein unbehagliches Gefühl beschlich sie. Die Neonröhren über dem Tisch, auf dem eine riesige Decke lag, der alte Schrank, das verhängte Fenster. Etwas in diesem Raum stimmte nicht, das Waschbecken, wozu brauchte er ein Waschbecken, im Haus gab es doch sicher mehr als genug davon. Nein, sagte sie sich, jetzt fang nicht an zu spinnen, es ist eigentlich ein schöner Raum. Sie entdeckte links von sich die Vitrine mit den vielen bunten Schmetterlingen, trat näher heran und betrachtete sie. Riesige Falter, wie sie sie noch nie zuvor gesehen hatte, in allen möglichen schillernden Farben, blau, rot, gelb, grün, einige mit Flügelspannweiten wie kleine Vögel. Sie war fasziniert, ihr staunender Blick entging ihm nicht, obgleich er zwei Meter hinter ihr stand.

»Wo hast du die her?«

»Ich war schon oft in Südamerika. Dort im Dschungel triffst du sie mindestens genauso häufig an wie hier die Zitronenfalter. Es ist eine andere Welt, eine schönere Welt. Man muss sie wenigstens einmal im Leben gesehen haben, denn dort ist das eigentliche Paradies. Aber der Mensch macht jedes Paradies kaputt. Diese wunderschönen Geschöpfe haben Flügel wie Engel, findest du nicht?«

Miriam wandte sich um, sie hatte nicht bemerkt, dass er direkt hinter ihr stand. Sein Atem war wie ein Hauch auf ihrem Gesicht, gleich würde es so weit sein. Sie atmete schnell, ihr Herz raste in der Brust. Er hob die Hand, streichelte über ihr Gesicht, so zärtlich, wie sie sich das vorgestellt hatte, über ihre rotblonden, kurzen Haare, ihre Arme. Sein liebevoller Blick schien durch ihre grünen Augen bis in die tiefsten Tiefen ihrer Seele zu wandern.

»Du bist ein sehr schönes Mädchen, Miriam. Warum wolltest du mit mir allein sein?«

Sie war irritiert, verwirrt. Natürlich wollte sie mit ihm allein sein, aber wollte er es denn nicht? Warum hatte er sie mit zu sich nach Hause genommen? Um ihr seine Schmetterlingssammlung zu zeigen? Nein, dann würde er sie jetzt nicht so zärtlich streicheln.

»Einfach so«, sagte sie mit trockener Kehle, unfähig, ihren Blick von ihm abzuwenden.

»Einfach so? Was willst du von mir, mein kleiner Engel? Sag's mir, vielleicht ist es ja dasselbe, was ich will.«

»Nichts Besonderes.«

»Nichts Besonderes? Miriam, ich weiß doch, dass du mich magst. Meinst du, ich spüre nicht, wenn du mich anschaust, auch wenn ich dir den Rücken zugewandt habe? Ich spüre alles, auch den Blick eines kleinen lüsternen Mädchens. Aber ich mag dich auch, ich mag dich sogar sehr.«

Seine Stimme hatte einen Unterton bekommen, den sie nicht zu deuten wusste, der ihr aber leichte Schauer über den Rücken jagte.

»Bist du nicht lüstern?«, fragte sie kokett zurück, um so ihre Ängstlichkeit zu unterdrücken.

»Doch, auf eine gewisse Weise schon.« Er streichelte noch immer über ihr Gesicht, seine Hände glitten tiefer, berührten ihre Brüste, die sich fest anfühlten. »Du hast schöne Brüste«, sagte er. »Zieh dich aus, ich will dich in all deiner Schönheit sehen. Wir werden eine unvergessliche Nacht haben.«

Mechanisch folgte sie seiner sanften Aufforderung, knöpfte ihre weiße Bluse auf, die sie erst vergangene Woche bei H&M gekauft hatte, und streifte sie ab. Sie trug einen durchsichtigen BH, er ließ seine Hände über ihren Rücken gleiten, fand den Verschluss und öffnete ihn.

»Du bist wirklich noch viel schöner, als ich mir vorgestellt habe. Was die Kleidung doch so alles verdeckt«, sagte er mit anerkennendem Blick. Er küsste sie auf die Lippen, den Hals, er massierte ihre Brüste, deren Warzen sich aufstellten. Miriam wollte ihn umarmen, doch er ließ es nicht zu, sondern sagte stattdessen: »Ich will dich ganz sehen. Die ganze schöne Miriam.« Er setzte sich in den Sessel, die Beine gespreizt, während Miriam vor ihm stand und sein Blick immer wieder ihren Körper abtastete. Sie zog die Jeans aus, unter der sie einen weißen Tangaslip und an den Füßen weiße Tennissocken anhatte. Einen Moment verharrte sie in der Bewegung, als würde sie sich zieren, auch noch den letzten winzigen Rest ihrer Kleidung abzulegen. Schließlich entledigte sie sich auch noch des Slips und der Socken und ging auf ihn zu. Sie war eine Idee größer als Selina, doch nicht so schlank, aber auch nicht dick, nein, sehr fraulich, der Körper sehr ausgebildet, ihr Becken war ausladender, die Brüste größer, die Taille sehr schmal. Auf der linken Brust ein Leberfleck, eine kleine Narbe über der rechten Leiste. Lange, wohlgeformte Beine, kleine zarte Füße.

»Komm her«, sagte er, woraufhin sie zu ihm ging und sich auf seinen Schoß setzte. Er war erregt, sehr erregt, erregter noch als beim Anblick von Selina. Selina war zerbrechlich und wäre es vermutlich auch immer geblieben. Miriam war eine Frau, ausgestattet mit allen Merkmalen, die einen Mann um den Verstand bringen konnten. Und das, obwohl sie noch nicht einmal fünfzehn war. In genau zwei Wochen hatte sie Geburtstag. Aber es stimmte wohl, was Studien ergeben hatten, dass die Mädchen immer früher reif wurden, die Busen immer praller und der Sexualtrieb bei den meisten zwei bis drei Jahre früher einsetzte als noch vor dreißig Jahren. Die Schlechtigkeit der Welt, dachte er nur, während er an Miriams Brust saugte wie ein kleines Kind. Sie stöhnte ein paarmal kurz auf, als seine Hand zwischen ihre Beine griff und sein Mittelfinger ihre Klitoris massierte. Sie wollte ihn küssen, doch er entzog sich ihren Lippen und sagte: »Leg dich auf die Couch, mit dem Gesicht nach unten. Und mach die Augen zu, mein kleiner Engel. Ich will dir etwas ganz Besonderes zeigen.«

»Was denn?«, fragte sie und folgte seiner Aufforderung.

»Gleich«, sagte er und nahm aus seiner Jacke das Holzkästchen. Er öffnete es und holte das Tuch heraus, beugte sich über Miriam, die die Augen noch immer geschlossen hatte, griff in ihre Haare und schob blitzschnell das in Chloroform getränkte Tuch vor ihre Nase und presste ihren Kopf fest dagegen. Sie versuchte sich zu wehren, doch er war stärker. Der ungleiche Kampf dauerte nur wenige Sekunden, bis ihr Körper erschlaffte.

Er steckte das Tuch in einen Gefrierbeutel, verschloss diesen mit einer Klammer und verstaute ihn im Schrank. Dann riss er ohne eine Miene zu verziehen die Decke vom Tisch und ließ sie zu Boden fallen. Miriam schlief tief und fest, als er sie anhob und auf den Tisch legte. Ein weiteres Mal betrachtete er sie eingehend, holte die Polaroidkamera und machte sieben Fotos aus unterschiedlichen Perspektiven, sieben Fotos von Miriam, sieben Fotos von Selina, und im Nachhinein ärgerte er sich, keine Fotos von Marianne Tschierke gemacht zu haben.

Ihr Atem war flach, aber gleichmäßig, ihr Herzschlag langsam. Er legte ihr die Arm- und Fußmanschetten an, drückte ein Stück Klebeband auf ihren Mund, verband die Augen und zurrte abschließend den Gurt über der Stirn fest. Sie hatte keine Chance mehr, irgendjemanden auf sich aufmerksam zu machen.

Er setzte sich in den Sessel, einen Finger auf den Mund gelegt, und dachte nach. Ihm blieb diesmal nicht so viel Zeit wie bei Selina, sie würden vielleicht schon bald nach Miriam suchen. Vielleicht aber auch nicht. Trotzdem, er musste es noch heute Nacht tun, leider, wie er etwas traurig feststellte, obgleich er lieber einen Tag länger gewartet hätte. Aber schon jetzt wimmelte es von Polizei, er konnte sie förmlich riechen, auch wenn sie in Zivil unterwegs waren, doch er hatte einen Vorteil – er kannte die Gegend wie kaum ein anderer, und er besaß ein Nachtsichtgerät, was wohl keiner von ihm erwartete.

Nach einer halben Stunde, es war zwanzig vor eins, begann Miriam an den Fesseln zu zerren. Er erhob sich und legte die CD von Shania Twain in den Spieler.

»Hörst du mich, mein kleiner Engel?«

Sie riss an den Manschetten, kehlige Laute, die keiner hörte. Schweiß auf ihrem Körper, erigierte Brustwarzen, doch nicht aus Lust, sondern aus Angst.

»Streng dich nicht so an, du kannst so viel daran rumreißen, wie du willst, du kommst erst frei, wenn ich es möchte. Wenn du mich hören kannst, dann mach bitte eine Faust.«

Miriam folgte seinem sanften Befehl, er nickte. »Gut so.« Erneut streichelte er über ihr Gesicht und ihren Körper und sagte mit einschmeichelnder Stimme und einem melancholischen Blick: »Miriam, Miriam! Du bist ein sehr, sehr schönes Mädchen, weißt du das? Natürlich bist du dir deiner Schönheit bewusst. So schön, und doch hast du schon so böse Dinge getan. Genau wie deine Mutter. Weißt du eigentlich, dass sie eine Hure war? Nein, du weißt es nicht, aber ich weiß es, denn sie hat es mir vorhin gesagt. Sie wollte sogar mit mir ficken, aber ich wollte es nicht. Oder nein, ich hätte schon gewollt, aber es ging nicht. Du weißt ja, heutzutage machen die DNA-Tests, und das ist mir einfach zu riskant. Aber bevor du gehst, kann ich dir sagen, dass du sie wiedersehen wirst – Selina, deine Mama … Ja, du hast richtig gehört, deine Mama ist auch schon dort oben. Wäre es nicht schrecklich gewesen, wenn du nach Hause gekommen wärst und eine tote Mutter vorgefunden hättest? Ich denke, allein schon deshalb ist es besser, wenn auch du zu ihr gehst. Eins kann ich dir aber sagen, dich hätte ich schon gerne gefickt. Das ist doch die Sprache, die ihr immer gebraucht. Aber ich habe Grundsätze, ganz im Gegensatz zu euch. Und einer dieser Grundsätze lautet, betrüge niemals deine Frau, auch wenn sie eine Hure ist. Ja, ja, auch sie ist eine Hure, aber ich liebe sie, ich liebe sie mehr als alles auf der Welt, und sie liebt mich. Komisch. Wofür eigentlich? Nur weil ich so gut bin? Weil ich es allen recht mache? Egal, Hauptsache, sie liebt mich auch weiterhin.«

Er hielt inne, überlegte, fasste sich mit der Hand ans Kinn. »Weißt du, ich möchte dir gerne die Augenbinde abnehmen. Soll ich es tun?«

Miriam ballte die Fäuste.

»Das war eine klare Antwort, sehr brav. Na gut, ich will mal nicht so sein, du sollst schließlich sehen, was gleich geschieht. Ja, du darfst zuschauen. Aber vorher will ich dir noch eines sagen. Das, was ich tue, tue ich nicht gern. Nein, wirklich nicht. Doch wenn ich dich nicht davor bewahre, dem Bösen in die Hände zu fallen, wer tut es dann? Schau dir doch nur mal diese Welt an. Sie ist so abgrundtief schlecht geworden. Die Menschen lernen einfach nie dazu. Sie lügen und betrügen, sie beschmutzen sich, obgleich sie als etwas Reines geboren werden. Deine Mama hat gesagt, ich dürfe dir unter keinen Umständen verraten, dass sie eine Hure ist. Andernfalls würde sie mich umbringen. Aber das geht ja jetzt nicht mehr, denn wie will sie mich umbringen, wenn sie doch selbst schon tot ist?!« Er lachte auf, als hätte er einen besonders guten Witz gemacht, ging zum Kühlschrank, holte eine Spritze heraus, die er vor dem Weggehen gefüllt hatte, blickte Miriam noch einmal in die vor Entsetzen geweiteten grünen Augen, die ihn voller Verzweiflung anschrien, bevor er die Nadel in die gut sichtbare Vene stach. Miriam schlief zum zweiten Mal ein.

Er nahm das Messer und setzte den ersten Stich direkt ins Herz. Ein kaum merkliches Zucken, Miriam war tot. Um zwei Minuten vor halb drei hatte er sein Werk beendet. Er packte seine Fracht in den Kofferraum und fuhr damit bis unmittelbar an den Spielplatz.

In einem der Häuser brannte Licht, doch es war zu weit entfernt, als dass ihn jemand von dort aus hätte sehen können. Er setzte sein Nachtsichtgerät auf, zwei Hasen, die über die Wiese hoppelten, eine Ratte schnüffelte am Flaschencontainer, um gleich darauf im hohen Gras zu verschwinden. Er ging mit seinem Paket bis zu einem Gebüsch und legte es ab. Sie würden sie finden, vielleicht heute schon, vielleicht morgen, vielleicht auch erst in ein paar Tagen. Und er konnte sich vorstellen, was in den Köpfen dieser beschränkten Polizisten vorging, wenn man sie fand. Er musste lachen, als er nach Hause fuhr.

Montag, 7.30 Uhr

Polizeipräsidium, Lagebesprechung. Julia Durant war bereits seit Viertel nach sieben im Büro, hatte sich kurz mit Berger unterhalten und anschließend ein paar Notizen für die anstehende Besprechung gemacht. Um halb acht waren alle vollzählig versammelt, auch Maite Sörensen, achtundzwanzig Jahre alt, seit Anfang des Jahres bei der Abteilung für Organisierte Kriminalität, Menschenhandel und Prostitution. Sie hatte die Polizeischule in Hamburg besucht, zwei Jahre in Kiel gearbeitet, bis sie ihrem Bruder nach Frankfurt folgte, der in einer Großbank tätig war. Sie war knapp einssiebzig groß, schlank, hatte halblange mittelbraune Haare und braune Augen und machte einen sehr selbstsicheren und aufgeschlossenen Eindruck. Sie ist geradezu prädestiniert für die Aufgabe auf dem Reiterhof, dachte Durant, behielt aber vorerst ihre Gedanken für sich. Sie begrüßte sie, stellte ihre Kollegen vor und sagte, ihr geplanter Einsatz werde als Letztes besprochen.

Nachdem sich alle bis auf Hellmer gesetzt hatten, der lieber am Fenster stehen blieb, erklärte Durant in knappen Worten, welche Aufgaben an diesem Tag zu erledigen waren. Kullmer und Seidel waren eingeteilt, in die JVA Weiterstadt zu fahren, um ehemalige

Mithäftlinge von Mischner zu befragen, für den Nachmittag war ein Gespräch mit Mischners Bewährungshelfer vorgesehen. Durant und Hellmer hatten um neun ihren Termin bei Richter, anschließend stand ein Abstecher bei Miriam Tschierke an, und später wollten sie einige Mitglieder des Reitclubs befragen, allen voran die Kaufmanns, die Malkows, und sollte die Zeit reichen, noch Christian Malkow, den Pastor der evangelischen Gemeinde in Okriftel. Die Bildung der Soko Selina hatte Berger übernommen, ebenso die Beschaffung der Verhörprotokolle und die Prozessakten von Gerhard Mischner.

Schließlich wandte sie sich Maite Sörensen zu und sagte: »So, Maite, nun zu dir. Eine Frage, bist du schon mal geritten?«

Kullmer konnte sich ein breites Grinsen nicht verkneifen, Hellmer musste unwillkürlich mitgrinsen, was auch Durant nicht entging.

»Gibt's da irgendwas zu lachen?«, fragte sie und versuchte ernst zu bleiben, weil ihr die Zweideutigkeit ihrer Frage erst mit einigen Sekunden Verspätung bewusst wurde.

»Nee, nee, gar nichts«, antwortete Kullmer und blickte noch immer grinsend zu Boden.

»Ich stell die Frage mal anders: Hast du schon mal auf einem Pferd gesessen?«

Maite Sörensen nickte und sagte mit kokettem Augenaufschlag in Richtung Hellmer und Kullmer, was sie für Durant noch sympathischer machte: »Ich bin sogar schon oft geritten.« Und nach einer kurzen Pause: »Aber im Ernst, ich bin auf dem Land groß geworden, mein Onkel hat einen Gutshof in der Nähe von Eckernförde und auch einige Pferde.«

»Dann bist du für unser Vorhaben geradezu prädestiniert. Ich hab dir ja gestern Abend kurz von den Mordfällen berichtet, die wir bearbeiten. Wir gehen davon aus, dass die Lösung auf einem Reiterhof in Eddersheim zu finden ist. Wir würden dich gerne dort einschleusen, damit du dich mal ein bisschen umsiehst und umhörst. Allerdings so unauffällig wie möglich, aber das brauch ich dir ja wohl nicht zu sagen. Wie schaut's aus, fühlst du dich dazu in der Lage?«

»Klar, ist mal was anderes. Was muss ich tun?«

»Das erkläre ich dir gleich. Als Erstes brauchst du eine angemessene Identität. Die dürfen auf gar keinen Fall spitzkriegen, dass du zu uns gehörst. Da du aus dem Norden kommst und erst seit sechs Monaten in Frankfurt bist, macht das die Sache natürlich einfacher. Welchen Beruf übst du aus?«

Maite Sörensen überlegte nicht lange, sondern antwortete spontan: »Ich bin freischaffende Künstlerin. Und das ist nicht einmal gelogen, denn ich habe drei Semester Kunst studiert, bevor ich zur Polizei gegangen bin. Ich kann einigermaßen gut malen, habe auch einige Bilder bei mir stehen. Ich habe einen reichen Daddy, was zwar nicht stimmt, aber das prüfen die nie und nimmer nach.«

»Und wo wohnst du?«

»Im Augenblick in Bornheim.«

»Bornheim ist nicht gut. Am besten wäre eine Adresse im Main-Taunus-Kreis. Peter, frag doch mal in Hofheim nach, ob die vorübergehend eine passable Wohnung, am besten eine Art Maisonette, für eine freischaffende Künstlerin besorgen können. Kannst du das gleich machen? Danke. Okay, also das mit der Wohnung kriegen wir schon irgendwie hin. Nun zu deinem Outfit, das ist auch wichtig. Es sollte nicht unbedingt von C&A oder H&M sein, sondern schon etwas ausgefallener. Hast du irgendwas, womit du als gutsituierte junge Frau durchgehst?«

»Was verstehst du unter ausgefallen?«

»Eher boutiquenmäßig.«

Maite Sörensen kräuselte die Stirn und schüttelte den Kopf: »Sorry, aber ihr wisst doch selbst, was man bei uns verdient. Ausgefallene Klamotten sind da nicht drin.«

Durant sah Berger an, der den Mund verzog. »Wie sieht's aus? Wir müssen ihr wenigstens ein paar Kleidungsstücke besorgen.«

»An wie viel haben Sie denn gedacht?«, fragte Berger.

»Eintausend. Das sollte für eine solide Grundausstattung reichen. Eine Designer-Jeans, Sweater, Bluse, Rock und vor allem Schuhe. Schuhe sagen am meisten etwas über einen Menschen aus. Es müssen ja nicht gleich die Läden in der Goethestraße sein.«

Berger stöhnte kurz auf und meinte: »Das muss ich mit ganz oben absprechen, Sie wissen ja, wie die sich immer anstellen. Aber fahren Sie erst mal fort.«

»Das Auto ist auch wichtig. Da könnten wir einen vom Fuhrpark nehmen. Ich denke da an den Alfa 147. Er ist neu und passt perfekt zu einer sportlichen jungen Dame.«

»Kriegt sie«, stimmte Berger sofort zu. »Der Wagen steht Ihnen für die Dauer des Einsatzes unbegrenzt zur Verfügung.«

»Was ist mit Reitklamotten?«

»Die hab ich mitgebracht.«

»Na klasse. Jetzt fehlt uns nur noch ein Pferd.« Und wieder an Berger gewandt: »Meinen Sie, die Reiterstaffel würde uns eins leihen?«

»Es kostet mich einen Anruf. Aber die zeigen sich bestimmt kooperativ. Im Augenblick stehen, soweit ich weiß, auch keine besonderen Einsätze an. Noch was?«

»Nein, mir fällt sonst nichts weiter ein. Was ist mit euch?«

Hellmer und Seidel schüttelten die Köpfe, Kullmer kam gerade aus dem Nebenraum zurück und reichte Durant einen Zettel. »Hier, Hofheim, beste Gegend. Die Wohnung steht momentan leer und kann vorübergehend bezogen werden. Und sie ist komplett ausgestattet. Fehlt nur noch das Namensschild an der Tür.«

»Peter, du bist ein Ass.« Und an Berger gewandt: »Sie kümmern sich um den Rest?«

»Natürlich.«

»Und jetzt zu deiner Eingangsfrage, was du genau tun sollst. Halte dich so oft wie möglich dort auf, und du hast ja auch einen Grund, schließlich bist du neu hier, dein Pferd auch, und ihr müsst euch erst an die neue Umgebung gewöhnen. Direkt gegenüber von diesem Hof gibt es ein Restaurant, wo sie sich meistens nach dem Reiten treffen. Beobachten ist das A und O. Spitz die Ohren, achte vor allem auf die Männer, ob sich einer von ihnen auffällig benimmt. Stell unverfängliche Fragen, tu einfach ahnungslos.« Durant hielt inne, kaute auf der Unterlippe und fuhr fort: »Hast du so was überhaupt schon mal gemacht?«

»Nicht nur einmal. In Kiel war ich bei der Drogenfahndung und musste mich einige Male in die Szene begeben. Einmal hätt's mich beinahe sogar erwischt, als wir ein Schiff hochgenommen haben.«

»Wir haben's hier zum Glück nicht mit OK zu tun. Hoffen wir, dass alles gut geht.« Durant schaute auf die Uhr. »Ich denke, das Wesentliche ist besprochen. Frank und ich müssen jetzt nämlich los zu Prof. Richter, er ist unser freiberuflicher Profiler. Es wäre toll, wenn du dich möglichst schon heute als neues Mitglied anmelden könntest.« Und zu Berger: »Meinen Sie, das klappt?«

Berger hatte sich zurückgelehnt, die Arme hinter dem Kopf verschränkt und gähnte. »Ich denke, das sollte kein Problem sein. In spätestens zwei Stunden habe ich das Geld und auch das Pferd. Aber sie sollten erst mal ohne Pferd dort auftauchen. Und, Frau Durant, Sie haben etwas vergessen, die Spesen nämlich. Wir brauchen natürlich Quittungen für die Abrechnung.«

»Daran hätte ich schon gedacht«, meinte Maite Sörensen.

»Ach ja, noch was«, sagte Durant, bevor sie mit Hellmer das Büro verließ, »wenn wir uns auf dem Reiterhof begegnen, wir haben uns noch nie zuvor gesehen. In dem Moment, wo die auch nur den geringsten Verdacht schöpfen, können wir die Aktion abblasen. Du wirst es merken, du bekommst es dort mit einem sehr seltsamen Volk zu tun.«

»Ich schaff das schon«, sagte sie selbstbewusst. »Wir Nordlichter können auch sehr eigen und seltsam sein. Ich schau mir erst mal in aller Ruhe die Akten durch, und dann warte ich nur noch auf das Kommando, wann's losgehen soll.«

»Alles klar. Wir sind dann weg. Und sollte nichts dazwischenkommen, treffen wir uns um fünf wieder hier im Büro, außer Maite natürlich. Wir beide telefonieren heute Abend, am besten rufst du mich so gegen zehn zu Hause an. Sollte ich nicht da sein, versuch's auf dem Handy.«

Auf dem Gang sagte Hellmer, während sie mit schnellen Schritten zum Parkplatz gingen: »Bin mal gespannt, wie die Aktion anläuft. Ihr Auftreten eben war jedenfalls sehr professionell. Ich hoffe nur, die Gerber riecht nicht Lunte.«

»Die bereitet mir die geringsten Sorgen. Ich könnte mir sogar vorstellen, dass sie auf unserer Seite ist und nichts sagt, selbst wenn sie rauskriegen sollte, wer Maite wirklich ist. Die Gerber ist zwar nicht leicht zu durchschauen, aber irgendwie hab ich bei ihr ein gutes Gefühl.«

Sie stiegen in den Lancia, dichter Verkehr auf der Gegenfahrbahn in die Innenstadt. Um fünf vor neun stellten sie ihren Wagen hinter Richters Mercedes ab, der vor der Garage stand. Es würde ein heißer Tag werden, die Wetterfrösche sprachen von zweiunddreißig Grad, die Sonne brannte von einem wolkenlosen milchigblauen Himmel, und es sollte sogar noch heißer werden.

Montag, 9.00 Uhr

Durant hatte Richters Haus zuletzt vor gut einem Jahr betreten. Die vergangenen Monate waren relativ ruhig gewesen, so ruhig jedenfalls, dass die Polizei auf die Hilfe eines versierten Profilers verzichten konnte. Der letzte große Fall, den sie zusammen bearbeitet hatten, lag eine Weile zurück, und Richter hatte damals ganze Arbeit geleistet. Sie gingen in sein Büro, von dem aus man einen herrlichen Blick auf den sonnenüberfluteten Garten mit dem Swimmingpool hatte. Der Rasen schien gerade erst gemäht worden zu sein, die Blumen standen in voller Pracht, genau wie die Büsche und Sträucher, der Bergahorn, die zwei Birken und zwei Erlen und die akribisch geschnittene, etwa drei Meter hohe undurchdringliche Hecke am Rand des weitläufigen Grundstücks.

Richter setzte sich hinter seinen wuchtigen alten Schreibtisch, der bis auf das Telefon, einen Füller und einen Kugelschreiber sowie einen Block leer war, und wies auf zwei Stühle. Er lehnte sich zurück und sah Durant an. Er hatte volles graues Haar, das wie immer gut frisiert war, überhaupt hatte er sich seit dem letzten Zusammentreffen kaum verändert, höchstens, dass er etwas mehr Elan zu haben schien, was womöglich mit der kürzlich ausgesprochenen Scheidung von seiner Frau Susanne zusammenhing, immerhin schon seine vierte Ehe, die in die Brüche gegangen war. Aber er hatte längst eine Neue, eine ehemalige Patientin, die zwar verheiratet war und sich nicht von ihrem Mann trennen wollte, zumindest noch nicht, doch sie trafen sich wenigstens zweimal in der Woche, und für Richter war sie die einzige Frau, die er wirklich liebte und von der er hoffte, sie würde eines Tages den Entschluss fassen, endgültig an seiner Seite zu leben, in seinem Haus, in seinem Bett, mit ihr abends einschlafen und morgens aufwachen. Eine Frau, mit der er sich über Dinge unterhalten konnte, für die seine anderen Frauen entweder kein Verständnis hatten oder ihnen einfach die Lust fehlte, sich mit Themen auseinander zu setzen, die ihnen in ihrer Oberflächlichkeit zu lästig waren.

Richter war Professor für Psychologie, genoss eine weltweite Reputation, verfasste regelmäßig Artikel für wissenschaftliche Zeitungen und Magazine, hielt Seminare ab und hatte im Laufe der letzten Jahre Therapiemethoden entwickelt, die in Fachkreisen zwar umstritten waren, die aber von vielen, vor allem jüngeren Therapeuten immer häufiger angewandt wurden. Für manche war er ein Psychologiegott, doch wer ihn näher kannte, wusste, dass Richter lediglich über eine weit über dem Durchschnitt liegende Menschenkenntnis verfügte. Doch was ihn besonders auszeichnete, war seine intuitive Begabung, Dinge zu erfassen und auch zu erahnen, die andern verborgen blieben.

»Sie haben es ja gestern richtig spannend gemacht«, sagte er zu Durant. »Wie kann ich Ihnen helfen?«

Hellmer legte die Akten auf den Tisch. »Hier drin steht alles, was wir im Augenblick an Informationen haben. Es geht um den Mord an einer Fünfzehnjährigen. Wir gehen davon aus, dass es sich um einen Ritualmord handelt und der Täter erneut zuschlagen könnte. Wir brauchen ein Profil, und zwar so schnell wie möglich.«

»So schnell wie möglich? Was verstehen Sie darunter?«

»Sagen Sie mir, wie schnell Sie es schaffen können.«

Richter nahm wortlos die Akten, überflog sie, bevor er sich den Fotos zuwandte. Er betrachtete sie eingehend, als würde er sich in diesem Moment an den Tatort begeben, sehen, wie das Mädchen umgebracht wurde und wie ihr Mörder sein Werk vollendete. Er schürzte ein paarmal die Lippen, nickte gedankenverloren und sagte schließlich nach einer Weile wie in Trance: »Es handelt sich um einen Ritualmord. Und Sie haben wahrscheinlich Recht, er wird weitermachen. Die Erfahrung zeigt, dass solche Täter ein Konzept entwickelt haben, das sie zur Vollendung bringen möchten.« Er blickte auf und fuhr fort: »Könnte es sein, dass er schon einmal auffällig geworden ist?«

»Was meinen Sie damit?«

»Gibt es andere Fälle, wo zum Beispiel nicht so akribisch vorgegangen wurde, die Vorgehensweise aber dieser hier zumindest im Ansatz ähnelt?«

Durant sah Hellmer an und zuckte mit den Schultern. »Nein, uns ist kein derartiger Fall bekannt.«

»Hm, merkwürdig, denn hier war ein Perfektionist am Werk. Und jemand, der zum ersten Mal mordet, legt nicht eine solche Perfektion an den Tag, zumindest ist mir nichts Derartiges aus der Vergangenheit bekannt. Schauen Sie, er wusste schon lange vorher, was er will, das heißt, er hat den Mord genauestens geplant, praktisch wie auf dem Reißbrett. Ich halte es beinahe für ausgeschlossen, dass dies sein erster Mord war. Nein, ich bin fast sicher, dass er schon einmal einen Menschen getötet hat.«

»Und was will er?«

»Er will der Welt etwas zeigen und beweisen. In ihm ist ein großer Zorn, den er nur auf diese Art loswerden kann, zumindest versucht er es. Aber Sie und ich wissen, dass Zorn oder aufgestaute Aggressionen sich nicht durch einen Mord eliminieren lassen, im Gegenteil. Hat ein Mensch erst einmal die Schwelle überschritten, und damit meine ich die Schwelle, sich als Herr über Leben und Tod zu fühlen, zum ersten Mal jemanden umgebracht und keine, ich wiederhole, keine Gewissensbisse zu haben, dann wird es sehr gefährlich. Es kann bei solchen Menschen zu einer nicht endenden Spirale der Gewalt führen ... Aber gut, ich werde mir das alles in Ruhe durchlesen und Ihnen Bescheid geben, sobald ich zu einem Ergebnis gekommen bin.«

»Und wie lange meinen Sie werden Sie brauchen?«

Richter lächelte verschmitzt, während er mit einem Stift spielte und sagte: »Ich werde noch heute mit der Auswertung beginnen. Und dann sehen wir weiter.«

»Sie haben doch schon eine Vermutung, oder?«

»Ich spreche nicht gerne über ungelegte Eier. Und über Vermutungen schon gar nicht. Sie werden sich gedulden müssen, bis ich mich bei Ihnen melde. Ich fürchte jedoch, er wird es wieder tun.«

»Ein religiöser Fanatiker?«, wollte Durant wissen.

»Frau Durant, nur weil er dem Mädchen Flügel ›aufgemalt‹ hat, bedeutet das noch längst nicht, dass es sich um einen religiösen Fanatiker handelt. Geben Sie mir Zeit, und lassen Sie mich meine Arbeit in Ruhe tun. Um mehr bitte ich Sie nicht.«

»In Ordnung«, sagte Durant und erhob sich zusammen mit Hellmer. »Sie melden sich dann bei uns. Und nochmals vielen Dank für Ihre Hilfe. Was macht eigentlich Ihr Buch? Sie wollten doch eins über Serientäter schreiben?«

»Ich bin mitten dabei. Sie hören von mir«, sagte er und reichte den Beamten die Hand. »Entschuldigen Sie, wenn ich Sie jetzt bitten muss zu gehen, aber ich erwarte gleich eine Patientin. Einen schönen Tag noch.«

In der Tür drehte sich Durant um. »Er hat übrigens einen zweiten Mord begangen. Aber an einem jungen Mann, der offensichtlich zu viel über ihn wusste. Steht auch in den Akten.«

»Wie gesagt, Sie hören von mir.«

Montag, 10.15 Uhr

»Meinst du, er kann uns helfen?«, fragte Hellmer auf der Fahrt nach Hattersheim zweifelnd. »Ist ja nicht gerade viel, was wir ihm bieten können.«

»Wenn's überhaupt einer schafft, dann er.«

»Aber seine Reaktion, als du gefragt hast, ob wir es möglicherweise mit einem religiösen Fanatiker zu tun haben, war doch sehr eigenartig.«

»Quatsch. Er hat's nur nicht gern, wenn wir ihm schon vorher sagen, was er zu denken hat. Du kennst ihn doch, er ist eigenwillig und will sich ganz unvoreingenommen ein Bild machen. Ich wette mit dir ...«

»Ich aber nicht mit dir!«

»Frank, ich will nicht mit dir wetten, ich sag das nur so. Ich wette jedenfalls, er wird uns spätestens morgen ein erstes vorläufiges Profil präsentieren. Er hat doch sonst nichts weiter zu tun, hat er selbst gesagt. Eine Patientin heute Vormittag, die nächsten Vorträge und Seminare vermutlich erst wieder im Herbst. Ich bau auf seinen Ehrgeiz.«

»Warten wir's ab.«

Sie fanden einen Parkplatz direkt vor dem Hochhaus im Südring. Sie stiegen ein paar Stufen hoch, Durant klingelte. Nichts rührte sich.

Durant drückte ein paarmal kurz hintereinander auf den Klingelknopf, wieder nichts. »Die Mutter von Miriam hat gesagt, wir sollen Sturm klingeln, wenn keiner aufmacht. Kann sein, dass Miriam noch schläft.«

»Und die Mutter?«

»Vielleicht einkaufen. Wein und so'n Zeug.«

»Wie kommst du auf Wein?«

»Ich glaub, die hat ein Alkoholproblem. Als ich gestern bei ihr war, hat sie nur Wein getrunken. Die Frau ist um die vierzig, aber völlig am Ende. Ich hatte jedoch nicht den Nerv, mich länger mit ihr auseinander zu setzen.«

»Wenn das so ist. Aber sie hat dir gesagt, Miriam ist heute Vormittag zu Hause?«

»Ich versuch's einfach noch mal.« Diesmal ließ sie den Finger einige Sekunden lang auf dem Knopf, wieder nichts.

»Vielleicht ist die Anlage kaputt«, meinte Hellmer schulterzuckend. »Da kommt jemand aus dem Aufzug, wir fahren einfach mal hoch.«

Sie traten in den dunklen, kühlen Vorraum, Hellmer warf einen Blick auf die Überwachungskamera. »Big Brother is watching you«, sagte er nur und ging hinter Durant in den Aufzug.

Elfter Stock. »Das ist wie ausgestorben«, stellte Hellmer fest und folgte Durant bis zur letzten Tür links. Ein großes, kitschiges Namensschild, auf dem M. u. M. Tschierke stand.

»Wusste gar nicht, dass die M&M's auch einen Nachnamen haben«, scherzte Hellmer leise.

Durant grinste und klingelte, das Geräusch war deutlich zu vernehmen. »Funktioniert.« Sie sah Hellmer ratlos an. »Merkwürdig, die Tschierke hat ausdrücklich gesagt, ihre Tochter würde in den Ferien immer sehr lange schlafen.«

»Dann kommen wir eben später noch mal, vielleicht hat Miriam was vor, und ihre Mutter wusste gestern noch nichts davon. Es hat keinen Sinn, jetzt noch länger hier rumzustehen«, meinte Hellmer. »Sie sind nicht daheim. Und so wichtig ist Miriam nun auch wieder nicht, die wird uns auch nichts sagen können, was wir nicht schon längst wissen.«

»Okay, gehen wir.« Durant warf einen letzten Blick auf das Namensschild. Ein seltsames Gefühl beschlich sie, als sie wieder zum

Aufzug gingen. Nein, Julia, du siehst schon wieder Gespenster, wo gar keine sind. Trotzdem würde sie im Laufe des Tages noch einmal vorbeischauen.

»Und wen hast du als Nächstes auf deiner Liste?«, fragte Hellmer.

»Kaufmann, Ronneburgstraße. Ich hoffe, du weißt, wo das ist.«

Hellmer warf Durant nur einen mitleidigen Blick zu, sie sprachen kein Wort, während sie nach unten fuhren. Sie hatten die Seitenfenster geöffnet, jeder hing seinen Gedanken nach. Hellmer steuerte zielsicher auf das Haus zu und stellte den Wagen im Schatten ab.

»Auch nicht schlecht«, sagte Durant anerkennend, als sie auf das Haus blickte. »Ich hätte gar nicht gedacht, dass hier hinten solche Buden stehen. Hoffentlich ist jemand daheim.«

Das zweistöckige weiße Einfamilienhaus glich eher einem Anwesen, mit einer großen Toreinfahrt und einer Doppelgarage, und irgendwie erinnerte es Durant an die Häuser, von denen es in ähnlicher Bauweise viele in Südfrankreich gab. Große Fenster, ein die gesamte Vorderfront einnehmender Balkon, der Weg zum Eingang mit Granitplatten gepflastert. Fensterläden statt Rollläden, rote Dachziegel. Fehlte nur noch das Meer, das im Hintergrund rauschte, und dieser unverwechselbar frische, leicht salzige Duft. Neben dem Tor nur ein goldenes, blank poliertes Schild mit den Initialen A. K. Zwei Fenster im Obergeschoss waren geöffnet, was Durant erst beim zweiten Hinsehen bemerkte. Nachdem Hellmer geklingelt hatte, sagte eine klare weibliche Stimme: »Ja, bitte?«

»Hauptkommissar Hellmer und meine Kollegin Frau Durant. Wir würden gerne mit Herrn oder Frau Kaufmann sprechen.«

»Moment bitte, ich komme raus.«

Aus der Tür trat eine schlanke, sehr jugendlich wirkende Frau mit halblangen kastanienbraunen Haaren und warmen, dunklen Augen, die sich mit einer unnachahmlichen Leichtigkeit beinahe schwebend auf die Beamten zubewegte. Sie trug ein blaues T-Shirt auf der nackten Haut und eine kurze Jeans. Sie war braun gebrannt, hatte lange, schlanke Beine und war barfuß. Hellmer schätzte sie auf Anfang bis Mitte dreißig. Er konnte sich nicht erinnern, sie schon einmal gesehen zu haben.

Er hielt ihr seinen Ausweis hin, worauf sie mit warmer, samtweicher Stimme sagte: »Mir wurde Ihr Besuch bereits von meiner Schwägerin angekündigt. Sie hat zwar nicht gesagt, wann Sie kommen würden ... Frau Durant kenne ich ja bereits vom Freitag. Aber treten Sie doch bitte ein, es muss ja nicht gleich jeder in der Nachbarschaft mithören, was wir zu besprechen haben.«

Sie reichte erst Durant, dann Hellmer die Hand. Sonja Kaufmann war fast so groß wie Hellmer.

»Sie sind Frau Kaufmann?« Die Frage klang mehr wie eine Feststellung.

»O Entschuldigung, ja. Sie müssen aber leider mit mir ganz allein vorlieb nehmen, mein Mann ist mit unserem Sohn im Frankfurter Zoo. Ich erwarte die beiden erst heute Nachmittag zurück.«

Sie drückt sich sehr gewählt aus, bestimmt hat sie eine exzellente Ausbildung genossen, dachte Julia Durant, während sie Sonja Kaufmann ins Haus folgten. Von innen wirkte das Haus noch imposanter als schon von außen. Eine große Eingangshalle, eine halbkreisförmige Treppe, die sich in den ersten Stock wand, mit hellem Stein verkleidete Wände, Marmorfußboden, dezent platzierte Grünpflanzen verliehen bereits diesem ersten Teil des Hauses eine gemütliche, wohnliche Atmosphäre. Sie wurden ins Wohnzimmer geführt, einem ebenfalls großzügig geschnittenen, hellen Raum mit einer beigefarbenen Ledergarnitur und antiken Möbeln, von denen Hellmer sicher war, dass sie nicht vom Flohmarkt stammten. Sonja Kaufmann bot den Kommissaren einen Platz an, holte ohne zu fragen drei Gläser und eine Flasche Wasser, schenkte ein und setzte sich ihnen gegenüber auf einen der beiden Sessel. Sie musterte Julia Durant für einen kurzen Augenblick sehr intensiv, was diese jedoch nicht bemerkte.

»Wie kann ich Ihnen helfen?«, fragte sie, schlug die Beine übereinander und lehnte sich zurück, die gefalteten Hände auf den Oberschenkeln.

»Wir müssen zwangsläufig mit jedem sprechen, der näheren Kontakt zu Selina Kautz hatte. Wir wollen Sie auch nicht lange aufhalten, sondern von Ihnen nur hören, was Sie über Selina wissen«, sagte Julia Durant.

»Du meine Güte, was weiß ich über Selina? Sie war eine unserer Schülerinnen, hochtalentiert, zuverlässig. Ja, das ist eigentlich alles, was ich über sie sagen kann.«

»Sie sind Tierärztin, zumindest habe ich das so in Erinnerung.«

»Richtig. Aber ich habe seit dem Wochenende meine Praxis geschlossen. Irgendwann muss auch ich mal Urlaub machen und mich auf meine Familie konzentrieren. Auch wenn ich gerade erst mit dem Reitclub in Frankreich war.«

»Selina wurde uns als eher still und zurückhaltend geschildert. Können Sie diesen Eindruck bestätigen?«

»Im Prinzip ja. Nein, eigentlich hing es von ihrer Tagesform ab, wie das bei jungen Mädchen eben so der Fall ist. Mal himmelhoch jauchzend, mal zu Tode betrübt.«

»Also doch eher unausgeglichen?«, hakte Durant nach, denn das würde die bisher gehörten Versionen widerlegen.

»Nein, so würde ich es nicht nennen«, korrigierte sich Sonja Kaufmann. »Selina steckte mitten in der Pubertät, und da gibt es immer wieder Hochs und Tiefs. Aber im Gegensatz zu den andern Mädchen ihres Alters, zumindest denen im Club, war sie die ausgeglichenste und sowohl psychisch als auch emotional am weitesten entwickelte, so weit ich das beurteilen kann.«

»Hatten Sie viel mit ihr zu tun?«

»Wir sind uns natürlich oft über den Weg gelaufen, haben miteinander gesprochen, aber ich bin Reitlehrerin, und sie hat bei Frau Malkow voltigieren gelernt. Ich kenne auch ihre Eltern sehr gut und bin natürlich erschüttert über das, was sie jetzt durchmachen müssen. Ich mag mir gar nicht vorstellen, was wäre, wenn mir mein Sohn auf eine solche Weise entrissen würde. Ein grauenvoller Gedanke.« Sie trank einen Schluck Wasser, behielt das Glas in der Hand und drehte es, und für einen Moment schien es, als wäre sie mit ihren Gedanken weit weg. Durant entging nicht die Kühle in Sonja Kaufmanns Worten, die Anteilnahme empfand sie als gespielt.

»Wie oft sind Sie denn auf dem Hof?«

»Fast jeden Tag, bis auf wenige Ausnahmen, wenn ich zum Beispiel zu einem kranken Pferd außerhalb gerufen werde und dann auch dort übernachten muss. Ansonsten wie gesagt fast jeden Tag, auch im Urlaub. Ich habe zwei Pferde dort stehen, um die ich mich kümmern muss.«

»Sie kennen alle Mitglieder?«

»Kennen, ja und nein. Mit einigen bin ich eng befreundet, einige kenne ich gut, andere kenne ich zwar vom Sehen, es besteht aber kein näherer Kontakt. Ich weiß nicht, ob Sie mir folgen können.«

»Doch, doch«, sagte Durant. »Wie Sie sich denken können, müssen wir alle Möglichkeiten in Betracht ziehen, deshalb gleich meine Frage: Gibt es jemanden auf dem Hof, den Sie für fähig halten würden, diese abscheuliche Tat begangen zu haben?«

Sonja Kaufmanns einzig sichtbare Reaktion war ein verschämtes Lächeln, das sie noch hübscher machte. »Ja, es gab jemanden, das gebe ich zu. Aber er ist nun leider auch tot. Hat er sich umgebracht, weil er Selina …?«

»Herr Mischner hat sich nicht umgebracht, er wurde selbst Opfer eines Gewaltverbrechens. Er hat Selina nicht getötet.«

Sonja Kaufmann beugte sich nach vorn und stellte ihr Glas ab. »Was sagen Sie da? Mischner wurde auch umgebracht? Das würde ja bedeuten, dass Selinas Mörder noch auf freiem Fuß ist …«

»So ist es. Deshalb ändere ich meine Frage: Wen außer Mischner hätten Sie denn noch in Verdacht?«

»Frau Durant«, sagte Sonja Kaufmann und sah die Kommissarin direkt an, »heißt das, Sie suchen den Mörder in den Reihen unserer Mitglieder? Halten Sie es wirklich für möglich, dass einer von uns eine solch grauenvolle Tat begangen haben könnte?«

»Sagen wir es so, ich halte nichts für unmöglich. Und im Augenblick führen alle Spuren zum Hof, es kann aber auch jemand sein, der mit Pferden überhaupt nichts zu tun hat.«

»Es tut mir Leid, aber ich kann Ihnen da nicht weiterhelfen.« Ihr Ton wurde von einer Sekunde zur anderen unpersönlich, ihr Blick sprach Bände. Die eben noch freundliche und offene Art war in kühle Reserviertheit umgeschlagen. »Bis eben war ich der festen Überzeugung, Mischner wäre Selinas Mörder, und jetzt kommen Sie und sagen, er kann es nicht gewesen sein. Und von denen, die ich kenne, würde ich nicht einmal im Traum daran denken, dass einer einen derart abscheulichen Mord begehen könnte. Ich glaube, Sie werden woanders suchen müssen. Oder haben Sie bereits jemanden in Verdacht und wollen mich nur auf die Probe stellen?« Ihre Augen blitzten auf, spöttisch und herablassend.

»Nein, bis jetzt noch nicht. Aber der Täter hat Spuren hinterlassen«, schwindelte sie und lächelte Sonja Kaufmann an, »und diese Spuren werden uns zwangsläufig zu ihm führen. Sie wissen ja, das perfekte Verbrechen gibt es nicht, es existiert nur in der Phantasie der Menschen.«

Durant und Hellmer erhoben sich, sie sagte: »Wir danken Ihnen für Ihre Zeit, würden aber trotzdem noch gerne mit Ihrem Mann sprechen.«

»Wieso mit meinem Mann? Er hat mit dem Hof nichts zu tun.«

»Wir befragen alle, die sich regelmäßig dort aufhalten. Wann meinen Sie können wir ihn antreffen?«

»Sie haben gegen neun das Haus verlassen, und Tobias hält bestimmt nicht länger als vier Stunden durch. Versuchen Sie's so gegen drei. Ich werde meinem Mann Bescheid sagen, damit er sich nichts anderes vornimmt.«

Die Kommissare wollten bereits gehen, als Hellmer fragte: »Frau Kaufmann, wie gut kannten Sie eigentlich Herrn Mischner?«

Sie zögerte mit der Antwort, als müsste sie sich die Worte erst zurechtlegen. »Relativ gut. Er hat mir einige Male assistiert, wenn ich ein Pferd behandelt habe. Für einen Mann konnte er ausgesprochen gut mit Pferden umgehen. Wissen Sie, manche Tiere haben richtig Angst, wenn sie merken, dass ein Arzt kommt, es ist nicht anders als bei Menschen. Und Mischner war in der Lage, auch das ängstlichste Pferd zu beruhigen. Er sprach mit ihnen und nahm ihnen so die Angst.«

»Aber Ihnen eilt doch sogar der Ruf voraus, eine Art Pferdeflüsterin zu sein. Wieso brauchten Sie dann Mischner?«

Sonja Kaufmann lachte auf, die kurz aufgeflammte Reserviertheit schwand. »Frau Durant, ich bin keine Pferdeflüsterin, das ist dummes Gerede. Das Einzige, was ich kann, ist, mich in die Seele eines Pferdes hineinzuversetzen. Wenn ich dadurch eine Pferdeflüsterin bin, gut. Aber ich selbst würde mir nie anmaßen, mich als solche zu bezeichnen. Und manche Behandlungen kann ich einfach nicht alleine durchführen, auch wenn ich mit dem Pferd vorher lange gesprochen habe. Und einen Pfleger wie Mischner habe ich nie wieder getroffen, und glauben Sie mir, ich kenne eine Menge.«

Durant fiel auf, dass Sonja Kaufmann genau wie Gerber nicht den Begriff Stallbursche, sondern Pfleger verwendete. »Und wie war das damals mit der Vergewaltigung? Hätten Sie ihm die zugetraut?«

»Nein, niemals.«

»Und warum nicht? Es heißt doch, er habe sich zum Beispiel immer in der Nähe von Selina aufgehalten.«

»Das ist genauso ein Blödsinn. Er hat sich nicht öfter in Selinas Nähe aufgehalten als bei den anderen Mädchen oder Frauen, auch wenn im Nachhinein anderes behauptet wird. Was hätte er denn tun sollen, wenn der Hof voll war? Sich irgendwo verkriechen, bis keiner mehr da war? Wann immer ich ihn gesehen habe, hat er sich sehr unauffällig und korrekt verhalten, ganz gleich, was die andern auch über ihn sagen. Es kam doch auch immer jemand, der etwas von ihm wollte. Können Sie mal hier schauen oder mir mal da helfen. Und jetzt, wo ich weiß, dass er Selina nicht getötet hat, tut es mir Leid, ihn überhaupt verdächtigt zu haben.«

»Aber es kursierte doch auch das Gerücht, er habe sich einem Mädchen in unsittlicher Weise genähert, eine ganze Zeit vor der Vergewaltigung.«

Sie lachte auf. »Soll ich Ihnen erzählen, was für ein Mädchen das war? Vierzehn Jahre alt, von der Mutter gezwungen, reiten zu lernen, obwohl sie vor Pferden einen Heidenrespekt, um nicht zu sagen Angst hatte! Und dann hat sie sich diese Geschichte ausgedacht. Natürlich brauchte sie danach nicht mehr zum Reiten zu gehen.«

»Woher wissen Sie das?«, fragte Durant.

»Woher? Frau Durant, ich kenne mich nicht nur mit Pferden einigermaßen gut aus, ich behaupte auch, eine gewisse Menschenkenntnis zu besitzen. Und dieses Mädchen hat gelogen.«

»Aber die Vergewaltigung hat er begangen?«

»Worauf wollen Sie hinaus?«, fragte sie und neigte den Kopf ein wenig zur Seite, als hätte sie den seltsamen Unterton in Durants Stimme gehört. »Er hat's doch zugegeben und wurde verurteilt. Oder bestehen da etwa auch Zweifel?«

»Nein, nein, entschuldigen Sie, es war dumm, diese Frage überhaupt gestellt zu haben.«

»Nein, es war nicht dumm, denn Sie zweifeln selbst daran«, sagte sie vielsagend lächelnd, und Durant ärgerte sich, so leicht von ihr durchschaut worden zu sein. Sie konnte offenbar nicht nur mit Pferden hervorragend umgehen, sie konnte auch die Zwischentöne genau deuten. »Ich habe mich damals schon gefragt, ob er die Vergewaltigung begangen hat. Aber Ihre Frage hat mich in meinem Gefühl bestätigt. Meine erste Vermutung damals war, er hat's nicht getan. Und fragen Sie mich jetzt nicht, woher diese Vermutung kam. Dann hat er's aber zugegeben, und ich habe mir nur gesagt, okay, Sonja, du hast Unrecht gehabt. Doch jetzt zweifle ich wieder. Aber ganz gleich, was Mischner auch verbrochen hat, ob er überhaupt etwas verbrochen hat, es ändert nichts an meiner Meinung, dass er der beste Pferdepfleger war, den ich je kannte. Der, der jetzt auf dem Hof ist, ist nur ein Stallbursche. Er säubert die Boxen, striegelt die Pferde, gibt ihnen zu fressen, doch damit hat sich's auch schon. Die Chemie zwischen ihm und den Tieren stimmt einfach nicht. Aber Emily, ich meine Frau Gerber, hält unbeirrt an ihm fest, und ihr gehört der Hof schließlich. Ich an ihrer Stelle hätte mir schon längst einen neuen gesucht. Aber das ist nicht mein Problem. Mischner hingegen war mehr als nur ein Stallbursche, er hat sich um die Tiere gekümmert. Sie waren für ihn Wesen mit menschlichen Zügen.«

»Frau Kaufmann, Sie haben uns sehr geholfen, und wir werden nachher noch mal vorbeischauen und mit Ihrem Mann sprechen.«

»Ich weiß zwar nicht, inwiefern ich Ihnen geholfen habe, aber vielleicht verraten Sie's mir irgendwann. Auf Wiedersehen.«

»Wir wollten noch bei Frau Malkow vorbeischauen. Meinen Sie, wir treffen Sie zu Hause an?«

Sonja Kaufmann warf einen Blick auf die Uhr und sagte: »Um diese Zeit müsste sie eigentlich zu Hause sein. Sie fährt meist erst am Nachmittag auf den Hof.«

»Danke.«

Auf dem Weg zum Auto fragte Hellmer: »Was hältst du von ihr?«

»Sie ist schwer zu durchschauen. Was mich aber wundert, ist, wie unterschiedlich die Aussagen von ihr und der Gerber über Mischner sind. Was für ein Typ war er wirklich? Die Kaufmann hält große Stücke auf ihn, während er für die Gerber nur ein Stallbursche war.«

»Fragen wir einfach die Malkow, die Dritte im Bunde. Moment«, sagte er und sah auf seinen Zettel, bevor sie in den Wagen stiegen, »Siegfriedring. Das ist in Eddersheim. Schaun wir doch mal.«

Montag, 12.05 Uhr

Sie hielten hinter einem dunkelblauen Jaguar neueren Baujahrs. Das Haus der Malkows fügte sich nahtlos in eine Reihe von außen eher unscheinbaren Häusern ein, doch es war mit diesen Häusern wie mit teuren Kleidern, die oftmals vor allem durch ihre Schlichtheit bestachen und für die man ein Vermögen hinblättern musste. Über der Tür eine Überwachungskamera, die Durant bei den Kaufmanns nicht aufgefallen war, die aber sicherlich existierte, die Fenster im Erdgeschoss zusätzlich durch weiße Kunstschmiedegitter vor Einbrechern geschützt. Neben dem Haus, wie auch bei den Kaufmanns, eine Doppelgarage.

Hellmer betätigte die Klingel, ein Mann kam heraus und begutachtete die Fremden argwöhnisch. Er trug ein blaues, kurzärmliges Hemd, eine Canvashose und Slipper, als befände er sich gerade auf dem Sprung. Durant wusste zwar von Gerber, wie alt Malkow war, sie hätte ihn jedoch wesentlich jünger geschätzt.

»Ja, bitte?«, fragte er nicht unfreundlich, doch reserviert und kam ans Tor.

Hellmer stellte sich und Durant vor, das eben noch misstrauische Gesicht von Werner Malkow hellte sich auf.

»Sie kommen also doch noch zu uns«, sagte er und bat die Kommissare ins Haus. »Sie wollen sicher mit meiner Frau sprechen.«

»Mit Ihrer Frau und auch mit Ihnen.«

»Meine Frau ist im Garten, ich hole sie. Suchen Sie sich einen Platz aus, ich bin gleich zurück.«

Nach wenigen Augenblicken kam er mit Helena Malkow ins Zimmer, eine mittelgroße, wohlproportionierte Frau von etwa vierzig Jahren. Sie hatte schmale, blutleere Lippen, herbe Gesichtszüge mit ausgeprägten Wangenknochen und kleinen stechend blauen Augen. Am auffälligsten an ihr aber waren ihr großer Busen, die ausladenden Hüften und die stämmigen braun gebrannten Oberschenkel. Sie hatte sehr kurzes dunkelblondes Haar, das nach Julia Durants Meinung das herbe Äußere nur noch unterstrich. Im Haus selbst herrschte eine kühle, unpersönliche Atmosphäre, Schwingungen, die die Kommissarin sofort aufnahm und als unangenehm empfand.

Durant hätte das Ehepaar am liebsten separat befragt, doch Werner und Helena Malkow setzten sich beide auf die Couch, wobei er einen Arm um ihre Schulter legte.

»Wie Sie wissen, ermitteln wir im Fall Selina Kautz und möchten Ihnen ein paar Fragen über sie stellen. Frau Malkow, wir wurden uns ja schon am Freitag kurz vorgestellt. Sie sind Voltigiertrainerin in dem Reitclub, in dem auch Selina war. Was können Sie uns über Selina sagen? Was war sie für ein Mädchen?«

Sie zog die Augenbrauen hoch, als hätte sie die Frage nicht richtig verstanden, antwortete dann aber: »Kann ich Ihnen überhaupt noch etwas sagen, was Sie nicht schon längst wissen? Sie haben doch bestimmt schon alle möglichen Leute wegen Selina befragt.«

»Frau Malkow, uns interessiert jede Meinung. Und manchmal macht einer Beobachtungen, denen er im ersten Moment keine Beachtung schenkt, die uns aber sehr viel weiterhelfen können.«

»Also gut. Selina war eines unserer größten Talente. Sie hat bereits mehrere Preise gewonnen, und das Reiten, vor allem aber das Voltigieren hat ihr große Freude bereitet, mehr kann ich nicht sagen.«

»Aber Sie haben sie doch auch persönlich gekannt, oder nicht?«

»Was meinen Sie mit persönlich gekannt? Sie war eine meiner Schülerinnen, aber keine Freundin.«

»Das habe ich auch nicht behauptet. Sie haben sich doch aber nicht nur zur Voltigierstunde gesehen, sondern sich auch mal nach dem Training oder nach einem Wettkampf unterhalten. Was hat sie auf Sie für einen Eindruck gemacht? War sie schüchtern, zurückhaltend oder …«

»Eher schüchtern. Sie war ein Mädchen wie alle andern auch. Es gibt bei Mädchen ihres Alters kaum einen Unterschied. Sie sind noch auf der Suche nach dem Sinn ihres Lebens, wissen nicht so recht, wohin mit sich und …«

»Verstehe. Sie hat sich also nicht von der Masse abgehoben?«

»Nicht ganz«, mischte sich jetzt Werner Malkow ein. »Selina hat sich schon von den andern unterschieden. Sei mir nicht böse, Schatz, aber sie war den meisten weit voraus …«

»Wenn du damit meinst, dass sie besonders intelligent war, ja, das stimmt. Aber sie hatte genauso Flausen im Kopf wie alle Fünfzehnjährigen. Ich habe mich in Frankreich einmal etwas länger mit ihr unterhalten, wo ich sie gefragt habe, wie sie sich ihre Zukunft vorstellt, was sie einmal werden möchte, und da hatte sie drei Möglichkeiten zur Auswahl, Tierärztin, Pianistin oder Architektin. Daran können Sie sehen, dass sie noch keine konkreten Pläne für die Zukunft hatte. Es ist einfach eine Tragödie, dass ein so junges Ding so grausam sterben musste.«

»Ja, das ist es«, pflichtete ihr Werner Malkow bei und nickte. »Wer schützt heutzutage noch unsere Jugend vor solchen Verbrechern? Wenn es die Polizei nicht kann, ich bitte das zu entschuldigen, Sie tun sicher Ihr Bestes, aber wer kann es dann? Ich kann nur betonen, was ich schon einige Male gesagt habe, die Verrohung nimmt immer mehr zu und der Respekt vor dem Leben dramatisch ab.«

»Sie haben von Herrn Mischners Tod gehört?«, fragte Hellmer, ohne auf die letzte Bemerkung von Werner Malkow einzugehen.

Helena Malkow verzog abfällig den Mund und sagte: »Natürlich haben wir davon gehört. Wer einem andern das Leben nimmt, hat es nicht besser verdient. Auch wenn mir ein Gerichtsprozess lieber gewesen wäre. Er Angesicht zu Angesicht den Eltern gegenüber, das hätte ich mir gewünscht.«

»Und was ist Ihre Meinung dazu?«, fragte Hellmer an Werner Malkow gewandt.

»Ich habe dem nichts hinzuzufügen. Dieser Kerl hat Unheil angerichtet und sich selbst bestraft. Ich bin froh, dass damit alles vorbei ist.«

Hellmer wollte gerade etwas sagen, doch Durant stieß ihn leicht mit dem Fuß an, um ihm zu bedeuten, den Mund zu halten. Sie ließ einige Sekunden vergehen, studierte die Gesichter der Malkows, bevor sie ihre Frage stellte.

»Wer hat Ihnen denn gesagt, dass Herr Mischner Selina getötet hat? Haben Sie das in der Zeitung gelesen?«

Helena Malkow lachte höhnisch auf. »Das braucht mir keiner zu sagen, das ist doch klar, nach dem, was er schon vorher angerichtet hat. Er konnte offenbar mit der Schuld nicht mehr leben. Aber es ist nicht schade um ihn, es ist sogar besser so, besser für den Steuerzahler, der ohnehin schon genug Geschmeiß verpflegen muss!«

Durants Stimme wurde noch kühler, als sie erklärte: »Dann möchte ich Ihnen doch ganz gerne mitteilen, dass Herr Mischner oder das Geschmeiß, wie Sie ihn nennen, mit dem Tod von Selina nichts zu tun hat. Was sagen Sie jetzt?«

Helena Malkow schluckte nach diesen Worten schwer, kaute verlegen auf der Unterlippe, hatte sich aber gleich wieder gefangen.

»Er hat Selina nicht umgebracht? Wer war es dann?«

»Das versuchen wir gerade herauszufinden.«

»Aber der Selbstmord …«

»War keiner. Herr Mischner ist auch nur ein Opfer. Sie sehen, wir haben es mit zwei ungeklärten Mordfällen zu tun, aber mit ein und demselben Täter. Wen, außer Herrn Mischner, würden Sie denn für eine solche Tat noch in Betracht ziehen, Herr und Frau Malkow?«

Werner Malkow stand auf, ging in die Küche und kam mit einem Glas Cola zurück.

»Niemand«, antwortete Helena Malkow nach einigem Überlegen. »Außer Mischner fällt mir niemand ein.«

»Ich kann mich wieder nur meiner Frau anschließen«, sagte Werner Malkow schulterzuckend.

»Wie gut kannten Sie Mischner denn?«

»Ich kannte ihn überhaupt nicht«, antwortete Helena Malkow

mit kaum zu überbietender Arroganz, »er gehörte nicht zu den Menschen, zu denen ich Kontakt suche. Er war Stallbursche, verantwortlich für die Reinigung der Boxen, das Futter und die Pflege der Pferde. Und er war hinter den Mädchen her.«

»Inwiefern? Ich meine, woher wissen Sie das so genau?«

»Das weiß doch jeder. Und das, was er mit dem armen Mädchen gemacht hat, ich meine die Vergewaltigung, spricht doch Bände! Ich habe ihn von Anfang an nicht gemocht, ich habe Frau Gerber das auch gesagt, aber sie wollte ja nicht auf mich hören, und letztendlich hat sich mein Gefühl bestätigt.«

»Wenn Sie so gut über ihn Bescheid wissen, obwohl Sie ihn doch, wie Sie selbst erklärten, überhaupt nicht kannten, dann können Sie mir sicherlich auch sagen, zu wem Herr Mischner Kontakt hatte.« Durant war mit ihrer Geduld am Ende, Hellmer hielt sich vorerst noch raus. Er wartete nur auf den Moment, in dem sie explodierte.

»Ich habe nicht gesagt, dass ich ihn nicht kannte. Natürlich kannte ich ihn, aber ich wusste ja nicht, was in ihm vorging. Er hatte zu keinem Kontakt, soweit ich weiß. Er war der typische Einzelgänger. Aber er hat den Kontakt gesucht, allerdings nicht zu Frauen seines Alters, sondern zu den Mädchen.«

»Gab es denn außer Silvia Maurer noch andere, die von ihm belästigt wurden?«

»Das kann ich nicht sagen, aber ich gehe stark davon aus, auch wenn es natürlich viele gibt, die nicht darüber reden. Ich war jedenfalls froh, als er endlich vom Hof verschwunden war. Der Stallbursche, den wir jetzt haben, ist zuverlässig und unauffällig, und etwas anderes wird nicht erwartet«, sagte sie reserviert.

»Hat Herr Mischner denn schlechte Arbeit geleistet?«

»Mein Gott, er war Stallbursche. Das ist eine Arbeit, die auch ein Idiot erledigen kann.«

»Braucht man als Stallbursche keine Ausbildung?«

»Diese Ausbildung kann auch ein Idiot machen«, antwortete sie mit heruntergezogenen Mundwinkeln.

»Herr Malkow, Sie haben Herrn Mischner doch sicherlich auch gekannt?«

»Wir sind uns dann und wann zwangsläufig über den Weg gelaufen, mehr nicht. Er war mir nicht sonderlich sympathisch, das gebe ich ganz offen zu. Mehr kann ich nicht dazu sagen.«

Du bist mir auch nicht sympathisch, du arrogantes Arschloch!, dachte Durant.

»Herr Malkow«, sagte Hellmer, der merkte, dass bei seiner Kollegin eine gewisse Schmerzgrenze erreicht war, und stand auf, »ich würde Sie gerne kurz unter vier Augen sprechen.«

»Weshalb? Ich habe keine Geheimnisse vor meiner Frau.«

»Das hat damit nichts zu tun. Also, wo sind wir ungestört?«

»Bitte, wenn's sein muss«, erwiderte Malkow mit säuerlicher Miene, »gehen wir in die Küche.«

Malkow machte die Tür hinter sich zu und stellte sich an die Spüle, die Hände in den Hosentaschen. »Warum wollen Sie mich alleine sprechen?«

»Wo waren Sie in der Nacht von Mittwoch auf Donnerstag vergangener Woche? Zwischen zweiundzwanzig Uhr und drei Uhr?«

»Was soll das?«, fragte Malkow, mit dessen Ruhe es spätestens nach dieser Frage vorbei war. »Verdächtigen Sie mich etwa, etwas mit dem Tod von Selina zu tun zu haben?«

»Ich kann meine Frage auch erweitern. Wo waren Sie zwischen Donnerstagmittag und Freitagmorgen um zwei Uhr und in der Nacht von Freitag auf Samstag?«

»Mein Gott, das ist ja nicht zu fassen!«, brüllte er. »Sie glauben ernsthaft, ich hätte …«

»Würden Sie jetzt bitte meine Fragen beantworten? Sie können natürlich auch schweigen, was mir dann allerdings zu denken gäbe. Ich kann Sie auch aufs Präsidium vorladen, wenn Ihnen das lieber ist.«

»Ich war zu Hause, ganz einfach. Hier in diesem Haus. Genügt Ihnen das?«

»Vielleicht, wenn Ihre Frau das bestätigt.«

»Ich hätte mit allem gerechnet, aber nicht damit, ein Alibi vorweisen zu müssen. Natürlich kann sie es bestätigen! Gehen Sie doch raus und fragen Sie sie!«

»Das heißt, Sie waren am Mittwochabend zu Hause und haben das Haus auch nicht mehr verlassen, wenn ich Sie recht verstehe. Und am Donnerstag waren Sie auch den ganzen Tag hier?«

»Nein, natürlich nicht! Ich muss schließlich arbeiten. Ich bin morgens zur Arbeit gefahren und am späten Nachmittag zurückgekommen. Und am Abend war ich hier. Seit heute habe ich Urlaub, und in zwei Wochen reise ich beruflich für drei Wochen in die Staaten.«

»Danke, Herr Malkow, das genügt«, sagte Hellmer mit stoischer Ruhe. »Ich werde Ihrer Frau jetzt die gleichen Fragen stellen.«

»Warum verdächtigen Sie mich eigentlich?«

»Habe ich gesagt, dass ich Sie verdächtige? Wir überprüfen im Augenblick die Alibis aller Männer, die Selina näher kannten, und Sie gehören dazu.«

»Na fein, dann viel Spaß bei der Suche«, stieß er höhnisch hervor. »Denn fast jeder im Reitsportverein hat Selina gekannt!«

Sie begaben sich wieder ins Wohnzimmer, wo in frostiger Atmosphäre Julia Durant auch Helena Malkow noch einige Fragen stellte. Sie sah erst Hellmer, dann Malkow an, dessen Gesicht wie eine große, vollreife Tomate ausschaute, die gleich zu platzen drohte.

»Frau Malkow, ich habe eben Ihren Mann gefragt, wo er in der Nacht von Mittwoch auf Donnerstag und von Donnerstagmittag bis etwa zwei Uhr am Freitagmorgen war ...«

»Das geht zu weit«, brauste Helena Malkow auf. »Wenn Sie den Mörder von Selina suchen, dann bitte nicht hier!«

»Wo war Ihr Mann?«, stellte Hellmer seine Frage noch einmal ungerührt.

»Er war zu Hause, wo sonst! Er hat geschlafen. Wieso fragen Sie eigentlich ausgerechnet uns?«

»Weil wir ausgerechnet jeden fragen und Fragen stellen zu unserem Beruf gehört. Wir sind nun mal neugierig. Wo waren Sie denn in der fraglichen Zeit?«, konnte er sich nicht verkneifen hinzuzufügen.

»Jetzt reicht's!«, schrie sie ihn an. »Ich war in meinem Bett beziehungsweise auf dem Hof, was sicherlich einige Mitglieder bestätigen können.«

»Wenn das so ist … Einen schönen Tag noch, und sollten wir noch weitere Fragen haben, melden wir uns, ansonsten, hier ist meine Karte, falls Ihnen noch etwas einfällt«, sagte er und legte die Karte auf den Tisch. »Auf Wiedersehen. Machen Sie sich keine Mühe, wir finden allein hinaus.«

»Ich wünsche Ihnen viel Glück bei der Suche nach dem Mörder. Sie haben meine volle Unterstützung!«, rief Malkow ihnen zynisch hinterher.

»Danke. Ach Moment, ich hab doch noch was vergessen. Sie haben doch einen Sohn, Thomas. Wo können wir ihn finden?«

»Er wird heute Abend bei uns sein. Aber wenn Sie ihn auch noch verdächtigen, haben Sie Pech, denn Thomas war an beiden Tagen bei uns!«

»Vielleicht beehren wir Sie dann noch einmal. Doch nur vielleicht.«

»Was für ein Haufen!«, stieß Hellmer hervor, als sie wieder im Auto saßen. »Mit den beiden möchte ich nicht unter einem Dach wohnen. Vor allem mit ihr nicht. Die könntest du mir nackig um den Bauch binden, und bei mir würde sich nichts tun.«

»Wie schätzt du ihn ein?«

»Keine Ahnung. Undurchschaubar, und ein Arschloch wie kaum ein zweites.«

»Undurchschaubar finde ich nicht«, meinte Durant. »Der frisst ihr aus der Hand. Du solltest mal ein Buch über Körpersprache lesen. Ich wette, sie hat zu Hause die Hosen an. Ich kann mich meiner Frau nur anschließen! Zweimal hat er das so oder ähnlich gesagt und gedacht wahrscheinlich die ganze Zeit. Sie denkt, und er hat gefälligst das Gleiche zu denken. Ich möchte nicht wissen, wie sie mit den Mädchen umspringt. Dragonerweib! Und wie sich die Aussagen bezüglich Mischner doch unterscheiden. Die Gerber eher neutral, die Kaufmann lobt ihn in den höchsten Tönen, und die Malkow ...« Sie winkte ab und fuhr fort: »Wie bist du eigentlich auf die Idee gekommen, ihn nach seinem Alibi zu fragen?«

»Intuition«, erwiderte Hellmer grinsend. »Ich hab von dir gelernt. Und ich bin inzwischen ganz deiner Meinung, dass wir den Mörder im Reitclub finden.«

»Komm, lass uns noch mal bei den Tschierkes vorbeischauen.«

»Warum denn jetzt nach Hattersheim?«, fragte Hellmer genervt.

»Auf unserm Zettel steht auch noch der Bruder von Malkow, der Herr Pastor. Ein Pfaffe sieht und hört doch immer mehr als die andern. Vor allem in einem Kaff wie diesem.«

»Kennst du ihn?«

»Nee, bin kein Kirchgänger. Eh alles nur Heuchler.«

»Mein Daddy ist auch ein Pfaffe.«

»Tschuldigung, war nicht gegen ihn gerichtet.«

Montag, 12.55 Uhr

Christian Malkows Frau sagte den Kommissaren, dass ihr Mann sich im Gemeindebüro aufhalte. Es war gleich um die Ecke, sie gingen zu Fuß. Es befand sich mitten im alten Ortskern von Okriftel, die Kirche gegenüber vom zweitkleinsten Kino Deutschlands, in der Mitte ein Springbrunnen, hübsch restaurierte alte Häuser rundeten das verträumte dörfliche Bild ab.

Er war allein in seinem Büro, die Einrichtung nüchtern modern, auf dem Schreibtisch das reinste Chaos.

»Machen Sie sich's bequem«, sagte Christian Malkow freundlich und deutete auf zwei Stühle vor seinem Schreibtisch. »Ich möchte mich für die Unordnung entschuldigen, aber ich kam in letzter Zeit nicht dazu, aufzuräumen. Was kann ich für Sie tun?«

»Um ehrlich zu sein«, sagte Durant, die Christian Malkow im Gegensatz zu dessen Bruder sofort sympathisch fand, »wir wollen ein wenig unsere Neugierde befriedigen. Es geht um Selina Kautz und Herrn Mischner. Wie ist denn die Stimmung so unter der Bevölkerung? Wie wir gehört haben, war die Kirche gestern randvoll.«

Malkow lächelte und legte die Hände aneinander. Seine Augen strahlten Wärme aus.

»Stimmt, so wie gestern habe ich es eigentlich noch nie erlebt. Aber das ist auch verständlich, die Leute sind schockiert, zumindest tun sie so. Doch Sie haben eben auch noch Herrn Mischner erwähnt. Hat er sich umgebracht, weil …?«

»Er wurde ermordet.«

Malkows Miene wurde schlagartig ernst. »Er wurde ermordet?« Er rang einen Augenblick um Fassung, dann sah er Durant an. »Seltsam, warum hat jemand Mischner umgebracht?«

»Diese Frage gilt es noch zu klären.«

»Hm, bis eben dachte ich, er hätte Selbstmord begangen, aus Verzweiflung …«

»Und um gleich Ihre nächste Frage zu beantworten, er hat mit Selinas Tod nichts zu tun. Wie gut kannten Sie Herrn Mischner?«

»Wollen Sie es wirklich wissen?«

»Sonst hätte ich nicht gefragt.«

»Relativ gut. Ob Sie es glauben oder nicht, er kam fast jeden Sonntag in die Kirche. Er war nicht der böse Junge, als den ihn alle hinstellen. Er war einfach nur einsam und ein Außenseiter, was ihn die meisten auch sehr deutlich spüren ließen. Und er hatte zugegebenermaßen große Probleme, früher einmal mit Drogen, wie er mir selbst erzählt hat, und später dann mit Alkohol. Aber er hat trotz allem Gott gesucht, ob er ihn gefunden hat, entzieht sich leider meiner Kenntnis.«

»Hatten Sie auch persönlichen Kontakt zu ihm?«

»Er kam ab und zu vorbei, um sich auszuquatschen, er hatte ja niemanden sonst, und meine Tür steht wirklich jedem offen. Und dann ist dieses Malheur mit der Vergewaltigung passiert, und damit ist auch der Kontakt allmählich abgerissen.«

»Haben Sie noch einmal mit ihm gesprochen, nachdem er verhaftet worden war?«

»Nicht nur einmal, mehrere Male sogar. Aber er war völlig verändert. Ich wollte nicht glauben, dass er eine solche Tat begangen hatte, doch die Beweise und schließlich auch sein Geständnis haben mich zwangsläufig vom Gegenteil überzeugt. Und trotzdem ist bei mir ein Zweifel haften geblieben. Fragen Sie mich aber nicht, warum. Es ist einfach nur ein Gefühl.«

»Sie haben eben gesagt, er hatte niemanden, mit dem er reden konnte. Hat er nie einen Namen von einer Person genannt, die ihm doch nahe stand? Vielleicht sogar nach seiner Verhaftung? Denken Sie genau nach, es könnte für unsere Ermittlungen sehr wichtig sein.«

»Ich weiß zwar nicht, worauf Sie hinauswollen, aber er hat nie einen Namen erwähnt. Ich hatte immer das Gefühl, ich wäre sein Ansprechpartner ... Aber ich verstehe noch immer nicht Ihre Frage.«

»Wir gehen davon aus, dass Sie es mit der Schweigepflicht ernst nehmen.«

»Was in diesem Raum besprochen wird, bleibt auch hier drin«, sagte er lächelnd.

»Also, um es kurz zu machen, es könnte sein, dass Mischner einen Freund hatte, mit dem er ein Geheimnis teilte. Sie werden sicher festgestellt haben, dass Mischner ein eher einfacher Mann war, und wir vermuten, dass er die Vergewaltigung nicht begangen hat, sondern für einen andern ins Gefängnis gewandert ist. Die Gründe dafür kennen wir jedoch nicht. Noch nicht zumindest.«

»Das haut mich um. Wirklich.« Er schloss die Augen, fasste sich an die Stirn und überlegte krampfhaft. »Nein, ich kann Ihnen da leider nicht weiterhelfen, auch wenn ich es gerne täte. Aber mir fällt da seltsamerweise etwas anderes ein ... Ich muss nur mal kurz rekonstruieren.«

Er schloss erneut die Augen, seine Gedanken waren förmlich zu spüren, mit einem Mal stand er auf, ging an den Aktenschrank und suchte etwas. Nach einer Weile gab er die Suche auf und sagte: »Nein, ich finde es nicht, ich muss es wohl aus dem Gedächtnis erzählen. Im Winter 96/97 ist hier schon mal ein Mädchen verschwunden. Entschuldigen Sie, aber ich hab gerade einen Blackout, obwohl ich damals die ganze Sache aufmerksam verfolgt habe. Ich weiß nur, es war unmittelbar vor Heiligabend. Ich weiß das deshalb so genau, weil dieser Winter mir aus zwei Gründen im Gedächtnis haften geblieben ist, zum einen, weil es ein extrem kalter Winter war, und zum andern, weil sich an Heiligabend diese Frau in der evangelischen Kirche in Sindlingen während des Gottesdienstes in die Luft gesprengt hat. Sie haben sicher von dieser Tragödie gehört, wo sie sich in ihrer Verwirrtheit einen Gürtel mit Sprengstoff oder Handgranaten um den Leib gebunden hat und dabei auch einige andere mit in den Tod gerissen hat.« Er fasste sich an die Stirn, sein Blick ging für einen Moment ins Leere, und er fuhr fort: »Jetzt hab ich's. Kerstin Grumack, so heißt das Mädchen, das verschwunden ist. Es war am 23. Dezember 96, da wurde sie das letzte Mal gesehen. Der Fall ging damals durch sämtliche Medien, Zeitungen, Rundfunk, Fernsehen, alle haben darüber berichtet, aber von Kerstin fehlt bis heute jede Spur.«

»Wie alt war Kerstin bei ihrem Verschwinden?« Durant war wie elektrisiert, alles in ihr kribbelte, eine unbeschreibliche Kälte stieg in ihr auf, sie begann innerlich zu zittern.

»Vierzehn oder fünfzehn … Ich meine, sie war fünfzehn, aber das müssten Sie doch ganz leicht rauskriegen. Allerdings lebt nur noch der Vater, die Mutter ist kurz nach Kerstins Verschwinden gestorben. Er kann Ihnen mit Sicherheit weit mehr Informationen liefern.«

Julia Durant erinnerte sich an die Worte von Katrin Laube, die ihr gestern gesagt hatte, sie würde es am liebsten so machen wie diese Kerstin vor ein paar Jahren, einfach abhauen. Warum bin ich nicht gleich draufgekommen! Das würde sogar Richters

Theorie untermauern, dass Selinas Mörder nicht zum ersten Mal getötet hat. Kerstin Grumack, ein Mädchen, das einfach spurlos verschwunden ist. Sie ist tot, es kann gar keine andere Erklärung dafür geben.

»Vierzehn oder fünfzehn«, wiederholte Durant tonlos. »Wurde damals die Gegend nach ihr abgesucht?«

»Ob die Gegend abgesucht wurde, kann ich nicht beantworten, doch es waren Kollegen von Ihnen hier, die Eltern wurden befragt und so weiter. Aber es hat in der Familie große Probleme gegeben, weshalb man schließlich davon ausgegangen ist, dass Kerstin es nicht mehr ausgehalten und einfach das Weite gesucht hat, obwohl die Eltern beteuert haben, sie hätten sich zum Beispiel nie gestritten. Ganz im Gegenteil, Herr Grumack hat sich aufopferungsvoll um seine Frau gekümmert, die ein schweres Krebsleiden hatte und daran auch gestorben ist. Kerstin hat die Krankheit zwar furchtbar mitgenommen, aber sie wäre nie abgehauen, dazu hat sie ihre Mutter viel zu sehr geliebt, außer sie wäre mit der Situation nicht mehr fertig geworden und konnte es nicht mehr ertragen, ihre Mutter so leiden zu sehen, was nicht meine Worte sind, sondern die einiger schlauer Psychologen. Ich habe damals die ganze Sache sehr aufmerksam verfolgt, schließlich stammte Kerstin aus unserer unmittelbaren Umgebung. Aber wenn ich's recht überlege, kommen mir jetzt immer mehr Zweifel an der Theorie, dass sie abgehauen sein könnte.«

»Hat man bei Kerstin den gleichen Aufwand betrieben wie bei Selina? Eine Hundestaffel zum Beispiel?«

»Das kann ich nicht sagen. Es war zwar viel Polizei vor Ort, aber die Gegend wurde meines Wissens nicht in dem Maß abgesucht, wie man es am Freitag gemacht hat. Es hat an Heiligabend oder kurz danach sehr stark zu schneien angefangen und es war schon die Tage davor eisig kalt, was unter Umständen ein Grund sein konnte. Aber Sie sollten dazu vielleicht besser Ihre Kollegen von damals befragen.«

»Kennen Sie Herrn Grumack persönlich?«

»Wir haben uns damals des Öfteren unterhalten, auch wenn er kein regelmäßiger Kirchgänger ist. Seine Tochter aber habe ich kaum gekannt.«

»Wohnt Herr Grumack noch in Okriftel?«

»Sicher, er hat eine Schreinerei vorne in der Rheinstraße.«

»Herr Malkow, wir danken Ihnen sehr, Sie haben uns wertvolle Informationen geliefert. Hier ist meine Karte, falls Ihnen noch etwas einfällt.«

»Ich helfe, wo ich kann«, sagte er lächelnd und ging mit den Kommissaren bis vor die Tür. Er wartete, bis sie am Parkplatz am Main angelangt waren, verengte die Augen zu Schlitzen, machte kehrt und ließ die Tür hinter sich ins Schloss fallen. Er setzte sich an seinen Schreibtisch, die Beine hochgelegt, und dachte nach.

Montag, 13.45 Uhr

Vom Auto aus telefonierte Durant mit Berger, um ihn über den Fall Kerstin Grumack zu informieren, und bat ihn, die Akte von damals herauszusuchen. Nachdem sie ihr Handy wieder eingesteckt hatte, sagte sie: »Frank, angenommen, diese Kerstin wurde umgebracht und wir haben es mit demselben Täter zu tun, warum wartet er dann mehr als fünf Jahre, bevor er wieder zuschlägt?«

»Wir wissen doch noch gar nicht, was sich wirklich abgespielt hat«, entgegnete Hellmer gelassen. »Vielleicht ist sie ja wirklich abgehauen. Ich stell mir einfach nur die Stresssituation vor, unter der sie gestanden hat ...«

»Das haben auch schon die Psychologen gesagt. Was veranlasst aber ein Mädchen ihres Alters, ausgerechnet einen Tag vor Heiligabend abzuhauen? Dazu noch, wenn sie weiß, dass es vielleicht das letzte Weihnachten ist, das sie mit ihrer Mutter verbringen kann. Denk mal dran, was Richter gesagt hat ...«

»Was hat er denn gesagt?«

»Hast du nicht zugehört?! Er hat davon gesprochen, dass der Mord an Selina vermutlich nicht sein erster war. Wir müssen auf jeden Fall mit Kerstins Vater sprechen.«

»Und ich will erst die Akte sehen und was die Angehörigen und Freunde über sie gesagt haben. Vorher spekuliere ich nicht. Außerdem sind wir gleich bei den Tschierkes.«

»Mann o Mann, warum so gereizt?«

»Ich bin nicht gereizt, mich nerven nur diese andauernden Hypothesen.«

»Dazu sind wir schließlich da, mein lieber Herr Kollege, um nämlich Hypothesen aufzustellen und letztendlich aus einer von ihnen die Wahrheit herauszufiltern. Denk mal an die Polizeischule«, erwiderte sie spöttisch.

»Du nervst.«

Du wirst schon sehen, dass ich Recht habe, dachte Durant und ging neben Hellmer auf das Haus zu. Auch diesmal warteten sie nach mehrmaligem Klingeln vergeblich auf eine Antwort. Sie schauten sich nur schweigend an, warteten, klingelten noch zweimal Sturm, wieder nichts. Ein alter Mann kam aus dem Supermarkt, warf den Kommissaren einen müden Blick zu und schloss die Tür auf. Sie folgten ihm zum Aufzug. Er stieg im dritten Stock aus.

Im elften Stock das gleiche Bild wie schon am Vormittag, ein finsterer Flur und kein Mensch zu sehen oder zu hören. Keine Musik aus einer Wohnung, keine Wortfetzen, kein laufender Fernseher. Hellmer hämmerte ein paarmal mit seiner Faust gegen die Tür, keine Reaktion.

»Wir müssen da rein«, sagte Julia Durant mit entschlossener Miene. »Hier stimmt was nicht.«

»Okay, diesmal stimme ich dir zu. Soll ich den Hausmeister holen oder selbst Hand anlegen?«, fragte er grinsend.

»Wie willst du das anstellen?«

»Nichts leichter als das«, erwiderte er leise, holte seinen Schlüsselbund aus der Tasche, an dem nicht nur drei Schlüssel hingen, und zog ein paarmal kurz hintereinander die Augenbrauen hoch.

»Das ist illegal. Wo hast du das denn her?«

»Man kann ja nie wissen …«

Er brauchte nur wenige Sekunden, die Tür war nur zugezogen und nicht abgeschlossen.

»Gekonnt ist gekonnt. Bitte schön, nach dir«, sagte er und ließ Durant an sich vorbei in die Wohnung treten, bevor er die Tür zumachte.

Im Wohnzimmer unter dem Tisch zwei Flaschen Rotwein, eine davon knapp viertel voll, ein leeres Glas auf dem Tisch. Die Balkontür geschlossen, Stille. Es war warm in der Wohnung, kalter Rauch hing in der Luft. Im Aschenbecher zahlreiche Kippen, etwas Asche auf dem Boden.

»Keiner zu Hause«, sagte Hellmer mit gedämpfter Stimme, während Durant sich automatisch und ohne darauf einzugehen die Handschuhe überzog.

»Das werden wir gleich sehen«, antwortete sie nur. Sie stieß vorsichtig die angelehnte Badezimmertür auf und schüttelte den Kopf. In der aufgeräumten Küche zwei gespülte Teller, drei Gläser, zwei Töpfe und Besteck im Abtropfkasten. Hellmer, der sich inzwischen auch Handschuhe übergestreift hatte, drückte eine Klinke herunter und blickte in ein fast lichtloses Zimmer. Er betätigte den Lichtschalter neben der Tür und sah sie auf dem Bett liegen.

»Julia, komm her, es ist doch jemand zu Hause«, sagte er trocken.

»Ach du Scheiße!« Sie rümpfte die Nase, ging näher an die Tote heran, sah auf das Glas und das Fläschchen auf dem Nachtschrank. »Zyankali. Sieht aus wie Suizid.«

»Hm, sieht so aus.«

»Frank, das ist nicht die Frau, mit der ich gestern gesprochen habe.«

»Auch gut. Wer ist es dann?«

»Die Frau gestern hatte Leggings und ein Sweatshirt an, und sie war vollkommen ungeschminkt. Die hier trägt Dessous und Highheels und ist geschminkt wie eine …«

»Nutte. Und jetzt?«

»Glaubst du im Ernst an Selbstmord? Im Leben nicht! Und wo ist Miriam?« Durant rannte zum Zimmer am Ende des schmalen Flurs, die Tür stand einen Spalt offen. Das Bett war unberührt, das Zimmer aufgeräumt bis auf ein paar Sachen, die über dem Stuhl hingen. Sie ging zu Hellmer zurück. »Miriam ist nicht da. Wo ist sie?«, fragte sie und kaute nervös auf ihrer Unterlippe herum. »Wir müssen sofort eine Suchmeldung rausgeben. Miriam hat heute Nacht definitiv nicht in ihrem Bett geschlafen.«

»Meinst du wirklich, eine Suchmeldung hilft?«, fragte Hellmer zweifelnd. »Ich denke, das würde nur noch mehr Unruhe und Aufruhr verursachen. Wir können nicht schon wieder übers Radio oder Fernsehen gehen. Das hier ist offiziell Suizid, auch wenn es Mord gewesen sein sollte. Und Miriam finden wir schon, egal, wie.«

»Einverstanden. Hilf mir mal.« Sie fassten Marianne Tschierke am Arm und am Po und drehten sie auf die Seite. »Sie ist seit mindestens zwölf Stunden tot, die Totenstarre hat vollständig eingesetzt, die Leichenflecken sind nicht mehr wegdrückbar. Wir haben jetzt vierzehn Uhr, das heißt, sie muss seit mindestens zwei Uhr heute Nacht tot sein, wahrscheinlich aber schon länger. Irgendwann zwischen meinem Besuch und zwei Uhr muss sie ihren Mörder getroffen haben.«

»Wieso glaubst du eigentlich, dass sie ermordet wurde?«

»Wieso?«, fragte Durant zurück. »Weil ich zwei und zwei zusammenzählen kann. Deshalb. Hätte Miriam ihre Mutter tot aufgefunden, hätte sie die Nachbarn oder die Polizei informiert. Und Miriam ist oder war eine Freundin von Selina. Ich kann mir nicht vorstellen, dass sie noch am Leben ist, und falls doch, dann nicht mehr lange. Bei Selina hat er sich immerhin auch einen ganzen Tag Zeit genommen.«

»Aber das kann er jetzt nicht noch mal machen. Das Risiko wäre zu groß«, warf Hellmer ein. »Außerdem könnte es doch auch sein, dass sie ihre Mutter tot vorgefunden hat, in Panik davongerannt ist und jetzt irgendwo herumirrt. Hatten wir auch schon.«

»Kann sein«, erwiderte Durant gedankenverloren und lehnte sich an den Türrahmen. »Aber warum hat sie keinen Abschiedsbrief hinterlassen? Sie hat eine Tochter, und selbst wenn sie sich mit ihr nicht sonderlich gut verstanden haben sollte, was ich nicht glaube, so hätte sie zumindest einen Abschiedsbrief geschrieben. Frank, hier ist was oberfaul. Ruf im Präsidium an.«

»Gleich. Julia, du sagst, sie hätte gestern völlig anders ausgesehen als jetzt. Was für einen Eindruck hattest du von ihr?«

»Unzufrieden, verbittert, verhärmt, mit dem Leben fertig.«

»Also könnte es unter Umständen doch Suizid gewesen sein, oder?«

»Könnte, könnte, könnte! Natürlich könnte es Suizid gewesen sein, aber das haut vorne und hinten nicht hin. Vielleicht habe ich gestern einfach nur eine Frau angetroffen, die gerade eine melancholische Phase hatte, aber schau dir doch mal die Dessous an. Zieht jemand so was an, bevor er sich umbringt?«

»Ja«, antwortete Hellmer schnell. »Und zwar, wenn die Person so verzweifelt ist, dass sie sich vor ihrem Tod noch einmal etwas Schönes gönnt. Und wenn es nur ein paar ausgefallene Dessous sind. Und sich mit Zyankali ins Jenseits zu befördern ist ein sehr schneller Tod, das weiß inzwischen jedes Kind.«

»Frank, unter sich etwas Schönes gönnen stelle ich mir was anderes vor. Sie hat mir erzählt, dass sie seit fünf Jahren mit Miriam allein lebt, weil ihr Mann sich eine Jüngere genommen hat. Klar, sie war verbittert, aber bringt man sich deshalb gleich um, vor allem, wenn man eine Tochter hat, die noch nicht flügge ist? Nee, wenn sie sich wirklich etwas hätte gönnen wollen, hätte sie sich einen Mann geschnappt, sich noch mal eine richtig schöne Nacht gemacht und hätte dann …«

»Und wenn sie damit einfach nur sagen wollte: Schaut her, so hätte ich gerne den Männern gezeigt, wie ich bin.«

»Passt nicht. Frag mich nicht, warum, es passt einfach nicht. Und jetzt ruf endlich Berger an, er soll wenigstens die Meute herschicken, wenn wir schon keine Fahndung ausschreiben.«

Sie stellte sich auf den Balkon und zündete sich eine Zigarette an. Die Skyline von Frankfurt schien zum Greifen nah, ein heißer Ostwind fegte übers Land. Hellmer kam nach dem Anruf zu ihr und steckte sich ebenfalls eine Zigarette an. Eine Weile schwiegen sie, bis Hellmer sagte: »Diesmal wette ich, dass unsere Leichenfledderer keine Fremdeinwirkung feststellen. Es wird auf Suizid hinauslaufen.«

»Möglich. Diese Frage lässt sich aber erst beantworten, wenn wir Miriam gefunden haben. Und solange wir sie nicht lebend haben, bleibt es ein Rätsel. Wir müssen rauskriegen, was Miriam gestern gemacht hat, mit wem sie zusammen war und ob sie jemand gestern Abend gesehen hat. Du weißt, was das bedeutet?«

»Wie viele Stockwerke hat das Haus?«

»Zwölf, dazu noch die angrenzenden Gebäude. Aber keine Sorge, diese Arbeit überlassen wir unsern lieben Kollegen, wir haben Wichtigeres zu tun.« Mit einem Mal hellte sich ihr Gesicht auf. »Unten im Hausflur gibt es doch eine Überwachungsanlage. Wo geht die Anlage denn hin?«

»Keine Ahnung, entweder handelt es sich um eine einfache Videoüberwachung, oder das Haus ist direkt mit der Polizei verbunden. Aber das lässt sich ganz schnell klären. Bin gleich wieder da.«

Durant wartete, bis Hellmer die Wohnung verlassen hatte, und ging dann noch einmal ins Schlafzimmer, wo Marianne Tschierke mit weit aufgerissenen Augen auf dem Bett lag, den Blick starr zur Decke gerichtet. Sie stellte sich vor sie und sah auf die Tote, als könnte diese ihr noch etwas mitteilen.

Du hast deinen Mörder gekannt, stimmt's? Du hast ihm ah-

nungslos die Tür aufgemacht und nie im Leben erwartet, dass
er dir etwas antun würde. Du hast ihm vertraut, denn er ist jemand, der Vertrauen einflößt. Warum aber hat er dich umgebracht? Mischner kann ich ja noch verstehen, aber du? Warum
ausgerechnet du? Oder hast du dich tatsächlich selbst getötet?
Aber wo ist dann Miriam? Wenn du mir doch nur eine Antwort
geben könntest! Und woher stammt das Zyankali? Und warum
diese Dessous? Wolltest du mit ihm schlafen, oder hast du gar
schon des Öfteren mit ihm geschlafen? Hast du mit ihm geschlafen? Nein, hast du nicht, da bin ich ganz sicher. Du wolltest, aber
er wollte etwas ganz anderes. Natürlich, er wollte Miriam. Aber
die hätte er doch auch haben können, ohne dich umzubringen.
Verdammt, ich dreh mich im Kreis. Hilf mir, bitte! Es gibt keine
Einbruchspuren, und es hat offensichtlich auch kein Kampf stattgefunden. Was ist gestern Abend hier passiert? Warst du betrunken? Könnte sein, aber du warst auch nicht so betrunken, um dir
nicht diese Sachen anzuziehen. Eine betrunkene Frau putzt sich
nicht so raus, ihr ist es egal, wie sie aussieht, sie kriegt ja sowieso
kaum etwas mit. Für wen also hast du dich so fein gemacht? Hat
er seinen Besuch vorher angekündigt? Wir werden auf jeden Fall
die letzten Telefonate überprüfen. Hat er hier auf Miriam gewartet, nachdem er dich umgebracht hat? Komm, gib mir doch eine
Antwort! Er wollte zu dir, richtig? Ja, natürlich. Er kam, als du allein in der Wohnung warst. Miriam, das hast du mir gesagt,
kommt in den Ferien meist erst sehr spät nach Hause, und du hast
dich darüber geärgert. Dein ganzes Leben scheint ein einziger
Ärger gewesen zu sein. Was soll's, das bringt dich auch nicht
mehr zurück. Okay, er kam zu dir, ihr habt euch unterhalten und
getrunken … Nein, warte, wenn ihr beide getrunken hättet, wo ist
dann das zweite Glas? Der Mistkerl hat's ausgespült und wieder
in den Schrank gestellt. Stimmt's? Und wahrscheinlich hat er dabei Handschuhe getragen. Der perfekte Mord. Ja, er hat an dir
den perfekten Mord zelebriert. Auf jeden Fall glaubt er das, aber
er hat nicht mit mir gerechnet. Egal, irgendwann hat er gesagt,

dass er mit dir schlafen will – oder hast du es gesagt? Nein, es muss von dir ausgegangen sein, du hast dir das Zeug angezogen und … Klar, so war's. Aber wenn ihr verabredet wart, dann ging's von euch beiden aus. Wart ihr verabredet? Könnte sein. Du hast dich auf den Abend gefreut … Scheiße, das bringt alles nichts. Das Einzige, was ich sicher weiß, ist, dass du keinen Selbstmord begangen hast. Du wurdest ermordet. Von einem Freund oder zumindest einem, der vorgab, dein Freund zu sein. Aber wer ist dieser Freund? Ich kann nur hoffen, dass Frank rausgefunden hat, wie die Anlage funktioniert. Und hoffentlich finden wir Miriam. Du weißt, wo sie ist, aber du kannst es mir nicht sagen. Seid ihr jetzt zusammen da oben irgendwo? Oder lebt Miriam noch? Mutter und Tochter auf einen Streich. Hat es mit dem Reitclub zu tun? Aber du hast doch mit dem Verein überhaupt nichts am Hut gehabt, du hast gesagt, du kannst nicht verstehen, wie Miriam auf diese Schnapsidee gekommen ist. Jemand aus dem Reitclub, ja oder nein? Ja, aber du passt irgendwie nicht ins Schema. Ich krieg trotzdem raus, warum du dran glauben musstest. Ich verspreche es dir.

Sie ging wieder auf den Balkon und hoffte, die Leute von der Spurensicherung, der Fotograf und der Arzt würden bald eintreffen. Sie rauchte noch eine Zigarette und war in Gedanken versunken, als es klingelte. Hellmer, der diesmal nicht sein Spezialwerkzeug benutzte.

»Scheiße«, sagte er wütend, »die Überwachungsanlage ist kaputt. Der Hausverwalter, dieser Blödmann, kann sich das nicht erklären, er behauptet, das Ding hätte bisher immer funktioniert. Wer's glaubt! Als ich ihn gefragt habe, ob er mir ungefähr sagen kann, seit wann sie kaputt ist, hat er nur mit den Schultern gezuckt. Ist wahrscheinlich nur zu faul, das reparieren zu lassen. Die Anlage ist übrigens nicht mit der Polizei verbunden, sondern lediglich mit einem Aufnahmegerät. Womit wir wieder beim Anfang wären. Es gibt keine Aufzeichnung von gestern.«

»Reg dich wieder ab. Wer immer hier oben war, er hat genau gewusst, dass die Anlage defekt ist. Oder er hat einen Schlüssel und ist über einen andern Eingang reingekommen, der nicht überwacht wird. Wir müssen zusehen, dass wir Miriam finden, und zwar schnell.«

»Hier, unsere Leute sind im Anmarsch. Wir können dann gleich das Feld räumen. Alles Weitere wird sich zeigen.«

»Frank, ich hab mir vorhin so einige Gedanken gemacht. Warum zum Beispiel bringt er die Mutter um, wenn er doch eigentlich die Tochter haben will? Warum beide auf einmal?«

»Bin ich Jesus? Woher soll ich das wissen?! Außerdem gibt es bis jetzt keinen Anhaltspunkt, der dafür spricht, dass Miriam tot ist. Sie ist nur nicht in dieser Wohnung.«

Sie warteten, bis erst der Fotograf, dann der Arzt und anschließend die Spurensicherung ihre Arbeit aufgenommen hatten. Bock war selbst vorbeigekommen, um die tote Marianne Tschierke zu untersuchen, und meinte nach nicht einmal fünf Minuten: »Ziemlich eindeutig Suizid. Vermutlich schwere Depressionen. Keine Würgemale, keine Kratzspuren, keine abgebrochenen Fingernägel, es gibt wirklich kein Indiz, das auf Fremdeinwirkung hindeutet. Sie hat das Zeug geschluckt, der normale Krampfzustand hat eingesetzt, schließlich die Atemlähmung. Das Ergebnis bekommen Sie heute noch.«

»Wie kommen Sie auf Depressionen?«

»Sie hatte allem Anschein nach keinen Geschlechtsverkehr. Und wenn sie keinen hatte, warum hat sich dann so angezogen? Ich hab nicht nur einmal mit ähnlichen Fällen zu tun gehabt, wo sich einsame Frauen vor ihrem Tod noch mal so richtig hübsch gemacht haben. Ist aber nur 'ne Vermutung.«

»Rufen Sie bitte an, sobald sie Näheres wissen. Wir müssen weiter.«

Sie verabschiedeten sich. Ihr nächster Weg führte sie zu Achim Kaufmann, von dem sie vielleicht noch eine andere Version über Mischner und Selina erfahren würden.

Montag, 15.55 Uhr

Bei Kaufmanns. Sie war mit ihrem Sohn in den Reitclub gefahren, Achim Kaufmann war allein zu Hause.

»Meine Frau hat mir Ihren Besuch bereits angekündigt«, sagte er und bat die Beamten ins Haus. »Es ist eine Tragödie, was mit Selina passiert ist, Mischner nicht zu vergessen. Da dachten wir doch alle, er könnte als ihr Mörder in Frage kommen, und dann das. Aber ich will Sie nicht lange aufhalten, was kann ich für Sie tun?«

»Ob Sie etwas für uns tun können, wird sich noch zeigen. Wir würden gerne von Ihnen wissen, wie Sie zu Selina gestanden haben?« Wieso Durant ausgerechnet diese Formulierung wählte, wusste sie nicht und erschrak selbst ein wenig darüber.

»Wie ich zu Selina gestanden habe?«, fragte er lachend. »Ich kannte sie, mehr nicht. Wir haben uns ab und zu unterhalten, und das war's schon.« Er fasste sich an den Kopf und verbesserte sich: »Was rede ich da, ich kannte Selina selbstverständlich recht gut. Sie war eine Persönlichkeit, anders als die andern. Sehr reif und hochintelligent. Mein Gott, so ein junges Leben und so sinnlos kaputtgemacht! Was geht nur in einem Menschen vor, der so etwas tut? Sie als Polizisten müssten doch eine Antwort darauf haben. Ich habe mir in den letzten Tagen den Kopf zermartert, was in diesem Menschen vorgegangen sein muss, als er Selina umbrachte. Warum tut jemand so etwas? Können Sie es mir sagen?« Er ging zur Wand, rückte ein Bild gerade, das seiner Meinung nach schief hing, trat zwei Schritte zurück und schien zufrieden. Danach wandte er sich wieder den Kommissaren zu.

»Es gibt Millionen Gründe, weshalb ein Mensch einen anderen umbringt«, antwortete Durant. »Die Motive sind sehr unterschiedlich, Hass, Neid, mangelndes Selbstbewusstsein, Einsamkeit, fehlende Vater- oder Mutterliebe, oder jemand ist im wahrsten Sinn des Wortes verrückt. Und mit verrückt meine ich krankhaft verrückt. Er weiß nicht, was er tut.«

»Die Frage war auch mehr rhetorisch gemeint«, sagte Kaufmann entschuldigend. »Natürlich weiß ich, dass es unendlich viele Gründe gibt. Trotzdem frage ich mich, was Selina wohl vor ihrem Tod gedacht haben mag. Ob sie wohl wusste, dass sie sterben würde? Was denkt ein so junges Mädchen kurz vor seinem Tod? Was denkt ein Mensch überhaupt vor seinem Tod? Es kommen einem angesichts einer solchen Tragödie mit einem Mal Fragen in den Kopf, die man sich vorher nie gestellt hat. Seltsam, nicht? Es muss erst ein Unglück geschehen, bevor die Menschen aufwachen.«

»Kennen Sie auch ihre Eltern?«

»Natürlich, schließlich sind Peter und ich im Tischtennisverein. Ich möchte jetzt nicht in ihrer Haut stecken. Wenn ich mir vorstelle, da draußen läuft jemand rum, der einfach wahllos Leben zerstört ...«

»Herr Kaufmann, wir müssen Sie, wie alle andern auch, fragen, wo Sie in der Nacht von Mittwoch auf Donnerstag zwischen zweiundzwanzig Uhr und drei Uhr und am Donnerstag in der Zeit zwischen Mittag und zwei Uhr am Freitagmorgen sowie in der Nacht von Freitag auf Samstag waren.«

»Das ist nicht Ihr Ernst, oder?«, fragte er zurück und lachte erneut auf. »Ich brauche also ein Alibi. Gut, am Mittwoch war ich bis gegen zehn im Restaurant zusammen mit Herrn Gerber und Herrn Malkow, dann habe ich das Lokal verlassen und bin direkt nach Hause gefahren. Meine Frau kann das bestätigen, ich habe schon geschlafen, als sie kam, weil ich am nächsten Morgen früh raus musste. Und am Freitag war ich im Institut und hinterher noch ein Bier trinken und eine Kleinigkeit einkaufen. Am Abend war ich zu Hause.«

»In was für einem Institut?«, wollte Hellmer wissen.

»Es ist das Institute for Global Climate Research oder auf deutsch Internationales Institut für Klimaforschung. Ich bin Klimaforscher.«

»Interessant«, bemerkte Durant, obwohl sie diese Information bereits von Gerber bekommen hatte. »Und wie ist es um unser Klima bestellt?«

»Gelinde ausgedrückt, bescheiden. Wir bewegen uns auf eine Katastrophe zu, die aber erst unsere Kinder und Enkel richtig erleben werden. Die Sommer werden heißer, die Winter milder, es findet schon seit etlichen Jahren eine Klimaänderung statt. Aber die Herren Politiker tun nichts dagegen. Und dahinter steckt nichts als Profitdenken. Die Wirtschaft diktiert den Politikern, was sie zu tun haben. So ist es, und so wird es immer bleiben.« Kaufmann steigerte sich in einen wahren Erzählrausch. »Letztes Jahr hatten wir ein Symposium, wo sich Klimaforscher aus aller Welt trafen. Wir haben unsere Forschungsergebnisse miteinander verglichen und sind alle zu einem Schluss gekommen – wenn die Menschen so weitermachen, wird es ein gewaltiges Desaster geben. Die Katastrophe ist vorprogrammiert, die Frage ist nur, wann sie mit voller Wucht zuschlägt. Das vergangene Jahrzehnt war das wärmste, seit es Wetteraufzeichnungen gibt, also seit etwa hundertfünfzig Jahren. Wenn wir vor fünf Jahren noch davon gesprochen haben, dass sich die durchschnittliche Welttemperatur in den nächsten fünfzig Jahren um 1,2 bis maximal 3 Grad erhöhen wird, so gehen die neuesten Berechnungen von einem Temperaturanstieg von bis zu 5,6 Grad bis zum Jahr 2100 aus. Sie können sich vielleicht vorstellen, was das bedeutet, wenn man bedenkt, dass die globale Durchschnittstemperatur zurzeit bei 15,5 Grad liegt und wir seit Ende des 19. Jahrhunderts bereits einen weltweiten Temperaturanstieg um 0,6 Grad zu verzeichnen hatten. Jetzt schon schmelzen die Polkappen am Nord- und Südpol, die Hurrikantätigkeit hat enorm zugenommen, der Schnee auf dem Kilimandscharo wird innerhalb der nächsten zwanzig Jahre aller Voraussicht nach völlig verschwunden sein. Und dann vielleicht werden die Menschen zu der Einsicht kommen, dass sie bisher von den Politikern und der Wirtschaft im wahrsten Sinn des Wortes immerzu nur verarscht worden sind. Tja, das ist das Elend dieser Welt, die Mächtigen machen sich ein schönes Leben und sagen sich, nach uns die Sintflut, und sie bedenken dabei nicht, dass diese Sintflut möglicherweise gar nicht mehr so weit entfernt ist.« Er schüttelte entschuldigend den Kopf und lehnte sich wieder zurück. »Aber gut, ich wollte Ihnen keinen Vortrag halten, Sie sind schließlich aus einem ganz anderen Anlass hier, einem sehr traurigen.«

»Nein, das war sehr interessant, mal aus dem Mund eines Experten zu hören, was man sonst immer nur in der Zeitung liest, aber gleich wieder vergisst«, sagte Durant.

»Das ist auch ein Problem. Wir vergessen zu schnell. Noch haben wir vier Jahreszeiten, auch wenn die Übergänge immer mehr verschwimmen. Bald werden es nur noch zwei sein, eine heiße und eine etwas kühlere Jahreszeit. Wir freuen uns über den Sommer, stöhnen aber, wenn das Thermometer wieder über dreißig Grad steigt. Dabei übersehen wir, dass die Häufung der Temperaturen über dreißig Grad in unseren Breiten in den letzten Jahren drastisch zugenommen hat. Wir vergessen unglaublich schnell. Genauso wird es auch mit Selina sein. Wir werden zur Tagesordnung übergehen, unser Leben leben und den lieben Gott einen guten Mann sein lassen. In ein paar Wochen wird kaum noch einer von Selina sprechen. Wir denken nur daran, dass es uns gut geht, alles andere ist uns egal. Oder glauben Sie im Ernst, dass außer den engsten Angehörigen und vielleicht ein paar Freunden auch nur einer wirklich um Selina trauert? Nein, es ist alles nur Schauspielerei. Jeder Mensch ist ein Schauspieler.«

»Und Sie? Trauern Sie um Selina?«

Kaufmann schüttelte kaum merklich den Kopf und antwortete: »Ich weiß es nicht, ich weiß es wirklich nicht. Ich habe mich schon gefragt, ob ich so abgestumpft bin, dass ich nicht richtig trauern kann, aber ich kannte Selina mehr vom Sehen, und ich habe ein paarmal mit ihr gesprochen. Zwangsläufig stellt man sich dann auch die Frage, warum man nicht weint, wenn ein so junges Mädchen so scheinbar sinnlos von dieser Welt genommen wird. Ich kann Ihnen nicht sagen, ob ich um sie trauere. Ich fühle Wut und Ohnmacht, ja, aber Trauer?«

»Herr Kaufmann, lassen Sie uns noch kurz über Herrn Mischner sprechen. Wie ist denn Ihre persönliche Meinung über ihn?«

Kaufmann zuckte mit den Schultern. »Ich habe und hatte nie eine Meinung über ihn, dazu kannte ich ihn viel zu wenig, und außerdem steht mir so etwas nicht zu. Ich reite selbst nicht, ich bin nur des Öfteren auf dem Hof, um meine Freunde und Bekannten zu treffen, und weil meine Frau einen Großteil ihrer Zeit dort verbringt. Natürlich haben wir Überlegungen angestellt, wer als Selinas Mörder in Frage kommt, und wir alle hatten zuerst ihn in Verdacht, aber wir schlossen das zu dem Zeitpunkt noch aus, da wir alle glaubten, er wäre noch im Gefängnis. Dass er dann aber auch einem Mord zum Opfer fallen würde …«

»Und Ihnen fällt außer Mischner niemand ein, den Sie verdächtigen würden?«

»Nein. Und wenn, hätte ich es Ihnen längst gesagt. Wenn ich Ihre Frage richtig interpretiere, dann suchen Sie also tatsächlich jemanden, der sich auf dem Hof auskennt und einer von uns sein könnte. Seltsam, ich hätte nie für möglich gehalten, einmal in solche Abgründe zu blicken.«

»Von was für Abgründen sprechen Sie?«

»Ich wohne seit meiner Geburt in Okriftel, ich bin hier aufgewachsen, habe hier meine Frau kennen gelernt, Okriftel ist im wahrsten Sinn des Wortes meine Heimat. Aber ich habe nie ein Verbrechen erlebt. Und dann das. Gleich zwei Morde auf einmal. Ist das kein Abgrund?«, fragte er und sah Durant nachdenklich an. »Finden Sie ihn um Himmels willen, bevor er noch mehr Unheil anrichten kann. Ich bin Ihnen auch gerne bei der Suche behilflich.«

»Wir werden gegebenenfalls darauf zurückkommen. Haben Sie erst mal vielen Dank, und vielleicht können Sie uns irgendwann einmal mehr über Ihre Forschungen berichten. Es war sehr interessant«, sagte Durant und reichte ihm die Hand. »Auf Wiedersehen. Ihre Frau hat bereits eine Karte von mir, ich bin jederzeit zu erreichen.«

»Der Typ sieht einfach umwerfend aus«, sagte Durant, als sie wieder allein waren. »Wenn der nicht verheiratet wäre ...«

»Julia, der Mann ist nicht nur glücklich verheiratet, er hat auch einen, also vergiss ihn. Er mag sicher ganz nett sein, aber davon gibt es noch mehr auf dieser Welt, und du wirst auch noch einen finden, und zwar einen, der ledig ist.«

»Dein Wort in Gottes Ohr. Warum kann mir nicht mal so einer über den Weg laufen? Und intelligent ist er auch noch«, seufzte sie und setzte sich in den Wagen.

»Ja, intelligent und sabbelt wie jemand, der sonst niemanden zum Reden hat. Wie ein altes Waschweib.«

»Neidisch?«

»Idiot! Ich hab nur keine Lust auf solches Geschwafel, wenn ich gerade eben eine Tote gefunden habe. Wir haben weiß Gott andere Probleme!«

»Okay, du hast ja Recht.«

»Schön, dass du das wenigstens einmal einsiehst.«

Hellmer startete den Motor und fuhr los, als das Handy von Julia Durant klingelte.

»Ja?«

»Frau Durant?« Eine ängstliche weibliche Stimme war am andern Ende, die Nummer war auf dem Display unterdrückt. Die Frau sprach sehr leise, als würde sie fürchten, jemand könnte mithören.

»Am Apparat.« Julia Durant hielt sich das eine Ohr zu, die Anruferin war nur schwer zu verstehen.

»Ich ... äh ... ich würde gerne mit Ihnen reden. Es ist aber streng vertraulich.«

»Wer sind Sie, und woher haben Sie meine Nummer?«

»Das kann ich jetzt nicht sagen. Aber ich habe ein paar Informationen für Sie, die eventuell wichtig für Sie sein könnten.« Vielleicht, eventuell, zu oft hatte Durant diese Worte schon gehört, und am Ende war es meist nichts als heiße Luft gewesen.

»Aber Sie möchten nicht am Telefon darüber reden ...«

»Nein. Und ich möchte auch nicht, dass irgendwer erfährt, dass ich mit Ihnen gesprochen habe. Es ist nur schwierig für mich, ich meine, ich kann schlecht weg von zu Hause, ohne dass es auffällt.«

Durant hatte die Stimme schon einmal gehört, konnte sie im Moment aber nicht einer bestimmten Person zuordnen.

»Schlagen Sie etwas vor.«

»Die einzige Möglichkeit wäre, wenn wir uns heute Abend so gegen halb elf am Main treffen würden, ich meine, wenn das für Sie nicht zu spät ist. Um die Zeit gehe ich immer noch mal mit dem Hund raus und …«

»Um halb elf am Main. Wo?«

»Bei der Fähre. Dort sind Bänke, wo wir uns ungestört unterhalten können. Aber Sie müssen mir versprechen, niemandem zu sagen, dass ich mich mit Ihnen getroffen habe. Versprechen Sie es mir?«

»Sie brauchen keine Angst zu haben, alle Informationen werden absolut vertraulich behandelt. Also um halb elf an der Fähre. Wie erkenne ich Sie?«

»Ich habe einen Irish Setter dabei. Und Sie kommen auch wirklich allein?«

»Selbstverständlich.«

»Wenn ich mich ein bisschen verspäte, warten Sie bitte auf mich, ich komme ganz bestimmt.«

Die Frau legte einfach auf. Durant sagte: »Du hast es mitgekriegt. Das große Schweigen scheint ein Ende zu haben. Bin gespannt, was sie mir so Wichtiges zu erzählen hat. Aber die muss eine Heidenangst haben. Wem hab ich eigentlich alles meine Karte gegeben?«

»Den Gerbers, den Malkows, den Kaufmanns, diese Nathalie hat auch eine …«

»Ich lass mich überraschen. Aber die Stimme kenn ich. Ich weiß nur nicht, woher. Wo fährst du eigentlich hin? Wir müssen zurück ins Präsidium.«

»Zum Reitclub. Vielleicht hat dort jemand Miriam gesehen. Sag Berger, dass es ein paar Minuten später wird.«

»Natürlich hat jemand Miriam gesehen, und zwar gestern. Heute ganz sicher nicht. Vielleicht ist Maite ja auch schon da und hat sich als verwöhnte junge Dame aus reichem Haus dort angemeldet.«

Während der kurzen Fahrt überlegte Durant krampfhaft, wem sie die Stimme der unbekannten Anruferin zuordnen konnte. Ihr fiel niemand ein.

Montag, 15.45 Uhr

Sie kommen also aus Wittensee bei Eckernförde«, sagte Emily Gerber, die sich mit Maite Sörensen ins Büro zurückgezogen hatte, um die Aufnahmeformalitäten zu erledigen. »Ich kenne Eckernförde, weil ich als Kind mit meinen Eltern dort einmal Urlaub gemacht habe. Nicht direkt in Eckernförde, sondern auf dem Campingplatz Ludwigsburg, wenn Ihnen das was sagt.«

»Natürlich, das liegt gleich bei Waabs. Ich kenne sogar den Besitzer ... Welche Angaben brauchen Sie von mir?«

»Nur Ihren Namen, die Adresse und ein paar Angaben zu Ihrem Pferd.«

»Maite Sörensen ...«

Emily Gerber schrieb die Daten auf das Anmeldeformular und sagte: »Sie haben auch nach einer Box gefragt. Wir haben da verschiedene Angebote, die natürlich im Preis variieren. Eine Box ist noch frei, wo das Pferd sehr viel Licht hat, das kostet pro Monat fünfhundertfünfzig inklusive Futter und Boxenpflege. Wenn der Stallbursche auch die komplette Pferdepflege übernehmen soll, macht das noch mal zweihundert Euro extra. Wir haben auch noch einen Stall direkt dahinter, wo es aber um einiges dunkler und für ein Pferd, wie Sie es haben, eher ungeeignet ist. Der Preis dort beträgt vierhundert im Monat. Jetzt liegt es an Ihnen, wofür Sie sich entscheiden möchten.«

»Ich nehme auf jeden Fall die hellere Box. Um die Pferdepflege würde ich mich aber gerne selbst kümmern, da Chiron sozusagen mein bester Freund ist und er sicher sehr enttäuscht wäre, wenn ihn mit einem Mal ein Fremder striegeln würde. Er ist sehr lieb, aber auch sehr eigen. Und da ich freiberuflich tätig bin, kann ich auch jeden Tag herkommen.«

»Das kann ich verstehen, ich habe selbst so einen. Ein richtiges Sensibelchen.«

»Also gut«, sagte Maite Sörensen und beugte sich nach vorn, »wo soll ich unterschreiben?«

»Hier unten. Der Vertrag gilt übrigens vorerst für ein halbes Jahr und kann danach jederzeit gekündigt werden. Der Hof ist rund um die Uhr offen, sie können also wann immer Sie wollen zu ihrem Chiron. Was ich noch brauche, ist eine Abbuchungsermächtigung von Ihrem Konto.«

»Natürlich«, sagte Maite Sörensen und füllte das Formular aus. »So, damit wäre alles erledigt.«

»Ja.« Emily Gerber legte ein Formular in den Ablagekorb, während sie die Durchschrift Maite Sörensen reichte. »Kennen Sie sich in der Gegend aus?«

»Um ehrlich zu sein, nein. Aber ich werde mich schon zurechtfinden.«

»Machen wir es doch so: Sobald Chiron auf dem Hof ist, reiten wir ein paarmal gemeinsam aus, und dabei zeige ich Ihnen gleich die besten Reitwege. Es ist ein sehr großflächiges Gebiet, wo ihr Pferd viel Auslauf hat.«

»Das Angebot nehme ich gerne an«, bedankte sich Maite Sörensen lächelnd. »Gibt es hier auch ein Lokal oder Restaurant, wo ich nach dem Reiten hingehen kann? Immer allein zu Hause rumzusitzen ist auf die Dauer langweilig.«

»Es ist an alles gedacht. Wir haben gleich gegenüber einen hervorragenden Italiener. Sie werden sehr schnell Anschluss finden, denn die meisten hier sind sehr nett, schließlich verbindet uns alle die gleiche Leidenschaft.« Und nach einer kurzen Pause: »Was machen Sie eigentlich beruflich, wenn ich mir die Frage erlauben darf?«

»Ich arbeite als freischaffende Künstlerin. Ich male, gebe Unterricht und erstelle auch Expertisen für Privatleute.«

»Das hört sich interessant an. Wir haben zu Hause einen Constable hängen, aber ich bin mir nicht sicher, ob der auch wirklich echt ist. Vielleicht können Sie ihn sich mal anschauen. Mein Mann hat ihn vor ein paar Jahren gekauft und hat auch ein Echtheitszertifikat erhalten, aber ein Bekannter, der sich sehr gut mit alten Meistern und deren Technik auskennt, bezweifelt die Echtheit des Bildes.«

»Kein Problem, es dauert jedoch, bis ich Ihnen das definitiv sagen kann. Außer, die Strichführung oder Farbmischung weicht besonders stark von den andern Bildern Constables ab.«

»Das hat aber noch Zeit.«

»Eine andere Frage, wann kann ich denn mein Pferd herbringen? Im Moment steht es bei einem Bekannten meines Vaters, aber ich merke, dass es Chiron dort nicht besonders gut geht.«

»Im Prinzip, wann Sie wollen. Unser Stallbursche wohnt über den Stallungen. Ich habe ganz vergessen, Sie zu fragen, ob Sie vorhaben, länger hier zu wohnen?« Es war ein Unterton in der Stimme von Emily Gerber, der Maite Sörensen aufhorchen ließ. Ahnt sie etwas?, dachte sie.

»Ich werde sicher eine Weile bleiben.«

Emily Gerber erhob sich und sagte: »Dann zeige ich Ihnen doch gleich mal die Box, damit Sie sich einen Eindruck verschaffen können.«

Draußen kam ihnen Helena Malkow entgegen, die die Fremde misstrauisch musterte, sich aber gleich Emily Gerber zuwandte. »Kann ich dich kurz allein sprechen?«

»Nicht jetzt, Helena, du siehst doch, ich bin beschäftigt. In einer

Stunde, wenn du mit Volti fertig bist. Aber ich darf dir trotzdem schon einmal unser neues Mitglied vorstellen, Frau Sörensen, Frau Malkow, unsere Voltigiertrainerin.«

»Angenehm.«

»Sie werden sich wohl fühlen«, sagte Helena Malkow nur, drehte sich um und lief mit schnellen Schritten auf sechs Mädchen zu, die alle zwischen acht und neun Jahre alt waren, sprach kurz mit ihnen und ging mit ihnen zu den Pferden.

Emily Gerber führte Maite Sörensen in den modernen Stall mit den großzügigen Boxen. Es war sauber und hell, so wie es ihr beschrieben worden war.

»Und, habe ich zu viel versprochen?«

»Nein, Sie haben sogar ein wenig untertrieben. Chiron wird sich hier wie zu Hause fühlen.«

»Wollen wir noch etwas trinken, bevor Sie gehen? Sie sind natürlich herzlich eingeladen.«

»Gerne, ich hab sowieso noch ein bisschen Zeit.«

Montag, 16.45 Uhr

Emily Gerber war mit Maite Sörensen auf dem Weg ins Restaurant, als Durant und Hellmer auf den Parkplatz fuhren.

»Guten Tag, Frau Gerber«, sagte Durant, nachdem sie ausgestiegen war, ohne einen Blick auf ihre Kollegin zu werfen, »können wir Sie einen Moment sprechen?«

»Eigentlich habe ich keine Zeit, aber ... Frau Sörensen, wenn Sie sich vielleicht noch ein wenig umsehen möchten, es dauert auch nicht lange ... Gehen wir doch in mein Büro, dort sind wir ungestört.«

Das Büro war klein und schlicht, an den Wänden zahlreiche Bilder mit Pferden, ein großes Poster zeigte den Reiterhof aus der Luft. Ein Schreibtisch, ein PC, eine Sitzecke und eine Vitrine, in der mehrere blank polierte Pokale standen.

»Wollen Sie sich mal umschauen?«, fragte sie und lehnte sich an den Schreibtisch aus dunkler Eiche.

»Nein, vielleicht später. Es geht um Miriam Tschierke. Wir haben versucht, sie heute zu erreichen, sie aber nicht angetroffen. Können Sie uns vielleicht sagen, wo wir sie finden können?«

»Haben Sie ihre Mutter denn nicht gefragt?«

»Die konnte uns auch nichts sagen«, was nicht einmal gelogen war. Hellmer betrachtete die Bilder an der Wand und musste unwillkürlich grinsen, auch wenn es makaber war.

»Miriam ist nicht jeden Tag hier, sie hat gesagt, sie würde erst am Mittwoch wiederkommen, weil sie die letzten Ferientage noch einiges mit Freunden unternehmen will. Und am Donnerstag fährt sie, soweit ich weiß, mit ihrer Mutter nach Bottrop in dieses Warner Brothers Movieworld.«

»Wann hat sie das gesagt?«

»Gestern Nachmittag, kurz bevor sie hier weggefahren ist. Ist auch irgendwie verständlich, sie war mit uns zwar zehn Tage in Frankreich, hat aber sonst nicht viel von den Ferien gehabt, außer regelmäßig hier auf dem Hof zu sein, während ihre Freunde und Freundinnen alle in Urlaub waren. Ich kann Ihnen leider nicht weiterhelfen ... Entschuldigen Sie, aber Sie fragen so komisch. Ist wieder irgendwas passiert?«

Durant fuhr sich mit der Zunge über die Unterlippe und warf einen kurzen Blick zu Hellmer. Sie war sich unschlüssig, ob sie erzählen sollte, was mit Marianne Tschierke geschehen war. Schließlich entschloss sie sich, es zu sagen, nicht ohne vorher noch eine Frage zu stellen.

»Frau Gerber, kennen Sie Miriams Mutter?«

Sie lachte auf. »Natürlich kenne ich sie. Sie musste mit Engelszungen überredet werden, damit Miriam mit nach Frankreich durfte. Sie müssen wissen, Frau Tschierke muss jeden Euro zehnmal umdrehen, bevor sie sich etwas leisten kann. Und wenn wir dann kommen und anbieten, die Kosten für eine solche Reise zu übernehmen, dann ist das für sie fast wie ein Affront. Schließlich hat sie aber doch zugestimmt, und Miriam hatte sehr viel Spaß in Frankreich. Es hat ihr gut getan, einmal aus diesem Eintagsallerlei rauszukommen. Weder Frau Tschierke noch Miriam haben es leicht. Die Mutter schuftet sich das Kreuz krumm, seit sie geschieden ist, und Miriam ist wohl so was wie der seelische Mülleimer für ihre Mutter. Sie haben's beide nicht leicht, aber Miriam ist bei uns gut aufgehoben, und vielleicht können wir ja auch noch Frau Tschierke überreden, öfter als bisher bei uns vorbeizukommen.«

»Sie haben vorhin von Miriams Freunden gesprochen. Wer sind denn ihre Freunde?«

»Seit sie hier ist, Katrin und Nathalie, Katrin Laube und Nathalie Weishaupt. Und natürlich Selina, aber …«

»Also gut.« Durant beugte sich nach vorn, die Hände gefaltet. Sie schien für einen Moment mit den Gedanken woanders zu sein, bis sie aufblickte und Emily Gerber direkt ansah. »Wir waren vorhin im Südring, um mit Miriam zu sprechen. Wir haben Miriam nicht angetroffen, dafür ihre Mutter. Sie ist tot. Und Miriam ist nicht aufzufinden.«

Jegliche Farbe war schlagartig aus Emily Gerbers Gesicht verschwunden, ihre Gesichtszüge wirkten wie versteinert, sie rang um Fassung.

»Frau Tschierke ist tot? Sagen Sie jetzt bitte nicht, dass sie umgebracht wurde.«

»Im Augenblick deutet alles auf Selbstmord hin. Sicherheit kann aber erst die Obduktion und die Auswertung der Spurensicherung bringen. Was uns Sorgen bereitet, ist, dass Miriams Bett unberührt war, als wir in die Wohnung kamen. Das heißt, sie hat vergangene Nacht nicht in ihrem Bett geschlafen.«

»Hat Frau Tschierke einen Abschiedsbrief hinterlassen?«

»Wir haben keinen gefunden.«

»Das hätte sie Miriam nie angetan. Ich hatte zwar keinen sehr engen Kontakt zu Frau Tschierke, aber sie war eine gute Frau und eine sehr fürsorgliche Mutter, das kann ich unterschreiben. Sie war zwar ein bisschen seltsam, was angesichts ihrer Lebensumstände nicht verwunderlich ist, aber Miriam war ihr ein und alles. Sie war anscheinend die Einzige, bei der sie sich ausheulen konnte, wenn ihr danach war. Miriam hat es mir selbst einmal erzählt und dabei geweint, weil sie zum einen ihre Mutter über alles liebte, aber mit der Situation an sich total überfordert war, was sie natürlich nicht zugegeben hat. Deshalb war es gut, dass sie zu uns gekommen ist, denn wir sind wie eine große Familie.«

»Frau Gerber, behalten Sie das eben Gesagte bitte für sich. Wir müssen erst Miriam finden. Momentan weiß noch keiner etwas von dem Vorfall.«

»Sie haben mein Wort. Was ist mit meinem Mann, darf ich es ihm sagen?«

»Ja, aber unter dem Siegel der Verschwiegenheit. Ich verlasse mich auf Sie.«

Emily Gerber holte tief Luft, ging zum Schreibtisch und nahm eine Schachtel Zigaretten und einen kleinen goldfarbenen Metallaschenbecher aus der obersten Schublade. Sie zündete sich mit fahrigen Fingern eine Zigarette an, inhalierte und blies den Rauch kräftig aus.

»Entschuldigen Sie, aber ich rauche normalerweise nicht, mein Mann hat etwas dagegen, er ist ein Gesundheitsfanatiker. Aber diese Nachricht ist doch ein großer Schock für mich. Kann es sein, dass über unserem Ort ein Fluch liegt? Nein, sie hätte sich nicht umgebracht. O mein Gott, ich stelle mir nur vor, wenn Miriam das erfährt. Sie wird völlig zusammenbrechen.«

»Und Sie haben keine Idee, wo wir Miriam finden könnten?«

»Nein, überhaupt nicht. Fragen Sie Katrin oder Nathalie, die können Ihnen vielleicht weiterhelfen. Obwohl, Katrin hat zurzeit Hausarrest, sie hat mich am Donnerstag angerufen. Deshalb ist es eher unwahrscheinlich, dass sie weiß, wo Miriam sich aufhält. Bleibt eigentlich nur Nathalie. Haben Sie die Adresse?«

»Ja, wir haben am Freitag schon einmal mit ihr gesprochen. Wissen Sie, wo Frau Tschierke gearbeitet hat?«

»Soweit ich weiß, bei einem Arzt in Sindlingen, dann noch bei einer Gynäkologin in Hofheim und beim Gesundheitsamt. Mein Mann könnte das aber unter Umständen wissen, denn sie hat sich vor einiger Zeit bei ihm beworben, und er hat sie an eine dieser Stellen weiterverwiesen.«

»Sie hatte drei Arbeitsstellen?«, fragte Hellmer ungläubig.

»Sie hat sich das gut eingeteilt.« Sie drückte ihre Zigarette aus, kippte die Asche in den Papierkorb und verstaute die Schachtel und den Aschenbecher im Schreibtisch. »Ich werde mich dann mal wieder um die junge Dame kümmern, auch wenn mir nicht danach zumute ist. Ein neues Mitglied. Wenn die wüsste, was hier los ist!«

»Eine solche Entwicklung hätten wir auch nicht erwartet«, sagte Durant und stand auf. »Es ist auch für uns nicht leicht, hinter einem Phantom herzujagen.«

»Sie glauben also auch an Mord?« Die Frage klang wie eine Feststellung.

»Es ist zumindest nicht auszuschließen. Wir brauchen eine Liste sämtlicher Mitglieder Ihres Clubs. Ich habe ja schon am Sonntag gesagt, dass wir mit allen sprechen müssen, diskret, versteht sich. Können Sie uns die bis morgen geben?«

»Bis eben habe ich den Gedanken völlig verdrängt, dass der Mörder in unseren Reihen zu finden sein könnte, aber Sie bekommen die Liste morgen. Und wenn Sie Fragen haben, Sie können sich jederzeit an mich wenden, von mir aus auch nachts. Ich will nur, dass dieses Monster endlich gefasst wird, damit wieder Ruhe einkehrt.«

»Wir sehen uns morgen. Jetzt lassen Sie die junge Dame nicht länger warten. Und versuchen Sie, sich nicht allzu viel anmerken zu lassen. Ach ja, haben Sie zufällig die Telefonnummer von Nathalie griffbereit?«

»Ja.« Sie blätterte in der Kartei, bis sie die Telefonnummer gefunden hatte, schrieb sie auf einen Zettel und reichte ihn Durant. »Das mit dem Nicht-anmerken-Lassen ist leichter gesagt als getan«, erwiderte sie mit einem gequälten Lächeln. »Ich probier's trotzdem.

»Wir sehen uns.«

Von unterwegs riefen sie bei Nathalie an. Ihre Mutter sagte, sie sei über Handy zu erreichen, doch auch Nathalie hatte keine Idee, wo Miriam sein könnte.

Auf der Fahrt zurück nach Frankfurt sagte Hellmer: »Die Gerber war ganz schön fertig.«

»Ist das vielleicht ein Wunder?! Die denkt doch das Gleiche wie wir, nämlich dass Miriam in den Händen unseres Wahnsinnigen ist. Wenn wir nur wenigstens einen winzigen Anhaltspunkt hätten! Aber nichts, aber auch rein gar nichts! Er muss doch irgendwann mal einen Fehler machen.«

»Er macht einen, verlass dich drauf.«

»Sicher, nur wann?«

»Vielleicht schon eher, als du denkst. Dieser Drecksack fühlt sich so unglaublich sicher. Und das ist immer der Anfang vom Ende. Nur, er weiß es noch nicht. Es könnte ja auch sein, dass wir sogar schon das Vergnügen mit ihm hatten.«

»Du spinnst! Wer soll's denn sein? Kaufmann, Malkow oder doch Gerber? Oder vielleicht sogar der Pastor? Nee, Frank, keiner von denen. Lass uns mal kurz an einer Imbissbude halten, ich hab seit dem Frühstück nichts mehr in den Magen gekriegt. Danach kann ich vielleicht auch wieder klarer denken. Ich kann nur hoffen, dass ich heute Abend nicht versetzt werde.«

»Wirst du nicht.«

»Du bist auf einmal so verdammt selbstsicher. Wie kommt das?«

»Keine Ahnung. Macht wohl dein Einfluss«, erwiderte er grinsend.

Sie hielten an einem Imbiss, aßen jeder eine Currywurst und tranken ein kleines Bier. Julia Durant fühlte sich danach besser und gestärkt für die kommenden Stunden.

Montag, 18.35 Uhr

Polizeipräsidium. Die Soko Selina arbeitete auf Hochtouren, insgesamt waren ihr dreißig Beamte zugeteilt worden, darunter sechs Männer und Frauen von der Spurensicherung, die mit der Auswertung begonnen hatten – gefundene Zigarettenkippen wurden untersucht, Flaschen, Dosen, auch Kondome und Müll jeglicher Art –, der Fotograf, Prof. Bock von der Rechtsmedizin, acht Beamte, die im Präsidium hauptsächlich mit Aktenarbeit beschäftigt waren, fünf Männer und zwei Frauen, die weitere kriminaltechnische Untersuchungen an den Fundorten der bisherigen beiden Opfer vornahmen, die sich noch über einige Tage erstrecken und jetzt auch die Wohnung von Marianne Tschierke mit einschließen würden. Eine Sisyphusarbeit, um die Durant diese Kollegen nicht beneidete. Aber nicht selten hatte ein nur winziges Detail, dem kein Normalsterblicher Beachtung schenken würde, schon zur Ermittlung und Verhaftung eines Straftäters geführt, zum Beispiel der nur unter dem Elektronenmikroskop noch auszumachende Restspeichel an einem Zigarettenstummel oder einer Bier- oder Coladose oder ein gedankenlos weggeworfenes Kondom. Es fanden sich immer Spuren, und bisweilen führte gerade die detektivische Kleinstarbeit zu außergewöhnlichen Fahndungserfolgen. Leiter der Soko war Berger, Durant leitete die Ermittlungen, aber auch Prof. Richter gehörte seit heute zum Team, und vor allem Durant, Hellmer und Co. warteten schon gespannt auf das Persönlichkeitsprofil, das er erstellen würde, auch wenn ihnen klar war, dass es noch Tage dauern konnte, bis er es fertig hatte.

Nachdem Durant und Hellmer eingetroffen waren, gingen sie aus Platzgründen in das Konferenzzimmer. Berger gab einen kurzen Abriss über die bisherigen Ermittlungen, bevor er Durant das Wort erteilte.

»Wie alle wissen, haben wir heute Nachmittag die Leiche von Marianne Tschierke gefunden. Wir glauben nicht an einen Zufall, sondern an einen kaltblütig geplanten und ausgeführten Mord, auch wenn es keinerlei äußere Gewalteinwirkung zu geben scheint. Außerdem wäre das des Zufalls ein wenig zu viel – erst Selina Kautz, dann Gerhard Mischner und nur zwei Tage später eben genannte Marianne Tschierke. Gibt es schon eine Rückmeldung von Bock?«

»Ja«, sagte Berger, »er hat die Leiche untersucht und tatsächlich keine Fremdeinwirkung feststellen können, auch kein Sperma, das auf einen möglichen sexuellen Kontakt vor ihrem Ableben hinweisen könnte. Aus seiner Sicht besteht kein Zweifel an Suizid, aber unsere emsigen Laborratten haben etwas Erstaunliches herausgefunden, nämlich dass es an dem Fläschchen mit dem Zyankali einzig und allein die Fingerabdrücke von Frau Tschierke gibt. Das heißt, niemand außer ihr hat die Flasche angerührt, was sehr ungewöhnlich ist. Sie muss sich das Zeug schließlich irgendwo besorgt haben und hat bestimmt nicht vorher die Flasche abgewaschen, wenn sie Selbstmord begehen wollte, denn dann wäre es ihr völlig egal gewesen, ob außer ihren noch andere Fingerabdrücke drauf sind. Das lässt zumindest vermuten, dass es sich um ein Gewaltverbrechen handelt.«

»Sie hatte keinen Geschlechtsverkehr, aber das will nichts heißen«, murmelte Durant. »Vorausgesetzt, es handelt sich um Mord, dann hat sie sich doch für jemanden so zurechtgemacht. Dann könnte es also sein, dass der Täter die Flasche abgewaschen und sie ihr unmittelbar nach Eintritt des Todes in die Hand gedrückt hat, damit auch ihre Fingerabdrücke drauf sind. So könnte es zumindest gewesen sein … Wie lange wird die Spurensicherung noch in der Wohnung bleiben?«

»Es wird alles auf den Kopf gestellt. Vor morgen Nachmittag oder Abend sind die Kollegen mit Sicherheit nicht fertig. Das Gleiche gilt übrigens auch für die Wohnung von Herrn Mischner. Die Hausbewohner dort wurden alle befragt, aber keiner hat auch nur das Geringste bemerkt, was auch nicht anders zu erwarten war. Die Befragung der Bewohner im Südring wird allerdings noch eine Weile in Anspruch nehmen, vier Beamte sind momentan vor Ort, um das zu erledigen. Haben Sie etwas von der Tochter gehört?«

Durant schüttelte den Kopf. »Nein, sie ist verschwunden, und ich habe ehrlich gesagt auch keine Hoffnung, sie lebend wiederzufinden ... Peter, Doris, was hat Weiterstadt ergeben?«

Kullmer lehnte sich zurück, gähnte und sagte dann: »Höchst Erstaunliches. Mischner hatte zwei Kumpel, denen er mehrmals erzählt hat, er habe die Vergewaltigung nicht begangen, sondern sei für jemand anderen in den Bau gewandert ...«

»Sag ich's doch!«, entfuhr es Durant triumphierend. »Meine Vermutung. Aber mach weiter.«

»Er hat allerdings zu keiner Zeit einen Namen genannt, er hat nur gesagt, es würde sich um einen guten Freund handeln und er würde eine Menge Geld dafür kassieren. Aber dieser Freund hat keinen Namen. Mischner hat jedoch während seiner Zeit im Knast des Öfteren großzügige Geschenke erhalten, einen Fernseher, ein Radio, er ist regelmäßig mit Zigaretten versorgt worden und hat sogar Geld bekommen. Aber keiner weiß, woher das Zeug stammt. Alle Geschenke und Zuwendungen gingen per Post an ihn, auf dem Absender stand immer Hans Schmidt ...«

»Sehr originell«, bemerkte einer der Beamten ironisch.

»Und die Aufseher sind nicht misstrauisch geworden?«, fragte Durant.

»Nee, ganz einfach aus dem Grund nicht, weil Mischner ja kein Schwerverbrecher war. Hätte er wegen Mord gesessen, wäre es was anderes gewesen. Aber so ... Wir haben natürlich auch die Aufseher befragt, die gerade Dienst hatten, und die meinen, dass Mischner sich während seines Aufenthalts dort vorbildlich verhalten hat. Er hat, und das hat uns gewundert, sehr viel in der Bibel gelesen und auch eifrig am Gottesdienst teilgenommen ...«

»Nein«, warf Durant ein, »das verwundert mich gar nicht. Wir haben vorhin mit dem Pastor der evangelischen Kirche in Okriftel gesprochen, der Mischner recht gut kannte, und er behauptet, Mischner habe Gott gesucht. Es passt schon ins Bild.«

»Dann hat er ihn jetzt wohl gefunden«, bemerkte Kullmer sarkastisch. »Na gut, wenn du meinst. Den beiden Mitgefangenen hat er übrigens bei seiner Entlassung den Fernseher und einige andere Sachen geschenkt und dabei gesagt, er brauche das nicht mehr, wenn er draußen wäre, würde er, und jetzt wörtlich ›eine geile Bude in Hofheim bekommen‹. Wir haben logischerweise auch andere Häftlinge befragt, aber Mischner hatte in der ganzen Zeit ausschließlich Kontakt zu diesen beiden, die auch noch eine Weile einsitzen müssen. Mehr gibt es aus Weiterstadt nicht zu berichten.

Und jetzt zu heute Nachmittag. Wir hatten ja eine Verabredung mit seinem Bewährungshelfer, und ich kann euch sagen, und Doris kann das bestätigen, dieser Typ ist ein echtes Arschloch, sorry, aber was anderes fällt mir dazu nicht ein. Ich weiß zwar nicht, was der unter Bewährungshilfe versteht, aber er konnte uns zum Beispiel nicht konkret sagen, wie Mischner sich die Wohnung mitsamt Einrichtung leisten konnte. Wir haben ihn gefragt, ob Mischner arbeiten gegangen ist oder sich schwarz etwas dazuverdient hat, aber er konnte oder wollte es uns nicht sagen. Als ich dann ein bisschen härter geworden bin, hat er sich gewunden wie ein Aal und gemeint, Mischner habe ja Sozialhilfe bezogen, blablabla. Aber von Sozialhilfe allein kannst du dir keine Wohnung komplett einrichten. Mischner hat sich zweimal in der Woche bei ihm gemeldet, zumindest hat er das in seinen Akten vermerkt, aber gegen ein bisschen Kohle kannst du alles eintragen.«

»Hältst du ihn für korrupt?«

»Es gibt niemanden, den ich nicht für korrupt halten würde, ein paar wenige ausgenommen«, fügte er noch schnell hinzu und sah dabei seine unmittelbaren Kollegen aus der Abteilung entschuldigend an. »Das wär's von meiner Seite.«

Für einen Moment herrschte Stille im Raum, bis Durant sagte: »Wir haben bis jetzt mindestens zwei ungeklärte Morde, Selina Kautz und Gerhard Mischner. Ein dritter kommt mit größter Wahrscheinlichkeit dazu, Marianne Tschierke, und wie es aussieht, werden wir irgendwann in den nächsten Stunden, Tagen, Wochen, Monaten eine weitere Leiche finden, nämlich Miriam Tschierke.«

»So lange wird es nicht dauern«, bemerkte Hellmer. »Sollte Miriam in den Händen unseres Mannes sein, so wird der sehr darauf bedacht sein, dass man sie schnell findet. Wenn dem nicht so wäre, hätte er zum Beispiel Selina nicht an einer ziemlich gut einsehbaren Stelle deponiert. Er wusste zumindest, dass im Sommer dort des Öfteren Kinder spielen. Aber du hast was vergessen, nämlich was uns der Pastor gesagt hat.«

»Die Akte hab ich schon in meinem Büro«, wurde er von Berger unterbrochen. »Ich habe sie zwar nur überfliegen können, aber das Mädchen Kerstin Soundso wurde zuletzt am 23. Dezember 96 lebend gesehen. Die Vernehmungen der Eltern, Freunde und Bekannten haben nichts ergeben, was auf ein Verbrechen hindeutet. Sie gilt nach Erkenntnis der damaligen Ermittler als vermisst, die Akte wurde nach einem halben Jahr vorläufig geschlossen, nachdem auch die Psychologen dahin tendierten, dass diese Kerstin abgehauen ist, weil sie es zu Hause nicht mehr ausgehalten hat. Mehr gibt es nicht.«

»Kann ich die Akte mal haben?«

»Liegt auf meinem Schreibtisch. Sie können sie mitnehmen.«

»Richter hat heute Morgen gesagt, er glaube nicht, dass Selina das erste Opfer unseres Mannes ist. Wir hatten doch schon mal einen Fall, wo jemand einen Mord begangen hat und dann mehrere Jahre verstreichen ließ, bevor er zu richtiger Hochform aufgelaufen ist, bis er sich selbst gerichtet hat …«

»Sie sprechen von dem Fall Markowski?«, fragte Berger.

»Genau den meine ich. Und ich könnte mir vorstellen, dass wir es hier mit einem ähnlich gelagerten Fall zu tun haben. Er hat einen Mord begangen, an Kerstin Grumack, auch wenn deren Leiche bis heute nicht aufgetaucht ist, und er fängt jetzt aus uns unerfindlichen Gründen an, sein Werk fortzusetzen. Wie Markowski, dessen Motiv wir nie herausgefunden haben. Ich weiß, dass die

Psychologen anderer Meinung sind, was Kerstin angeht, aber ihre Mutter war damals bereits schwer an Krebs erkrankt, und der Zeitpunkt ihres Ablebens war absehbar. Verlässt ein junges Mädchen die Mutter einen Tag vor Heiligabend, wo sie doch damit rechnen muss, dass es das letzte Weihnachten ist, das sie mit ihr verbringen wird? Das kann ich mir beim besten Willen nicht vorstellen, auch wenn die Psychologen der Ansicht sind, sie habe den Stress, die Mutter leiden zu sehen, nicht ertragen können. Nach dem, was wir bisher erlebt haben, glaube ich viel eher, dass sie einem Verbrechen zum Opfer gefallen ist. Was noch dafür spricht, ist ihr Alter. Sie war fünfzehn, genau wie Selina Kautz. Nur war der Täter damals noch unorganisiert, wenn ich das so sagen darf. Er hatte noch keinen richtigen Plan wie bei Selina. 96 hat er sein Werk noch im Geheimen verrichtet, jetzt geht er damit ungeniert an die Öffentlichkeit, getreu dem Motto, schaut, was ich alles kann. Ich führe euch an der Nase rum, und ihr merkt nicht mal, wie nahe ich euch bin. Herr Hellmer und ich werden morgen versuchen, mit dem Vater zu sprechen, und uns noch einmal seine Version der Geschichte anhören. Und vielleicht haben wir sogar Glück und sie war Mitglied in dem Reitclub, was den Kreis der potenziellen Täter doch erheblich eingrenzen würde.«

»Wie Sie vorgehen, überlasse ich Ihnen. Was haben denn Ihre Befragungen in Okriftel ergeben?«, wollte Berger wissen.

»Unwesentliches. Die Gerber und die Malkow haben von Mischner nicht sonderlich viel gehalten, vor allem die Malkow. Ihr Mann ist ein Trottel, der ihr nur nach dem Mund redet. Bei den Kaufmanns sah es schon anders aus. Sie hat Mischner als den perfekten Pferdepfleger geschildert. Und so, wie sie es erzählt, bin ich sogar geneigt, ihr zu glauben. Ihr Mann hat keine besondere Meinung, was Mischner angeht. Wir haben nach den Alibis für die Tatzeiten gefragt, aber die scheinen wasserdicht zu sein. Also müssen wir den Täter woanders suchen.« Julia Durant machte eine Pause, während der sie sich eine Gauloise ansteckte, sich zurücklehnte und in die Runde schaute. Berger kannte ihre

Körpersprache und wusste, dass dies noch nicht alles war, was sie zu sagen hatte.

»Noch was?«, fragte er deshalb mit hochgezogenen Brauen.

»Eine Kleinigkeit. Ich wurde vorhin auf dem Handy angerufen, es war eine Frau. Ich weiß nicht, woher sie meine Nummer hat, aber sie will mich um halb elf treffen, um mir ein paar Informationen zu geben, die uns bei der Tätersuche helfen könnten.«

»Und Sie wissen nicht, wer diese Frau ist?«, hakte Berger misstrauisch nach.

»Nein, mir kam nur die Stimme irgendwie bekannt vor, aber Sie wissen ja, wie das mit Handys ist, der Empfang ist nicht besonders gut, und die Stimmen klingen meist ein wenig anders, als wenn ich übers Festnetz telefoniere. Ich werde auf jeden Fall nachher dorthin fahren.«

»Allein?«

»Allein, ich habe es ihr versprochen. Ich will auch nicht, dass sich irgendjemand von uns in meiner Nähe aufhält.«

»Wo findet dieses Treffen statt?«

»In Okriftel, wo, möchte ich jetzt nicht sagen.«

»Es ist Ihr Risiko, Frau Durant. Ich hoffe nur, dass Sie nicht in eine Falle tappen. Wir brauchen Sie noch.«

»Herr Berger, ich kann das Risiko abschätzen. Außerdem weiß ich mich meiner Haut zu wehren. Aber das werde ich nicht müssen. Jetzt noch etwas anderes für die, die's noch nicht wissen sollten. Wir haben jemanden in den Reitclub eingeschleust, Kollegin Sörensen vom OK. Sie ist seit heute offiziell dort Mitglied. Sollte einer von Ihnen sie kennen und sie im Zuge der Ermittlungen auf dem Reitgelände antreffen, dann ist sie eine Fremde. Nicht einmal Frau Gerber haben wir von unserer Aktion informiert, nur damit Sie alle Bescheid wissen. Und jetzt will ich Sie nicht länger von der Arbeit abhalten, ich muss kurz nach Hause und dann wieder nach Hattersheim. Noch Fragen?«

»Wie haben Sie sich das weitere Vorgehen vorgestellt?«, wollte Berger wissen.

»Wir bekommen morgen von Frau Gerber eine Liste sämtlicher Mitglieder des Reitclubs. Jeder Einzelne von ihnen muss befragt werden, und sollte auch nur bei einem das Alibi Lücken aufweisen, gleich nachhaken. Ansonsten werden wir die Suche nach Miriam Tschierke intensivieren, falls sie wider Erwarten nicht vorher auftauchen sollte. Und ich will jetzt auch keine Schwarzseherin sein, aber nehmen Sie's mir nicht übel, ich glaube nicht daran, sie lebend wiederzusehen. Unser Mann geht nach Plan vor, doch wie der Plan ausschaut und welches Ziel er verfolgt, bleibt vorerst allein sein Geheimnis. Und über sein Motiv können wir nur spekulieren, aber Sie wissen ja, wie das mit dem Spekulieren ist – meistens verliert man. Eins ist jedenfalls sicher, er ist unglaublich clever …«

»Aber nicht cleverer als wir«, bemerkte Kullmer trocken.

»Er hat drei oder vier Menschen getötet, rechnen wir Kerstin mit dazu, sogar fünf, und damit ist er uns zumindest im Augenblick ein ganzes Stück voraus. Er besitzt einen Vorsprung, und den gilt es aufzuholen. Und wir haben ein gewaltiges Problem – er hinterlässt keine Spuren. Wozu auch passt, dass zum Beispiel die Überwachungskamera im Südring derzeit defekt ist, was sich auch der Hausverwalter nicht erklären kann. Es könnte also sein, dass derjenige entweder die Anlage stillgelegt hat oder genau wusste, dass sie nicht funktioniert. Er ist uns nicht nur einen, sondern hundert Schritte voraus.«

»Sie hören sich sehr pessimistisch an, Frau Durant«, sagte Berger. »Glauben Sie nicht an den Erfolg?«

»Von was für einem Erfolg sprechen Sie? Wir haben doch jetzt schon verloren, nämlich mindestens drei Menschen, wahrscheinlich sogar fünf. Für uns vollkommen sinnlos, für ihn scheint hingegen ein großer Sinn dahinter zu stecken. Aber welcher? Hätte er es nur auf Mädchen abgesehen, könnten selbst wir als psychologische Laien ihm ein einigermaßen genaues Persönlichkeitsprofil zuordnen. Aber es sind zwei Mädchen, eine erwachsene Frau und ein erwachsener Mann. Nehmen wir den Mann einmal raus, weil er offenbar ein sehr vertrauliches Verhältnis zu dem Täter hatte und ihn wohl versucht hat zu erpressen, dann bleiben drei weibliche Personen übrig. Aber die Frau passt überhaupt nicht ins Schema. Und das bereitet mir Kopfzerbrechen.«

Ein junger Beamter, den Durant vom SEK kannte, meldete sich zu Wort: »Und wieso glauben Sie nicht, dass Frau Tschierke sich selbst umgebracht hat?«

»Es sprechen zu viele Indizien dagegen. Erstens hat sie mir gestern noch gesagt, ihre Tochter würde am Abend kommen und in den Ferien bis in die Puppen schlafen. Die Tochter war aber nicht zu Hause, ihr Bett war unberührt. Zweitens, Frau Gerber hat vorhin gesagt, Frau Tschierke hätte ihrer Tochter so etwas niemals angetan, dazu hat sie sie viel zu sehr geliebt. Und drittens, es gibt keinen Abschiedsbrief. Eine Mutter, die ihre Tochter über alles liebt, würde wenigstens ein paar Zeilen hinterlassen. Dazu kommt, dass Frau Tschierke drei Arbeitsstellen hatte, zwei bei Ärzten, eine beim Gesundheitsamt, bei welchem, kann ich nicht sagen. Aber Dr. Gerber könnte wissen, wo sie gearbeitet hat. Diese Ärzte müssen am besten gleich morgen befragt werden, ich will genau wissen, was für eine Frau sie war, am liebsten wäre mir eine Vita. Peter und Doris, ihr beide übernehmt das bitte. Und wenn ihr noch Zeit habt, fahrt noch mal in den Südring und tretet dem Hausverwalter oder Hausmeister oder was immer er ist auf die Füße, ihr wisst schon, warum.«

»Gebongt.«

»So, wenn's weiter nichts gibt, ich habe gerade mal noch zweieinhalb Stunden, bis ich wieder in Okriftel sein muss. Morgen früh sehen wir uns nicht, weil ich mich gleich von zu Hause aus auf den Weg nach Hattersheim machen werde. Ich melde mich trotzdem im Laufe des Vormittags.«

Sie nahm ihre Tasche und verließ den Raum. Sie war allein auf dem dunklen Gang in diesem alten Gebäude, in dem sie nicht mehr lange sein würde. Keine von den Wänden widerhallenden Schritte, kein im Sommer unerträglich heißes und doch gemütliches Büro, alles steril und nach dem modernsten Standard ausgestattet. Noch ein paar Monate bis zum Umzug ins neue Präsidium. Ein Präsidium, das schon jetzt bei den meisten Kollegen unbeliebt war. Eine totale Fehlplanung, eine unpersönliche Arbeitsatmosphäre, sie hatte schon einmal einen Blick in die Büros werfen dürfen, ein Mangel an Parkplätzen für die Mitarbeiter. Ihr graute vor dem Tag, an dem sie ihr vertrautes und geliebtes Büro verlassen musste. Zum Glück war sie nicht allein in ihrem Abschiedsschmerz, der spätestens an dem Tag kam, wenn sie die Schreibtische leer räumen und den Inhalt in Kisten verstauen würden. Wehmut überfiel sie, wenn sie an die vergangenen Jahre zurückdachte. Sie würde ihr Büro vermissen, aber auch bestimmte Spuren an den Wänden, die wie Markierungen waren. Blutspuren, zum Teil Jahrzehnte alt, die nie jemand weggemacht hatte. Jede einzelne Stufe konnte unendlich viele Geschichten erzählen, jeder Zentimeter der Geländer, der Flure, der Türen. Sie ging langsam die Treppe hinunter, ihr Blick blieb an einem markanten roten Streifen an der Wand hängen. Sie musste grinsen, denn sie wusste, woher er stammte. Es war einer ihrer ersten Einsätze in Frankfurt gewesen, als sie noch bei der Sitte war und sie einen Zuhälter festgenommen hatten, der sich eine wüste Schlägerei mit gleich drei Beamten geliefert hatte, bevor man ihm Handschellen anlegen konnte. Sie hatten ihn fast die Treppe hochschleifen müssen, und sein blutverschmiertes Gesicht hatte dabei diesen Teil der Wand berührt. Erinnerungen.

Montag, 19.15 Uhr

Emily Gerber saß seit über einer Stunde mit Maite Sörensen im Restaurant, sie tranken Wein und hatten sich jeder einen großen Salat bestellt, den sie in aller Ruhe verzehrt hatten. Die Unterhaltung plätscherte vor sich hin, Emily Gerber hatte immer wieder Mühe, dem zu folgen, was Maite Sörensen ihr erzählte. Mit ihren Gedanken war sie weit weg, sie fühlte Trauer in sich, aber auch Wut, Ohnmacht und Zorn. Und Mitleid mit den Opfern. Sie hätte gerne mit jemandem darüber gesprochen, aber sie musste noch mindestens eine Stunde auf dem Hof bleiben, bevor sie nach Hause fahren und ihrem Mann die Nachricht vom Tod von Marianne Tschierke überbringen und sich bei ihm ausheulen konnte. Dazu kam die Ungewissheit, was mit Miriam war. Wo sie war, ob sie überhaupt noch lebte.

»Frau Gerber«, sagte Maite Sörensen schließlich und warf einen Blick auf ihre Armbanduhr, »ich muss mich leider verabschieden, ich habe noch eine Verabredung. Aber ganz herzlichen Dank für die Einladung. Wir sehen uns morgen, wenn ich Chiron herbringe.«

»Ich muss auch bald gehen. Ich zeige Ihnen morgen die Gegend. Und sollte ich noch nicht da sein, wenn Sie kommen, unser Stallbursche weiß Bescheid. Einen schönen Abend noch.«

»Ihnen auch. Tschüs.«

Emily Gerber verließ mit ihr zusammen das Restaurant und ging zurück auf den Hof, wo Helena Malkow und Sonja Kaufmann heftig diskutierten. Sie hielten sofort inne, als Emily Gerber auf sie zukam.

»Gibt's Streit?«, fragte sie.

»Nein«, antwortete Sonja Kaufmann kurz angebunden. »Es geht um Selinas Pferd. Ich werde mal reingehen und es mir anschauen.«

Helena Malkow sah Emily Gerber mit süffisantem Lächeln an. »So, wir haben also ein neues Mitglied. Wie ist sie denn?«

»Sehr sympathisch, warum?«

»Kommt dir das nicht spanisch vor, dass wir mit einem Mal eine Neue haben, wo wir doch in den letzten Monaten kaum noch Neuzugänge hatten?« Sie lächelte spöttisch und fuhr sich mit einer Hand über die schweißnasse Stirn.

»Wieso sollte mir das spanisch vorkommen?«

»Mein Gott, bist du so blöd oder tust du nur so?! Bei uns haben sich seit Monaten keine neuen Mitglieder eingetragen, außer ein paar Kinder und Jugendliche, und jetzt auf einmal, wo diese Morde passieren, kommt eine junge Frau daher und schreibt sich ein. Denk mal drüber nach.«

»Es gibt nichts darüber nachzudenken. Du bist auf dem Holzweg, wenn du glaubst, sie wäre ...«

»Sie ist von den Bullen, darauf geb ich dir Brief und Siegel! Sie soll uns ausspionieren, und du merkst das nicht mal oder willst es nicht merken. Aber komm nicht eines Tages und sag, ich hätte dich nicht gewarnt. Ich werde jedenfalls ein Auge auf die Kleine haben, darauf kannst du dich verlassen, mein Herzchen!«

»Helena, nicht in dem Ton! Frau Sörensen wohnt seit kurzem in Hofheim und kommt aus Schleswig-Holstein. Sie wird morgen ihr Pferd herbringen, Chiron, damit du dich schon mal mit dem Namen vertraut machen kannst. Und sie hat die teuerste Box genommen.«

»Du bist naiver, als ich gedacht hätte! Glaubst du im Ernst, die Bullen schicken uns jemanden, der sich als Bulle ausgibt?! Was für einen Beruf hat sie denn angeblich?«

»Sie ist freischaffende Künstlerin, Malerin, wenn du's genau wissen willst, und sie erstellt unter anderem Expertisen. Sie wird übrigens auch unseren Constable mal unter die Lupe nehmen. Und sie kommt aus einem sehr reichen Haus. Vergiss das mit den Bullen. Oder hast du etwa Angst?«

»Wovor sollte ich Angst haben? Du solltest aufpassen, meine Liebe, es ist schließlich dein Hof.«

»Willst du mir etwa drohen? Helena, tu mir einen Gefallen und geh mir heute einfach aus dem Weg.«

»Warum gleich so gereizt? Bekommst du etwa kalte Füße?«

»Ich sag's nur noch einmal, geh mir aus dem Weg.«

»Nicht so schnell, Emily. Denk dran, wir sitzen alle im selben Boot.«

»Nein«, erwiderte sie scharf, »wir haben im selben Boot gesessen, und ich bereue zutiefst, mich jemals auf diesen ganzen Mist eingelassen zu haben, denn ich habe meine Ehe damit aufs Spiel gesetzt«, zischte Emily Gerber und hätte Helena am liebsten ins Gesicht geschlagen.

»Deine Ehe geht mich nichts an, das ist allein dein Problem. Meine Ehe funktioniert, man muss nur flexibel sein.«

»Das ist mir scheißegal. Ich bin jedenfalls raus, und ich rate dir noch einmal, hör du auch auf damit. Wenn du's schon brauchst, dann such dir dein Vergnügen woanders, aber nicht mehr hier.«

»Emily, du kannst mir überhaupt nichts verbieten! Wie heißt es doch so schön, mitgefangen, mitgehangen! Außerdem, wie willst du den andern klarmachen, dass Schluss ist? Es sind zu viele.«

Emily Gerber sah Helena Malkow mitleidig an und sagte mit ruhiger Stimme, obgleich in ihr ein Vulkan brodelte, der kurz vor dem Ausbruch stand: »Weißt du, mir war eigentlich immer schon klar, dass du eine falsche Schlange bist, aber ich wollte es nicht wahrhaben oder hab's verdrängt. Aber jetzt, wo's darauf ankommt, zeigst du endlich dein wahres Gesicht, und das ist einfach nur hässlich. Du tust mir so unendlich Leid, weißt du das?! Warum hab ich mich bloß jemals darauf eingelassen? Ich versteh's bis heute nicht. Und noch was – wenn die Polizei Informationen haben will, kommen sie direkt zu mir oder auch zu dir, sie haben es nicht nötig, jemanden einzuschleusen. Herr Hellmer und Frau Durant waren vorhin bei mir im Büro. Oder hast du das etwa nicht mitgekriegt? Du siehst und hörst doch sonst immer alles«, sagte sie bissig. »Und wer weiß, vielleicht erzähl ich ihnen bei passender Gelegenheit ja selbst, was wir für einen Mist gebaut haben. Flucht nach vorn nennt man das.«

»Emily, mach keinen Fehler. Du könntest es bitter bereuen. Nein, du wirst es bitter bereuen.« Helena merkte, dass sie einen Schritt zu weit gegangen war, ihr Ton wurde mit einem Mal versöhnlicher, sie lächelte entschuldigend und fuhr fort: »Hör zu, keiner wird je rauskriegen, was wir machen. Es ist unser Geheimnis und wird es auch immer bleiben. Wir müssen nur zusammenhalten. Wir kennen uns doch schon eine Ewigkeit. Und was ich eben gesagt habe, habe ich nicht so gemeint, ehrlich. Und wenn du dir sicher bist, dass sie nicht von der Polizei ist, dann vertrau ich auf deine gute Menschenkenntnis. Komm, lass uns vergessen, was gerade gewesen ist. Ich hab einfach einen schlechten Tag erwischt und möchte mich entschuldigen. Was ist? Mach wieder ein freundliches Gesicht, ich mag nicht, wenn du so traurig aussiehst. Wir haben Selina verloren und können nichts mehr daran ändern. Und ihren Mörder wird man finden …«

»Es ist gut, Helena. Ich muss noch kurz zu Sonja und dann nach Hause, mir geht's nicht besonders.«

»Was hast du?«

»Meine Periode und rasende Kopfschmerzen, ich hab in letzter Zeit schlecht geschlafen«, log sie. »Dazu noch die Hitze …«

»Aber wir bleiben doch Freundinnen?«

»Klar«, antwortete Emily Gerber und dachte: Du kannst dir deine Freundschaft wer weiß wohin stecken. Verdammte Heuchlerin!

»Eins muss ich dir unbedingt noch sagen. Dieser Hellmer und seine Kollegin waren vorhin bei uns. Sie haben sich bei Werner doch tatsächlich nach seinem Alibi für die fraglichen Nächte erkundigt. Haben die nichts Besseres zu tun, als uns zu behelligen? Wer immer das gemacht hat, muss doch nicht ganz richtig ticken!«

Stimmt, ihr tickt alle drei nicht richtig, weder du noch Werner noch euer lieber Sohn.

»Sicher. Aber das ist ihr Beruf. Sie haben auch mich und Andreas nach unseren Alibis gefragt.«

Helena Malkow wollte gerade etwas erwidern, als wie aus dem Nichts ihr Sohn Thomas neben ihr stand, die Hände in den Hosentaschen vergraben.

»Hallo«, druckste er herum, den Blick nur kurz auf Emily Gerber und dann zu Boden gerichtet. »Ich wollte nur mal wissen, ob es was zu tun gibt?«

»Du siehst doch, dass wir uns gerade unterhalten! Warte bitte, bis wir fertig sind.«

»Wir sind fertig, Helena. Thomas, druck mal bitte die komplette Mitgliederliste aus und steck sie in einen Umschlag und leg sie in den Ablagekorb. Dort ist auch eine neue Anmeldung, die eingegeben werden müsste. Und wenn du noch die Frankreichfahrt abrechnen könntest, wäre ich dir sehr dankbar, muss aber nicht unbedingt heute sein.«

»Kein Problem«, sagte er mit einem seltenen Lächeln, das sein sonst so finsteres Gesicht überzog, »ich hab heute sowieso nichts weiter vor.«

Als er außer Hörweite war, konnte sich Emily Gerber nicht verkneifen zu sagen: »Warum bist du immer so abweisend zu ihm? Was hat er dir getan?«

»Ich und abweisend?«, entgegnete Helena Malkow mit Unschuldsmiene. »Ich bin doch nicht abweisend. Wir kommen sehr gut miteinander aus.«

»Auf mich macht das aber einen anderen Eindruck. Du gibst ihm jedenfalls immer das Gefühl, als ob du ihn nicht magst. Dabei ist er doch dein Sohn.«

»Ich liebe Thomas über alles, merk dir das! Und jetzt entschuldige mich, ich habe noch etwas zu erledigen. Und wenn deine … Kopfschmerzen … vorbei sind und du wieder klar denken kannst, sollten wir uns einmal in aller Ruhe über gewisse Dinge unterhalten.«

Sie machte auf dem Absatz kehrt und verschwand in der Reithalle. Emily Gerber sah ihr hinterher, ihre Kiefer mahlten aufeinander, sie hasste in diesem Moment sich und das Leben. Sie hatte einen Fehler begangen, einen gravierenden Fehler, aber sie würde nicht zulassen, dass dadurch ihre gesamte Existenz zerstört wurde. Sie würde kämpfen, so wie schon ihr Vater eine Kämpfernatur war und vor Jahren, als seine Existenz ruiniert schien und keiner mehr einen Pfifferling darauf wetten wollte, dass er es noch mal schaffte, wie Phönix aus der Asche doch mit einem Mal wieder auftauchte und all jene Lügen strafte, die ihn abgeschrieben hatten. Sie würde sich an ihm ein Beispiel nehmen und aus den Fehlern der Vergangenheit lernen, so wie er es getan hatte. Und ein Schritt dazu war, noch heute mit ihrem Mann zu sprechen. Beichten. Vorausgesetzt, der Zeitpunkt war günstig.

Sie ging zu Sonja Kaufmann, die mit Selinas Pferd Chopin sprach. Sie flüsterte ihm etwas ins Ohr, das niemand außer ihm hören konnte, und streichelte ihm ganz sanft über den Hals. Er schien sie zu verstehen, doch seine Augen schauten sie so unendlich traurig an, als wüsste er, dass er seine Selina nie mehr wiedersehen würde.

»Hi«, sagte Emily Gerber leise und stellte sich neben Sonja Kaufmann. »Was ist mit ihm?«

»Er trauert. Er hat es mir gesagt. Aber er wird darüber hinwegkommen. Ich werde ihn in den nächsten Tagen trösten«, antwortete sie, ohne ihren Blick von Chopin zu nehmen.

»Sonja, ich muss mit dir reden.«

»Schieß los.« Sie streichelte Chopin über den Hals und zwischen den Ohren und schaute ihn direkt an.

»Die Polizei wird in den nächsten Tagen alle Mitglieder befragen und …«

»Ich weiß, und das ist auch gut so. Aber das ist doch nicht alles, oder?«

»Nein. Ich hatte eben einen heftigen Disput mit Helena.«

»Du auch? Sie hat wohl einen sehr schlechten Tag erwischt. Muss am Mond liegen, oder sie hat ihre Tage. Worüber habt ihr denn gestritten?«

»Sie will nicht aufhören, obwohl ich ihr das schon in Frankreich gesagt habe.«

»Aber du willst es, und ich will es auch. Ich habe eingesehen, dass wir so nicht weitermachen können, es steht für uns alle viel zu viel auf dem Spiel. Doch Helena ist uneinsichtig, wie immer. Wir hatten vorhin das gleiche Thema, deshalb war ich so wütend. Was wirst du jetzt tun?«

»Keine Ahnung. Aber danke, dass du auf meiner Seite bist. Wir müssen Helena davon überzeugen, dass …«

»Vergiss es, sie wird dir gar nicht zuhören. Du musst dir etwas anderes einfallen lassen. Schmeiß sie raus.«

»Und dann? Sie wird uns hintenrum fertig machen. Anonym. Und davor habe ich Angst.«

»Das kann sie sich nicht leisten, sie würde nämlich selbst daran zugrunde gehen.«

»Sonja, Helena ist unberechenbar. Und sie ist eine Masochistin. Ihr wäre es egal, ob sie mit draufgeht. Aber mir ist es nicht egal. Diesen Hof hat mir mein Vater geschenkt, und was habe ich daraus gemacht?!«

»Der Hof läuft besser als je zuvor, und das ist vor allem dein Verdienst. Wir haben uns nur leider auf etwas eingelassen, das wir am Ende nicht mehr kontrollieren konnten. Wir wollten etwas ausprobieren und sind auf die Nase gefallen. Und das Schlimme ist, dass uns das erst so richtig zu Bewusstsein gekommen ist, nachdem wir von Selinas Tod gehört haben. Was hältst du eigentlich von der Theorie der Polizei, dass der Mörder auf dem Hof zu suchen ist?«

»Ich halte es nicht mehr für ausgeschlossen. Ich frage mich nur die ganze Zeit, welches Motiv dahinter steckt. Ich sehe keins.«

Sonja Kaufmann blickte Emily Gerber liebevoll an und meinte: »Ich sehe auch noch keines, aber mach dir keine Sorgen, es wird alles gut. Glaub mir. Und du bist und bleibst meine beste Freundin, ganz gleich, was auch passiert.«

»Danke. Ich hoffe nur, Helena kommt noch zur Besinnung.«

»Ich sag doch, es wird alles gut. Jetzt lass mich bitte noch einen Moment mit Chopin allein.«

»Und ich fahre nach Hause, ich muss den Kopf frei bekommen. Wir sehen uns morgen.«

»Tschüs und mach dir nicht allzu viele Gedanken. Sie blockieren dich nur. Der Energiefluss gerät dadurch durcheinander, und du siehst schon jetzt sehr mitgenommen aus. Gib dir nicht die Schuld an Selinas Tod, du hast sie weder umgebracht noch dem Mörder in die Hände gespielt. Denk dran, dich trifft keine Schuld.

Da draußen läuft ein Psychopath herum, und du weißt, dass Wahnsinnige nicht berechenbar sind. Und jetzt geh und befrei dich von deinen Schuldgefühlen.«

»Ich habe keine Schuldgefühle«, verteidigte sich Emily Gerber.

»Ich spüre doch die Schwingungen. Du solltest dich sehen, wie ich dich sehe. Meditiere oder lies ein gutes Buch. Das hilft.«

»Wie kommt es eigentlich, dass du mich immer durchschaust?«

»Du könntest es auch, aber du bist blockiert. Das heißt, dein inneres Auge ist es. Warum fragst du nicht Andreas, ob er dir hilft, die Blockaden zu lösen? Er sieht mindestens genauso viel wie ich. Und jetzt hau schon ab.«

Emily Gerber begab sich zu ihrem Auto, drehte den Zündschlüssel und fuhr los. Sie hielt an einer um diese Zeit einsamen Stelle zwischen Eddersheim und Okriftel, machte den Motor aus, legte die Stirn ans Lenkrad und weinte hemmungslos. Nach zwanzig Minuten hatte sie sich einigermaßen beruhigt, wischte sich die Tränen ab, schaute im Rückspiegel, ob die Schminke verschmiert war, und machte sich auf den Weg nach Hause. Sie würde heute nicht mit ihrem Mann sprechen, heute war kein günstiger Tag. Sie würde später die Kinder zu Bett bringen und so tun, als wäre dies ein Tag wie jeder andere. War es denn überhaupt ein anderer Tag?

Montag, 20.50 Uhr

Julia Durant verspürte leichte Stiche in der linken Schläfe, als sie in ihrer Wohnung ankam. Sie hatte getankt und wieder einmal für viel Geld ein paar wenige Lebensmittel eingekauft. Ihre Kleidung war nach dem bislang heißesten Tag des Jahres schweißdurchtränkt, in der Wohnung hatte sich die Hitze gestaut. Sie packte die Sachen in den Kühlschrank, zog sich aus, stellte sich unter die Dusche und ließ lauwarmes Wasser über ihren Körper laufen. Sie wusch sich die Haare und rubbelte sich anschließend kräftig mit dem Handtuch ab. Nachdem sie sich frische Unterwäsche angezogen hatte, holte sie eine Dose Bier aus dem Kühlschrank und trank in langen Schlucken. Sie riss die Fenster auf, doch der Wind war beinahe zum Erliegen gekommen, die Luft brachte keine Abkühlung. Sie würde die Fenster trotzdem offen lassen, vielleicht war es ja kühler, wenn sie später von ihrem Treffen zurückkam. Sie dachte für einen Augenblick an Kuhn. Es war ein seltsames Gefühl zu wissen, wieder völlig allein zu sein. Allein im Bett zu liegen, allein aufzuwachen, allein zu essen. Es war wieder alles so wie früher, eigentlich so wie seit der Zeit, als sie von zu Hause ausgezogen war. Sie fühlte sich wie ein streunender Hund auf der Suche nach etwas Wärme und Geborgenheit, aber jedes Mal, wenn sie meinte, den passenden Mann gefunden zu haben, erwies sich derjenige als Lügner und Betrüger. Aber wie hatte ihr Vater doch gesagt, irgendwann würde auch für sie der Richtige vor der Tür stehen. Dein Wort in Gottes Ohr, dachte sie.

Ein Blick auf die Uhr, sie hatte noch etwas Zeit. Sie setzte sich auf die Couch, nahm die Akte Kerstin Grumack in die Hand und überflog die wesentlichen Punkte. Das Foto auf der ersten Seite zeigte ein hübsches Mädchen mit halblangem dunkelbraunen Haar, auffällig blauen Augen und einem vollen, leicht nach oben geschwungenen Mund. Sie lächelte auf dem Foto, doch die Augen sprachen eine andere Sprache. Sie betrachtete das Bild eine Weile, versuchte sich in die Psyche des Mädchens hineinzuversetzen, ob es wirklich vor der seelischen Belastung geflohen war und wo es jetzt sein könnte. Vor allem aber interessierten sie die Aussagen all jener, die Kerstin kannten. Es fand sich jedoch keine Passage, in der auch nur einmal der Satz vorkam, es könnte sich um ein Gewaltverbrechen handeln. Von allen wurde sie als ruhig und ausgeglichen geschildert, doch die Psychologen meinten dahinter eine Persönlichkeit entdeckt zu haben, die mit der großen Belastung, eine krebskranke Mutter zu Hause zu haben, nicht fertig wurde und es deshalb vorzog, unterzutauchen, um den Tod der Mutter nicht miterleben zu müssen. Selbst ein Graphologe war zu Rate gezogen worden, der Kerstins Handschrift analysiert und in die gleiche Kerbe wie die Psychologen geschlagen hatte, indem er Kerstin eine extreme Sensibilität und Überforderung bescheinigte mit dem Wunsch, aus ihrem tristen Leben auszubrechen. Sie war wütend über die Oberflächlichkeit, wie hier ein Urteil über ein Mädchen abgegeben wurde, das keiner der Herren Akademiker jemals zu Gesicht bekommen hatte. Woher will er das aufgrund einer Handschrift wissen? Sie mag ja sehr sensibel und auch überfordert gewesen sein und vielleicht auch den Wunsch gehabt haben, auszubrechen, aber all dies sind doch noch keine Beweise, dass sie es wirklich getan hat! Wie oft wollte ich schon ausbrechen, wie oft habe ich schon geheult, wenn was schief gelaufen ist, und bin trotzdem immer noch ich selbst! Nein, ich muss mit dem Vater sprechen.

Julia Durant klappte die Akte zu, holte eine blaue Bluse und eine Jeans aus dem Schrank und zog sich an. Sie schlüpfte barfuß in die Tennisschuhe, die sie sich erst vergangene Woche gekauft hatte und deren herrlich weiches Innenfutter allein schon die hundertvierzig Euro rechtfertigten. Um kurz nach zehn machte sie den Fernseher aus, steckte sich eine Zigarette an und ging zu ihrem Corsa. Um diese Zeit brauchte sie nicht länger als zwanzig Minuten bis nach Hattersheim. Es wurde jetzt schon merklich früher dunkel, der Himmel war fast schwarz. Sie hatte beide Seitenfenster geöffnet und das Radio auf volle Lautstärke gestellt. Auf der Straße, auf der sie fuhr, störte es niemanden. Sie erreichte Okriftel sieben Minuten vor dem ausgemachten Zeitpunkt und stellte den Wagen auf einem Parkplatz in der Nähe der Fähre ab. Sie schaltete das Radio aus, überprüfte ihre Pistole, eine reine Vorsichtsmaßnahme, und wartete. Eine fast gespenstische Stille lag über dem Ort. Durant wunderte es jetzt nicht mehr, dass keiner mitbekommen hatte, wie die Leiche von Selina nur ein paar hundert Meter weiter abgelegt worden war. Hier wurden tatsächlich mit Einbruch der Dunkelheit die Bürgersteige hochgeklappt.

Sie stieg aus und ging auf eine Bank zu, die im diffusen Licht ei-

ner Laterne stand. Sie war nervös, aber nicht ängstlich. Fünf nach
halb elf, noch immer keine Frau mit einem Irish Setter. Zwanzig
vor, sie rauchte noch eine Zigarette und wollte um Viertel vor elf
wütend über die vertane Zeit gehen, als sie von weitem eine Ge-
stalt mit einem Hund auftauchen sah. Sie zertrat die halb gerauchte
Zigarette, es war eine Frau. Sie sah Durant nicht an, sondern sagte
nur, während sie mit langsamen Schritten an ihr vorbeizog: »Folgen Sie mir in zwei Minuten. Auf der andern Straßenseite sind
auch Bänke, wo wir ziemlich ungestört sind.«

Durant hatte das Gesicht der Frau nur schemenhaft erkannt,
wartete zwei Minuten, stand auf, überquerte die Straße und gelangte auf einen breiten Rad- und Wanderweg. Sie saß auf der
zweiten Bank, Durant setzte sich zu ihr und wurde von dem Hund
neugierig beschnuppert.

»Frau Malkow?«

»Ja, aber bitte, sprechen Sie leise, hier hat alles Ohren.«

Durant hatte sie am Mittag nur ganz kurz gesehen, als sie mit ihrem Mann, dem Pastor, sprechen wollte. Und trotzdem war ihr die
Stimme am Telefon bekannt vorgekommen. Sie war zwischen
Mitte vierzig und Anfang fünfzig, ihr Alter war schlecht zu schätzen, zum einen, weil sie ein recht faltiges, verlebtes Gesicht hatte,
zum andern aber, weil sie eher eine Durchschnittsfrau war, mit einem durchschnittlichen Gesicht, einer durchschnittlichen Figur,
ausdruckslosen Augen.

»Weshalb wollten Sie sich mit mir treffen?«

»Frau Durant, danke, dass Sie gekommen sind, aber ich kann
nicht lange bleiben. Ich weiß auch nicht, wie ich es ausdrücken
soll, aber ich kannte Selina ziemlich gut und bin sehr erschüttert
über ihren Tod …«

»Woher kannten Sie sie? Sie war doch gar nicht evangelisch.«

»Ich war bis vor kurzem Mitglied im Reitclub …«

Als sie nicht weitersprach, sagte Durant: »Und?«

»Es fällt mir nicht leicht, darüber zu reden, weil ich keine konkreten Beweise habe, aber in dem Reitclub geschehen möglicher-

weise einige merkwürdige Dinge. Sie sollten sich mal drum kümmern.«

»Um was kümmern? Von was für merkwürdigen Dingen sprechen Sie?« Durant wurde allmählich ungeduldig, sie hasste es, wenn um den heißen Brei herumgeredet wurde, anstatt gleich auf den Punkt zu kommen, vor allem, wenn die Zeit schon so weit fortgeschritten war und ein harter und ernüchternder Arbeitstag hinter ihr lag.

»Dort gibt es, wie es scheint, einige Frauen, die ihre perversen sexuellen Triebe ausleben, die … Nun ja …«

»Was für Triebe?«

»Lesben.«

»Ja und? Lesben gibt es überall. Ist das alles, was Sie mir zu sagen haben?«

Die Frau gab erst keine Antwort, zögerte, sagte aber schließlich: »Sie machen es offenbar auch mit jungen Mädchen.«

»Wie jung sind die Mädchen?«

»Vierzehn, fünfzehn, selten älter.«

»Woher wissen Sie das? Eben haben Sie noch gemeint, sie hätten keine konkreten Beweise. Haben Sie nun welche oder nicht?« Durants Ton wurde erheblich schärfer.

»Eine Freundin meiner Tochter hat es erzählt.«

»Wem? Ihnen oder Ihrer Tochter?«

»Meiner Tochter.«

»Also gut, was genau hat sie gesagt, und wann war das?«

»Ich kann nur wiedergeben, was meine Tochter gesagt hat. Es war im Frühjahr. Sie hat nur so merkwürdige Andeutungen gemacht, dass es dort anscheinend Frauen gibt, die sich ein paar besondere Mädchen herauspicken und mit ihnen spielen.«

»Schön und gut, aber war dieses Mädchen auch darunter?«

»Nein, sie hat es nur gehört.«

»Na toll! Eine Freundin hat's einer Freundin und wieder einer Freundin und so weiter erzählt. Die stille Post funktioniert ja wunderbar. Frau Malkow, wie glaubhaft ist dieses Mädchen?«

»Ziemlich glaubhaft.«

»Reitet Ihre Tochter auch oder ist sie geritten?«

»Ja, sie war oft auf dem Hof, seit sie zehn ist. Aber sie hat nie etwas gemerkt. Doch seitdem sie das erfahren hat, ist sie nicht mehr hingegangen, genau wie ich.«

»Und warum nicht? Sie haben doch nichts zu befürchten. Wenn Ihre Tochter bisher unbehelligt geblieben ist … Aber gut, das ist nicht meine Sache. Haben die Frauen auch Namen?«

»Nein, sie hat keine Namen genannt.«

»Wie heißt die Freundin Ihrer Tochter?«

»Das möchte ich nicht sagen, denn ich musste meiner Tochter hoch und heilig versprechen, es für mich zu behalten, da sie es auch mir nicht erzählen sollte.«

»Verraten Sie mir wenigstens ihr Alter?«

»Fünfzehn oder sechzehn.«

»Frau Malkow, Sie werden doch wissen, wie alt die Freundin Ihrer Tochter ist! Außerdem brauche ich Beweise und keine Vermutungen. Wenn ich auf den Reiterhof fahre, was glauben Sie, was die mir erzählen? Bestimmt nicht, dass sie lesbische Spiele mit jungen Mädchen veranstalten. Ohne Namen sind mir die Hände gebunden.«

»Aber es muss doch einen Weg geben, herauszufinden, ob das alles wahr ist und wer hinter alldem steckt. Es kann doch nicht angehen, dass sich ein paar perverse Weiber mit fast noch Kindern vergnügen! Sie hat sich das doch nicht aus den Fingern gesogen, dazu kenne ich sie zu gut.«

»Aber Sie kennen nicht mal ihr genaues Alter. Was sagt denn überhaupt Ihr Mann dazu?«

Schweigen.

»Hallo, Frau Malkow, Ihr Mann …«

»Er weiß nichts davon«, kam es kaum hörbar über ihre Lippen.

»Und warum nicht? Er ist Pastor, er ist der Vater Ihrer Tochter und …«

»Er ist Pastor, ja und?! Macht ihn das zu einem besonderen

Menschen? Oder glauben Sie, dass wir dadurch eine besonders glückliche Ehe führen?«

»Ihre Ehe geht mich nichts an. Entschuldigen Sie, war nicht so gemeint.«

»Schon gut. Aber mein Mann darf es nie erfahren. Er lebt in seiner Welt, seine Gemeinde bedeutet ihm mehr als wir. Er kümmert sich um alle möglichen Leute, ist ständig bei jemandem zu Hause, aber für uns hat er kaum noch Zeit. Weshalb sollte ich ihm dann von solchen Sachen erzählen?! Traurig, aber wahr. Doch was will man nach sechsundzwanzig Jahren Ehe schon noch großartig erwarten ...« Sie erhob sich, sah Durant an und sagte: »Ich muss jetzt gehen. Ich bin fest überzeugt, dass der Mord an Selina mit diesem Treiben zusammenhängt. Es war mein erster Gedanke, als ich von ihrem Tod erfahren habe. Ich kann mich natürlich auch täuschen, es kann auch sein, dass die ganze Geschichte eine reine Erfindung ist. Trotzdem wollte ich sie Ihnen nicht vorenthalten. Ich werde auch mit keinem Menschen je wieder darüber sprechen. Auf Wiedersehen.«

»Warten Sie noch einen Moment, bitte. Ihre Schwägerin ist doch Voltigiertrainerin und arbeitet sehr viel mit Kindern und Jugendlichen. Hat sie etwas damit zu tun? Oder Frau Gerber oder Frau Kaufmann? Sie brauchen nur zu nicken.«

»Keine Ahnung. Und wenn ich es recht bedenke, war es wohl keine so gute Idee, Sie hierher zu bestellen, ich habe nur Ihre Zeit vergeudet. Wahrscheinlich ist das wirklich alles nur erfunden, das Hirngespinst eines kleinen dummen Mädchens, das große Probleme hat oder sich wichtig machen will. Es tut mir Leid, es tut mir wirklich Leid. Ich hätte das nicht machen dürfen.«

»Warten Sie, ich ...«, rief Durant ihr nach, doch die Frau drehte sich nicht mehr um, sondern eilte mit schnellen Schritten davon und verschmolz allmählich mit der Dunkelheit.

Julia Durant wartete noch eine Zigarettenlänge, stand dann auf und ging langsam zu ihrem Wagen. Es war fast halb zwölf, als sie sich auf den Heimweg machte. Wenn es stimmte, was sie eben erfahren hatte, dann warf dies ein völlig neues Licht auf den Fall Selina. Ich werde morgen im Präsidium darüber berichten und Maite bitten, sich noch genauer umzuschauen und umzuhören. Sie soll die Damen beobachten. Oh, verdammt, sie hat bestimmt schon längst versucht, mich zu erreichen, und ich hab mein Handy zu Hause liegen lassen. Aber was soll sie heute schon großartig berichten. Ich will jetzt nur noch heim und schlafen ... Emily Gerber und lesbisch? Quatsch! Sonja Kaufmann, auch Quatsch! Helena Malkow? Na ja, sie ist ein burschikoser Typ, aber wenn jede burschikose Frau gleich lesbisch wäre, wäre wohl die Hälfte aller Frauen auf diesem Planeten zumindest bisexuell. Nee, das ist mir einfach zu vage. Und solange die Malkow nicht den Namen des Mädchens nennt, kann ich nichts unternehmen. Ich müsste das Mädchen selber sprechen, unter vier Augen. Ich könnte es höchstens über die Tochter versuchen. Aber was hat das mit den Morden zu tun, vor allem an Mischner und Marianne Tschierke? Marianne Tschierke war kein Mitglied im Reitclub und Mischner nur ein Handlanger. Keine Chance. Und wenn die Mädchen nicht jünger als vierzehn und mit kleinen Spielchen einverstanden sind, können wir rechtlich ohnehin nichts machen. Ach Julia, du zerbrichst dir wieder mal den Kopf über Dinge, die es nicht wert sind. Und die Malkow hat verdammt noch mal Recht, es war vergeudete Zeit. Ich könnte schon seit zwei Stunden im Bett liegen. Scheißjob!

Montag, 22.30 Uhr

Er war ziellos durch die Gegend gefahren. Nachdenken. Seine Frau war früher als erwartet nach Hause gekommen, hatte sich ein Brot gemacht, vor den Fernseher gesetzt und war um halb zehn auf ihr Zimmer gegangen, wo sie wie fast jeden Abend noch in einem Buch las und anschließend meditierte, bevor sie schlief.

Die Unruhe hatte wieder von ihm Besitz ergriffen. Eine Unruhe, die er nicht beschreiben konnte, die aber in ihm war, äußerlich nicht sichtbar, er zitterte nicht, er hatte keine Schweißausbrüche, nein, nichts von dem. Es war ein inneres Zittern und Vibrieren, aber nicht unangenehm. Fordernd und doch auf eine gewisse Weise beruhigend. Ein Widerspruch in sich selbst, eine beruhigende Unruhe.

Er hatte die Aktion begonnen, nein, sie war längst am Laufen, und immer stärker wurde in ihm der Drang nach mehr. Es war ein gutes Gefühl, ein herrliches Gefühl, geradezu gigantisch. Macht, er hatte Macht. Eine Macht wie kaum ein anderer Mensch, ausgenommen ein Hussein oder ein Gaddafi oder andere Politiker, denen die Verschlagenheit geradezu ins Gesicht gemeißelt war. Aber seine Mission unterschied sich ganz wesentlich von der dieser arroganten, selbstherrlichen Politiker, die doch nichts anderes als ein Werkzeug in den Klauen des Teufels waren und die an nichts dachten als an Geld, Geld, Geld. Die Tausende oder Hunderttausende von Menschen täglich verhungern oder einfach verrecken ließen, weil die medizinische Versorgung mangelhaft oder überhaupt nicht vorhanden war.

Sich selbst hingegen empfand er nicht als selbstherrlich oder arrogant, in ihm war nur ein Motor, der immer schneller lief und ihn antrieb, das noch unvollendete Werk auch zu Ende zu bringen. Dabei hatte er gestern noch gedacht, Miriam sei der krönende Abschluss gewesen, doch heute sah er alles schon wieder in einem anderen Licht. Seine Mission war noch nicht beendet, eine innere Stimme sagte es ihm. Doch welche Stimme war das? Es waren mehrere Stimmen, die immer wieder zu ihm sprachen und die ihm befahlen, nicht aufzuhören.

Er drehte seine üblichen Runden über Königstein, am Main-Taunus-Zentrum entlang und wieder auf die Autobahn. In Okriftel in die Linsenberger Straße, wo er am Ende der Sackgasse, dort, wo das Feld anfing, den Wagen abstellte. Er stieg aus, der würzige Duft von gegrilltem Fleisch drang in seine Nase, er hörte Menschen, versteckt hinter Hecken oder Zäunen oder hinter den Häusern, sprechen und lachen, Freunde, glückliche Familien, was auch immer. Er ging, die Hände in den Hosentaschen, bis zu den Flaschencontainern, warf einen Blick zu der Stelle, wo sie lag. Noch hatte man sie nicht gefunden, aber es war nur eine Frage der Zeit, bis es so weit war. Bis jetzt wusste er nicht einmal, ob man ihre Mutter schon gefunden hatte, vermutlich nicht, dachte er, und wenn, sie war nur ein kleiner Bonus, ein Schmankerl, das er sich gegönnt hatte.

Es waren nicht mehr viele Menschen auf der Straße, nur ein paar Spaziergänger, die die noch immer sehr warme Luft genossen, während es in den meisten Wohnungen, vor allem unter dem Dach, kaum auszuhalten war. Und morgen würde es noch heißer werden. Findet sie, dachte er, findet sie schnell, sonst verfault sie, und dann könnt ihr mein Meisterwerk nicht bewundern. Wenn nicht anders, werde ich euch auf die Sprünge helfen, mir wird schon was einfallen, mir fällt schließlich immer etwas ein.

Er lief zurück zu seinem Auto. Er würde zu Hause noch ein wenig Musik hören und schlafen gehen, auch wenn er noch nicht müde war, er war eigentlich nie wirklich müde. Bisweilen etwas erschöpft, aber sein Akku lud sich jedes Mal erstaunlich schnell wieder auf.

Das Handy piepte, er sah die Nummer auf dem Display, sein Vater. Er nahm nicht ab, sondern drückte auf Aus. Er würde nicht mit ihm sprechen, nicht heute. Er wusste sowieso, was der Alte von ihm wollte. Nein, er würde den Job nicht annehmen, und wenn man ihm dafür eine Million bot. Er hatte schließlich Prinzipien, und die würde er niemals mehr brechen. Plötzlich schoss ihm ein Gedanke durch den Kopf, wie er es anstellen konnte, dass Miriams Körper schon bald gefunden wurde. Simpel und genial zugleich.

Im Haus war alles dunkel, sie schlief schon, sie brauchte wenigstens acht Stunden Schlaf, nach weniger war sie schlicht unausstehlich. Er ging nach oben, legte vorsichtig das Ohr an ihre Tür, hörte ihren gleichmäßigen Atem, das Rascheln der Bettdecke. Ich liebe dich, ich liebe dich so sehr. Aber du merkst es nicht, weil du nur dich selbst liebst. Für dich ist Liebe gleich Sex, für mich ist es mehr, viel mehr. Aber das wirst du auch noch begreifen. Irgendwann. Schlaf schön, meine Liebe, ich höre jetzt noch ein bisschen Musik. Mir ist komischerweise nach Metallica. So richtig laut über Kopfhörer. Enter Sandman. Ja, ich bin das Sandmännchen, ich bringe euch zum Schlafen. Bis morgen, Liebes.

Er nahm die schwarze Hülle aus dem Ständer, betrachtete sie eingehend, sie hatte etwas Finsteres, Satanisches, legte die CD ein, setzte die Kopfhörer auf, drehte die Lautstärke mit der Fernbedienung hoch und drückte auf Repeat. Er schloss die Augen und verzog den Mund zu einem zynischen Lächeln. Enter Sandman.

Er hörte bis ein Uhr Musik, Metallica, Joshua Kadison, Beethoven. Danach ging er in den Keller, in seinen Raum, sein Refugium, holte ein paar Sachen aus dem Schrank und aus dem Eisfach des Kühlschranks einen winzigen Behälter. Er öffnete ihn, entnahm lächelnd eine Messerspitze des Inhalts und verteilte ihn auf dem Slip, anschließend packte er die Sachen in eine Plastiktüte. Kurz darauf verließ er das Haus und kehrte nur zwanzig Minuten später wieder zurück. Jetzt war der Zeitpunkt gekommen, um zu schlafen. Er hatte es sich verdient.

Montag, 22.20 Uhr

Emily Gerber war seit halb neun zu Hause, ihr Mann war schon wesentlich länger zurück, weil er montags die Praxis nur am Vormittag für drei Stunden geöffnet hatte und am Nachmittag zwischen dreizehn und fünfzehn Uhr Hausbesuche machte. Sie hatten ein paar Belanglosigkeiten ausgetauscht, sie war unter die Dusche gegangen, hatte eine Banane gegessen und sich noch ein wenig mit ihren Töchtern Celeste und Pauline auf die Terrasse gesetzt, während sich Andreas Gerber in sein Arbeitszimmer zurückgezogen hatte, um sein Buch zu Ende zu redigieren. Um halb zehn brachte sie ihre Töchter zu Bett, umarmte sie diesmal sehr lange, gab ihnen einen Kuss auf den Mund und sah sie liebevoll an. Sie sagte zu beiden nur, dass sie sie sehr lieb habe. Sie war erst bei Celeste gewesen, die ihrer Mutter wie aus dem Gesicht geschnitten war, während Pauline nicht nur vom Aussehen, sondern auch von ihrer Art her eher nach dem Vater kam.

Emily Gerber wollte wieder ins Wohnzimmer gehen, ohne genau zu wissen, was sie dort eigentlich sollte, und entschloss sich, doch mit ihrem Mann zu sprechen. Sie klopfte an seine Tür und betrat das Zimmer.

»Schatz, ich muss mit dir reden«, sagte sie zögernd und setzte sich in den Ledersessel am Fenster. Sie faltete die Hände und sah ihren Mann lange an.

Er erwiderte ihren kummervollen Blick und sagte: »Was ist los?« Er wollte gerade aufstehen und zu ihr gehen, um sie in den Arm zu nehmen, doch sie machte eine abwehrende Handbewegung.

»Nein, bitte, bleib sitzen. Du kannst mit mir tun, was du willst, mich zum Teufel jagen, mich verfluchen, von mir aus bring mich um ... Aber erst, nachdem du die ganze Geschichte gehört hast.«

»Ich werde nichts von dem tun, was du gesagt hast«, entgegnete er leise. »Emily, ich liebe dich, und ganz gleich, was du mir auch zu sagen hast, es kann nicht so schlimm sein, dass ich aufhören könnte, dich zu lieben. Du bist mein Leben, meine Luft zum Atmen, von mir aus auch meine Inspiration. Eigentlich alles ...«

»Das sagst du jetzt, aber vielleicht änderst du gleich deine Meinung. Eigentlich wollte ich das Gespräch noch hinausschieben, aber wie sagt Papa so schön – alles, was man heute erledigen kann und auf morgen verschiebt, verschiebt man auch auf übermorgen ... Hast du was zu trinken hier?«

»Immer.« Er drehte sich mit dem Stuhl, nahm ein Glas aus dem Regal und füllte es mit Mineralwasser. »Bitte.«

Sie trank einen Schluck und stellte das Glas auf die Fensterbank zwischen zwei Orchideen, die schon seit Jahren blühten. Sie fühlte sich im Moment unglaublich wohl in der Gegenwart ihres Mannes, in seinen Augen war nichts als Wärme, alles an ihm strahlte Geborgenheit aus.

Nachdem sie sich die Worte zurechtgelegt hatte, begann sie erst langsam zu erzählen, schließlich sprudelte es nur so aus ihr heraus, während er dasaß und geduldig zuhörte und selbst bei den schlimmsten Passagen nicht seinen Gleichmut verlor.

Als sie nach fast einer Stunde geendet hatte, sagte sie: »Und, verachtest du mich jetzt, hasst du mich oder möchtest du mich schlagen? Ich würde es dir nicht verübeln, denn ich weiß nicht, wie ich auf so etwas reagieren würde. Ich habe aber gegen meine Natur verstoßen. Ich bin nicht bisexuell, glaub mir. Doch vielleicht bin ich verrückt ...«

Er legte einen Finger auf die Lippen, beugte sich nach vorn und sah sie mit noch immer dem gleichen warmen Blick an. »Ich verachte dich nicht, und hassen könnte ich dich sowieso niemals. Im Gegenteil, jetzt, wo ich alles weiß, liebe ich dich sogar noch mehr. Denn du hast etwas gemacht, was nur wenigen gelingt, du bist über deinen eigenen Schatten gesprungen. Mir wird jetzt natürlich auch klar, warum du dich in den letzten Monaten so sehr von mir zurückgezogen hast. Aber es ändert nichts an meinen Gefühlen für dich. Außerdem habe ich selber großen Mist gebaut ...«

»Aber das wäre nicht passiert, wenn ich dich nicht so im Stich gelassen hätte.«

»Es ist vorbei. Darf ich dich jetzt umarmen?«

Sie lächelte gequält, er stand auf und hielt sie minutenlang fest umschlungen, saugte den Duft ihrer Haut und ihres Haares in sich auf, bevor er sie wieder losließ. Er setzte sich vor sie im Schneidersitz auf den Fußboden und schaute sie lange an.

»Ich kann mir vorstellen, wie du dich fühlst«, sagte er.

»Nein, das kannst du nicht.«

»Doch, ich kann es. Und jetzt lass mich bitte ausreden. Wissen Achim und Werner davon?«

»Nein, glaube ich zumindest. Bei Werner bin ich mir nicht hundertprozentig sicher, aber Achim, im Leben nicht.«

»Wann hat es überhaupt angefangen?«

»Wann genau weiß ich nicht, doch es muss schon vor Jahren gewesen sein, aber ich habe es nicht gemerkt, so blind, wie ich bin. Helena hat es heimlich gemacht, dann hat sie wohl Sonja überredet, mitzumachen, und schließlich hat sie es auch bei mir geschafft. Du kannst dir gar nicht vorstellen, wie sehr ich mich schäme.«

»Wart ihr drei die einzigen Frauen?«

»Nein, es sind noch einige andere dabei, aber die kommen nur sporadisch.«

»Ist auch egal … Wie habt ihr denn die Mädchen rumgekriegt? Ich meine, es gibt doch eine Schamgrenze, und viele ekeln sich, mit demselben Geschlecht etwas anzufangen.«

»Fast immer in Frankreich. Die Mädchen waren gut gelaunt, das phantastische Essen, das Meer vor der Tür …«

»Sei jetzt bitte ganz ehrlich zu mir – habt ihr den Mädchen etwas ins Essen oder Trinken getan, damit sie, sagen wir, lockerer wurden?«

»Ich kann es nicht beweisen, aber Helena hatte immer Pillen dabei, die sie ihnen gegeben hat. Als ich sie einmal darauf angesprochen habe, hat sie gesagt, es wären Vitamin- und Aufbaupräparate, aber es kann natürlich auch etwas anderes gewesen sein. Die Mädchen waren jedenfalls nie scheu oder zurückhaltend, wir sind zu ihnen unter die Dusche und …« Sie sprach nicht weiter, ihr Blick allein genügte, dass Gerber sich den Rest denken konnte.

»Wie habt ihr es angestellt, zu ihnen unter die Dusche zu kommen?«

»Sie konnten nicht abgeschlossen werden, das war mit der Gräfin so abgesprochen, sie ist nämlich selbst lesbisch und hat es besonders gerne mit Helena gemacht. Also konnten wir ganz leicht zu den Mädchen und … Was habe ich nur angerichtet?! Ich habe eine solche Wut auf mich, das bringt mich fast um«, sagte sie, Tränen liefen über ihr Gesicht. Gerber zog ein Taschentuch aus seiner Hosentasche und reichte es ihr. Er wartete, bis sie sich beruhigt hatte.

»War Selina auch dabei?«

Emily Gerber nickte nur.

»Sie hat mir gegenüber nichts davon erwähnt. Ist es möglich, dass die Mädchen sich gar nicht so richtig an das erinnern konnten, was da mit ihnen geschah?«

»Ich weiß es nicht. Es wurde zumindest nie darüber geredet.«

Gerber überlegte. Er hatte die Augen für ein paar Sekunden geschlossen, dann sagte er: »Es gibt Medikamente, die willenlos und auch hemmungslos machen. Die Wirkung ist ähnlich wie bei Alkohol, wenn du zu viel getrunken und am nächsten Morgen einen so genannten Filmriss hast. Du weißt zwar, dass irgendwas passiert ist, aber du weißt nicht mehr, was. Nur, dass bei den Medikamenten der Kater ausbleibt. Und wenn du wieder eine von diesen ›Vitaminpillen‹ bekommst, ist alles herrlich … Aber trotz aller Vorsichtsmaßnahmen, hattet ihr nie Angst, dass eines der Mädchen sich doch erinnern und die ganze Sache ausplaudern könnte?«

»Ich habe mir keine Gedanken darüber gemacht, ich war selbst wie in Trance.«

»Hast du etwa auch was genommen?«

»Kann sein, ich habe keine Ahnung, ob Helena mir heimlich was gegeben hat. Ich konnte mich jedenfalls immer an alles erinnern. Aber es war nicht so, wie du vielleicht denkst, wir haben die Mädchen nie zu etwas gezwungen. Sie haben alle freiwillig mitgemacht. Und wenn eine sich geziert hat, haben wir sie in Ruhe gelassen.«

»Und du hast wirklich erst seit einem Jahr mitgemacht?«, fragte er noch einmal.

»Ich schwöre es. Das erste Mal war letztes Jahr in Frankreich. Die beiden Jahre davor habe ich davon überhaupt nichts mitgekriegt, sie haben es hinter meinem Rücken getrieben. Aber vergangenes Jahr wurde ich mit einem Mal mit einbezogen. Sonja hat un-

ter der Dusche gestanden, ich bin reingeplatzt, aber das wollte sie
wohl so, und dann hat sie gemeint, ob ich ihr den Rücken massie-
ren könnte. Und dann kamen nach einer Weile die Schuldgefühle
bei mir, ich konnte dir nicht mehr in die Augen schauen, ohne
diese verdammte Schuld darin zu sehen. Deshalb habe ich mich
von dir zurückgezogen. Das ist der einzige Grund«, sagte sie mit
stockender Stimme. »Ich wusste nicht mehr ein noch aus ...«

»Habt ihr nur mit den Mädchen oder auch miteinander geschlafen?«

»Nur mit Sonja, vor Helena habe ich mich geekelt. Sie ist einfach eklig. Allein schon von ihr angefasst zu werden ... Ich
möchte am liebsten überhaupt nichts mehr mit ihr zu tun haben.«

»Emily, was du gemacht hast, ist Vergangenheit. Aber es muss
aufhören.«

»Ich habe doch schon damit aufgehört!«, schrie sie verzweifelt.

»Und ich habe dir gesagt, dass auch Sonja aufhört. Aber Helena
will es nicht. Und du kennst sie und ihre Unberechenbarkeit. Die
kann mich fertig machen, und dann ist auch dein Ruf ruiniert, und
das darf einfach nicht passieren. Hörst du, ich will nicht, dass du
unter meinen Fehlern zu leiden hast.«

»Mach dir um mich keine Sorgen, wir finden eine Lösung. Wir
dürfen nur nichts überstürzen.«

»Du hättest Helena vorhin erleben müssen. Sie hat mir gedroht,
nicht direkt, aber allein wie sie mit mir geredet hat ...«

Als hätte Gerber die letzten Worte nicht gehört, fragte er: »Wie
viele Mädchen waren es denn so über den Daumen gepeilt?«

»In Frankreich hatten wir sechs Mädchen dabei, alle etwa in Selinas Alter.«

»Das weiß ich ja. Ich meine davor?«

»Immer so sieben oder acht.«

»Und die treibende Kraft war immer Helena?«

»Ja. Helena ist richtig lesbisch, aber sie macht es auch mit Männern, manchmal sogar mit zwei oder drei auf einmal. Ganz stolz
hat sie mir mal davon erzählt. Sie ist krank, sie ist eine echte

Nymphomanin. Aber wie lange Sonja da schon mitmacht, weiß ich nicht, ich hab sie nie gefragt. Es kann jedoch sein, dass auch sie einige Mädchen an Land gezogen hat.«

»Frankreich war ja nur zehn Tage. Wo habt ihr es denn sonst gemacht?«

»In einem von Helenas Häusern.«

»In welchem?«

»In einem ihrer Häuser in Kelkheim. Wir haben die Mädchen eingeladen und … Schatz, ich kann nicht mehr. Lass uns aufhören, bitte. Ein andermal wieder.« Sie sah ihn flehend an.

Er stand auf und stellte sich ans Fenster. »Gut, hören wir auf. Aber eins muss ich noch loswerden – Selina. Ich halte es für immer wahrscheinlicher, dass ihr Tod unmittelbar damit zusammenhängt. Es muss jemanden geben, der von eurem Treiben weiß. Warum er aber Selina umgebracht hat, kann ich mir nicht erklären. Sei mir jetzt nicht böse, aber wenn er Helena, Sonja oder dich umgebracht hätte, könnte ich das nachvollziehen. Ich würde vermuten, es ist der Vater von einem dieser Mädchen, der sich an euch rächen will. Aber dass Selina sterben musste, macht keinen Sinn.«

»Ich hab vergessen, dir was zu sagen. Frau Durant und Herr Hellmer waren vorhin auf dem Hof. Frau Tschierke ist tot. Ich darf aber vorläufig mit niemandem außer mit dir darüber reden. Und du musst es auch für dich behalten.«

Gerber drehte sich um und sah seine Frau ungläubig an. »Frau Tschierke? Die Mutter von Miriam?«

»Ja. Angeblich hat sie Selbstmord begangen, aber Frau Durant glaubt wohl nicht daran.«

»Und was ist mit Miriam?«

»Sie haben sie gesucht und mich gefragt, ob ich wüsste, wo sie sein könnte.«

»Miriam ist weg? O mein Gott, das darf nicht wahr sein! Hier ist ein Wahnsinniger am Werk! Ich glaube, dass Miriam sein nächstes Opfer ist. Und Miriam war auch mit in Frankreich. Welche Mädchen waren noch dabei? Nathalie, Katrin und wer noch?«

»Anja und Carmen.«

»Wir müssen das der Polizei melden, und zwar sofort. Ich ruf Herrn Hellmer an, die Mädchen müssen beschützt werden.«

»Ich glaube nicht, dass er es nur auf die Mädchen abgesehen hat. Schau doch mal, er hat Mischner und auch Frau Tschierke umgebracht. Mischner hatte schon seit Jahren nichts mehr mit uns zu tun, und Frau Tschierke hatte fast überhaupt keinen Kontakt zu uns. Und Miriam ist erst seit ein paar Wochen Mitglied bei uns. Wenn er es nur auf die Mädchen abgesehen hat, warum bringt er dann auch Erwachsene um?«

»Keine Ahnung, das soll die Polizei herausfinden. Herr Hellmer muss aber zumindest von unserer Vermutung wissen, sonst habe ich keine ruhige Minute mehr.«

»Tu, was du nicht lassen kannst. Aber schau mal auf die Uhr.«

»Das ist mir egal.« Er hob den Hörer ab und tippte die Nummer ein. Er ließ es lange klingeln und wollte schon auflegen, als sich Hellmer mit verschlafener Stimme meldete.

»Ja?«

»Herr Hellmer, hier ist Gerber. Entschuldigen Sie die späte Störung, aber ich habe eben von meiner Frau erfahren, dass Frau Tschierke tot ist. Haben Sie Miriam schon gefunden?«

»Nein, bis jetzt nicht.«

»Es ist möglich, dass ich falsch liege, aber ich glaube nicht, dass Sie Miriam noch lebend finden. Selina Kautz und Miriam Tschierke waren beide mit in Frankreich …«

»Augenblick, langsam. Was wollen Sie damit sagen?«

»Ich denke einfach nur, dass es vielleicht mit der Fahrt nach Frankreich zusammenhängt.«

»Und warum denken Sie das? Es muss doch einen Grund für diese Vermutung geben.«

»Selina wurde doch, nur wenige Tage nachdem die Gruppe zurückgekehrt ist, ermordet. Und jetzt ist auch noch Miriam verschwunden. Es ist, wie gesagt, nur eine Vermutung.«

»Ich werde das morgen mit meinen Kollegen besprechen. Gute Nacht.«

»Warten Sie, ich denke, Sie sollten wenigstens wissen, wer noch mit dabei war.«

»Also gut, geben Sie mir die Namen durch, ich werde der Sache nachgehen.« Und nachdem er mitgeschrieben hatte: »Ich werde mich drum kümmern.«

Gerber legte auf und ging zu seiner Frau, die am Fenster stand und in den dunklen Garten schaute. Er legte einen Arm um sie, in seinem Kopf ein großes Wirrwarr. Er war ausgebrannt, der Abend hatte ihn eine beinahe unmenschliche Anstrengung gekostet, auch wenn er sich das nicht anmerken ließ. Zu hören, dass seine Frau ein Jahr lang ihre Sexualität mit Frauen und Mädchen ausgelebt hatte, während er sich immer wieder die Frage stellte, warum sie nichts mehr von ihm wissen wollte. Jetzt endlich hatte er eine Antwort erhalten. Er hatte mit allem gerechnet, nur nicht mit einer solchen Enthüllung. Aber was Emily geschildert hatte, überstieg selbst seine schlimmsten Vermutungen. Zum Glück hatte sie über keine Details dieser Liebesspiele gesprochen, er wollte gar nicht wissen, was sie alles gemacht hatten, seine Vorstellungskraft allein reichte ihm schon. Und er begriff jetzt auch, weshalb sie häufig so gereizt und zynisch gewesen war, weshalb sie keine Berührungen von seiner Seite aus mehr duldete, sich immer mehr abschottete. Es war nicht gegen ihn gerichtet, es war die Schuld, die wie ein Felsbrocken auf ihren Schultern lastete und mit der sie nicht fertig wurde.

Aber er liebte sie wie keine andere Frau, und er würde ihr verzeihen und auch helfen, denn sie war verzweifelt. Sie hatte Angst vor Helena Malkow, eine berechtigte Angst. Sie hatte nichts zu verlieren, ein Wort von ihr genügte, und sie konnte Emily wie eine Kakerlake zertreten. Die Zeitungen würden über den Hof berichten, über sexuellen Missbrauch, auch wenn es keiner im eigentlichen Sinn war, die Eltern würden ihre Kinder abmelden und auch all jene ihre Mitgliedschaft kündigen, die nichts wollten, als nur ihren Pferden eine gute Unterkunft zu bieten und mit ihnen regelmäßig auszureiten. Aus diesem Grund musste er sich etwas einfallen lassen. Aber nicht mehr heute.

Er nahm seine Frau bei der Hand, um mit ihr ins Schlafzimmer zu gehen. Und obwohl sie beide müde und erschöpft waren, konnten sie nicht schlafen. Erst gegen Morgen, mit Einbruch der Dämmerung, fielen Gerber die Augen zu.

Dienstag, 5.07 Uhr

Das Telefon klingelte und klingelte. Durant drehte sich auf die Seite, murmelte ein paar unverständliche Worte, bis sie endlich begriff, dass sie sich nicht in einem Traum befand, sondern dieses Klingeln Realität war. Sie nahm den Hörer ab und murmelte schlaftrunken: »Ja?«

»Leitner, KDD. Frau Durant, bei uns ist eben eine Meldung reingekommen, dass in Hattersheim-Okriftel etwas gefunden wurde, und zwar am Spielplatz in der Nähe der Rossertstraße. Kollegen der dortigen Polizei sind bereits vor Ort und haben alles abgesperrt. Ich würde ja selbst hinfahren, aber wir haben die ausdrückliche Anweisung, Sie zu benachrichtigen.«

Julia Durant war mit einem Mal hellwach. Sie setzte sich auf, fuhr sich mit einer Hand durchs Haar und sagte: »Haben Sie schon Herrn Hellmer informiert?«

»Nein.«

»Dann tun Sie das bitte. Beschreiben Sie ihm genau den Fundort und bitten Sie ihn, mich kurz anzurufen.«

»Wird gemacht.«

Sie sprang aus dem Bett, erledigte ihre Morgentoilette, bemerkte die Schachtel auf der Ablage über dem Waschbecken, sie hatte seit Sonntag vergessen, die Pille zu nehmen. Wozu auch, dachte sie, während sie sich die Zähne putzte, ist ja eh kein Mann weit und breit in Sicht.

Sie hatte gerade ihren Slip angezogen, als das Telefon erneut klingelte. Hellmer. Er sagte, er laufe sofort zum Spielplatz rüber und gebe ihr in wenigen Minuten Bescheid, ob es sich um ein ähnliches Paket handle wie bei Selina. »Nicht, dass du umsonst kommst«, fügte er als Letztes noch hinzu.

Sie brühte sich schnell einen Kaffee auf, schüttete Cornflakes in eine Schüssel und gab Milch und Zucker darüber. Hellmer rief aufgeregt an, als sie kaum zwei Löffel voll gegessen hatte.

»Julia, mach, dass du herkommst.« Mehr sagte er nicht, mehr brauchte er auch nicht zu sagen.

»Bin schon auf dem Weg.«

Sie trank einen Schluck von dem noch heißen Kaffee, stellte die halb volle Tasse auf den Tisch, nahm das Handy von der Ladestation und steckte es in die Tasche. Sie rannte die Treppe hinunter und etwa fünfzig Meter weit bis zu ihrem Wagen. Glücklicherweise war es noch relativ früh am Morgen, und der Berufsverkehr hatte noch nicht eingesetzt. Dazu geriet sie in eine grüne Welle, durch die sie noch schneller vorwärts kam. Sie stoppte hinter einem Streifenwagen, es war 5.57 Uhr, exakt fünfzig Minuten nach dem Anruf vom KDD. Zwei weitere Streifenwagen blockierten die Zufahrt zu dem Gelände für Radfahrer, auch Jogger und Fußgänger wurden umgeleitet. Trotz der frühen Stunde hatten sich eine Menge Schaulustiger eingefunden, denen Durant jedoch diesmal keine Beachtung schenkte, dazu war sie einfach noch zu müde.

»Hi«, wurde sie von Hellmer begrüßt, der nur eine Jeans und ein T-Shirt anhatte. »Da vorne im Gebüsch.«

»Wann wurde sie gefunden?«

»Der Anruf ging um 4.53 Uhr auf dem Hattersheimer Revier ein, etwa fünf Minuten nach dem Fund.«

»Wer hat sie gefunden?«

»Die Frau dort vorne. Ihr Hund hat die Witterung aufgenommen.«

Julia Durant wandte ihren Kopf und sah eine etwa fünfzigjährige Frau mit einem Golden Retriever, die sichtlich mitgenommen war.

»Wie aufgenommen? Hier laufen doch jeden Tag ein paar hundert Hunde rum …«

»Schau mal hier auf den Boden«, wurde sie von Hellmer unterbrochen. »Er wollte, dass wir sie finden.«

»Das gibt's doch nicht!«, stieß sie hervor und blickte auf eine Armbanduhr, einen weißen BH, einen Slip, eine Jeans und andere Dinge, die einer bestimmten Person gehörten. Sie schluckte schwer und stöhnte: »Mein Gott, der Typ ist völlig irre. Der spielt mit uns. Das Zeug hat doch gestern noch nicht hier gelegen, das wäre doch sofort aufgefallen.«

»Logisch. Er hat's heut Nacht hierhin gelegt. Bock ist übrigens schon unterwegs, und alle andern sind auch informiert. Kann sich nur noch um Minuten handeln.«

»Hast du mit der Frau schon näher gesprochen?«, fragte sie und blieb etwa fünf Meter von dem Bündel entfernt stehen, das sie fast identisch schon einmal am Freitag gesehen hatte. Sie wollte jedoch nicht näher herangehen, um eventuelle Spuren nicht zu verwischen.

»Sie ist wie jeden Morgen mit dem Hund Gassi gegangen, sie sagt, sie nimmt immer den gleichen Weg. Gestern kurz vor Mitternacht ist sie auch hier längs gegangen, da hat der Hund aber noch nicht angeschlagen. Das heißt, die Sachen wurden erst später hier deponiert. Richtig schön in Reih und Glied. Irgendwie hat er auch Humor.«

»Sorry, aber ich kann über seine Witze nicht lachen«, erwiderte Durant. »Du etwa?«

»Nee, eigentlich nicht, aber soll ich jetzt in Tränen ausbrechen? Wir haben doch eh nicht mehr dran geglaubt, sie noch lebend zu finden. Ach ja, bevor ich's vergesse, Gerber hat mich gestern angerufen, als ich schon gepennt habe. Er sagt, die Morde müssen seiner Meinung nach irgendwas mit der Frankreichfahrt zu tun haben. Selina und auch Miriam waren mit dem Reitclub in Frankreich. Er hat mir auch gleich die Namen und Adressen der andern vier Mädchen durchgegeben. Er fürchtet wohl, der Killer könnte es auch auf sie abgesehen haben.«

»Und, teilst du seine Meinung?«

»Keine Ahnung. Mischner und die Mutter von Miriam passen irgendwie nicht ins Bild. Ich kann mir nicht vorstellen, dass es was mit Frankreich zu tun hat. Das ist eher zufällig. Wieso hat er Miriams Mutter umgebracht, wenn er Miriam wollte? Trotzdem sollten wir mit den Mädchen sprechen und sie warnen. Was hat eigentlich dein Treffen gestern ergeben?«

Durant sah ihn an und meinte genervt: »Sag mal, hast du heute Sabbelwasser getrunken? Warte bis nachher, ich muss mich jetzt erst mal ein bisschen umschauen. Am liebsten wäre mir, wenn Richter herkommen könnte. Er sollte sich den Fundort mal angucken.«

»Richter? Ich glaub, der wäre alles andere als erfreut, so früh am Morgen ...«

Sie ließ Hellmer nicht ausreden, sondern tippte einfach Richters Nummer ein. Er meldete sich sofort. Durant fragte ihn, ob er bereit sei, sich den Fundort eines weiteren Opfers anzusehen, bevor die Spurensicherung ihre Arbeit aufnahm. Er würde auch von einem Streifenwagen abgeholt und später wieder nach Hause gebracht werden. Er erklärte sich sofort einverstanden, schien sogar erfreut, einen Tatort als einer der Ersten begutachten zu können.

Durant sah Hellmer ohne eine Miene zu verziehen an. »Richter kommt. Ruf mal in der Einsatzzentrale an, die sollen einen Wagen vom Sachsenhäuser Revier zu Richter schicken und ihn so schnell wie möglich herbringen, am besten mit Blaulicht und Sirene. Solange er nicht hier ist, wird nichts angerührt. Ist eigentlich schon irgendwas angefasst oder verändert worden?«

»Nein, die Frau sagt, der Hund hat zwar an den Sachen geschnuppert, aber sie hat nichts angefasst, und auch die Beamten, die kurz nach ihrem Anruf hier waren, haben alles so gelassen, wie sie es vorfanden.«

»Trotzdem sind mit Sicherheit schon Spuren verwischt worden. Wenn der Hund dort am Gebüsch war …«

»Julia, er hat uns bestimmt nicht seine Visitenkarte hinterlassen.«

»Doch, hat er«, entgegnete sie trocken. »Seine Visitenkarte liegt dort hinten.«

Sie hatte kaum zu Ende gesprochen, als die Wagen der Spurensicherung zusammen mit dem Fotografen und kurz darauf auch Prof. Bock eintrafen. Hellmer erklärte ihnen die Sachlage, einzig dem Fotografen gestattete er, ein paar erste Bilder aus angemessener Entfernung zu schießen. Durant zündete sich derweil eine Zigarette an und setzte sich auf eine Bank etwa vierzig Meter vom Fundort entfernt. Sie stellte sich vor, wie nachts bei völliger Dunkelheit ein Mann hier eine Leiche deponierte und vermutlich eine Nacht später, damit das Opfer auch gefunden wurde, noch einmal herkam, um die Stelle zu markieren.

Wo bist du hergekommen? Und wann? Oben vom Wald, oder hast du die Chuzpe besessen, mit deinem Auto bis hierher zu fahren und sie in aller Ruhe auszuladen? Zutrauen würde ich es dir. Hast du eigentlich gar keine Angst, gesehen zu werden? Oder bist du einer von denen, denen man keinen Mord zutraut, einer, von dem man sagt, er würde keiner Fliege was zuleide tun? Stehst du jetzt vielleicht hier unter den Gaffern und schaust uns zu und grinst dabei hämisch? Und warum willst du unbedingt, dass die Leiche so schnell gefunden wird? Und woher rührt dein Hass? Okay, spielen wir. Die ersten Runden gehen an dich. Aber jetzt sind wir dran. Es gibt eine Revanche und diesmal verlierst du, verlass dich drauf.

Sie saß zwanzig Minuten und zwei Zigaretten auf der Bank, als sie von der Seite angetippt wurde. Gerber. Er trug eine Jogginghose, ein blaues Shirt und recht auffällige, bunte Nike-Laufschuhe.

»Hallo«, sagte er mit ernster Miene. »Herr Hellmer hat mich durchgelassen. Ich brauch wohl nicht zu raten, was hier los ist, oder?«

»Nein. Wie ich gehört habe, haben Sie sich auch schon Gedanken über den Mörder gemacht. Sie vermuten also, es könnte mit der Frankreichfahrt zusammenhängen. Wie kommen Sie ausgerechnet darauf?«

»Es ist wie gesagt einfach nur eine Vermutung. Die Mädchen kommen aus Frankreich zurück, und dann fängt auf einmal das Morden an …«

»Dr. Gerber, ich bin lange genug Polizistin, um zu wissen, wann mir jemand etwas vorflunkert. Wie kommen Sie also ausgerechnet auf Frankreich?«

»Es ist wirklich nur eine Vermutung. Aber ich habe es mir heute Nacht noch einmal durch den Kopf gehen lassen und bin inzwischen schon wieder davon abgekommen. Es wäre einfach zu absurd. Frau Tschierke hatte mit dem Reitclub nichts zu tun, sie war glaub ich nur ein- oder zweimal dort. Nein, vergessen Sie einfach, was ich gesagt habe, ich entschuldige mich dafür.«

Durant sah ihn zweifelnd an, sie glaubte ihm kein Wort, weil sich vor allem seine letzten Worte fast so anhörten wie die von Frau Malkow am Abend zuvor. Vergessen Sie einfach, was ich gesagt habe, ich entschuldige mich dafür! Idiot!

»Sie brauchen sich nicht zu entschuldigen, wir sind für jeden Hinweis dankbar und werden dem auch nachgehen.«

»Das ist wirklich nicht nötig.«

»Sie sind doch ein so intuitiver Mann. Sie haben letzte Nacht aus dem Bauch heraus Herrn Hellmer angerufen, und Sie und ich wissen, dass man immer auf seinen Bauch hören sollte«, sagte sie spöttisch. »Aber ich habe eine Frage zu Frau Tschierke. Wissen Sie, wo sie gearbeitet hat? Ihre Frau sagt, bei einem Arzt in Sindlingen.«

»Das ist damals nichts geworden. Ich hab sie aber bei Dr. Fischer-Klein untergebracht, wo sie vormittags gearbeitet hat. Seine Nummer steht im Telefonbuch. Ich geh dann mal wieder, ich muss in einer halben Stunde die Praxis aufmachen.«

Gerber entfernte sich. Durant hörte den Streifenwagen, der mit

Blaulicht und Sirene die Straße hochraste. Sie erhob sich von ihrem Platz und ging auf Richter zu.

»Guten Morgen, Professor. Es wurde bislang nichts verändert. Hoffe ich zumindest.«

»Ich wünsche auch Ihnen einen guten Morgen.«

»Kommen wir gleich zur Sache. Hier wurde eine Spur gelegt, das Paket liegt in dem Gebüsch da vorne.«

Richter nahm die ersten Eindrücke in sich auf, holte einen Notizblock und einen Stift aus seiner Hemdtasche und schrieb Details auf. Dann ging er ein Stück weiter, betrachtete die Stelle aus einer anderen Perspektive und machte noch mehr Notizen. Er hockte sich nieder, wobei er aufmerksam und lange die Lage der Gegenstände betrachtete.

»Er hat eine Spur gelegt«, wiederholte er Durants Worte und fuhr sich dabei übers Kinn. »Er will Aufmerksamkeit. Vermutlich möchte er nicht, dass die Leiche zu stark verwest, was bei der Hitze recht schnell geht. Er will, dass die Leiche in einem noch relativ unversehrten Zustand gefunden wird.« Richter machte eine Pause, während der er offensichtlich versuchte, sich in die Psyche des Täters hineinzuversetzen, seine Beweggründe nachzuvollziehen, um so noch näher an ihn heranzukommen. Nach einer Weile fuhr er fort: »Lassen Sie die Sachen genauestens untersuchen, ich möchte wetten, Ihre Spezialisten finden irgendwas daran, wahrscheinlich an der Unterwäsche.«

»Was sollen Sie finden?«

»Ich weiß es nicht, ist nur so ein Gefühl. Etwas, das nicht vom Opfer stammt. Er hätte ja auch etwas anderes nehmen können, um den Weg zu markieren, aber er hat die Kleidung des Mädchens benutzt. Er ist ein Spieler. Sie müssen sich das wie ein Schachspiel vorstellen, und er ist Ihnen bis jetzt immer einen Zug voraus, er kann aber zehn Züge im Voraus denken. Und wenn Sie nicht aufpassen, hört er auf zu spielen und setzt die Partie fort, wenn Sie gar nicht mehr damit rechnen. Es ist eine Art Fernduell, bei dem er zwar Sie kennt, aber genau weiß, dass er für Sie nur ein Phantom ist.«

»Meinen Sie denn, wir finden eine Spur, die zu ihm führt?«, wollte Hellmer wissen.

»Dazu ist er zu gerissen. Aber Sie werden etwas finden, wodurch er die Polizei und die Ermittlungsmethoden lächerlich machen will. Wie gesagt, er ist ein mit allen Wassern gewaschener Spieler. Seine Intelligenz ist exorbitant.«

»Was verstehen Sie unter exorbitant?«

»Sehr hoher Bildungsgrad, sehr analytischer Verstand und gleichzeitig auch ein Bauchmensch. Und er muss extrem gute Ortskenntnisse haben, ich nehme an, er wohnt schon seit langem hier, vielleicht sogar schon seit seiner Geburt, denn er weiß, wo er wann ungestört ist. Es könnte aber auch sein, dass er einmal hier gewohnt hat und noch sehr gute Kontakte zu bestimmten Personen hier pflegt, wie zum Beispiel Eltern oder anderen Verwandten oder Bekannten. Er hat die Sachen vergangene Nacht hier ausgelegt. Moment, werfen Sie doch mal einen Blick auf die Sachen. Fällt Ihnen was auf?«

Durant und Hellmer schüttelten den Kopf.

»Die Reihenfolge. Ein Schuh, eine Socke, der Slip, der BH, die Armbanduhr, die Jeans und die Bluse. Warum nur ein Schuh und eine Socke?«, sagte er und sah die Beamten an, als würde er eine Antwort auf seine Frage erwarten. Und als die nicht kam, gab er die Erklärung: »Zählen Sie mal, wie viele Gegenstände Sie hier sehen.«

»Sieben!«, stieß Durant nach kurzem Nachzählen hervor. »Schon wieder die Zahl sieben.«

»Sehr gut erkannt.« Richter begab sich erneut in die Hocke und betrachtete die Armbanduhr. Ein kaum merkliches Lächeln umspielte seine Lippen, als er mit einer Handbewegung den Kommissaren bedeutete, sich zu ihm hinunterzubeugen. »Hier, noch ein kleines Detail. Das Mädchen wurde um genau 1.34 Uhr getötet, aber nicht letzte Nacht. Schauen Sie auf das Datum. Das ist eine Quarzuhr, und die bleibt nicht einfach so stehen, das wäre ein wenig zu viel Zufall. Er hat vermutlich die Batterie entfernt. Das heißt, er führt genau Buch über die Zeiten. Ein sehr ordnungsliebender Mensch, fast schon ein Pedant.«

»Welche Bedeutung mag die Zahl sieben denn für ihn bloß haben?«

»Die Zahl sieben hat zahlreiche Bedeutungen. Dazu kann ich im Augenblick nichts sagen, ich muss erst alles auswerten und kann dann vielleicht der Sieben eine Bedeutung zuordnen. Alles andere wäre jetzt reine Spekulation.«

»Könnte es bedeuten, dass er sieben Menschen töten will?«

Richter schüttelte zweifelnd den Kopf. »Kaum. Das wäre für einen derart intelligenten Mann zu simpel. Für ihn hat die Sieben eine ganz andere Bedeutung.«

Hellmer hatte genau zugehört und meinte: »Es gibt doch diesen Film Sieben, ich weiß nicht, ob Sie davon gehört haben.«

»Nein, ich war schon seit ewigen Zeiten nicht mehr im Kino. Um was geht es denn in dem Film?«

»Es geht um eine sehr eigenartige Mordserie, wobei mit sieben die sieben Todsünden gemeint sind. Könnte unser Mann ...«

»Nein«, entgegnete Richter mit energischem Kopfschütteln, »hier ist ein Individualist am Werk. Er kreiert etwas Neues und kupfert nicht ab. Natürlich will er uns mit dieser Zahl etwas sagen, aber er würde nie eine schon mal da gewesene Mordserie kopieren, auch wenn es sich um reine Fiktion handelt. Wie gesagt, wir haben es mit einem Individualisten zu tun. Für ihn zählen nur neue Wege, neue Ideen, er will der Welt etwas beweisen, nämlich dass er etwas Besonderes ist und auch etwas Besonderes schaffen beziehungsweise erschaffen kann. Sie können jetzt mit den üblichen Maßnahmen beginnen.«

Hellmer begab sich zu dem Fotografen und sagte ihm, er solle nicht nur den Fundort fotografieren und filmen, sondern mit der Videokamera möglichst unauffällig auch die umstehenden Neugierigen aufnehmen. Danach unterhielt er sich kurz mit einer jungen Frau von der Spurensicherung, eine kleine, zierliche Person, die in dem obligatorischen weißen Tyvek-Anzug steckte, während zwei ihrer Kollegen das Paket auf die Wiese hoben, wo Bock sofort begann, die Schnüre zu durchtrennen.

Richter steckte Block und Stift wieder ein. »Wir haben es also bisher mit drei Toten zu tun.«

»Nein, mit vier, vielleicht sogar fünf. Die Mutter dieses Mädchens haben Hellmer und ich gestern tot in ihrer Wohnung gefunden. Nach den bisherigen Erkenntnissen Suizid, doch ich zweifle ganz stark daran. Es spricht einfach zu viel dagegen.«

»Und was?«

»Kein Abschiedsbrief, nur ihre Fingerabdrücke auf der Flasche mit dem Zyankali und noch einiges mehr.«

»Würden Sie mir die Unterlagen bitte auch zukommen lassen?«

»Das wurde bereits in die Wege geleitet, Sie müssten sie im Laufe des Vormittags erhalten.«

Sie standen jetzt bei Bock, der erst das braune Leinentuch auseinander faltete und anschließend die transparente Abdeckplane. Um zu verhindern, dass neugierige Gaffer von der folgenden Untersuchung etwas mitbekamen, wurde der Leichnam von acht Beamten, die große graue Decken hochhielten, umrahmt, so dass nur die unmittelbar Beteiligten einen Blick auf die Tote werfen konnten.

»Das stinkt ja entsetzlich«, stöhnte Durant auf, nachdem Bock auch die Plane auseinander gefaltet hatte, und hielt sich Nase zu. Ein flaues Gefühl machte sich in ihrem Magen breit, und obwohl sie durch den Anblick vieler Toter schon reichlich abgehärtet war, fiel es ihr schwer, diesen Anblick zu ertragen. Hellmer erging es kaum anders, er verzog angewidert den Mund, schaffte es aber nicht, den Blick von dem toten Mädchen abzuwenden. Er hatte die Hände in den Hosentaschen und tat, als würde ihn der Anblick eher kalt lassen, obgleich ihm hundeelend war. Zum Glück hab ich noch nicht gefrühstückt, dachte er, während zwei andere Beamte sich übergeben mussten, eine Reaktion, die Durant nicht zum ersten Mal miterlebte.

Miriam war nackt, die Arme wie bei Selina über dem Bauch verschränkt, die Augen geschlossen, als schliefe sie nur.

»Der Fäulnisprozess hat bereits eingesetzt«, bemerkte Bock ungerührt, ein paar Fliegen hatten sich auf dem verkrusteten Blut niedergelassen, und immer mehr kamen aus allen Richtungen angeflogen. Bock schien das nicht weiter zu stören, er fuhr einfach fort: »Der Körper beginnt bereits aufzuquellen, was an der Hitze liegt. Die Sonne hat gestern den ganzen Tag mit voller Wucht auf sie geschienen, und sie war eingewickelt wie ein Fisch, den man zum Grillen auf den Rost legt. Deshalb sage ich einfach, sie wurde vor etwa anderthalb bis zwei Tagen getötet.«

Durant, die sich schnell wieder unter Kontrolle hatte und den Ausführungen Bocks interessiert gefolgt war, blickte auf ihre Armbanduhr und sagte: »Gar nicht so schlecht. Sie ist seit knapp dreißig Stunden tot, um genau zu sein, seit 1.34 Uhr am Montagmorgen.«

Bock sah Durant entgeistert an. »Woher wissen Sie das? Beziehungsweise, woher wollen Sie das wissen?«

»Geheimnis … Nein, Spaß beiseite, ihre Armbanduhr steht auf 1.34 Uhr. Der Täter hat das bewusst so arrangiert. Vielleicht wollte er Ihnen unnötige Arbeit abnehmen.«

»Wollen Sie mich verarschen?«

»Das würde ich mich nie trauen«, sagte sie grinsend.

»Frau Durant, Ihre Scherze in Ehren, aber so früh am Morgen ist mir noch nicht danach. Hat er Ihnen auch gesagt, wie oft er zugestochen hat? Sieht nämlich genauso aus wie bei dieser Selina.«

»Siebenundsiebzig Mal?«

»Könnte hinkommen. Es gibt aber einen kleinen Unterschied zu dem andern Mädchen, er ist noch akribischer vorgegangen. Er hat diesmal so lange gewartet, bis kaum noch Blut ausgetreten ist, hat sie noch gründlicher gewaschen, anschließend noch einmal die Wunden gesäubert und ihre Haare gekämmt …«

»Das reicht schon. Lassen Sie sie abtransportieren, dann hauen auch die Leute endlich ab.«

»Wie Sie meinen.« Bock kam wieder hoch, sah Durant an und sagte: »Und wenn Sie mal wieder eine Leiche finden, teilen Sie mir doch bitte gleich am Telefon den genauen Todeszeitpunkt mit, damit ich mir die aufwendigen Untersuchungen sparen kann.«

»Jetzt seien Sie doch nicht gleich beleidigt«, versuchte Durant ihn versöhnlich zu stimmen. »Ich kann doch nichts dafür, wenn der Kerl so was macht.«

»Ist ja gut.« Bock gab den Männern vom Bestattungsinstitut ein Zeichen, sie legten Miriams Körper mitsamt der Plane und dem Leinentuch in einen Zinksarg und schoben ihn in den Leichenwagen.

»Sie bekommen das vorläufige Ergebnis im Laufe des Nachmittags. Ich hab ja sonst nichts zu tun.«

»Sehen Sie, das ist der Unterschied zwischen Ihrem Job und unserem. Wir rennen uns jetzt wieder den ganzen Tag die Hacken wund, während Sie in aller Ruhe in Ihrem kühlen Raum einer angenehmen Beschäftigung nachgehen können. Haben Sie wenigstens ein bisschen Mitleid mit uns.«

»Sie glauben gar nicht, wie sehr ich Sie bemitleide! Sie haben mein vollstes Mitgefühl. Und ich freu mich schon richtig drauf, mal wieder jemanden aufzuschneiden, der so herrlich verfault stinkt. Bis dann.«

Sie wartete, bis Bock weg war, dann gab sie den Männern und Frauen der Spurensicherung noch ein paar Anweisungen. Sie sollten vor allem bei der späteren Untersuchung der Kleidungsstücke und der Uhr äußerst sorgfältig vorgehen und auf Besonderheiten achten.

»Worauf denn im Speziellen?«, fragte der Leiter der Spurensicherung.

»Ich weiß es selbst nicht, ehrlich. Unser Psychologe meint, es könnte sich etwas an der Kleidung befinden, das nicht von dem Mädchen stammt. Lasst das Zeug am besten sofort zur Untersuchung ins Labor bringen, und wenn's geht, möchte ich noch heute Ergebnisse haben.«

»Ich schick gleich jemanden los.«

Richter, der sich unterdessen mit Hellmer unterhalten hatte, kam auf Durant zu und sagte: »Sie haben vorhin etwas von fünf Toten erwähnt. Wer ist der oder die fünfte?«

»Möglicherweise ein Mädchen, das im Dezember 96 spurlos verschwunden ist. Und da Sie gestern gesagt haben, dass der Mord an Selina Kautz nicht sein erster Mord war ...«

»Ich habe lediglich gesagt, ich gehe davon aus, dass er schon einmal gemordet hat.«

»Egal. Wir haben jedenfalls diesen Hinweis erhalten und werden dem auch weiter nachgehen. Sie haben wahrscheinlich mit Ihrer Vermutung Recht, das wollte ich damit nur ausdrücken.«

»Lassen wir uns überraschen. Wenn Sie mich nicht mehr brauchen ...«

»Danke, dass Sie gekommen sind. Die Kollegen werden Sie nach Hause bringen. Ach ja, wann glauben Sie können wir mit einem ersten ...«

»Frau Durant, geben Sie mir bitte etwas Zeit. Ich mag es nicht, gedrängt zu werden. Und schauen Sie mich nicht mit diesem Klein-Mädchen-Blick an, damit machen Sie mich nur nervös, wenn Sie verstehen... Aber gut, sagen wir morgen Nachmittag um fünf bei Ihnen im Präsidium. Eine vorläufige Analyse habe ich bereits gestern erstellt, ich muss aber noch eine Menge von heute hinzufügen. Meinen Sie, Ihre Geduld reicht bis morgen?«

»Ich werde mir Mühe geben. Und nochmals vielen Dank.«

Sie wartete, bis Richter gegangen war, und sagte dann zu Hellmer: »Frank, kann ich bei dir was zu essen kriegen? Ich habe einen Mordshunger.«

»Blöde Frage. Mir hängt der Magen auch in den Kniekehlen. Gehen wir, hier gibt's eh nichts mehr für uns zu tun. Dann können wir auch gleich besprechen, was heute alles anliegt.«

»Das kann ich dir auch jetzt schon sagen – Herr Grumack ...«

»Ich hab mich gestern schon gefragt, was du von dem willst? Lass ihn doch einfach in Ruhe. Du wühlst da Sachen auf, die er vielleicht gerade verarbeitet hat.«

»Ich hab die Akte kurz durchgelesen, und was da drinsteht, reicht mir nicht. Auch wenn er dadurch noch mal mit der Vergangenheit konfrontiert wird, ich will aus seinem Mund hören, was Kerstin für ein Mädchen war und was sich in der Familie wirklich abgespielt hat. Außerdem könnte es ja auch sein, dass es ihm gut tut, wenn er endlich Gewissheit hat.«

»Wenn du meinst.«

»Tja, und dann bleibt mir nichts anderes übrig, als mich noch einmal mit der Gerber zu unterhalten, außerdem krieg ich von ihr noch die Mitgliederliste. Aber bei dem Gespräch kann ich dich nicht gebrauchen. Was wir sonst noch machen, wird sich wohl ergeben.«

»Wieso willst du mit der Gerber allein sprechen?«, fragte Hellmer verständnislos. Sie waren an seinem Haus angekommen.

»Es hat mit meinem Treffen gestern Abend zu tun. Ich erklär's dir gleich.«

Dienstag, 8.50 Uhr

Beim Frühstück erzählte Durant von ihrem Treffen mit der Frau des Pfarrers. Hellmer schien unbeeindruckt, er aß drei Brötchen und trank zwei Tassen Kaffee, ohne auch nur einen Kommentar abzugeben, doch Nadine Hellmer hörte gespannt zu und vergaß darüber fast zu essen.

»Wenn das wirklich stimmt«, sagte Nadine, »dann ist hier bald die Hölle los. Lass mal die so genannten anständigen Leute das erfahren, die machen den Reitclub dem Erdboden gleich. Die zünden da alles an. Lesben!«

»Moment«, versuchte Durant sie zu beruhigen, »Frau Malkow hat keinerlei Beweise vorbringen können, und deshalb stelle ich nicht einmal Vermutungen an. Sollte sich das Gerücht aber als wahr erweisen, dann sind die betreffenden Personen dran. Mit der Gerber werde ich heute noch ein Gespräch unter vier Augen führen und sie ganz konkret darauf ansprechen. Ich werde sehen, wie sie reagiert, und dann meine Schlüsse ziehen.«

»Ph, sie wird alles abstreiten, ist doch logisch! Wer gibt schon zu, sexuellen Kontakt zu Minderjährigen zu haben.«

»Ich muss es trotzdem wenigstens versuchen. Außerdem haben wir ja noch unsere Kollegin Maite, die bestimmt bald merkt, ob da was in der Richtung läuft oder nicht.«

Nach dem Essen stand Durant auf, tippte die Nummer von Grumack ein, eine Frauenstimme meldete sich.

»Grumack.«

»Hier Durant. Ist Herr Grumack zu sprechen?«

»Er ist in seiner Werkstatt. Kann ich Ihnen vielleicht weiterhelfen?«

»Nein, ich müsste mit ihm persönlich sprechen.«

»Wissen Sie denn, wo die Werkstatt ist?«

»In der Rheinstraße, oder?«

»Nein, er ist umgezogen, und zwar in die Langgasse. Sie können es nicht verfehlen.«

»Danke für die Auskunft.«

Sie legte auf und sagte zu Hellmer: »Fahren wir hin. Du weißt doch sicherlich, wo die Langgasse ist.«

»Klar.« Er verabschiedete sich von seiner Frau mit einem Kuss und sagte mit bedauerndem Blick, es könne durchaus wieder ein langer Tag werden.

Hellmer parkte den BMW auf der Straße vor der Werkstatt und ging mit Durant durch das kleine Tor in den Innenhof. Auf einer eher unscheinbaren Tür stand »Eingang«. Sie klopften an, und als niemand antwortete, traten sie einfach ein. In der Werkstatt einige fein gearbeitete und zum Teil gedrechselte Möbelstücke, Stühle, Tische und mehr, der angenehme Geruch von Holz lag in der Luft. Ein kleines Radio spielte, die Lautstärke war ziemlich hoch eingestellt, Grumack stand mit dem Rücken zu ihnen und bearbeitete gerade ein Stück Holz, das vielleicht einmal ein Stuhlbein werden sollte. Durant tippte ihm von hinten auf die Schulter, woraufhin er erschrocken zusammenzuckte und die Kommissare mit großen Augen anblickte.

»Wir haben geklopft«, entschuldigte sich Durant. »Herr Grumack?«

»Ja.«

Durant hielt ihm ihren Ausweis hin und sagte: »Kripo Frankfurt. Meine Name ist Durant, und das ist mein Kollege Herr Hellmer. Können wir uns einen Moment in Ruhe unterhalten?«

»Um was geht's denn?«, fragte er nicht unfreundlich, ein kleiner Mann von höchstens einsfünfundsechzig, untersetzt. Er sah die Kommissare prüfend an.

»Es geht um Ihre Tochter Kerstin.«

Grumacks Blick verfinsterte sich von einer Sekunde zur andern, sein Ton wurde unpersönlich. »Das ist jetzt über fünf Jahre her. Was wollen Sie nach so langer Zeit noch von mir? Warum wollen Sie alte Wunden wieder aufbrechen?«

»Ich habe die Akte gelesen und hätte einfach noch ein paar Fragen. Haben Sie ein Büro, wo wir uns hinsetzen können?«

»Ja, da vorne. Kommen Sie, aber ich sage Ihnen gleich, ich habe nicht viel Zeit.« Er schaltete das Radio aus, und die Kommissare folgten ihm in ein kleines, aufgeräumtes Büro, in dem ein Schreibtisch, zwei Stühle und ein Schrank standen, an der Wand hingen Bilder von einer Frau und einem höchstens drei Jahre alten Jungen. Grumack blieb an seinen Schreibtisch gelehnt stehen und musterte die Kommissare immer noch mit dem gleichen prüfenden Blick.

»Können wir uns setzen?«, wiederholte Durant ihre Frage.

»Moment, ich hole noch einen Stuhl von draußen.«

Als er zurückkam, nahm er hinter seinem hellen Schreibtisch aus Kiefernholz Platz und wartete, bis auch die Beamten sich gesetzt hatten.

»Herr Grumack, ich möchte mich dafür entschuldigen, dass wir so bei Ihnen reinplatzen, aber Sie haben sicherlich mitbekommen, was in den letzten Tagen hier vorgefallen ist. Im Zuge unserer Ermittlungen haben wir erfahren, dass Ihre Tochter Ende 96 verschwunden ist …«

»Frau …«

»Durant.«

»Frau Durant, es ist lange her, und ich habe damals der Polizei wirklich alles gesagt, was ich weiß.«

»Ich werde mich auch kurz fassen. Kerstin wurde zuletzt am späten Nachmittag des 23. Dezember 1996 gesehen. Gab es zu dem Zeitpunkt irgendwelche Anzeichen, dass sie überfordert war und abhauen könnte?«

Er schüttelte den Kopf. »Mein Gott, wie oft bin ich das schon gefragt worden! Nein, Kerstin hat sich benommen wie immer. Sie war am Nachmittag noch in der Stadt, um ein paar Geschenke einzukaufen, ist irgendwann um fünf oder halb sechs nach Hause gekommen und wollte noch einmal zu einer Freundin gehen, doch dort ist sie nie angekommen. Das steht doch aber alles in den Akten.«

»Es tut mir Leid, aber ich glaube, es steht längst nicht alles in den Akten.«

»Da mögen Sie Recht haben«, stieß er bitter hervor. »Man hat sich ja auch nicht gerade viel Mühe gemacht, um Kerstin zu finden. Wissen Sie, wie oft Ihre Kollegen bei uns waren? Drei Mal, ganze drei Mal! Dann haben sie noch ein paar andere Leute befragt, und damit war für sie der Fall abgeschlossen. Klar, war ja auch Weihnachten, da will man sich nicht mit so was belasten. Und dann war ja auch noch diese Verrückte, die sich in der Kirche in die Luft gesprengt hat, und die war natürlich wichtiger als Kerstin! Aber es ist vorbei, Kerstin ist weg und …« Er wandte den Kopf zur Seite. Durant spürte, dass es für ihn noch lange nicht vorbei war, dass die Erinnerung mit Gewalt wieder an die Oberfläche drängte.

»Erzählen Sie mir doch bitte etwas über Kerstin. Was war sie für ein Mädchen?«

»Kerstin«, sagte er mit einem Mal wie aus weiter Ferne und stockend, indem er immer wieder kleine Pausen zwischen den Sätzen machte, »sie war meine Tochter … Sie war neben meiner Frau die Einzige, die mir etwas bedeutet hat … Klar, sie hatte auch ihre Ecken und Kanten, aber sie war eine Liebe … Mein kleiner Engel hab ich sie immer genannt … Sie war auch mein Engel … Deshalb war es für mich und meine Frau ein solcher Schock, als wir erfahren haben, dass sie weg ist … Sie können sich das nicht vorstellen … Einen Tag vor Weihnachten, das letzte Weihnachten mit ihrer Mutter. Kerstin hat genau gewusst, dass es das letzte Weihnachten sein würde, ich habe meine Frau extra am Samstag vorher aus dem Krankenhaus geholt … Es hat Kerstin sehr mitgenommen, dass meine Frau so gelitten hat, obwohl sie sich das nie anmerken ließ … Sie waren beide sehr tapfer …«

»Ich möchte jetzt nicht zu sehr ins Detail gehen, aber wann ist Ihre Frau krank geworden und wann ist sie gestorben?«

»Sie haben Anfang 96 einen Knoten in ihrer Brust entdeckt, bei einer ganz normalen Vorsorgeuntersuchung. Sie wurde sofort operiert, aber die Metastasen hatten sich schon im ganzen Körper ausgebreitet. Sie hat Bestrahlungen bekommen, Chemotherapie, wir haben alles versucht, doch es hat nichts geholfen. Kerstin hat die Coole, Selbstsichere gespielt, aber sie hat so oft geweint, wenn sie allein war, und gedacht, ich würde das nicht merken … Kein Wunder, wenn man weiß, dass die Mutter bald sterben wird. Aber sie hat die Hoffnung trotzdem nie aufgegeben, genau wie ich. Und dann war Kerstin mit einem Mal weg. Meine Frau ist am 2. Januar eingeschlafen. Vielleicht hätte sie noch zwei oder drei Monate länger gelebt, aber dieser Schock war zu viel für sie. Die Zeitungen haben damals darüber geschrieben, ich hab sogar RTL und Pro Sieben eingeschaltet, die über Kerstin berichtet haben, aber Sie sehen ja, es war alles umsonst.«

»Das heißt, Kerstin hat knapp ein Jahr lang miterlebt, wie Ihre Frau immer kränker wurde. Hat sie irgendetwas gegen ihren Kummer gemacht? War sie in einem Sportverein oder reiten, ich meine, hier in der Gegend gibt es einige Reiterhöfe …«

»Kerstin war im Turnverein, sie hat in einer Sporttanzgruppe mitgemacht, aber das schon vor der Krankheit meiner Frau. Pferde waren nicht so ihr Ding. Sie hatte aber einen Hund, der einen Tag vor Silvester plötzlich verschwunden ist. Man hat ihn tot am Baggersee gefunden, erfroren. Er war traurig, ich hätte nie gedacht, dass ein Hund so traurig sein kann ...« Er hielt inne, schaffte es nicht mehr, die Tränen zu unterdrücken, zog ein Tempo aus der Hemdtasche, wischte sich verschämt die Tränen ab und putzte sich die Nase. Durant ließ ihm Zeit, sich wieder zu fangen, warf nur einen kurzen Blick zu Hellmer, der wie versteinert dasaß.

»Wühler«, fuhr Grumack mit verklärtem Blick fort, nachdem er sich einigermaßen beruhigt hatte, »so hieß er. Kerstin hat ihn so genannt, weil er immer irgendwas im Boden vergraben oder gesucht hat. Er ist ihr zugelaufen, als er noch ziemlich klein war. Kerstin hat ihn aufgepäppelt und, na ja, sie waren einfach unzertrennlich. Ich weiß noch genau, wie er am 23. Dezember spätabends mit einem Mal fast zwei Stunden lang ununterbrochen geheult hat. Es hat sich angehört wie ein Wolf, aber traurig. Er hat geheult und geheult, und obwohl ich versucht habe, ihn zu beruhigen, er hat einfach nicht aufgehört, er hat sogar nach mir geschnappt, was er noch nie zuvor gemacht hat ... Danach hat er nichts mehr gefressen, er hat nur noch traurig in der Ecke gelegen.«

»Haben Sie das unseren Kollegen damals gesagt?«

»Nein, ich hab das nicht für wichtig gehalten, ich hab ja nur an Kerstin gedacht und gehofft, sie würde zurückkommen. Aber jetzt fällt mir das auf einmal ein. Es ist schon komisch, ausgerechnet jetzt ... Er muss gespürt haben, dass Kerstin nicht wiederkommt. Er hat immer genau gewusst, wann sie nach Hause kommt. Er kannte die genauen Zeiten, wann sie Schule aushatte, und hat an der Terrassentür auf sie gewartet. Sogar wenn sie unerwartet früher aushatte, er hat's gewusst und sich an die Tür gestellt. Manchmal hab ich das Gefühl gehabt, als könnte Wühler Gedanken lesen. Ja, und als dann Kerstin weg war, ist auch er gegangen.«

»Sie sagen, er ist am 30. Dezember verschwunden. Wann hat man ihn denn gefunden?«

»Das war Mitte Januar, als der Schnee allmählich geschmolzen ist. Er hat direkt am Wasser gelegen, an einer ziemlich versteckten Stelle, aber der Baggersee war ja in dem Winter zum ersten Mal seit langem wieder zugefroren. Wir hatten nachts zeitweise an die zwanzig Grad minus, und es hat ziemlich viel Schnee gelegen.«

»Können Sie sich vorstellen, weshalb er sich zum Sterben ausgerechnet diesen Ort ausgesucht hat? Ist Kerstin mit ihm öfter dort spazieren gegangen? Und wussten meine Kollegen davon?«

Grumack zuckte mit den Schultern und sah Durant ratlos an. »Ich hab's gesagt, aber es hat sie nicht interessiert. Na ja, und Kerstin und Wühler waren im Sommer schon des Öfteren am Baggersee, aber sie sind auch ganz normal über die Felder gezogen oder runter an den Main gegangen. Eigentlich waren sie meistens am Main und sind dann hinten zum Schwarzbach und an den Tennisplätzen wieder zurück. Manchmal sind meine Frau und ich auch mitgegangen.«

Durant hatte eine düstere Ahnung, die sie jedoch vor Grumack nicht aussprechen wollte. Stattdessen sagte sie mit Blick auf die Bilder an der Wand: »Sie sind wieder verheiratet?«

Zum ersten Mal, seit die Beamten bei ihm waren, huschte so etwas wie ein Lächeln über seine Lippen. »Ja, allein hätt ich's nicht ausgehalten. Erst Kerstin, dann meine Frau. Das Haus war mit einem Mal so unglaublich leer, das können Sie sich gar nicht vorstellen. Außerdem war es der Wunsch meiner Frau, dass ich wieder heirate. Sie hat ja schon seit November gewusst, dass sie sterben würde, und als ich einmal bei ihr im Krankenhaus war, haben wir uns lange darüber unterhalten. Ich hab gesagt, ich würde nie wieder heiraten, aber sie hat nur gelacht und meine Hand genommen und gesagt, sie möchte nicht, dass ich allein bleibe, sie möchte, dass ich wieder heirate und glücklich werde. Und dann hab ich ein halbes Jahr später meine jetzige Frau kennen gelernt. Aber glauben Sie mir, die Erinnerung wird immer bleiben. Wenn man zwei Menschen, die man über alles geliebt hat, so kurz hintereinander verliert, dann ist das, als ob einem ein Brenneisen in die Haut gedrückt wird. Doch die Vergangenheit kann ich nicht wieder zurückholen ... Aber jetzt mal im Ernst, Sie sind doch hergekommen, weil Sie glauben, dass Kerstin umgebracht wurde, genau wie die kleine Kautz. Aber man hat doch nie die Leiche meiner Tochter gefunden. Also könnte es doch immerhin sein, dass sie noch lebt. Oder?« Er sah die Kommissare Hilfe suchend an, als würde er auf eine Bestätigung warten. Doch die konnte und wollte Durant ihm nicht geben, sie wollte keine Hoffnungen schüren, wo ihrer Meinung nach keine mehr waren.

»Herr Grumack, wir sind hier, um vielleicht ein paar Parallelen zu dem Mord an Selina Kautz zu finden. Aber es gibt keine offensichtlichen. Das Einzige ist das Alter. Kerstin war fünfzehn und Selina auch. Wir sind Ihnen trotzdem sehr dankbar für die Zeit, die Sie sich für uns genommen haben. Und alles Gute für die Zukunft.«

Durant und Hellmer erhoben sich und reichten Grumack die Hand.

»Sie können ruhig wiederkommen. Sie waren auf jeden Fall netter als Ihre Kollegen damals. Die haben mich sogar gefragt, ob ich Kerstin jemals ...«

»Schon gut. Eine Frage noch – wo genau wurde denn der Hund gefunden?«

»Kennen Sie sich denn hier aus?«

»Herr Hellmer wohnt im Sterntalerweg.«

»Das ist ja gleich um die Ecke. Wenn Sie die Eichenstraße bis zum Ende fahren, wo's nicht mehr weitergeht, dann kommen Sie auf einen Parkplatz. Von dort aus sind's nur ein paar Schritte bis zum Baggersee. Es gibt dort einen kleinen Grillplatz, und wenn Sie links am Grillplatz vorbei runter zum Wasser gehen, dann ist es der rechte Baum direkt am Ufer. Wühler hat sich dort hingelegt, um zu sterben. Ohne Kerstin wollte er nicht mehr leben.«

»Danke.« Sie gingen wieder durch die Werkstatt, Durant sagte: »Machen Sie eigentlich alles, ich meine, alle Sorten von Möbeln?«

»Hauptsächlich Stühle, Tische, auch mal eine Kommode oder

einen Schrank. Manche Kunden haben sehr ausgefallene Wünsche, und die versuch ich zu befriedigen.«

»Und Sie machen das ganz allein?«

»Nein, ich habe noch zwei Mitarbeiter, die sind aber gerade unterwegs.«

»Ich könnte eine neue Essgruppe gebrauchen. Es muss nichts Ausgefallenes sein, aber individuell. Was würde das denn so über den Daumen gepeilt kosten?«

»Wie groß soll sie denn sein?«

»Vier Stühle, ein Tisch. Am liebsten aus Kiefer.«

»Kommt drauf an. Doch so zwischen ein- und zweitausend Euro müssen Sie schon anlegen. Aber wenn ich das mache, dann haben auch noch Ihre Urenkel gut davon.«

Beim letzten Satz musste sie unwillkürlich lächeln. Enkel, Urenkel! Wenn der wüsste, dachte sie nur. »Herr Grumack, ich werde mich ganz bestimmt bei Ihnen melden, und dann besprechen wir, was ich mir vorstelle. Und jetzt noch einen schönen Tag.«

»Auf Wiedersehen«, sagte er und begleitete sie zur Tür.

Wieder im Auto, fragte Hellmer: »Sag mal, willst du dir wirklich von ihm eine Essgruppe schreinern lassen?«

»Klar, warum nicht. Andere Frauen schneiden sich nach einer Trennung die Haare ab, ich werde meine Wohnung neu gestalten. Ist sowieso längst überfällig.«

»Für zweitausend Euro?«

»Zwischen ein und zwei hat er gesagt. Außerdem hab ich mir lange nichts gegönnt. Und mal sehen, wenn er wirklich so gut ist, vielleicht lass ich mir noch mehr von ihm machen. Ich mag den Mann nämlich. So, und jetzt fahren wir zum Baggersee, ich will mir die Stelle ansehen, wo der Hund gelegen hat.«

»Was denkst du?«

»Das kann ich dir sagen; unsere lieben Kollegen haben damals eine verdammt saumäßige Arbeit abgeliefert. Ist aber auch logisch, Grumack ist ja nur ein kleiner Schreiner, der seine Tochter vielleicht sogar missbraucht hat! Wenn man dem nur einmal genau in die Augen guckt, weiß man, dass der zu so was nie fähig wäre. Kerstin ist nicht abgehauen, die Gegend wurde nie nach ihr abgesucht, das steht zumindest nicht in den Akten, und wenn's da nicht drinsteht, wurde es auch nicht gemacht. Fehler Nummer eins. Fehler Nummer zwei: Keiner ist auf die Idee gekommen, dass der Hund nicht zufällig an den See gelaufen ist. Warum ist er zum See gelaufen anstatt runter an den Main, um dort zu sterben? Und wenn der Hund und Kerstin wirklich so unzertrennlich waren, dann glaub ich noch viel weniger an die Weglauftheorie. Weißt du was, unsere Scheißpsychologen können mich mal kreuzweise.«

Hellmer schwieg, während Durant sich den Frust von der Seele redete. Er stoppte auf dem Parkplatz vor dem Anglerverein, und sie gingen die wenigen Meter zu Fuß bis zu der Stelle, die Grumack ihnen beschrieben hatte.

»Hier in etwa muss er sich hingelegt haben. Im Winter bei eisiger Kälte«, murmelte Durant und ließ ihren Blick über den Baggersee schweifen. »Bist du öfter hier?«, wollte sie von Hellmer wissen.

»Geht so.«

»Weißt du, wie tief der See ist?«

»Keinen blassen Schimmer. Da solltest du jemanden fragen, der sich hier wirklich auskennt.«

»Werd ich tun. Ich will nämlich auch was über den Winter 96/97 wissen. Und wer könnte uns da besser Auskunft geben als Achim Kaufmann.«

Dienstag, 10.40 Uhr

Die Garage war offen, nur ein Auto stand drin. Hellmer betätigte die Klingel, Achim Kaufmann kam mit schnellen Schritten um das Haus herum. Er hatte eine Shorts und ein T-Shirt an und war barfuß.

»Guten Morgen«, begrüßte er die Beamten freundlich, »was führt Sie schon wieder in meine heiligen Hallen?«

»Wie immer«, erwiderte Durant schulterzuckend, »Fragen.«

»Ich bin mit Tobias hinten im Garten. Meine Frau ist aber nicht zu Hause.«

»Wir wollten auch zu Ihnen. Wir brauchen Ihre Kenntnisse als Klimaforscher und als Ortskundiger.«

»Setzen wir uns doch in den Garten, dann hab ich Tobias besser im Blick. Möchten Sie auch was trinken?«

»Gerne«, sagte Durant, »ein Glas Wasser.«

»Und Sie?« Kaufmann sah Hellmer an.

»Dasselbe.«

Nachdem die Gläser gefüllt waren und Durant getrunken hatte, sagte sie: »Sie haben uns doch gestern so interessante Dinge über unser Klima erzählt. Haben Sie auch eine Statistik über zum Beispiel den Winter 96/97?«

Kaufmann nickte. »Statistiken sind für uns das A und O. Winter 96/97 sagen Sie? Welcher Zeitraum genau?«

»Dezember, Januar.«

»Wenn Sie sich einen Moment gedulden, ich hole den Ordner nur schnell aus meinem Arbeitszimmer.«

Er rannte die Treppe hoch und kehrte kaum zwei Minuten später zurück, in der Hand einen dicken Leitzordner, den er aufschlug.

»96/97«, murmelte er. »Hier hab ich's. Welche Informationen benötigen Sie im Speziellen?«

»Wie kalt es zum Beispiel in der Zeit zwischen dem 23. Dezember und 20. Januar war, und ob zu der Zeit viel Schnee gelegen hat.«

Kaufmann nickte, ließ seinen Finger über eine Tabelle gleiten und sagte: »Höchsttemperatur am 23. Dezember minus zwei Grad, Tiefsttemperatur minus vier Grad. Kein Schnee. Aber ab Heiligabend Schneefall, der zum Jahresende hin immer stärker wurde. Und mit den Temperaturen ging's auch steil bergab, nachts auf bis zu minus achtzehn Grad, gefühlte Temperatur zeitweise minus dreißig Grad. Bis fast Ende Januar hatten wir Schnee, der aber ab Mitte Januar allmählich abtaute. Es war ein recht kalter Winter, verglichen mit den anderen in den Neunzigern.«

»Diese Information reicht schon, danke. Sie sagten gestern, Sie seien ein waschechter Okrifteler. Dann kennen Sie doch auch den Baggersee. Können Sie uns sagen, wie tief er in etwa ist?«

Achim Kaufmann lehnte sich zurück, die Arme über dem Bauch verschränkt, und sagte mit dem Anflug eines Lächelns: »Bis Anfang der Sechziger wurde aus dem Baggersee Kies gefördert. Das Wasser dort ist eigentlich Grundwasser, das heißt, man hat den Kies aus dem Wasser herausgeholt. Als dann die Arbeiten eingestellt wurden, schuf man dort allmählich eine Art Biotop, wo sich im Laufe der Zeit einige eher seltene Vogelarten niedergelassen haben und auch andere Kleintiere. Soweit ich weiß, beträgt die größte Tiefe knapp dreißig Meter, aber da kommt man nicht runter, höchstens mit einer Spezialausrüstung, denn man kann selbst bei besten Bedingungen kaum tiefer als dreißig oder vierzig Zentimeter sehen. Außerdem haben sich mit den Jahren Schlingpflanzen gebildet, und Schwimmen ist verboten. Es gibt einige Schilder, die auf die Gefahren hinweisen …«

»Welche Gefahren?«

»Es herrscht eine gefährliche Unterströmung, die nicht zu unterschätzen ist. Es gibt aber vor allem an Tagen wie diesen immer wieder welche, die die Warnungen ignorieren und trotzdem ins Wasser springen. Und manch einer hat das schon mit dem Leben bezahlt, denn diese kalte Unterströmung verändert ständig ihre Position. Wir hatten gerade letzten Sommer wieder einen Todesfall.«

»Wurde die Leiche geborgen?«

»Natürlich. Wie gesagt, mit einer Spezialausrüstung kommt man auch bis ganz nach unten. Bisher wurde jeder rausgeholt.«

»War der See im Winter 96/97 eigentlich zugefroren?«

»Mit Sicherheit. Wenn die Temperaturen sich über einen Zeitraum von mehr als zwei Wochen in einem Bereich von minus fünf bis minus fünfzehn Grad bewegen, friert ein solch relativ kleines

Gewässer schnell zu. Ich meine mich sogar vage erinnern zu können, einige Schlittschuhläufer gesehen zu haben. Doch, der See war zugefroren, jetzt fällt's mir wieder ein. Ich kann mich nämlich noch an das Schild erinnern, das davor warnte, sich aufs Eis zu begeben, aber wie's so ist, einige haben sich trotzdem nicht davon abhalten lassen.«

»Dann bedanken wir uns ganz herzlich, Sie haben uns sehr geholfen.«

»Sagen Sie, ich habe gehört, vorhin soll ein größerer Einsatz beim Spielplatz gewesen sein. Es ist doch hoffentlich nicht wieder etwas passiert?«

»Stimmt, hätt ich beinahe vergessen. Miriam Tschierke wurde tot aufgefunden.«

»Miriam?« Seine Augen verengten sich zu Schlitzen. »Jetzt sagen Sie nicht, sie wurde wie Selina umgebracht.«

»Wie es aussieht, schon. Sie kannten Miriam doch sicherlich?«

»Ja, aber sie war noch nicht lange im Reitclub. Wie hat es denn ihre Mutter aufgenommen?«

»Das weiß ich nicht, sie ist nämlich auch tot.«

»Sie nehmen mich jetzt nicht auf den Arm, oder?«

»Herr Kaufmann, wir Polizisten mögen zwar bisweilen einen etwas seltsamen Humor haben, aber in solchen Fällen pflegen wir nicht zu scherzen. Frau Tschierke wurde gestern tot in ihrer Wohnung aufgefunden, Miriam heute Morgen in der Nähe des Spielplatzes.«

Kaufmann schüttelte fassungslos den Kopf und schloss die Augen. »Das wird allmählich mehr als unheimlich. Ist denn überhaupt noch jemand sicher in diesem Ort?«

»Wir sind dem Täter dicht auf den Fersen, er weiß es nur noch nicht.«

»Das ist gut. Dann können wir hoffentlich bald wieder beruhigt schlafen. Und sollten Sie noch weitere Informationen benötigen, ich stehe Ihnen jederzeit gerne zur Verfügung. Und viel Erfolg bei Ihren Ermittlungen.«

»Den werden wir haben. Wiedersehen.«

»Tschüs.«

Kaufmann blickte ihnen nach, bis sie um die Ecke verschwunden waren, stand auf und begab sich zu seinem Sohn, während Durant und Hellmer schweigend zum Auto gingen.

»Wir lassen den See absuchen«, sagte sie und steckte sich eine Zigarette an. »Der Hund hat sich nicht einfach so dorthin gelegt. Er wusste, dass Kerstin tot war. Wie hat Grumack doch gesagt, der Hund hat am Tag von Kerstins Verschwinden am Abend zwei Stunden lang wie ein Wolf geheult. Und eine Woche später ist er ihr zum See gefolgt. Das ist kein Zufall, er wusste nicht nur, dass sie tot war, er wusste auch, wo sie begraben liegt. Die liegt irgendwo dort unten, und ich gebe keine Ruhe, bis ich nicht Gewissheit habe.«

»Wahrscheinlich hat der Hund sogar gespürt, wie Kerstin gestorben ist, und hat deshalb so geheult.«

»Spinnen wir den Faden doch einfach mal weiter. Der Mörder hat den Leichnam mitten in der Nacht im See entsorgt. Die Frage ist nur, wo hat er sie entsorgt? Um auf die Mitte zu gelangen, brauchst du ein Boot. Gibt es am See Boote?«

»Ich hab bisher noch keine gesehen.«

»Ich auch nicht. Und sie vom Ufer aus ins Wasser zu werfen, würde nicht viel bringen. Er wollte aber nicht, dass sie gefunden wird. Doch das ist natürlich alles reine Spekulation, solange wir nicht die Leiche gefunden haben. Und dann ist kurz darauf auch noch der See zugefroren. Vermutlich zumindest. Ich bewundere nur Richters Scharfsinn, als er meinte, Selinas Mörder habe nicht zum ersten Mal gemordet ...«

»Aber Kerstin ist nicht geritten«, gab Hellmer zu bedenken.

»Stimmt. Trotzdem werden wir noch einen Zusammenhang finden. Halten wir einfach fest, Selina, Miriam und Mischner hatten einen direkten Bezug zum Reitclub, Miriams Mutter nicht. Kerstin auch nicht. Wo ist die Verbindung? Oder gibt es gar keine? Mordet er wahllos, bis auf Mischner natürlich, wodurch er es uns noch schwerer macht, ihm auf die Schliche zu kommen? Oder steckt doch ein System dahinter?«

»Keine Ahnung«, meinte Hellmer. »Wieso hast du Kaufmann eigentlich gesagt, dass wir dem Täter dicht auf den Fersen sind?«

»Einfach so. Ich werde es ab sofort jedem sagen. Ich will die Leute unsicher machen, anders kommen wir nicht an ihn ran. Jeder soll denken, dass der Täter bereits einen gravierenden Fehler begangen hat und es nur eine Frage der Zeit ist, bis wir ihn überführt haben. Und dadurch wird jeder jeden kontrollieren. Und das ist unsere Chance.«

»Und was, wenn wir nicht bald einen Erfolg vorweisen können? Die werden uns in der Luft zerreißen.«

»Das Risiko müssen wir in Kauf nehmen, denn unsere Strategie kann jetzt nur lauten, ihn aus der Reserve zu locken und ihn praktisch zu zwingen, einen Fehler zu begehen. Und das wird er zwangsläufig tun. Er wird nervös werden, glaub mir.«

»Aber wenn wir ihn wie ein wildes Tier in die Enge treiben, kann der Schuss auch nach hinten losgehen«, wandte Hellmer ein. »Wenn wir es mit einem klassischen Psychopathen zu tun haben, wovon Richter ausgeht, und der Typ auch noch hochintelligent ist, können wir ihn mit Drohungen kaum einschüchtern. Er weiß genau, was er tut und wie weit er gehen kann. Und er wird weiter morden, ohne eine Spur zu hinterlassen. Oder er hört einfach auf und wartet, bis sich der Sturm gelegt hat, und fängt irgendwann wieder an.«

»Nein, er wird nicht aufhören, denn er ist jetzt erst richtig in Fahrt gekommen. Es ist wie bei einem Junkie, er setzt sich den ersten Schuss, und nichts Besonderes passiert. Der erste Schuss war Kerstin. Dann aber hat er einen Plan ausgebrütet und den zweiten Schuss gesetzt, Selina. Und dann praktisch Tag für Tag einen andern ins Jenseits befördert. Mittlerweile ist er süchtig geworden, er ist quasi ein Mordjunkie. Und trotzdem glaube ich, er überschätzt sich und seine Fähigkeiten. Seine Intelligenz in allen Ehren, aber in einem Kaff wie Okriftel, nimm von mir aus Hattersheim und

Eddersheim dazu, kannst du nicht auf Dauer morden, ohne entdeckt zu werden. Wir sind hier nicht in Frankfurt, wo du einfach untertauchen kannst. Dennoch spielt er sein Spiel weiter, obwohl er genau weiß, dass er es nicht gewinnen kann. So, und jetzt keine Hypothesen mehr, es bringt nichts, wir brauchen Fakten. Versuchen wir mal, bei der Gerber welche einzuholen. Aber wie gesagt, ich will mit ihr allein sprechen.«

»Und was mach ich in der Zwischenzeit?«

»Veranlass, dass der See abgesucht wird. Am besten heute noch. Ich will Gewissheit haben.«

»Okay, wird sofort erledigt.«

Dienstag, 10.15 Uhr

Gelände des Reitsportclubs. Einige Reiter hatten sich seit dem frühen Morgen nach und nach auf dem Gelände eingefunden, um ihre Pferde zu striegeln, sie für den Ausritt zu satteln und ihnen das Zaumzeug anzulegen. Kein einziger Mann war auf dem Hof zu sehen, außer dem Stallburschen. Helena Malkow war schon seit acht Uhr da, Sonja Kaufmann kam um kurz nach zehn. Sie hatten telefoniert und sich für diese ungewöhnlich frühe Stunde verabredet.

Sie begrüßten sich freundschaftlich wie immer, der Streit von gestern schien längst vergessen.

»Gehen wir ein bisschen spazieren, ich möchte nicht, dass irgendwer mithört«, sagte Helena Malkow, die wie jeden Tag ihre Reitsachen anhatte, ganz gleich, wie heiß oder kalt es war. Eine weiße Bluse, eine Weste darüber, Reithosen und bis zu den Knien reichende Stiefel. In der linken Hand hielt sie wie immer die Reitgerte, als wollte sie damit eine besondere Macht demonstrieren. Sonja Kaufmann hingegen war sommerlich gekleidet, eine ärmellose Bluse, eine kurze, hauteng sitzende Jeans und Leinenschuhe.

»Und wenn Emily kommt?«

»Sie kommt Wochentags nie vor zwei, ich kenne ihren Zeitplan inzwischen.«

Sie liefen über das weitläufige Gelände bis zu einer Stelle nahe der Autobahn, wo sie ungestört waren.

»Also, was hat Emily gestern von dir gewollt?«, fragte Helena Malkow.

»Was wohl«, antwortete Sonja Kaufmann schulterzuckend, »das Gleiche wie von dir. Aber im Gegensatz zu dir hat sie meine volle Unterstützung.«

»Ich hätt's mir denken müssen! Ich seid beide aus dem gleichen Holz geschnitzt. Liebe muss doch was Schönes sein!«

»Darum geht es nicht. Im Augenblick hab ich nämlich ein verdammt ungutes Gefühl. Wir müssen zumindest vorerst damit aufhören und auch die andern entsprechend instruieren …«

»Sag mal, spinnst du jetzt auch! So einfach geht das nicht. Ich hab Emily klar und deutlich gesagt, wir sitzen alle im selben Boot, also auch du. Wie willst du es denn den andern erklären? Willst du ihnen sagen: Ihr Lieben, im Augenblick läuft nichts? Vergiss es!«

»Helena, ich glaube, du bist dir der Tragweite des Ganzen nicht bewusst …«

»Ich bin mir dessen sogar sehr wohl bewusst. Und ich weiß auch, dass die Neue von den Bullen geschickt wurde. Vielleicht steckt sogar Emily selbst dahinter und spielt uns gegenüber nur die Ahnungslose. Aber wir werden die Bullen austricksen.«

Sonja Kaufmann sah Helena Malkow verärgert an. »Helena, du träumst! Jetzt komm runter von deiner Wolke und werd vernünftig!«, schimpfte sie. »Sollte sie tatsächlich eine Polizistin sein, dann tricksen die vielleicht auch nur, und in Wirklichkeit spioniert uns jemand ganz anderes aus. Hast du darüber schon mal nachgedacht? So blöd sind die Bullen nun auch wieder nicht.«

»Und was schlägst du vor?«

»Ruhe bewahren und so tun, als wäre nie etwas gewesen. Emily kann es sich nicht leisten zu reden, dafür steht für sie viel zu viel auf dem Spiel. Ein Wort von uns, und sie ist den Hof los, aber wir können auch einpacken. Du darfst es auf keinen Fall mehr hier machen, nur noch in deiner Wohnung. Und frisches Fleisch bleibt vorläufig unangetastet, klar?!«, sagte Sonja Kaufmann mit Nachdruck. »Ich habe keine Lust, in den Knast zu gehen, denn ich habe auch einen Ruf zu verlieren. Wenn du aber eine masochistische Ader hast, dann lass Emily und mich da raus. Mach du von mir aus weiter wie bisher, wir haben damit nichts mehr zu tun. Und sollte es hart auf hart kommen, werden unsere Aussagen gegen deine stehen. Denk drüber nach.«

»Du willst mir drohen? Du, ausgerechnet du? Du bist eine verdammte Schlampe! Wer hat dich denn groß gemacht?! Wer hat denn der Welt erzählt, was für eine großartige Tierärztin du bist?! Ohne mich wärst du doch noch immer ein Nichts und würdest Hunden und Katzen die Flöhe aus dem Fell kratzen ...«

»Ich habe dir nicht gedroht, Helena. Und noch was – du hast mich nicht groß gemacht, denn so groß bin ich gar nicht. Du hast mir lediglich ein paar Kunden zukommen lassen. Also bitte, spar dir deinen Größenwahn. Aber ich bin nicht hier, um mit dir zu streiten, kapierst du das nicht?! Helena, es geht um uns alle«, sagte sie mit eindringlicher und scharfer Stimme. »Es geht nicht nur um dich und deine Bedürfnisse! Ich hab dich lieb, das weißt du. Und ich will dich vor Schaden bewahren. Was haben wir davon, wenn wir ins Gefängnis wandern? Meinst du, es geht uns dort besser? Noch ist das alles ein großes Geheimnis, und es kann auch eines bleiben, vorausgesetzt, du tust ab sofort, was ich dir sage. Nur noch in deiner Wohnung und nur noch mit auserwählten Personen. Und vor allem keine Minderjährigen mehr. Klar?«

Helena Malkow wiegte den Kopf hin und her und schlug sich ein paarmal mit der Reitgerte auf die rechte Handinnenfläche, so heftig, dass es Sonja Kaufmann körperlich wehtat. Aber Helena Malkow hatte eine sadistische Ader, die sie in letzter Zeit immer öfter zeigte, weshalb Sonja nicht mehr allzu gern mit ihr zu tun hatte. Bei ihrem letzten Liebesspiel kurz vor der Frankreichfahrt war sie übers Ziel hinausgeschossen, und Sonja hatte tagelang Unterleibsschmerzen gehabt. Seit diesem Tag vermied sie jeglichen Körperkontakt mit Helena. Sie war seit jeher unbeherrscht, Sonja hatte sie schon so kennen gelernt, die damals verwöhnte, impulsive junge Frau aus reichem Haus, die sich nie mit Alltäglichem zufrieden gab. All dies konnte Sonja noch tolerieren. Doch mittlerweile waren auch noch Jähzorn, Starrköpfigkeit und eine ungewöhnliche Härte sich selbst und andern gegenüber dazugekommen, was Sonja immer mehr auf Distanz zu ihr gehen ließ.

Der Blick, den sie Sonja zuwarf, war eisig und unversöhnlich. »Weißt du was, Liebste, geh zu Emily, heul dich bei ihr aus und mach in Zukunft, was du willst. Ich brauche euch nicht, eigentlich habe ich euch nie gebraucht. Okay, ich höre auf, zumindest hier auf dem Gelände. Doch ich will mit keiner von euch beiden mehr etwas zu tun haben, außer es geht um die Pferde. Ich bin noch nie Kompromisse eingegangen, und ich habe auch nicht vor, das jemals zu tun. Wenn ich etwas tue, dann ganz oder gar nicht. Aber dein dummes Gefasel kannst du dir sparen. Doch keine Sorge, liebste Sonja, keiner wird je erfahren, dass du in Wirklichkeit auch nur eine erbärmliche Kreatur bist. Mach's gut, Schatz«, zischte sie verächtlich, griff ihr ohne Vorwarnung in den Schritt, presste die Hand kräftig gegen die Scham und führte massierende Bewegungen aus. Sonja Kaufmann war unfähig, sich zu rühren. Sie sah Helena Malkow nur an, ohne etwas zu sagen.

»Ich wollte nur noch einmal fühlen«, quetschte sie böse lächelnd durch die Lippen. »Solltest du es dir anders überlegen, ich bin immer für dich da.«

»Nimm sofort deine Hand da weg«, sagte Sonja schließlich leise, aber mit einem gefährlichen Unterton. »Sofort!«

»Bislang war dir das nicht unangenehm. Wie gesagt, solltest du es dir anders überlegen ...« Helena Malkow lächelte maliziös, zog die Augenbrauen hoch, ließ los und eilte mit schnellen Schritten davon.

»Helena, warte ...«

Sie winkte nur ab, ohne sich umzudrehen. Sonja Kaufmann

blieb an das Gatter gelehnt stehen. Helena hatte sie wieder einmal überrumpelt. Sie überlegte, wie sie sich in der nächsten Zeit verhalten sollte. Sie traute ihr nicht, sie war gerissen, kaltblütig und ging über Leichen, privat und auch geschäftlich. Sie besaß mindestens dreißig Häuser, darunter zwei Wohnsilos in Frankfurt, aber auch einen in Hattersheim. Und wenn ein Mieter ihr nicht passte oder seine Miete nicht pünktlich zahlte, fand er sich schnell auf der Straße wieder, es sei denn, er oder sie erbrachte eine bestimmte Gegenleistung.

Sonja glaubte kein Wort von dem, was Helena eben gesagt hatte. Sie würde auf der Hut sein müssen, sich vor ihr in Acht nehmen. Sie hatte sich aus dem Fenster gelehnt, zu weit, wie sie nun resigniert feststellen musste. Sie würde mit Emily über die Situation sprechen, sie mussten einen Weg finden, Helena zur Vernunft zu bringen. Sie sah, wie Helena im Reitstall verschwand. Sonja wollte einen letzten Versuch unternehmen und rannte ihr hinterher.

»Helena, hör mir bitte zu, nur noch einmal. Man hat vorhin wieder eine Leiche gefunden, in Okriftel am Spielplatz. Ich habe keine Ahnung, um wen es sich handelt, aber …«

»Aber was? Meinst du, es interessiert mich? Es geht mir völlig am Arsch vorbei, Liebste!«, sagte sie kalt, während sie ihr Lieblingspferd aus der Box holte und ihm zärtlich über den Rücken streichelte.

»Und wenn es doch mit uns zu tun hat?«

Helena Malkow lachte hart auf und schüttelte den Kopf. »Was soll das denn mit uns zu tun haben? Meine Güte, ihr seid alle irgendwie durchgeknallt. Es hat nichts mit uns zu tun, kapiert?! Und jetzt lass mich durch, ich brauch frische Luft.«

Sonja Kaufmann ging ins Büro, holte sich eine Dose Cola und sah, wie ein Range Rover mit einem Pferdeanhänger auf das Gelände fuhr. Maite Sörensen stieg auf der Beifahrerseite aus, ein älterer Mann in einer dunkelbraunen Manchesterhose und einem kurzärmligen Hemd ging zum Anhänger und machte die Klappe auf. Sonja Kaufmann nahm einen Schluck und beobachtete die Szene. Sie würde mit der Neuen reden und herausfinden, wer sie wirklich war.

Dienstag, 11.35 Uhr

Hellmer hatte Berger angerufen und ihn gebeten, eine Spezialtauchereinheit zum Baggersee zu schicken, und begab sich danach noch einmal zum Fundort. Die Spurensicherung war noch immer bei der Arbeit, das Gelände großflächig abgeriegelt. Ein paar Schaulustige standen in einiger Entfernung, ein paar von ihnen hatten Ferngläser in der Hand.

Julia Durant hatte sich noch am Auto eine Zigarette angezündet und rauchte sie zu Ende, bevor sie bei Emily Gerber klingelte.

»Hallo, Frau Durant, ich dachte mir schon, dass Sie kommen würden«, wurde sie von ihr begrüßt. Sie hatte tiefe Ringe unter den Augen und wirkte trotz ihrer braunen Haut blass. »Ich hab das von Miriam gehört. Irgendwie begreife ich das alles nicht mehr. Es ist jetzt das zweite Mädchen, das ich gut kannte ...«

»Das ist auch einer der Gründe, weshalb ich hier bin«, sagte Durant. »Haben Sie die Liste mit den Namen aller Mitglieder?«

»Ja, natürlich. Ich habe sie gestern gleich ausdrucken lassen. Bitte.« Sie reichte ihr die Liste. »Die meisten können Sie vergessen, sechzig Prozent sind Kinder und Jugendliche, dreißig Prozent Frauen, ein paar Männer und dazu kommen noch einige Behinderte, für die wir seit kurzem ein Sonderprogramm anbieten. Und von den Frauen bringen nur ganz wenige ihre Männer mit, wenn sie überhaupt verheiratet sind, denn mindestens die Hälfte von ihnen ist ledig.«

»Dann markieren Sie doch bitte, wer auf dieser Liste den Ehemann oder Lebensgefährten am häufigsten mit auf den Hof bringt.«

Emily Gerber überflog die Namen und sagte: »Frau Schumann

kommt oft mit ihrem Freund, Herrn Rieber, er ist allerdings selbst passionierter Reiter und auch Mitglied bei uns. Frau Kerners Mann ist auch des Öfteren dabei, genau wie der Mann von Frau Marx und der Freund von Frau Wehner. Die andern Frauen kommen wie gesagt eher selten in Begleitung. Es sind auch noch einige andere darunter.« Sie nahm einen Stift und machte hinter den betreffenden Namen jeweils ein Kreuz.

»Aber Ihr Mann, Herr Malkow und Herr Kaufmann sind regelmäßig auf dem Hof anzutreffen.«

»Das ist ja logisch. Natürlich treffen sich auch die Männer zwei-, dreimal die Woche zu einem Plausch. Und natürlich ist auch Thomas Malkow, Helenas Sohn, sehr oft auf dem Hof, um sich nebenbei etwas dazuzuverdienen.«

»Hat er das nötig? Seine Eltern sind doch wohlhabend.«

Emily Gerber lachte auf und antwortete: »Wohlhabend ist leicht untertrieben, die Malkows gehören zu den reichsten Leuten, die ich kenne. Helena besitzt unzählige Häuser und Grundstücke, die sie von ihrem Vater geerbt hat. Halb Eddersheim gehört ihr, ein Teil von Okriftel und Hattersheim, sie hat sogar Häuser in Frankfurt und im Hochtaunus. Schon ihre Großeltern waren steinreich, und das Vermögen ist immer weiter angewachsen. Aber Thomas will auf eigenen Beinen stehen, auch wenn ihm das nicht gelingt, noch nicht zumindest. Und das Verhältnis zu seiner Mutter ist sehr gespannt.«

Julia Durant hatte den letzten Satz in ähnlicher Formulierung bereits von Emilys Mann gehört, sagte aber nichts.

»Frau Gerber, es gibt einen Grund, weshalb ich allein gekommen bin, Herr Hellmer wartet draußen auf mich. Verstehen Sie mich nicht falsch, aber ich muss allen Hinweisen nachgehen. Ich hatte gestern einen Anruf von einer Frau, die sagte, dass auf Ihrem Hof nicht nur geritten und voltigiert wird …«

»Ich verstehe nicht«, meinte Emily Gerber, als Durant nicht weitersprach, wobei sie deren forschendem Blick auswich.

»Ich will ganz offen sein. Sie sagte, dass auch sexuelle Kontakte geknüpft werden, unter anderem mit Minderjährigen wie Selina oder Miriam. Oder um es noch klarer auszudrücken, sie sagte, es würden lesbische Spiele veranstaltet.«

Emily Gerber hatte sich erstaunlich gut in der Gewalt und fragte ruhig: »Was meinen Sie damit, und wer ist diese Frau?«

»Den Namen darf ich Ihnen leider nicht nennen. Was können Sie mir zu den Vorwürfen sagen?«

»Nichts, das ist eine glatte Verleumdung. Wer kommt nur auf eine solch absurde Idee?! Wir sind ein Reiterhof und kein Sexclub für Lesben«, entgegnete sie entrüstet.

»Das heißt, die Frau hat gelogen?«

»Was denn sonst?! Fragen Sie doch die andern. Die will sich nur wichtig machen.«

»Wie gesagt, ich muss jedem Hinweis nachgehen. Es hätte immerhin sein können, dass dies der Grund für die Morde ist. Aber wenn Sie sagen, dass die Behauptung völlig haltlos ist ... Ich werde allerdings nicht umhinkönnen, auch die Mädchen zu fragen. Ihr Mann hat gestern zu nachtschlafender Zeit bei meinem Kollegen angerufen und ihm die Namen der Mädchen genannt, die außer Selina und Miriam noch mit in Frankreich waren. Was haben Sie denn in Frankreich gemacht?«

»Reiturlaub. Es ist schon seit fast zwanzig Jahren üblich, dass wir im Sommer für zehn Tage nach Südfrankreich fahren, vor allem, um unseren jungen Mitgliedern einmal die Pferde in der Camargue zu zeigen. Das habe ich übrigens von meinem Vater übernommen.«

»Ich möchte trotzdem noch hinzufügen, dass sexuelle Handlungen mit Schutzbefohlenen strafrechtlich verfolgt werden können. Ist Ihnen jemand mit lesbischen Neigungen bekannt?«

»Nein«, war die schnelle Antwort, zu schnell für Julia Durant.

»Okay, das war's schon. Und vielen Dank für die Liste. Einen schönen Tag noch.«

»Ihnen auch«, sagte Emily Gerber, die froh war, als sie hinter Durant die Tür zumachen konnte. Sie lehnte sich dagegen, ihr

Herz pochte bis in die Schläfen. Sie ging zum Schrank und schenkte sich einen Cognac ein. Allmählich beruhigte sie sich. Sie griff zum Telefon, um ihren Mann anzurufen. Die Leitung war besetzt, wie so oft. Ich muss mit Sonja und Helena sprechen, dachte sie.

»Celeste, Pauline, kommt, zieht euch an, wir fahren auf den Hof. Ich muss dort kurz etwas erledigen.«

Dienstag, 12.10 Uhr

Und wie war's?«, fragte Hellmer, der seine Zigarettenkippe aus dem Fenster schnippte.

»Weiß nicht. Sie war sehr aufgebracht, als ich sie auf das bestimmte Thema ansprach.«

»Wie aufgebracht?«

»Zu aufgebracht. Irgendwas stimmt da nicht. Entweder sie weiß etwas und will es nicht sagen, oder sie hat sogar selber was damit zu tun.«

»Die Gerber?«, fragte Hellmer ungläubig. »Die ist doch glücklich verheiratet.«

»Na und? Schon mal was von bi gehört? Sie hatte sich zwar unheimlich gut in der Gewalt, aber ich habe ihre Nervosität körperlich gespürt. Sie hat Angst, anders kann ich mir das nicht erklären. Fragt sich nur, wovor. Ich kann mich natürlich auch täuschen. Andererseits, so glücklich scheint die Ehe nun auch wieder nicht zu sein, sonst hätte Gerber wohl kaum was mit Selina angefangen. Und die haben doch beide zugegeben, dass es im vergangenen Jahr stark bei ihnen gekriselt hat. Moment mal«, Durant kniff die Augen zusammen, das Karussell in ihrem Kopf war wieder in Fahrt gekommen, »was, wenn die Krise dadurch ausgelöst wurde?«

»Julia«, ermahnte Hellmer sie, »du fängst schon wieder an, Hypothesen aufzustellen. In jeder Ehe gibt es früher oder später eine Krise. Das heißt aber noch längst nicht, dass …«

»Doch«, wurde er von Durant unterbrochen. »Weißt du noch, wie das war, als wir die beiden am Freitag befragt haben? Er hat eine Affäre mit Selina angefangen, weil er, wie die Gerber selbst sagt, ohne Wärme nicht leben kann. Er hat außerdem gesagt, es habe während des vergangenen Jahres keine Berührungen zwischen ihm und seiner Frau gegeben. Eine Frau wie Emily Gerber, jung und attraktiv und kein Sex?« Durant sah Hellmer von der Seite an, die Stirn in Falten gezogen. »Wer's glaubt … Nehmen wir mal an, sie hat etwas anderes ausprobiert und Spaß daran gefunden und sich deshalb ihrem Mann entzogen. Und dann ist das mit Selina passiert, und sie ist plötzlich zur Besinnung gekommen. Vielleicht hat ihr eine innere Stimme zugeflüstert, dass der Mord etwas mit diesem Lesbenkram zu tun hat.«

»Kann sein, es bleibt trotzdem Spekulation, solange wir keine handfesten Beweise haben. Und sollte sie sich tatsächlich ein Jahr lang eine Auszeit von ihrem Mann genommen haben, dann ist sie womöglich in die Szene eingeführt worden, sie ist aber mit Sicherheit nicht die Drahtzieherin, das traue ich ihr einfach nicht zu.«

»Möglich. Aber sie könnte in Gefahr sein«, bemerkte Durant. »Ich muss noch mal kurz rein. Ich will es jetzt genau wissen.«

Sie stieg wieder aus und ging auf das Haus zu, als sich gerade das Garagentor öffnete und der BMW herausgefahren kam. Emily Gerber bremste, ließ das Fenster herunter und fragte: »Haben Sie etwas vergessen?«

»Mir ist doch noch einiges eingefallen, das ich gerne jetzt sofort geklärt haben würde. Es wäre in unser aller Interesse.«

»Wenn's sein muss. Wir gehen durch die Garage ins Haus«, sagte Emily Gerber. Und an ihre Töchter gewandt: »Ihr könnt hier warten oder noch ein bisschen im Garten spielen. Ich sag euch Bescheid, wann wir losfahren.«

Sie gingen schweigend ins Haus. Julia Durant bemerkte die Alkoholfahne, als Emily Gerber dicht vor ihr das Wohnzimmer betrat. Sie setzte sich in den Sessel am Fenster, während Durant auf der Couch Platz nahm.

»Frau Gerber, es gibt einige Ungereimtheiten, auf die ich so schnell wie möglich Antworten haben möchte. Sie erinnern sich an unser Gespräch am Freitagabend?«

»So was vergisst man nicht so schnell.«

»In Ihrer Ehe hat es im vergangenen Jahr stark gekriselt. Was war der Auslöser dafür?«

»Was hat meine Ehe mit den Morden zu tun?«, fragte sie kühl und reserviert.

»Das will ich eben herausfinden. Ihr Mann hat gesagt, es habe keine körperlichen Berührungen zwischen Ihnen in dieser Zeit gegeben, erst an dem Tag wieder, an dem Selina als vermisst gemeldet wurde. Das ist ein eigenartiger Zufall, finden Sie nicht?«

»Es gibt keine Zufälle«, sagte Emily Gerber mit versteinerter Miene.

»Nein, die gibt es nicht. Weshalb haben Sie sich von Ihrem Mann zurückgezogen? Sie sind jung, hübsch, attraktiv, aber Sie haben ganz sicher nicht abstinent gelebt. Wollen Sie mir jetzt vielleicht die Wahrheit sagen?«

»Es gibt keine Wahrheit, es ist alles nur Lüge. Das ganze Scheißleben ist eine einzige große Lüge«, stieß sie hervor, sprang auf und stellte sich ans Fenster, die Hände in die Taschen der weißen Shorts gesteckt. Sie zitterte trotz der Wärme. Sie sah hinaus auf den Garten, der im prallen Sonnenlicht lag. Celeste und Pauline saßen am Rand des Swimmingpools und planschten mit ihren Füßen im Wasser.

»Was meinen Sie damit?«

»Nichts weiter.«

»Frau Gerber, wir haben es mit vier Morden zu tun. Und ich will verhindern, dass noch ein weiterer dazukommt. Ich denke, Sie sind in großer Gefahr. Ich kann Ihnen aber nur helfen, wenn Sie mir die volle Wahrheit sagen. Der Mann, mit dem wir es zu tun haben, kennt keine Skrupel. Aber er kennt Sie ganz genau, so wie er anscheinend über jeden Schritt von Selina und Miriam Bescheid wusste, und auch über Mischner und Miriams Mutter. Bitte, helfen

Sie mir, und ich verspreche Ihnen, dass alles, was Sie mir jetzt unter vier Augen sagen, vorläufig auch unter uns bleibt. Bitte.«

Emily Gerber schloss die Augen, alles in ihr war in Aufruhr, ihr Herz schlug rasend schnell, ihr wurde schwindlig, Funken tanzten vor ihren Augen, als sie sie wieder öffnete. Sie schluckte schwer, focht einen inneren Kampf, schließlich überwand sie sich und sagte, nachdem sie sich wieder umgedreht hatte: »Das Versprechen gilt? Sie haben auch kein Tonband dabei?«

»Ehrenwort. Und ich pflege meine Versprechen zu halten.«

Sie atmete noch einmal tief durch und schüttelte den Kopf. »Frau Durant, ich schwöre Ihnen, ich wusste bis zum Sommer letzten Jahres nichts von dem, was da auf dem Hof vor sich ging. Sie haben es immer heimlich gemacht. Manchmal bin ich schon ein bisschen stutzig geworden, wenn sich einige der Frauen so seltsam angesehen oder berührt haben, aber ich habe mir nichts weiter dabei gedacht, wahrscheinlich bin ich einfach zu naiv. Und dann kam die Frankreichfahrt …«

Sie erzählte Julia Durant fast das Gleiche wie am Abend zuvor ihrem Mann. Lediglich die Namen von Sonja Kaufmann und Helena Malkow erwähnte sie nicht, ebenso wenig die Sache mit den Pillen.

Nachdem sie geendet hatte, sagte Durant: »Sie haben ständig von den andern gesprochen. Wer sind denn diese andern?«

»Ich möchte keine Namen nennen. Sie tun nichts Unrechtes. Keiner tut irgendwem weh.«

»Wie sehen denn diese Spiele aus?«

»Es geht sehr zärtlich zu. Es ist kein harter Sex, sondern mehr ein Streicheln und Küssen. Keines der Mädchen wurde jemals missbraucht, um diesen Ausdruck zu verwenden. Es war alles ganz harmlos.«

»Den Begriff harmlos streichen wir jetzt erst mal. Was haben die Mädchen denn dazu gesagt? Es waren doch bestimmt einige dabei, die noch Jungfrau waren.«

»Wenn sie in der Zwischenzeit nicht mit einem Jungen oder

Mann geschlafen haben, dann sind sie auch jetzt noch Jungfrau. Wie gesagt, es war kein harter Sex. Aber mit der Zeit kamen die Schuldgefühle. Und das war schon vor der letzten Frankreichfahrt. Ich wusste, ich konnte so nicht weitermachen. Ich habe einen Mann, der mich liebt, ich habe zwei Töchter, die für mich wie Diamanten sind, und ich habe mir vorgestellt, eines Tages kommt jemand und macht mit Pauline und Celeste das, was wir mit Selina und Miriam gemacht haben. Und bei diesem Gedanken ist in mir eine unheimliche Wut hochgestiegen. Ich war so wütend auf mich, ich mochte mich nicht einmal mehr im Spiegel ansehen. Frau Durant, ich bin nicht lesbisch, auch wenn es auf den ersten Blick den Anschein hat. Ich habe es ausprobiert, und es war der größte Fehler meines Lebens. Und ich wünschte, ich könnte die Zeit ein Jahr zurückdrehen und das alles ungeschehen machen. Aber es geht nicht. Ich kann nur aus meinen Fehlern lernen.«

»Geht es eigentlich auf allen Reiterhöfen so zu?«

Emily Gerber lachte auf und schüttelte den Kopf. »Nein! Wir sind wohl eher die Ausnahme. Jetzt aus dem, was ich gesagt habe, zu schließen, alle Reiterinnen wären potentielle Lesben – nein, damit würde ich ein paar hunderttausend Mädchen und Frauen sehr Unrecht tun. Es gibt unter den Reiterinnen nicht mehr Frauen mit lesbischer Neigung als unter anderen Frauen. Es ist ungefähr das Gleiche, als würde man sagen, jeder Balletttänzer oder Friseur wäre schwul. Auch Blödsinn. Haben Sie etwas gegen Schwule oder Lesben?«

»Nein, mir ist völlig egal, wie jemand gepolt ist. Weiß Ihr Mann davon?«

Zum ersten Mal seit über einer halben Stunde huschte so etwas wie ein Lächeln über ihre Lippen. »Wir haben gerade gestern Abend darüber gesprochen. Ich habe ihm alles erzählt, wirklich alles. Daraufhin hat er bei Herrn Hellmer angerufen, weil er glaubt, dass die Morde irgendwie damit zusammenhängen könnten.«

»Frau Kaufmann und Frau Malkow waren auch mit in Frankreich. Sie wollten zwar keine Namen nennen, aber ich brauche nur eins und eins zusammenzuzählen, um zu wissen, dass die beiden auch mitgemacht haben. Wer ist die treibende Kraft?«

»Was werden Sie tun, wenn ich es sage?«

»Gar nichts, solange kein Straftatbestand vorliegt. Es sei denn, die Mädchen wurden zu etwas gezwungen, was sie nicht wollten.«

»Keine wurde jemals zu irgendetwas gezwungen. Wenn wir das Gefühl hatten, dass eine von ihnen nicht dazu bereit war, haben wir die Finger von ihr gelassen. Das ist die Wahrheit.«

»Und wer ist nun die treibende Kraft?«

»Helena. Sie ist zwar lesbisch, doch sie ist auch Männern gegenüber nicht abgeneigt. Ich glaube aber nicht, dass ihr Mann etwas weiß. Die beiden führen eine glückliche Ehe, zumindest sieht er das so, und sie behauptet es auch.«

»Das verstehen Sie unter glücklich?«, sagte Julia Durant zweifelnd. »Ich verstehe unter einer glücklichen Ehe etwas völlig anderes, aber vielleicht bin ich auch nur altmodisch. Und Frau Kaufmann?«

»Sonja ist einfach nur lieb. Sie und mein Bruder verstehen sich blind. Sie schläft zwar auch gerne mit Frauen, aber sie wäre ohne Achim verloren. Sie braucht ihn wie die Luft zum Atmen und umgekehrt.«

»Hm. Sagen Sie, wie alt war denn das jüngste Mädchen?«

»Vierzehn. Helena hat gesagt, sie dürfen nicht jünger als vierzehn sein.«

»Und haben oder hatten Sie auch Beziehungen untereinander? Sie und Frau Malkow oder Sie und Frau Kaufmann?«

»Mit Helena habe ich nie etwas gehabt, sie ist mir zu dominant, zu männlich. Mit Sonja schon.«

»Haben Sie diese sexuellen Aktivitäten auch auf dem Hof durchgeführt?«

»Nein. Mein Gott, allein die Vorstellung! Ich weiß nicht, ob die andern es dort gemacht haben, ich bin schließlich nicht rund um die Uhr auf dem Hof, aber ich hätte viel zu viel Angst davor gehabt, erwischt zu werden. Helena hat ein Haus in Kelkheim extra für ihre Spiele. Dorthin haben wir uns manchmal zurückgezogen.«

»Aber Sie haben doch eben gesagt, Sie hätten nie etwas mit Frau Malkow gehabt.«

»Wir waren manchmal zu fünft oder zu sechst«, wich sie aus.

»Können Sie sich vorstellen, dass zum Beispiel Frau Malkow auf dem Hof …«

»Bei ihr kann ich mir alles vorstellen. Sie kennt da nichts. Aber wenn sie es auf dem Hof macht, dann mit erwachsenen Frauen.«

»Haben Sie mit allen Mädchen, die mit in Frankreich waren, geschlafen?«

»Es war kein ›Miteinander-Schlafen‹. Wir haben entweder unter der Dusche gestanden oder im Bett gelegen und uns geküsst und gestreichelt. Ich schwöre, es war harmlos, zumindest was mich anging. Sie können gerne Katrin oder Nathalie fragen, Sie werden es Ihnen bestätigen.«

»Oder auch nicht, weil sie sich schämen. Ich werde mir noch überlegen, ob ich sie frage. Ich muss Sie allerdings auffordern, sowohl Frau Kaufmann als auch Frau Malkow zu untersagen, weiterhin mit Minderjährigen sexuell zu verkehren. Wenn Sie es nicht tun, muss ich es leider tun. Aber diese Peinlichkeit wollen Sie doch sicher vermeiden. Sprechen Sie in Ruhe mit ihnen, machen Sie ihnen die Situation klar, und erzählen Sie ruhig von unserem Gespräch. Das zeigt garantiert Wirkung.«

»Ich werde es versuchen. Ich wollte übrigens gerade, als Sie noch einmal gekommen sind, auf den Hof fahren, um mit Sonja und Helena zu reden.«

»Dann will ich Sie auch nicht länger aufhalten. Und passen Sie gut auf sich auf, der Mörder läuft noch immer frei herum. Ich kann nur sagen, vertrauen Sie im Augenblick niemandem, nicht einmal Ihrem besten Freund. Sagen Sie das auch Frau Malkow und Frau

Kaufmann. Nathalie, Katrin und die andern beiden Mädchen werden von uns auch entsprechend instruiert.«

Julia Durant stand auf, streckte sich kurz und spürte auf einmal eine bleierne Müdigkeit in sich aufsteigen, und allein der Gedanke, auch in den nächsten Tagen, womöglich sogar Wochen nur wenig Schlaf zu bekommen, stimmte sie alles andere als fröhlich. Doch das war der Besuch bei Emily Gerber auch nicht gewesen. Sie hatte einmal mehr in einen Abgrund blicken müssen, und obwohl sie all dies und Schlimmeres, viel, viel Schlimmeres aus jahrelanger Polizeiarbeit kannte, war es für sie immer wieder aufs Neue erschreckend und auch deprimierend. Und trotzdem tat ihr Emily Gerber irgendwie Leid. Die Art und Weise, wie sie über die Dinge berichtet hatte, die Ehrlichkeit, die Reue, das war nicht gespielt, sondern ernst gemeint.

Emily Gerber rief nach ihren Töchtern, zusammen gingen sie und Durant nach draußen. Noch in der Garage fragte Durant: »Sagt Ihnen der Name Kerstin Grumack etwas?«

Sie überlegte kurz und schüttelte den Kopf. »Nein, nicht dass ich wüsste. Wer ist das?«

»Eine Fünfzehnjährige, die vor fünfeinhalb Jahren spurlos verschwunden ist. Ihr Vater hat eine Schreinerei in Okriftel.«

»Ach ja, doch, natürlich. Es war zu Weihnachten, nicht? Ja, ich erinnere mich. Ich hatte nur den Namen nicht mehr im Kopf. Wieso fragen Sie mich nach ihr?«

»Nur so. Und mein Versprechen gilt. Und sollten Sie etwas Neues erfahren, bitte benachrichtigen Sie mich umgehend. Und Sie können uns auch helfen, indem Sie Augen und Ohren offen halten. Der Mörder ist jemand, der auch Sie kennt, vergessen Sie das nicht. Tschüs dann.«

»Warten Sie noch. Ich war eben ehrlich zu Ihnen, ich möchte nur eines wissen – wir haben ein neues Mitglied, eine Frau Sörensen. Ist sie von der Polizei?«

Durant lächelte vielsagend. »Wenn Sie mich so fragen, wissen Sie's doch längst. Aber behalten Sie's für sich. Ich sage nichts und

Sie auch nicht. Eine Hand wäscht die andere. Und noch einmal, passen Sie auf sich auf.«

Emily Gerber sah Durant mit sorgenvoller Miene nach, bevor sie in ihr Auto stieg und losfuhr. Ein dumpfes Gefühl von Angst breitete sich in ihr aus.

Dienstag, 13.30 Uhr

Sag mal, unter kurz verstehe ich aber was anderes!«, murrte Hellmer ungehalten. »Ich dachte, das dauert vielleicht zehn Minuten oder eine Viertelstunde, und dann hock ich mir hier die Arschbacken wund und hätte genauso gut nach Hause fahren und was essen können!«

»Sorry, aber du hast doch ein Telefon. Und wenn du nicht hier gewesen wärst, hätte ich dich angerufen. Stell dich jetzt bloß nicht so an. Hast du was erreicht, ich meine, was den Baggersee angeht?«

»Ein Team ist schon unterwegs. Die wollen noch heute anfangen, den See abzusuchen. Ist ja zum Glück nicht besonders groß. Aber jetzt erzähl schon, was bei der Gerber war.«

»Es sind Lesben. Sie hat es zugegeben«, sagte Durant trocken und zündete sich eine Zigarette an.

»Ernsthaft? Die Gerber?«

»Sie nicht wirklich. Die hat nur mal dran geschnuppert und wohl auch eine Weile Gefallen dran gefunden, aber sie hat mir glaubhaft versichert, dass damit endgültig Schluss ist.«

»Und was ist mit den Mädchen?«

»Wir könnten die jetzt natürlich alle befragen, aber wir würden damit nur unnötig Staub aufwirbeln. Angeblich wurde keine zu etwas gezwungen, wenn eine nicht mitmachen wollte oder die Frauen das Gefühl hatten, bei der einen oder andern sollte man es besser lassen, dann hat man diejenige auch nicht behelligt.«

»Es ist trotzdem strafbar«, bemerkte Hellmer.

»Strafbar! Mein Gott, dann beugen wir in dem Fall das Gesetz eben ein wenig, das machen ganz andere Leute. Wenn ich sehe, wie ungeschoren gewisse korrupte Politiker selbst bei den obersten Richtern davonkommen …«

»Du kannst doch das eine nicht mit dem anderen vergleichen!«

»Doch, kann ich sehr wohl. Und ich nehme mir das Recht heraus, eine Entscheidung zu treffen, um nicht noch mehr Unheil anzurichten. Stell dir nur mal vor, die Eltern von den Mädchen kriegen raus, was im Reitclub abgeht. Die Gerber kann gleich dichtmachen und ihre Sachen packen und ganz weit wegziehen. Nee, sie war sehr offen und sehr ehrlich, und ich kann das beurteilen.«

»Okay, okay, ist zwar nicht legal, aber ich halt meine Klappe. Und außerdem, bisher wurde doch auch keine Anzeige erstattet, oder?«, meinte Hellmer grinsend.

»Wie schön, dass wir uns so gut verstehen. Wir müssen den Mädchen trotzdem sagen, dass sie in nächster Zeit mit keinem Mann allein weggehen dürfen. Am liebsten wäre mir, wenn sie ihre Zuhause für eine Weile gar nicht verlassen würden. Aus dem Grund möchte ich als Nächstes mit allen kurz sprechen, werde aber das besagte Thema nicht anschneiden. Gehen wir zu Nathalie?«

»Du bist der Boss«, sagte Hellmer, zog den Zündschlüssel ab und stieg mit Durant aus.

Nathalie war zu Hause, schlief aber noch. Sie warteten, bis sie sich angezogen hatte, und erklärten ihr den Ernst der Lage. Sie versprach, außer mit ihren Eltern und ihren besten Freundinnen vorläufig mit niemandem mehr Kontakt zu haben, vor Einbruch der Dunkelheit zu Hause zu sein und sich immer von einer weiblichen Person beziehungsweise dem Vater begleiten zu lassen. Anschließend statteten Durant und Hellmer auch Katrin und Anja einen Besuch ab. Nur Carmen war nicht anzutreffen, sie war mit ihren Eltern unmittelbar nach der Frankreichfahrt in Urlaub gefahren und würde erst am Sonntag zurückkommen.

Es war nach sechzehn Uhr, als sie bei Hellmer Halt machten, um etwas zu trinken. Um halb fünf fuhren sie an den Baggersee, wo die Spezialtaucher den Grund absuchten. Eine kurze Unterredung mit dem Einsatzleiter, bevor sie sich auf den Weg ins Präsidium machten.

Dienstag, 13.50 Uhr

Gelände des Reitsportclubs. Emily Gerber fand Sonja Kaufmann im großen Stall, wo sie sich mit Maite Sörensen unterhielt. Pauline und Celeste waren zu den Ponys gegangen, wo sich auch einige andere Mädchen ihres Alters aufhielten.

»Hallo«, sagte Emily Gerber, stellte sich zu Sonja und Maite und versuchte, so locker wie möglich zu wirken. »Sie haben Ihr Pferd gebracht, wie ich sehe. Gefällt es Ihnen hier heute immer noch so gut wie gestern?«

»Natürlich. Frau Kaufmann hat Chiron bereits untersucht und ihn für kerngesund befunden.«

»Fein. Ich möchte nicht stören, müsste aber Frau Kaufmann kurz entführen, wenn Sie gestatten. Dauert auch nicht lange.«

»Lassen Sie sich Zeit, ich wollte sowieso ein bisschen ausreiten, um Chiron an die neue Umgebung zu gewöhnen.«

»Warten Sie, ich komme mit, ich habe es Ihnen doch versprochen. Ich bin in zehn Minuten wieder da.«

Emily und Sonja begaben sich ins Büro, Emily schloss die Tür hinter sich.

»Setz dich bitte«, bat sie Sonja, »ich hab mit dir zu reden.«

»Was gibt's denn so Wichtiges?«

»Frau Durant war eben eine ganze Weile bei mir. Sie weiß über alles Bescheid. Und wenn ich alles sage, dann meine ich auch alles.«

»Woher weiß sie es? Hast du etwa gequatscht?«

»Nein, sie hat gestern einen Anruf bekommen, von wem, wollte sie mir nicht verraten. Sie hat mich dermaßen in die Mangel genommen, dass ich es zugeben musste.«

Sonja Kaufmann, die sich gerade eben gesetzt hatte, sprang auf und lief nervös im Büro auf und ab. »Du spinnst doch! Damit hast du dir dein eigenes Grab geschaufelt! Du weißt, was jetzt passiert?!«

»Reg dich ab. Sie wird nichts unternehmen, das hat sie mir versprochen. Ich habe ihr nur die Wahrheit gesagt, und ich fühle mich richtig erleichtert, ob du's glaubst oder nicht. Sonja, ich habe ihr gesagt, dass wir Selina und den andern nie wehgetan oder sie zu etwas gezwungen haben, sondern dass alles freiwillig geschah. Das ist doch die Wahrheit. Hätte ich gelogen und alles abgestritten, dann hätten sie nachgeforscht und hätten es mit Sicherheit rausgekriegt, und dann wären wir dran gewesen. Aber so haben wir noch einmal den Kopf aus der Schlinge gezogen. Nur, es muss endgültig aufhören.«

»Traust du ihr wirklich? Ich meine, sie ist von der Polizei«, sagte Sonja Kaufmann mit sorgenvoller Miene.

»Sonja, du warst nicht bei dem Gespräch dabei, doch ich traue ihr. Sie hat mir aber auch noch gesagt, dass wir vorsichtig sein müssen, der Mörder von Selina und Miriam …«

»Miriam?!« Sonja starrte Emily ungläubig und entsetzt an. »Miriam ist tot? War das etwa die Aktion heute morgen beim Spielplatz?«

»Ich dachte, du wüsstest es schon …«

»Woher denn? Ich weiß nur, dass dort eine ganze Menge Polizisten gewesen sein sollen, aber dass Miriam … Scheiße, warum sie auch noch?«

»Es ist nicht nur Miriam. Ihre Mutter ist auch tot.«

Sonja Kaufmann ließ sich in den Sessel fallen, massierte ihre Schläfen und schüttelte immer wieder den Kopf. »Das darf nicht wahr sein. Und die Durant sagt, wir sind auch in Gefahr?«

»Und zwar in großer. Der Mörder kennt jede von uns in- und auswendig, behauptet sie zumindest, und ich glaube ihr sogar. Deshalb sei bitte auf der Hut, das soll ich dir von ihr ausrichten.«

»Und was ist mit Nathalie, Carmen, Anja …«

»Die Polizei kümmert sich drum. Ihnen wird nichts geschehen.«

Emily Gerber ging zu Sonja, setzte sich neben sie auf die Lehne und legte einen Arm um sie. »Ich musste es tun, das siehst du doch ein?«

»Sicher. Aber das ist jetzt das geringste Problem. Ich habe Miriam wirklich gemocht. Und nun ist sie tot. Und ich habe ihre Mutter überredet, dass sie mit nach Frankreich fahren darf. Diese verfluchte Fahrt! Warum hab ich das nur getan? Verdammt, verdammt, verdammt!« Sie weinte und lehnte ihren Kopf an Emilys Brust.

»Es war nicht deine Schuld. Wer hätte denn ahnen können, dass so was passiert. Keiner von uns. Meinst du, es trifft mich nicht? Wenn, dann haben wir alle Schuld. Aber wir haben sie nicht umgebracht, wir haben niemanden getötet, hörst du! Wir sind keine Mörder.«

»Ich habe vorhin mit Helena gesprochen, ich habe es zumindest versucht, doch sie ist so verdammt stur!«, sagte Sonja mit tränenerstickter Stimme. »Sie will weitermachen, immer weitermachen. Sprich du mit ihr, vielleicht hört sie auf dich.«

»Ich werde es versuchen, aber wenn du es nicht geschafft hast …«

»Tu's, bitte! Und wenn sie nicht einsichtig ist, bring ich sie eigenhändig um, das schwöre ich dir.«

»Komm, red nicht so einen Blödsinn. Ich werde ihr von meinem kleinen Gespräch mit Frau Durant berichten und ihr erklären, dass sie sich strafbar macht, wenn sie weiterhin mit Minderjährigen ihre Spielchen treibt. Mal sehen, was sie dazu sagt. Und jetzt wasch dir das Gesicht, fahr nach Hause und ruh dich aus.«

»Ich muss sowieso heim.«

»Sonja, ich …«

»Ja?«

»Nichts. Geh dich frisch machen.«

Sonja Kaufmann stand auf, ging auf die Toilette, der Wasserhahn lief eine ganze Weile, während Emily aus dem Fenster auf den Hof sah, wo Maite Sörensen ihr Pferd sattelte. Sie musste unwillkürlich lächeln. Eine Polizistin, die sich als Kunstexpertin ausgab. Sie würde sie spaßeshalber auf die Probe stellen, ihr den Constable zeigen und ihre Expertenmeinung dazu einholen.

Sie hörte Sonja Kaufmann nicht kommen, sie war zu sehr in Gedanken versunken, spürte nur die sanfte Hand auf ihrer Schulter.

»Es war richtig, was du gemacht hast«, sagte Sonja mit einem versuchten Lächeln. »Ich hätte wahrscheinlich nicht den Mut dazu aufgebracht. Ich bewundere dich dafür. Komm, lass dich umarmen.«

Sie drückten sich fest aneinander, streichelten sich gegenseitig übers Gesicht, zum Abschluss gab Sonja ihr einen langen, intensiven Kuss, der Emily nicht unangenehm war. Sonjas Lippen fühlten sich weich und zart an, ihre Zungen spielten für einen Moment miteinander. »Ich liebe dich. Ich liebe dich mehr als alles auf der Welt.«

»Sonja …«

»Ja?«

»Nichts. Wir reden ein andermal drüber. Achim wartet auf dich. Bis morgen.«

»Bis morgen.« Und als sie bereits an der Tür war: »Ich hätte nie gedacht, eine Frau so lieben zu können wie dich. Warum haben wir erst vor einem Jahr damit angefangen?«

»Wir haben auch schon wieder damit aufgehört. Andreas ist für mich der wichtigste Mensch in meinem Leben. Er weiß übrigens auch über alles Bescheid, wir hatten ein sehr langes Gespräch. Du brauchst aber keine Angst zu haben, du kennst ihn, er behält es für sich. Und ich habe es ihm erzählt, weil ich ihn und nur ihn liebe. Es tut mir Leid.«

»Das macht nichts. Ich liebe dich trotzdem. Und vergiss nicht, mit Helena zu sprechen.«

Emily Gerber sah ihr irritiert nach, wie sie zu ihrem Auto ging und davonfuhr. Sie nahm den Telefonhörer von der Gabel und tippte die Nummer von Helena ein. Nur ihr Mann war zu Hause. Er sagte, sie sei in die Stadt gefahren und er wisse nicht, wann sie zurück sei, weil sie sich noch mit einer Freundin treffe. Mit einer Freundin! Emily Gerber rollte mit den Augen und legte wieder auf. Sie wartete noch einige Sekunden, bevor sie ihr Pferd aus dem Stall holte, um mit Maite Sörensen auszureiten.

Dienstag, 15.00 Uhr

Praxis Dr. Gerber.
»Hallo, komm rein. Wo drückt der Schuh?«
»Praktisch überall. Ich habe in letzter Zeit ständig Kopfschmerzen, und mir ist auch andauernd übel.«
»Hört sich wie Migräne an«, konstatierte Gerber, kam hinter seinem Schreibtisch hervor und setzte sich vor seinen Patienten. »Hast du auch Schwindelgefühle, Zittern, Schlaflosigkeit, werden die Schmerzen schlimmer bei Licht?«
»Kann ich nicht genau sagen, aber ich glaub schon.«
»Wann warst du das letzte Mal hier? Moment«, er drehte die Karteikarte, »das ist fast ein halbes Jahr her. Wir sollten mal einen Routinecheck durchführen. Nur zur Absicherung. Lass mich mal deine Hände sehen.« Er warf einen langen Blick auf die Handinnenflächen und sagte: »Deine Handlinien haben sich stark verändert.« Er sah sein Gegenüber durchdringend an, presste die Lippen aufeinander, schien ratlos zu sein.
»Positiv oder negativ?«
»Auf was oder wen bist du so wütend?«, fragte Gerber, ohne eine Antwort zu geben.
»Auf niemanden.«
»Aber du hast Angst. Wovor?«
»Ich habe keine Angst, du musst dich täuschen.«
»Du bist etwas Besonderes, du hast ganz außergewöhnliche Talente und Fähigkeiten. Aber du bist mit dir selbst nicht im Reinen. Ich nehme an, dein Job gefällt dir nicht. Du willst ausbrechen aus dem gewohnten Alltagstrott. Das ist der Grund für deine Kopfschmerzen. Du musst eine klare Linie in deinem Leben finden.«
»Gibt es dafür ein Patentrezept?«

»Nein, jeder muss seinen eigenen Weg finden. Deine Migräne wird aufhören, sobald du weißt, was du willst.«

»Kannst du mir was verschreiben?«

»Sicher«, antwortete Gerber und begab sich wieder hinter seinen Schreibtisch. Er füllte ein Rezept aus und reichte es seinem Patienten. »Du bist sehr unzufrieden mit deinem Leben. Sollte dich etwas bedrücken, du weißt, du kannst jederzeit zu mir kommen.«

»Heißt das, ich soll eine Therapie machen?«, fragte der andere lachend.

»Nicht unbedingt. Wir reden einfach nur.«

»Ich werd's mir überlegen. Und danke für das Rezept. Bis bald.«

Er verließ die Praxis, ohne seinen Unmut zu zeigen, erst im Auto zerriss er wütend das Rezept und steckte die Schnipsel in seine Hemdtasche. Er hatte etwas anderes erwartet, nicht diese dummen Sprüche von Gerber. Du bist ein verdammtes Arschloch, dachte er voller Zorn und raste mit quietschenden Reifen davon. »Du musst eine klare Linie in deinem Leben finden! Ich habe eine klare Linie gefunden, du Idiot! Aber selbst du kannst das nicht erkennen. Keiner erkennt das! Wer bin ich eigentlich?! Bin ich durchsichtig, dass mich niemand sieht?! Alle behandeln mich wie den letzten Dreck, aber ihr werdet schon noch sehen, was ihr davon habt! Und heute werde ich mein Meisterstück vollbringen. Migräne! Du fällst auch auf alles herein. Du bist ein Scharlatan, Andreas Gerber, nichts als ein mickriger, kleiner Scharlatan, der den Leuten das Geld aus der Tasche zieht. Idiot, gottverdammter Idiot! Nur mit einem hast du Recht gehabt, ich bin etwas Besonderes!«

Dienstag, 17.20 Uhr

Polizeipräsidium. Lagebesprechung.

Die Arbeit der Soko Selina lief auf Hochtouren. Durant und Hellmer waren kaum im Büro und hatten ein paar Worte mit Berger und Kullmer gewechselt, als ein Kollege der KTU hereinkam und eine dünne Akte auf den Tisch legte.

»Hier, lest mal. Wird euch bestimmt interessieren.« Sagte es und verschwand gleich wieder.

Durant schaute Berger an, nahm schließlich die Akte und schlug sie auf. Auf zwei Seiten der vorläufige Bericht der Spurensicherung.

»Das haut mich um«, sagte die Kommissarin und las ungläubig ein zweites Mal die Zeilen. Sie steckte sich automatisch eine Zigarette an. »Woher wusste Richter das? Kann der hellsehen?«

»Was denn?«, fragten Berger und Hellmer gleichzeitig.

»Sie haben am Slip von Miriam Spermaspuren gefunden und sofort einen Abgleich gemacht. Und ratet mal, von wem das Sperma stammt ...«

»Keine Ahnung. Von wem denn?«

»Mischner. Von unserem toten Gerhard Mischner.«

»Zeig her.« Hellmer riss ihr die Akte aus der Hand. »Das gibt's doch nicht. Wie kommt denn sein Sperma auf ihren Slip?«

»Weil offenbar jemand sein Sperma hat, woher auch immer«, bemerkte Durant lakonisch. »Richter, dieser Himmelhund! Der erschnüffelt auch alles. Er hat gemeint, wir sollen die Sachen genauestens untersuchen lassen, weil der Typ mit uns spielt. Der spielt wirklich ...«

»Aber wie kommt er an Mischners Sperma?«

»Das fragen wir ihn, sobald wir ihn haben. Eins ist jedenfalls sicher, er hat noch nicht aufgehört. Fragt sich nur, wen er sich als Nächstes ausgesucht hat.«

Kullmer kam herein und setzte sich zu ihnen. »Nur ein kurzer Bericht. Die Bewohner im Südring wurden alle befragt, so weit sie zu Hause waren. Keiner hat am Sonntagabend auch nur das Geringste bemerkt. Ich habe mir auch den Hausmeister vorgeknöpft. Tja, die Anlage scheint schon seit einigen Tagen defekt zu sein, er hat es nur nicht gemerkt. Er schaut nämlich nur einmal in der Woche danach und überspielt die Bänder, wenn nichts Außergewöhnliches vorgefallen ist. Und seit die Anlage installiert wurde, ist es in dem Haus so ruhig wie nie zuvor. Wir können ihm keinen Vorwurf machen, er kann wirklich nichts dafür ...

Und jetzt zu Marianne Tschierke. Beide Ärzte beschreiben sie als freundlich, hilfsbereit und absolut zuverlässig. Im Gesundheitsamt, wo sie angeblich auch noch gearbeitet hat, kennt sie aber keiner. Sie ist seit der Scheidung keine feste Beziehung mehr eingegangen, allerdings hat eine Kollegin von ihr uns im Vertrauen mitgeteilt, sie habe ihr während der letzten Weihnachtsfeier, nachdem alle schon reichlich getrunken hatten, erzählt, dass sie mal wieder einen Typen aufgerissen habe. Die andere hat natürlich weitergebohrt, ihr wisst ja, wie Frauen sind«, meinte er grinsend, »und dabei ist rausgekommen, dass die Tschierke häufig wechselnde Männerbekanntschaften hatte und sich wohl auch für ihre Dienste bezahlen ließ. Denn von ihren Gehältern hätte sie sich die Wohnung nie leisten können, die Miete schon, aber allein der Wohnzimmerschrank ist reine Eiche, das Schlafzimmer eine Maßanfertigung. Sie hat aber insgesamt nur eintausenddreihundert netto verdient, ihr Ex hat zweihundertfünfzig für Miriam gezahlt, und das reicht nie und nimmer für eine solche Einrichtung. Also war sie doch nicht die bittere, verhärmte Frau Tschierke.«

»Das mit der Einrichtung ist mir gar nicht aufgefallen«, sagte Durant.

»Schlichtheit fällt nicht immer auf. Aber bei der Wohnungsdurchsuchung gestern sind Kaufbelege aufgetaucht, ich hab sie mir heute morgen angeguckt. Die Wohnzimmereinrichtung hat sie vor anderthalb Jahren gekauft, für knapp zwanzigtausend Mark, etwas mehr als zehntausend Euro. Das Schlafzimmer etwa zur gleichen Zeit, fast dreißigtausend Mark. Außerdem wurden Kontoauszüge gefunden. Sie hatte zuletzt ein Guthaben von über neuntausend Euro. So, und jetzt kommt's. Nachdem wir noch ein bisschen weitergebohrt haben, hat die Arzthelferin behauptet, ihr Chef sei regelmäßiger Kunde bei der Tschierke gewesen. Sie hat also zweimal von ihm kassiert, einmal als Sprechstundenhilfe und einmal als käufliche Dame, um es höflich zu formulieren. Es könnte demnach auch sein, dass sie von einem ihrer Freier umgebracht wurde.«

»Nee, halte ich für ausgeschlossen«, warf Durant ein. »Mutter und Tochter werden nicht an ein und demselben Tag von zwei verschiedenen Tätern umgebracht. Außerdem, wäre es ein Freier gewesen, hätte er mit Sicherheit vorher oder sogar nachher mit ihr geschlafen. Die Morde gehen auf das Konto von nur einem Mann, und zwar einem, den sowohl die Mutter als auch die Tochter sehr gut kannten und vor dem die Tschierke keine Angst hatte, ganz im Gegenteil. Sie hat sich extra für ihn so zurechtgemacht. Hier«, sagte Durant und reichte Kullmer die Akte. Doris Seidel war inzwischen ebenfalls ins Büro gekommen und las mit.

Kullmer schüttelte nur wortlos den Kopf und legte die Akte auf den Tisch. »Was heißt das jetzt?«

»Das heißt, dass unser Mann noch ausgebuffter ist, als wir dachten. Was ist mit dem Bericht von Bock?«

»Liegt vor Ihnen«, antwortete Berger.

»Siebenundsiebzig Einstiche, wie bei Selina«, sagte Durant leise mehr zu sich selbst. »Gewaschen, desinfiziert, gekämmt. Leichte Hämatome an den Hand- und Fußgelenken und der Stirn, vermutlich mit Lederriemen fixiert. Keine Spermaspuren, kein Geschlechtsverkehr vor dem Tod. Geringe Alkoholkonzentration im Blut. Vor dem Tod betäubt, einmal mit Chloroform und dann noch mit einem intravenös gespritzten Beruhigungsmittel aus der Gruppe der Benzodiazepine.« Sie hielt den Bericht in der Hand und sah in die Runde. »Bis auf den Alkohol alles wie bei Selina. Ich muss Richter anrufen.« Durant griff zum Telefon. »Der soll sich mit dem Profil beeilen.«

Sie tippte die Nummer ein und wartete.

»Hier Durant. Ich habe zwar keine Ahnung, woher Sie das mit der Unterwäsche wussten, aber man hat Spermaspuren entdeckt. Sie stammen von Mischner.«

Richter schien nicht sonderlich überrascht. »Das passt zum Profil …«

Durant unterbrach ihn. »Sind Sie etwa schon fertig?«

»Nein, ich habe mir nur Notizen gemacht …«

»Reichen die aus, um schon ein einigermaßen klares Bild zu bekommen?«

»Eigentlich brauche ich noch mindestens einen Tag, wenn nicht gar zwei …«

»Tun Sie mir einen Gefallen, kommen Sie ins Präsidium und erzählen Sie, was Sie bis jetzt haben. Der Bericht der Rechtsmedizin über Miriam Tschierke ist übrigens ziemlich identisch mit dem von Selina Kautz. Was ist, können Sie kommen?«

»Heute? Ich hatte eigentlich nicht vor …«

»Bitte! Uns läuft die Zeit davon.«

»Also gut, geben Sie mir eine Stunde. Aber es ist nur ein vorläufiges Profil.«

Durant legte auf und sah Berger nachdenklich an. »Bin gespannt, ob wir aufgrund des Profils den Kreis der potenziellen Täter eingrenzen können. Wenn nicht, dann gute Nacht. Es soll mal jemand das Besprechungszimmer vorbereiten, Diaprojektor und so weiter.«

»Und was haben Sie außerdem noch zu bieten?«, fragte Berger.

»Nichts Besonderes«, log Durant. Sie würde sich hüten, Berger von den Lesben zu berichten. Sie würde es ihm irgendwann sagen, nur hielt sie den gegenwärtigen Zeitpunkt für unangemessen. Die Emotionen kochten ohnehin schon hoch, und sie wollte nicht noch mehr Öl ins Feuer kippen und sich Mutmaßungen anhören müssen. »Außer, dass Grumack uns eine ausführliche Geschichte über das Verschwinden seiner Tochter erzählt hat. Und dabei haben wir wieder einmal festgestellt, dass unsere Kollegen, die damals für den Fall zuständig waren, sich gar nicht die Mühe gemacht haben, herauszufinden, was in der Familie wirklich vorgefallen ist. Man muss den Leuten auch mal richtig zuhören können. Herr Grumack war sehr freundlich und offen.«

»Und deshalb lassen Sie den Baggersee absuchen?«

»Ja. Der Hund von Kerstin hat sich zum Sterben dorthin gelegt, eine Woche, nachdem sie verschwunden war. Das ist kein Zufall. Aber dem wurde entweder keine Beachtung geschenkt, oder es wurde einfach als unwichtig eingestuft. So weit zur damaligen Ermittlungsarbeit.«

»Ich kann nur hoffen, Sie behalten Recht, denn Sie wissen, dass ein solcher Einsatz nicht gerade billig ist.«

»Das ist mir so was von egal. Wir haben es mit einer Serie zu tun, und Kerstin Grumack war das erste Opfer unseres Killers. Man wird sie finden, darauf wette ich. So, und jetzt muss ich mal für kleine Mädchen.«

Sie ging auf die Toilette, alles an ihr klebte, die Hitze war unerträglich, vor allem im Büro. Sie wusch sich die vom Schweiß klebrigen Hände und das Gesicht. Die Ränder unter den Augen kamen ihr von Stunde zu Stunde tiefer vor. Sie verzog nur den Mund und begab sich zurück ins Büro, wo die Luft zum Schneiden dick war. Kullmer, Seidel und Hellmer waren an ihre Schreibtische gegangen, Durant setzte sich vor Bergers Schreibtisch, legte den Kopf in den Nacken und schloss die Augen. Sie war müde, das viele Sprechen hatte sie angestrengt. Dazu die Hitze, der fehlende Schlaf. Und das ständige Grübeln, wer diese perfiden Taten ausgeführt haben könnte. Ihr fiel niemand ein, alle, mit denen sie bisher gesprochen hatte, schienen sauber zu sein. Gerber, Kaufmann, selbst Malkow, auch wenn der in seiner Arroganz kaum zu überbieten war.

Das Telefon klingelte, als sie kurz vor dem Einnicken war. Berger hob ab, sagte nur »Ja« und »Ich werd's weitergeben«.

Julia Durant öffnete die Augen und gähnte.

»Das war Taubert …«

»Wer ist Taubert?«

»Spezialtauchereinheit. Sie haben etwas gefunden.«

Sie war mit einem Mal hellwach und schoss nach vorn, die Arme auf den Schreibtisch gelegt. »Was haben sie gefunden?«

»Etwas, das mit einer Kette und Gewichten im See versenkt wurde. Sie bringen es gerade in die Rechtsmedizin. Gratuliere zu Ihrem Erfolg«, sagte er ernst. »Das meine ich übrigens nicht zynisch. Ich weiß, es ist kein Erfolg.«

Durant erwiderte nichts darauf, zündete sich nur eine Zigarette an, stellte sich ans Fenster und schaute hinunter auf die Mainzer Landstraße. Fünf Opfer, dachte sie, fünfmal hat er also schon gemordet. Und wieder hat Richter Recht behalten. Und alle fünf hatten mehr oder weniger mit Okriftel zu tun gehabt. Drei Mädchen und zwei Erwachsene. Unschuldige Opfer, die keinem etwas getan hatten. Drei Mädchen, deren Leben gerade erst begonnen hatte. Kerstin wäre vielleicht schon verheiratet, vielleicht hätte sie schon ein Kind, vielleicht würde sie studieren oder in irgendeinem Laden als Verkäuferin arbeiten. Alle diese Mädchen hatten Träume, Wünsche und Hoffnungen gehabt, aber nichts davon wurde ihnen erfüllt. Alle Träume, Wünsche, Hoffnungen dahin durch einen Mann, der von nichts als unbändigem Hass gesteuert wurde. Hass, das Benzin, das den Motor seines Lebens antrieb. Aber vielleicht täuschte sie sich auch, vielleicht war es kein Hass, sondern eine völlig andere Ursache. Vielleicht war er krank, natürlich, jeder, der so etwas tat, war krank. So krank, dass er nicht mehr in der Lage war, zwischen Recht und Unrecht zu unterscheiden. Und abgrundtiefer Hass war in Durants Augen auch eine Krankheit. Sie war so sehr in Gedanken versunken, dass sie nicht bemerkte, wie Richter hereinkam. Es war achtzehn Uhr siebenunddreißig.

Er nickte Berger kurz zu, dann Durant, nahm sich einen Stuhl und setzte sich. Den Aktenkoffer legte er auf die Oberschenkel, öffnete ihn, holte sämtliche Unterlagen heraus und platzierte sie auf dem Tisch. Den Aktenkoffer stellte er neben seinen Stuhl.

»Machen wir's hier?« Seine Laune schien nicht die allerbeste zu sein, er hatte sich den Abend vermutlich auch angenehmer vorgestellt.

»Nein, besser im Besprechungszimmer, ich möchte, dass so

viele Beamte wie möglich dabei sind. Sie sollen schließlich was lernen«, erwiderte Berger ruhig, der die Anspannung spürte, die von Richter ausging. Hellmer trommelte sämtliche verfügbaren Kollegen zusammen. Um zehn vor sieben waren alle im Besprechungszimmer versammelt.

Dienstag, 19.00 Uhr

»Können wir anfangen?«, fragte Richter, nachdem er alles auf dem großen Tisch ausgebreitet hatte.
»Bitte«, sagte Berger.
»Gibt es vielleicht noch irgendwelche Informationen, von denen ich noch nichts weiß?«
»Allerdings«, antwortete Durant. »Spezialtaucher haben vorhin in einem Baggersee in Okriftel einen Fund gemacht. Es handelt sich vermutlich hierbei um die seit Weihnachten 96 vermisste Kerstin Grumack. Ich habe Ihnen heute Morgen kurz davon berichtet. Sie wurde in die Rechtsmedizin gebracht.«
»Interessant. Das würde also meine Theorie untermauern, dass Selina Kautz nicht sein erstes Opfer war. Aber gehen wir in medias res, sonst sitzen wir morgen früh noch hier. Die meisten unter Ihnen wissen, dass das von mir bis jetzt erstellte Täterprofil nicht vollständig sein kann, dazu fehlte mir einfach die Zeit. Ich habe es auch noch nicht abtippen können, weshalb ich Ihnen leider keine Unterlagen hier lassen kann. Deshalb sollten Sie am besten mitschreiben. Wie ich sehe, ist sonst alles vorbereitet. Dann wenden wir uns jetzt erst einmal in aller Ruhe den Bildern zu, ich werde aber erst später einen Kommentar dazu abgeben.«
Er bat Hellmer, den Diaprojektor zu bedienen, das Licht wurde gelöscht, die am Fundort gemachten Bilder von Selina Kautz wurden auf die Leinwand projiziert, anschließend die von Miriam Tschierke, Gerhard Mischner und Marianne Tschierke.
Das Licht wurde wieder angemacht, Richter räusperte sich und

wollte gerade beginnen, als das Telefon klingelte. Prof. Bock. Berger stellte den Lautsprecher an, damit alle mithören konnten.

»Ich hab da was auf den Tisch gekriegt, das verdammte Ähnlichkeit mit den andern beiden Opfern hat. Die Leiche ist zwar fast vollständig verwest, aber sie wurde ebenfalls in eine transparente Folie und, so weit das noch zu erkennen ist, in Tuch gewickelt. Die genaue Analyse kann ich frühestens morgen Abend rüberschicken, wahrscheinlich aber erst am Donnerstag. Es könnte sich jedoch um die vermisste Kerstin Grumack handeln.«

»Danke«, sagte Berger nur und legte auf. »Opfer Nummer drei.«

»Falsch, Opfer Nummer eins«, wurde er von Richter berichtigt. »Er hat 1996 seinen ersten Mord begangen und dann mehr als fünf Jahre verstreichen lassen, bis er schließlich seinen ausgeklügelten Plan in die Tat umsetzen konnte. Sein erster Mord war ein Test, er wollte sehen, ob er den perfekten Mord begangen hat. Und beinahe wäre es ihm auch gelungen. Die Frage ist, warum hat er diesen ersten Mord überhaupt begangen, und ich kann gleich sagen, dass ich keine Antwort darauf habe. Sein Motiv bleibt vorerst im Dunkeln.

Wir haben es aber mit einer sehr komplexen Persönlichkeit zu tun. Auffällig sind folgende Punkte. Erstens: Kerstin Grumack, Selina Kautz und Miriam Tschierke waren alle in etwa im gleichen Alter, vierzehn beziehungsweise fünfzehn Jahre alt. Er kannte die Opfer, und sie kannten ihn und hatten Vertrauen zu ihm. Zweitens: Er hat zweien der Opfer jeweils siebenundsiebzig Messerstiche beigebracht, von denen je sieben direkt ins Herz gesetzt wurden und somit tödlich waren. Bei Kerstin wird es vermutlich ähnlich gewesen sein. Die andern Stiche waren mehr oberflächlich und weisen die Form von Flügeln auf. Drittens: Er wäscht und desinfiziert seine Opfer, kämmt ihre Haare und verschränkt ihnen die Arme über dem Bauch. Viertens: Er verpackt sie sehr sorgfältig, woraus zu schließen ist, dass er ein sehr akribischer, fast pedantischer Mensch ist.«

»Das ist kein Mensch, sondern eine Bestie«, sagte einer der Beamten leise, doch laut genug, dass alle es hören konnten. Durant drehte sich zu ihm um und warf ihm einen scharfen Blick zu.

»Er ist ein Mensch wie Sie und ich«, fuhr Richter unbeirrt fort. »Noch einmal, er ist eine sehr akribische, fast pedantische Person mit einem ausgeprägten Ordnungssinn. Wenn er jemandem ein Paket zu Weihnachten schickt, dann wird er dies mit genau der gleichen Sorgfalt verpacken, wie er es mit seinen Opfern macht.

Nun zu seiner Person. Die Reinlichkeit, sprich das Waschen und Desinfizieren, ist in seinem Fall gleichzusetzen mit Reinheit. Er will seinen Opfern praktisch die Unschuld wiedergeben, eine Unschuld, von der er meint, dass sie sie bereits verloren haben. Und hier spreche ich ausschließlich von den Mädchen. Zu der Frau und dem Mann komme ich später. Reinheit ist also gleichbedeutend mit Unschuld. Die Flügel, die er ihnen verleiht, sind relativ leicht zu deuten. Engel haben Flügel, Engel sind rein, unschuldig, frei von Sünde. Er hat die Mädchen also zu Engeln gemacht.«

»Ist er ein religiöser Spinner?«, fragte einer der Beamten.

»Ich halte es für unwahrscheinlich, aber nicht für ausgeschlossen. Wobei es sich dann um eine psychische Störung handeln würde, und Sie wissen alle, was das bedeutet. Er würde nicht ins Gefängnis kommen, sondern in eine geschlossene psychiatrische Anstalt. Aber lassen Sie mich fortfahren, denn jetzt werde ich in kurzen Punkten die Persönlichkeitsstruktur erläutern.

Es handelt sich vermutlich um einen Mann zwischen fünfundzwanzig und fünfundvierzig. Er leidet unter starken Minderwertigkeitskomplexen und war bislang nicht in der Lage, eine Sache auch wirklich zu Ende zu bringen, Schule, Ausbildung, Studium oder auch eine andere Aufgabe. Er ist ein unterwürfiger Mensch, der stark unter einem Elternteil, vermutlich seinem Vater, der vielleicht sogar ein Übervater war, gelitten hat, der es zu sehr viel gebracht hat, während er selbst immer wieder gescheitert ist, weil er an den Leistungen seines Vaters gemessen wurde oder sich selbst daran maß. Und er hat aller Wahrscheinlichkeit nach seit seiner

Kindheit eine ganze Reihe von Demütigungen hinnehmen müssen, die bis in die heutige Zeit reichen ...«

»Wie kommen Sie darauf?«

»Er hat quasi Gott gespielt, seine Opfer mussten sich ihm unterwerfen. Er hatte Macht, eine Macht, die er im realen Leben nicht hat.«

»Sie halten ihn nicht für einen religiösen Spinner«, konstatierte Hellmer. »Die Frage mal andersrum – ist er religiös?«

Richter nickte. »Er mag durchaus religiös sein. Aber er ist kein Fanatiker. Er fühlt sich lediglich zu etwas Besonderem berufen. Das war schon in seiner Kindheit so, als ihm das Gefühl gegeben wurde, nicht genügend beachtet zu werden, er aber trotzdem beweisen wollte, was in ihm steckt, doch keiner wollte es sehen. Und das hat sich mit der Zeit so fortgesetzt, bis er schließlich aufgegeben und sich gesagt hat, gut, dann werde ich euch eben auf eine andere Art zeigen, was in mir steckt. Er will die Welt reinigen, er will zeigen, schaut her, ich bin jemand, ich bin etwas Besonderes, aber keiner von euch merkt es. Es ist wie ein Hilferuf, nur er selbst sieht das nicht so, weil er längst den Boden unter den Füßen verloren hat. Er würde nie zugeben, dass er Hilfe braucht, und er schreit auch gar nicht mehr nach Hilfe wie früher, weil es eh sinnlos ist und er inzwischen an einem Punkt angelangt ist, wo er sagt, nicht ich brauche Hilfe, sondern ihr. Er will beachtet werden, hat aber das Gefühl, dass ihn keiner beachtet. Er ist weit überdurchschnittlich intelligent, sehr charmant und doch zurückhaltend, was ihn für viele attraktiv macht, vor allem für Mädchen und Frauen. Er kann gut reden und besitzt eine große Überzeugungskraft, und doch ist er nur einer unter vielen, und sobald er nicht mehr präsent ist, vergisst man ihn, zumindest glaubt er das, wo ich wieder bei den Minderwertigkeitskomplexen wäre.

Sein Leben ist auf einer großen Lüge aufgebaut, doch er selbst erkennt das nicht mehr. Er kann nicht mehr zwischen Wahrheit und Lüge unterscheiden. Wenn Sie ihm gegenüberstehen und mit ihm sprechen, wird er Ihnen alles Mögliche erzählen, und Sie werden ihm alles glauben, auch wenn es nur seiner Phantasie entsprungen ist. Schließen Sie ihn an einen Lügendetektor an, und es wird keine auffälligen Ausschläge geben, das garantiere ich Ihnen, denn, wie gesagt, ihm ist im Laufe der Jahre die Fähigkeit abhanden gekommen, zwischen Realität und Fiktion zu unterscheiden. Und jetzt kommt der eigentlich wichtige Punkt: Er stellt sich auf eine Stufe mit Gott. Die Griechen nennen das Hybris, was so viel heißt wie frevlerischer Übermut. Er spielt Gott, indem er Menschen zu Engeln macht. Er selbst ist aber überzeugt, lediglich ein Werkzeug in der Hand Gottes zu sein …«

»Dann ist er also doch verrückt«, wurde er von Durant unterbrochen.

»Nein, so einfach ist das nicht. Wir alle spielen dann und wann Gott. Nur ein Beispiel: Rechthaberei ist ein Teil davon. Wer ständig darauf beharrt, Recht zu haben, auch wenn er im Unrecht ist, spielt Gott. Die Geschichte der Menschheit ist gespickt mit Gottmenschen. Ich könnte Ihnen eine ganze Reihe aufzählen, doch das würde zu weit führen. Ich will damit nur ausdrücken, dass unser Mann nicht unbedingt verrückt sein muss, er hat nur jeglichen Sinn für die Realität verloren, aber das haben viele. Wie viele lügen sich Tag für Tag in die Tasche und merken gar nicht, wie sie allmählich den Boden unter den Füßen verlieren?! Es ist ein heikles Thema, aber ob unser Mann im klinischen Sinn verrückt ist, wird sich noch herausstellen. Ich glaube es nicht.«

Er machte eine Pause, trank einen Schluck Wasser und fuhr fort: »In ihm sind eine Menge aufgestauter Hass und Aggressionen, die er aber im realen Leben nicht umsetzen kann, weil er zu feige ist. Er ist, wie schon erwähnt, ein charmanter, redegewandter Mann, der mit Leichtigkeit jeden um den Finger wickeln kann. Seine Aggressionen und sein Hass sind aber ganz tief in ihm verwurzelt, er würde dieses Abgründige nie seinen Freunden oder Bekannten gegenüber zum Ausdruck bringen, was für eine perfekte Fassade spricht, die er im Laufe seines Lebens aufgebaut hat. Er würde auch niemals einem Menschen bewusst wehtun, selbst verbalen

Streit vermeidet er weitestgehend. Im Grunde ist er ein gutmütiger, hilfsbereiter Zeitgenosse.« Er hob die Hand, als auf seinen letzten Satz hin Unruhe bei den Anwesenden aufkam und einige bereits aufbegehren wollten. »Ich weiß, ich weiß, Sie fragen sich jetzt bestimmt, wie kann jemand, der solche Morde begeht, gutmütig und hilfsbereit sein. Ich kenne den Fall eines Serienmörders, der Ende der Sechziger im Raum Frankfurt mehrere Frauen auf bestialische Weise getötet hat und erst in den USA verhaftet wurde. Es war ein amerikanischer Soldat, den die meisten von Ihnen vermutlich nicht kennen, ein gewisser Mark Alan Smith. Er wurde von allen, die ihn kannten, als höflich, charmant, hilfsbereit, loyal beschrieben. Das andere, das böse, grausame Gesicht haben nur die Opfer gesehen. Es ist die berühmte Geschichte von Jekyll und Hyde, die im Prinzip auf alle Serientäter zutrifft.«

»Ist er verheiratet?«

»Zu neunundneunzig Prozent ist er verheiratet und führt nach außen hin eine glückliche Ehe. Wahrscheinlich hat er auch Kinder und versucht, ihnen ein besonders guter Vater zu sein. Aufgrund seiner Intelligenz scheint er einen angesehenen Beruf zu haben und entsprechend gutes Geld zu verdienen. Und er ist den schöngeistigen Dingen gegenüber sehr aufgeschlossen, das heißt, er liest gerne, reist viel, hört gute Musik et cetera pp. Das beweist unter anderem seine Sorgfalt, wenn Sie mir diesen Ausdruck gestatten, die er sowohl während der Tat als auch anschließend walten lässt.«

»Warum hat er keine sexuellen Handlungen an seinen Opfern durchgeführt?«

»Weil er sich dadurch beschmutzt hätte. Er ist aber weder impotent, noch steht er der Sexualität ablehnend gegenüber. Doch die Opfer, vor allem die Mädchen, waren unrein geworden, und erst mit ihrem Tod wurden sie wieder rein. Hätte er sich an ihnen vergangen, wäre auch er unrein geworden. Er hätte ganz leicht jedes der Mädchen missbrauchen können, aber das lag ihm fern, denn sein Plan war ja, ihnen die Reinheit, sprich die Unschuld wiederzugeben. Warum die Mädchen aber in seinen Augen unrein waren, vermag ich nicht zu beantworten.«

Ich schon, dachte Durant und sah Hellmer an, der ihren Blick erwiderte. Sie schüttelte nur ganz leicht den Kopf.

»Prof. Richter, können wir bitte eine kurze Pause machen, ich müsste mal ganz kurz raus«, sagte sie.

»Also gut, machen wir eine Pause«, stimmte Richter zu und setzte sich zu Berger, während Durant aufstand und den Raum verließ. Wenig später folgte ihr Hellmer nach draußen. Sie blieb an der Toilettentür stehen, eine Zigarette in der Hand.

»Gehen wir ins Büro«, sagte Durant nur. Sie schloss die Tür hinter sich. Sie war nervös wie selten zuvor.

»Ich weiß genau, was du willst«, sagte Hellmer. »Hör zu, wir haben extrem wichtige Informationen, die Richter helfen könnten.«

»Nein, Frank. Ich kann es nicht mehr sagen! Berger zerreißt mich in der Luft, weil ich ihm etwas Entscheidendes vorenthalten habe. Das Täterprofil, das Richter bis jetzt erstellt hat, ist ziemlich genau, und mit diesem Profil kriegen wir das Arschloch.«

»Julia, das ist ganz allein dein Ding, das du jetzt durchziehst. Ich will damit nichts zu tun haben, und ich weiß auch nichts davon. Aber unser Mann tötet, weil seine Frau lesbisch ist …«

»Das ist mir eben auch klar geworden. Deswegen, bitte, halt den Mund. So, und jetzt gehst erst du rein, ich komme in zwei Minuten nach.«

Berger und Richter unterhielten sich angeregt, und erst als Durant wieder Platz genommen hatte, fuhr Richter mit seinen Ausführungen fort.

»Wir waren bei der Reinheit stehen geblieben. Wichtig ist noch, dass er seinen Opfern keinen Schmerz zufügen wollte, sprich, er wollte ihnen unnötiges körperliches Leid ersparen. Inwieweit er sie psychisch gequält hat, entzieht sich meiner Kenntnis. Er hat sie betäubt, gefesselt und wieder betäubt, bevor er sie getötet hat. Was er in der Zwischenzeit mit ihnen gemacht hat, ob er mit ihnen gesprochen hat, wenn sie aufgewacht sind, kann ich nicht beurteilen.

Es kann sein, dass er sie nur beobachtet hat, es kann auch sein, dass er mit ihnen gesprochen hat, wobei es sich um eine einseitige Kommunikation gehandelt haben muss, da er den Opfern den Mund verklebt hatte.«

»Kann es sein, dass ihn die Morde sexuell stark erregt haben? Hat er vielleicht einen Orgasmus dabei bekommen?«

»Unwahrscheinlich. Die Sorte Mörder, von der Sie sprechen, tötet weniger gezielt und strukturiert. Unser Mann verdrängt im Moment des Tötens jeglichen Gedanken an Sexualität. Er ist kein Triebtäter. Triebtäter bekommen tatsächlich häufig allein durch den Tötungsakt einen oder mehrere Orgasmen. Diese Täter wählen ihre Opfer aber in der Regel nach dem Zufallsprinzip aus. Sie schlendern durch die Stadt, entdecken eine Frau, sie verlieren jegliche Kontrolle über sich und werden nur noch von ihrem Trieb gesteuert. Sie vergewaltigen das Opfer häufig vor dem Tod, oftmals aber auch erst danach. Das ist hier jedoch nicht der Fall. Es geht ihm nicht um sexuelle Befriedigung, die holt er sich woanders.«

»Wo hat er die Mädchen umgebracht?«

»Das ist eine sehr schwer zu beantwortende Frage. Wenn er verheiratet ist, wovon ich ausgehe, kann es nicht in seinem Haus gewesen sein. Also bleiben nur zwei Möglichkeiten. Entweder er besitzt noch ein Haus, wo er ungestört schalten und walten kann, oder aber er kennt einen Ort, von dem er genau weiß, dass dort niemals jemand hinkommt. Und wenn wir uns die ganze Prozedur anschauen, die er veranstaltet hat, betäuben, fesseln, eine Beruhigungs- bzw. Betäubungsspritze setzen, die vielen Messerstiche und schließlich das Verpacken der Leichen, wofür er einige Zeit benötigt, kommen eigentlich nur diese beiden Möglichkeiten in Frage. So viel dazu.«

Richter sortierte seine Papiere und nahm ein Blatt in die Hand, schürzte die Lippen und fuhr fort: »Kommen wir zum interessantesten Punkt, die siebenundsiebzig Messerstiche. Ich habe mich ein wenig schlau gemacht, was es mit dieser Zahl auf sich hat, und bin auch fündig geworden. In der Bibel gibt es eine Passage, in der

Jesus von Petrus gefragt wird, wie oft er seinem Bruder vergeben muss, wenn er sich gegen ihn versündigt. Darauf hat Jesus geantwortet: Nicht siebenmal, sondern siebenundsiebzigmal. Meine Partnerin hat mir übrigens geholfen, das herauszufinden, da ich alles andere als bibelfest bin«, sagte Richter schmunzelnd. »Ich habe mich natürlich gefragt, was das mit den Morden zu tun haben soll. Hat sich jemand gegen den Täter versündigt und es öfter als siebenundsiebzigmal getan? Nein, unwahrscheinlich. Wenn wir aber den Bericht der Rechtsmedizin durchlesen und auch die Fotos betrachten, erkennen wir, dass er siebenmal ins Herz gestochen hat, wobei alle diese Stiche tödlich waren, und siebzigmal hat er die Haut praktisch nur angeritzt, damit wir sehen, was für ein Kunstwerk er vollbracht hat. Damit sind wir bei der Zahl sieben angekommen. Sieben Stiche ins Herz und die Quersumme von siebzig ergibt auch sieben. Und obgleich ich mich nur am Rande mit Esoterik beschäftige, habe ich ein Buch über Numerologie bei mir gefunden. Und darin steht über die Zahl sieben Folgendes geschrieben: Die sieben ist das Zeichen des Chronos, des Gottes der Zeit. Diese Zahl zeigt uns die Grenzen der materiellen Welt und die Vergänglichkeit alles Irdischen. Die sieben vertritt die materielle Welt und ist gleichzeitig die Brücke ins Reich des Spirituellen. Der Regenbogen setzt sich aus sieben Farben zusammen, sieben Töne bilden die Tonleiter, die Woche hat sieben Tage, der Körper hat sieben Chakras, es gibt sieben Todsünden und sieben Tugenden, um nur das Wichtigste zu nennen, denn die Liste ließe sich beliebig fortsetzen. Unser Mann hat es mit der Zahl sieben und nicht mit der Zahl siebenundsiebzig. Er hat zum Beispiel Selina und Miriam von der materiellen in die spirituelle Welt geführt. Das war's von meiner Seite. Fragen?«

»Ja«, meldete sich Kullmer zu Wort. »Sie sagen, er ist charmant, höflich, sehr intelligent, verheiratet und genießt ein hohes Vertrauen. Wo können wir ihn finden?«

»Suchen Sie ihn. Nehmen Sie sämtliche Fakten, die Sie bisher gesammelt haben, und erstellen Sie für sich ein Bild. Sie haben doch sicher schon mit mehreren Männern gesprochen. Es könnte sogar sein, dass Sie bereits seine Bekanntschaft gemacht haben, und wenn es nur ein kurzes Gespräch war, das Sie für eher belanglos hielten. Nur, er spielt mit Ihnen, aber Sie merken es nicht, und er lacht sich ins Fäustchen. Ich habe ganz vergessen, etwas zu erwähnen; er verfügt über ausgesprochen gute Ortskenntnisse. Daraus kann ich nur schließen, dass er entweder in Hattersheim geboren und aufgewachsen ist oder schon seit vielen Jahren dort wohnt. Auf jeden Fall sind seine Detailkenntnisse, was die Lokalitäten angeht, exorbitant gut. Er weiß genau, wann er sich wo absolut sicher fühlen kann. Er stammt mit hundertprozentiger Sicherheit aus der unmittelbaren Umgebung.«

»Wird er weitermachen?«, fragte Hellmer.

»Ganz bestimmt. Wenn sein Plan anfangs vielleicht auch ganz anders ausgesehen hat, so hat er jetzt Gefallen an dem Spiel gefunden, das da heißt, die Welt zu reinigen und gleichzeitig zu zeigen, wie groß er ist, größer als der gesamte Polizeiapparat. Er genießt sicher auch das Medieninteresse, die Aufmerksamkeit, die man seinen Taten schenkt, eine Aufmerksamkeit, die er bislang in seinem Leben nicht erhalten hat.«

»Aber wir haben doch gar keine Einzelheiten an die Medien weitergegeben.«

»Deshalb macht er auch weiter, denn irgendwann werden schlaue Reporter alle Details rauskriegen und veröffentlichen. Dennoch bin ich sicher, Sie werden ihn bald kriegen, denn sowohl Selina als auch Miriam waren Mitglied im Reitclub, und genau in diesem Umfeld ist auch Ihr Mann zu suchen. Er ist sozusagen Dauergast auf dem Reiterhof. Damit haben Sie eine sehr begrenzte Auswahl an Tätern. Und da Mischner ihn aller Wahrscheinlichkeit nach dort kennen gelernt hat … Sollten Sie bereits das Vergnügen mit ihm gehabt haben, hat er sich Ihnen gegenüber entweder besonders auskunftsfreudig oder aber äußerst zurückhaltend gezeigt. Es kommt nur eine von beiden Möglichkeiten in Frage. Auf keinen Fall hat er sich normal verhalten. Er will im

Mittelpunkt stehen, und man schenkt in der Regel nur jenen Beachtung, die extrovertiert oder aber introvertiert sind. Manche Frauen finden es reizvoll, selbst die Initiative zu ergreifen, das heißt, sich an einen Mann heranzumachen, der schüchtern in der Ecke steht, während alle andern sich amüsieren. Es könnte sich also durchaus auch um eine solche Persönlichkeit handeln. Er ist ein analytisch denkender Mann, kann gut organisieren und hat das Ganze inzwischen zu einem Spiel gemacht, das er im Moment noch kontrolliert. Aber er ist nur eines von vielen Gesichtern in der Menge, und das weiß er auch, zumindest bildet er sich das ein, doch er sucht nach Bestätigung, er will beachtet werden, also hat er sich eine zweite Identität zugelegt.«

»Sie wollten noch etwas zu Mischner und Frau Tschierke sagen.«

»Zu Mischner gibt es nicht viel zu sagen. Sie wissen selbst, dass es offensichtlich eine Beziehung zwischen Mischner und seinem Mörder gegeben hat, wobei Mischner für ihn auch nur Mittel zum Zweck war …«

»Er würde noch leben, wenn er nicht versucht hätte ihn zu erpressen. Wir gehen zumindest davon aus, dass es so war«, sagte Durant. »Und zu Frau Tschierke haben wir vorhin Informationen bekommen, nach denen sie beträchtliche Summen durch Prostitution verdient hat, was aber offensichtlich keinem aus ihrer näheren Umgebung bekannt war. Doch der Täter scheint es gewusst zu haben.«

»Na also, da haben Sie doch schon ein Motiv. Erst die Mutter, dann die Tochter. Was aber hat die Tochter gemacht, damit sie so bestraft wurde?«

»Haben Sie nicht gesagt, sie wurde gereinigt?«

»Kompliment, ich sehe, Sie haben mitgedacht. Weder Selina noch Miriam haben etwas getan, wofür sie bestraft werden mussten, sie mussten gereinigt werden oder vielleicht vor dem Übel und der Schlechtigkeit der Welt bewahrt werden, wer weiß. Womit wir wieder beim Ausgangspunkt wären, dass nämlich unser Mann großen Wert auf Reinheit legt. Mehr kann ich im Augenblick nicht sagen. Gehen Sie die einzelnen Punkte durch und überlegen Sie, auf welchen von den Männern, mit denen Sie bereits gesprochen haben, dieses Profil zutreffen könnte. Aber Vorsicht, er ist mit allen Wassern gewaschen, und es wird nicht leicht für Sie werden, ihn aus der Reserve zu locken. Noch weitere Fragen?«

Schweigen.

Berger stand auf und ging zu Richter, reichte ihm die Hand und bedankte sich im Namen aller Kollegen.

»Schon gut. Tun Sie mir nur einen Gefallen, finden Sie ihn«, sagte er, während er seine Tasche packte. »Er macht sonst immer weiter. Und irgendwann hört er auf und fängt wieder an, wenn Sie nicht mehr damit rechnen. Auf Wiedersehen und viel Erfolg. Und die Rechnung schicke ich Ihnen in den nächsten Tagen«, fügte er im Hinausgehen grinsend hinzu.

»Sie haben es gehört, werte Damen und Herren. An die Arbeit. Frau Durant, ich möchte Sie, Herrn Hellmer, Herrn Kullmer und Frau Seidel in meinem Büro sprechen.«

»Was will er denn jetzt noch?«, fragte Hellmer.

»Du wirst es gleich erfahren.«

Sie folgten Berger und machten die Tür hinter sich zu. Berger saß bereits an seinem Schreibtisch.

»Haben Sie schon mit jemandem zu tun gehabt, wie Richter ihn beschrieben hat?«

»Wir müssen erst die einzelnen Punkte genau auflisten und dann versuchen, sie bestimmten Personen zuzuordnen. Im Moment fällt mir noch keiner ein.«

»Dann tun Sie das. Und zwar heute noch.«

»Heute?!« Hellmer schaute auf die Uhr und sagte entrüstet: »Es ist gleich halb neun …«

»Na und? Wollen Sie, dass noch jemand dran glauben muss?«, fragte Berger mit der ihm eigenen Gelassenheit, die einer gewissen Ironie nicht entbehrte. »Na also. Sobald der Fall gelöst ist, gebe ich Ihnen zwei Tage extra frei. Ist das ein Wort?«

»Scheiße! Ich muss Nadine anrufen.«

»Sie wird's verstehen«, sagte Julia Durant.

»Du hast auch niemanden, der ... Tschuldigung, war nicht so gemeint.«

»Vergiss es.«

Durant setzte sich hinter ihren Schreibtisch, die Notizen vor sich. Sie tippte alles in den Computer ein und ordnete die Liste. Es würde eine lange Nacht werden. Sie riefen den Pizzaservice an und begannen mit der Arbeit.

Dienstag, 18.45 Uhr

Emily Gerber hatte das Abendbrot vorbereitet, ihre beiden Töchter saßen vor dem Fernsehapparat und sahen sich ein Zeichentrickvideo an. Seit sie wieder zu Hause war, kreisten ihre Gedanken um das Gespräch mit Durant und das, was im Büro vorgefallen war. Sie fragte sich, ob Sonja das ernst gemeint hatte, als sie sagte, sie liebe sie. Sie hatte das schon oft gesagt, doch Emily hatte es nie wirklich ernst genommen. Nur diesmal war es etwas anderes gewesen, der Kuss, der Blick, die Berührung. Nicht unangenehm, aber Emily konnte und wollte diese ihr entgegengebrachten Gefühle nicht erwidern, so schön sie auch waren. Sie hatte eine Entscheidung getroffen, und die würde sie nicht mehr rückgängig machen.

Sie hörte, wie ihr Mann den Wagen in die Garage fuhr. Er stellte seine Tasche ab, umarmte Emily und küsste sie.

»Hi, da bin ich«, sagte er. »Wie war dein Tag?«

»Nicht jetzt, lass uns erst essen.«

»So schlimm? Komm, erzähl, die Kinder werden nicht gleich verhungern.« Er nahm sie bei der Hand und zog sie zu sich auf die Couch.

»Frau Durant war heute bei mir. Sie weiß alles.«

»Hast du es ihr gesagt?«

»Sie hat einen Hinweis bekommen, wollte mir aber nicht verraten, von wem. Ich habe auch keine Ahnung, wer es sein könnte. Natürlich habe ich es zugegeben, was hätte ich denn auch anderes machen sollen.«

»Und was passiert jetzt?«

»Nichts, sie hat es mir versprochen. Ich habe ihr gesagt, dass wir nie ein Mädchen zu irgendetwas gezwungen haben, und sie hat es mir geglaubt. Hoffe ich zumindest.«

»Und ich hoffe, sie hält ihr Versprechen. Was sagen eigentlich Sonja und Helena dazu?«

»Sonja war erst entsetzt, hat aber schließlich eingesehen, dass ich keine andere Wahl hatte. Helena war nicht auf dem Hof, als ich dort war.«

Gerber überlegte, drückte seine Frau an sich und streichelte ihr übers Haar. »Es war gut, dass du nicht gelogen hast. Die Wahrheit wäre früher oder später sowieso ans Licht gekommen. Und es ist immer besser, die Wahrheit zu sagen. Du hast richtig gehandelt. Und jetzt essen wir, ich habe einen Bärenhunger.« Er stand auf und sah Emily an. »Weißt du eigentlich, dass ich mich noch einmal in dich verliebt habe? Ich habe mich am Donnerstagabend noch einmal in dich verliebt. Und ich möchte dich nie verlieren.«

»Du verlierst mich nicht. Ich habe viel mehr Angst, dass du …«

»Niemals, hörst du. Wir sind wie eineiige Zwillinge, nur mit dem kleinen Unterschied, dass wir im Abstand von dreizehn Jahren geboren wurden. Und jetzt komm. Und nach dem Essen und wenn die Kinder im Bett sind, machen wir uns einen gemütlichen Abend.«

»Ich muss andauernd an Selina und Miriam denken«, sagte Emily und erhob sich ebenfalls. »Was sie wohl durchgemacht haben?«

»Das werden wir nie erfahren. Und ich will es auch gar nicht wissen.«

Emily bat die Mädchen, den Fernsehapparat auszustellen und zum Essen zu kommen. Sie überlegte, ob sie später Helena anrufen und sie warnen sollte, wie die Kommissarin gesagt hatte. Vielleicht würde sie es heute tun, vielleicht auch erst morgen, wenn sie sich auf dem Hof sahen. Nach dem Essen räumte sie den Tisch ab und stellte das Geschirr in die Spülmaschine. Es war fast halb neun, als sie die Kinder ins Bett brachte, erst Pauline, dann Celeste, blieb bei jeder noch einige Minuten sitzen und sprach mit ihnen. Sie gab ihnen einen Kuss und umarmte sie zärtlich, bevor sie die Tür anlehnte, die Mädchen waren das so gewohnt.

Andreas Gerber hatte sich auf die Terrasse gesetzt, Emily kam zu ihm. Sie unterhielten sich, vermieden aber ein bestimmtes Thema. Der erste Schritt zurück zur Normalität. Um viertel nach zehn ging Emily zum Telefon und tippte die Nummer von Helena ein. Der Anrufbeantworter. Sie versuchte es auf ihrem Handy, nur die Mailbox. Sie legte den Hörer wieder auf und machte ein nachdenkliches Gesicht. Helena geht doch sonst immer ran, dachte sie. Und dienstags ist sie doch meist … Ich werde Sonja anrufen. Es dauerte eine halbe Ewigkeit, bis sie sich mit verschlafener Stimme meldete.

»Sonja, ich bin's. Hab ich dich etwa aus dem Bett geholt?«

»Ja«, sagte Sonja gähnend. »Was gibt's denn?«

»Weißt du, wo Helena ist?«

»Keine Ahnung, ich hab sie seit heute Mittag nicht gesehen. Vielleicht ist sie mit Werner unterwegs.«

»Dienstags?«, sagte sie zweifelnd. »Dienstags macht sie doch immer was anderes. Aber gut …«

»Emily, warte noch. Das vorhin im Büro, ich wollte dich damit nicht verletzen. Aber ich kann nichts gegen meine Gefühle tun. Ich hoffe, du bist mir nicht böse.«

»Quatsch. Ich hab dich doch auch lieb«, flüsterte Emily. »Wir sprechen ein andermal drüber, ich kann jetzt nicht. Geh wieder schlafen. Ciao.«

Sie kehrte zu ihrem Mann zurück, der im Liegestuhl eingeschlafen war, streichelte ihm übers Gesicht und hauchte ihm einen Kuss auf die Stirn. Er zuckte zusammen.

»Entschuldigung, ich bin schon wieder eingeschlafen.«

»Macht nichts. Ich habe eben versucht Helena zu erreichen. Sie meldet sich nicht.«

»Ja und?«

»Sie hat sonst nie ihr Handy ausgeschaltet.«

»Machst du dir Sorgen?«

»Nach dem, was Frau Durant heute gesagt hat …«

»Versuch's einfach nachher noch mal. Hast du es auch in ihrem anderen Haus probiert?«

»Ich hab die Nummer nicht. Und Werner ist auch nicht erreichbar.«

»Vielleicht schläft sie schon.«

»Unwahrscheinlich. Die geht selten vor elf ins Bett. Und jetzt im Sommer …«

»Komm her und entspann dich. Du probierst es um elf noch mal und wenn du dann immer noch unruhig bist, fährst du erst zu ihr nach Hause, und sollte sie dort nicht sein, dann fährst du eben auch noch in das andere Haus.«

»Kannst du nicht mitkommen. Ich meine, falls …«

Er schüttelte den Kopf. »Emily, offiziell weiß ich von alldem nichts. Ich möchte, dass ihr das unter euch ausmacht. Ich meine das nicht böse, aber ich habe nicht das Recht, mich da einzumischen. Und Helena mag mich sowieso nicht sonderlich. Nimm Sonja mit. Ich geh jetzt duschen und dann ins Bett. Die letzten Tage waren sehr strapaziös. Aber du kannst mich ruhig wecken, sollte irgendwas sein. Du kannst mich aber auch wecken, wenn nichts ist.«

»Okay«, sagte sie und schenkte sich ein Glas Orangensaft ein. Sie wartete bis dreiundzwanzig Uhr und tippte noch einmal beide Nummern von Helena ein. Erfolglos. Sie rief bei Sonja an, die aber auch nicht ans Telefon ging. Nachdem sie noch eine Viertelstunde gewartet hatte, tippte sie erneut Helenas Nummern ein, und als sie sich auch dann noch nicht meldete, nahm sie die Autoschlüssel vom Brett. Sie würde erst bei ihr zu Hause nachschauen, und sollte sie sie dort nicht antreffen, weiter nach Kelkheim fahren, in Helenas Liebesnest, in dem sie bisher nur einmal gewesen war, für fünf Minuten. Ein Nest, in dem sie sich nie geborgen gefühlt hätte, weil es keine Wärme ausstrahlte.

Dienstag, 22.15 Uhr

Er hatte seinen Wagen in einer Nebenstraße geparkt, konnte das Haus jedoch gut einblicken. Seit zehn Minuten stand er hier. Er wusste, in Kürze würde die Tür aufgehen und eine oder zwei Frauen oder ein oder zwei Männer herauskommen. Sie verbrachte jeden Dienstagabend in diesem Haus, wenn sie sich mit ihren Liebhabern oder Liebhaberinnen traf. Er sah, wie das Licht in der Garage anging, und wartete noch einen Moment, bis eine Frau, die er nicht kannte, durch die Verbindungstür zu ihrem schwarzen Porsche trat, der in der Dreifachgarage stand. Der Motor brummte auf, sie fuhr rückwärts heraus. Er stieg aus, überquerte die schmale Straße, ohne von irgendjemandem gesehen zu werden, denn auch in dieser Gegend erlahmten mit Einbruch der Dunkelheit sämtliche außerhäuslichen Aktivitäten.

Das Licht wurde wieder ausgeschaltet. Das Garagentor stand offen, wie immer, so wie sie den Zugang zur Wohnung nie verschloss, nachdem ihre Liebhaber oder Lieberhaberinnen gegangen waren, denn sie fühlte sich sicher, schließlich war es eine sichere Gegend, und sie würde auch nur noch wenige Augenblicke bleiben. Sie hatte einen festen Zeitplan, und der besagte, nie später als um dreiundzwanzig Uhr zu Hause zu sein.

Er schlich durch die dunkle Garage, wo ihr silberfarbener Mercedes stand, zog sich die Handschuhe über, tränkte das Tuch mit reichlich Chloroform und stellte die Flasche auf den Boden. Er würde sie nachher wieder mitnehmen. Er drückte vorsichtig die Klinke herunter, die Tür ließ sich öffnen. So lautlos er die Tür aufgemacht hatte, so lautlos schloss er sie wieder. Der tiefe Teppichboden verschluckte jedes Geräusch, er hörte sie hantieren, das Klappern von Gläsern, die sie noch schnell abspülte, bevor sie sich auf den Heimweg machte. Sie war eine ordnungsliebende Frau, das musste er ihr zugestehen, alles in ihrem Leben war perfekt durchorganisiert. Es gab nur einen, der besser war im Organisieren, er selbst.

Er hielt das Tuch in der Hand, sie stand mit dem Rücken zu ihm, hörte ihn nicht kommen. Sie summte eine Melodie, die er kannte, nur der Titel fiel ihm nicht ein. Sie schien gut gelaunt zu sein, kein Wunder nach diesem Abend. Sie trug nur einen schwarzen Büstenhalter und einen schwarzen Slip. Die Rollläden waren heruntergelassen, man konnte ja nie wissen, ob da nicht doch jemand war, der einen beobachtete. Sie wollte gerade ein Glas in den Schrank zurückstellen, als ihr von hinten das Tuch mit kräftigem Druck gegen die Nase und den Mund gepresst wurde. Sie versuchte sich zu wehren, doch er war stärker, drückte sie mit Wucht an die Spüle, sie ließ das Glas fallen, es zersplitterte auf dem Boden, sie trat mit dem nackten linken Fuß hinein. Ihr Körper erschlaffte, er griff unter ihre Arme und schleifte sie ins Schlafzimmer und warf sie aufs Bett. Er zog ihr den BH und den Slip aus, nahm die Handschellen, die auf dem Nachtschrank lagen, ließ sie um ihre Hand- und Fußgelenke und die eisernen Bettpfosten schnappen, riss ein Stück von dem Tesaband ab und klebte es über ihren Mund. Dann setzte er sich in den Ledersessel neben dem Bett und wartete. Es würde noch einige Minuten dauern, bis sie aus ihrem Schlaf erwachte. Er war gespannt auf ihr Gesicht, wenn sie ihn sah.

Ein Blick auf die Uhr, zwei Minuten vor halb elf. Noch maximal fünf Minuten, bis sie die Augen öffnen und allmählich registrieren würde, was mit ihr geschehen war. Und dann würde ein Adrenalinschub nach dem andern durch sie hindurchschießen und sie wacher werden lassen als jemals zuvor. Die Angst würde ihr die Kehle zuschnüren, ihr Atem hastig gehen, Panik sich über den ganzen Körper ausbreiten. Die schrecklichsten Visionen würden ihr durch den Kopf gehen, vielleicht dachte sie, er würde sie foltern oder ihr bei lebendigem Leib die Haut abziehen. Er musste grinsen. Er hörte das Piepen des Handys, fand es auf der Frisierkommode, die Rufnummer war unterdrückt, er stellte es einfach aus.

Auf einem großen Tisch lagen alle möglichen Utensilien, die sie für ihre Treffen benötigte, Dildos in allen Größen, der größte etwa sechzig Zentimeter lang und dick wie eine Salami. Ledersachen in allen Variationen, Masken, Handschuhe, Ketten.

Früher als erwartet machte sie die Augen auf. Es dauerte einen Moment, bevor sie die Situation erfasste. Sie wandte ihren Kopf in seine Richtung, versuchte zu schreien, bis sie merkte, dass das Klebeband jeden Ton erstickte.

»Hallo, meine Liebe. Ich bin erfreut, dich zu sehen. Das ist doch die Stellung, die du am liebsten magst, oder?«, sagte er mit zynischem Lächeln. »Weißt du, du solltest vorsichtiger sein und nicht immer die Tür auflassen, damit jeder reinkommen kann. Aber mit mir hast du ja nicht gerechnet. Wie geht es dir denn jetzt? Hast du Angst? Oh, kann ich verstehen, ich hätte auch Angst, wenn ich so wehrlos daliegen würde. Aber das hättest du dir alles ersparen können.«

Sie riss mit den Armen und Beinen an den Handschellen. Er stand auf, stellte sich vor sie und schlug seine Faust ohne Vorwarnung in ihr Gesicht. »Hör auf damit, ich kann dieses ekelhafte Geräusch nicht ertragen«, zischte er. »Noch einmal, und ich schlag wieder zu, dann aber genau auf die Nase. Das wäre doch jammerschade, denn du würdest keine Luft mehr kriegen. Also, halt Ruhe!«

Er ging durch den Raum, eine Hand am Kinn, den Blick auf den weichen, tiefen Teppichboden gerichtet. Er sinnierte, überlegte, wie er weiter vorgehen sollte, obgleich er jeden Schritt genauestens geplant hatte. Doch manche Pläne mussten aufgrund bestimmter Gegebenheiten spontan geändert werden. Er war flexibel, er würde nur eine kleine Änderung vornehmen.

»Weißt du eigentlich, was du mir angetan hast?«, sagte er nach einer Weile, ohne sie anzusehen, die Hand immer noch am Kinn, während er die Utensilien auf dem Tisch betrachtete. »Weißt du es? Sechs Jahre, sechs verfluchte lange Jahre! Wer bin ich, dass man mir so etwas antut? Bin ich ein Monster, habe ich Lepra oder die Pest? Aber du hast es geschafft, du mit deinen perversen Spielen!« Mit einem Mal lächelte er sie an und fuhr fort: »Aber ich habe mich daran gewöhnt, ich habe mich ja immer an alles gewöhnt. Mein Vater hat gesagt, Junge, aus dir wird nie etwas. Er hat mich in den Keller gesperrt, wenn ich eine schlechtere Note als eine drei nach Hause brachte. Er hat mich grün und blau geprügelt, als ich einmal eine fünf in Kunst hatte. Für ihn zählte immer nur Leistung, Leistung, Leistung! Junge, du bist ein Versager! Auch heute bin ich in seinen Augen noch einer … Glaubst du eigentlich auch, dass ich einer bin?«

Sie schüttelte den Kopf.

»Das ehrt mich, aber das sagst du nur, weil du Angst hast. In Wirklichkeit bin ich für dich genauso ein Versager wie für ihn. Weißt du, er hat sich mal wieder um einen Job für mich gekümmert, dabei habe ich doch einen. Einhundertvierzigtausend Euro im Jahr soll ich in diesem Scheißjob verdienen. Und weißt du, was er noch zu mir gesagt hat? Nein, natürlich weißt du's nicht. Er hat gesagt, das wäre zwar nicht die Welt, aber immerhin. Andere verrecken, weil sie nicht mal in einem Jahr so viel haben wie ich an einem Tag, und für ihn sind hundertvierzigtausend nicht die Welt! So ist er, mein lieber Vater. Ich habe nun mal keine Millionen gescheffelt, doch ich habe genug, um nicht hungern zu müssen. Aber darum geht es gar nicht, ich will nicht unzufrieden erscheinen. Nur, du hast auch so unendlich viel Geld und meinst, dir dafür alles kaufen zu können, auch Menschen. Aber Liebe kannst du nicht kaufen, höchstens Sex … Doch sechs Jahre in getrennten Betten, findest du nicht auch, dass das ein bisschen zu viel ist? Sechs Jahre, und das in meinem Alter! Wofür bin ich bestraft worden? Habe ich eine derart schlechte Aura, dass die Menschen sich von mir abwenden, selbst die, die ich über alles liebe? Was habe ich den Menschen getan? Was immer ich auch tue, ich kann es anscheinend keinem recht machen. Aber ich habe gelernt, mit der Abstinenz umzugehen. Man kann alles lernen, sogar den eigenen Trieb zu unterdrücken. Und falls du denken solltest, ich würde jetzt alles an dir auslassen, oder nein«, verbesserte er sich grinsend, »in dir rauslassen, da irrst du dich. Ich werde dich nicht anrühren. Aber während ich mich zum Abstinenzler entwickelt habe, hast du dir geholt, was du brauchtest, mit Männern und Frauen.« Er hielt inne, dachte erneut nach und fragte schließlich: »Ich überlege, ob ich dir das Band abnehmen soll. Soll ich?«

Sie nickte heftig.

»Okay, aber nur, wenn du nicht schreist. Ein lautes Wort von dir, und ich mache dich sofort wieder stumm.«

Er riss das Band von ihrem Mund, seine Kiefer mahlten aufeinander.

»Was hab ich dir getan?«, stöhnte sie unter Schmerzen. »Was?«

»Ich habe es dir doch gesagt. Bereust du denn überhaupt, was du angerichtet hast?«

»Ja, ja, ja! Ich bereue alles, aber bitte lass mich leben!«, flehte sie. »Ich will noch nicht sterben, ich bin doch noch viel zu jung!«

»Du bist viel älter als Selina oder Miriam, denen du aber die Unschuld geraubt hast. Du hast gelebt, viel zu lange. Vor sechs Jahren hat alles angefangen, angeblich eine Kindbettneurose. Tolle Idee von dir. Ich war fassungslos, konnte anfangs nicht mehr klar denken, bis ich dahinter stieg, was der wirkliche Grund war. Weißt du eigentlich, wie das ist, ohne Wärme und Berührungen leben zu müssen? Nein, du kannst es nicht wissen, denn ich muss seit sechs Jahren damit leben. Kindbettneurose! Darauf muss man erst mal kommen …«

»Bitte, ich tu alles für dich, ich höre auch auf mit dem ganzen Mist, ich wollte es sowieso …«

»Du und aufhören!«, spie er ihr entgegen. »Dass ich nicht lache! Das wäre so ziemlich das Letzte, was du tun würdest. Du würdest mir sogar in die Hand versprechen oder auf die Bibel schwören, wenn du damit dein Leben retten könntest. Und später würdest du weitermachen. Du bist eine verdammte Lügnerin ...«

»Ich will nicht sterben, bitte, bitte, bitte! Nicht jetzt, ich flehe dich an. Ich habe Angst ...«

»Jeder hat irgendwann Angst. Das ist ganz natürlich.«

»Sie werden dich kriegen. Und dann hoffe ich, dass du elend krepierst.«

»Ich habe keine Spuren hinterlassen, nicht eine einzige.« Er verklebte blitzschnell wieder ihren Mund, er hatte keine Lust mehr auf eine Unterhaltung mit ihr.

Er ging zu dem Tisch, nahm den längsten Dildo, schlug sich damit ein paarmal leicht auf die Handinnenfläche und begab sich zum Bett. »Wie ist das, wenn man sich dieses Monstrum reinschiebt? Ist es ein geiles Gefühl? Mal sehen, wie du darauf reagierst, vor allem interessiert mich, wie tief das Ding reingeht.«

Er stieß den Dildo brutal in ihre Vagina, ihr Gesicht verzog sich unter Schmerzen, er schob ihn tiefer und tiefer, ihr Rücken krümmte sich, während er einige Male kräftig zustieß und der Schmerz und die Angst den Schweiß aus allen Poren ihres Körpers dringen ließ. »Na, ist das nicht ein geiles Gefühl? So lang und so dick. Schön, nicht? Ich seh doch, wie es dir gefällt. Aber ich will dir das Vergnügen nicht zu lange bereiten, sonst bekommst du noch einen Orgasmus.« Sein Lachen war purer Hohn.

Er zog ihn wieder heraus und meinte: »Das müssten ungefähr vierzig Zentimeter gewesen sein. Alle Achtung, ganz schön tief. Ich kenne keinen Mann, der einen so langen Schwanz hat. Du? Bestimmt, du kennst ja alles. Aber weißt du, ich bin nicht hier, um dich großartig zu quälen, ich bin gekommen, um dir etwas mitzuteilen. Ich habe es satt, dass Abschaum wie du über andere Menschen bestimmt und sie wie Ungeziefer behandelt. Was hast du nur aus Selina, Miriam und all den andern Mädchen gemacht? Warum muss ich seit sechs Jahren auf das verzichten, was du dir jeden Tag einfach so nimmst? Du bist so verkommen und so verdorben, und du verdirbst sogar unschuldige kleine Mädchen. Ich musste ein Exempel statuieren, deshalb habe ich Selina und Miriam getötet. Sie sollten nicht so werden wie du und deine Gespielinnen. Damals, das mit Silvia, du kennst doch Silvia noch, na ja, jedenfalls, sie hat Glück gehabt. Mischner kam mir leider in die Quere, sonst wäre sie auch schon längst dort oben. Aber Selina und Miriam wären so geworden wie du, ganz zwangsläufig. Leider. Sie hätten nie die Freuden reiner Sexualität erlebt, eine Sexualität, die auf dem Fundament der Liebe gebaut ist. Du hast ihnen die Unschuld geraubt und niemand sonst. Und was hat Selina dann gemacht? Na, weißt du es?«

Sie schüttelte verzweifelt den Kopf.

»Sie hatte eine Affäre mit Andreas, dem Andreas. Glotz mich nicht so blöd an, Selina und Andreas haben es miteinander getrieben, wobei ich Andreas sogar verstehen kann, denn Emily hat sich doch bestimmt auch von ihm entfernt, nachdem du ihr deinen Willen aufgezwungen hast. Aber jetzt, wo Selina nicht mehr da ist, könnte ich mir vorstellen, dass bei den beiden wieder alles so wird wie früher. Manche Menschen brauchen ein Schockerlebnis, um zur Besinnung zu kommen und den wahren Wert des Lebens und der Liebe schätzen zu lernen. Nur bei dir ist leider Hopfen und Malz verloren. Du wärst nie in der Lage, einen Menschen zu lieben, denn du liebst nur dich selbst. Du bist egoistisch, egozentrisch, eine Egomanin. Nein, eine Frau wie du würde sich nicht ändern. Du würdest lieber sterben als Zugeständnisse zu machen. Nun, diesen Wunsch werde ich dir gleich erfüllen. Aber glaub nicht, dass ich es dir so leicht machen werde wie Selina oder Miriam, die sanft hinübergeflogen sind. Du wirst leiden, so wie ich gelitten habe und immer noch leide. Du hast mich praktisch gekreuzigt, indem du mir das genommen hast, was mir trotz allem noch immer am meisten bedeutet. Da ich aber weiß, dass ich das nie wiederbekommen kann, wirst du dafür bezahlen. Was hättest du doch für ein schönes Leben führen können, aber du hast dich lieber für die Perversion und dekadente Ausschweifungen ent-

schieden. Also wirst du auch entsprechend dafür bezahlen. Und
solltest du noch einen letzten Wunsch haben, so kann ich dir diesen leider nicht erfüllen, denn ich finde, du hattest alles, was du
wolltest, du kannst gar keine Wünsche mehr haben … Aber ich
sollte jetzt besser die ganze Sache beenden, es wird spät, und ich
bin müde. Ich bin müde, weil Menschen wie du mir meine Kraft
rauben. Grüß die andern, falls du sie siehst. Selina, Miriam, Marianne … Doch ich glaube kaum, dass du sie treffen wirst, denn dein
Weg führt schnurstracks in die Hölle … Ach so, beinahe hätt ich's
vergessen, ich wollte dir noch sagen, wie ich überhaupt darauf gekommen bin, dass du eine verdammte Hure bist. Ich bin euch einmal nachgefahren und habe euch beobachtet. Und dann habe ich
auch gesehen, wie du es mit Männern und Frauen gleichzeitig getrieben hast. Sogar im Reitstall habt ihr's getrieben, wenn ihr
glaubtet, ungestört zu sein. Mitten in der Nacht. Überall, wirklich
überall hast du's gemacht. Nur dein eigener Mann blieb außen
vor … Ich habe nicht persönlich etwas gegen dich, ich habe nur etwas gegen deine Art zu leben. Und deshalb werde ich dich jetzt töten. Ich sag schon mal leb wohl, auch wenn es noch eine Weile
dauern wird, bis du drüben bist.«

Er zog das Messer aus seiner Jackentasche, betrachtete die Klinge, lächelte verklärt und stieß sie ihr einmal mit voller Wucht in
den Oberschenkel. Sie riss wieder an den Handschellen, ein kehli-
ger Schrei, ein starkes Zittern, das allmählich abebbte. Er ritzte ein
paarmal leicht in die Bauchdecke, stach in beide Brüste, hielt inne,
ließ seinen Blick über ihren Körper gleiten, blieb an ihrer Scham
hängen und sagte: »Hast du es eigentlich schon jemals mit einem
Messer gemacht? Ich meine, hast du dir schon jemals ein Messer … Probieren wir's doch mal aus. Ist vielleicht etwas ganz
Neues.« Blut floss heraus, als er es einige Male leicht hin- und her-
bewegte, während er in ihr schmerzverzerrtes Gesicht sah. »Und
jetzt das große Finale.« Seine Augen glühten vor Hass, als er vor
ihr stand und sie lange anschaute, als würde er nach einer Erklärung in ihrem Gesicht suchen. Als er die Todesangst und Panik

sah, wurde sein Blick mit einem Mal sanft und versöhnlich. »Nein, was hab ich davon, wenn ich mich auf deine Stufe begebe. Ich werde Gnade vor Recht ergehen lassen und dir einen schnellen Tod gewähren.« Er stach blitzschnell siebenmal mitten ins Herz. Ein letztes, qualvolles Aufzucken des Körpers, das Blut strömte aus den tiefen Wunden auf das blaue Bettlaken, das sich innerhalb weniger Sekunden rot färbte. Er nahm den großen schwarzen Dildo und rammte ihn ihr mehrere Male kurz hintereinander so kräftig in die Vagina, bis nur noch ein kleiner Teil herausragte. Anschließend stopfte er die Dessous in ihren Mund. Er atmete durch, warf einen letzten Blick auf den leblosen Körper, ging in die Küche und wusch sein Messer und die Handschuhe ab. Dann schaute er an sich hinunter, ob auch an seiner Kleidung Blut klebte, konnte aber nichts entdecken, nicht einmal einen Spritzer.

Ohne das Schlafzimmer noch einmal zu betreten, verließ er das Haus auf dem gleichen Weg, den er gekommen war, nahm die Flasche mit dem Chloroform und ging zu seinem Wagen. Er fühlte sich befreit. Auf der Fahrt nach Hause hörte er Meditationsmusik. Ihr werdet mich nie finden, dachte er, denn ich bin perfekt. Ich bin eben doch etwas Besonderes. Er hielt an einer kleinen Kneipe, bestellte sich zwei Bier und zwei Klare. Außer ihm waren nur noch drei andere Gäste da. Zur Feier des Tages gab er eine Lokalrunde aus und stieß mit den andern an, bevor er weiterfuhr. Es war zehn Minuten vor Mitternacht.

Dienstag, 21.50 Uhr

Julia Durant sowie Hellmer, Kullmer und Seidel saßen seit fast einer Stunde im Büro und versuchten anhand des von Richter erstellten Persönlichkeitsprofils den Mann herauszufiltern, der am ehesten für die Morde in Frage kommen könnte. Sie hatten jeder für sich sämtliche wesentlichen Punkte, die Richter genannt hatte, in den Computer eingegeben, die Ausdrucke lagen jetzt vor ihnen. Sie hatten sich Pizza kommen lassen, Cola und Kaffee getrunken, die Fenster aufgemacht, um die stickige Luft etwas zu vertreiben.

»Wer kommt in die engere Wahl?« Durant sah in die Runde, Schulterzucken.

»Mit welchen männlichen Personen haben wir in den letzten Tagen gesprochen? Gerber scheidet aus, er hat ein Alibi ...«

»Ein ziemlich löchriges«, warf Hellmer ein. »Ganz ausschließen können wir ihn noch nicht.«

»Doch. Mischner wurde am Freitagabend zwischen zweiundzwanzig Uhr und Mitternacht ermordet. Wir beide waren aber bis gegen viertel vor elf bei Gerber. Ich glaube kaum, dass er nach uns das Haus verlassen hat, um schnell noch Mischner zu beseitigen.« Sie zündete sich eine Zigarette an, lehnte sich zurück und fuhr fort: »Bleiben vorerst Werner und Christian Malkow, Achim Kaufmann, Grumack, dann der Vater von Katrin Laube, dem ich alles zutrauen würde, nur nicht eine derartige Mordserie, der macht's eher mit dem Holzhammer. Und Peter Kautz. Habe ich einen vergessen?«

»Kautz und Grumack scheiden ebenfalls aus«, sagte Hellmer. »Demnach hätte Grumack seine eigene Tochter im See versenkt und mehr als fünf Jahre später noch einmal angefangen. Außerdem hat er mit dem Reitclub nichts zu tun. Und über Kautz brauchen wir ja wohl nicht lange zu reden, der war am Freitagabend nicht ansprechbar, geschweige denn zu einem Mord fähig. Und wir haben noch längst nicht mit allen Männern gesprochen, die sich mehr oder weniger regelmäßig auf dem Hof aufhalten.«

»Stimmt, aber bleiben wir doch erst mal bei den dreien. Fangen wir mit dem Pastor an. Höflich, gebildet ...«

»Nee, lass es uns anders machen«, warf Kullmer ein. »Wir nehmen die einzelnen Punkte und versuchen sie den jeweiligen Personen zuzuordnen. Das geht schneller. Und nennen wir doch den einen Malkow nur Pastor.«

»Einverstanden. Ich habe hier stehen vertrauenswürdig. Trifft auf alle zu, oder?«

Hellmer wiegte zweifelnd den Kopf. »Bei Malkow bin ich mir da nicht so ganz sicher, aber … Doch, einverstanden.«

»Ordnungsliebend? Beim Pastor sah's aus wie bei Hempels unterm Sofa. Von Ordnung hält der nicht viel. Auf Kaufmann und Malkow trifft das eher zu.

Zwischen fünfundzwanzig und fünfundvierzig?«

»Der Pastor ist um die fünfzig. Kaufmann Mitte dreißig, Malkow zwischen Mitte dreißig und vierzig. Kommen beide in Frage«, sagte Hellmer.

»Lebhafte Phantasie? Schlecht zu beurteilen, wer von denen eine lebhafte Phantasie hat.

Aufgestauter Hass und Aggressionen? Uns gegenüber waren sie alle sehr offen und freundlich, bis auf den letzten Teil bei Malkow, als du ihn nach seinem Alibi gefragt hast und er ausgerastet ist.

Gutmütig und hilfsbereit? Alle, besonders aber Kaufmann. Er hat gesagt, er stehe uns jederzeit zur Verfügung. Malkow zwar auch, aber er hat es mehr zynisch gemeint. Angesehener Beruf? Alle. Kaufmann Klimaforscher, Malkow Chemiker und der Pastor.

Wer hat sich uns gegenüber als sehr auskunftsfreudig beziehungsweise eher zurückhaltend gezeigt?«

»Kaufmann hat geredet wie ein Wasserfall, er hat uns sogar einen Vortrag über seine Arbeit gehalten«, sagte Hellmer und fuhr sich nachdenklich über das stopplige Kinn. »Malkow war eher zurückhaltend, er hat nur das wiederholt, was seine Frau gesagt hat. Ein echtes Weichei.«

»Analytisch denkender Mann? Kaufmann und Malkow müssen allein von ihrem Beruf her analytisch denken.

Unterwürfig? Malkow gehorcht seiner Frau, scheint zumindest so. Bei Kaufmann scheint es eher ein ausgewogenes Verhältnis zwischen beiden zu geben.

Will beachtet werden? Kaufmann ist offen, redegewandt, charmant. Kommt hin. Malkow scheint es ziemlich egal zu sein, wobei seine Zurückhaltung eher dagegen spricht.

Kann gut organisieren? Schwer zu beurteilen, dazu kennen wir die drei zu wenig. Verheiratet? Ja, alle drei.

Vermutlich glückliche Ehe? Kaufmann und Malkow auf den ersten Blick ja, beim Pastor scheint's Probleme zu geben.«

»Augenblick«, meldete sich Hellmer zu Wort und strich sich erneut übers Kinn. »Die Gerbers haben ein Jahr lang in getrennten Betten geschlafen, nach außen hin aber das glückliche Paar gespielt. Der Grund hierfür ist uns inzwischen bekannt.«

»Welcher Grund?«, fragte Kullmer.

Durant sah Hellmer an, beugte sich nach vorn und sagte zögernd: »Okay, das bleibt aber unter uns. Auch Berger darf es vorerst nicht erfahren. Ich hätte es eigentlich erzählen müssen, aber ...«

Kullmer und Seidel sagten in einem Atemzug wie ein altes eingespieltes Ehepaar: »Ich werde schweigen wie ein Grab.« Alle außer Durant mussten lachen, sie sah nicht einmal, wie Doris Seidel leicht errötete.

»Sie hatte ein Jahr lang eine lesbische Beziehung.«

»Bitte was?«, entfuhr es Kullmer. »Moment mal, damit ich das richtig verstehe – die Gerber ist lesbisch?«

»Nein, sie hat das nur mal ausprobiert. Aber ich weiß seit heute Mittag, dass die Kaufmann und die Malkow lesbisch sind.«

»Wenn der Chef das erfährt, gibt's mächtig Ärger, das ist dir klar.«

»Mein Gott, das hat Frank vorhin auch schon gesagt. Ich weiß selber, dass ich Mist gebaut habe, aber ich kann's nicht mehr rückgängig machen. Oder hätte ich vorhin aufstehen und sagen sollen, Leute ich hab da doch noch was? Wir haben doch von Richter ein ziemlich detailliertes Profil bekommen. Aber wir vier wissen eine Kleinigkeit mehr, die uns hilft, den Mörder zu fassen. Bitte, lasst mich jetzt nicht hängen.«

»Mann, keiner lässt dich hängen«, sagte Kullmer, der sich wieder zurücklehnte und fassungslos den Kopf schüttelte, »aber es könnte ein Verfahren nach sich ziehen, vor allem, wenn wir den Typ geschnappt haben und er auspackt und du gefragt wirst, ob du davon wusstest.«

»Ich nehm alles auf meine Kappe, versprochen. Lasst uns jetzt einfach weitermachen. Okay, wir waren bei den Gerbers stehen geblieben. Wenn es bei denen schon gekriselt hat, wer sagt uns denn, dass es in der Ehe der Malkows und der Kaufmanns nicht auch kriselt? Oder andersrum, was, wenn die glückliche Ehe nur eine Fassade ist, die man den andern zeigt, in Wirklichkeit aber geht man sich in den eigenen vier Wänden aus dem Weg? Das könnte auf Kaufmann und auf Malkow zutreffen, so nett und freundlich sie auch sein mögen. Und wenn die Malkow bei den Lesben sogar das Sagen hat, wie die Gerber behauptet … Aber Malkow ist ihr hörig und spielt mit.

Und damit scheidet der Pastor aus, denn seine Frau ist unglücklich in ihrer Ehe, was sie mir durch die Blume zu verstehen gab. Da waren's nur noch zwei. Aber die Gerber sagt über ihre Schwägerin, dass deren Ehe absolut perfekt sei. Sie brauche ihren Mann wie die Luft zum Atmen und umgekehrt. Das waren ihre Worte. Und wenn einer Kaufmann kennt, dann wohl die Gerber, schließlich ist sie seine Schwester.«

»Bleiben wir bei Malkow. Was, wenn er nur so tut, als ob er seiner Frau hörig wäre, in Wirklichkeit aber haben sich im Laufe der Zeit so viele Aggressionen, Wut und Hass aufgestaut, dass er irgendwann völlig ausgerastet ist?«, fragte Doris Seidel. »Er spielt seiner Frau den liebenden Ehemann vor, tut so, als wüsste er von nichts, und begeht dann diese Morde, um seine Wut rauszulassen. Das wäre zumindest eine logische Erklärung. Und verwundern würde mich ein solches Verhalten dann nicht mehr.«

»Könnte hinkommen«, sagte Durant – Hellmer und Kullmer pflichteten ihr bei – und fuhr sich mit der Zunge über die trockenen Lippen. »Der eher biedere Ehemann, zwar gut aussehend und sicher auch charmant, aber er fühlt sich von seiner Frau zurückgestoßen. Und nicht nur von ihr, sondern auch von seinem Sohn. Gerber hat mir erzählt, dass er verzweifelt um die Liebe seines Sohnes buhlt, aber der Sohn die Mutter vergöttert, die jedoch diese Liebe nicht erwidert. Das heißt, Malkow wurde seit längerer Zeit von den Personen, die er am meisten liebt, zurückgestoßen. Das ist ein nicht seltenes Motiv, das wir bei Serientätern antreffen. Und sollte vielleicht auch noch ein so genannter Übervater dazukommen, dem er nicht gewachsen ist und um dessen Zuneigung er ein Leben lang gebuhlt hat wie jetzt um die Zuneigung seines Sohnes … Die verzweifelte Suche nach Liebe, die einen zum Mörder werden lässt … Schießen wir uns jetzt auf Malkow ein?«

»Als wir ihn nach seinem Alibi fragten, wo er in der Zeit war, als Selina und Mischner ermordet wurden, haben er und seine Frau lediglich behauptet, er sei zu Hause gewesen und habe geschlafen beziehungsweise tagsüber gearbeitet. Wir müssen das nachprüfen. Die Malkow muss sein Alibi bestätigen, und zwar zeitlich sehr detailliert. Und sollten die Malkows in getrennten Zimmern schlafen, woher will sie dann wissen, wo sich ihr Mann nachts rumtreibt?«

»Das Gleiche sollten wir dann aber auch bei Kaufmann machen«, bemerkte Hellmer. »Nur zur Sicherheit.«

»Okay, kommen wir zum nächsten Punkt – religiöser Spinner? Können wir nicht beurteilen.

Kann eine Sache nicht zu Ende bringen? Ich habe hier stehen Schule, Ausbildung, Studium et cetera. Auch dazu wissen wir zu wenig über die betreffenden Personen. Obwohl, Malkow ist Chemiker, Kaufmann Klimaforscher.

Mordet nicht in seinem Haus? Wo dann? Wer besitzt mehr als ein Haus? Ich weiß von der Gerber nur, dass die Malkow angeblich eine der reichsten Frauen in der Gegend ist und ihr etliche Häuser und Grundstücke im Rhein-Main-Gebiet gehören. Damit wären wir wieder bei Malkow. Sie ist eine Lesbe, er liebt sie trotzdem, sie weist ihn aber zurück, ebenso wie sein Sohn, dazu kommt das große Geld seiner Frau, während er in Anführungsstrichen nur ein Chemiker ist. Ich denke, die Schlinge zieht sich immer fester um seinen Hals.«

»Und vergessen wir nicht die außergewöhnlich guten Ortskenntnisse. Er kennt mit Sicherheit jeden Winkel in Hattersheim und Umgebung.«

Durant schüttelte zweifelnd den Kopf. »Kaufmann aber auch. Als wir ihn auf den Baggersee angesprochen haben, hat er uns einen kleinen Vortrag gehalten, wie schon über seine Arbeit. Er will im Mittelpunkt stehen. Er hat sogar alle Wetterstatistiken akribisch geordnet zu Hause. Warum zu Hause? Es reicht doch, wenn er den ganzen Kram im Büro hat. Und er ist ein Okrifteler Urgestein, wie er selbst sagt. Das heißt, seine Ortskenntnisse sind vielleicht noch besser als die von Malkow. Wenn ich's mir recht überlege, wissen wir von den beiden so gut wie gar nichts, außer, dass etliche Punkte auf beide zutreffen. Ich würde inzwischen wetten, dass einer von beiden unser Kandidat ist. Beide sind regelmäßig auf dem Hof anzutreffen, beide kennen sicher auch die meisten Mitglieder, und beide haben Frauen, die ihren lesbischen Neigungen nachgehen. Es kann nur einer von den beiden sein. Aber welcher?«

»Malkow«, sagte Hellmer lakonisch und zündete sich eine Zigarette an, lehnte sich zurück und legte die Beine auf den Tisch. »Im Moment spricht mehr gegen ihn als gegen Kaufmann. Kaufmann mag zwar sehr redselig sein und auch sehr ordnungsliebend, aber die Familienverhältnisse und der psychische und emotionale Druck, dem Malkow die ganze Zeit über ausgesetzt ist, machen ihn für mich zum Favoriten. Ich lass mich aber gerne vom Gegenteil überzeugen.«

»Sagst du das, weil du ihn für einen Kotzbrocken hältst?«, fragte Durant.

»Damit, liebste Julia, würdest du mir unterstellen, persönlich etwas gegen ihn zu haben. Stimmt aber nicht. Für mich zählen nur Fakten, und die sprechen eine eindeutige Sprache. Was wissen wir zum Beispiel über seine Arbeit? Gut, er arbeitet als Chemiker bei Aventis. Was macht er dort? Er nennt sich vielleicht Chemiker, in Wirklichkeit ist er womöglich nur einer unter vielen Laboranten, der täglich irgendwelche Routinearbeiten erledigen muss und sich völlig unterbewertet fühlt. Seine Frau hat das große Geld, er ist nur ein Anhängsel, und sie lässt ihn das Tag für Tag spüren, genau wie sein Sohn.«

»Dann können wir auch Kaufmann wieder einbeziehen. Wissen wir denn wirklich, ob seine Ehe intakt ist, was er genau als Klimaforscher macht, ob er unglücklich ist oder einem besonderen psychischen und/oder emotionalen Druck ausgesetzt ist? Wie schon gesagt, wir wissen im Augenblick noch gar nichts, aber wir werden es herausfinden. Die Vita von beiden muss gleich morgen früh überprüft werden, von der Geburt bis jetzt. Und zwar lückenlos. Und die Alibis für die jeweiligen Tatzeiten natürlich auch. Kaufmann oder Malkow, das ist hier die Frage. Blöd wäre nur, wenn wir uns auf die beiden konzentrieren und in Wirklichkeit ist es ein völlig anderer, der bisher noch gar nicht in Erscheinung getreten ist.«

»Es ist einer von beiden«, sagte Hellmer gelassen. »Denk an Mischner. Er hat seinen Freund auf dem Hof kennen gelernt und ist für ihn in den Knast gegangen. Und dieser Freund heißt entweder Achim Kaufmann oder Werner Malkow.«

»Okay, lassen wir uns einfach überraschen, wobei mich eigentlich gar nichts mehr überraschen kann.« Sie stand auf, ließ die Papiere einfach auf dem Schreibtisch liegen und nahm ihre Tasche von der Stuhllehne. »Gehen wir, ich bin hundemüde und kann keinen klaren Gedanken mehr fassen. Bis morgen.«

Mittwoch, 0.01 Uhr

Emily Gerber parkte direkt vor dem Haus in Kelkheim, das von einem großzügigen Grundstück umrahmt war. Die Rollläden waren alle heruntergelassen, die Straßenlaternen spendeten diffuses

Licht, das Garagentor stand offen, sie sah Helenas Mercedes. Sie hatte ein ungutes Gefühl in der Magengegend, als sie auf die Klingel drückte und wartete. Sie klingelte ein weiteres Mal und überlegte, ob sie einfach durch die Garage ins Haus gehen sollte. Geh, sagte sie zu sich selbst und befahl sich, die Angst zu unterdrücken, ging in die Garage, warf einen Blick ins Wageninnere und betrat durch die unverschlossene Tür das Haus. Das Licht in der Küche brannte, ein schwacher Lichtschein aus dem Schlafzimmer, dessen Tür angelehnt war.

»Helena?«, rief sie zaghaft. Eine schreckliche Ahnung überfiel sie, sie dachte wieder an die Worte von Julia Durant, dass jeder von ihnen potenziell gefährdet sei. Sie hatte Angst, ein Eisenring legte sich um ihre Brust, sie spürte ihr Herz bis in die Schläfen pochen. Es lag ein merkwürdiger Geruch in der Luft, den sie erst wahrnahm, als sie noch ein paar Schritte weiter in die Wohnung machte.

»Helena, bist du da?« Keine Antwort, nur gespenstische Stille. Sie dachte daran, kehrtzumachen und wieder heimzufahren, es war ihr zu unheimlich in diesem Haus. Helenas Auto in der Garage, die Tür offen, das Licht an. Sie schluckte, mahnte sich zur Ruhe und warf zuerst einen Blick in die Küche und sah die Glasscherben auf dem Boden und ein paar Blutstropfen. Ihr stockte kurz der Atem, sie wandte sich ab und machte das Licht im Wohnbereich an, in dem sich niemand aufhielt. Wie ein Roboter bewegte sie sich auf das Schlafzimmer zu, verharrte einen Moment mit geschlossenen Augen, atmete zweimal tief ein und wieder aus, bevor sie die Tür mit den Fingerspitzen aufstieß.

Helena lag auf dem Bett, die Arme und Beine an die Bettpfosten gekettet, die Augen weit aufgerissen, der Oberkörper voller Blut. Nicht schreien, sagte sie zu sich selbst, Emily Gerber, du wirst nicht schreien. Sie blieb in der Tür stehen, nahm das grausige Bild in sich auf, die blutüberströmte Frau, die Handschellen, die gespreizten Beine, der schwarze Dildo in ihrer

Vagina, schwarzer Stoff in ihrem Mund. Wie in Trance holte sie ihr Handy aus der Tasche und tippte die Nummer von zu Hause ein. Sie musste es mindestens fünfzehnmal klingeln lassen, bis abgenommen wurde und ihr Mann sich mit müder Stimme meldete.

»Andreas, ich bin hier bei Helena. Komm bitte her, ganz schnell. Sie ist tot.«

»Was?«, fragte er mit einem Mal hellwach. »Helena ist tot? Du musst die Polizei rufen. Oder am besten Frau Durant, die ist doch zuständig.«

»Ich hab ihre Nummer nicht dabei. Ihre Karte hängt an der Pinnwand. Ruf du sie bitte an. Du kennst doch das Haus in Kelkheim, oder?«

»Nein, woher denn. Welche Straße?«

Sie nannte die Straße und beschrieb den Weg.

»Ich sag Frau Durant Bescheid. Wie geht es dir?«

»Ich hab so was noch nie gesehen. Ich muss raus hier. Sag ihr, sie soll sich bitte beeilen, ich warte im Auto. Ich hab solch schreckliche Angst.«

»Emily, verschwinde aus dem Haus, mach, dass du ins Auto kommst.«

»Ich liebe dich und …«

»Ich dich auch. Frau Durant oder ihre Kollegen werden bald da sein. Ich ruf dich gleich noch mal an.«

Sie drückte auf die Aus-Taste und steckte das Handy wieder in die Tasche. Ein letzter Blick auf Helena, dann rannte sie auf die Straße, setzte sich in ihren BMW und verriegelte die Tür. Ihr war schwindlig, sie legte die Stirn auf das Lenkrad, das sie mit beiden Händen fest umklammert hielt. Allmählich beruhigte sie sich, sie setzte sich zurück, den Kopf an die Nackenstütze gelehnt. Ein paar Jugendliche kamen lachend vorbei, machten Scherze, sie konnten ja nicht ahnen, was in dem Haus, das sie gerade passierten, vorgefallen war. Ich kann nicht einmal weinen, dachte Emily. Warum kann ich nicht weinen?

Mittwoch, 0.11 Uhr

Julia Durant hatte, nachdem sie in ihrer Wohnung war, eine Dose Bier getrunken und sich im Bad schnell abgeduscht und die Zähne geputzt. Leichte Stiche in der linken Schläfe zeugten von Überarbeitung, aber sie war sicher, dass dieser Zustand bald ein Ende haben würde. Doch die Aussicht, danach wieder mehr am Schreibtisch sitzen zu müssen als im Außendienst tätig zu sein, behagte ihr auch nicht sonderlich. Vor allem in den Sommermonaten war das Büro die reinste Folterkammer. Doch darüber wollte sie jetzt nicht nachdenken, sie war viel zu müde, und in nicht einmal sieben Stunden würde der Wecker sie aus dem Schlaf holen. Sie hatte einen Slip und ein leichtes Trägershirt an und war gerade auf dem Weg ins Bett, als das Telefon klingelte. Sie blieb stehen, dachte, nein, bitte nicht, ließ es noch zweimal klingeln und hob ab.

»Hier Gerber. Meine Frau hat eben aus Kelkheim angerufen, sie hat Frau Malkow tot aufgefunden.«

Die Müdigkeit war wie weggeblasen. »Wo in Kelkheim?«

Er gab die Adresse durch und beschrieb ihr auch den schnellsten Weg dorthin.

»Ich werde mit Herrn Hellmer hinfahren. Ist Ihre Frau in Ordnung?«

»Sie ist natürlich sehr aufgeregt, aber sie wartet dort auf Sie.«

Sie beendete das Gespräch und informierte gleich darauf Hellmer und bat ihn, auch beim KDD Bescheid zu sagen, damit von dort aus alles weitere in die Wege geleitet wurde. Sie fluchte still vor sich hin, als sie sich wieder anzog.

Als sie eine gute halbe Stunde nach dem Anruf in Kelkheim ankam, waren Hellmer und einige andere Beamte bereits vor Ort. Hellmer unterhielt sich mit Emily Gerber, die auf den ersten Blick einen sehr ruhigen und gefassten Eindruck machte, doch ihre Augen und die fahrigen Bewegungen widerlegten diesen Eindruck rasch.

»Hallo«, sagte Durant und stellte sich zu ihnen, »wann haben Sie sie gefunden?«

»Gegen Mitternacht. Ich hatte den ganzen Abend so ein blödes Gefühl, ich hab ein paarmal versucht, sie anzurufen, aber es hat sich keiner gemeldet, weder bei ihr zu Hause noch auf ihrem Handy. Deshalb bin ich hergefahren.«

»Was ist mit Herrn Malkow? Weiß er schon Bescheid?«

»Ich habe ihn noch nicht angerufen, ich hab's vergessen.«

»Aber er war den ganzen Abend nicht zu erreichen, wenn ich Sie recht verstanden habe?«

»Zumindest hat niemand abgenommen. Ich war zuerst bei ihrem Haus in Eddersheim, aber dort war alles dunkel, und dann bin ich hierher gefahren.«

»Haben Sie die Nummer im Kopf?«

»Ich hab sie in meinem Handy gespeichert. Hier, Sie brauchen nur auf den grünen Knopf zu drücken.«

Bereits nach dem zweiten Klingeln wurde am andern Ende abgenommen.

»Ja.«

Durant drückte die Aus-Taste und sah Hellmer vielsagend an. »Er ist zu Hause. Denkst du das Gleiche wie ich?«

»Schon möglich. Aber zuerst gehen wir rein und schauen uns die Bescherung an.«

»Ist schon jemand drin?«

»Nur der Fotograf und die Spurensicherung. Der Arzt müsste jeden Moment kommen. Ich wollte auf dich warten.«

»Sie können nach Hause fahren, oder soll Sie jemand bringen?«

»Nein, nein, ich bin okay. Wirklich.«

»Wir sehen uns morgen oder besser gesagt heute.« Sie hielt kurz inne, dann meinte sie: »Frau Gerber, wenn es Ihnen nichts ausmacht, würde ich Sie bitten, doch noch zu warten. Wir sind in spätestens zwanzig Minuten wieder bei Ihnen.«

»Ich warte.«

Hellmer und Durant kamen ins Haus, als der Fotograf noch mitten bei der Arbeit war, indem er jedes Details fotografierte und mit der Videokamera aufnahm. Er war noch im Schlafzimmer. Sie gingen in die Küche, sahen die Glassplitter auf dem Fußboden und eine Blutspur, die sich bis ins Schlafzimmer zog.

»Er hat sie hier von hinten überfallen, als sie gerade die Gläser spülte«, sagte Durant. »Vermutlich hat er sie wie die andern betäubt und ins Schlafzimmer gezerrt. Sie ist mit einem oder beiden Füßen in die Splitter getreten. Er hat sie geschleift, hier ist eine Blutspur bis ins Schlafzimmer. Der unheimliche Besucher …«

Als der Fotograf mit dem Schlafzimmer fertig war, traten sie vors Bett. Durant legte eine Hand auf den rechten, unversehrten Oberschenkel von Helena Malkow.

»Sie ist noch warm. Die ist höchstens zwei bis zweieinhalb Stunden tot. Wer war's?«

»Ihr Mann«, sagte Hellmer. »Auf sein Alibi bin ich gespannt. Er war den ganzen Abend nicht zu Hause… Was ist das?«, fragte er und deutete auf das schwarze Ding zwischen den Beinen.

»Sieht aus wie ein Dildo. Und in ihren Mund hat er vielleicht die Unterwäsche gestopft. Ich rühr hier jedoch nichts an, das soll unser Arzt machen. Sieht aber so aus, als hätte er sie vor ihrem Tod leiden lassen. Hier war Wut im Spiel, blanke Wut. Er hat sie richtig gequält. Blut in der Scheide, der Oberschenkel zerfetzt und die linke Brustseite zerstochen. Er wollte sie leiden sehen, so wie er gelitten hat. Richter hat von Demütigungen gesprochen, die unser Mann erfahren haben muss. Jetzt hat er sich dafür gerächt. Und trotzdem frag ich mich, was das mit Selina und Miriam zu tun hat? Er hätte doch genauso gut nur seine Frau … Irgendwie ergibt das keinen Sinn. Nehmen wir mal an, Malkow ist der Täter. Er hat mit Kerstin angefangen, ein paar Jahre verstreichen lassen und seine Mordserie mit Selina fortgesetzt. Er hat absolut perfekt gearbeitet, nicht die geringste Spur hinterlassen. Würde Malkow jetzt auf einmal so schlampig werden? Er hätte mit seiner Frau doch bestimmt gewartet, bis niemand mehr ihn verdächtigt hätte …«

»Vielleicht haben wir uns getäuscht, und Malkow wollte erst nach dem Mord an seiner Frau gefasst werden.«

»Nee, das haut irgendwie nicht hin. Wie beim Schachspiel, wenn du am Gewinnen bist und dem Gegner deinen König so hinstellst, dass du verlieren musst.«

»Ich wusste gar nicht, dass du Schach spielst.«

»Hab ich schon als Kind mit meinem Vater gespielt. Nee, zu simpel. Dann hätte er uns auch gleich seine Visitenkarte hier lassen können. Und noch was – hätte Malkow es nötig gehabt, sie in der Küche zu überfallen und zu betäuben? Er kennt doch dieses Haus. Er hätte ganz normal herkommen können, um sich mit ihr zu unterhalten, etwas zu trinken, er wäre vielleicht zwischendurch aufgestanden und hätte sie dann betäubt. Das klingt für mich logisch.«

»Woher willst du denn wissen, dass es sich so nicht abgespielt hat? Kann es nicht auch sein, dass er mit dem zerbrochenen Glas und dem Blut nur eine falsche Fährte legen wollte? Und welcher Mörder mordet auf Dauer schon logisch? Bei den Mädchen war kein Hass im Spiel, was, das kriegen wir noch raus, aber bei seiner Frau war es am Ende nur noch Hass und blinde Wut. Er hat diesmal die Kontrolle verloren und das wird ihm zum Verhängnis werden.«

»Kann sein, ich glaub diese Version aber erst, wenn wir ihn überprüft haben.«

Morbs hatte Bereitschaft, er machte ein mürrisches Gesicht, wie immer, wenn er nachts an einen Tatort gerufen wurde, was glücklicherweise nicht allzu häufig vorkam. Er stellte seine Tasche ab, besah sich die Tote und fragte trocken: »Kann ich das Ding da rausnehmen?«

»Bitte«, erwiderte Durant.

Hellmer konnte sich ein Grinsen nicht verkneifen, als er die Länge des Dildos sah. Morbs meinte nur: »Noch ein paar Zentimeter weiter, und wir hätten es oben rausziehen können.«

»Ging aber nicht«, sagte Hellmer immer noch grinsend, »da steckt doch was anderes drin.«

»Stimmt, so 'ne Art Puffer«, bemerkte Morbs, der zu seinem alten, makabren Humor zurückfand. Er nahm die Dessous aus dem Mund, betrachtete sie und nickte anerkennend. »Geschmack hat sie ... hatte sie.«

»Könnt ihr wirklich darüber lachen?«, fragte Durant angewidert.

»Klar, sollen wir vielleicht in Tränen ausbrechen? Schau dich doch mal um, die hat hier ein ganzes Gruselkabinett gelagert. Die war nymphoman und hat auf ausgefallene Spielchen gestanden. Na ja, vielleicht hat sie das alles sogar als ...«

»Hör auf, bitte!«, forderte Durant ihn auf. »Mir ist schon schlecht genug. Wie lange ist sie tot?«

Morbs holte sein Thermometer aus der Tasche und maß die Temperatur rektal. Nach zwei Minuten sagte er: »Etwa zwei Stunden, plus minus zwanzig Minuten. Aber bei der Innentemperatur kommen zwei Stunden hin. Die Totenstarre hat noch nicht eingesetzt, Kiefergelenk ist noch frei bewegbar, die Totenflecken an den Armen und Beinen noch konfluierend. Todeszeitpunkt also circa dreiundzwanzig Uhr. Alles weitere gibt's morgen. Adios. Sie können sie wegbringen lassen.«

Morbs entschwand, Durant und Hellmer folgten ihm und überließen das Feld der Spurensicherung. Emily Gerber stand vor ihrem Wagen und rauchte eine Zigarette.

»Ich habe mir eben eine Schachtel gezogen«, sagte sie mit entschuldigendem Lächeln. »Ich bin immer noch so zittrig ... Sie müssen es ja nicht unbedingt meinem Mann erzählen.«

»Keine Sorge. Frau Gerber, Sie sagten, Sie hätten gestern Abend mehrmals vergeblich versucht, Frau Malkow zu erreichen. War sie oft abends unterwegs?«

»Dienstags war sie immer hier. Sie hat ihre diversen Bekanntschaften hier getroffen.«

»Nur dienstags?«

»Kann auch sein, dass sie noch andere Tage hatte, an denen sie hier war, aber ich war nur ein einziges Mal für ein paar Minuten in dem Haus. Ich bin quasi geflüchtet, als ich das ganze Zeug da gesehen habe. Helena hat nur gelacht und gemeint, ich soll mich nicht so anstellen. Aber so Leid es mir tut, mit so was kann ich nichts anfangen. Wir haben am nächsten Tag darüber gesprochen, und da habe ich erfahren, dass sie dieses Haus schon seit Jahren als ihren ganz persönlichen Spielplatz genutzt hat. Es war ihr Leben, nicht meins. Zum Glück.«

»Aber heute Mittag haben Sie mir doch gesagt, Sie hätten manchmal in einem Haus in Kelkheim …«

»Sie hat noch eins, das sieht ganz normal aus. Sie hätte niemals die Mädchen in dieses Haus mitgenommen.«

»Wusste ihr Mann von dem Doppelleben seiner Frau?«

»Sie haben mich das heute Mittag schon gefragt. Ich kann es mir nicht vorstellen, aber möglich wäre es. Ich kenne Werner zwar ziemlich gut, aber inwieweit sie eine harmonische Beziehung geführt haben …« Sie zuckte mit den Schultern.

»Okay, wir müssen uns auf den Weg machen und Herrn Malkow die traurige Nachricht überbringen. Sie kommen wirklich klar?«

»Ich fahr nach Hause und werde die ganze Nacht meinem Mann die Ohren vollquatschen. So wie wir das in unserer Anfangszeit des Öfteren gemacht haben. Machen Sie's gut.« Sie stieg ein und startete den Motor.

»Auf geht's«, sagte Hellmer mit entschlossener Miene, »Malkow rechnet bestimmt schon mit unserem Besuch.«

Mittwoch, 2.12 Uhr

Bei Malkow. Er machte ein überraschtes und grimmiges Gesicht zugleich, blickte auf die Uhr und fuhr die Beamten unwirsch an: »Was wollen Sie mitten in der Nacht bei mir? Wissen Sie eigentlich, wie spät es ist?«

»Herr Malkow«, sagte Hellmer ruhig, »wir wissen, wie spät es ist. Können wir bitte eintreten?« Ohne eine Antwort abzuwarten, drängte sich Hellmer an Malkow vorbei ins Haus, Durant folgte ihm.

»Moment, Moment, so geht das nicht! Ich finde es geradezu impertinent, wie Sie sich benehmen! Ich werde mich über Sie beschweren. Das sind ja Methoden wie in einem Polizeistaat!«

»Richtig, wir sind die Polizei«, erwiderte Hellmer nur. »Herr Malkow, wenn Sie sich bitte setzen wollen, wir haben Ihnen etwas mitzuteilen.«

»Darf ich auch stehen bleiben?«, fragte er zynisch.

»Wie Sie möchten. Wir müssen Ihnen leider sagen, dass Ihre Frau tot ist.«

Malkows eben noch vor Wut tomatenrotes Gesicht wurde weiß wie die Wand hinter ihm, er sah die Kommissare an, als wären sie böse Geister, die ihm in einem noch böseren Albtraum erschienen. Er ließ sich in den Sessel fallen und starrte an die Wand.

»Helena ist tot? Wieso? Sie hat doch keinem was getan. Wo ist sie?«, fragte er leise, während seine Hände sich in die Lehnen verkrampften, bis die Knöchel weiß hervortraten.

»Sie wurde in ihrem Haus in Kelkheim gefunden. Im Augenblick ist sie in der Rechtsmedizin«, sagte Hellmer.

»In Kelkheim? Was hat sie in Kelkheim getan? Sie machen auch keine Witze?«

»Dazu ist es mir zu spät. Normalerweise schlafen wir um diese Zeit.«

Durant fragte sich, ob das Entsetzen von Malkow echt oder nur gespielt war. Sie hatte es schon mit Mördern zu tun gehabt, die eine perfekte Show abgeliefert hatten, die geweint und sich auf dem Boden gewälzt oder sogar die Haare ausgerissen hatten. Nach allem, was Richter gesagt hatte, war sie unsicher geworden.

»Helena. Sie hat heute Nachmittag gesagt, sie würde in die Stadt fahren und sich später mit einer Freundin treffen und so gegen elf zu Hause sein. Mein Gott, was soll ich jetzt bloß machen? Helena war ein Teil von mir.« Er drehte den Kopf zur Seite und weinte stumm. Durant fasste Hellmer am Arm und meinte leise: »Lass mich machen.«

»Herr Malkow, wir müssen Ihnen jetzt ein paar Fragen stellen ...«

»Hat das nicht Zeit?«, sagte er unter Tränen. »Ich möchte sie sehen, noch einmal.«

»Das geht jetzt nicht. Wo waren Sie heute beziehungsweise gestern?«

Er sah Durant an und antwortete: »Wieso interessiert Sie das? Brauche ich etwa wieder ein Alibi?«

»Ja.«

»Verschwinden Sie, hauen Sie ab! Verlassen Sie sofort mein Haus, und kommen Sie nie wieder! Erst sagen Sie mir mit einer unbeschreiblichen Kälte, dass meine Frau tot ist, und dann glauben Sie auch noch, ich hätte sie umgebracht! Hauen Sie ab!«

»Nein, wir gehen erst, wenn Sie uns gesagt haben, wo Sie gestern Nachmittag und am Abend waren. Ansonsten nehmen wir Sie mit aufs Präsidium. Das sind die Regeln.«

»Ich scheiß auf Ihre gottverdammten Regeln! Aber gut, ich sag's Ihnen. Ich habe gegen sechs das Haus verlassen und bin zu einer Bekannten gefahren. Und ich bin um genau Viertel vor eins zurückgekommen.«

»Wie heißt die Bekannte?«

»Das kann ich Ihnen nicht sagen.«

»Das müssen Sie aber, wenn Sie nicht mit aufs Präsidium wollen.«

»Sie ist verheiratet, und es würde einen Riesenskandal geben, wenn ...«

»Ihr Name!«

»Ingrid Sauer.«

»Adresse und Telefonnummer.«

»Frankfurt, Eckenheimer Landstraße 45. 069-54548009.«

»Frank, ruf dort mal an.«

Er tippte die Nummer ein, wartete und zuckte mit den Schultern. Schließlich wurde der Hörer abgenommen. Eine verschlafene weibliche Stimme meldete sich.

»Frau Sauer?«

»Ja.«

»Hier Hellmer, Kripo Frankfurt. Ich gebe Ihnen meine Handynummer und bitte Sie, mich gleich anzurufen.«

»Um was geht's denn?«

»Rufen Sie mich bitte an, dann werde ich Ihnen alles erklären.«

Er wartete, sein Handy piepte, er stellte die Verbindung her.

»Frau Sauer, wo waren Sie heute zwischen achtzehn Uhr und Mitternacht?«

»Ich war zu Hause, warum?«

»Waren Sie allein?«

»Was wollen Sie? Sind Sie wirklich von der Polizei, oder ist das eine Verarsche?«

»Sie können auch im Präsidium anrufen, ich gebe Ihnen gerne meine Durchwahl. Also noch mal, waren Sie allein zu Hause?«

»Nein«, sagte sie zögernd.

»Jetzt lassen Sie sich doch bitte nicht alles aus der Nase ziehen! Wer war bei Ihnen?«

»Hören Sie, ich bin verheiratet, und wenn es irgendwelche Probleme gibt …«

»Es gibt sogar sehr große Probleme. Also, mit wem waren Sie zusammen? Wenn Sie es sagen, braucht Ihr Mann nichts davon zu erfahren.«

»Mit Herrn Malkow. Er war bei mir.«

»Wie heißt er mit Vornamen?«

»Werner.«

»Und er war den ganzen Abend bei Ihnen?«

»Ja.«

»Und wann hat er Ihre Wohnung verlassen?«

»Kurz nach Mitternacht. Mein Mann ist diese Woche geschäftlich unterwegs, und Werner und ich, wir arbeiten auch zusammen und …«

»Danke, mehr wollte ich nicht wissen. Ich möchte Sie dennoch bitten, im Laufe des Vormittags aufs Präsidium zu kommen und Ihre Aussage zu Protokoll zu geben. Diese Aussage wird, um Sie zu beruhigen, vertraulich behandelt.«

»Darf ich trotzdem erfahren, was los ist?«

»Frau Malkow wurde ermordet, das ist los.«

»Mein Gott, das ist ja schrecklich! Und Sie dachten, Werner … Nein, der wäre zu so etwas nie fähig. Wir kennen uns schon seit drei Jahren und …«

»Ihre vollständige Aussage können Sie bei meinen Kollegen auf dem Revier machen. Gute Nacht.«

Er steckte sein Handy in die Tasche und setzte sich auf die Couch.

»Na, zufrieden?«, fragte Malkow, der allmählich seine Fassung wiedergewann. »Ja, ich habe eine Geliebte, und? Ist das vielleicht verboten?«

»Entschuldigen Sie, wenn ich vorhin etwas grob war, aber Sie standen unter dringendem Tatverdacht, der auch noch nicht vollständig ausgeräumt ist.«

»Ja, klar, irgendwer muss seinen Kopf hinhalten. Und wenn sie niemanden finden, basteln Sie sich einfach jemanden zurecht. So ist es doch.«

»Nein, ganz sicher nicht …«

»Was hat meine Frau in Kelkheim gemacht?«

»Sie war in ihrem Haus.«

»Das haben Sie schon mal gesagt. Hat sie sich diesmal dort mit ihren Freundinnen getroffen?«

»Wer sind diese Freundinnen?«

»Sie hat sich doch dienstags immer mit ihnen getroffen. Sie haben sich einen Weiberabend gemacht. Ich verstehe das alles nicht.«

»Wie heißen diese Freundinnen?«, fragte Durant noch einmal.

»Ich weiß es nicht, ich kenne nur zwei Vornamen, Ingeborg und Anna.«

»Wusste Ihre Frau von Ihrem Verhältnis?«

»Ja.«

»Und Ihnen waren auch die Neigungen Ihrer Frau bekannt?«

»Sie meinen, ob ich wusste, dass sie lesbisch war? Natürlich wusste ich es. Sie war lesbisch, aber dafür konnte sie doch nichts. Wir haben uns trotzdem gut verstanden, ob Sie es glauben oder nicht. Sie hat auch Männerbekanntschaften gehabt, aber wir haben uns geliebt. Ich weiß, das hört sich verrückt an, aber wir haben uns wirklich geliebt. Sie war nun mal eine sehr liebesbedürftige Frau, und ich konnte ihr beim besten Willen nicht das geben, was sie brauchte. Sie brauchte die Abwechslung, ein paar Männer hier, ein paar Frauen dort. Ich hatte auch schon einige Affären, das mit Ingrid läuft inzwischen seit knapp drei Jahren. Aber Helena war eine ganz besondere Frau. Es ist schon komisch, irgendwie habe ich gespürt, dass es eines Tages so kommen würde. Sie hat immer nach dem ultimativen Kick gesucht. Leider ist unser Sohn dabei auf der Strecke geblieben. Für ihn wird es ein großer Schock sein zu hören, dass seine Mutter tot ist.«

»Herr Malkow, brauchen Sie Hilfe? Einen Arzt vielleicht? Oder soll Ihr Sohn herkommen?«

»Nein, nein, ich komm schon klar. Und ich wäre wohl der Letzte, zu dem Thomas gehen würde«, sagte er bitter. »Leider.«

»Sie müssen dennoch wie Frau Sauer auch im Laufe des Vormittags aufs Präsidium kommen, damit wir Ihre Aussage schriftlich aufnehmen können.«

»Hm.«

»Wir gehen dann. Und wir möchten uns nochmals für unser Verhalten vorhin entschuldigen. Wir hatten keine andere Wahl.«

»Schon gut, vergessen Sie's«, sagte er erschöpft. Er stand auf, holte eine Flasche Whiskey und ein Glas aus dem Barfach und schenkte sich randvoll ein. Er trank es in einem Zug leer, schüttelte sich und schenkte sich gleich nach.

Durant und Hellmer gingen schweigend zu ihren Autos. Dort angekommen, sagte sie: »Er wird sich betrinken und … Da ist man sich fast hundertprozentig sicher, ihn zu haben, weil alles gegen ihn spricht, und dann das ...«

»Das ist mir egal«, sagte Hellmer und stützte sich mit beiden Armen aufs Autodach. »Wir haben nur noch einen Verdächtigen. Ist er's, oder ist er's nicht?«

»Wir überprüfen nachher erst mal in aller Ruhe seine Vita, und dann sehen wir weiter. Ich muss heim, sonst halte ich den Tag nicht durch. Es wird ja schon bald wieder hell. Ciao, bis nachher.«

Wie leicht man sich doch irren kann, dachte sie während der Fahrt nach Hause. Sie legte sich ins Bett, als die Morgendämmerung bereits begann, die Dunkelheit zu vertreiben. Julia Durant schlief trotz der unzähligen Gedanken, die in ihrem Kopf kreisten, sofort ein. Die Müdigkeit war diesmal stärker.

Mittwoch, 8.30 Uhr

Sie hatte vergessen, den Wecker zu stellen, und wachte erschrocken, geblendet von der Sonne, die durch das offene Fenster schien, eine Stunde später als geplant auf. Sie sprang aus dem Bett, zu schnell, ihr wurde schwummerig, alles drehte sich um sie. »Scheiße« murmelte sie und ging ins Bad, nachdem ihr Kreislauf wieder im Normalbereich war. Nach der Morgentoilette rief sie im Büro an und sagte, sie komme in etwa einer Dreiviertelstunde. Das Frühstück bestand aus zwei Bananen und einem Glas Wasser. Sie zog sich an, machte die Tür hinter sich zu und lief mit schnellen Schritten nach unten. Die Zeitung steckte im Briefkasten, sie rannte zu ihrem Corsa. Als sie um zwanzig nach neun im Büro erschien, saßen Hellmer, Kullmer und Seidel bei Berger.

»Morgen«, sagte sie und holte sich einen Stuhl aus ihrem Zimmer.

»Ich hab schon von unserem Einsatz berichtet«, erklärte Hellmer. »Peter hat da was für dich.«

»Was?«

»Kleines Bonbon zum Wachwerden«, meinte er grinsend und hielt ein Blatt Papier in die Höhe. »Rat mal, was das ist?«

»Keine Ahnung, ich bin viel zu müde, um Rätsel zu lösen.«

»Ach komm, dreimal darfst du raten.«

»Ich bekomme ab sofort das doppelte Gehalt.«

»Schön wär's. Noch mal.«

»Ihr bekommt das doppelte Gehalt und ich nur noch die Hälfte.«

»Spielverderberin. Wir haben Infos über Kaufmann. Hier, wird dich interessieren.« Kullmer reichte ihr das Blatt. Sie las Zeile für Zeile, was Kullmer seit dem frühen Morgen herausgefunden hatte, und legte es auf den Tisch.

»Wie hast du das geschafft?«, fragte sie anerkennend.

»Doris und ich haben seit halb sieben dran gearbeitet. Toll, was?«

»Allerdings. Dann knöpfen wir uns doch mal diesen Kaufmann vor. Mal sehen, wie er uns das erklären will.«

»Sei vorsichtig, er ist mit allen Wassern gewaschen«, wurde sie von Kullmer gewarnt.

»Wie zuverlässig sind diese Angaben?«

»Absolut zuverlässig.«

»Frank, auf in die entscheidende Schlacht. Er wird uns Rede und Antwort stehen, genau wie seine Frau. Und dann gnade ihm Gott, wenn er auch nur einmal lügt. Und ihr versucht bitte, noch mehr über ihn in Erfahrung zu bringen. Jedes noch so winzige Detail kann entscheidend sein. Wenn er unser Mann sein sollte, brauchen wir lückenlose Beweise.« Sie hielt inne, überlegte und fuhr sich über die Stirn. »Eigentlich brauchen wir auch einen Durchsuchungsbefehl.«

»Brauchen Sie nicht. Bei Gefahr im Verzug … Aber das sollten Sie eigentlich wissen«, sagte Berger, die Stirn in Falten gelegt.

»Schon gut, ich bin wirklich noch nicht ganz da.«

»Soll ich Ihnen noch zwei oder drei Kollegen mitgeben?«

»Falls wir noch jemanden brauchen, rufen wir an, und dann kommt ihr ganz schnell zu uns.«

»Sie haben zwei Tage Extraurlaub, wenn alles vorbei ist. Dann können Sie relaxen, soviel Sie wollen. Und jetzt verschwinden Sie endlich, ich bin schon ganz gespannt.«

Während sie über den Flur gingen, sagte Hellmer: »Wollen wir ein bisschen mit ihm spielen?«

»Wie meinst du das?«

»Wir tun erst mal so, als kämen wir in friedlicher Mission. Und dann, peng, knallen wir ihm eine Breitseite vor den Bug. Ich freu mich schon diebisch drauf«, sagte er mit entschlossener Miene.

»Wir können nur hoffen, dass er zu Hause ist.«

»Er ist zu Hause, das hab ich im Urin. Und seine liebe Gattin ist auch da.«

»Sei nicht so gehässig ihr gegenüber, sie hat nichts verbrochen.«

»Okay, okay, okay, wir konzentrieren uns ausschließlich auf ihn. Aber diesmal spielen wir mit harten Bandagen.«

Mittwoch, 10.22 Uhr

Vor dem Haus der Kaufmanns. Die Fenster im Obergeschoss waren alle geöffnet, laute klassische Musik, die bis auf die Straße zu hören war.

»Wieso haben die die Musik so laut? Ob die noch gar nicht wissen, was passiert ist?«

»Blödsinn!«, quetschte Hellmer durch die Zähne.

Der Briefträger warf die Post durch den Briefschlitz, tippte einmal die Klingel an und ging weiter. Sonja Kaufmann kam heraus und erblickte die Kommissare. Das Weiße in ihren Augen war rot, sie wirkte ausgelaugt und erschöpft.

»Hallo, ich habe schon mit Ihnen gerechnet«, sagte sie leise.

»Ist Ihr Mann auch da?«

»Ja, im Wohnzimmer. Er hat die Musik ganz laut gestellt, das macht er immer, wenn ihm etwas besonders nahe geht. Das war bei Selina so, bei Miriam und jetzt bei Helena. Kommen Sie. Die

Stimmung ist aber alles andere als berauschend. Dazu noch diese Musik, ich habe ihn extra gebeten, das auszumachen, es zieht mich noch mehr runter.«

Achim Kaufmann hatte ein Tuch und Möbelpolitur in der Hand und wischte den Staub von den Möbeln. Er hörte die Kommissare nicht kommen und wandte sich erschrocken um, als seine Frau ihm von hinten auf die Schulter tippte.

»Stell das bitte leise, oder mach's am besten ganz aus. Frau Durant und Herr Hellmer sind da.«

Er nickte den Beamten zu, nahm die Fernbedienung und schaltete die Anlage aus.

»Guten Tag, Herr Kaufmann«, sagte Durant und sah sich noch einmal um. Ihr gefiel dieses Haus, die Einrichtung aus alten und neuen Möbeln, die diesem Raum eine besondere Note verliehen, der Parkettboden, die lange Bücherwand, die Helligkeit. Vom großen Fenster aus konnte man den ganzen Garten überblicken, mit dem Swimmingpool, dem Goldfischteich, den Sträuchern und Büschen, deren Namen Durant nie behalten würde, der Hecke, die gut drei Viertel des Grundstücks umrahmte, der kurz geschnittene, gepflegte Rasen, das Rosenbeet und der Steingarten. In diesem Moment konnte sie sich nicht vorstellen, sich im Haus eines Serienmörders zu befinden, und sie fragte sich, ob sie sich nicht in etwas verrannt hatten. Vielleicht gab es für das, was Kullmer und Seidel am Morgen herausgefunden hatten, eine ganz einfache Erklärung, denn sie spürte hier keine unangenehmen Schwingungen wie bei den Malkows zum Beispiel. Alles wirkte friedlich und ruhig, ausgeglichen und harmonisch. Ein ganz eigenartiger, besonderer Duft zog sich unsichtbar durch den Raum, ein Duft, der sich nahtlos in die harmonische Atmosphäre einfügte. Du bist verrückt, dachte sie und sah Kaufmann an, dessen betroffener Blick Bände sprach. Du bist verrückt, wenn du glaubst, dass er der gesuchte Killer ist.

»Ich wünsche Ihnen ebenfalls einen guten Tag«, sagte er, ein kurzes Lächeln huschte über sein Gesicht, das aber schlagartig wieder ernst wurde. »Bitte, nehmen Sie Platz. Sie haben sicherlich Durst. Was darf ich Ihnen zu trinken anbieten?«

»Nichts, danke.«

Sonja Kaufmann hatte sich bereits gesetzt, ihr Mann stellte die Flasche mit der Politur auf den Schrank, legte das Tuch über die Flasche und setzte sich zu seiner Frau.

»Das war vielleicht ein Schock, als wir das heute früh erfahren haben. Emily, meine Schwester, hat mich angerufen«, sagte er. »Ausgerechnet Helena. Und Emily musste sie auch noch finden. Sonja hat gleich unsern Sohn zu ihren Eltern gebracht, er soll nicht mitbekommen, wie sehr uns das alles mitnimmt.«

»Das kann ich mir vorstellen«, pflichtete ihm Durant bei. »Wir müssen Ihnen dennoch ein paar Fragen stellen. Sind Sie bereit?«

»Bitte.«

»Wie gut kannten Sie Frau Malkow?«

»Soll das eine Frage sein? Du meine Güte, Helena, Werner und wir«, sagte Achim Kaufmann kopfschüttelnd angesichts der in seinen Augen bescheuerten Frage, »wir waren sehr gut miteinander befreundet. Werner und ich waren ständig unterwegs, und wenn es nur auf ein Bier war. Aber nachdem das mit Helena passiert ist, glaube ich inzwischen auch fest daran, dass es jemand aus dem Reitclub ist. Ich habe einfach keine andere Erklärung mehr.«

»Und Sie, Frau Kaufmann, was glauben Sie?«

»Ich bin der gleichen Meinung. Aber mir fällt niemand ein.«

»Wir treten auch auf der Stelle. Er hinterlässt keine Spuren. Und die Presse sitzt uns schon mächtig im Nacken. Wann haben Sie Frau Malkow denn das letzte Mal gesehen?«

»Gestern Mittag auf dem Hof. Am Abend hat mich dann Emily angerufen, sie klang da schon sehr besorgt, aber ich habe mir weiter keine Gedanken gemacht. Ich war wohl zu müde.«

»Sie sind früh zu Bett gegangen?«, fragte Hellmer.

»Ich bin kein Nachtmensch, dafür stehe ich immer sehr früh auf. Mein Mann …«

»Das kenne ich. Ich brauche normalerweise auch mindestens

acht Stunden Schlaf«, log Hellmer dreist, »ansonsten bin ich unausstehlich, behauptet meine Frau zumindest, und Frau Durant kann das nur bestätigen. Ist das bei Ihnen auch so?«, fragte er Kaufmann.

»Es kommt drauf an. Manchmal komme ich mit wenig Schlaf aus, manchmal könnte ich ganze Tage und Nächte durchschlafen. Aber leider lässt meine Arbeit das nicht zu. Dr. Gerber sagt, mein Biorhythmus sei völlig durcheinander. Sei's drum …«

Hellmer war aufgestanden und zur Bücherwand gegangen, in der viele Romane, aber auch Sachbücher, darunter einige über Klimaforschung und Klimaveränderungen standen. Alles in Reih und Glied, die Buchrücken schlossen millimetergenau mit den Regalen ab, alles hatte seinen Platz. Wahrscheinlich hat er sogar eine Kartei angelegt, dachte Hellmer.

»Haben Sie die alle gelesen? Das sind doch ein paar hundert Bücher.«

»Es sind genau zweitausendeinhundertsechzehn«, erwiderte Achim Kaufmann stolz. »Und die meisten davon habe ich tatsächlich gelesen. Ich sage mir, man hat nur ein Leben, in dem man sich bilden kann. Und Bücher sind mit das Wertvollste, was es gibt.«

»In meinem Bücherschrank sieht's dagegen aus wie Hund. Meine Frau regt sich immer furchtbar auf, wenn ich ein Buch einfach so rumliegen lasse.« Hellmer fand Gefallen am Schwindeln, er hatte zuletzt vor zwei oder drei Jahren ein Buch in die Hand genommen und es nach ein paar Seiten wieder zurückgestellt. Er machte lieber den Fernseher an, anstatt sich durch unendlich viele Seiten zu quälen. »Lesen Sie auch so viel?«, fragte er Sonja Kaufmann.

»Nicht ganz so viel wie mein Mann, aber schon …«

»Und was am liebsten? Krimis oder …«

»Querbeet. Was mir so in die Finger kommt.«

»Und diese ganzen Fachbücher! Das wäre mir ehrlich gesagt zu schwer. Was machen Sie eigentlich genau als Klimaforscher? Ich kann mir recht wenig darunter vorstellen.«

»Ich befasse mich mit allem, was das Klima betrifft. Dazu zählt auch die Erdgeschichte mit ihren Klimaveränderungen, Eiszeiten, Wärmeperioden und so weiter. Und natürlich steht im Mittelpunkt meiner Arbeit die von den Menschen herbeigeführte Klimaveränderung, die sich anhand zahlreicher Statistiken und Erhebungen klar bestimmen lässt.«

»Haben Sie promoviert?«, fragte Hellmer weiter.

Kaufmann lächelte und antwortete: »Noch nicht, aber ich arbeite daran. Ich hatte in den vergangenen Jahren einfach keine Zeit, meine Doktorarbeit zu Ende zu schreiben. Doch nächstes Jahr wird es wohl so weit sein.«

»Aber ist das auf Dauer nicht ein bisschen langweilig, sich ständig mit irgendwelchen Statistiken herumquälen zu müssen? Ich stelle mir vor, Tag für Tag im Büro zu hocken, irgendwelche Daten in den Computer einzugeben und zu vergleichen ...«

»Sie haben eine völlig falsche Vorstellung von meiner Arbeit«, wurde er von Kaufmann unterbrochen. »Es ist sogar hochinteressant. Ich bin sehr viel unterwegs, Seminare, Symposien, Kongresse, Klimagipfel und so weiter. Manchmal ist es natürlich auch pure Routine, aber das ist nicht die Regel. Außerdem sind wir ein Superteam. Und meine Mitarbeiter sind alles hervorragend ausgebildete Fachkräfte.«

»Oh, dann sind Sie also der Boss. Na ja, unser Boss ist auch ganz in Ordnung, nur manchmal hat er seine Macken.«

»Ich bin nicht der Boss«, wurde Hellmer von Kaufmann berichtigt. »Wir sind ein internationales Forschungsunternehmen mit Sitz in Kanada. Wir haben weltweit zweiundzwanzig Standorte, wovon Frankfurt neben Vancouver aber der größte ist.«

»Trotzdem, mir wäre diese Arbeit zu trocken. Ich bin lieber mit Leuten zusammen, auch wenn manche Zusammentreffen alles andere als erfreulich sind. Aber Verbrecher haben das gewisse Etwas. Wussten Sie zum Beispiel, dass es nicht einen einzigen Fall gibt, wo das Motiv exakt mit dem eines anderen Verbrechers übereinstimmt? Und die Facetten menschlicher Abgründe, in die wir bisweilen blicken müssen, sind so zahlreich, darüber könnten Frau Durant und ich ganze Bücher schreiben. Wir hatten es schon mit Verbrechern zu tun, die haben uns so lange an der Nase herumgeführt, dass wir fast glaubten, verzweifeln zu müssen. Wie jetzt gerade. Da spielt einer mit uns, aber nur er kennt die Spielregeln. Er mordet, und uns fehlt das Motiv. Aber wir haben einen Profiler zu Rate gezogen, der uns einige sehr aufschlussreiche Dinge über unseren Mann sagen konnte. Und jetzt sind wir ihm sooo dicht auf den Fersen«, erklärte er und hielt Daumen und Zeigefinger seiner rechten Hand nur wenige Millimeter auseinander. »Lange kann er sich nicht mehr vor uns verstecken, er ist nämlich ein erbärmlicher Feigling, der sein Leben einfach nicht auf die Reihe kriegt. Aber was erzähle ich Ihnen da«, sagte er weiter und warf Durant einen kurzen Blick zu und grinste dabei, ohne dass die Kaufmanns es sehen konnten. Sie hatte die beiden die ganze Zeit über beobachtet, aber in seinem Gesicht keine auffällige Reaktion feststellen können. Kein Zucken der Mundwinkel, keine nervöse Bewegung mit den Händen, kein Widerspruch. Bis zu diesem Moment.

»Wer sagt Ihnen denn, dass dieser Wahnsinnige ein Feigling ist? Könnte es nicht auch jemand sein, der einfach nur verrückt ist?«

»Damit wollen sich die meisten herausreden. Man kommt in die Psychiatrie und wird, wenn die Gutachter einem wohlgesonnen sind, nach ein paar Jahren wieder auf die Menschheit losgelassen. Ich halte nicht viel von diesem Quatsch. Zwar ist Mord nicht gleich Mord, manche Morde werden im Affekt begangen, weil jemand zum Beispiel bis aufs Blut gereizt wurde und die Kontrolle über sich verloren hat, andere wieder sind so genau geplant, dass mir dazu einfach nur die Begriffe kaltblütig, gewissenlos, herzlos, menschenverachtend einfallen. Was soll's. Interessieren Sie sich auch für Klimaforschung?«, fragte Hellmer Sonja Kaufmann.

»Weniger. Ich lese lieber Romane. Außerdem kann ich am Klima eh nichts ändern.«

»Schatz, ich hab dir schon einmal gesagt, wenn jeder so denkt, wird diese Erde bald unbewohnbar sein. Jeder muss sein Scherflein dazu beitragen. Auch du.«

»Ich werde mich bessern«, erwiderte sie und tätschelte seine Hand. »Aber weshalb sind Sie eigentlich gekommen? Um uns mitzuteilen, dass Helena tot ist?«

»Unter anderem. Wir haben heute Nacht mit Herrn Malkow gesprochen und hätten einige Fragen seine Person betreffend. Ich weiß, Sie sind gut mit ihm befreundet, aber Hand aufs Herz, würden Sie ihm zutrauen, seine Frau getötet zu haben?«

Achim Kaufmann schüttelte den Kopf, schien sich jedoch unschlüssig, was er antworten sollte. »Eigentlich nicht, aber wer lässt sich schon gern in die Seele blicken?«

»Stimmt. Vor allem, wenn man sich vorstellt, dass seine Frau ein Doppelleben führte, und das über viele Jahre hinweg.«

»Wollen Sie damit andeuten, dass Werner …« Kaufmann sah seine Frau an, dann Durant. Er ging jedoch nicht auf das Wort Doppelleben ein, als hätte er es nicht gehört. »Um ehrlich zu sein, er hat sich in letzter Zeit ein paarmal schon recht merkwürdig benommen. Weißt du noch, Schatz, auf dem Fest bei euch, als er sich mit Helena so in die Wolle gekriegt hat?«

»Nein, ich weiß nicht, wovon du sprichst.«

»Doch, die beiden haben sich fürchterlich gestritten, sind sogar extra ins Büro gegangen, wo sie niemand hören konnte. Und dann ist Werner einfach abgehauen.«

»Kann sein, aber …«

»Es ist auch unwichtig. Jedes noch so glückliche Paar streitet ab und zu. Sogar wir. Aber wir sind uns nie lange böse.«

»Sie würden Herrn Malkow also zutrauen, seine Frau getötet zu haben, wenn ich Sie recht verstehe?«

»Zutrauen! Mein Gott, heutzutage weiß man doch gar nicht mehr, wem man überhaupt noch trauen kann. Die Menschen sind degeneriert. Es gibt kaum noch Familien wie vor fünfzig oder hundert Jahren, alle rennen nur noch dem Geld hinterher, aber wir sind selbst dran schuld. Die Werte sind doch schon lange verloren gegangen, das müssten Sie als Polizisten doch am besten wissen. Und so, wie die Menschen immer mehr degenerieren, so geschieht es auch mit dem Klima. Es ist alles ein großer Kreislauf. Deshalb würde ich meine Hand für Werner nicht ins Feuer legen. Sorry, Schatz.«

»Und was meinen Sie dazu, Frau Kaufmann?«

»Ich weiß gar nicht mehr, was ich noch denken soll. Als ich das heute erfahren habe, habe ich mir die Augen aus dem Kopf geheult. Ich könnte schon wieder anfangen, wenn ich dran denke, wie lange Helena und ich uns schon kennen … Sie war keine schlechte Frau …«

Hellmer schaute auf die Uhr. »Also gut, wir haben nicht mehr viel Zeit. Wir müssen Sie, wie alle andern auch, fragen, wo Sie gestern zwischen zweiundzwanzig Uhr und Mitternacht waren.«

»Hier zu Hause«, antwortete Sonja Kaufmann. »Ich hab doch schon gesagt, dass ich früh zu Bett gegangen bin. Mein Mann sogar schon vor mir, weil er sich nicht gut fühlte.«

»Sie haben also neben Ihrem Mann geschlafen.«

»Nein, wir haben getrennte Schlafzimmer.«

»Herr Kaufmann, wann genau sind Sie ins Bett gegangen?«

»Was soll das?«, fragte er grinsend. »Stehe ich etwa unter Verdacht …«

»Beantworten Sie bitte nur meine Frage.«

»Gegen halb neun. Ich hatte starke Kopfschmerzen und konnte kaum noch aus den Augen schauen. Ich war deshalb auch gestern Nachmittag bei Dr. Gerber.«

»Und Sie, wann sind Sie schlafen gegangen?«, fragte er Sonja Kaufmann.

»Neun, Viertel nach neun.«

»Und Sie sind zwischendurch nicht mehr aufgestanden?«

»Soll das ein Verhör werden?«, fragte Kaufmann, dessen Gelassenheit allmählich schwand.

»Nein, wir stellen lediglich Fragen. Noch mal, Frau Kaufmann, sind Sie zwischendurch noch einmal aufgestanden?«

»Ja, als Emily angerufen hat«, antwortete sie leicht ungehalten.

»Und da war Ihr Mann zu Hause?«

»Natürlich war er das! Ich begreife nicht, was Sie eigentlich von uns wollen!«

»Waren Sie in seinem Zimmer?«

»Nein, aber er hatte sich doch hingelegt, weil er solche Kopfschmerzen hatte.«

»Aber Sie können nicht bestätigen, dass er in seinem Zimmer war, richtig?«

»Nein, aber …«

»Herr Kaufmann, Sie sind Klimaforscher, wie Sie behaupten. Und Sie haben uns glauben gemacht, Sie wären in exponierter Stellung in Ihrem Unternehmen tätig. Nun, wir haben ein wenig recherchiert, genau genommen hat es uns nur einen Telefonanruf gekostet, und herausgefunden, dass Sie lediglich eine Art Sachbearbeiterfunktion innehaben. Sie geben die Zahlen in den Computer ein, die man Ihnen auf den Tisch legt. Sie waren nie auf einem Symposium oder gar einem Klimagipfel, dazu fehlt Ihnen einfach die nötige Ausbildung. Und von einer Promotion sind Sie so weit entfernt wie ich davon, Bundeskanzler zu werden. Was haben Sie dazu zu sagen?«

Sonja Kaufmann sah ihren Mann ungläubig an und sagte: »Stimmt das etwa? Jetzt tisch mir bitte keine Lügen auf, nicht heute. Stimmt das?«

»Und wenn? Bin ich deshalb gleich ein Mörder? Aber gut, es stimmt, ich bin kein Klimaforscher im klassischen Sinn. Aber ich steck die alle in die Tasche, wenn ich will. Die haben doch keine Ahnung, was wirklich los ist, die Statistiken werden getürkt, weil ein paar hohe Herren das so bestimmen …«

»Herr Kaufmann, haben Sie gestern Abend das Haus noch einmal verlassen, nachdem Ihre Frau sich schlafen gelegt hatte?«

»Nein.«

»Frau Kaufmann, wenn Sie getrennte Schlafzimmer haben, wie können Sie dann sagen, wo Ihr Mann zum Beispiel in der Nacht von Mittwoch auf Donnerstag und am Freitagabend war? Oder am Sonntagabend oder Montagnacht?«

Sonja Kaufmann verengte die Augen zu Schlitzen und sah ihren Mann durchdringend an. »Achim, bitte sag, dass das nicht wahr ist.«

»Das ist totaler Blödsinn, Schatz. Die saugen sich da was aus den Fingern, weil sie unbedingt einen Erfolg vorweisen müssen«, erklärte Kaufmann, der mit einem Mal wieder ganz ruhig wirkte. »Was wollen Sie mir beweisen?«

»Im Moment noch gar nichts. Ich will nur die Wahrheit hören«, sagte Hellmer scharf. »Seit wann schlafen Sie in getrennten Zimmern?«

»Seit etwa sechs Jahren«, antwortete Sonja Kaufmann zaghaft.

»Seit sechs Jahren also. Warum schläft ein junges Ehepaar wie Sie so lange schon getrennt? Liegt es vielleicht daran, dass Sie mit Männern nichts mehr anfangen können, in dem Fall mit Ihrem Mann, weil Sie lesbisch sind?«

»Das geht Sie gar nichts an! Und jetzt verschwinden Sie bitte aus meinem Haus!«, schrie Kaufmann erregt. »Gehen Sie, und lassen Sie uns in Ruhe!«

»Wir bestimmen, wann wir gehen. Also, haben Sie beschlossen, sich räumlich zu trennen, weil Sie, Frau Kaufmann, sich mehr zu Frauen hingezogen fühlen, Sie aber dennoch als Ehepaar weiter zusammenleben, wegen Ihres Sohnes zum Beispiel?«

»Ja.«

»Und es fand in den vergangenen sechs Jahren kein Intimverkehr zwischen Ihnen statt?«

Verschämtes Kopfschütteln.

»Ist das hier das einzige Haus, das Sie besitzen?«

»Ja«, antwortete Sonja Kaufmann, deren Gesicht immer mehr zu einer Maske wurde.

»Dann würden wir uns gerne einmal umschauen, und zwar in sämtlichen Räumen. Julia, ruf die Kollegen an.«

»Was gibt Ihnen das Recht, mit dieser Impertinenz mit uns umzuspringen?« Achim Kaufmann war aufgestanden und auf dem Weg zur Terrassentür.

»Herr Kaufmann, bitte setzen Sie sich wieder, es ist in Ihrem eigenen Interesse.«

»Haben Sie einen Durchsuchungsbefehl? Sie können hier nicht einfach alles auf den Kopf stellen.«

»Doch, bei Gefahr im Verzug können wir das. Hören Sie gut zu, Frau Kaufmann, es dürfte auch Sie interessieren. Herr Kaufmann, ich werde Ihnen jetzt erzählen, wie sich alles abgespielt hat. Sie und Ihre Frau haben vor sechs Jahren beschlossen, getrennte Wege zu gehen. Nach außen die heile Fassade, hinter die nicht einmal Ihre Schwester blicken konnte. Sie hat sogar gesagt, Sie beide brauchen sich wie die Luft zum Atmen. In Wirklichkeit hat es dahinter nur noch gebrodelt. Im Winter 96/97 haben Sie Ihren ersten Mord begangen, und zwar an Kerstin Grumack, deren Leiche Sie im Baggersee versenkt haben. Sie wurde gestern am späten Nachmittag von Spezialtauchern geborgen. Ihren zweiten Mord wollten Sie an Silvia Maurer begehen, doch Mischner kam Ihnen in die Quere. Sie haben sich sein Schweigen erkauft und ihm den guten Freund vorgegaukelt, dafür ist er für Sie in den Knast gegangen, obwohl er überhaupt nichts gemacht hat. Dann haben Sie ihn letzte Woche überredet, einen verhängnisvollen Anruf zu tätigen. Da Sie für ihn der gute Freund waren, hat er sich natürlich nichts weiter dabei gedacht. Aber er hat das mit dem Mord erfahren und sich, obwohl er nicht gerade der Hellste war, seine Gedanken dazu gemacht. Er hat sie erpresst, denn mit einem Mord wollte er nichts zu tun haben, also mussten Sie ihn beseitigen.«

»Muss ich mir diesen Schwachsinn noch länger anhören? Sie sind doch verrückt, total übergeschnappt!«, brüllte Kaufmann Hellmer an.

»Mag sein, aber ich bin noch nicht fertig. Für Sie war die Tatsache, dass Ihre Frau lesbisch ist, eine Unfassbarkeit. Sie sind Ihr Leben lang zurückgestoßen worden, von Ihrem Vater oder Ihrer Mutter, wer weiß, Ihre Schwester hingegen wurde Ihrer Meinung nach immer bevorzugt behandelt …«

»Lassen Sie bitte meine Schwester aus dem Spiel, Emily hat damit nichts zu tun!«

»Aber sie bekam den Reiterhof und nicht Sie, obgleich Sie älter sind. Sie haben auch nie beruflich mit den andern mithalten können, dazu waren Sie zu unstet. Wir haben eine Liste, aus der hervorgeht, dass Sie nach dem abgebrochenen Studium der Meteorologie kurz beim Deutschen Wetterdienst gearbeitet haben, dann auch wieder nur kurz als Sachbearbeiter in einer Unternehmensberatung, Sie haben sich als Schriftsteller versucht und sind kläglich gescheitert, und schließlich sind Sie bei diesem Institut gelandet, wo Sie aber auch nur einen minderwertigen Posten zugewiesen bekamen. Ihre Qualifikation war einfach nicht ausreichend. All dies haben wir von einem Herrn aus Ihrem Institut erfahren …«

»Ich bin qualifizierter als die meisten dieser hirnrissigen Deppen! Aber keiner merkt es!«

»Und als sich auch noch Ihre Frau von Ihnen losgesagt hat, zumindest körperlich, und Sie den Grund dafür herausgefunden haben, sind Sie völlig durchgedreht. Statt Ihnen die Liebe zu geben, die Sie für sie empfanden, hat sie es mit Frauen gemacht. So ist es doch, Frau Kaufmann?«

Sonja Kaufmanns Gesicht war nur noch eine starre, undurchdringliche Maske. »Ich weiß gar nicht mehr, was ich noch sagen soll. Ich habe doch nicht ahnen können, dass …«

»Nein, das haben Sie nicht, aber Sie sind seit zwölf Jahren mit Ihrem Mann verheiratet und müssten eigentlich wissen, wie sensibel er reagiert. Doch das tut jetzt nichts zur Sache. Herr Kaufmann, Sie haben einen Plan ausgeheckt, der beinahe perfekt war. Das Problem ist nur, Sie wohnen in einem winzig kleinen Kaff und hätten damit rechnen müssen, bald geschnappt zu werden. Die Frage ist bloß, warum Selina und Miriam?«

»Ich sage dazu überhaupt nichts mehr.«

Sonja Kaufmann hatte den Kopf in den Händen vergraben. Mit

tränenerstickter Stimme forderte sie ihn auf: »Achim, bitte sag die Wahrheit! Hast du das wirklich getan?«

Schweigen.

»Ich sag Ihnen, wie sich das gestern Abend abgespielt hat. Sie haben Ihrer Frau weisgemacht, sie hätten Kopfschmerzen und müssten sich früh hinlegen. Als weiteres Alibi konnten Sie auch noch den Besuch bei Dr. Gerber vorweisen. Sie haben gewartet, bis Ihre Frau in ihrem Zimmer war, und haben heimlich das Haus verlassen und sind nach Kelkheim gefahren, weil Sie wussten, dass Frau Malkow sich dort jeden Dienstagabend aufhält. Sie haben sie überfallen, sobald sie allein war, und sie auf brutalste Weise gefoltert und anschließend getötet. Frau Malkow war eine Hure, stimmt doch?«

»Sie war die größte Hure, die mir jemals begegnet ist«, quetschte er zwischen den Zähnen hervor, während er zusehends in sich zusammenfiel und sein Lügengebäude einstürzte. Sein Blick war leer, seine Stimme leise. »Sie hat alles und jeden kaputtgemacht. Meine Ehe, die Mädchen, ihren Mann, alles. Sie war so abgrundtief schlecht, und keiner hat's gemerkt oder merken wollen, denn Helena war ja die Grande Dame der Hattersheimer Gesellschaft, und eine Grande Dame hat man gefälligst zu respektieren, man hat ihr die Füße zu küssen, denn sie könnte einem ja wohlgefällig sein. Aber diese Grande Dame war nur eine Hure, eine kleine, billige Hure. Ich weiß bis heute nicht, wie sie Sonja rumgekriegt hat, denn bis zu dem Zeitpunkt, als Tobias geboren wurde, war alles normal zwischen uns. Ich hatte Pläne für die Zukunft, Tobias kam zur Welt und mit einem Mal ...«

»Herr Kaufmann, wo haben Sie Miriam und Selina getötet?«, fragte Durant, während Sonja Kaufmann nur immer wieder den Kopf schüttelte.

Schweigen.

»Herr Kaufmann, wo?«

Schweigen.

Sonja Kaufmann blickte auf, das Gesicht bleich, tiefe Ränder

536

unter den Augen. Mit stockender Stimme sagte sie: »Er hat im Keller einen Raum, der aber immer abgeschlossen ist.«

»Herr Kaufmann, würden Sie uns bitte diesen Raum zeigen?«

Kaufmann stand wortlos auf.

»Frau Kaufmann, ich möchte Sie ebenfalls bitten, mitzukommen«, sagte Durant.

»Ich will es nicht sehen.«

»Ich denke, Sie sollten es schon sehen. Sie können nicht ewig die Augen vor der Wahrheit verschließen. Kommen Sie.« Sie folgten Kaufmann in den Keller, er holte den Schlüssel aus seiner Hosentasche und schloss mit ruhiger Hand auf. Hellmer zog den Schlüssel ab und steckte ihn ein, machte das Licht an, sah den großen Tisch in der Mitte stehen, eine Decke darüber, die fast bis zum Boden reichte. Er nahm die Decke weg, sah die Lederriemen, mit denen Selina und Miriam gefesselt worden waren, ging an den Schrank, öffnete ihn, ein kurzer Blick auf den Inhalt. Sonja Kaufmann stockte der Atem, es schien, als würde sie gleich ohnmächtig werden. Sie brachte kein Wort heraus.

»Ich denke, das reicht«, sagte er. »Herr Kaufmann, ich nehme Sie fest wegen des dringenden Verdachts, sechs Menschen getötet zu haben. Sie haben das Recht, die Aussage zu verweigern und einen Anwalt Ihrer Wahl zu Rate zu ziehen. Alles, was Sie von nun an sagen, kann gegen Sie verwendet werden.« Er zog die Handschellen von seinem Gürtel, Kaufmann streckte ihm die Hände entgegen. »Drehen Sie sich bitte um, die Hände auf den Rücken.« Die Handschellen schnappten um die Handgelenke, Hellmer fasste Kaufmann an der Schulter, um mit ihm zum Wagen zu gehen, als Sonja Kaufmann bat: »Warten Sie. Ich möchte meinem Mann noch etwas sagen. Wenn es geht, unter vier Augen.«

Durant nickte nur und gab Hellmer mit dem Kopf ein Zeichen, ihm auf den Flur zu folgen.

»Achim, warum? Wir hätten doch über alles reden können.«

»Nein, darüber hätten wir nicht reden können. Du liebst nun mal nur Frauen, und das habe ich akzeptiert. Aber ich liebe dich und werde dich immer lieben. Mein Vater hat wohl Recht, ich bin ein Versager. Einmal Versager, immer Versager. Wenn sich die Welt einmal gegen dich verschworen hat, hast du keine Chance mehr. Das ist von Geburt an so vorbestimmt. Erinnerst du dich noch an unser Lieblingslied?«

»Welches meinst du?«

»Das wir damals immer gespielt haben, als wir zusammengekommen sind. Little River Band, Have you heard about the lonesome loser ... Der Loser bin ich ... Pass gut auf Tobias auf, damit er's eines Tages besser hat. Und vielleicht kommst du mich ja mal besuchen.«

»Das verspreche ich dir, heiliges Indianerehrenwort. Weißt du noch, wie wir das früher immer gesagt haben? Heiliges Indianerehrenwort«, sagte sie mit feuchten Augen.

»Das war früher«, antwortete er emotionslos und mit stumpfem Blick. »Ich muss jetzt gehen. Mach's gut.«

Sie fiel ihm um den Hals und küsste ihn. Er erwiderte den Kuss nicht, sondern sagte nur: »Dafür ist es jetzt zu spät. Ich muss los. Tschüs, meine Schöne.«

Er ging zu den Kommissaren, und gemeinsam begaben sie sich zum Auto. Kullmer und Seidel standen vor der Tür, Durant sagte: »Bringt ihn ins Präsidium. Und gebt der Spurensicherung Bescheid. Auf die wartet 'ne Menge Arbeit.«

»Und was machst du?«, fragte Hellmer.

»Ich hab noch was zu erledigen. Ich komm aber gleich nach. Und lass mir bitte den Wagenschlüssel hier.«

Hellmer reichte ihr den Autoschlüssel. Sie ging zu Sonja Kaufmann, die mit versteinertem Gesicht dastand und mit ansah, wie ihr Mann in den dunkelblauen Lancia stieg. Als er aus dem Blickfeld verschwunden war, kehrten sie ins Haus zurück, wo Sonja Kaufmann sich ein großes Glas Cognac einschenkte und es sofort leerte.

»Es ist alles meine Schuld. Mein Gott, was habe ich nur angerichtet?!«

»Es stimmt, es hätte nicht so weit kommen müssen. Haben Sie denn nie eine Veränderung an Ihrem Mann bemerkt? Sie können doch angeblich mit Tieren sprechen, aber mit Ihrem Mann konnten Sie es offensichtlich nicht. Sechs Menschen, Frau Kaufmann, sechs Menschen hat er auf dem Gewissen. War es das alles wert?«

Sonja Kaufmann schien durch die Kommissarin hindurchzusehen, als hätte sie die Worte gar nicht wahrgenommen. Schließlich sagte sie doch, indem sie Julia Durant direkt ansah: »Nein, das war es nicht. Ich habe unser Leben zerstört. Er konnte nichts dafür.«

»Nicht Sie haben Selina, Miriam und die andern getötet …«

»Doch, ich bin genauso schuld. Ohne mich hätte er das nie getan. Ich habe immer nur an mich gedacht und nicht daran, wie es Achim ging. Im Grunde seines Herzens ist er der gutmütigste Mensch, den ich kenne. Aber ich habe ihn zerstört.«

»Kümmern Sie sich um Ihren Sohn. Er wird eines Tages fragen, was mit seinem Vater ist. Und er wird fragen, warum sein Vater das getan hat. Was werden Sie jetzt tun?«

Sonja Kaufmann zuckte mit den Schultern. Ein plötzlicher Weinkrampf schüttelte sie, sie rannte durchs Zimmer, alle Verzweiflung brach aus ihr heraus, sie schrie und schrie und schrie, bis sie erschöpft zu Boden sank und an die Couch gelehnt nur immer wieder stammelte: »Was hab ich bloß angerichtet, was hab ich bloß angerichtet?!«

Julia Durant wählte die Nummer von Gerber und bat ihn, sofort zu kommen. Nur fünf Minuten später hielt er vor dem Haus.

»Was ist passiert?«, fragte er, als er seine Schwägerin sah, die wie ein Häufchen Elend wimmernd auf dem Boden kauerte.

»Wir haben ihren Mann festgenommen.«

Gerbers Augen waren nur noch winzige Schlitze. »Sagen Sie das noch einmal. Achim? Er soll das alles gemacht haben?«

Durant nickte nur.

»Hat er es gestanden?«

»Ja.«

»Du meine Güte, Achim wäre der Letzte gewesen, den ich verdächtigt hätte. Wann immer man ihn um etwas bat, er war zur Stelle. Es ist unbegreiflich. Wenn Emily das erfährt, bricht für sie eine Welt zusammen. Sie waren ein Herz und eine Seele.«

»Und Sie haben nie etwas bemerkt?«

»Nein. Er war gestern noch bei mir in der Sprechstunde. Er hat über Migräne geklagt, aber … Ausgerechnet Achim«, sagte er sichtlich erschüttert.

»Geben Sie ihr was. Kann sich jemand um Frau Kaufmann kümmern? Ich will nicht, dass sie sich etwas antut.«

»Ich werde bei ihren Eltern anrufen. Sie wohnen in Hofheim.«

»Ist Ihre Frau zu Hause?«

»Ja. Sie ist noch völlig durcheinander wegen letzter Nacht.«

»Können Sie hier bleiben, bis die Eltern kommen, ich möchte mit Ihrer Frau sprechen.«

»Gehen Sie ruhig, ich warte hier.«

Emily Gerber war ungeschminkt und wirkte übernächtigt, ein Anblick, der sich Durant schon bei Sonja Kaufmann geboten hatte.

»Frau Gerber, ich müsste kurz mit Ihnen sprechen.«

»Kommen Sie rein. Es ist aber nicht aufgeräumt.«

Sie setzten sich ins Wohnzimmer, Durant redete nicht lange um den heißen Brei herum.

»Frau Gerber, wir haben den Täter gefasst. Ich muss Ihnen aber auch leider mitteilen, dass es jemand ist, den Sie gut kennen – es ist Ihr Bruder.«

»Bitte was? Achim? Nein«, stieß sie mit grimassenhaft verzerrtem Gesicht hervor, »das ist nicht möglich. Sie müssen sich irren. Der wäre nie zu so etwas fähig.«

»Er hat bereits gestanden. Was mich interessieren würde, ist, wie Ihr Verhältnis untereinander war.«

Emily Gerber war unfähig, die Frage zu beantworten. Die Tränen schossen aus ihren Augen, sie vergrub den Kopf in den Händen. Die Kommissarin hatte das erst vorhin gesehen, bei Sonja

Kaufmann. Durant ließ ihr Zeit, sich zu beruhigen, setzte sich zu ihr auf die Couch und nahm sie in den Arm.

»Er ist mein Bruder. Warum hat er das gemacht? Hat er es Ihnen gesagt?«

»Er wollte wohl sich und der Welt beweisen, dass er kein Versager ist. Warum hat er immer geglaubt, einer zu sein?«

»Unser Vater. Ich war für ihn das Nesthäkchen, die kleine Süße. Achim wurde von ihm nie wirklich beachtet. Er konnte anstellen, was er wollte, unser Vater hatte immer etwas an ihm auszusetzen. Als ich ihn einmal darauf angesprochen habe, hat er nur gemeint, Achim bräuchte eine harte Hand, sonst würde er nie seinen Weg finden. Er hat Achim vor ein paar Jahren sogar sein angebliches Pflichtteil ausbezahlt und sich das notariell beglaubigen lassen, damit mein Bruder auf sein weiteres Erbe verzichtet. Dabei ist Achim ihn nie um Geld angegangen. Er wollte ihn nur los sein. Also hat er ihm fünfhunderttausend Mark gegeben und sich damit von meinem Bruder freigekauft, ein anderer Ausdruck fällt mir nicht ein. Mir hat er andauernd Geschenke gemacht, zuletzt sogar den Reiterhof. Und die fünfhunderttausend sind längst nicht das Pflichtteil.«

»Ich denke, es wird Zeit, dass Sie mit Ihrer Schwägerin über all dies sprechen. Ich glaube, sie hat Ihnen einiges zu sagen.«

»Wo ist er jetzt?«

»Auf dem Präsidium, er wird verhört. Es gibt noch viele Dinge, die geklärt werden müssen.«

»Warum hat er das nur getan? Warum hat er nie mit mir über seine Gefühle und seine Sorgen gesprochen? Er hat immer den Starken markiert.«

»Wussten Sie, dass er und seine Frau schon seit sechs Jahren in getrennten Zimmern schliefen?«

»Nein«, sagte sie überrascht. »Ich habe immer gedacht, Sonja und Achim … Mein Gott, was ist da bloß passiert?!«

»Fragen Sie Frau Kaufmann.«

»Ich muss meinen Mann anrufen.«

»Er ist gerade bei ihr.«

Auf der Fahrt ins Präsidium dachte Durant an Hellmer und sein hervorragend geführtes Verhör. Sie würde es ihm sagen, sobald sie ihn sah. Sie hatte einmal mehr einen Sumpf trockengelegt, und doch fühlte sie sich erbärmlich, denn die Hintergründe, von denen sie bisher nur einen kleinen Teil kannte, ließen in ihr einfach nur Wut hochkommen. Und sie hatte einen verdammt schalen Geschmack im Mund.

Mittwoch, 12.35 Uhr

Achim Kaufmann saß im Verhörzimmer, Hellmer und Kullmer waren bei ihm, doch er schwieg beharrlich. Nach einer Weile ging Hellmer völlig entnervt in das Nebenzimmer zu Berger, der alles mitverfolgte, um mit ihm zu reden, als Julia Durant hereinkam.

»Gut, dass du da bist«, sagte er erleichtert. »Der Kerl macht sein Maul ums Verrecken nicht auf. Er will mit dir allein sprechen. Der hat wohl einen Narren an dir gefressen.«

»Kein Wunder, so wie du mit ihm vorhin umgesprungen bist«, erwiderte sie grinsend. »Zugegeben, es war eine erstklassige Vorstellung, die du abgeliefert hast, aber ich an seiner Stelle würde dir gegenüber auch nichts mehr sagen. Ich brauch aber erst noch einen Kaffee und will eine rauchen.«

»Den Kaffee hol ich dir«, sagte Hellmer, während Durant sich zu Berger setzte.

»Wie werden Sie vorgehen?«, fragte Berger.

»Ich weiß noch nicht. Vielleicht redet er ja von ganz allein. Lassen wir uns einfach überraschen.« Sie steckte sich eine Zigarette an, Hellmer kam mit dem Kaffee.

»Morbs hat den Autopsiebericht von der Malkow durchgeschickt. Hier.« Berger reichte ihr zwei Blätter. Sie warf einen Blick darauf, stand auf und begab sich ins Nebenzimmer, wo Kullmer sich weiterhin vergeblich bemühte, etwas aus Kaufmann herauszukriegen. Sie gab Kullmer ein Zeichen, woraufhin er das Zimmer verließ.

Durant setzte sich Kaufmann gegenüber, das Bandgerät und die Kamera liefen mit.

»Sie wollten mit mir allein sprechen?«, fragte sie und legte den Bericht mit der Schrift nach unten auf den Tisch.

»Ja.«

»Und warum?«

»Weil Sie eine Frau sind«, sagte Kaufmann nur, dessen Hände immer noch mit Handschellen gefesselt waren. Er streckte sie ihr entgegen. »Können Sie mir die nicht abnehmen? Oder haben Sie Angst, ich könnte Ihnen etwas tun?«

Sie zog den Schlüssel hervor, ließ die Handschellen aufschnappen und steckte sie in ihre Tasche.

»Okay, fangen wir an. Warum haben Sie Selina Kautz und Miriam Tschierke getötet?«

»Ich werde Ihnen eine Geschichte erzählen, meine Geschichte. Und um eins vorwegzunehmen, ich will kein Mitleid.«

»Herr Kaufmann, erzählen Sie mir Ihre Geschichte nachher, erst möchte ich ein paar Fragen stellen. Einverstanden?«

Kaufmann überlegte, schließlich nickte er. »Also gut, fragen Sie.«

»Ich habe hier den Bericht der Rechtsmedizin über Frau Malkow. Sie sind bei ihr mit einer extremen Brutalität vorgegangen. Soll ich Ihnen vorlesen, was drinsteht?«

»Bitte«, sagte er scheinbar gelangweilt.

»Sieben Stiche ins Herz, der linke Oberschenkel zerfetzt, beide Brüste zerfetzt, die Gebärmutter zerfetzt und ein Teil des Darms auch. Sie haben sie förmlich massakriert. Warum?«

Kaufmann zuckte mit den Schultern. »Weil sie's nicht anders verdient hat. Sie war eine Hure, wie ich bereits sagte, eine große, gottverdammte Hure. Sie hat alles zerstört, was mir jemals etwas bedeutet hat. Wirklich alles. Sie hat mir meine Frau genommen, nur um ihre perversen Neigungen zu befriedigen, sie hat die Mädchen verdorben, weil sie immer wieder frisches Fleisch brauchte, sie ging über Leichen, glauben Sie mir das. Und sie war so unglaublich arrogant und selbstherrlich, jedes Mal, wenn ich sie gesehen habe, hätte ich ihr am liebsten ins Gesicht geschlagen.«

»Aber Ihre Frau hat doch freiwillig mitgemacht, oder nicht?«

Er lachte auf. »Freiwillig? Wenn jemand die Gabe der Überredung beherrscht, dann Helena. Sie hat es ja sogar bei meiner Schwester geschafft, und das will etwas heißen. Denn Emily ist nicht so leicht zu beeindrucken oder zu überzeugen. Aber Helena war wohl stärker. Sie hatte eine sehr negative Aura. Sie war einfach böse. Weder Sonja noch Emily waren in der Lage, sich ihrem Einfluss zu entziehen. Ich möchte nicht wissen, wie viele Familien Helena auf dem Gewissen hat, wie viele Leben sie kaputtgemacht hat. Ich möchte es wirklich nicht wissen. Deshalb hat sie nichts anderes als einen qualvollen Tod verdient.«

»Sie haben also Gott gespielt.«

»Blödsinn! Ich bin weder Gott, noch habe ich Gott gespielt. Nein, das würde ich mir nie anmaßen.«

»Und warum dann die Flügel bei Miriam und Selina?«

Kaufmann lächelte und sagte: »Ich habe sie zu Engeln gemacht, aber nur symbolisch. Ich habe ihnen ihre Unschuld wiedergegeben. Ich hatte gehofft, Sie würden von allein darauf kommen.«

»Aber warum haben Sie die Mädchen überhaupt umgebracht?«

»Ich weiß es nicht. Ich weiß nur, dass Selina etwas mit meinem Schwager hatte, und da ist bei mir endgültig die Sicherung durchgebrannt. Erst Helena, dann hat sie wohl Blut geleckt und sich auch noch einem verheirateten Mann an den Hals geworfen und damit beinahe seine Ehe zerstört. Das konnte ich allein schon wegen Emily nicht zulassen. Ich wollte, dass die beiden wieder so glücklich sind wie früher. Wenigstens Emily und Andreas sollten wieder glücklich sein, wenn ich es schon nicht durfte.«

»Woher wussten Sie von der Beziehung zwischen Ihrem Schwager und Selina?«

»Was hatte ich denn schon zu tun? Sonja und ich haben uns geeinigt, in getrennten Betten zu schlafen, wir haben nach außen das glückliche Paar gespielt, was uns offensichtlich auch ganz gut gelungen ist, aber ich hatte Zeit. Ich bin Selina einige Male unauffällig gefolgt, und spätestens seit Anfang Juni wusste ich, wo sie ihre Sonntagvormittage und manchmal auch ihre Abende und Nächte verbrachte.«

»Aber Ihr Schwager hat sich doch nicht zwingen lassen, er ist ein erwachsener Mann.«

»Der Geist ist willig, aber das Fleisch ist schwach, wie es so schön heißt. Und Selina hatte Ausstrahlung, das kann ich Ihnen sagen. Helena, diese bisexuelle Hure, hat ihr wohl beigebracht, wie man die Reize richtig einsetzt. Und Andreas war ihr erstes Opfer, und es wären noch viele gefolgt, glauben Sie mir. Sie wollte sogar mit mir schlafen, genau wie Miriam, die noch geiler war, nachdem sie aus Frankreich zurückgekehrt sind.«

»Haben Sie die Mädchen missbraucht?«

»Nein, ich hätte mich nie an einem Mädchen vergriffen.«

»Und Frau Tschierke und Frau Malkow, haben Sie …«

»Hören Sie, Helena hätte ich nicht einmal mit der Kneifzange angefasst, sie hat mich angekotzt. Marianne«, er wiegte den Kopf hin und her, »sie war eine reizvolle Frau, aber ich durfte doch keine Spuren hinterlassen. Doch ich hätte gerne mit ihr geschlafen, das gebe ich zu.«

»Selina war einen ganzen Tag lang in Ihrer Gewalt. Was haben Sie mit ihr gemacht?«

»Nichts. Sie hat die meiste Zeit geschlafen. Ich habe ihr ein Beruhigungsmittel gespritzt und mich mit ihr unterhalten. Das war alles.«

»Und die Angst, die die Mädchen hatten, hat Ihnen das nichts ausgemacht?«

»Nein.«

»Wo ist Selinas Fahrrad?«

»Ich hab's in den Main geworfen, ganz einfach.«

»Wie haben Sie es eigentlich geschafft, das alles in Ihrem Haus zu machen, ohne dass Ihre Frau etwas davon mitbekam? Ich meine, Sie haben den Raum eingerichtet und …«

Kaufmann unterbrach sie. »Ich sagte doch schon, wir sind getrennte Wege gegangen. Sonja hat sich schon seit sechs Jahren nicht mehr für das interessiert, was ich gemacht habe. Sie glaubte, es wäre einfach nur ein Zimmer, in das ich mich zurückzog, wenn ich allein sein wollte. Außerdem habe ich eine große Schmetterlingssammlung dort unten.«

»Aber Sie haben einen Tisch im Boden verschraubt. Das geht doch nicht ohne Löcher zu bohren, und das macht Krach.«

»Ja und? Ich war doch eh die meiste Zeit allein, außer wenn ich arbeiten ging.«

»Haben Sie Mitleid mit den Opfern?«

»Ich hatte Mitleid, aber schon lange bevor ich sie getötet habe. Ich dachte nur, wie soll das werden, wenn sie älter sind.«

»Und die Angehörigen, was ist mit denen?«

»Sie werden darüber hinwegkommen. Irgendwann werden sie wieder leben, als wäre nichts gewesen, glauben Sie mir. Auch eine Familie Kautz. Sie werden ans Grab gehen, Blumen hinbringen, und das war's auch schon.«

»Sie sind ein Zyniker.«

»Mag sein. Aber haben Sie die Trauer der Menschen gesehen? Haben Sie überhaupt jemanden trauern sehen? Ich nicht. Sie tun alle so, aber in Wirklichkeit geht es ihnen am Arsch vorbei. Sie stehen auf der Straße und tratschen und tuscheln hinter vorgehaltener Hand und heucheln Trauer vor, aber sie sind kalt wie ein toter Fisch.«

»Woher wollen Sie das wissen?«

»Weil ich die Menschen kenne. Und weil ich sie beobachtet habe. Selbst Andreas' Trauer hat sich in Grenzen gehalten, wie Sie vielleicht bemerkt haben. Erst hat er eine Affäre mit einem Mädchen, das leicht seine Tochter hätte sein können, doch als sie tot ist, habe ich keine große Veränderung bei ihm verspürt. Kein

Schmerz, kein Leid, keine Trauer. Was soll's, ist nicht mein Problem. Wissen Sie, ich habe Sonja vor fünfzehn Jahren kennen gelernt. Sie war eine junge Frau, und ich habe mich vom ersten Moment an in sie verliebt. Wir haben geheiratet, als ich fünfundzwanzig war. Ich hatte studiert, aber nie einen Abschluss gemacht. Sie hingegen schaffte ihren Abschluss als Tierärztin. Wir kommen beide aus so genannten guten Häusern, wobei ihres um einiges besser ist als meins, zumindest geht es dort harmonischer zu. Aber darauf komme ich später noch zu sprechen. Unsere ersten Jahre waren einfach phantastisch, und wenn ich auch nie einen Superjob hatte, ich habe immer gutes Geld verdient, doch meinem werten Herrn Vater hat das nie genügt. Ich sollte gefälligst so werden wie er, doch ich wollte es nicht. Das ist aber auch egal. Vor gut sechs Jahren wurde unser Sohn Tobias geboren, ein Wunschkind. Ich war der glücklichste Mensch auf der Welt, und ob Sie es mir glauben oder nicht, ich hatte tatsächlich vor, mein Studium zu beenden und richtig Karriere zu machen. Aber dann teilte mir meine Frau mit, dass sie vorläufig nicht mehr mit mir schlafen könne, angeblich wegen einer Kindbettneurose. Ich hatte mich schon gewundert, dass sie nicht mehr zu mir kam, um mit mir zu kuscheln, sie wollte nicht einmal mehr in den Arm genommen werden. Ich dachte mir, das gibt sich schon wieder, aber weit gefehlt. Ich habe mich gefragt, was ich falsch gemacht habe oder ob vielleicht ein anderer Mann dahintersteckt, aber Fehlanzeige. Doch ich habe mich gewundert, dass sie sich immer öfter auf dem Reiterhof aufgehalten hat. Jeden Tag, und das manchmal fünf, sechs Stunden lang. Ich habe sie darauf angesprochen, woraufhin sie nur gemeint hat, sie müsse sich um die Pferde kümmern und es würde ihre Depressionen lindern. Dabei habe ich nie Depressionen bei ihr bemerkt... Bis ich dahinter gestiegen bin, dass diese angebliche Kindbettneurose und diese Depressionen eine einzige Lüge waren. Es war im Oktober 96, es hat ziemlich stark geregnet. Meine Schwiegermutter sollte an diesem Abend auf unsern Sohn aufpassen, sie hat aber plötzlich abgesagt, und da ich Sonja telefonisch nicht erreichen konnte, bin ich auf den Hof gefahren, um zu sehen, ob sie dort ist. Sie haben mich nicht kommen hören, weil der Regen so heftig auf das Dach geprasselt ist. Und da habe ich sie gesehen, Sonja und Helena. Sie waren im Stall in einem kleinen Nebenraum, zu dem nicht jeder Zutritt hat. Ich habe ihre Stimmen gehört und was sie gesagt haben, und ich habe sie gesehen, sie aber mich nicht. Helena und Sonja haben sich köstlich amüsiert …«

»Wieso sind Sie nicht dazwischengegangen? Sie hätten doch Ihre Frau zur Rede stellen können …«

»Keine Ahnung. Es war, als ob mir jemand ein Messer in den Rücken gestochen hätte. Ich war unfähig, etwas zu sagen. Ich bin einfach nur zum Auto gegangen und nach Hause gefahren. Und dort habe ich so getan, als wäre alles in Ordnung. Aber in mir war überhaupt nichts in Ordnung, da war nur noch Chaos. Ich habe mich gefragt, womit ich das verdient habe, aber ich fand keine Antwort darauf. Ein paar Tage später hat sie mir gesagt, sie möchte nicht mehr mit mir in einem Zimmer schlafen. Natürlich, dachte ich, wie kann man mit einem Mann in einem Zimmer schlafen, wo man ihn doch gar nicht mehr liebt. Hätten Sie vielleicht eine Zigarette für mich?«

Julia Durant legte die Schachtel auf den Tisch, er bediente sich, sie gab ihm Feuer und zündete sich selbst auch eine an.

»Danke. Aber ich habe Sonja immer noch geliebt. Ich habe mir nicht nur einmal vorgenommen, mit ihr über das zu sprechen, was ich gehört und gesehen hatte, doch ich war blockiert.«

»Andere Männer verprügeln in solchen Fällen ihre Frauen oder trennen sich von ihnen. Warum haben Sie Ihre Wut nicht auf diese Weise rausgelassen?«

»Ich hätte meine Frau nie angerührt. Ich hätte nie die Hand gegen sie erhoben, denn ich wollte nicht so werden wie mein Vater. Und verbal hatte ich gegen Sonja sowieso nie eine Chance. Ich habe etwas gesagt, und sie hat mich unter den Tisch geredet. Ich war in einer hoffnungslosen Situation.«

»Und dann haben Sie die Mädchen getötet, Kerstin, Selina und Miriam. Aber das Warum ist mir immer noch ein Rätsel.«

Kaufmann sah Durant lange an, sein Gesicht zeigte keine Regung. »Warum?« Er zuckte mit den Schultern. »Ich weiß es nicht, ehrlich. Vielleicht wollte ich diese so genannten intakten Familien zerstören, so wie meine zerstört wurde. Wissen Sie, als ich zwölf war, gab mein Vater einen Empfang. Der Bürgermeister war da, ein paar Geschäftsfreunde, die meisten davon kannte ich nicht. Ich musste einen Anzug tragen, und mir wurde vorher eingebläut, dass ich mich gefälligst anständig zu benehmen hätte.« Er lachte kurz auf, drückte seine Zigarette aus und griff automatisch nach der Schachtel, um sich eine weitere anzuzünden. »Die ersten Minuten verliefen ganz normal, wir saßen an einer langen Tafel, das Essen wurde serviert, alle tranken Wein, bis auf Emily und mich. Ich musste mal aufs Klo und bin aufgestanden, und dabei habe ich aus Versehen ein Rotweinglas umgestoßen. Ich habe mich bei der Dame, deren Kleid ich versaut hatte, entschuldigt, und ihr schien der ganze Vorfall nichts weiter ausgemacht zu haben, aber meinem Vater umso mehr. Er kam mir nach, hat mich auf mein Zimmer gezerrt, mich verprügelt, dass ich kaum noch laufen konnte, und dauernd gezischt, dass ich ein verdammter Bastard sei. Außerdem bekam ich vier Wochen Stubenarrest und durfte in der Zeit meine Mahlzeiten nicht mit den andern einnehmen. Von den Gästen hat natürlich keiner mitbekommen, was mein Vater gemacht hatte, wir waren ja die Vorzeigefamilie schlechthin. Aber in Wirklichkeit waren wir nie eine Familie gewesen. Meine Mutter hat immer nur das gemacht, was er gesagt hat, und sie macht es auch heute noch, wie ein Sklave, und Emily war sein großer Schatz.«

»Hegen Sie Ihrer Schwester gegenüber negative Gefühle?«

»Nein, überhaupt nicht. Emily ist einzigartig. Egal, wie schlecht es mir ging, und es ging mir oft schlecht, sie hat immer zu mir gestanden und mich getröstet. Mein Vater hat mich so oft verprügelt, ich kann es gar nicht mehr zählen. Dabei waren es meist nur Kleinigkeiten, die ihn zur Weißglut trieben, aber er fand immer einen Grund, mich niederzumachen. Emily war die Einzige in dieser Scheißfamilie, die auf meiner Seite war und bei der ich mich ausheulen konnte, auch wenn sie jünger ist als ich.«

»Aber sie wusste nichts von Ihren Eheproblemen. Warum haben Sie nie mit ihr darüber gesprochen?«

»Wissen Sie, es gibt einen Punkt, wo man nicht mehr kann. Emily hat ihre eigene Familie, und ich wollte mir einfach nicht die Blöße geben und sagen, dass zwischen Sonja und mir nichts mehr ist, nur noch heiße Luft. Ich habe angefangen, genau die heile Welt vorzuheucheln, wie ich es von zu Hause kannte. Ich habe begriffen, dass ich allein war auf dieser verdammten Welt. Allein mit mir und meinen Problemen. Und hätte irgendjemand von meinen Eheproblemen erfahren, sie hätten mit Fingern auf mich gezeigt und mich nur wieder als Versager hingestellt und mir die Schuld in die Schuhe geschoben. Nein, Frau Durant, nie wieder sollte jemand so etwas tun.«

»Das erklärt trotzdem noch nicht, weshalb Sie angefangen haben, Menschen zu töten.«

»Sie haben Recht. Es gibt keine Erklärung dafür und auch keine Entschuldigung. Aber wissen Sie, ich war bei meinem Schwager, er hat mir aus der Hand gelesen und gesagt, dass ich zu Besonderem berufen sei.«

»Sie meinen, jemanden umzubringen ist etwas Besonderes?«

»Ja.«

»Es werden jeden Tag Tausende von Menschen umgebracht, es ist gar nicht so besonders, wie Sie denken.«

»Aber Sie müssen zugeben, meine Methode hat sich doch von den üblichen unterschieden, oder?«, meinte er lächelnd.

Ohne darauf einzugehen, fragte Durant weiter: »Wo haben Sie Kerstin kennen gelernt, und warum haben Sie sie getötet? Wussten Sie nicht, dass ihre Mutter todkrank war und sich auf das letzte Weihnachten mit ihrer Tochter gefreut hatte?«

»Ich kannte sie aus dem Sportverein. Wir haben uns einige Male unterhalten, und bei unserem letzten Gespräch hat sie erwähnt, dass sie vorhatte, dem Reitclub beizutreten. Da habe ich den Entschluss gefasst, sie zu töten, und zwar auf eine ganz besondere Weise. Das mit der todkranken Mutter wusste ich schon, aber sie wäre ja sowieso gestorben, es war nur eine Frage der Zeit.«

Julia Durant hatte Mühe, die Fassung zu bewahren. Die Kälte und der Zynismus von Achim Kaufmann ließen sie frösteln, die ruhige Art und Weise, wie er sprach, emotionslos, als hätte er alles auswendig gelernt.

»Und dann haben Sie mehrere Jahre vergehen lassen, bis sie …«

»Nein, eigentlich nur zwei Jahre. Aber Mischner ist mir leider in die Quere gekommen. Den Rest kennen Sie, Ihr Kollege hat das vorhin sehr exakt wiedergegeben.«

»Und Frau Tschierke?«

»Sie hätte sich nach Miriams Tod ohnehin das Leben genommen. Außerdem war sie eine Hure.«

»So wie Frau Malkow?«

»Nein, so wie die kann niemand sein! Helena war eine Hure und ein Teufel. Sie hat Menschen systematisch zerstört, sie hat ja nicht einmal vor Kindern Halt gemacht! Sie hat sich immer nur genommen, genommen, genommen! Sie war gierig und unersättlich. Genau wie mein Vater. Die beiden sind sich so ähnlich! Aber Helena hätte von mir aus machen können, was sie wollte, sie hätte sich nur nicht in meine Familie einmischen dürfen. Sie hat alles kaputt gemacht, was mir etwas bedeutet hat. Sie hat meine Familie auseinander gerissen, nur weil sie den Hals nicht voll genug kriegen konnte.«

»Trotz allem, was Sie mir bisher erzählt haben, verstehe ich aber noch immer nicht ganz, weshalb Sie die Mädchen umgebracht haben.«

»Ich habe es doch schon gesagt, ich wollte nicht, dass sie eines Tages so werden wie Helena. Und sie wären so geworden, ohne dass sie etwas dafür gekonnt hätten. Ich habe sie davor bewahrt.«

Julia Durant stand auf und ging zum Fenster, schaute auf die

Mainzer Landstraße und drehte sich um. »Was hat es mit der Zahl sieben auf sich?«

»Ich sehe, Sie haben kombiniert. Alle Achtung! Die Sieben ist eine heilige Zahl, und die Quersumme der Buchstaben meines Namens ergibt ebenfalls die Sieben. Und da Andreas mir gesagt hat, ich wäre zu etwas Besonderem berufen … Andreas ist ein Kapitel für sich. Er ist im Grunde seines Herzens ein einfacher Mann, aber er ist auch ein Scharlatan. Er gibt vor, Dinge zu können, die er nicht kann. Das Einzige, was er versteht, ist, innerhalb weniger Sekunden einen Menschen zu durchschauen. Er spielt und verdient sich damit dumm und dämlich. Aber das ist egal, ich will Sie nicht länger mit meiner lächerlichen Geschichte langweilen. Ich habe sechs Menschen getötet, und ich stehe dazu. Mehr habe ich nicht zu sagen.«

»Das Motiv für die Morde bleibt für mich trotzdem immer noch schleierhaft.«

»Frau Durant, das ganze Leben ist schleierhaft.«

»Haben Sie eigentlich ernsthaft geglaubt, wir würden Sie nicht kriegen?«

Kaufmann lächelte wieder und antwortete: »Anfangs ja. Aber spätestens seit Helena wusste ich, dass Sie mich im Visier hatten. Eine innere Stimme hat mich gewarnt, mich auch noch an Helena zu vergreifen, aber wie das so ist, man hört nicht immer auf diese innere Stimme. Doch ich hätte sie unmöglich leben lassen können, denn damit wäre mein Plan nicht aufgegangen, nämlich das Böse zu vernichten.«

»Hassen Sie Ihren Vater?«

»Kann sein.«

»Wären Sie in der Lage, ihn umzubringen?«

»Möglich.«

»Haben Sie einen Hass auf alle Menschen, die glücklich sind?«

»Was soll diese bescheuerte Frage?! Natürlich nicht. Dann hätte ich ja auch Emily oder Andreas töten können. Nein, ich gönne jedem sein Glück, solange er dieses Glück auch verdient.«

»Sie spielen also doch Gott«, sagte sie sarkastisch und stützte sich mit beiden Händen auf den Tisch. »Sie spielen Gott, weil Sie in Wirklichkeit nichts als ein erbärmlicher Versager sind!«

»Frau Durant, bitte, ich spiele nicht Gott. Und dass ich ein Versager bin, das weiß ich bereits seit meiner frühesten Kindheit. Das brauchen Sie mir nicht zu sagen, ich habe es zu oft gehört. Also noch mal, ich spiele nicht Gott.«

»Doch, das tun sie! Wenn Sie sagen, dass Sie jedem sein Glück gönnen, solange er es verdient hat, dann erheben Sie sich über die andern Menschen und machen sich somit zu Gott!«

»Wenn Sie meinen. Kennen Sie den Begriff Hybris?«

»Ja, unser Profiler hat ihn uns erklärt. Aber sagen Sie's mir noch mal, ich hab's nämlich vergessen.«

»Es kommt aus dem Griechischen und bedeutet so viel wie frevlerischer Übermut. Damit sind Menschen gemeint, die Gott ins Handwerk pfuschen und sich auf eine Stufe mit ihm stellen. Ich habe nur getan, was ich für richtig empfand. Ich denke, es ist alles gesagt. Ich wäre jetzt gerne allein, wenn es Ihnen nichts ausmacht.«

»Wir sind noch längst nicht fertig, Herr Kaufmann.«

»Ich werde im Augenblick nichts mehr sagen, ganz gleich, was Sie mich auch fragen.« Er lehnte sich zurück, die Arme vor der Brust verschränkt.

»Also gut, ich lasse Sie in Ihre Zelle bringen, wir setzen das Verhör später fort. Möchten Sie etwas essen?«

»Nein, danke, ich habe keinen Hunger. Ich bin nur müde. Töten kann sehr anstrengend sein, wissen Sie das?«, fragte er verklärt lächelnd.

»Nein, zum Glück weiß ich das nicht. Aber eine Frage noch – hätten Sie auch mich getötet, wenn Sie über mein Privatleben Bescheid gewusst hätten? Hätten Sie mich getötet, wenn Sie gewusst hätten, dass bei mir auch alles, aber auch wirklich alles schief läuft?«

Kaufmann wandte den Kopf und lächelte wieder. »Vielleicht.

Läuft denn bei Ihnen alles schief? Oder sind Sie gar eine von diesen verdammten Lesben?«

»Vielleicht«, erwiderte sie nur mit vieldeutigem Blick.

Sie bat den vor der Tür postierten Beamten, Kaufmann in seine Zelle zu führen. Sie würde das Verhör am späten Nachmittag fortsetzen.

Julia Durant begab sich zu ihren Kollegen und steckte sich mit zittrigen Fingern eine Gauloise an.

»Was denkt ihr über ihn?«, fragte sie.

»Eiskalt bis ins Mark«, sagte Hellmer. »Er kennt keine Gefühle.«

»Doch, er kennt schon Gefühle, er ist aber nicht mehr in der Lage, sie irgendwem zu zeigen«, sagte sie nachdenklich.

»Julia, er hat sechs Menschen auf dem Gewissen. Fang jetzt bitte nicht an, Mitleid mit ihm zu haben. Er allein trägt die Verantwortung und niemand sonst. Und er wird für den Rest seines Scheißlebens hinter Gitter wandern.«

»Ich weiß. Trotzdem darf ich mir doch wohl meine eigenen Gedanken machen. Einer wie er wird nicht einfach so zum Killer. Ich will von ihm seine ganze Geschichte hören, jedes gottverdammte Detail.«

»Das ist doch nur, weil du ihn eigentlich nett findest«, bemerkte Hellmer mit ironischem Grinsen.

»Richtig«, entgegnete Durant kühl. »Und gerade deshalb will ich wissen, was ihn zum Monster gemacht hat. Mich interessiert außerdem auch die Meinung von Richter.«

»Ich möchte jetzt nicht in der Haut von seiner Frau stecken«, sagte Kullmer und gähnte laut. »Die ...«

»Die kann mich mal«, entfuhr es Durant. »Wer so auf den Gefühlen anderer rumtrampelt, ist bei mir unten durch. So, ich hab Hunger. Kommt jemand mit?«

»Ja, ich«, brummte Hellmer. »Wo gehen wir hin? Zum Jugoslawen? Ich lad dich auch ein.«

»Von mir aus. Bis nachher.«

Sie blieben fast zwei Stunden im Restaurant, unterhielten sich lange über die Kaufmanns, die Gerbers, die Malkows. Julia Durant ließ um siebzehn Uhr, nachdem sie einige Telefonate erledigt hatte, Achim Kaufmann wieder ins Vernehmungszimmer bringen. Er wirkte längst nicht mehr so ruhig und gefasst wie noch am Mittag. Allmählich schien ihm in der kargen, bei vielen Verhafteten Klaustrophobie verursachenden Zelle bewusst geworden zu sein, dass sein Leben weitgehend beendet war.

Das weitere Verhör gestaltete sich einfacher, als Durant sich das vorgestellt hatte. Er zeigte sich äußerst kooperativ, während er seine Aussage auf Band sprach und jede Frage klar beantwortete, und er erzählte seine gesamte Lebensgeschichte. Er zeigte keinerlei auffälliges Selbstmitleid, ganz im Gegenteil, er machte sich vielmehr Sorgen um seine Frau und seine Schwester. Er sagte, er habe Dinge getan, die keiner verstehen könne, nur er selbst, aber es sei gut, dass es vorbei sei. Er betonte aber noch einmal ausdrücklich, niemals im Sinn gehabt zu haben, Gott spielen zu wollen.

Schließlich fragte ihn Durant, woher er das Sperma von Mischner gehabt habe, das man auf dem Slip von Miriam Tschierke gefunden habe.

»Das war nach der Geschichte mit dieser kleinen Nutte Silvia. Er hat mich überrascht, aber ich war eben schlauer als er. Ich habe ihm gesagt, er darf alles mit der Kleinen machen, nur nicht seinen Schwanz in sie reinstecken. Der Typ war so heiß, dass ihm das völlig wurscht war. Er hat sich wie ein Bekloppter einen runtergeholt und den ganzen Kram auf sie draufgespritzt. Der war danach so sehr mit sich selbst beschäftigt, der hat gar nicht mitgekriegt, wie ich mit meinem Schweizer Messer eine kleine Menge seines Spermas abgekratzt und in mein Zigarettenetui getan habe. Damals habe ich nämlich noch geraucht, das vorhin war meine erste seit langem. Zu Hause habe ich es dann sofort in ein kleines Plastikgefäß gefüllt, es luftdicht verschlossen und in das Eisfach gelegt. Irgendwie hatte ich das Gefühl, ich würde es noch einmal brauchen können. Und ich habe nicht Unrecht behalten.« Bei den letzten Worten lächelte er.

»Ihr Zynismus ist fast schon bewundernswert«, sagte Durant daraufhin nur.

»Aber Sie müssen zugeben, es war clever, wie ich das gemacht habe. Wenn ich gewollt hätte, hätte ich Mischner eigentlich noch viel tiefer in alle mögliche Scheiße reinreiten können. Aber so fies wollte ich nun auch wieder nicht sein. Na ja, was soll's.«

Als sich das Verhör dem Ende näherte, wurde er immer nervöser, seine Worte kamen stockend über seine Lippen, und mit einem Mal brach aller Schmerz aus ihm heraus. Er fiel zu Boden, wand sich in Krämpfen wie ein Epileptiker. Ein Arzt wurde geholt, der ihm eine Beruhigungsspritze verabreichte, anschließend wurde Kaufmann wieder in seine Zelle geführt.

Julia Durant fuhr um zweiundzwanzig Uhr nach Hause. Ihr war übel, sie hatte Kopfschmerzen, sie fühlte sich so elend und ausgebrannt wie lange nicht, und sie war wütend, wie leicht manche Menschen zerstört werden konnten. Denn bei dem Verhör stellte sich auch heraus, wie sensibel, fast zerbrechlich der nach außen so stark und manchmal auch zynisch wirkende Achim Kaufmann in Wahrheit war, doch keiner hatte diese Zerbrechlichkeit bemerkt, seine Frau nicht und nicht einmal der so großartige Arzt und Guru Dr. Gerber.

Epilog

Achim Kaufmann wurde insgesamt drei Tage lang von Julia Durant verhört. Am 21. November verurteilte ihn das Gericht zu lebenslanger Haft mit anschließender Sicherungsverwahrung, trotz zweier psychologischer Gutachten, die ihm aufgrund starker psychischer und emotionaler Probleme, die schon aus der Kindheit herrührten, verminderte Schuldfähigkeit attestierten. Der vorsitzende Richter schloss sich dem Plädoyer des Staatsanwalts und der Anwälte der Nebenkläger an und sah es als erwiesen an, dass Kaufmann im Vollbesitz seiner geistigen Kräfte die Morde kaltblütig geplant und auch ausgeführt hatte.

Sonja Kaufmann war während des gesamten Prozesses nicht anwesend, Emily Gerber hingegen verpasste nicht einen Prozesstag. Seine Frau verkaufte noch vor Prozessbeginn im Oktober ihr Haus und zog mit ihrem Sohn an einen unbekannten Ort. Sie hat ihren Mann bis heute weder besucht noch ihm geschrieben. Achim Kaufmann sitzt in Weiterstadt ein, im Hochsicherheitstrakt. Er verrichtet einfache Arbeiten wie Knopflöcher stanzen oder Holzspielzeug herstellen, wofür er fünf Euro am Tag bekommt. In seiner Zelle befinden sich ein Fernsehapparat und eine kleine Stereoanlage und viele Bücher, alles Geschenke seiner Schwester. Sein Vater hat endgültig mit ihm gebrochen, mit einem Verbrecher will er nichts mehr zu tun haben. Aber das wollte er auch vorher schon nicht.

Am 14. Februar unternahm er einen Selbstmordversuch, nachdem er aus der Werkstatt mehrere spitze Metallteile in seine Zelle geschmuggelt und sich damit die Pulsadern aufgeschnitten hatte. Doch ein aufmerksamer Wärter hatte ihn rechtzeitig gefunden. Zwei Wochen verbrachte er auf der Intensivstation des Gefängniskrankenhauses und wird seitdem psychologisch betreut. Ein neues Gutachten wurde erstellt, aus dem hervorgeht, dass Kaufmann nicht nur vermindert schuldfähig, sondern auch akut suizidgefährdet ist.

Emily Gerber besucht ihren Bruder regelmäßig, spricht ihm Mut zu und erfüllt ihm jeden erdenklichen Wunsch. Und sie macht ihm Hoffnung auf das noch ausstehende Revisionsverfahren, und die Chancen, dass zumindest die Sicherungsverwahrung aufgehoben wird, stehen relativ gut, behaupten zumindest die Anwälte. Damit könnte Kaufmann nach fünfzehn bis zwanzig Jahren wieder auf freiem Fuß sein, vorausgesetzt, er übersteht diese Jahre.

Nach dem Prozess hat Emily Gerber noch einmal ein Gespräch mit Julia Durant geführt, hat ihr in allen Einzelheiten aus ihrer Kindheit und Jugend berichtet und ihr Fotos von sich und ihrem Bruder gezeigt und immer wieder geweint. Sie war auch die Einzige, für die Julia Durant Mitleid empfand.

Drei Wochen nach der Verhaftung von Achim Kaufmann flog Julia Durant zu ihrer Freundin Susanne Tomlin, um für sechs Wochen dem Alltagsstress des Molochs Frankfurt zu entfliehen. Die Seele baumeln lassen, sich mit jemandem unterhalten, der inzwischen wie eine Zwillingsschwester war, mit der sie über alles, aber auch wirklich alles sprechen konnte. Und irgendwann, das hatte sie beschlossen, würde sie für immer nach Südfrankreich ziehen. Doch wann dies sein wird, das wissen allein die Götter.

Besuchen Sie mich auch im Internet:
www.andreas-franz.org